프로이트 Ⅰ

FREUD : A LIFE FOR OUR TIME
Copyright ⓒ 2006, 1998, 1988 by Peter Gay
All rights reserved.
Korean translation copyright ⓒ 2011 by Gyoyangin
Korean translation rights arranged with W. W. Norton & Company
through EYA(Eric Yang Agency)

이 책의 한국어판 저작권은 EYA(Eric Yang Agency)를 통해
W. W. Norton & Company, Inc.와 독점 계약한 교양인에 있습니다.
저작권법에 의해 한국 내에서 보호를 받는 저작물이므로 무단 전재와 복제를 금합니다.

정 신 의
지 도 를
그 리 다

프로이트 I

피터 게이 | 정영목 옮김

1856~1915

| 일러두기 |

1. 이 책은 1988년에 초판 발행된 피터 게이의 *Freud : A Life for Our Time*의 2006년 개정판을 저본으로 삼아 우리말로 옮긴 것이다. 2006년 개정판에는 프로이트 탄생 150년을 맞아 피터 게이가 새로 추가한 〈머리말〉이 들어 있다.
2. 외국 고유명사는 '외래어표기법'(1986년 문교부 고시)을 기준으로 삼았다.
3. 본문에 일련 번호로 표시된 저자의 주석은 후주로 실었다. 본문 하단 각주는 저자의 주석과 옮긴이의 주석('역주'로 표시), 한국어판 편집자의 주석('편집자 주')으로 나뉜다. 원저자의 주석은 따로 표시하지 않았다.

아무리 위대한 사람이라 해도
정상적인 행동과 병리적인 행동 양쪽을
똑같이 엄격하게 관장하는 법칙들의 지배를 받는다.
그것은 수치가 아니다.
—프로이트, 〈레오나르도 다빈치와 그의 수년의 기억〉

| 머리말 |

지크문트 프로이트(Sigmund Freud)는 150년 전인 1856년 5월 6일에 태어났다. 이제 탄생 150년을 맞이한 셈이니, 그의 작업과 영향을 새로운 눈으로 보자는 분위기가 있다. 그러나 이것은 까다로운 과제다. 그의 평판은 지금도 백 년 전이나 다름없이 논란에 싸여 있기 때문이다. 20세기의 정신을 만든 또 한 명의 위대한 인물인 찰스 다윈은 1859년 《종의 기원》으로 불멸의 명성을 얻었으며—프로이트는 그때 세 살이었다.—곧 열렬한 독자층을 확보했다. 처음에는 살벌한 논쟁이 있었지만, 시간이 얼마간 지나자 심지어 훌륭한 기독교인조차 인간이 현재의 인간이 되어 온 과정에 관한 다윈의 불경한 메시지를 승인하게 되었다. 일부 고립된 거부자들, 특히 미국의 근본주의자 등 기독교 신앙이 들어설 자리가 없다고 거의 모두가 동의하는 영역에 계속 종교를 밀반입하려 드는 거부자들에게는 예외지만, 오늘날 다윈은 생물학에서 확고한 자리를 차지하고 있다.

그러나 프로이트는 다윈과 위치가 다르다. 그의 유산을 놓고 싸우는 집단들은 워낙 사이가 벌어져 서로 받아들일 만한 타협안을 두고 동의할 가능성, 심지어 그런 타협안을 마련할 가능성조차 상상하기 어렵다. 다윈은 대체로 그런 근본적인 문제 제기에서는 벗어나 있다. 자연 선택을 뒷받침하는, 일반적으로 받아들여지는 증거들은 압도적이다. 정신분석학자들은 그런 권위 있는 증거가 단 한 조각만 있어도 기뻐할 것이다. 게다가 정신분석학자들이 제시하는 증거들은 종종 판독이 어렵다. 정신은 종의 역사보다 분석하기가, 심지어 묘사하는 것도 까다롭다. 물론 생물학자와 심리학자들은 정신 활동을 이해하는 데 어느 정도 성과를 거두었다. 그러나 최근 정신분석 쪽으로 기운 전문가들은 예를 들어 프로이트가 꿈 이론—그의 비판자들 가운데 일부는 이것이 정신분석의 구조를 망칠 것이라고 생각했다.—을 뒷받침하기 위해 제시한 해석들을 옹호하면서, 실제로 우리가 꿈에 관해 아는 것을 살펴보면 프로이트가 가장 좋아하던 연구 영역으로 꼽히는 이 영역의 중요성을 인정하게 된다고 설득력 있게 주장했다. 정신분석학의 다른 견해들 또한 이와 비슷하게 이의 제기와 옹호 양쪽에 모두 개방되어 있다.

　이런 쟁점은 불가피하게 매우 개인적인 것이 되었다. 프로이트의 지지자들은 그를 유용한 기여를 한 흥미로운 정신 연구자로만 보는 것이 아니라, 새로운 섭리의 예언자로도 본다. 다름 아닌 문화적 영웅으로 보는 것이다. 프로이트를 비방하는 사람들은 그를 오도된 심리학자로만 보는 것이 아니라, 독재자, 거짓말쟁이, 사기꾼, 한마디로 돌팔이로 본다. 앞서도 말했듯이 이 두 시각 사이에 타협이 이루어질 방법은 없다. 독자는 한쪽 입장을 택해야 한다. 그리고 나도 이 전기에서 어느 한쪽을 택해야 하는 의무를 회피하지 않으려 했다.

　출발점에서 서둘러 말하거니와, 나는 긍정적인 논조로 이 전기를 썼다. 나는 이 사람과 이 사람이 한 일에 경탄하는데, 이 사람에게 경탄하는 것은 대체로 그의 일에 경탄하기 때문이다. 그렇다고 해서 이 책이 영웅 숭배의 책은 아니라고 믿는다. 나는 처음부터 끝까지 프로이트가 인간에 불과하며, 따라서 의심 어린 조사의 대상이라는 가정을 버리지 않았다. 초기 분석학자들이 프로이트가 정신분석의 무오류의 교황이라도 되는 것처럼 그의 모든 발언을 아첨으로 환영한 것은 그의 대의에 해를 끼쳤을 뿐이다. 그 결과 그의 꿈 이론은 최근에도 널리 논란이 되고 있으며(결론을 내지 못하고), 흔히 하는 말대로, 배심이 아직 진행 중인 것이다.

    나아가서 프로이트의 유산이 증거가 너무 단편적이거나 모순적이어서 확실하게 결론을 내릴 수 없는 몇 가지 쟁점을 남겼다. 프로이트는 처제 미나와 연애를 했나? 앞으로 이 책에서 이야기하겠지만, 분명한 답이 나온다고 해서 크게 달라질 것은 없다. 두 사람이 잤든 자지 않았든 그것 때문에 프로이트의 생각들이 설득력이 더 강해지거나 더 약해지지는 않는다. 나는 이 문제에 대한 결론을 유보했지만, 두 사람이 끝까지 단순한 우정 관계를 유지했다고 추측한다. 하지만 교조적인 태도를 붙들고 싶지는 않기 때문에 반대되는 설득력 있는 증거가 나온다면 몇 구절을 다시 쓸 수밖에 없을 것이다. 또 프로이트가 미국의 외교관 윌리엄 불릿과 함께 쓴, 우드로 윌슨 대통령에 대한 묘한 '분석'이 있다. 나는 그것을 창피한 일이며, 분석 적용의 희화화라고 표현했다. 그러나 주로 문체를 기초로 한 이야기지만, 나는 그 글의 도입부만 프로이트가 쓴 것이라고 보았다. 그런데 프로이트 학자인 폴 로즌(Paul Roazen)은 이 '창피한 일'을 하는 데 프로이트의 역할이 보통 생각되는 것보다 컸음을 암시하는 미발표 자료를 발굴했다. 그렇다고 해서 이 책에서 몇 단어 이상 달라질 것은 없겠지만, 아무리 작은 것이라 해도 바로잡는 것이 더 나을 것이다.

프로이트 탄생 150주년은 안쓰러운 마음으로 아쉬워할 일이라기보다는 기념할 일이다. 그의 가장 급진적인 견해 가운데 몇 가지의 생존 가치에 의심을 품은 심리학자라 해도, 설사 그의 작업이 세부적으로는 아무리 고칠 곳이 많다 해도, 그의 작업이 획기적으로 중요하다는 점은 반드시 인정해야 한다고 생각한다. 내 판단으로는, 프로이트는 인간이라는 동물을 다른 누구보다 분명하게, 또 더 공정하게 보았다. 그는 인간, 모든 인간이 문명의 딜레마와 직면해야 한다는 점을 인식했다. 문명은 인류의 가장 위대한 성취인 동시에 가장 큰 비극이기 때문이다. 문명은 개인이 충동을 통제하고, 소망을 부정하고, 욕정을 제한할 것을 요구한다. 환상이라고는 찾아볼 수 없는 프로이트의 지혜로운 관점에 따르면, 인간은 문명이 부과하는 속박 없이 살 수 없지만, 그런 속박 안에서는 진정으로 자유롭게 살 수도 없다. 좌절과 불행은 인간 운명의 한 부분이다. 교육에서 가장 중요하면서도 가장 간과되는 측면이 그 금지하는 면이다. 교육은 아이에게 하지 말아야 할 것, 요청하지 말아야 할 것, 심지어 상상하지 말아야 할 것을 가르친다. 이것은 반가운 소식이 아니며, 이런 소식을 알렸다는 점에서 프로이트는 절대 인기 있는 예언자가 될 수 없을 것이다. 그렇다 해도 그것이 진실이라는 점은 기억할 만한 가치가 있다.

2006년 5월
피터 게이

| 차례 |

- 머리말
- 들어가는 글 _ 스핑크스의 정복자, 오이디푸스 • 15

1부 무의식의 탐험가 1856~1905

1장 | 앎의 의지 • 29
"지식에 대한 욕망 때문에 마음이 의학으로 기울었다."

위대함을 향한 갈망 • 31
신을 믿지 않는 의학도 • 65
사랑에 빠지다 • 93

2장 | 무의식의 탐사 • 129
"나에게 가장 중요한 환자는 바로 나 자신이었다."

친구 그리고 적 • 129
히스테리 환자들 • 156
오이디푸스 전투 • 189

3장 | 정신분석의 탄생 • 217

"내가 높은 곳에 있는 권세들을 굴복시키지 못한다면
지옥을 움직이리라."

《꿈의 해석》 • 218

햄릿들의 시대 • 240

미켈란젤로의 〈모세〉 • 266

성욕과 리비도 • 284

2부 정신의 정복자 1902~1915

4장 | 투사와 정신분석가 • 299

"우리는 새로 발견된 땅의 개척자들 같았고,
그 지도자는 프로이트였다."

스핑크스의 문제를 풀다 • 300

정신의 고고학자 • 317

수요심리학회 • 337

정신분석의 씨족 구성원들 • 347

5장 | 정신분석 정치학 • 381

"우리가 진리를 소유하고 있으니,
저들이 학문의 운명을 바꾸지 못할 걸세."

황태자, 융 • 381

1909년, 미국 방문 • 397

아들러 추방 • 409

융과 결별하다 • 431

6장 | 정신분석의 환자들 • 463

"인간은 입을 다물고 있다 해도 손가락 끝으로 수다를 떤다.
모든 구멍을 통하여 비밀이 드러난다."

도라의 사례 • 465
꼬마 한스와 쥐 인간 • 481
레오나르도 다빈치 분석 • 501
늑대 인간의 정치 • 531
정신분석의 기법 • 544

7장 | 정신의 지도 그리기 • 567

"정신 생활은 대체로 지속적인 전쟁 상태다."

문화의 정신분석 • 567
아버지 살해와 어머니 정복 • 598
나르시시즘과 리비도 • 618
문명의 자기 파괴 • 630

- **약어 설명** • 657
- **주석** • 659
- **찾아보기** • 708

프로이트 II

• 감사의 말

3부 문명의 해부학자 1915~1939

8장 | 전쟁과 인간 • 27
"인간은 자신이 믿는 것보다 훨씬 부도덕할 뿐 아니라
자신이 아는 것보다 훨씬 도덕적이기도 하다."
충동, 억압, 무의식 • 28 전쟁과 평화 • 49
에로스와 타나토스 • 75 이드, 자아, 초자아 • 98

9장 | 프로이트의 안티고네 • 121
"나는 유명하지 않습니다. 악명이 높지요."
구강암에 걸리다 • 121 안나, 안티고네 • 142
프로이트주의의 대유행 • 175 정신분석의 분화 • 199

10장 | 여성과 정신분석 • 217
"해부학이 운명이다."
랑크와 출생 트라우마 • 217 정신분석 자격 논쟁 • 250
여자, 암흑의 대륙 • 268

11장 | 문명 속의 불만 • 307
"인간은 문명 없이 살 수 없지만, 문명 안에서 행복하게 살 수도 없다."
종교라는 환상 • 307 문명의 딜레마 • 341
미국을 혐오하는 사람 • 359 괴테상을 받다 • 388

12장 | 인간 모세의 최후 • 419
"나는 학생 때부터 늘 용감한 반대자였고, 대개 그 대가를 치러야 했다."
히틀러라는 재앙 • 419 무신론자 유대인 • 434
빈을 떠나다 • 458 금욕주의자의 죽음 • 493

약어 설명 • 533 주석 • 535 문헌 해제 • 587
프로이트 연보 • 691 옮긴이 후기 • 702 찾아보기 • 707

| 들어가는 글 |

스핑크스의 정복자, 오이디푸스

1885년 4월 프로이트는 자주 인용되는 편지에서 약혼녀에게 "아직 태어나지는 않았지만 불행을 겪을 수밖에 없는 운명인 수많은 사람들이 가혹하다고 느낄 일을 거의 완료했습니다."라고 말했다. 그가 말하는 사람들은 그의 전기 작가들이었다. "지난 14년간의 모든 메모만이 아니라, 편지, 논문 발췌문, 내 작업의 원고도 없애버렸습니다. 편지 가운데 가족 간의 편지만 남겼습니다." 그는 주위에 자신이 긁적거린 자료가 쌓여 가면서 마침내 흐르는 모래에 빠진 스핑크스처럼 종이 더미 위로 간신히 콧구멍만 내밀게 되었다고 썼다. 그는 자신의 삶을 기록할 사람들에게 무자비했다. "전기 작가들이 열심히 노력하고 일하게 해야죠. 우리는 절대 그들을 편하게 해주지 않을 겁니다." 그는 이미 그들이 자신에 관해 얼마나 엉뚱한 소리를 할 것인지 내다보고 있었다.[1]

나는 이 책을 위해 조사를 하고 또 책을 쓰면서, 종종 프로이트라는 스핑크스가 전기 작가에게 크나큰 도움을 줄 산더미 같은 서류에서 벗어나는 장면을 눈앞에 그려보았다. 나중에 프로이트는 이런 파괴적인 행동을 여러 번 반복했다. 1938년 봄 오스트리아를 떠나 영국으로 갈 준비를 할 때도 자료를 버렸지만, 기민한 딸 안나 프로이트(Anna Freud, 1895~1982)가 마리 보나파르트 공주(Princess Marie Bonaparte, 1882~1962)의 권유에 따라 쓰레기통에서 그 자료를 구해냈다.

프로이트는 미래의 전기 작가들을 단념시킬 다른 방법들도 찾아냈다. 사실 프로이트가 전기에 관해 남긴 말 몇 가지를 보면 **그의** 전기를 쓰고자 하는 사람은 주저할 수밖에 없다. 그는 1910년에 레오나르도 다빈치에 관한 논문에서 이렇게 말했다. "전기 작가들은 매우 특수한 방식으로 그들의 주인공에게 고착되어 있다."[2] 프로이트가 보기에 전기 작가들이 애초에 어떤 주인공을 선택하는 것은 그 인물에게 강한 애정을 느끼기 때문이다. 따라서 그들의 작업은 거의 틀림없이 이상화 작업이 될 수밖에 없다. 25년 뒤 노년, 병, 나치의 위협이라는 압박 속에서 프로이트는 한층 더 신랄해진다. 그는 그의 전기를 쓰겠다고 제안한 아르놀트 츠바이크(Arnold Zweig, 1887~1968)에게 이렇게 말했다. "전기 작가가 되는 사람은 거짓말, 은폐, 위선, 윤색이라는 죄, 심지어 자신의 이해 부족을 감추는 죄까지 짓습니다. 전기적 진실은 얻을 수 없는 것이며, 설사 얻는다 해도 이용할 수가 없는 것이기 때문이지요."[3] 간단히 말해서 프로이트는 전기 쓰는 일을 신용하지 않았다.

그러나 프로이트는 정신의 미발굴 지역 탐사에서는 기꺼이 자신을 모르모트로 이용할 용의가 있었다. 그의 스핑크스 비유는 인상적이지만, 보통 그는 자신을 스핑크스의 정복자인 오이디푸스로 보았다. 스핑크스의 질문에 답을 하여 홀로 그 신비하고 치명적인 생물을 이긴 영웅 말이다. 프로이트가 아쉬움이 담긴 말투로 여러 번 말했듯이, 자신의 평판에 개의치 않는 숭고한 태도로 자신의 감정, 야망, 사악한 소망을 드러낸 사람은 거의 없다. 그러나 프로이트 자신은 많은 것을 드러내주는 자신의 꿈 몇 가지를 보고하고 꼼꼼하게 분석했다. 또 젊은 시절의 당혹스러운 기억 몇 가지를 기록하기도 했다. 반면 그는 자기 폭로의 물살이 자신이 소중하게 여기는 비밀마저 씻어낼 것처럼 위협적으로 다가오는 순간에는 그 물살을 막아버리기도 했다. 그는 이르마의 주사에 관한 유명한 꿈의 해석에서 자신을 드러내다 말고 갑자기 중단한 뒤에 이렇게 말했다. "내가 입을 다무는 것을 비난하려 하는 사람은 먼저 나보다 더 솔직해지려고 노력해야 할 것이다."[4] 그로서는 할 만한 이야기였다. 그는 두려움을 모르는 연구자로서 자신의 가장 깊은 존재의 대부분을 대중의 정밀조사 앞에 드러냈다. 반면 품위 있는 부르주아로서 자신의 프라이버시를 엄청나게 귀중하게 여겼다.

프로이트는 감질나는 자전적 암시들을 남겼으며, 이해할 수 있는 일이지만, 그의 삶을 연구하는 사람들은 무비판적으로 열광하며 거기에 달려들었다. 프로이트는 1900년에 친구 빌헬름 플리스(Wilhelm Fliess, 1858~1928)에게 편지를 쓰면서 자신에 관해 이렇게 말했다. "나는 전혀 과학적인 사람이 아니고, 관찰자도 아니고, 실험자도 아니고, 사상가도 아니야. 나는 기질로 볼 때 정복자일 뿐이고, 호기심, 과감성, 집요함이라는 특성을 지니고 있다는 의미에서 모험가일 뿐이지."[5] 하지만 이 발언은 이런 종류의 다른 발언들과 마찬가지로 그를 이해하고자 하는 사람들을 잘못된 길로 인도했을 뿐이다. 그가 쓴 편지를 순순히 따라가며 그의 정신을 왜곡하는 것은 의미 없는 짓이다. 물론 프로이트의 자기 평가는 그것대로 존중할 일이다. 책임 있는 전기 작가라면 마땅히 그렇게 해야 한다. 그러나 그의 발언을 복음으로 여기는 것은 다른 문제다. 이 책에서 자주 나타나겠지만, 프로이트는 자신을 가장 잘 판단하는 사람이 아니었기 때문이다.

* * *

프로이트의 발언을 받아들이는 그 모든 열광적 태도, 그리고 프로이트가 자기를 드러내고 평가하는 편파적이고 또 종종 매우 주관적인 방식 때문에 그의 삶의 모든 영역이 서로 모순되는 방식으로 해석되는 것도 당연한 일이다. 수십 년에 걸친 조사와 수십 가지 연구에도 불구하고, 그는 여전히 열띤 논란을 불러일으키는 곤혹스러운 존재다. 프로이트를 천재, 창건자, 거장, 근대 정신의 창조자들 가운데서도 거인이라고 말하는 사람들도 있었지만, 그에 못지않게 강한 목소리로 그를 독재자, 표절자, 거짓말쟁이, 가장 형편없는 돌팔이라고 말하는 사람들도 있었다. 그를 콜럼버스로 부르며 환호하는 숭배자가 한 명 있으면, 칼리오스트로*라고 조롱하는 비방자가 반드시 한 사람 있는 셈이다. 프로이트의 삶은 풍자, 추측, 신화 만들기의 무궁무진한 자료가 되었다. 미국의 한 근본주의 목사는 독을 가득 품은 반(反)가톨릭 소책자에서 그를 "로마 가톨릭으로 개종한 유대인"이며 "세계 최고의 변태로 유명하다."고 비난했다.[6)] 정신분석학자들은 그런 말도 안 되는 소리에는 코웃음을 치면서도, 프로이트가 그가 만든 종교의 교황이고 그의 말을 도전할 수 없는 교황의 의견인 것처럼 생각하는 경우가 흔했다. 그런 양극단 사이의 화해는 불가능해 보인다. 또 바람직하지도 않다. 프로이트에 관한 진실이 그 중간쯤에 있을 것 같지는 않기 때문이다.

프로이트를 뒤덮은 이런 폭풍은 놀라운 것이 아니다. 사실, 그가 약간 조롱이 담긴 듯한 만족감을 드러내며 말했듯이, "인류의 잠을 깨우는 것"이 그의 운명이었기 때문이다.[7)] 그가 소설가 슈테판 츠바이크(Stefan Zweig, 1881~1942)에게 말한 적이 있듯이 정신분석의 근본 과제는 "맑은 정신"으로 "악마—비합리성이라는 악마(인용자)—와 싸우는

---

* **칼리오스트로**(Alessandro di Cagliostro) 이탈리아의 악명 높은 사기꾼. (역주)

지크문트 프로이트 인간 존재의 감추어진 수수께끼를 파헤친 현대의 오이디푸스. 또는 정신의 고고학자.

것"이었다. 그러나 그 악마를 "과학이 파악할 수 있는 대상"으로 만드는 바로 이 맑은 정신 때문에 인간 본성의 본질에 관한 자신의 생각들은 외려 더 곤혹스러운 것, 더 받아들일 수 없는 것처럼 보이게 된다고 그는 덧붙였다.[8] 인류가 대부분의 경우에 화를 내며 부인하는 방식으로 프로이트의 메시지를 거부하고 자신을 방어하려 한 것도 놀랄 일이 아니다. 오늘날 우리는 모두 알게 모르게 프로이트를 이야기한다. 우리는 편하게 억압과 투사, 신경증과 양가감정과 형제 간 경쟁을 언급한다. 어떤 역사가가 우리 시대는 나르시시즘의 시대라고 말하면 모두 그가 무슨 말을 하는지 이해한다고 생각한다. 하지만 그런 입에 발린 승인이 가장 격렬한 거부보다 큰 피해를 주는 경우가 많았다. 그것은 프로이트의 사상에서 굳건한 현실주의를 강탈하려는 시도, 다소간 의식적인 시도이기 때문이다. 프로이트는 적은 자신이 어떻게든 다룰 수 있다고 말한 적이 있다. 그가 걱정한 것은 친구들이었다.

프로이트의 성격을 두고 벌어진 열띤 논란은, 굳이 비교하자면, 그의 이론을 둘러싼 논란보다 적대감이 더 강하게 느껴지는 경우가 많았다. 프로이트 자신이, 기억에 남을 만하지만 오해의 소지가 있는 경구를 만들거나 자신의 작업에 대한 부정확한 평가를 남겨 소문이 번창할 수 있는 분위기를 조성하는 데 일조하기도 했다. 이것은 역설적이다. 프로이트의 창조물인 정신분석은 사실 가차 없이 조사를 하겠다는 것이기 때문이다. 여기서 정신분석은 부르주아 사회의 은폐, 위선, 정중한 회피를 응징하는 존재로 나타난다. 사실 프로이트는 환상의 파괴자, 과학적 진실의 충실한 종이라는 데 상당히 자부심을 느꼈다. 그는 1910년에 산도르 페렌치(Sándor Ferenczi, 1873~1933)에게 이렇게 말했다. "나에게 진실은 과학의 절대적 목표입니다."[9] 20년 뒤 그는 알베르트 아인슈타인에게 다시 말했다. "내가 늘 가능한 한 진실을 말한다는 것은 이제

나의 장점으로 꼽히지 않습니다. 그것은 그냥 내 일이 되었습니다."[10]

* * *

우리는 프로이트에 관하여 많은 것을 안다. 그는 아주 많은 편지를 썼고, 나는 그 대부분을 읽었다. 형식적인 것이건 내밀한 것이건, 편지는 그에 관한 중요한 사실을 많이 드러낸다. 그는 많은 저서를 남겼는데, 그 가운데 일부는 공개적으로, 일부는 은밀하게 자전적이다. 그의 편지와 저서의 내용은 지금 이 전기를 포함한 모든 프로이트 전기에서 다 다루어졌다고 믿어도 좋을 것이다. 따라서 나는 새로운 사실로 놀라움을 주기보다는 정확해지려고 노력했다. 그렇다 해도, 그가 엄중히 정밀 조사를 받았는데도, 그가 분명한 실마리들을 많이 남겼는데도, 그의 삶에서 상당한 구역이 아직 공백으로 남아 있어 더 조사를 할 필요가 있다. 프로이트의 아버지는 결혼을 두 번 했나, 아니면 세 번 했나? 프로이트는 처제 미나 베르나이스와 연애를 했나, 아니면 이것은 프로이트에게 적대적인 동시대 사람들 또는 영리한 탐정 노릇을 한 전기 작가의 순수한 환상인가? 프로이트는 분석 기술을 다룬 글에서 분석가와 분석 대상자가 가까워지는 것에 심하게 얼굴을 찌푸리면서도, 왜 자신의 딸 안나를 정신분석하는 것은 해볼 만한 일이라고 생각했을까? 프로이트는 표절을 한 뒤에 그런 부정한 방법을 사용한 것을 기억력이 나쁜 탓이라고 변명하려 했던 것일까, 아니면 이런 비난은 그의 작업 절차를 악의 없이 오해한 것일까? 아니면 양심적인 연구자에 대한 악의에 찬 중상일까? 프로이트는 코카인에 중독되어 그 영향 속에서 정신분석 이론들을 생산해낸 것일까, 아니면 코카인 사용은 과도하지 않았고 결과적으로 아무런 해도 끼치지 않았던 것일까?

질문은 또 있다. 프로이트는 자신의 주장대로 과학적 실증주의자일까, 아니면 오히려 기본적으로 낭만주의자들의 몽롱한 추론이나 유대교 신비주의에 의지했던 사람일까? 스스로 불평한 대로 프로이트는 당대 의학계에서 고립되어 있었을까? 그가 흔히 고백한 빈에 대한 혐오는 사실은 가장된 태도로서 오히려 그가 지닌 가장 빈 사람다운 특질의 일부였을까, 아니면 진짜 염증이었을까? 그가 학계에서 출세가 늦었던 것은 유대인이기 때문이었을까, 아니면 어디에서나 반유대주의를 탐지해내려 하는 지나치게 과민한 불만 수집가들이 만들어낸 전설에 불과한 것일까? 그가 1897년에 이른바 신경증의 유혹 이론을 버린 것은 주목할 만한 과학적 용기를 보여준 사례였을까, 아니면 아버지를 위한 효도의 행동이었을까, 그것도 아니면 그 일반적 이론이 동료들로부터 인기를 잃게 되자 소심하게 물러선 것일까? 1890년대 그가 자신의 친한 친구였던 빌헬름 플리스에게 느낀 '동성애'(프로이트의 표현이다) 감정은 어디까지 나아갔던 것일까? 그는 제자들로 이루어진 소수의 유순한 씨족을 거느린 자칭 족장, 즉 짐이 곧 정신분석이다(La psychanalyse, c'est moi)라고 선언한 심리학의 루이 14세였을까, 아니면 동료와 선배의 기여를 사심 없이 인정한, 정신의 감추어진 법칙의 온화한—가끔은 가혹하지만—안내자였을까? 그는 단체 사진을 찍을 때 자기보다 키가 큰 사람들 옆에서 난쟁이처럼 보이지 않으려고 상자 위에 올라설 만큼 허영심이 강한 사람이었을까, 아니면 이 또한 프로이트에게 먹칠을 할 자료를 찾던 전기 작가의 공상이었을까?

이런 전기적인 논쟁들은 그 자체로 흥미진진하지만, 전기적인 흥미 이상의 의미가 있다. 그의 작업이 제기하는 가장 큰 문제에 영향을 주기 때문이다. 즉 정신분석은 과학인가, 예술인가, 사기인가? 전기적 논쟁들이 이런 영향을 주는 것은 서양 문화의 역사에 등장하는 다른 위대한 인물들과는 달리 프로이트는 완벽해야 하는 의무가 있는 사람처럼 보이기 때문이다. 루터나 간디, 뉴턴이나 다윈, 베토벤이나 슈만, 키츠나 카프카의 정신 병리에 관해 아는 사람이 있다 허도, 감히 그들의 신경증이 그들의 창조물에 해를 끼쳤거나 그들의 지위에 손상을 입혔다고 주장하지는 않을 것이다. 이와는 정반대로, 진짜건 상상한 것이건 프로이트의 결점들은 그의 창조물의 파산을 입증하는 결정적 증거로 제시되었다. 정신분석의 창시자를 공격하여 정신분석을 공격하는 것은 일반적인 전술이 되었다. 그의 인격에 먹칠을 하는 데 성공하면 그의 작업을 망치는 일이 가능하다고 보는 것 같았다. 물론 프로이트의 심층심리학처럼 솔직하게 자전적인 분야, 주관적인 자료를 바탕으로 하는 분야는 창시자의 정신의 흔적들을 드러낼 수밖에 없다. 그러나 정신분석적 주장들의 타당성이 우리가 그 창시자에 관해 드러내는 사실들에 달려 있지 않음은 분명하다. 근본적으로 결함이 있는 심리학을 퍼뜨리는 완벽한 신사 프로이트, 또는 반대로 결함, 심지어 악덕이 가득한데도 역사상 가장 중요한 심리학자일 수밖에 없는 프로이트의 모습을 쉽게 상상해볼 수 있는 것이다.

물론 프로이트를 정신분석학적 정밀조사에서 면제해줄 이유, 정확하든 왜곡되었든 그의 글과 기억에서 전기적 정보를 끌어내지 말아야 할 이유는 없다. 그런 작업은 지극히 정당해 보인다. 사실 프로이트는 단지 신경증에 걸린 그 시대 인물들 몇 사람이 아니라, 자신을 포함한 세상 모든 인간들을 설명할 일반 심리학을 목표로 삼았기 때문이다. 실제로 프로이트 자신이 그 길을 가리키고 있다. 그는 괴테에 관한 글에서 이렇게 썼다. "아이의 삶에서 어떤 미세한 대목이 일반적인 망각을 피했느냐 하는 것은 관심을 두어야 할 문제이며 의미심장한 문제다."[11] 어른의 행동 또한 이와 똑같이 깊은 관심을 요구한다. 프로이트는 이런 유명한 말을 했다. "볼 눈이 있고 들을 귀가 있는 사람은 인간이 비밀을 지킬 수 없다는 것을 확신하게 된다. 사람은 입이 말을 하지 않으면 손가락 끝으로 수다를 떤다. 속에 있는 것은 모든 구멍을 통해 밀고 나온다."[12] 프로이트는 '도라'의 사례사(case history)에서 그런 이야기를 했지만, 이 말은 그의 분석 대상자만큼이나 그 자신에게도 적용된다. 프로이트는 정신의 고고학자로서 오랫동안 경쟁자 없는 활동을 해 오면서 많은 이론, 관찰 조사, 치료 기법을 발전시켰다. 이런 것들은 꼼꼼한 전기 작가의 손에 들어가면, 프로이트의 소망, 불안, 갈등, 즉 무의식으로 남아 있지만 그렇더라도 그의 삶을 형성하는 데 일조한 상당한 동기들을 드러낼 수도 있다. 따라서 나는 그의 발견, 또 가능한 한 그의 방법들을 활용하여 그 자신의 삶의 역사를 탐험하는 일을 망설이지 않았다. 그러나 나는 그런 것들이 내 관심을 독점하도록 놓아 두지는 않았다. 역사가로서 나는 프로이트와 그의 작업을 다양한 환경 속에서 살펴보았다. 그가 전복하고 혁명을 일으킨 정신의학, 그가 신앙 없는 유대인이자 비관습적인 의사로서 살아야 했던 오스트리아 문화, 그가 살던 시기에 전쟁과 전체주의적 독재라는 무시무시한 트라우마를 입은 유럽 사회, 서양 문화 전체—프로이트는 바로 이 문화가 자기 자신에 대한 느낌을 알아보지 못할 정도로, 돌이킬 수 없게 바꾸어버렸다.—가 그런 환경들이다.

* * *

내가 이 책을 쓴 이유는 아첨을 하려는 것도, 비방을 하려는 것도 아니다. 다만 이해하려는 것이다. 텍스트 안에서 나는 누구하고도 논쟁을 하지 않는다. 나는 프로이트와 정신분석 비평가들을 계속 분열시켜 온 큰 쟁점들에 관해 나름의 입장을 지니게 되었지만, 내 결론을 향해 가도록 여행 계획을 짜지는 않았다. 대신 프로이트의 삶에 관한 조사를 아주 매혹적인 일로 만들어주는 논란들에 관심이 있는 독자들을 위해 광범하고 논쟁적인 문헌 해제를 부록으로 붙여놓았다. 이것을 읽어보면 내가 어떤 입장을 택한 이유를 알 수 있을 것이고, 그것과 경쟁하는 의견들을 제시하는 자료도 확인할 수 있을 것이다.

내가 동의하지 않는 프로이트 해석자 가운데 한 사람은 프로이트 자신이다. 그는 자신의 삶이 "겉으로는 고요하고 별 내용이 없기" 때문에 "날짜 몇 개로 처리할" 수 있다고 말했는데, 이것은 말 자체는 옳을지 모르지만 기본적으로 오해를 불러일으킬 소지가 있다.[13] 물론 프로이트의 삶은 피상적으로는 높은 수준의 교육을 받은 지적이고 활동적인 19세기의 많은 의사들과 비슷해 보인다. 그는 태어났고, 공부했고, 여행했고, 결혼했고, 진료했고, 강의했고, 출간했고, 논쟁했고, 늙었고, 죽었다. 하지만 그의 내적인 드라마는 모든 전기 작가의 지칠 줄 모르는 관심을 끌 만큼 흥미진진하다. 친구 플리스에게 쓴, 앞서 인용한 유명한 편지에서 프로이트는 자신을 정복자라고 불렀다. 이 책은 그의 정복의 역사다. 그리고 그 정복들 가운데 가장 극적인 정복은, 비록 불완전하다 해도, 결국 프로이트 자신의 정복임이 드러나게 될 것이다.

FREUD : A LIFE FOR OUR TIME

1부
무의식의 탐험가

1856~1905

1장

앎의 의지

"지식에 대한 욕망 때문에 마음이 의학으로 기울었다."

1899년 11월 4일 라이프치히와 빈 소재 프란츠 도이티케 출판사는 지크문트 프로이트의 《꿈의 해석(Die Traumdeutung)》이라는 두툼한 책을 출간했다. 그러나 《꿈의 해석》의 속표지에는 연도가 1900년으로 되어 있다. 이런 일관성 없는 서지 정보는 표면적으로만 보면 출판 관행을 반영한 것에 지나지 않지만, 지금 돌이켜보면 프로이트의 지적 전통과 훗날의 영향력을 적절하게 상징한다. 그가 '해몽 책'이라고 부르기 좋아했던 이 책은 19세기에 형성된 정신의 산물이지만, 20세기의 재산, 소중히 여기기도 하고 욕하기도 하지만, 어쨌든 피할 수 없는 재산이 되었다는 것이다. 특히 독일어로는 간결하게 '해몽'이라고 표현되는 책 제목은 매우 도발적이다. 이 제목을 보면 남의 말을 잘 믿는 미신적인 사람들을 겨냥하여 꿈을 다가올 재난이나 행운의 예언으로 다양하게 분류해놓은 싸구려 브로슈어가 떠오른다. 따라서 프로이트 자신의 말에 따르면, "진지한 과학의 반대에 과감하게 맞서 고대인과 미신의 편을 든 셈"이었다.[1]

그러나 《꿈의 해석》은 한동안은 거의 일반의 관심을 끌지 못했다.

6년 동안 겨우 351부가 팔렸으며, 2판이 필요해진 것은 1909년의 일이었다. 프로이트의 믿음대로 인류의 잠을 깨우는 것이 정말로 그의 운명이었다 해도, 그것은 세월이 흐른 뒤의 일이었다. 하품을 하는 듯한 이런 미지근한 반응은 현대 문화를 형성한 다른 혁명적 고전, 즉 찰스 다윈(Charles Darwin, 1809~1882)의 《종의 기원(The Origin of Species)》의 경우와 큰 대조를 이룬다. 프로이트의 해몽 책보다 정확히 40년 전인 1859년 11월 24일에 출간된 《종의 기원》의 초판 1250부는 그날 저녁에 매진되었으며, 새로운 개정판들이 빠르게 꼬리를 물고 나왔다. 다윈의 책은 전복적이었지만 인간이라는 동물의 본성에 관한 큰 논쟁이라는 폭풍의 중심에 있었으며, 다들 간절히 기다리던 책이었다. 나중에는 프로이트의 책 또한 다윈의 책만큼이나 전복적이라는 사실이 드러나지만, 처음에는 신비하고 기이하게 보일 뿐이었으며, 소수 전문가들의 양식(糧食)으로만 여겨졌다. 프로이트는 빨리 넓게 받아들여지기를 기대했을지 몰라도, 어쨌든 그런 희망은 비현실적임이 드러났다.

　프로이트는 이 책을 위해 오랫동안 노력해 왔는데, 그것은 다윈의 소리 없는 수십 년간의 준비에 비길 만한 것이었다. 그의 꿈에 대한 관심은 1882년까지 거슬러 올라가며, 1894년부터는 꿈을 분석하기 시작했다. 《꿈의 해석》이 아무리 천천히 받아들여졌다 해도, 어쨌든 그것은 그의 인생의 중심이었다. 그는 1910년에 이 책을 자신의 "가장 의미 있는 작업"으로 생각한다고 말했다. 그러면서 "이 책이 인정을 받는 날이 온다면, 일반 심리학 또한 새로운 기초 위에 올려져야 할 것"이라고 덧붙였다.[2] 1931년에는 영어판 3판에 붙인 서문에서 다시 해몽 책에게 신중하게 경의를 표했다. "심지어 현재의 내 판단에 따르더라도, 여기에는 내가 행운으로 여겨 온 나의 모든 발견 가운데 가장 귀중한 발견이 담겨 있다. 이런 통찰은 평생 한 번밖에 찾아오지 않는다."[3]

모라비아 프라이베르크(현재 체코의 프리보르)에 있는 프로이트의 출생지. 교회 첨탑이 우뚝 서 있고 들판에 둘러싸여 있다. 어린 시절 프로이트는 이 들판을 사랑했고 그 뒤로도 절대 잊지 못했다.

프로이트의 자부심은 엉뚱한 것이 아니었다. 그의 초기 연구에서 불가피했던 잘못된 출발과 우회에도 불구하고, 1880년대와 1890년대에 그가 발견한 모든 것이 《꿈의 해석》으로 흘러들었다. 그것만이 아니다. 그가 나중에 발견할 많은 것, 단지 꿈에 한정되지 않는 많은 것이 그 안에 함축되어 있다. 또 많은 것을 드러내주는 그 방대한 자전적 자료 때문에 이 책은 프로이트의 전기 작가에게는 비길 데 없는 권위를 누릴 수 있다. 이 책은 그의 복잡한 유년의 미로까지 거슬러 올라가 그가 배운 모든 것, 아니 프로이트라는 인간의 모든 것을 요약한다.

위대함을 향한 갈망

'인간이라는 수수께끼'를 풀어 나간 위대한 인물 지크문트 프로이트는 정신분석학자의 관심을 자극할 만한 어려운 문제와 혼란 속에서 성장했다. 그는 1856년 5월 6일 모라비아의 작은 도시 프라이베르크(현재 체코의 프리보르)에서 늘 가난했던 유대인 모직물 상인 야코프 프로이트(Jacob Freud)와 부인 아말리아 나탄존(Amalia Nathansohn) 사이에서 태어났다.[4] 아버지가 가족 성경에 그를 위해 써 둔 이름 '지기스문트 슐로모(Sigismund Schlomo)'는 그가 사춘기를 넘기기 전에 사라졌다. 프로이트는 한 번도 친할아버지의 이름인 '슐로모'를 사용한 적이 없으며, 고등학교 고학년 때 '지크문트'라는 이름을 실험해보다가 1873년 빈 대학에 입학하고 나서 얼마 후 이 이름을 택했다.*[5]

프로이트 집안의 성경은 지기스문트가 생후 일 주일이 지난 1856년 5월 13일에 "유대인 서약을 했다."—즉 할례를 받았다.—고 기록하고 있다.[6] 이것은 믿을 만하지만, 다른 대부분의 정보는 확실치가 않다. 프로이트는 아버지의 조상이 "라인 강변(쾰른)에서 오래 살다가, 14세기와 15세기 유대인 박해 때문에 동쪽으로 피신했으며, 19세기에 리투아니아에서 갈리시아를 거쳐 오스트리아로 다시 이주했다"고 "믿을 만한 이유"가 있다고 생각했다.[7] 프로이트는 이 대목에서 가족 전승에 의지하고 있다. 어느 날 쾰른 유대인 공동체의 간사가 그의 아버지를 우연히 만나 프로이트 집안의 유래를 설명해주면서 그 뿌리를 14세기 쾰른에서 찾은 것이다.[8] 프로이트의 가계에 관한 이 이야기는 그럴듯하기는 하지만 근거는 빈약하다.

프로이트의 감정적 진화 경로를 규정한 것은, 이런 보험 통계적인 세

---

* 그런 뒤에도 계속 동요했다. 아직 대학에 들어가기 전인 1872년에는 어떤 편지에 "지크문트"라고 서명했지만, 빈 대학에서 의학을 공부할 때에는 다윈의 《인간의 유래(The Descent of Man)》 독일어판에 "1875년, 의대생 지기스문트 프로이트"라고 써놓았다. 그 자신이 이름을 줄인 이유를 언급한 적이 없기 때문에, 이 일이 그에게 어떤 의미가 있는지에 관한 모든 추측은 그야말로 추측에 불과하다.

프라이베르크 슐로서 가세 117번지. 지크문트 슐로모 프로이트는 1856년 5월 6일 이곳에서 태어났다.

목이나 역사적 전승보다는 그가 무척 정리하기 힘들어했던 가족 관계의 당혹스러운 성격이었다. 19세기에는 가족 관계가 뒤엉키는 경우가 흔했다. 배우자가 이른 나이에 병사하거나 아이를 낳다 죽는 경우가 아주 많았고, 과부나 홀아비는 바로 재혼을 하곤 했기 때문이다. 그러나 프로이트 앞에 놓인 수수께끼는 일반적인 경우보다 훨씬 복잡했다. 야코프 프로이트가 1855년 세 번째 부인 아말리아 나탄존과 결혼했을 때, 그는 신부보다 스무 살이 많았다. 첫 번째 결혼에서 낳은 두 아들—장남 에마누엘(Emanuel)은 결혼을 하여 자녀를 두었고, 필리프(Philipp)는 독신이었다.—은 근처에 살았다. 에마누엘은 아버지가 빈에서 데려온 젊고 매력적인 계모보다 나이가 많았으며, 필리프는 겨우 한 살 아래였다. 지기스문트 프로이트에게는 자신의 첫 놀이 친구인 에마누엘의 아들 하나가 어린 삼촌인 자기보다 한 살 위라는 것도 흥미로

1장 앎의 의지 33

운 일이었다.

프로이트는 이 조카 욘(John)이 자신의 떼어놓을 수 없는 친구이자 "비행(非行)의 동반자"라고 회고한다.⁹⁾ 프로이트는 세 살 때쯤 이런 비행(당시에는 그렇지 않았겠지만, 돌이켜보면서 에로틱한 감정적 힘이 부여된 프로이트의 가장 초기 기억) 가운데 하나를 저지르게 된다. 지기스문트와 욘이 초원에서 꽃을 꺾던 욘의 누이 파울리네(Pauline)를 쓰러뜨리고 꽃다발을 잔인하게 빼앗은 것이다. 두 소년은 우정만큼이나 증오도 강렬해서 서로 공격적인 태도를 보이기도 했다. 프로이트에 관한 가족의 전설에 편입된 그런 싸움 가운데 하나는 프로이트가 아직 두 살도 되기 전에 일어났다. 어느 날 아버지가 프로이트에게 욘을 왜 때렸냐고 물었다. 아직 말은 잘 못해도 생각이 분명했던 프로이트는 능숙하게 자신을 방어했다. "욘이 먼저 때려서 그랬어요."¹⁰⁾

프로이트가 보기에 젊고 아름다운 어머니는 아버지보다는 배다른 형 필리프와 더 잘 어울리는 것 같았는데, 아말리아 프로이트가 침대를 함께 쓰는 사람은 아버지였기 때문에, 그렇지 않아도 복잡했던 프로이트의 가족 관계 패턴은 더 복잡해졌다. 프로이트가 두 살 반이 되기 전인 1858년에 이 문제는 특별히 심각해졌다. 여동생 안나(Anna)가 태어난 것이다. 프로이트는 이 시절을 회상하면서, 여동생이 어머니의 몸에서 나왔다는 것은 이미 알고 있었다고 생각했다. 그에게 이보다 더 이해하기 어려웠던 일은 어떻게 된 일인지 배다른 형 필리프가 어머니의 애정을 둘러싼 경쟁자였던 아버지의 자리를 차지해버린 것이었다. 혹시 필리프가 새로 등장한 그 밉살맞은 어린 경쟁자를 어머니에게 준 것은 아닐까?¹¹⁾ 이 모든 것이 매우 혼란스러웠지만, 그것은 위험한 만큼이나 어떻게 된 일인지 알아야 할 필요도 있는 것이었다.

어린 시절의 이런 수수께끼들은 침전물을 남겼는데, 프로이트는 이것을 오랫동안 억압해놓았다가 1890년대 말에야 꿈과 힘겨운 자기 분석을 거쳐서 다시 포착할 수 있었다. 젊은 어머니가 경쟁자를 임신했다, 배다른 형은 알 수 없는 방법으로 어머니의 동반자가 되었다, 조카가 자기보다 나이가 많다, 가장 친한 친구가 가장 큰 원수이기도 하다, 인자한 아버지는 할아버지라고 해도 좋을 만큼 나이가 많다.―그의 정신은 이런 것들로 이루어져 있었다. 그는 장차 이런 내밀한 경험들로부터 정신분석 이론이라는 직물을 짜게 된다. 이 경험들은 그가 필요로 할 때 그에게 돌아왔다.

프로이트는 가족의 현실 가운데 눈에 두드러진 어떤 것들은 억압할 필요가 없다는 것을 알았다. "우리 부모는 유대인이었다." 그는 1925년에 발표한 짧은 〈나의 이력서(Selbstdarstellung)〉에서 그렇게 간결하게 말했다. 그는 세례라는 피난처로 도피하여 반유대주의로부터 보호를 받으려 했던 유대인들을 경멸하며 분명한 목소리로 덧붙였다. "나 또한 유대인으로 남았다."[12] 이것은 종교 없는 유대주의였다. 야코프 프로이트는 조상의 하시디즘* 관행에서 벗어났다. 아말리아 나탄존과 결혼할 때는 개혁파 유대교 방식으로 식을 올렸다. 그리고 시간이 지나면서 거의 모든 종교적 의식을 버렸으며, 부림절**과 유월절도 가족 축제로 기념했다. 1930년 프로이트의 회고에 따르면, 그의 아버지는 그가 "유대교와 관련된 모든 것을 전혀 모르고 자라게 해주었다."[13] 그러나 야코프 프로이트는 동화되기 위해 노력을 하면서도 기본적으로 자신이 유대인임을 전혀 부끄러워하지 않았고, 절대 부정하려 하지 않았다. 그는

---

* **하시디즘**(Hasidism) 18세기 초 폴란드와 우크라이나 유대인 사이에 널리 전파된, 성속일여(聖俗一如)의 신앙을 주장하는 종교적 혁신 운동. (편집자 주)
** **부림절**(Purim) 기원전 15세기 페르시아에서 에스더와 모르드개가 유대인들을 죽음으로부터 구해낸 사건을 기념하는 축제. (편집자 주)

자기 계발을 위해 집에서 계속 히브리어로 성경을 읽었으며, 프로이트는 아버지가 "그 거룩한 언어를 독일어만큼이나 잘, 또는 독일어보다 더 잘했다."고 믿었다.[14] 야코프 프로이트가 형성해놓은 이런 분위기 속에서 어린 프로이트는 "읽는 기술을 습득하자마자", "성경에 나오는 역사", 즉 구약에 매혹되었고, 이런 매혹은 그 후에도 계속 유지되었다.[15]

그러나 어린 시절 프로이트는 유대인에게만 둘러싸여 있지는 않았는데, 이 또한 복잡한 문제를 안겨주었다. 그가 두 살 반이 될 때까지 돌봐준 보모는 독실한 로마가톨릭교도였다. 프로이트의 어머니는 보모가 나이 들고, 못생기고, 영리했다고 기억한다. 보모는 프로이트에게 종교 이야기를 해주고 그를 교회에도 데리고 갔다. 프로이트의 어머니는 그에게 말했다. "그렇게 교회에 갔다 오면 너는 우리한테 설교를 하면서 전능하신 하느님이 무엇을 하는지 이야기해주곤 했어."[16] 보모는 그 이상의 일을 했다. 얼마나 많은 일을 했는지는 모호하지만. 프로이트가 간접적으로 약간 암시한 바에 따르면, 그녀는 성적인 문제의 선생 노릇을 했다.[17] 그녀는 조숙한 어린 소년에게 매섭게 굴었고 심하게 닦달을 하곤 했지만, 프로이트는 그런데도 자신은 그녀를 사랑했다고 생각했다.

그러나 그 사랑은 무참하게 끝이 났다. 어머니가 여동생 안나를 낳고 방 안에 누워 있는 동안 배다른 형 필리프가 보모가 작은 도둑질을 했다고 신고를 했고, 그녀는 체포되어 감옥에 갔다.[18] 프로이트는 그녀를 몹시 그리워했다. 어머니의 부재와 같은 시기에 일어난 보모의 실종은 모호하고 불쾌한 기억을 남겼으며, 프로이트는 오랜 세월이 흐른 뒤에야 이것을 해명하고 해석하게 된다. 프로이트의 회고에 따르면 그는 필사적으로 어머니를 찾으며 계속 울부짖었다. 그러자 필리프가 찬장—오스트리아에서는 카스텐(Kasten)이라고 불렀다.—을 열어 어머니가 거기에 갇혀 있지 않다는 것을 보여주었다. 그래도 프로이트는 진정되지 않았다. 그는 문간에 어머니의 "늘씬하고 아름다운" 모습이 나타났을 때에야 진정을 했다. 지기스문트가 어머니를 찾으며 우는데 필리프는 왜 텅 빈 찬장을 보여주었을까? 프로이트는 자기 분석이 가장 강렬했던 1897년에 그 답을 찾아냈다. 그가 배다른 형 필리프에게 보모가 어디에 갔냐고 묻자, 필리프는 그녀가 "상자에 갇혔다(eingekastelt)"고 대답했다. 감옥에 갇힌 것을 농담으로 표현한 것이었다. 프로이트는 어머니도 상자에 갇혔을까 봐 걱정을 한 것이 분명했다. 어머니에게 아기를 준 것으로 여겨지는 형과의 어린아이다운 경쟁, 몸에서 나오는 아기에 관한 역시 어린아이다운 성적 호기심, 자신을 돌봐주던 여자를 잃은 것으로 인한 서글픈 박탈감, 이런 것들이 그 연관성을 파악하기에는 너무 어리지만 겪기에는 너무 어리지 않은 아이를 불안하게 만든 것이다. 그 가톨릭교도 여자는 늙었고 호감을 주는 외모도 아니었지만, 그래도 프로이트에게는 큰 의미, 거의 사랑스러운 어머니만 한 의미가 있었다. 오이디푸스는 물론이고 레오나르도 다빈치, 모세 등 나중에 그의 공상 세계를 점령하게 되는 인물들처럼 어린 프로이트 또한 두 어머니가 사랑으로 돌보아주었던 것이다.[19]

야코프와 아말리아 프로이트는 어린 지기스문트를 잘 돌보았지만 살림은 가난했다. 1856년 프로이트가 태어났을 때 그들은 수수한 집의 방 하나를 빌려 살고 있었다. 그들의 도시 프로이베르크의 중심은 가톨릭교회의 높고 늘씬한 첨탑이었다. 종소리가 유명한 이 교회는 일부 잘사는 집들, 그리고 그보다 훨씬 많은 수수한 집들 위로 우뚝 솟아 있었다. 이 교회 외에도 프라이베르크의 주된 볼거리는 멋진 시장 광장과 매혹적인 주변 풍경이었다. 도시 주변으로 비옥한 농지, 빽빽한 숲, 부드러운 구릉지가 펼쳐졌으며, 멀리 우뚝 솟은 카르파티아 산맥이 아른거렸다. 1850년대 말 이 도시의 인구는 4500명이 넘었고, 그 가운데 130명이 유대인이었다. 프로이트 가족은 슐로서 가세 117번지의 평범한 2층짜리 건물 2층에 살았고, 1층에는 대장장이 자지크가 살았다. 프로이트는 이 대장장이의 일터 위에서 태어났다.[20]

프로이트 가족은 프라이베르크에 오래 살지 않았다. 1859년에 라이프치히로 잠깐 이사했다가, 바로 다음 해에 빈으로 이사했다. 가족의 궁핍을 기억하는 것이 프로이트에게는 고통스러운 일이었던 것 같다. 1899년 한 논문에 삽입한 위장된 자전적 구절에서 그는 자신이 "원래는 유복했던 부모의 자식으로서, 부모는 시골의 그 누추한 집에서 그런대로 안락하게 살았던 것 같다."고 말했다. 이런 과장은 프로이트가 나중에 '가족 로맨스(Familienroman)'—자신의 가족이 실제보다 부유하거나 유명하다고 생각하는, 심지어 훌륭한 부모를 꾸며내기도 하는 경향—라고 부르게 되는 것의 가벼운 사례다. 프로이트는 가족이 프라이베르크를 떠나게 된 동기를 단순화하고 그곳에서의 생활을 미화하고 있다. 프로이트는 "아버지가 종사하던 업계가 파탄나면서 아버지는 재산을 잃었다."라고 썼다. 결국 야코프 프로이트는 실제로 누려본 적도 없는 것을 제대로 지켜내지도 못한 셈이 되었다. 상황이 점차 나아지기는 했지만, 사실 빈으로 이사한 후 한동안 프로이트 가족은 생활에 여유가 없었다. 프로이트는 나중에 이렇게 썼다. "이어 길고 어려운 시절이 닥쳤다. 그 가운데 기억할 만한 가치가 있는 것은 없다고 생각한다."[21]

아말리아 프로이트의 다산 또한 위태로운 재정 상황을 완화하는 데 도움이 되지 않았다. 야코프 프로이트 부부가 빈으로 데려간 자식은 지기스문트와 안나 둘이었다. 율리우스라는 이름의 아들은 1858

년 4월 생후 7개월일 때 프라이베르크에서 죽었다. 1860년과 1866년 사이에 프로이트는 잇따라 여동생 넷—로자(Rosa), 마리(Marie), 아돌피네(Adolfine), 파울리네(Pauline)—과 막내이자 남동생인 알렉산더(Alexander)를 만나게 되었다.* 1865년과 1866년 초에는 야코프 프로이트의 형제 요제프 프로이트가 위조 루블화 거래로 기소되어 유죄 판결을 받고 투옥되는 바람에 더 심한 곤경에 빠졌다. 프로이트는 그의 꿈을 침범하던 요제프 삼촌을 좋아하지 않았으며, 《꿈의 해석》에서는 아버지가 이 불행한 일로 인한 슬픔 때문에 며칠 사이에 머리가 하얗게 셌다고 기억한다.[22] 아마 야코프 프로이트의 슬픔에는 불안도 섞여 있었을 것이다. 야코프 자신과 맨체스터로 이주한 장성한 두 아들도 요제프 프로이트 사건에 연루되었다는 증거가 있기 때문이다.[23]

프로이트가 빈의 초기 시절을 기억할 만한 가치가 없다고 말한 것은 경제적인 곤경과 가족의 수치 때문만은 아니었다. 그는 프라이베르크를 몹시 그리워했다. 특히 그 도시를 둘러싼 아름다운 시골이 그리웠다. "나는 도시에서는 사실 편한 적이 없었다." 프로이트는 1899년에 그렇게 고백했다. "지금 생각해보면 고향의 아름다운 숲에 대한 갈망을 결코 극복하지 못한 것 같다. 지금 남아 있는 그 시절의 기억이 증언하듯이, 나는 아버지한테서 달아날 때면 걸어다니기도 힘들 만큼 빽빽한 그 숲으로 가곤 했다."[24] 1931년 프리보르의 시장이 프로이트의 생가 벽에 박아넣은 황동 기념판(명판)의 제막식을 했을 때, 당시 일흔다섯 살이던 프로이트는 감사 편지에서 간단하게 자신의 삶의 부침을 이야

---

* 프로이트의 여동생 안나가 전하는 가족 전승에 따르면, '알렉산더'라는 이름은 가족 회의에서 정했는데, 당시 열 살이던 프로이트가 알렉산드로스 대왕의 아량과 군사 지도자로서의 능력을 고려하여 제안한 것이었다. (*Jones* I, 18 참조. 이것을 비롯한 다른 모든 약칭과 생략형은 '약어 설명' 참조.)

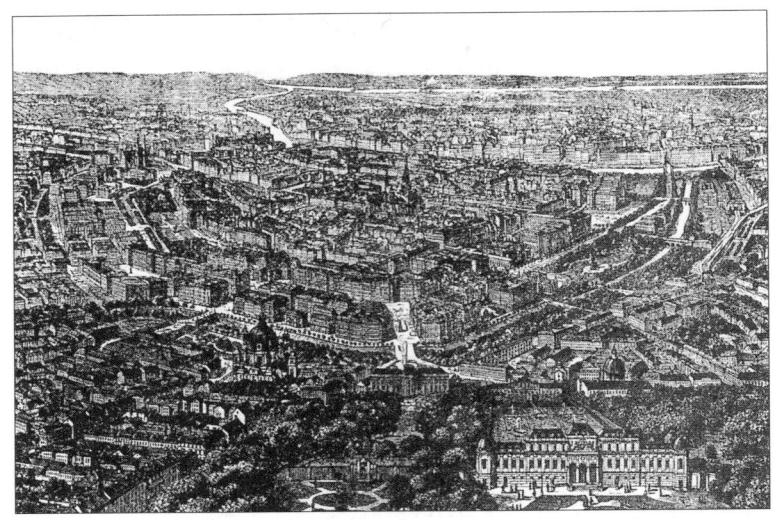

1873년 빈의 조감도. 프로이트가 빈 대학에 들어간 해다. 프로이트는 거의 평생을 빈에서 살았으나 언제나 모든 사람에게 빈이 싫다고 말하곤 했다.

기한 뒤 먼 과거에서 안전한 유물 하나를 골라냈다. "다른 것이 켜켜이 덮여 있기는 하지만 그럼에도 내 안 깊은 곳에는 프라이베르크의 행복한 아이가 아직 살고 있습니다. 젊은 어머니의 첫 아들로 태어난 이 아이는 그 공기, 그 땅으로부터 지울 수 없는 첫인상을 받았지요."[25] 이것은 흔한 아첨이나 사교적인 예의 이상의 말이다. "그 공기, 그 땅"이라는 운율을 맞춘 수사적인 표현이 그 사실을 확인해준다. 이것은 프로이트 정신의 가장 은밀한 층들을 드러내, 젊고 아름다운 어머니를 사랑하고 늙은 아버지에게서는 달아나던 시절을 향한 채울 수 없는 갈망을 보여준다. 프로이트가 빈에 대한 복잡한 감정을 결코 극복하지 못한 것도 놀랄 일이 아니다.

프로이트의 아들 마르틴 프로이트(Martin Freud)는 아버지가 목청 높여 되풀이한 빈에 대한 혐오가 사실은 은밀한 사랑 고백이라고 주장한 적이 있다. 자신이 사모하는 도시에서 흠을 찾아내고 기뻐하는 것이야말로 진짜 빈 사람이라는 증거가 아닐까? 확실히 프로이트는 모든 사람에게 빈이 싫다고 목소리를 높인 사람치고는 유난히도 빈을 떠나는 것을 싫어하기는 했다. 그는 영어 실력이 뛰어났고, 외국 연줄도 좋았으며, 외국에 정착하라는 초대를 여러 번 받았는데도, 더 버틸 수 없을 때까지 빈을 떠나지 않았다. 프로이트는 1938년 6월 초 아주 늙은 몸으로 런던에 도착한 직후에 이렇게 썼다. "드디어 해방되었다는 승리감에는 애도감이 너무 강하게 섞여 있습니다. 내가 막 풀려나온 감옥을 여전히 무척 사랑하고 있기 때문입니다."[26]

프로이트의 양가감정은 아주 뿌리가 깊었던 것이 분명하다. 빈이 아무리 사랑스럽다 한들, 결국은 감옥이 되었기 때문이다. 그러나 프로이트는 나치가 조국으로 진군해 오기 오래전부터 여러 편지에서 자신의 증오를 고백했다. 이것은 자의식과 관련된 것도 아니고, 꾸민 태도도 아니었다. 프로이트는 열여섯 살 때 프라이베르크에서 돌아온 뒤 친구 에밀 플루스(Emil Fluss)에게 이렇게 말했다. "내가 빈에서 받은 인상에 관해서는 아무 말도 하지 않을게. 빈은 나에게는 역겨운 곳이었어."[27] 나중에 프로이트는 베를린에서 약혼녀 마르타 베르나이스(Martha Bernays, 1861~1951)에게 편지를 쓰며 이렇게 고백했다. "빈은 나를 답답하게 합니다. 어쩌면 견딜 수 없을 정도로." 프로이트는 또 마르타에게 빈의 스카이라인을 지배하는 성 슈테판 성당이 그에게는 그저 "저 혐오스러운 첨탑"일 뿐이라고 말했다.[28] 프로이트는 이런 날카로운 적대적인 말들 속에 조심스럽게 묻어 두었던 뭔가가 떠오르고 있다는 것을 인정했다. 프로이트는 자신의 빈에 대한 증오가 개인적인 것에 가까웠으며, "거인 안타이오스*와는 달리, 고향 땅에서 발을 뗄 때마다 새로 힘을 얻"는다고 말했다.[29] 빈은 언제나 그에게 곤경, 반복되는 실패, 오랫동안 끝나지 않는 가증스러운 고독, 유대인 혐오에 기초한 불쾌한 사건들의 무대였다. 프로이트가 산악 지대에서 휴가를 보내고 오랫동안 시골을 산책했다는 것도 그가 빈에서 느끼는 감정들을 암시한다. 빈은 프라이베르크가 아니었던 것이다.

그러나 이런 진단에는 받아들이기 어려운 측면이 있다. 정신분석, 다시 말해서 도시화된 부르주아에 의해, 또 그들을 위해 만들어진 그 이론과 치료보다 더 도시적이려고 안간힘을 쓰는 것처럼 보이는 것도 없기 때문이다. 프로이트 또한 기본적으로 도시 거주자로서, 낮에는 계속 상담실에서 일을 하고 저녁에는 내내 서재에서 연구를 했으며, 학창 시절과 젊은 의사 시절에 한창 건설 중이던 근대의 빈에서 매일 산책을 했다. 많은 관찰자들이 정신분석을 그 창립자와 마찬가지로 단지 도시적일 뿐 아니라, 구체적으로 빈을 닮은 현상으로 보았다. 프로이트는 격렬하게 이의를 제기했다. 프랑스 심리학자 피에르 자네(Pierre Janet, 1859~1947)가 정신분석은 오직 빈의 관능적인 분위기에서만 나올 수 있었다고 주장하자, 프로이트는 거기에 암시된 내용이 악의적이고, 기본적으로는 반유대주의적인 중상(中傷)이라고 생각했다.[30] 사실 프로이트는 일류 의대가 있고, 교육받은 부유한 사람들이 많아 환자를 충분히 공급할 수 있는 도시라면 어디에서나 그의 생각을 발전시킬 수 있었을 것이다. 프로이트가 결코 프라이베르크 주변의 숲을 잊지 못했다고는 하나, 그가 운명에 의해 답답한 도시에 묶여버린 떠돌이 시골뜨기가 아니었던 것 또한 분명하다. 그러나 프로이트가 점차 머릿속에서 구축해 나간 빈은 궁정, 카페, 살롱, 오페레타의 빈이 아니었다. 그런 빈은

---

* **안타이오스**(Antaios) 그리스 신화의 거인. 땅에 몸이 붙어 있으면 아무도 당할 수가 없고 땅에 쓰러지면 더 큰 힘을 얻었다고 한다. (역주)

프로이트의 작업을 발전시키는 데 거의 아무런 역할을 하지 못했다. 그의 신부가 함부르크 출신이고, 그가 총애하던 지지자들이 취리히, 부다페스트, 베를린, 런던, 심지어 훨씬 더 먼 곳 출신이고, 그의 심리학 이론들이 서양 문화 전체를 끌어안을 만큼 커다란 지적인 우주에서 형성된 데에는 이유가 있었다.

그런데도 프로이트가 정착을 하고 계속 머문 곳은 빈이었다. 그의 아버지는 곤경을 쉽게 타개해 나가는 사람이 아니었다. 겉으로 보기에는 치유 불가능한 낙관주의자였지만, 그는 어디까지나 불충분한 자원을 가지고 주위의 산업화되어 가는 세상에 대처해야 하는 소상인이었다. 그는 사람들에게 호감을 주고, 관대하고, 즐길 줄 알았고, 아들 지기스문트의 비범한 재능을 굳게 믿었다. 그의 손자 마르틴 프로이트의 회고에 따르면, 가족 모두가 그를 사랑했다. 그는 "우리 어린아이들에게 무척 잘해주었으며", 선물을 주고 재미있는 이야기를 해주었다. 모두가 "그를 무척 존경했다."[31] 그러나 아들 지크문트에게 야코프 프로이트는 그렇게 간단히 넘어갈 수 없는, 문제가 많은 사람이 된다.

어머니의 매혹적인 젊음과 빼어난 미모 때문에 어린 프로이트의 감정적 과제는 더욱 부담스러워졌다. 훗날 그는 어린 시절의 경험 하나를 다시 포착한다. 이 경험은 모든 사람의 아주 어린 시절을 덮어버리는 보편적인 망각에서 그가 구해낸 "의미심장한 작은 사실들" 가운데 하나였다. 이 기억은 1897년 10월에 자기 분석을 하는 도중에 찾아왔다. 그의 무의식적 삶의 발견물들이 어지러울 정도로 쏟아져나오던 때였다. 그가 가까운 친구 빌헬름 플리스에게 한 이야기에 따르면, 두 살에서 두 살 반 사이의 어느 때인가 라이프치히에서 빈으로 심야 철도 여행을 하던 도중 "어머니(matrem)를 향한 리비도(libido)가 깨어났다." 이 여행

열여섯 살 때 어머니 아말리아와 함께 찍은 사진.

에서 그는 "어머니의 나신(nudam)을 볼 기회"가 있었다. 프로이트는 이 감질나는 기억을 풀어놓은 직후에 자신보다 17개월 정도 늦게 태어난 갓난 동생 율리우스의 죽음을 "악의에 찬 소망과 어린아이다운 진짜 질투심"으로 환영했던 것을 기억했다. 이 동생, 그리고 프로이트보다 한 살 위였던 조카 욘이 "지금 나의 모든 우정에서 신경증적인 면만이 아니라, 강렬한 면도 결정하고 있다."[32]라고 프로이트는 말했다. 사랑과 증오, 인간 운명을 둘러싸고 갈등을 일으키는 그 기본적인 힘들, 프로이트의 성숙한 심리학적 글에서 큼지막하게 자리를 잡고 있는 힘들이 이 기억 속에서 대결하고 있는 것이다.

프로이트는 어린 시절을 기억할 때 가끔 눈에 띄는 실수를 저질렀는데, 방금 그 예가 나왔다. 그가 어머니의 나신을 보았을 때는 사실 두 살 갓 넘긴 것이 아니라 거의 네 살 무렵이었다. 어머니의 나신(matrem nudam)을 본 기억을 구해낼 때 그 자신에게 의식적으로 허용했던 어린아이보다 더 크고, 더 강한 아이였던 것이다. 따라서 관음증이나 노골적인 욕망을 드러냈을 가능성도 더 컸다. 마흔한 살이 되어, 이미 성이라는 금단의 영역을 탐사하는 가장 비관습적인 개척자의 자리에 있는데도, 이 흥미진진한 사건을 묘사하면서 안전한 라틴어로 물러나 거리를 둘 수밖에 없었다는 점 또한 눈에 띈다.

이 에피소드의 정확한 본질이 무엇이었든 간에, 프로이트에게 용맹스러운 탐사, 손에 잘 잡히지 않는 명성, 위태로운 성공으로 점철된 인생을 준비시켜준 사람은 유쾌하지만 약간 주변머리가 없는 아버지보다는 아들을 무척이나 사랑하고, 힘이 넘치고, 지배욕이 강한 어머니였을 것이다. 아말리아가 여름에 몇 번 온천까지 가면서 폐의 병—프로이트의 막내딸 안나는 그것을 "결핵병"이라고 불렀다.[33]—을 이겨낸 것도 그녀의 활력의 증거다. 결국 프로이트는 이 당당한 어머니와 맺고 있던

1장 앎의 의지 45

여덟 살 무렵의 프로이트가 당시 쉰에 가까웠던 아버지 야코프와 함께 찍은 사진. 가족이 빈에 정착한 뒤 사진관에서 찍은 것이다.

정열적이고 무의식적인 유대의 의미를 결코 완전하게 풀어내지 못했다. 그의 환자 가운데 다수가 여자였고 그 스스로 여자에 관해 많은 글을 썼는데도, 그는 평생 '여자'가 자신에게는 어두운 대륙으로 남아 있다고 말하기 좋아했다.* 이런 모호함 가운데 일부는 자신을 보호하는 데서 시작되었을 가능성이 아주 높아 보인다.

아버지에 대한 모호한 감정은 표면으로 훨씬 더 가까이 떠올라 있었다. 유년의 또 하나의 핵심적인 기억, 자극적이기보다는 애처로운 기억이 그것을 증명한다. 그 기억은 프로이트에게 곤혹스러운 동시에 매혹적인 것이었다. "내가 열 살이나 열두 살쯤 되자 아버지가 산책에 데리고 나가기 시작했다." 그러면서 아버지는 자신이 알았던 세계에 관해 이야기를 했다. 어느 날 야코프 프로이트는 오스트리아 유대인의 생활이 얼마나 급격하게 개선되었는지 알려주려고 아들에게 이런 이야기를 했다. "젊은 시절 어느 토요일에 네가 태어난 곳의 거리로 산책을 나갔어. 아름다운 옷을 입고, 머리에는 새로 산 모피 모자를 쓰고 있었지. 그때 기독교인 한 명이 다가와 내 모자를 진창에 내던지고 소리를 지르더구나. '이 유대인, 보도에서 썩 꺼져!'" 프로이트는 흥미를 느껴서 물었다. "그래서 어떻게 하셨어요?" 아버지는 차분하게 대답했다. "도로로 걸어 들어가 모자를 주웠지." 프로이트는 아버지의 굴종적인 반응이 "나에게 영웅적으로 보이지 않았다."고 냉정하게, 어쩌면 약간 너그럽지 못하게 회상했다. 그의 아버지는 "크고 강한 남자"가 아니었던가?[34]

프로이트는 겁쟁이 유대인이 이방인에게 굴복하는 장면에 자극을 받아 복수의 환상을 키웠다. 그는 자신을 로마인이 아무리 강하다 해도 카르타고의 복수를 하겠다고 맹세한 훌륭하고 용맹한 셈족 장군 한니발과 동일시하였으며, 그를 "유대인의 끈기와 가톨릭교회 조직 사이의 대조"를 보여주는 상징으로 격상시켰다.[35] 그는 프로이트는 절대 더러운 진창에서 모자를 집어드는 일 따위는 하지 않을 것이었다.** 프로이트는 열네 살 때 프리드리히 실러(Friedrich Schiller, 1759~1805)의 혁명적인 희곡 《도적 떼》에서 브루투스 역을 맡아 독백을 한 소년이었다.[36]

---

* 그 어두운 대륙, '여자'에 관해서는 《프로이트 II》 10장의 '여자, 암흑의 대륙' 참조.

어린 시절부터 지적인 독립성의 강력한 과시, 통제된 분노, 신체적 용맹, 유대인으로서의 자존심이 합쳐져, 프로이트의 성격에서 매우 개인적이고, 파괴할 수 없는 아말감을 형성했던 것이다.

부모에 관한 프로이트의 심정은 복잡했는지 몰라도, 프로이트에 대한 부모의 믿음은 절대적이었다. 서른다섯 살 생일에 아버지는 "사랑하는 아들"에게 자신의 성경을 주면서 히브리어로 다음과 같이 시작되는 헌사를 적어놓았다. "하느님의 영이 너를 학문 쪽으로 움직인 것은 네가 일곱 살 때부터였다."[37] 사실 프로이트 부부는 아들이 조숙하게 독서에 빠져들기 오래전부터 아들이 장차 유명해질 것이라는 행복한 예감에 사로잡혔다. 프로이트는 《꿈의 해석》에서 야망에 관한 자신의 꿈 하나를 설명하면서 "어린 시절에 아주 자주 들은" 이야기를 기억했다. 그가 태어났을 때 "한 늙은 시골 여인이 어머니가 첫아들을 낳은 것을 반기면서 어머니가 세상에 위대한 인물을 주었다고 예언했다."는 것이다. 프로이트는 냉소적으로 이렇게 덧붙인다. "그런 예언은 물론 아주 흔하

** 나는 프로이트가 가장 좋아하는 영웅으로 한니발, 즉 증오의 대상이었던 혐오스러운 로마와 승산 없는 싸움을 벌여 거의 이길 뻔했던 이 불멸의 사령관을 선택한 데는 다른 이유, 어쩌면 프로이트도 몰랐을 이유가 또 있다고 생각한다. 막내 동생 알렉산더의 이름을 지을 때도 아버지인 마케도니아의 왕 필리포스보다 위대한 정복자 알렉산드로스를 선택했듯이, 프로이트는 한니발 또한 아버지 하밀카르—그 또한 마케도니아의 필리포스와 마찬가지로 역사에 이름을 남긴 정치가이자 군사 지도자였다.—보다 이름을 떨친 또 한 명의 강력한 인물로 상상했던 것일 수도 있다. 프로이트 자신도 《일상생활의 정신병리학》에서 한니발을 선택한 것을 아버지와 연결시켰다. 《꿈의 해석》에서 묘한 실수를 하여 한니발의 아버지를 하밀카르가 아니라 하스드루발(한니발의 동생)이라고 잘못 부른 일을 거론하며, 이것이 야코프 프로이트의 반유대주의에 대한 행동에 자신이 불만을 느꼈던 것과 관련이 있다고 이야기한 것이다. (*Psychopathology of Everyday Life*, SE VI, 219–220 참조). 그러나 프로이트의 선택에는 오이디푸스적인 요소가 있었을 가능성이 아주 높다. 그렇게 하면 아버지의 체면을 크게 손상시키지 않고 자신이 아버지보다 우월하다는 것—즉 오이디푸스 투쟁에서 승리한다는 것—을 보여줄 수 있었기 때문이다. 이런 식으로 프로이트는 집에서 '적'을 존중하면서도 승리를 누릴 수 있었다. (본서 3장 266~267쪽 참조.)

놀이기구와 식당이 많은 빈의 유명한 프라터 공원. 1860년대 말 부모는 프로이트를 종종 이곳에 데려갔다. 프로이트가 열두 살 무렵이던 어느 날 프라터 공원에서 만난 떠돌이 시인이 장차 프로이트가 '장관'이 될 것이라고 예언했다.

다. 세상에는 행복한 기대감에 넘치는 어머니도 아주 많고, 이제 세상에서 휘두를 수 있는 힘이 사라져 미래에 의지해 살아가는 늙은 시골 여자나 쭈그렁 할멈도 아주 많기 때문이다. 사실 이 여자 예언자 입장에서는 잃을 것도 없었다."[38] 그러나 그의 의심하는 태도가 모두 진심은 아니었다. 프로이트도 이 행복한 예언을 약간은 믿고 싶은 마음이 없지 않았다. 그래서 그는 그런 일화들을 자꾸 되풀이해 이야기하는 집안 분위기가 위대함을 향한 자신의 갈망을 키울 수밖에 없었다고 추측했다.

프로이트가 아주 정확하게 기억하는 또 하나의 에피소드도 천재를 데리고 산다는 부모의 확신을 강화해주었다. 프로이트는 열한 살 또는 열두 살 때쯤 빈의 유명한 공원인 프라터의 한 레스토랑에 부모와 함께 앉아 있었다. 그곳에서는 떠돌이 삼류 시인 한 사람이 탁자에서 탁자로 돌아다니면서 누구든 주제만 주면 동전 몇 개를 받고 짧은 시를 즉흥적으로 지어주었다. "나는 시인을 우리 자리로 데려오라는 심부름을 하러 갔고, 시인은 내가 초대해준 것에 고마워하며 우리 자리로 왔다. 시인은 주제를 묻기 전에, 나에 관하여 시구 몇 개를 이야기하더니, 무슨 영감을 받았는지, 언젠가 내가 장관이 될 것이라고 선언했다."[39] 1860년대 오스트리아를 지배하던 자유주의적 분위기에서 그런 예언은 상당히 그럴듯해 보였다. 프로이트는 훗날 자신이 법을 공부할 계획을 세운 것은 이런 종류의 인상 때문이었다고 말했다.

장래가 엄청나게 촉망되는 이 젊은이가 공공연하게 가족의 총애를 받은 것은 당연한 일이었다. 여동생 안나의 증언에 따르면, 부모가 아무리 쪼들려도 프로이트에게는 늘 자기 방이 있었다. 프로이트 가족은 빈에 도착하여 도시의 북동쪽 가장자리에 뻗어 있는 전통적인 유대인 지구인 레오폴트슈타트로 갔다. 이곳은 예전에 빈의 게토였는데, 이제 동유럽에서 유입되는 유대인 이민자 수가 점점 늘어나면서 다시 한 번 빠른 속도로 일종의 게토로 바뀌고 있었다. 1860년 무렵에는 빈에 사는 유대인 만 오천 명 가운데 거의 절반이 이 지구에 몰려 있었다. 레오폴트슈타트는 단순한 슬럼이 아니었다. 부자 유대인 가운데도 많은 수가 이곳에 사는 쪽을 택했다. 그러나 다수는 혼잡하고 지저분한 구역에 비집고 들어가 살고 있었다. 프로이트 가족도 그 다수에 속했다.[40]

시간이 좀 흐르면서 야코프 프로이트는 약간의 부를 누리기 시작했다. 아마 그보다 운이 좋았던 장성한 두 아들 때문이었을 것이다. 맨체스터에 정착한 그들은 일이 잘 풀렸다. 그러나 하인을 두고, 화가를 불러 어린 일곱 자식의 그림을 그리고, 프라터 공원에 놀러가고, 더 여유 있는 주거 구역으로 이사했는데도, 그와 그의 가족은 방 여섯 칸으로 만족하고 살았다. 프로이트가 대학에 다니던 1875년에 이사한 이 아파트는 대가족에게는 호사라고 할 수 없었다. 막내인 알렉산더, 프로이트의 여동생 다섯, 그리고 그들의 부모가 침실 세 칸에서 복닥거렸다. 프로이트만이 작은 방을 사적인 영토로 쓸 수 있었다. "거리가 내다보이는 창이 달린, 길고 좁은" 이 방은 사춘기 프로이트의 유일한 사치였던 책 때문에 점점 비좁아졌다. 프로이트는 이 방에서 공부하고, 자고, 책 읽을 시간을 더 내기 위해 종종 혼자 식사를 하기도 했다. 또 이곳에 학교 친구들을 맞아들였다. 여동생 안나는 그들을 놀이 친구가 아니라 "공부 친구"라고 불렀다.[41] 프로이트는 세심하지만 약간 권위적인 오빠이자 형이었으며, 동생들에게 공부를 가르쳐주기도 하고 세상에 관해 설교를 하기도 했다. 남을 가르치려는 경향이 어렸을 때부터 뚜렷하게 나타나고 있었던 셈이다. 그는 또 상당히 깐깐하게 구는 검열관 노릇도 했다. 안나는 열다섯 살 때 자기가 발자크와 뒤마를 읽는 것을 보고 오빠가 너무 외설스럽다며 얼굴을 찌푸렸다고 기억한다.

가족은 프로이트의 소년다운 오만을 그냥 그대로 받아들였으며, 이 때문에 자신이 특별하다는 프로이트의 느낌은 더 강해졌다. 프로이트의 요구가 안나나 다른 아이들의 요구와 충돌하면 무조건 프로이트의 요구가 우선이었다. 교과서에 열중하던 프로이트가 안나의 피아노 레슨이 시끄럽다고 불평하자 피아노는 사라져서 다시 돌아오지 않았다. 안나와 어머니는 몹시 아쉬워했지만, 쓰라린 마음을 드러내지는 않았다. 아마 프로이트 가족은 중유럽의 중간계급 가족 가운데 집에 피아노가 없는 극소수에 속했을 것이다. 그러나 그런 희생은 작은 방에서 열심히 공부하는 활기찬 맏아들을 두고 상상하는 찬란한 앞길에 비하면 아무것도 아니었다.

프로이트의 어린 시절에 빈의 유대인은 여전히 사회적인 무자격자로 힘겹게 살아야 했지만, 재능 있는 유대인 젊은이들이 받은 높은 기대를 유토피아적이라고 치부해버릴 수만은 없었다. 유럽 대륙 전체에 혁명이 휩쓸고 지나가고 프란츠 요제프(Franz Josef) 황제가 즉위한 1848년 이후로 다민족 합스부르크 제국도 굼뜨기는 하지만 정치적 개혁을 향해 느릿느릿 나아가고 있었다. 최대한 저항을 하면서도 어쩔 수 없이 19세기로 밀려 들어가고 있었던 것이다. 프로이트 가족이 빈의 레오폴트슈타트에 정착한 해인 1860년부터 잇따라 나온, 전통적 권위를 지탱하려는 목적의 칙령들은 오히려 국가를 자유주의적으로 바꾸는 의도하지 않은 결과를 낳았다. 이와 더불어 선거 운동이 점점 치열해지면서, 속박에서 풀려난 언론과 갓 태어나 권력 투쟁에 나선 정당들은 공적 전투에서 사용하는 위험한 언어로 오스트리아인을 교육했다. 자문 기능만 맡길 목적으로 세워진 새로운 의회(Reichsrat)는 진정한 입법 기관으로 탈바꿈하여 법 제정을 주도하고 예산안을 표결에 부쳤다. 그러나 이런 과감한 대의 정부 실험에도 불구하고, 정치적 대중은 여전히 전체 주민 가운데 소수였다. 심지어 커다란 약진으로 찬사를 받던 1873년의 선거법 개혁도 재산 자격이라는 강력한 장애물을 그대로 놔 두었다. 인민의 대변자를 선출하는 일은 여전히 성인 남성 6퍼센트의 특권이었던 것이다. 간단히 말해서 제한적 독재가 제한적 입헌주의에 자리를 내주고 있었던 것이다.[42]

엄청나 보이던 땜질이 결국은 겉만 분칠하는 것에 지나지 않았다는 사실이 드러났다. 이 광적인 민족주의 시대에 합스부르크 체제는 정치적 이해관계의 갈등과 민족 집단들 간의 적대를 가까스로 제어하고 있었다. 오스트리아 정치가들이 어떤 해법을 고안한다 해도 그것은 기껏해야 임시적인 것에 지나지 않았다. 역사학자 일자 바레아(Ilsa Barea)가 적절하게 요약했듯이 "20년 안에" 무려 "여덟 개의 오스트리아 헌법이 제출되고, 취소되고, 수정되면서, 연방주의와 중앙 집권주의, 직접 선거와 간접 선거, 권위주의 정부와 대의 정부를 실험했다."[43] 군주제와 상류 사회라는 화려한 장식이 사상의 전체적 파산이나 화해할 수 없는 힘들의 교착 상태를 간신히 감추고 있었다. 신중하지 못한 전쟁과 참담한 외교 활동이 대중의 관심을 놓고 진보적인 사회적 입법과 경쟁하고 있었다.

그러나 정치, 경제, 사회 관계가 지속적으로 개선되고 있다는 쪽에 내기를 건 사람들은 몇 년 동안 그들이 보기에 설득력 있는 증거를 몇 가지 확보하게 되었다. 1860년대 말 제국 내각은 교양 있고 헌신적인 중간계급 관료와 정치가들이 지배했다. 아무 이유 없이 이들을 '부르주아 내각(Bürgerministerium)'이라고 부른 것이 아니었다. 이 부르주아 내각과 그 뒤를 이은 내각들의 체제에서 정부는 교육과 결혼에 대한 통제권을 세속 당국에 넘겼으며, 종파 간 결혼의 길을 열었고, 인도적인 형법을 도입했다. 이렇게 정치적인 자유주의로 진입한 뒤 오스트리아의 상업과 금융, 산업, 운송, 통신은 눈에 띄는 행보를 보여주었다. 오스트리아-헝가리에는 산업혁명이 늦게 찾아왔지만, 어쨌든 오기는 왔다. 그러나 1873년 5월 9일 '검은 금요일'의 주식 시장 붕괴로 모든 것이 의심을 받게 되었으며, 이 사태는 그동안 이루어낸 많은 성취에도 그림자를 드리웠다. 대량 파산과 은행 붕괴는 경솔한 투기꾼, 운 없는 예금자, 불행한 사업가, 장인, 농장주를 궤멸시켰다. 6월에 이곳을 찾은 한 명민한 독일인 방문객은 이렇게 썼다. "오스트리아인은 돈을 다 잃었다. 아니, 애초에 그들에게 돈이 없었다는 사실을 깨닫게 되었다."[44]

저축과 투자가 갑자기 날아가버리는 상황에 직면하여 희생양을 찾고자 했던 오스트리아인은 아무런 억제 없이 반유대주의를 분출했다. 저널리스트들은 유대인 은행가들의 '음모' 때문에 붕괴가 일어났다고 주장했다. 대중적인 만화가들은 매부리코에 머리가 곱슬곱슬한 중개인들이 빈 주식거래소 앞에서 흥분하여 손짓을 하는 만화를 그렸다.* 프로이트가 유대인이라는 자각이 생겼던 때를 대학 시절로 꼽은 데도 그럴 만한 이유가 있는 것이, 그는 1873년 가을부터 대학에서 공부를 하기 시작했던 것이다.** 그러나 당시의 극단적인 정치 수사에서 위협적인 요소는 격렬한 반유대주의 선전만이 아니었다. 거친 당파적 분파주의, 막 등장한 노동자계급 의식, 폴란드인과 체코인 등 민족적 소수자의 달랠 수 없는 불만이 이미 그런 정치 수사에 불을 지르고 있었다. 1860년대의 아슬아슬한 성취는 그대로 유지되기가 매우 위태로운 지경에 이르렀다.

그렇더라도 오스트리아의 유대인에게는 여전히 희망의 시기였다. 1848년 이후 합스부르크 영토에서 유대인의 법적 지위는 꾸준히 나아져 왔다. 1848년에는 유대인의 예배가 합법화되었고, 부담스럽고 수치스러운 특별 세금들이 철폐되었으며, 부동산 소유에서 기독교인과 동등한 권리를 누리게 되었고, 모든 전문 직업을 가질 수 있었으며, 모든 공직에 진출할 수 있었다. 1850년대에는 유대인 가정에서 비(非)유대인 하인을 고용하는 것을 금지하거나, 비유대인 가정이 유대인 산파를 고용하는 것을 금지하는 법 같은 짜증나는 편협한 유물들이 사라졌다.

---

* 사실 오스트리아 유대인은 '대붕괴'로 다른 누구 못지않게 고통을 겪었다. 예를 들어 아르투어 슈니츨러(Arthur Schnitzler)의 아버지는 "다른 많은 죄 없는 피해자들과 마찬가지로 그때까지 저축한 모든 것을 잃었다." (Arthur Schnitzler, *Jugend in Wien*[1968], 48).
** 프로이트는 1930년 예루살렘의 히브리어 번역자 드보시스(J. Dwossis)에게 쓴 편지에서 그 시절을 회상하면서 '독일의 반유대주의'에 관해 신랄하게 이야기했다(프로이트가 드보시스에게 쓴 편지, 1930년 12월 15일. Freud Museum, London). 사실 1870년대 초에 독일에서도 아주 비슷한 사태가 벌어져 유대인에 대해 똑같이 편협한 정치 수사를 사용했다. 그러나 오스트리아에서 나타난 이 변종은 북쪽의 이웃으로부터 어떤 영향을 받은 것이 아니었다. 이것은 나중에도 마찬가지였다.

J. E. 횔바르터의 판화 〈검은 금요일〉. 1873년 5월 9일 주식시장 붕괴 뒤 주식거래소 앞에서 흥분한 사람들을 포착하고 있다. 거칠게 삿대질을 하는 중개인들 가운데 다수는 반유대주의자들이 흔히 유대인의 특성이라고 생각하는 큰 코 같은 신체적 특징을 보여준다.

1867년이 되자 구석구석에 남아 있던 법적인 차별도 거의 사라졌다.[45)] 적어도 유대인에게 이런 법적 개혁의 결과는 기분 좋은 것이었다.

더욱이 1860년에는 자유주의적 분파가 빈을 장악하여 통치를 시작했으며, 유대인 가운데 견실한 시민은 사회적으로 받아들여지고 나아가 정치적인 지위가 상승하는 것까지 기대해볼 수 있었다. 실제로 제멋대로 뻗어나간 합스부르크의 영토를 오스트리아-헝가리 이중 군주국으로 바꾸어놓은 1867년의 '타협(Ausgleich)' 후에 '부르주아 내각'의 구성원 가운데 몇 명은 유대인이었다. 이런 시기에 나중에 프로이트가 《꿈의 해석》에서 "모든 부지런한 유대인 소년이 가방에 장관직을 넣어 가지고 다녔다."고 썼던 시기에 프로이트와 부모는 프라터 공원의 식당에서 시인 겸 예언자를 만났던 것이다.[46)]

프로이트가 1890년대 말에, 모든 병사가 배낭에 육군 원수의 지휘봉

1장 앎의 의지 55

을 넣고 다닌다는 나폴레옹의 기억할 만한 혁명적 격언을 그런 식으로 바꾸어 말한 데에는 약간 애처로운 면이 있다. 1897년에는 기회주의적 정치 강령에 반유대주의를 집어넣었던 잘생기고 대중적인 선동정치가 카를 뤼거(Karl Lueger, 1844~1910)가 빈의 시장이 되어 권력을 휘둘렀다. 그 전부터 한동안 유대인 혐오는 빈 정치에서 빠지지 않는 구성 요소여서, 1885년에 프로이트는 약혼녀에게 선거일인 6월 1일에 '폭동과 반유대주의 시위'가 벌어졌다고 전하기도 했다.[47] 그러나 뤼거는 1890년대 새로운 정치의 촉매가 되었다. 그는 유대인 친구들도 있었고 자신을 사랑하는 대중에게 보여주는 꾸며낸 겉모습을 벗어버린 사적인 자리에서는 유대인에게 훨씬 온화한 태도를 보이기도 했지만, 그의 지지자들 가운데 다수는 지도자보다 완강했으며, 반유대주의적 태도에도 일관성이 있었다. 따라서 뤼거의 출현은 오스트리아 자유주의의 파산을 돌이킬 수 없이 최종적으로 확정한 사건이었다.[48] 그러나 35년 이상의 세월 동안—이 기간에 프로이트는 성장하고, 공부하고, 결혼하고, 가족을 이루고, 정신분석의 명제들을 붙들고 분투했다.—자유주의는 비록 점점 누더기가 되기는 했지만 그래도 빈 정치에서 눈에 가장 두드러지는 경향이었다. 또 이것이 프로이트가 편안함을 느끼던 분위기이기도 했다. 프로이트는 노년에 그 현기증 나는 수십 년을 돌이켜보면서 자신을 "구식 자유주의자"라고 불렀다.[49]

실제로 1860년대와 그 이후에 자유주의는 빈의 유대인이 보여준 원칙적인 동시에 신중한 입장이었다. 시온주의나 사회주의라는 대안은 아직 시야에 나타나지 않았다. 프로이트는 해방된 많은 형제들과 마찬가지로 자유주의적 세계관이 자신에게 맞았기 때문에, 또 흔히 말하듯이 그것이 유대인에게 좋았기 때문에 자유주의자가 되었다. 프로이트는 인간 본성에 관해 비관적이었다. 따라서 모든 종류의 정치적 만병통치약에 관해 회의적이었지만, 그렇다고 보수주의자는 아니었다. 그는 자존심 있는 부르주아로서 오만한 귀족에게 짜증이 났다. 억압적인 성직자들이야 말할 것도 없었다. 그는 유대인이 오스트리아 사회에 완전히 통합되는 데 주요한 장애물이 로마 교회와 오스트리아의 그 앞잡이들이라고 보았다. 우리가 알다시피, 프로이트는 어린 시절부터 책에 등장하는 모든 반유대주의자에게 상상의 복수를 하는 정교하고 유쾌한 환상을 만들어냈다. 대중에게 호소하는 인종적인 반유대주의가 무럭무럭 성장하면서 새로운 증오의 대상이 되었지만, 그는 오랜 원수인 로마가톨릭을 결코 잊지 않았다. 프로이트나 다른 동화된 유대인에게 오스트리아 자유주의자는 선동정치가나 사제들과 분명한 대조를 이루면서 힘을 주는 존재들이었다.

그 이유는 분명하다. 1867년에 오스트리아의 유대인에게 완전한 시민권을 준 사람들은 결국 자유주의자들이었다. 1883년에 반유대주의 시위가 벌어졌을 때 빈에서 국제적인 명성을 누리는 유일한 신문 〈신자유신문(Neue Freie Presse)〉이 독자들에게 "자유주의의 제1교의"는 "시민들이 신앙에 관계없이 똑같은 권리를 누리는 것"임을 일깨우고 나선 것은 주목할 만한 일이었다.[50] 당연한 일이지만 〈신자유신문〉은 프로이트가 매일 구독하던 신문이었다. 물론 이 신문이 그가 소중히 여기던 자유주의적 관점을 지지했기 때문이다.

젊은 프로이트가 이런 정치 현실에 눈을 뜰 두렵, 그런 입장은 오스트리아 유대인 사이에 널리 퍼져 있었다. 1879년 선거 운동 기간에 빈의 최고 랍비인 아돌프 옐리네크(Adolf Jellinek)는 "오스트리아 유대인은 그들의 중요한 이해관계를 고려하여 반드시 헌법과 자유주의 세력을 지지해야 한다."고 선언했다.[51] 정치 평론가이자 랍비인 요제프 자무엘 블로흐(Joseph Samuel Bloch)는 자유주의의 미덕을 쭉 나열했다.

그것은 교조 이상이며, 또한 편리한 원칙 이상이다. 그것은 유대인의 영적인 피난처이며, 구원의 안식처이고, 자유의 특권이며, 보호하는 여신이며, 마음의 여왕이다.52) 물론 오스트리아 유대인은 그들이 마음으로 지지하는 쪽에 표를 던졌다. 자유주의적 후보에 대한 그들의 충성심은 굳건했다. 프로이트도 할 수 있을 때마다 그들에게 표를 주었다.* 성직자, 교황권 지상주의자, 오스트리아-헝가리 제국에서 비독일적 요소들에 우호적인 연방주의자, 이들은 유대인의 적이었다. 프로이트의 정치적 열정은 높이 치솟지 않았지만, 수십 년의 자유주의 기간에 대한 비판적 논평이 그의 편지에 적다는 것 자체가 그가 전반적으로 자유주의에 만족했고, 기본적으로 옐리네크, 블로흐, 〈신자유신문〉과 생각이 같았음을 보여준다. 그러나 뤼거와 그의 친구들이 도시를 지배하는 1890년대 말부터는 할 말이 많아진다.

정치와 문화에 자유주의가 등장했다는 것은 공직에 있는 생각이 비슷한 정치가들의 클럽이 생겼다는 정도의 의미가 아니었다. 자유주의의 상징은 도처에서 나타났다. 베를린, 파리, 런던 등 19세기 다른 수도들의 뒤를 따라 빈도 눈부신 속도로 성장하고 변화했다. 1860년에 빈의 인구는 약 50만이었다. 20년 뒤 프로이트가 의학 공부를 마칠 때는 70만이 넘었으며, 그 가운데 다수는 프로이트 가족과 마찬가지로 다른 곳에서 태어난 사람들이었다. 정력적이고 상상력이 풍부하고 무자비했던 파리 지사 오스만 남작이 거의 알아볼 수 없을 정도로 다시 건설한

---

* 1885년 6월 2일 프로이트는 약혼녀 마르타 베르나이스에게 이렇게 썼다. "어제 선거가 있었습니다. 빈은 무척 흥분했지요. 자유주의 정당은 4석을 잃었습니다. 마리아힐프와 바드너 지구에서는 반유대주의자들이 선출되었습니다." (Sigmund Freud Copyrights, Wivenhoe의 허락을 받아 인용).

파리와 마찬가지로, 빈도 그 20년 동안 얼굴이 완전히 바뀌어버렸다.

1857년 프란츠 요제프는 빈 도심을 둘러싼 오랜 요새의 철거를 허가했다. 7년 뒤 이 요새는 대부분 사라졌으며, 각이 진 말발굽 모양의 거대한 도로인 링 슈트라세가 형성되기 시작했다. 아홉 살의 프로이트가 레오폴트슈태터 코무날-레알-운트 오버김나지움에 입학하던 1865년에 그 거대한 대로의 공식 개통식이 거행되었다. 그 도로 양편에 공공건물이 차례차례 들어서고, 그 사이사이에 육중한 아파트 주택이 끼어들어, 자유주의적 문화와 자유주의적 입헌주의를 기념했다. 1869년에는 새로운 오페라하우스가 마련되었다. 12년 뒤에는 거대하고 화려한 미술관 두 곳이 생겼다. 1883년에는 자유주의적 이데올로기를 상징하는 값비싸고 의미심장한 건축물인 신고전주의 양식의 의사당과 신고딕 양식의 시청이 문을 열고 중요한 업무를 보기 시작했다.

모두 매우 인상적인 동시에 매우 위태로웠다. 세월이 흐른 뒤 오스트리아의 에세이스트이자 소설가인 헤르만 브로흐(Hermann Broch, 1886~1951)는 널리 인용되는 "1880년경의 화려한 묵시록"이라는 말로 이 '이중 제국'의 핵심을 포착하려 했다. 묵시록은 잘 위장되어 있었다. 아름답고 푸른 도나우 강에 관한 자기 보호적이고 감상적인 심정 토로와 고급 문화의 거품, 그리고 왈츠의 명랑한 소리로 장식되어 있었던 것이다. 브로흐야 세월이 흐른 뒤에 돌이켜본 것이지만, 그 당시에도 도나우가 진흙탕이고, 샴페인은 김이 빠졌고, 왈츠는 으르렁거리는 화산 테두리에서 추는 필사적인 춤이라고 생각했던 소수의 비판적 정신이 있었다. 그러나 프로이트는 아니었다. 그는 의학과 사랑을 나누느라 바빴다.

이 수십 년 동안 빈은 동유럽의 유대인 이민자들이 가장 좋아하는 피난처였다. 그들은 독일 어느 도시보다도 오스트리아의 빈으로 많이 몰려들었다. 오스트리아로부터 나오는 신호도 종잡을 수 없기는 했지만, 다른 곳의 상황은 더 나빴기 때문이다. 19세기말이 되자 빈의 유대인 집단 내부는 다양한 모습을 보여주었다. 오래전에 정착한 가족도 있고, 외국, 주로 러시아에서 온 이민자도 있고, 갈리시아, 헝가리, 또 모라비아(프로이트 가족도 이곳 출신이다) 등과 같은 합스부르크 영토에서 새로 온 사람들도 있었다. 유대인 집단은 동요하고 있었다. 유대인 수천 명이 박해를 피하고 기회를 잡을 수 있는 피난처로 여기고 빈을 찾아왔지만, 반대로 빈을 떠나 독일이나 외국에 정착하는 사람도 많았다.[53] 1880년대와 1890년대에는 프로이트 또한 몇 번 이민을 고려하게 된다. 아마 미국, 아니 그보다는 젊은 시절부터 사랑했던 영국을 염두에 두었을 것이다.

이런 유대인 침공─모든 유형의 반유대주의자가 그런 식으로 부르기를 좋아했다.─으로 인해 빈의 동화된 유대인들은 딜레마에 빠지게 되었다. 이 시절에 베를린이나 런던 등 다른 곳의 유대인도 비록 강도는 덜하지만 비슷한 딜레마에 빠져 있었다. 미개한 동유럽 출신의 가난에 찌든, 그리고 종종 정신적 외상까지 입은 난민들에게 느끼게 되는 약간의 동정심이 그들의 습관이나 외모에 대한 방어적인 거부감에 눌려버리곤 했던 것이다. 프로이트 또한 그런 정서에서 벗어나지 못했다. 그는 열여섯 살에 고향 프라이베르크에 다녀오는 길에 기차에서 "매우 품위 있는 늙은 유대인과 그의 부인인 늙은 유대인 여자, 그리고 우울하고 께느른한 어린 딸과 건방지지만 믿음직해 보이는 아들"을 만났다. 프로이트는 자신이 이들에게 느낀 역겨움을 같은 유대인이었던 친구 에밀 플루스에게 토로했다. 그는 이들 일행이 주위의 "다른 누구보다 견디기 힘들다"고 느꼈으며, 노인이 프라이베르크에서는 흔히 눈에 띄는 유형임을 알고 있었다. "노인은 아들에게 종교 이야기를 하고 있었는데, 그 아들도 마찬가지였어. 때가 오면 운명을 추종하여 사기꾼이 되는 부류에 속하는 사람이었지. 교활하고, 거짓말 잘하고, 친척들이 부추기는 바람에 자신에게 재능이 있다고 생각하지만, 사실 원칙도 없고 인생관도 없는 사람 말이야."⁵⁴⁾ 유대인 박해자도 이보다 더 강력한 표현을 찾을 수는 없었을 것이다.*

동부의 곤궁한 마을 출신인 많은 이민자들의 복장이나 언어나 몸짓이 빈 사람들에게는 낯설고 불쾌했다. 그들은 익숙하다고 느끼기에는 지나치게 이국적이었지만, 그렇다고 매혹적으로 느낄 만큼 이국적이지는 않았다. 그들은 행상이나 조그만 가게의 주인이었지만, 그들의 아들 다수는 금융, 도매업, 저널리즘 등 편협한 비판의 대상이 되거나 쉽게 비방을 받을 수 있는 직업에 진출했다. 1880년대가 되자 빈의 저널리스트, 내과의사, 법률가 가운데 적어도 절반이 유대인이었다. 김나지움에 다니던 프로이트가 법률가나 의사가 될 생각을 했던 것은 그야말로 관습을 따르는 것이었다. 그것이야말로 빈의 많은 유대인 어린이가 꿈꾸던 것이기 때문이다. 유대인은 배움에 욕심이 있다는 말을 증명이라도 하듯이, 빈의 교육 제도 속으로 쏟아져 들어갔다. 유대인들이 몇 개 행정 지구에 집중적으로 모여 살았기 때문에 몇 개 안 되는 학교에 모이게 되어, 마치 교실에서 가족을 확장한 씨족을 형성해버린 것 같았다. 프로이트가 김나지움을 다니던 1865년부터 1873년까지 8년 동안 이 김나지움의 유대인 학생 수는 68명에서 300명으로 늘어, 전체 학생 가운

---

* 다른 증거가 없기 때문에 이 거만한 말에서 느껴지는 약간의 의문은 해소되지 않는다. 이것은 독일어를 사용하는 교육을 잘 받은 유대인이 가까운 친구들과 공유하는 속물적인 태도일 수도 있다. 하지만 프로이트의 어머니 또한 분명히 동유럽식으로 말을 했다. 따라서 프로이트가 어머니의 출신을 부정한 것인지, 아니면 더 미묘하게 무의식적으로 어머니에게 반항한 것인지 궁금할 수밖에 없다.

데 유대인이 차지하는 비율도 44퍼센트에서 73퍼센트로 늘었다.[55]

점점 늘어나는 유대인에게 포위를 당하고 있다는 느낌을 받게 되자 오스트리아 비유대인은 유머 잡지, 사교 클럽, 정치 집회에서 걱정스러운 마음을 드러냈다. 그들은 불안한 농담을 하고, '이질적인' 침공자들의 동화를 호소했으며, 일부는 유대인을 추방하자고 시끄러운 소리를 내기도 했다. 1857년 프로이트가 한 살 때 인구 통계는 빈에 6천 명이 약간 넘는 유대인이 있었음을 보여준다. 인구의 2퍼센트가 약간 넘는 비율이었다.[56] 그러나 10년 뒤에는 우호적인 법과 경제적 기회의 확대로 유대인이 큰 물결을 이루어 이 도시로 몰려왔다. 이제 그들은 숫자로는 4만 명, 비율로는 6퍼센트가 되었다. 르네상스를 연구한 위대한 스위스 역사학자 야코프 부르크하르트(Jacob Burckhardt, 1818~1897)는 근대 문명의 조급함과 불안함을 매우 싫어하면서 그런 문명의 최고 구현체가 유대인이라고 생각했는데, 1872년에 빈을 방문하고는 유대인이 빈을 움직이고 있다고 냉혹하게 공격하기도 했다. 그는 "막강한 유대인과 철저하게 돈으로 움직이는 그들의 언론에 대한 혐오가 늘고 있다."고 이야기했는데, 분명히 많은 사람들이 이 생각에 동조했을 것이다.[57] 그러나 침공은 아직 끝나지 않았다. 1880년에 유대인은 7만 2천 명을 넘어, 빈의 주민 열 명 가운데 한 명이 유대인이었다. 1884년에 부르크하르트는 다시 빈에 와 보고는 이곳이 철저하게 "유대화되었다(verjudet)"고 생각했다.[58] 이 말은 프로이트의 생애 내내 불길하게 통용되던, 혐오감이 담긴 용어였다. 물론 이것은 당시 널리 퍼진 인식을 표현한 것이기도 했다.

19세기는 유럽 전역에서 유대인이 해방된 시대이기는 했지만, 결국 낡은 반유대주의와 새로운 반유대주의 사이의 불안한 막간이었음이 드러났다. 해방 자체가 반동의 원인이었다. 오만하고, 자칭 하느님의 총애를 받는 선민이자 그리스도 살해자인 유대인은 이제 양심 없는 투기꾼이자 사회를 좀먹는 세계주의자가 되었다. 당연한 일이지만 자식들은 부모의 말을 그대로 되뇌어, 유대인을 비방하는 이야기는 공적인 대중 선동과 가족의 편견을 넘어 학교 친구들 사이의 일상적인 농담으로 흘러들었다. 프로이트 또한 김나지움의 상급 학년 시절 "이질적인 인종의 후손이 된 결과"를 인식하기 시작했다. "내 학교 친구들 사이에 고조된 반유대주의적인 감정에 경계심을 느껴 나는 입장을 선택할 수밖에 없었으며", 젊은 시절의 영웅 유대인 한니발과 자신을 더욱더 동일시하게 되었다.[59]

이와 동시에, 해방된 오스트리아 유대인에게 손짓을 하는 기회는 경제적 이윤이나 직업적 출세를 넘어서는 영역으로 혼대되었다. 유대인은 문화 제작자와 중개인으로 빈의 문화 생활에 적극적으로 참여했다. 그들은 출판업자, 편집자, 화랑 주인, 연극과 음악 프로모터, 시인, 소설가, 지휘자, 연주의 대가, 화가, 과학자, 철학자, 역사학자가 되었다.* 아르투어 슈니츨러(Arthur Schnitzler, 1862~1931), 카를 크라우스(Karl Kraus, 1874~1936), 구스타프 말러(Gustav Mahler, 1860~1911) 같은 이름은 재능 있는 사람들로 이루어진 이 다양하고 막강한 진영에서 소수의 예에 불과할 뿐이다. 이중 제국의 관료 집단과 군대에서 유대인은 대체로 가톨릭으로 개종을 한 뒤에 출세하기 시작했다. 그러나 일부는 세례를 받지 않고도 고위직에 올랐다. 많은 유대인 가문이 부나 국가에 대한 봉

---

* 독일계 유대인 소설가 야코프 바서만은 세기말에 빈에 머물던 시절을 회상하면서 독일과는 분명히 대조되는 면으로 "내가 지적으로 관계를 맺거나 다정하게 만나는 사람 거의 모두가 유대인이었다."는 점을 강조했다. "나는 곧 유대인이 모든 공적 생활을 지배한다는 사실을 인식했다. 은행, 언론, 극장, 문학, 사교 행사, 그 모두가 유대인 손에 있었다." 오스트리아 귀족은 그런 일에는 관여하지 않았으므로, 그 일은 사회 규범을 따르지 않는 소수와 유대인에게 남겨졌다. (Jakob Wassermann, *Mein Weg als Deutscher und Jude* [1922], 102)

사를 이유로 자신의 출신을 포기하기는커녕 부정하지도 않은 상태에서 작위를 받았다.

프로이트보다 여섯 살 아래인 의사이자 심리학자이자 소설가이자 극작가인 아르투어 슈니츨러는 자서전에서 이런 모호한 상황을 이렇게 회고한다. "늘 그래 왔던 것처럼 그 시절, 자유주의가 뒤늦게 피어나던 시기에도 반유대주의는 존재했다. 그것은 많은 사람들의 마음에 있는 그런 경향의 감정이기도 했고, 크게 발달할 가능성이 있는 관념이기도 했다. 그러나 이런 반유대주의가 정치적으로나 사회적으로 중요한 역할을 하지는 않았다. 그런 말 자체가 만들어지지도 않았다. 유대인을 싫어하는 사람들에게는 '유대인을 집어삼키는 사람들(Judenfresser)'이라는 조롱 섞인 별명이 붙었다." 슈니츨러는 그의 반에서 그런 유형을 딱 한 명밖에 떠올리지 못했다. 그러나 그 아이는 겉멋을 부리고 속물적이고 멍청해서 인기가 없었다. 슈니츨러는 그 시절의 반유대주의는 품위가 있지도 않았지만 그렇다고 위험하지도 않았다고 생각했다. 그렇더라도 그것 때문에 불안하고 고통스러웠다.[60]

유대인 증오는 세월이 흐를수록 점점 더 불쾌하고, 점점 더 위협적인 일이 되었다. 1871년에 태어나 빈에서 교육을 받은 또 한 사람의 목격자인 의사 발렌틴 폴라크(Valentin Pollak)는 이렇게 기억한다. "내가 어렸을 때 그것은 아직은 말 없는 미움에 불과했다." 그것은 "양식 있는 사람들 사이에서는 받아들여지지 않았지만, 그렇더라도 우리는 그것을 강하게 느꼈고", 사춘기 불량 학생들의 기습 공격을 막아내야 했다.[61] 오스트리아의 유대인은 당시 상황에 만족하지는 않았다. 그러나 1890년대 말에 인종적인 반유대주의가 널리 확산되기 전에는 낙관적인 분위기가 우울한 예감들을 눌러 막고 있었다. 아직은 프로이트 같은 유대인 초등학생들이 공상 속에서 장군의 군복, 교수의 강단, 장관의 서류

철, 외과의사의 메스를 갈망하던 시기였다.

신을 믿지 않는 의학도

야심만만하고, 겉으로는 자신감 넘치고, 학교에서는 똑똑하고, 탐욕스럽게 책을 읽던 사춘기의 프로이트로서는 적어도 엄숙한 현실이 허락하는 만큼은 성공의 길이 앞에 열릴 것이라고 믿는 것이 당연했다. 그는 간결하게 자신의 성적을 정리했다. "김나지움에서 나는 7년 동안 1등이었으며, 특권을 누렸고, 검사를 받는 일이 거의 없었다."[62] 그가 보관한 성적표들은 되풀이하여 그의 모범적 행동과 뛰어난 학업 능력에 찬사를 보낸다. 그의 부모는 당연히 그가 크게 될 것이라고 예측했고, 종교 선생님이자 아버지 같은 친구가 되는 자무엘 하머슐라크(Samuel Hammerschlag) 같은 사람들은 그들이 애정을 갖고 큰 기대를 품는 데 기꺼이 맞장구를 쳐주었다.

그러나 프로이트는 부모의 희망, 그리고 자신의 희망을 현실로 만드는 일에 착수하기 전에 사춘기의 통과의례를 치렀다. 첫사랑이었다. 1872년 열여섯 살의 프로이트는 고향 프라이베르크를 찾아갔다. 동행한 친구들 가운데는 당시 가장 친했던 에두아르트 질버슈타인(Eduard Silberstein)도 있었다. 이 두 사람은 '에스파냐 아카데미'라는 배타적인 비밀 집단을 만들어, 다른 사람들은 받아들이지 않고 서로를 세르반테스의 이야기에 나오는 두 마리 개의 이름으로 부르며, 에스파냐어로 비밀 편지를 주고받았다. 물론 독일어로는 훨씬 더 많은 편지를 보냈다. 프로이트는 한 감정적인 편지에서 친구가 옆에 없는 동안 "기분 좋은

김나지움에 다닐 때 종교 교사이자 아버지 같은 너그러운 친구였던 자무엘 하머슐라크와 그의 부인 베티.

그리움"과 어떤 "진심 어린" 이야기를 하고 싶은 "갈망"을 느꼈다고 고백했다.[63] 프로이트가 이 "친애하는(Queridisimo) 베르간사!"에게 보낸 다른 비밀 편지에는 "다른 손은 이 편지를 건드리지 못하노라(No mano otra toque esa carta)."라는 경고가 적혀 있었다.[64] 이 편지에서 프로이트는 친구에게 가장 내밀한 사랑의 감정을 토로했다.

표면적으로 프로이트가 애착을 가진 대상은 그보다 한 살 아래이며, 역시 프라이베르크 출신인 학교 친구의 여동생 기젤라 플루스(Gilsela Fluss)였다. 프로이트는 이 "반은 순진하고 반은 세련된 여자아이"에게 마음이 많이 끌렸지만 그런 감정을 드러내지 못했고, 그 아이와 대화를 나누는 기쁨을 자신에게 부여하지 못하는 "말도 안 되는 햄릿스러움"과 소심함을 스스로 탓했다.[65] 그는 그 전 몇 달 동안 그랬던 것과 마찬가지로 계속 박식한 말장난으로 기젤라 플루스를 '이히티오사우라'라고 불렀다. 플루스(Fluss)는 독일어로 '강'을 뜻하며, 이히티오사우루스(Ichthyosaurus)는 이 상황에 어울리게도 지금은 멸종해버린 강의 생물이었다.[66] 그러나 그가 말하는 "첫 환희"는 수줍은 암시와 몇 번의 짜릿한 마주침에 지나지 않았다.[67]

프로이트가 친구 질버슈타인에게 한 고백은 사실 이 경험 전체가 기본적으로 뒤늦은 오이디푸스적 홀림이었음을 강력하게 암시한다. 프로이트는 이 편지에서 프라이베르크의 부유한 집안의 안주인인 기젤라 어머니의 매력을 기쁜 마음으로 길게 열거했던 것이다. 그녀의 지성, 교양, 다재다능, 변함없이 명랑한 태도, 아이들을 대하는 부드러운 모습, 특히 프로이트에게 보여준 다정한 환대.[68] 따라서 기질라보다는 플루스 부인이 사춘기에 들어선 프로이트의 과묵하고 덧없는 사랑의 진정한 대상이었던 셈이다. 프로이트는 나중에 자신이 생애를 바쳐 파고들 통찰을 직관적으로 예감이라도 한 것처럼 이렇게 인정했다. "어머니에 대한 존경심을 딸에 대한 우정으로 옮겨놓은 것 같아."[69]

그러나 프로이트는 곧 더 심각한 일들에 관한 생각에 빠져든다. 이제 대학에 입학해야 했는데, 그의 진로 선택은 명성에 대한 갈망과 마찬가지로, 내적인 갈등과 그가 잘 기억하고 있는 고통스러운 좌절과 관련이 있었기 때문이다. 프로이트는 《꿈의 해석》에 일고여덟 살에 겪은 수치스러운 사건을 기록해놓았다. 어느 날 저녁 부모의 침실에서 부모가 있는데 오줌을 눈 것이다. 정신분석학자 프로이트는 훗날 왜 소년들이 그런 일을 하고 싶어 하는지 설명한다. 어쨌든 야코프 프로이트는 화가 나서 아들에게 크게 되기는 글렀다고 말했다. 이 사건의 기억은 어린 프로이트를 오랫동안 따라다녔다. 그 일은 "나의 야망에 심한 타격"을 주었으며, 그는 꿈에서 계속 그 사건을 재연했다.[70] 어쩌면 그 사건은 지금 말한 방식으로 일어난 것이 아닐 수도 있다. 그러나 왜곡된 기억도 정확한 기억만큼이나, 아니 어쩌면 그보다 드러내는 것이 훨씬 많기 때문에, 이 기억은 그의 욕망과 의심을 요약하고 있다고 말할 수 있다. 프로이트는 이 일이 기억날 때마다 아버지에게 자신이 결국 크게 되었다는 것을 보여주려는 듯 재빨리 의기양양하게 자신이 잘한 일들을 나열했다고 고백한다.* 프로이트가 부모의 침실에서 실제로 오줌을 누었다면, 그것은 틀림없이 프로이트의 집안에서는 아주 드문 일이었을 것이다. 침착한 소년이 순간적으로 저항할 수 없는 충동에 굴복하고, 다정한 아버지가 갑자기 화를 냈기 때문이다. 대체로 프로이트 집안의 총아는 잘못을 할 수가 없었고, 실제로 잘못을 하지도 않았다.

프로이트가 위대함을 찾아나서는 데 자극이 된 충동들—복수와 자기 변명의 요구를 배제할 수는 없을 것이다.—은 투명하지 않다. 따라서 그가 의학을 선택한 동기나, 일단 결정을 내린 뒤 따르게 된 경로는 설명이 쉽지 않다. 프로이트의 이야기는 정확하기는 하지만 해석과 설명이 필요하다. 그는 갈등을 기록하기는 하지만, 그 해법은 대범하게 단순화한다. "나중에 유명한 정치가가 된, 나보다 몇 살 많은 김나지움 동창의 우정에 강한 영향을 받아 나도 법을 공부하여 사회적인 활동에 나서고 싶었다." 이 학교 친구는 장차 오스트리아에서 가장 유명한 사회민주주의 정치 지도자이자 편집자로 꼽히게 되는 하인리히 브라운 (Heinrich Braun, 1854~1927)이다. "그러나 당시 논의되던 다윈의 학설이 나를 강력하게 잡아끌었다. 그것이 우리의 세계 이해에 특별한 진전이

---

* 프로이트는 자신이 꾼 '툰 백작 꿈'을 해석하다가 이 장면을 이야기했다. 논평가들이 정확하게 지적했듯이, 여기에는 복잡함 너머에 또 복잡함이 있다. 프로이트는 성적 호기심에서 부모의 침실에 쳐들어갔다가 흥분 상태에서 오줌을 누었을 수도 있다. 그러나 여기서 더 주목할 것은 1914년 프로이트가 자다가 오줌을 싸는 것—그는 두 살 때 가끔 그랬으며, 이것이 침실 장면과 밀접한 관련이 있다고 본다.—이 공명심이라는 성격적 특질과 관련이 있다는 말을 덧붙였다는 점이다. (*Interpretation of Dreams*, SE IV, 216 참조.) 가장 훌륭한 요약으로는 Didier Anzieu, *Freud's Self-Analysis*(2판, 1975; Peter Graham 번역, 1986), 344-346 참조.

이루어질 수 있다고 약속했기 때문이다. 또한 학교에서 마지막 시험을 치르기 직전에 들은 카를 브륄 교수의 인기 있는 강연에서 그가 괴테의 아름다운 에세이 〈자연〉을 낭독한 것이 내가 의학을 선택하는 데 결정적인 영향을 준 것이 분명하다."[71]

이 이야기에는 신화 만들기의 흔적이 남아 있다. 그렇지 않다 해도, 지나치게 압축되어 있는 것은 사실이다. 저명한 비교해부학자이자 빈 대학의 동물학과 교수인 카를 베른하르트 브륄(Carl Bernhard Brühl)은 매력적이고 인기 있는 강연자였다. 프로이트의 생각을 바꾼 글은 에로틱하게 표현된 '자연'이 늘 새로워지면서 우리를 포옹한다고, 거의 숨막히도록 끌어안는다고 찬사를 보내는 감정적인 감탄조의 찬가다. 어쩌면 이것이 한동안 프로이트의 마음에서 무르익던 결심에 마지막 계기를 제공했는지도 모른다. 프로이트는 실제로 그렇다고 몇 번이나 말했다.[72] 그러나 이것은 결코 갑작스러운 계시가 아니었다. 그 괴테 스타일의 에세이에 프로이트가 부여한 의미를 집어넣기에는 그 전에 진행된 일이 너무 많았다. 게다가 그 글은 심지어 괴테가 쓴 것도 아니었다.[73]

프로이트의 심사숙고가 정확히 어떤 과정을 거쳤든 간에, 1873년 3월 중순에 그는 친구 에밀 플루스에게 그 스스로 자의식을 느끼며 웅변적이라고 묘사한 목소리로 "소식, 어쩌면 내 보잘것없는 인생에서 가장 중요할 수도 있는 소식을 전하게 되었다."고 알렸다. 그런 뒤에도 전혀 그답지 않게 약을 올리듯이 양면적인 분위기를 드러내며 머뭇거렸다. 이 문제는 아직 결정을 내리거나 토론을 할 만큼 무르익지 않았던 것이다. "나는 아직 마무리되지 않은 것을 사실인 것처럼 이야기했다가 나중에 다시 거두어들이고 싶지 않았다."[74] 프로이트는 안간힘을 쓴 끝에 5월 1일에는 완전히 명료한 상태에 이르렀다. "내가 베일을 벗으면, 네가 실망할까?" 그가 플루스에게 물었다. "한번 시험해봐. 나는 자연과학자가 되기로 결정했으니까." 그는 법을 떠날 생각이었다. 그러나 쾌활한 분위기를 유지하면서 법률적인 어휘를 썼다. 그것은 마치 자신이 이미 포기한 그 직업에 미련 섞인 애착이 남아 있음을 보여주려는 듯했다. "나는 자연의 수천 년 된 문헌을 검토하고, 또 어쩌면 혼자서 그 영원한 송사(訟事)를 엿듣고, 배우고자 하는 모든 사람과 나의 승리를 함께 나눌 거야."[75] 이 글은 활기차고, 심지어 재치가 넘치지만, 끈질긴 갈등을 극복했다는 것, 아니 단호하게 무시해버렸다는 것을 암시한다. 사실 그해 8월에 프로이트는 질버슈타인에게 보내는 편지에 인쇄된 명함을 동봉하기도 했다. 거기에는 이렇게 찍혀 있었다. "지기스문트 프로이트/법학도."[76] 이것은 농담이었을지 모르지만, 아쉬움을 암시하는 농담이었다.

빈의 의사로서 프로이트를 따르면서도 독립적인 입장을 유지한 사람들 가운데 한 명이고 그의 첫 전기 작가이기도 했던 프리츠 비텔스(Fritz Wittels)는 1923년에 쓴 글에서 프로이트가 자신의 인생에서 〈자연〉이라는 짧은 글이 차지하는 위치에 관하여 말한 것은 은폐 기억—거짓 명료함 뒤에 더 심각하고 덜 명백한 과거의 경험을 감추고 있는 무해한 기억—이라고 명민하게 추론했다.[77] 브륄이 낭독한 짧은 글에 담긴 모성적 비전은 다정한 보호, 포옹의 따뜻함, 너그러운 양육을 약속하며, 당시 감동받기 쉬운 사춘기 소년이었던 프로이트에게 매우 호소력 있게 다가갔을지도 모른다. 그러나 그 영향이 어쨌든 간에 〈자연〉이라는 씨앗이 떨어지기 전에 이미 비옥한 땅이 마련되어 있었던 것이다.

어쨌든 프로이트가 부모의 진지하고 실용적인 조언 때문에 법보다 의학을 더 매력적으로 느꼈을 가능성은 거의 없다. 프로이트가 활자화된 글에서 아주 조심스럽게 말한 바에 따르면, 그의 가족은 "매우 곤란한 환경에서 살았지만, 아버지는 내가 오직 나의 기질만을 따라 직업을 선택해야 한다고 고집했다." 만일 〈자연〉을 들은 프로이트의 기억이 정말로 은폐 기억이라면, 그것은 심사숙고와 관련된 동기가 아니라 감정적 동기를 감추고 있었을 것이 틀림없다. 그는 자유롭게 의학을 선택했지만, 〈나의 이력서〉에서는 "어린 시절에는 의사의 지위와 활동을 특별히 좋아하지는 않았는데, 그것은 나중에도 마찬가지였다. 오히려 나는 일종의 지식에 대한 탐욕 때문에 마음이 움직였다."[78]라고 기록했다. 이것은 프로이트가 공개한 가장 함의가 큰 자전적인 구절로 꼽을 만하다. 훗날 정신분석학자 프로이트는 젊은이들의 성적 호기심이 과학적 탐구의 진정한 원천이라고 지적한다. 따라서 일곱 살 또는 여덟 살 때 그의 부모의 침실에서 있었던 일은 그런 호기심의 직선적이고 또 다소 조악한 표현이었고, 이것이 나중에 연구로 정화되었다고 보는 것이 합리적인 추측일 것이다.

의학 연구는 프로이트에게 지식에 대한 원초적인 욕구의 승화 이상의 보답을 약속해주었다. 그가 나중에 한 말에 따르면, 그는 젊은 시절 자신의 채울 수 없는 호기심에 아직 관찰(이것은 거리와 객관성을 의미한다.)이라는 방법을 제대로 동원하지 못하고 있었다. 결혼 얼마 전 그가 약혼녀를 위해 작은 자화상을 스케치할 때도 여전히 냉정한 거리는 두지 못했다. 그는 "조상들이 신전을 방어할 때 보였던 모든 정열"을 상속한 듯한 느낌이 들었다. 그러나 능력이 없어 자신의 "뜨거운 열정을 말이나 시로" 표현할 수 없었기 때문에 늘 자신을 "억눌렀다."[79] 오랜 세월이 흐른 뒤 그의 전기를 쓴 어니스트 존스(Ernest Jones, 1879~1958)가 철학을 얼마나 읽었냐고 물었을 때 프로이트는 이렇게 대답했다. "거의 안 읽었습니다. 젊은 시절 나는 사변(思辨)에 강하게 끌렸지만, 그것을 냉정하게 제어했습니다."[80] 그는 생애 마지막 해에도 여전히 "과학적 탐구에서 상상력에 너무 많은 것을 양보하는 나의 개인적 경향을 고려하여 어느 정도 자제를 한다."는 식으로 이야기했다.[81] 프로이트도 특히 발견의 시기에는 자신의 과학적 상상력의 고삐를 늦추는 것이 필수적이라고 생각했을 것이 틀림없다. 그러나 그의 자기 평가—편지, 고백적인 과학적 논문, 기록된 대화—에는 사변이라는 난관에 빠져 헤매는 것에 대한 어떤 두려움, 자신을 통제하고 싶은 강력한 소망이 울려 퍼지고 있다. 1875년, 대학에 들어가서 3년째를 맞은 늦은 시기에도 프로이트는 여전히 "철학과 동물학을 기초로 철학 박사 학위를 딸" 생각을 했다.[82] 그러나 결국은 의학이 승리를 거두었다. 프로이트가 의학이라는 엄격하고, 꼼꼼하고, 경험적이고, 책임 있는 연구로 돌아선 것은 숨 막히게 사랑하는 '어머니 자연'을 포옹하는 것이 아니라, 그녀로부터 도망가는, 적어도 팔 하나의 거리는 두는 방법이었다. 의학은 프로이트의 자기 정복의 일환이었다.

1873년 6월에 김나지움을 뛰어난 성적으로 졸업하기 전부터 프로이트는 자신이 가장 간절하게 이해하고 싶어 하는 자연은 인간 본성임을 인식했다. 그는 나중에 돌이켜보면서, 지식에 대한 자신의 욕심이 "자연물보다는 인간사를 향하고" 있었다고 말했다.[83] 그는 가장 가까운 친구들에게 쓴 편지에서 이런 기질을 조숙하게 입증하는데, 이런 편지들은 부끄러움을 모르고 꼬치꼬치 캐묻는 탐구심과 심리적인 인식으로 가득하다. 그는 열여섯 살이 되던 1872년 9월에 에밀 플루스에게 쓴 편지에서 이렇게 말했다. "우연과 운명이 우리 주위에서 짜 나가는 실들의 두툼한 질감을 파악하는 것이 나에게 기쁨을 준다."[84] 프로이트는 어렸지만 이미 단순하고 피상적인 소통은 매우 수상쩍은 것이라고 생각했다. 그는 1872년 여름 에두아르트 질버슈타인에게 불평을 했다. "네가 나한테는 네 경험 가운데 몇 가지만 골라서 알려주고, 네 생각은 전적으로 너 혼자만 간직한다는 걸 알고 있었어."[85] 그는 이미 더 깊은 데서 드러나는 것들을 찾고 있었다. 1873년 봄에는 빈에서 열린 만국 박람회 이야기를 하면서, 그것이 유쾌하고 예쁘장하기는 하지만, 압도적인 느낌과는 거리가 멀다고 말했다. "식물 표본관에서 풍경의 특징을 거의 발견하지 못하는 것과 마찬가지로, 인간 활동의 크고 일관된 그림은 찾지 못하겠어." 그는 계속해서 "세계의 웅장함"은 다양한 가능성에 의존하지만, 안타깝게도 "그것이 우리의 자기 인식을 위한 단단한 기초가 될 수는 없다."고 덧붙였다.[86] 이것은 타고난 심리학자의 말이었다.

의사가 되는 것에 대한 프로이트의 양면적 태도는 치료하고 싶은 욕망이나 치료의 기쁨에 방해가 될 만큼 두드러지지는 않았다. 1866년 열 살의 학생 프로이트는 벌써 인도주의적 성향을 왕성하게 드러내어, 선생들에게 프로이센과 싸우다 부상당한 오스트리아 군대를 위해 붕대를 보내는 운동을 하자고 간청했다. 거의 10년 뒤인 1875년 9월, 2년 동안 의대에서 공부하고 난 뒤에는 에두아르트 질버슈타인에게 이렇게 고백한다. "나는 지금 이상이 여러 가지야. 이전의 이론적인 이상에 지금은 실천적인 이상이 보태졌어. 작년에 나한테 가장 큰 소망이 뭐냐고 물었다면 나는 이렇게 대답했을 거야. 실험실과 자유로운 시간, 또는 연구자에게 필요한 모든 장비를 싣고 바다 위를 떠다니는 배를 타는 것." 이런 환상을 설명하는 프로이트의 머릿속에는 비글호에서 아주 보람 있는 시간을 보냈던 존경하는 다윈의 모습이 또렷하게 자리 잡고 있었을 것이다. 프로이트는 계속해서 말한다. "하지만 지금이라면 주저하는 마음으로 이렇게 말할지도 모르겠어. 우리 신체에 생기는 악 가운데 일부를 줄이거나 아니면 세상에서 완전히 제거하기 위한 큰 병원과

1876년의 프로이트 가족. 스무 살의 프로이트가 중앙에 서서 카메라를 마주 보고 있다. 배다른 형 에마누엘이 그에게 등을 돌리고 있다. 그 외에 뒷줄 왼쪽에서 오른쪽으로 누이 파울리네, 안나, 로자, 마리, 그리고 아말리아의 사촌 지몬 나탄존. 프로이트의 누이 아돌피네와 부모는 다음 줄에 앉아 있다. 의자에 앉은 소년은 아마 프로이트의 동생 알렉산더일 것이다. 다른 두 아이는 확인되지 않았다.

많은 돈."[87] 병과 싸우겠다는 이런 욕망은 주기적으로 분출된다. 1883년에는 약혼녀에게 이렇게 썼다. "오늘 환자에게 갔을 때는 그에게 필요한 동정심과 관심을 어디서 찾아내야 할지 몰라 당황했습니다. 나는 무척 피곤했고 냉담했지요. 하지만 환자가 아픈 곳을 이야기하기 시작하자 나의 무기력은 사라졌습니다. 여기에 내 임무가 있고, 의미가 있다는 것을 알았기 때문입니다."[88]

그러나 그의 어린 시절의 호기심은 한결같이 과학적 연구 쪽으로, 그리고 정신과 문화의 수수께끼 쪽으로 치달았다. 프로이트는 1927년에 옛날 일을 돌아보면서, 자신은 한 번도 제대로 된 의사였던 적이 없으며, 넓게 에움길을 돌아 자신의 진짜 천직으로 돌아가는 길을 찾아냈다고 말했다.[89] 1935년 거의 여든이 되었을 때 쓴 최후의 자전적 회고에서도 그는 "자연과학, 의학, 심리 치료를 거치며 평생 우회"한 뒤에 "젊은 시절 한때 매혹되었지만 생각으로 떠오른 적은 거의 없었던 그 문화적 문제들"로 돌아가게 된 "퇴행적 발전"의 궤적을 이야기했다.[90] 그러나 앞으로 보게 되겠지만, 이 우회는 프로이트의 말이 암시하는 것과는 달리 그렇게 멀리 돌아간 것은 아니었다. 정신분석학자들이 말하듯이, 모두가 그의 방앗간을 위한 곡식이었던 셈이다.

프로이트는 빈 대학에 입학한 지 얼마 지나지 않아 도발적인 반유대주의와 마주쳤는데, 얼마나 화가 나고 기억에 강하게 남았는지 이 일은 50년 뒤 그가 쓴 짧은 자서전에서도 두드러지는 자리를 차지했다. 그는 자신이 도전적으로 대응했다는 점, 심지어 공격적으로 대응했다는 점을 강조했다. 그리고 역시 그답게 분노를 유리하게 이용했다. 비유대인 학생들은 뻔뻔스럽게도 "내가 유대인이라는 이유로…… 열등하다고 느끼고", 오스트리아 국민과는 다른 존재(nicht volkszugehörig)라고 느끼는 것이 당연하다고 생각했다. 그러나 그는 이런 겸손 권유를 "단호하게" 거부했다. "나는 내가 왜 나의 혈통을, 또는 당시 사람들이 사용하기 시작한 말로 하면, 나의 인종을 창피하게 여겨야 하는지 결코 이해할 수가 없었다." 그는 똑같은 자존심으로, "별 후회 없이", 어디에 소속된다는 수상쩍은 특권을 버렸으며, 그런 고립이 자신에게 도움이 될 것이라고 느꼈다. 반대파에 속하는 운명이 "판단의 독립"을 원하는 자신의 성향에 유리하다고 생각한 것이다. 프로이트는 입센(Henrik Ibsen, 1828~1906)의 《민중의 적》에 나오는 정직하고 용기 있는 의사 스토크만을 기억하며, "단단히 뭉친 다수"로부터 철저하게 배제된 상태를

기쁘게 받아들였다고 고백했다.*⁹¹⁾

　프로이트의 말은 과장이 아니었다. 그의 도덕적이고 육체적인 용기는 기록으로 남아 있다. 1875년 초에 그는 에두아르트 질버슈타인에게 일반적인 통념에 대한 신뢰가 사그라지면서, "소수의 의견을 지지하는 은밀한 기질"이 점점 커지고 있다고 말했다.⁹²⁾ 이런 태도 때문에 그는 의학계나 그들의 기존 의견과 맞서서 버틸 수 있었다. 그는 특히 반유대주의자들에게 분노했다. 1883년에는 기차 여행을 하다 그런 사람들을 몇 명 만났다. 그들은 프로이트가 바람을 쐬려고 창문을 열자 화를 내며 그를 "비열한 유대인"이라고 부르고, 그의 비기독교적인 자기 중심주의를 신랄하게 비난하며, 그에게 "본때를 보여주겠다"고 말했다. 그러나 프로이트는 겉으로는 전혀 기죽은 기색을 드러내지 않고 적들에게 어디 가까이 와보라고 고함을 질러댔으며, 결국 그 "오합지졸"을 물리쳤다.⁹³⁾ 프로이트의 아들 마르틴은 1901년 바이에른의 여름 휴양지 툼제에서 있었던 비슷한 일을 기억한다. 그곳에서 프로이트는 지팡이를 사납게 휘둘러 마르틴과 올리버에게 반유대주의적인 욕을 해대는 남자 여남은 명과 맞장구를 치는 여자들 몇 명을 쫓아버렸다.⁹⁴⁾ 프로이트는 이런 순간들이 자신의 아버지가 괴롭힘을 당했을 때 수동적으로 굴복했던 것과 대비된다고 생각하며 만족했을 것이 틀림없다.

　그러나 이런 호전적인 태도가 노골적으로 드러나는 것은 나중의 일

---

* 1923년 크리스마스 무렵 프로이트는 프리츠 비텔스가 쓴 자신의 전기의 견본을 읽고 메모를 많이 달았다. 비텔스는 프로이트의 어린 시절에 관하여 이렇게 썼다. "독일 문화권에서 유대인으로 산다는 그의 운명 때문에 그는 일찌감치 열등감으로 고통을 겪었으며, 이것은 독일의 유대인이라면 누구도 피할 수 없는 것이었다." 프로이트는 여백에 "!"라고 적었다. 강하게 반대 의견을 표현한 것이다. 프로이트가 열등감을 느끼지 않았다고 강조한 것은 비텔스가 그를 묘사한 방식 전체에 대한 간접적 반응일 수도 있다. (프로이트가 소유한 비텔스의 *Sigmund Freud*, pp. 14-15. Freud Museum, London).

이었다. 1870년대의 대학은 훗날과는 달리 아직 반유대주의 학생 폭동으로 일그러지지 않았다. 따라서 당장 프로이트에게 필요한 것은 도덕적 용기뿐이었다. 그리고 방향이었다. 그는 열일곱이라는 어린 나이에 시작하여 1881년 스물다섯이라는 늦은 나이에 대학 생활을 마쳤다. 광범한 호기심과 연구에 몰입하는 태도 때문에 다른 학생들처럼 5년 안에 의학 학위를 얻지 못한 것이다. 그러나 프로이트의 폭넓은 관심은 계획적인 것이었다. 그는 친구 질버슈타인에게 말했다. "대학에서 보내는 첫 해에는 오로지 인문학적인 주제만 공부할 거야. 이것은 내 미래 직업과는 관련이 없지만, 나한테 쓸모가 없지는 않을 거야." 그는 미래의 계획을 묻는다면, "분명한 답"은 하지 않고, "그냥, 다, 과학자, 교수, 뭐 그런 것이라고만 말할 것"이라고 덧붙였다.[95] 프로이트는 나중에 철학과 질버슈타인처럼 "절망 때문에 철학에 굴복한" 사람들에게 비판적이 되지만, 이 시절에는 철학책을 많이 읽었다.[96] 그가 이때 읽고 가장 큰 도움을 얻은 사상가가 루트비히 포이어바흐(Ludwig Feuerbach, 1804~1872)였다는 점은 의미심장하다. 그는 1875년에 질버슈타인에게 이렇게 말했다. "모든 철학자 가운데 이 사람을 가장 숭배하고 존경해."[97]

프로이트 같은 18세기 계몽주의의 상속자는 헤겔주의 좌파 가운데 지적으로 가장 강건했던 포이어바흐에게 존경할 만한 점이 많을 수밖에 없었다. 포이어바흐는 독일의 학술적 산문을 망치고 있는 메마른 추상에서 벗어난 문체를 계발했으며, 자신을 비방하는 사람들의 "어리석고 불성실한 판단"에 맞서 무기를 들 때는 권투 선수 같은 태도로 독자들을 매혹하기도 하고 경악시키기도 했다.[98] 그는 문체에서나 내용에서나 프로이트에게 가르칠 것이 많았다. 포이어바흐는 신학의 가면을 벗기고, 너무나도 세속적인 그 뿌리를 인간 경험 안에서 드러내는 것을 자신의 과제로 여겼다. 신학은 인류학이 되어야 했다. 엄격하게 말해서 포이어바흐는 무신론자가 아니었다. 그는 종교를 완전히 파괴해버리기보다는 신학자들로부터 종교의 진정한 핵심을 구출해내는 데 열중했다. 그러나 그의 가르침, 그의 방법론은 무신론자를 만들려고 계산된 것이었다. 1841년에 처음 나온 포이어바흐의 가장 유명한 책 《기독교의 본질》에 따르면, 종교에 관한 그의 작업은 근본적으로 **"환상"**, 그것도 **"완전히 유해한"** 환상을 "파괴하는 것"이 핵심이었다.[99] 장차 자신을 환상의 파괴자로 여기게 될 프로이트는 이런 자세가 무척 마음에 들었다.

포이어바흐는 또 다른 면에서도 프로이트의 마음에 들었다. 그는 신학만이 아니라 대부분의 철학에 대해서도 비슷하게 비판적이었다. 그는 **"절대적이고, 비물질적이고, 자족적인 추론"**의 안티테제이자 "해체"를 자신의 철학하는 방법으로 제시했다.[100] 사실 그는 나중에 프로이트가 자주 그런 것처럼, 자신에게 "형식적인 철학, 체계, 백과사전적이고 방법론적인 것"에 대한 재능이 부족하다는 점을 인정했다(아니, 광고했다).[101] 포이어바흐는 체계가 아니라 현실을 찾았으며, 심지어 자신의 철학에 철학이라는 이름도 거부했고 철학자라는 칭호도 거부했다. **"나는 자연의 지적인 연구자**(geistiger Naturforscher)**에 지나지 않는다."**[102] 이것은 프로이트가 자기 자신을 위해 차용할 만한 칭호였다.

프로이트는 젊은 대학생으로서 철학적 탐험을 해 나가다가 철학자 프란츠 브렌타노(Franz Brentano, 1838~1947)의 신선하고 유혹적인 분위기에 빨려들게 되었다. 프로이트는 이 "엄청나게 똑똑한 친구", 이 "천재"가 개최한 무려 다섯 가지 강좌와 세미나에 참석했으며, 개인 면담도 요청했다.[103] 가톨릭 사제 출신인 브렌타노는 아리스토텔레스와 경험심리학의 능란한 옹호자였다. 신을 믿는 동시에 다윈을 존경했던 이 자극적인 교사는 프로이트가 대학에 올 때 지니고 있던 무신론적 신념에 의문을 제기하게 했다. 브렌타노의 영향이 절정에 이르렀을 때 프로이트는 질버슈타인에게 고백했다. "잠정적이지만, 나는 이제 유물론자가 아니야. 하지만 아직 유신론자도 아니야."104) 그러나 프로이트는 한 번도 유신론자가 된 적이 없었다. 그가 1874년 말 친구에게 알렸듯이, 그는 마음 깊은 곳에서는 "신을 믿지 않는 의학도이자 경험주의자"였다.105) 프로이트는 자신을 압도했던 브렌타노의 설득력 있는 주장들을 열심히 헤쳐나간 뒤 원래의 불신앙으로 돌아와 거기서 떠나지 않았다. 그러나 브렌타노는 프로이트의 생각을 자극하고 복잡하게 만들었으며, 그의 심리학 관련 글들은 프로이트의 정신에 의미심장한 침전물을 남겼다.

이런 지적인 활동은 의학 공부하고는 거리가 멀어 보인다. 그러나 프로이트는 표류하는 듯 보이면서도 사실은 열심히 뒤지고 다니는 견습 탐험가였다. 그가 평생 전문적인 의학 연구에 관해 유보적인 태도를 보인 것은 이 시절의 유산이다.* 프로이트는 의학 교육이 기억에 남을 만한 강연을 듣고 마음이 끌리는 연구를 할 기회를 주기는 하지만, 의심할 여지 없이 불확실한 축복이라고 생각했다. 그러나 교수들에게는 전혀 불만이 없었다. 프로이트가 학생과 연구자로서 빈 대학에 있던 시절, 의대 교수진은 뛰어난 최정예들이었다. 교수들 다수는 독일에서 수입해 왔다. 비교해부학 연구소를 이끌던 카를 클라우스(Carl Claus, 1835~1899)는 그 무렵 괴팅겐에서 왔다. 우명한 생리학자 에른스트 브뤼케(Ernst Brücke, 1819~1892)와 내과를 책임지던 헤르만 노트나겔(Hermann Nothnagel, 1841~1905)은 둘 다 독일 북부에서 태어나 베를린에서 교육을 받았다. 유명한 외과의이자 재능 있는 아마추어 음악

---

* 이런 태도는 의사 출신이 아닌 정신분석가에 대한 그의 옹호에서 가장 두드러진 요소가 된다. 《프로이트 II》 10장의 '정신분석 자격 논쟁' 참조.

가로서 브람스의 가까운 친구이기도 했던 테오도어 빌로트(Theodor Billroth, 1829~1894)는 고향 독일과 취리히에서 교수 일을 하다가 빈에 이끌려 이 대학으로 오게 되었다.

각기 자기 분야의 권위자였던 이 교수들은 지적으로 탁월하다는 느낌을 주면서 동시에 지방적인 느낌을 풍기는 빈에 세계주의적인 폭을 제공하기도 했다. 이 시기에 외국, 즉 유럽 다른 지역과 미국에서 수십 명의 학생들이 빈 의대를 찾아온 것도 우연이 아니었다. 1883년 미국의 신경학자 헨리 헌(Henry Hun, 1854~1924)은 비공식적이지만 풍부한 내용이 담긴 《미국 의대생들을 위한 유럽 안내》에서 빈 의대를 가장 높이 평가했다. "의학적으로 유리한 점 외에도 빈은 즐겁게 살 수 있는 도시다." 헌은 그곳의 "카페 생활", 오페라, 식물원을 찬양했으며, 그곳 사람들이 "친절하고, 잘생겼고, 쾌락에 몰두한다"고 말했다.[106]

프로이트가 이런 푸짐한 찬사를 들었다면 못마땅한 표정을 지었을 것이다. 그는 빈 사람들과 살면서 유쾌하지 못한 일을 자주 겪었고, 카페에 자주 가지도 않았으며, 오페라는 거의 보러 가지 않았기 때문이다. 그러나 빈의 의대 교수들을 국제적인 명성을 지닌 저명한 사람들이라고 묘사한 것에는 기꺼이 동의했을 것이다. 프로이트가 보기에 이 교수들에게는 또 다른 미덕이 있었다. 그들은 빈의 문화에 오점처럼 번지고 있는 반유대주의 선동을 싫어했다. 그들의 자유주의는 자신이 불가촉천민보다 나은 존재라는 프로이트의 느낌을 확인해주었다. 프로이트가 의학 학위를 받은 뒤 얼마 되지 않아 일하게 된 과의 책임자였던 노트나겔은 자유주의적 대의의 공개적인 지지자였다. 오래전부터 대중 강연을 해 오던 노트나겔은 1891년에 '반유대주의와 싸우는 협회'의 창립자가 되었다. 3년 뒤에는 난폭한 반유대주의 학생들이 그의 강연을 난장판으로 만드는 사건도 벌어진다. 공적 활동에는 덜 적극적이었지만 노트나겔 못지않은 교양을 갖추었던 브뤼케는 유대인 친구들을 두었을 뿐 아니라, 한 걸음 더 나아가 공공연하게 정치적 자유주의자임을 자처했다. 그것은 곧 프로이트와 마찬가지로 로마가톨릭교회에 적대감을 품고 있다는 의미였다. 프로이트에게는 당시 그의 교수들이 "존경하고 모범으로 삼을 만한" 사람들이라고 회고할 만한 과학적인 동시에 정치적인 확고한 이유가 있었던 것이다.[107]

1875년 초여름 프로이트는 성 슈테판 성당의 그 혐오스러운 첨탑과 어느 정도 거리를 두게 되었다. 배다른 형제를 만나러 맨체스터로 간 것이다. 오래전부터 별렸지만 계속 미루던 여행이었다. 영국은 오랫동안 그의 환상을 온통 채우고 있었다. 프로이트는 어렸을 때부터 영국 문학을 읽었고 또 무척 좋아했다. 처음으로 그 나라를 보기 2년 전인 1873년에는 에두아르트 질버슈타인에게 이렇게 말했다. "영국 시를 읽고, 영어로 편지를 쓰고, 영국 시를 암송하고, 영국 묘사에 귀를 기울이고, 영국식 관점에 목말라하고 있어." 그러면서 이런 일이 계속되다가는 "영국 병"*에 걸리겠다고 농담을 했다.[108] 영국에서 형을 만나고 온 뒤에도 프로이트는 전과 다름없이 계속 장래에 관한 생각에 사로잡혀 있었다. 맨체스터에서 따뜻한 대접을 받고, 영국 전체에 좋은 인상도 받았기 때문에 영국에 그대로 눌러앉으면 어떨까 하는 생각도 했다. 그는 질버슈타인에게 영국이 "안개와 비, 술타령과 토수주의"에도 불구하고 오스트리아보다 훨씬 좋다고 말했다.[109] 프로이트는 영국에 갔던 일을 잊지 못했다. 7년 뒤에 약혼녀에게 보내는 감정이 넘치는 편지에서는 영국에서 받았던 "지울 수 없는 인상"을 회고하며, 영국의 "진실한 근면

---

* "영국 병(die englische Krankheit)"은 독일에서는 구루병을 가리키는 말이기도 했다.

성", "공공 복리에 아낌없이 헌신하는 태도", 그리고 무엇보다 중요한 것으로, 주민 전체가 "정의에 민감하게 또 고집스럽게 반응하는 태도"가 완전히 자리 잡고 있는 상황을 언급했다. 그는 영국을 경험한 것이 그의 인생에 "결정적인 영향"을 주었다고 말했다.[110]

프로이트는 짧은 여행을 다녀오면서 관심의 초점이 더 분명해졌다. 그는 질버슈타인에게 쓴 편지에서 영국의 과학 책들, "틴들, 헉슬리, 라이엘, 다윈, 톰슨, 로키어 등"의 글 때문에 늘 그들의 나라를 지지하게 된다고 말했다. 그에게 가장 강한 인상을 준 것은 그들의 일관된 경험주의였고, 또 거창한 형이상학에 대한 혐오였다. 프로이트는 뒤늦게 생각난 듯이 바로 덧붙였다. "그 어느 때보다 철학을 불신하게 되었어."[111] 브렌타노의 가르침은 점차 뒷전으로 밀려났다.

사실 프로이트에게는 철학이 한동안 필요 없는 상황이었다. 그는 돌아오자마자 카를 클라우스의 실험실에서 연구에 집중하기 시작했다. 독일어권에서 다윈을 선전하는 글을 가장 많이 쓰고 또 영향력도 가장 강했던 클라우스는 곧 프로이트에게 두각을 나타낼 기회를 주었다. 클라우스는 빈으로 불려오면서 동물학과를 근대화하여 대학의 다른 과 수준으로 끌어올리라는 임무를 맡았으며, 그런 배경에서 트리에스테*에 해양생물학 실험 기지를 세울 자금을 확보할 수 있었다.[112] 그 돈 가운데 일부는 그곳에 거의 갇히다시피 하여 연구를 할, 그가 총애하는 학생 몇 명의 지원금으로 들어갔다. 클라우스의 마음에 든 것이 분명한 프로이트는 가장 일찍 선발되어, 1876년 3월에 트리에스테로 떠나게 되었다. 프로이트는 이때 지중해 세계를 처음 보게 되는데, 훗날 그는 여름마다 이곳을 부지런히 탐사하며 물리는 줄도 모르고 즐기게 된

---

* 트리에스테는 1382년 이후 오스트리아가 지배했는데 제1차 세계대전의 결과로 1919년 이탈리아에 병합되었다. (편집자 주)

트리에스테의 해양생물학 연구소 실험실. 1876년 봄 프로이트는 이곳에서 뱀장어 생식선 연구를 했다.

다. 프로이트는 클라우스가 오랫동안 관심을 쏟아 온 자웅동체 문제와 관련된 임무를 띠고 갔다. 그 무렵 폴란드의 생물학자 시몬 시르스키(Szymon Syrski, 1824~1882)가 내세운 주장, 즉 뱀장어의 생식선을 관찰했다는 주장을 확인하는 것이었다. 사실로 확인되기만 한다면, 이것은 놀라운 발견이라고 할 수 있었다. 프로이트가 보고서에 정리해놓았듯이, 뱀장어의 고환을 찾으려는 "시도가 수백 년 동안 수도 없이 이루어졌지만" 모두 실패했기 때문이다.[113] 시르스키의 주장이 옳다면, 뱀장어가 자웅동체라는 전통적인 생각이 근거가 없는 것으로 밝혀지는 셈이었다.

프로이트의 첫 시도는 성과가 없었다. 그는 질버슈타인에게 이렇게 털어놨다. "내가 절개해서 열어본 뱀장어는 모두 암컷이었어."[114] 그러나 그가 전한 내용이 모두 순수 과학이었던 것은 아니다. 그는 트리에스테의 뱀장어만이 아니라 젊은 여자들에게도 관심을 가졌다. 프로이트의 편지들에 따르면, 그 관심이란 거리를 둔 것이고, 철저하게 학문적인 것이었다. 프로이트는 산책을 하다 눈에 띄는 관능적인 "이탈리아 여신들"의 유혹 앞에서 어떤 불안을 드러내면서도, 계속 초연한 태도로 그들의 외모와 화장에 관해 논평했다. 그는 소심함을 감추려고 유머를 섞어 가며 이렇게 말했다. "인간을 해부하는 것은 허용되지 않기 때문에, 사실 나는 그 여자들과는 아무런 관계가 없어."115) 그러나 뱀장어 쪽에서는 성과가 있었다. 프로이트는 트리에스테에 두 번 머물면서 뱀장어를 약 400마리 해부해본 뒤, 결정적이지는 않지만 부분적으로는 시르스키의 주장을 확인할 수 있었다.

이 성과는 칭찬받을 만한 기여였지만, 프로이트는 나중에 젊은 시절에 이렇게 엄격한 연구를 시도한 일을 대수롭지 않게 여겼다.* 사실 그는 자신의 정신이 밟아 온 길을 평가할 때는 매우 불공정하게 깎아내리는 태도를 취하곤 했다. 프로이트는 뱀장어의 생식선을 찾으면서 끈기 있고 정확하게 관찰하는 훈련을 했는데, 훗날 환자의 이야기에 귀를 기울일 때 이런 집중적인 관심이 불가결하다는 것을 알게 된다. 이유가 무엇이건—모호한 반감이 없었다고는 할 수 없다.—프로이트는 클라우스와 한 일을 이야기할 때는 다른 사람들만큼이나 자기 자신에게도 어떤 불만을 드러냈다. 프로이트가 자전적인 글에서 클라우스를 거명하지 않는 것도 주목할 만한 일이다.

그러나 그의 다음 스승인 위대한 브뤼케에 대한 느낌은 완전히 반대다. "나는 에른스트 브뤼케의 생리학 실험실에서 마침내 휴식과 완전한 만족을 발견했다." 그는 아무런 거리낌 없이 "스승 브뤼케"만이 아니

---

* 1936년 스위스의 정신과 의사 루돌프 브룬(Rudolf Brun)이 안나 프로이트에게 프로이트의 '초기 신경학 저술'을 보내 달라고 요청하자, 안나는 아버지가 그 연구들을 낮게 평가한다고 대답했다. "선생님이 거기에 시간을 쓰시면 아버지는 실망하실 겁니다." (안나 프로이트가 루돌프 브룬에게 쓴 편지, 1936년 3월 6일. Freud Collection, B1, LC.)

독일의 위대한 생리학자 에른스트 브뤼케(나중에 에른스트 폰 브뤼케가 된다). 그는 다른 어떤 교수보다 프로이트에게 많은 영향을 주었다.

라 브뤼케의 조수들도 존경하고, 또 모방하려고 노력했다. 조수 가운데 "인격이 눈부신" 에른스트 폰 플라이슐-마르호프(Ernst von Fleischl-Marxow, 1846~1891)와는 상당히 친해졌다.[116] 프로이트는 또 브뤼케 그룹에서 정신분석을 만드는 데 결정적인 역할을 하는 친구 요제프 브로이어(Josef Breuer, 1842~1925)를 발견했다. 브로이어는 명성이 있고, 부유하고, 매우 교양이 있는 의사이자 탁월한 생리학자로서 프로이트보다 열네 살 위였다. 두 사람은 곧 절친한 사이가 되었다. 브로이어는 프로이트가 잇따라 선택하는 '아버지 인물들(fatherly figures)' 가운데 한 사람이 되었다. 프로이트는 브로이어의 집에도 자주 갔고, 어떤 면에서는 매력적이고 모성적인 브로이어 부인 마틸데하고도 브로이어만큼이나 친해졌다. 프로이트가 브뤼케에게서 얻은 소득은 이것만이 아니었다. 프로이트는 1876년부터 1882년까지 6년 동안 브뤼케의 연구실에

1장 앎의 의지 85

서 일하면서 존경하는 교수가 그에게 맡긴 문제들을 풀어냈고, 그 결과 브뤼케는 분명히 만족했으며, 프로이트 자신도 만족했다. 처음에는 하등 어류, 그 다음에는 인간의 신경계 문제들을 까다로운 스승의 요구와 기대에 맞게 풀어냈을 때 프로이트는 특히 기뻐했다. 1892년 스승이 죽은 직후, 프로이트는 넷째 아들의 이름을 스승의 이름을 따 에른스트라고 지었다. 그것은 그가 할 수 있는 가장 진심 어린 감사 인사였다. 브뤼케는 "나에게 영향을 준 최고의 권위자"였으며, 그 이후에도 이 사실은 변하지 않았다.[117]

프로이트가 브뤼케에게 보인 애착은 다름 아닌 아버지를 향한 아들의 마음처럼 보인다. 실제로 브뤼케는 프로이트보다 거의 마흔 살이 많아서 프로이트의 아버지 나이에 가까웠다. 한 인간에게 다른 인간의 속성과 중요성을 부여하는 행위에는 있을 법하지 않은 비약들이 내포될 수 있는 것이니, 지크문트 프로이트가 야코프 프로이트 자리에 에른스트 브뤼케를 갖다놓는 것도 얼마든지 있을 수 있는 일이다. 사실 정신분석가 프로이트가 이런 강렬한 감정의 이동에 부여하게 되는 명칭인 '전이(transfernce)'는 탄력이 있으며 어디에서나 나타난다.

그러나 브뤼케의 압도적인 매력은 많은 부분 그가 프로이트의 아버지와 **다르다**는 점 때문에 생긴 것이었다. 브뤼케가 프로이트에게 가지게 된 권위는 출생이라는 우연으로 주어진 것이 아니라 그 스스로 얻어낸 것이었다. 인간 신비의 전문적인 연구자가 되고자 훈련을 하던 이 중요한 시점에 프로이트에게는 그런 권위가 필요했다. 야코프 프로이트는 온화하고 사근사근했다. 부드럽고 쉽게 굴복했기 때문에 반항을 자초했다. 반면 브뤼케는 과묵했고, 융통성이 없다고 할 정도로 정확했으며, 위협적인 검사관이자 까다로운 우두머리였다. 야코프 프로이트는 독서를 좋아했으며, 히브리어에는 어느 정도 박식했다. 그러나 브뤼케는 그야말로 다재다능한 사람이었다. 그는 평생 재능 있는 화가로 활동했고, 미학에 전문가 수준의 관심을 가졌으며, 교양으로 제자들에게 영향을 주었다.*

얼굴의 특징으로 보아도, 브뤼케의 눈은 프로이트의 아버지가 아니라 프로이트 자신과 놀랍도록 닮았다. 프로이트를 아는 사람들은 다른 부분의 묘사에서는 서로 크게 다를지 몰라도, 프로이트의 눈이 날카롭고 파고드는 듯하다는 데에는 모두 입을 모은다. 브뤼케의 눈도 비슷했다. 그리고 그 눈은 인상 깊은 방식으로 프로이트의 꿈에도 들어왔다. 프로이트는 《꿈의 해석》에서 상세하게 분석한 이른바 "논 빅시트(Non vixit)"** 꿈에서 "꿰뚫는 눈"으로 경쟁자를 물리친다. 자기 분석 과정에서 이것은 현실적인 경험을 왜곡한 기억임이 드러나는데, 실제 경험에서 경쟁자를 물리친 사람은 프로이트가 아니라 브뤼케였다. "브뤼케는 내가 학생들의 실험실에 몇 번 지각했다는 사실을 알았다."—당시 프로이트는 조교였다.—"그래서 어느 날 문을 여는 시간에 딱 맞추어 나타나 나를 기다렸다. 그는 딱 할 말만 했다. 그러나 중요한 것은 말이 아니었다. 나를 압도한 것은 나를 바라보는 그 무시무시한 파란 눈이었으며, 그 앞에서 나는 사라져버렸다." 프로이트는 이어서 "늙어서까지 대단히 아름다웠던 그 위대한 마스터의 눈"을 기억하는 사람, "그리고 스승이 분노하는 것을 본 적이 있는 사람"이라면 누구나 "한때 젊은 죄인이었던 사람의 이런 감정에 쉽게 공감할 것"이라고 덧붙였다.[118]

---

* 빈 의대의 역사학자인 에르나 레스키는 빈에서 "매일 연구실을 순회할 때 브뤼케는 스스로 생리학 선생일 뿐 아니라 일반적인 문화적 관념의 대변자 역할도 한다고 생각했다." (Erna Lesky, *The Vienna Medical School of the 19th Century* [1965; L. Williams and I.S. Levij 역, 1976], 231.)
** 논 빅시트(Non Vixit) 꿈은 본서 239쪽 참조. (편집자 주)

브뤼케는 젊은 죄인 프로이트에게 전문가의 자기 규율이라는 이상을 실제로 보여준 것이다.

브뤼케의 과학철학도 그의 전문가적 태도 못지않게 프로이트에게 큰 영향을 주었다. 브뤼케는 기질로나 신념으로나 실증주의자였다. 실증주의는 체계화된 학설이라기보다는 인간과 자연과 탐구 방식을 대하는, 널리 퍼져 있는 어떤 태도였다. 그 지지자들은 자연과학의 프로그램과 그 발견과 방법을 사적이든 공적이든 모든 인간 사상과 행동 연구에 도입하기를 바랐다. 19세기 초반에 가장 극단적인 형태의 실증주의 제창자였던 오귀스트 콩트(Auguste Comte, 1798~1857)가 사회 속의 인간에 관한 연구를 믿을 만한 기초 위에 올려놓는 것이 가능하다고 생각하고 '사회학'이라는 용어를 만들어내면서 그것을 일종의 '사회적 물리학'으로 규정한 것은 이런 정신의 특색을 잘 보여준다. 18세기 계몽주의 속에서 태어나, 형이상학을 거의 신학만큼이나 단호하게 배격한 실증주의는 19세기에 물리학, 화학, 천문학, 의학이 거둔 극적인 승리와 더불어 번창했다. 브뤼케는 빈에서 이 실증주의의 가장 유명한 대변자였다.

브뤼케는 그 자신만만하고 야심만만한 과학적 스타일을 베를린에서 수입했다. 아직 의대생이던 1840년대 초에 그는 그곳에서 뛰어난 동료 에밀 뒤-부아 레몽(Emil du-Bois Reymond, 1818~1896)과 함께 모든 범신론, 모든 자연 신비주의, 자연에서 초자연적인 신의 힘들이 나타난다는 모든 이야기를 미신의 쓰레기 더미에 엄숙하게 내던졌다. 그들은 당시 자연과학자들 사이에서 유행하며, 신비한 내적인 힘에 관한 느슨하고 시적인 이야기를 풀어 나가던 낭만적인 자연철학인 생기론(生氣論)에 저항하면서 활기차게 논쟁을 벌이는 재능을 보여주었다. 그들은 "유기체에서는" 오직 "일반적인 물리적, 화학적" 힘들만 "작용한다"고 주장했다. 설명할 수 없는 현상도 "물리적이고 수학적인 방법"만으로 접근해야 했다. 만일 "물질에 내재하는 새로운" 힘들이 있다면, 그것은 "인력과 척력이라는 구성 요소로 환원될 수 있다"고 가정해야 했다.[119] 그들의 이상적인 연구자는 뒤-부아 레몽의 말을 빌리면, "신학적 선입견"의 방해를 받지 않는 자연과학자였다.[120] 19세기의 르네상스적 인간 헤르만 헬름홀츠(Hermann Helmholtz, 1821~1894)가 놀랄 만큼 다양한 분야, 즉 광학, 음향학, 열역학, 물리학, 생물학이 대한 기여로 세계적 명성을 얻는 과정에서 브뤼케, 뒤-부아 레몽과 합류하면서 '학파'가 완성되었다. 그 영향력은 저항할 수 없는 힘을 발휘하며 빠르게 퍼져 나갔다. 그 구성원과 추종자들은 주요 대학의 중요한 자리에 있었으며, 과학 정기간행물의 논조를 결정했다. 프로이트가 빈에서 공부할 때는 실증주의자들이 대세를 장악하고 있었다.

1874년 말 프로이트는 직접 실증주의의 근원인 베를린으로 가서 겨울 학기 동안 뒤-부아 레몽, 헬름홀츠, 그리고 저명한 병리학자이자 정치적 진보주의자인 루돌프 피르호(Rudolf Virchow, 1821~1902)의 강의를 들을 계획을 세웠다. 그는 질버슈타인에게 브내는 편지에서 그 생각에 "아이처럼 기뻤다."고 말했다.[121] 결국 계획은 무산되었지만, 프로이트는 빈에서도 그 근원에서 나오는 물을 마실 수 있었다. 바로 그 해에 브뤼케가 한 강의에서 자신의 원칙들을 명료하고 길게 정리했고, 이 강의가 1876년에 《생리학 강의》라는 제목으로 출간되었기 때문이다. 의학 실증주의를 가장 유물론적인 형태로 구체화한 이 책에서 브뤼케는 모든 자연 현상은 운동 현상이라고 주장했다. 물론 프로이트는 이 강의를 들었고, 브뤼케의 주장에 동의했다. 과학에 관한 브뤼케의 근본적인 견해에 동조하는 이런 태도는 프로이트가 정신적 사건들을 생리학이 아니라 심리학으로 설명하는 쪽으로 방향을 바꿀 때까지도 살아남

앉다. 헬름홀츠가 죽은 지 4년이 지난 1898년 프로이트의 친구 빌헬름 플리스는 프로이트에게 큰 의미가 있을 것으로 여겨 크리스마스 선물로 그에게 헬름홀츠의 두 권짜리 강연집을 보냈다.*[122]

프로이트는 브뤼케가 쉽게 예측할 수 없었던 방식으로, 또 브뤼케가 온 마음으로 환영하지는 않을 방식으로 스승의 원칙들을 응용하게 되지만, 그렇다고 해서 프로이트가 브뤼케에게 진 빚이 줄지는 않는다. 프로이트가 보기에 브뤼케와 그의 총명한 동료들은 철학의 선택받은 상속자들이었다. 훗날, 정신분석은 그 자체의 세계관이 없고, 절대 그런 것을 만들어낼 수도 없을 것이라는 프로이트의 강력한 부인 발언은 그가 실증주의 스승들에게 경의를 표현하는 방식이었다. 그는 1932년에 이런 생각을 요약하여, 정신분석은 "과학의 한 조각이며, 과학적 세계관을 고수하면 된다."고 요약했다.[123] 간단히 말해서 정신분석은 모든 과학과 마찬가지로 진리를 추구하고 환상을 벗겨내는 일에 매진한다는 것이다. 브뤼케의 말이라고 해도 좋을 만한 말이다.

브뤼케를 비롯하여 그와 생각이 비슷한 동료들의 자신감은 다윈의 획기적인 작업에 의지하면서 더욱 단단해졌다. 1870년대 초에 자연 선택 이론은 영향력 있는 지지자를 다수 확보하기는 했지만 여전히 논란의 여지가 있었다. 눈부시고 위험한 혁신이 풍기는 특유의 취할 듯한 향기가 여전히 흘러 나오고 있었다. 다윈은 인간의 자리를 동물의 왕국 안에 확고하게 마련했으며, 인간의 등장과 생존, 그리고 동물과는 다른 발달을 완전히 세속적인 기반 위에서 설명하려 했다. 생물의 자연 질서에서 변화를 가져오는 데 작용하는 원인들로 다윈이 놀란 세상 앞에 펼쳐놓은 것들은 간접적으로라도 신과 관련이 될 필요가 없었다.

---

* 이것이 크리스마스 선물이었다는 것은 유대교에 대한 프로이트의 기본적 태도를 보여주는 의미심장한 지표다.

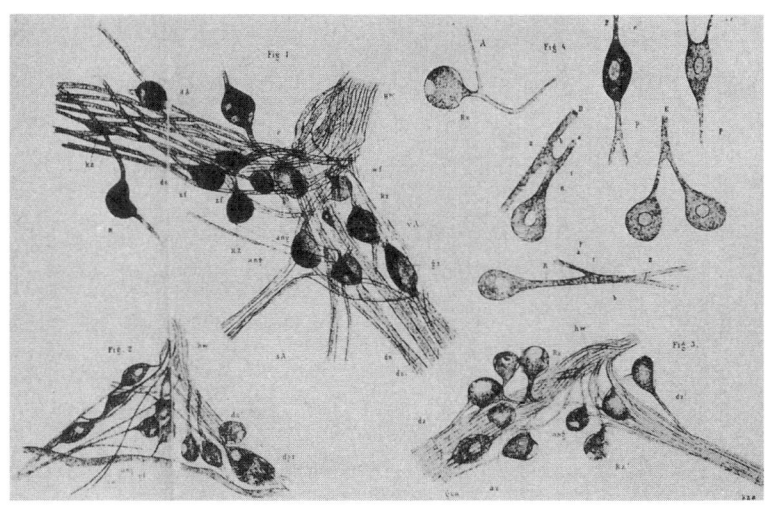

칠성장어에 관한 논문에 프로이트가 그린 그림. 칠성장어를 "가장 하급 어류"라고 묘사한 그는 에른스트 브뤼케의 연구소에서 일을 하던 1878년 〈칠성장어의 척수 신경절과 척수〉를 썼다.

그 모두가 서로 충돌하는 맹목적이고 세속적인 힘들의 작용이었다. 뱀장어의 생식선을 연구하는 동물학자 프로이트, 가재의 신경세포를 연구하는 생리학자 프로이트, 인간의 감정을 연구하는 심리학자 프로이트는 모두 단일한 기획에 참여하고 있었다. 브뤼케 밑에서 엄격한 신경계 조직학 작업을 할 때 프로이트는 진화의 자취를 증명하는 거대한 집단적 노력에 참여하는 것이었다. 그에게 다윈은 언제나 "위대한 다윈"이었으며, 환자를 돌보는 것보다는 생물학 연구가 더 매력적으로 느껴졌다.[124] 프로이트는 1878년 한 친구에게 쓴 편지에서, "인간을 괴롭히기"보다는 "동물을 학대하는" 쪽을 택함으로써 자신의 소명에 대비하고 있다고 말했다.[125]

프로이트는 아주 훌륭하게 연구를 진행하고 있었다. 초기에 발표된 프로이트의 논문 몇 편은 1877년부터 1883년 사이에 쓴 것인데, 결코 사소하지 않은 발견들을 상세히 다루고 있다. 이 논문들은 현미경으로 살펴본 어류의 신경 구조에 드러난 진화 과정을 실증한다. 게다가 돌이켜 볼 때 이 논문들은 프로이트가 1895년에 쓰려고 했던 과학적 심리학의 초고로 이어지는 생각의 사슬에서 첫 번째 고리를 이룬다는 사실이 분명하게 보인다. 프로이트는 신경세포와 신경섬유가 하나의 단위로 기능하는 방식들을 구체적으로 파악하는 이론을 향해 나아가고 있었다. 그러나 그는 다른 연구로 옮겨 갔고, 1891년에 독일의 해부학자 H. W. G. 발다이어(H. W. G Waldeyer, 1836~1921)가 '뉴런' 이론에 관한 획기적인 논문을 발표했을 때, 프로이트의 선구적인 연구는 무시되었다. 어니스트 존스는 이렇게 말한다. "프로이트가 자신의 생각을 논리적인—그리고 별로 멀지 않은—결론까지 과감하게 밀고 나가지 않는 바람에 젊은 시절 세계적인 명성을 얻을 기회를 아슬아슬하게 놓친 것이 이때만은 아니었다."[126]

프로이트는 여전히 집에서 살았지만 공부에 집중했기 때문에, 브뤼케의 연구실에서 브뤼케의 감독을 받으며 무럭무럭 성장했다. 1879년과 1880년에는 병역 때문에 1년을 쉴 수밖에 없었다. 이 기간에는 대체로 아픈 병사들을 돌보면서 지루한 시간을 보내야 했다. 그러나 상관들은 프로이트의 행동을 매우 칭찬했다. 그들은 프로이트가 "품위 있고", "명랑하며", 또 "매우 열심이고", 의무에 충실하다고 평가했으며, 그의 성격이 "단호하다"고 묘사했다. 상관들은 프로이트가 "매우 믿음직할" 뿐 아니라, 환자들에게 "매우 사려 깊고 인간적"이라고 생각했다.[127] 프로이트는 이 강요받은 막간의 시간을 몹시 지루하게 여겼으며, 존 스튜어트 밀의 전집에 나오는 에세이 네 편을 번역하며 길게 이어지는 한가한 시간을 보내기도 했다. 오스트리아의 저명한 고전학자이자 그리스 사상사가인 테오도어 곰페르츠(Theodor Gomperz, 1832~1912)는 밀의 독일어판 편집자로서 번역자 진용을 확대하려 했는데, 프로이트는 프란츠 브렌타노와 맺은 관계 덕분에 이 반가운 소일거리를 찾을 수 있었다. 브렌타노가 그를 곰페르츠에게 추천한 것이다.

그러나 프로이트의 졸업이 늦어진 것은 병역 때문이 아니라 연구에 매혹되었기 때문이었다. 그는 1881년 봄에야 학위를 땄다. 그러나 학위를 땄다고 해서 그의 생활 방식이 달라진 것은 거의 없었다. 프로이트는 여전히 의학 연구로 명성을 얻고 싶었기 때문에 브뤼케 곁을 떠나지 않았다. 그러다가 1882년 여름이 되어서야 브뤼케의 조언을 듣고 마침내 연구실의 안전한 환경을 떠나 빈 종합병원에서 아주 낮은 자리를 얻게 되었다. 그곳으로 가게 된 공식적인 이유는 가난이었다.[128] 하지만 가난은 여러 이유 가운데 하나일 뿐이었다. 가난은 이제 전과 다른 방식으로 그를 괴롭혔다. 1882년 4월 그는 집으로 여동생을 만나러 온 마르타 베르나이스를 보았다. 그녀는 늘씬하고, 생기 있고, 검은 머리에 약간 창백한 얼굴이었고, 눈은 표정이 풍부했다. 확실히 매력적이었다. 프로이트는 10년 전에 그랬듯이 곧 사랑에 빠졌다. 그러나 마르타 베르나이스는 기젤라 플루스와 달랐다. 그녀는 환상이 아니라, 사춘기 특유의 말없이 사모하는 마음을 부추기는 또 한 사람의 기젤라 플루스가 아니라, 현실이었다. 실제로 그녀를 위해 노력할 가치가 있었고, 기다릴 만한 가치가 있었다.

사랑에 빠지다

프로이트는 마르타 베르나이스를 보자 자신이 원하는 것을 알았으며, 마르타도 그의 능숙하고 격정적인 구애에 휩쓸려 갔다. 두 사람은 처음 만나고 나서 겨우 두 달 뒤인 1882년 6월 17일에 약혼했다. 그들도 이것이 신중한 행동이 아니라는 것을 잘 알고 있었다. 강인하고 완고한 과부였던 베르나이스의 어머니는 프로이트가 적합한 신랑감이냐 하는 점에 의심을 품었다. 그럴 만한 이유가 없는 것은 아니었다. 마르타 베르나이스는 돈은 없어도 사회적 위신은 있었지만, 프로이트는 둘 다 없었기 때문이다. 프로이트가 똑똑하다는 것은 부인할 수 없었지만, 오랫동안 가난한 생활을 할 운명인 것 같았다. 당장 화려한 출셋길을 달리거나 어떤 과학적 발견을 해서 유명해지고 (그 시점에서는 훨씬 더 중요한 일이지만) 부자가 될 가능성은 보이지 않았다. 나이 든 아버지에게선 아무것도 기대할 수 없었다. 오히려 아버지가 재정적 지원이 필요한 상황이었다. 게다가 너무 자존심이 강해서 아버지 같은 친구 요제프 브로이어의 지원—가끔 말로는 빌려준다고 하면서 돈을 거저 주었다.—에 계속 의지하지도 않을 터였다.[129)] 이런 상황의 논리적 결론은 분명했다. 브뤼케는 프로이트도 생각하고 있던 것을 말로 표현하는 역할만 했을 것이다. 프로이트와 마르타 베르나이스가 고집하는 중간계급 가정을 이루는 데 필요한 상당한 수입을 얻는 유일한 길은 개업뿐이라는 것이었다.

병원 개업을 준비하려면 환자들과 임상 경험을 쌓아야 하는데, 그 경험은 강의를 듣거나 연구소에서 실험을 해서는 절대 쌓을 수가 없었다. 프로이트처럼 연구에 정열적으로 몰두하는 사람에게 임상의가 된다는 것은 고통스러운 희생을 요구했다. 가까운 장래에 얻을 보상을 생각할 때만 그런 희생을 받아들일 수 있었다. 사실 약혼은 두 사람의 인내심을 최대로 시험했다. 약혼이 깨지지 않은 것은 프로이트의 일편단심의 끈기 때문이기도 하지만, 그보다는 마르타 베르나이스의 기지, 관용, 또

왼쪽은 프로이트를 만나기 2년 전쯤인 1880년의 마르타 베르나이스이고, 오른쪽은 1884년의 사진이다. 이때가 스물세 살이었는데 마르타를 정열적으로 사랑하던 약혼 기간에 프로이트는 이 사진이 실물보다 못 나왔다고 믿었다.

감정적으로 꿋꿋하게 버텨내는 힘이 큰 역할을 했다. 프로이트는 격정적인 연인이었기 때문이다.

프로이트는 자신의 계급과 문화가 용인하는 방식으로 마르타 베르나이스와 연애했다. 이 두 사람이 자신들에게 허용한 것은 키스와 포옹이 전부였다. 약혼 기간에도 베르나이스는 처녀성을 지켰다. 프로이트 또한 내내 금욕을 했을 것이다. 그렇지 않았다는 확실한 증거는 없다. 그러나 4년이 넘는, 영영 끝나지 않을 것 같은 기다림의 기간은 성이 거의 모든 정신 질환의 원인이라는 프로이트 이론이 형성되는 과정에 자취를 남겼다. 1890년대에 근대적 삶에 수반되는 성적 고통을 이론화할 때, 프로이트는 부분적으로는 자기 이야기를 하고 있었다. 그는 엄청나게 안달이 났다. 이제 스물여섯이 된 프로이트는 한껏 충전되고, 대체로 억압되어 있던 모든 감정들, 나아가 사랑 못지않았던 분노를 하나의 대상에 쏟아부었다.

그보다 다섯 살 어렸고, 젊은 남자들에게 인기가 좋던 마르타 베르나이스는 프로이트에게 대단히 탐나는 존재였다. 프로이트는 스스로 놀랄 정도로 사납게 구애했다. 베르나이스는 자신의 양식(良識)이라는 자원을 모두 동원하여 버텨야 했고, 위기의 순간에는 그의 소유욕 때문에 그녀가 소중하게 여기고 애착을 지닌 것들을 지키는 능력마저 시험받았다. 그들에게 좌절감을 안겼던 약혼 기간의 대부분을 베르나이스는 어머니와 함께 함부르크 근처 반츠베크에 살았는데, 프로이트가 너무 가난해서 그녀를 자주 찾아갈 수가 없었기 때문에 상황이 더 악화되었다. 어니스트 존스의 계산에 따르면, 그들은 만나고 나서 결혼을 하기까지 4년 반 동안 3년은 떨어져 있었다.[130] 대신 그들은 거의 매일 서로에게 편지를 썼다. 결혼을 하고 나서 10년이 지난 1890년대 중반 프로이트는 지나가는 말로 아내가 작가 특유의 슬럼프에 빠져 있다고 말했다.[131] 약혼 기간에는 그런 증상을 전혀 보이지 않은 것이 분명하다. 그러나 그렇게 떨어져 있었기 때문에 그들 관계의 긴장은 가라앉지 않았다. 아마 가장 긴장이 심각했던 부분은 종교였을 것이다. 마르타 베르나이스는 종교적 관행을 엄격하게 준수하는 정통 유대교 집안에서 성장하여 그 신앙을 받아들인 반면, 프로이트는 무관심한 비신자였을 뿐 아니라 미래의 신부를 모든 미신적인 헛소리로부터 떼어내려고 결심한 원칙적인 무신론자였다. 그는 물러서지 않고, 대단히 오만하게 그녀더러 그녀가 그때까지 잠시도 의문을 품지 않았던 것을 버리라고 여러 번, 그것도 성난 목소리로 요구했다.

사실 프로이트는 마르타 베르나이스에게 자신이 집안의 주인이 될 생각이라는 점을 분명히 밝혔다. 1883년 11월, 프로이트는 군대에 가 있는 동안 번역하던, 여성의 참정권에 관한 한 에세이에 관해서 이야기하면서 "일반적 편견"을 초월하는 존 스튜어트 밀의 능력을 찬양했지만, 그 자신은 그런 일반적 편견에 빠져버렸다.[132] 프로이트는 밀이 "터무니없는 것을 간파하는 감각"이 부족하다고 불평했다. 밀이 옹호했던 터무니없는 주장은 여자들이 남자들만큼 돈을 벌 수 있다는 것이었다. 프로이트는 이 주장이 가정의 현실을 간과한 것이라고 보았다. 집안을 정돈하고, 아이들을 감독하고 교육시키는 것은 하루 종일 시간을 쏟아야 하는 일이기 때문에, 여자가 집 밖에서 일자리를 찾는 것은 거의 불가능하다는 이야기였다. 프로이트는 당시의 다른 관습적인 부르주아와 마찬가지로 양성의 차이를 중시하여, 이것이 "남녀에게 가장 의미심장한 점"이라고 여겼다. 여자들은 밀의 에세이가 주장하는 것과는 달리 마치 흑인 노예처럼 억압당하지 않는다. "설사 투표할 권리가 없고 법률적 자격이 없다 해도, 남자가 손에 입을 닺추려 하고 사랑을 얻기 위해 모든 것을 거는 여자라면 누구나 남자를 바로잡을 수 있을 것입니다." 여자들을 생존 투쟁에 내보내는 것은 "사산된" 관념이었다. 그녀, 마르타 베르나이스, 그의 "부드럽고 귀한 아가씨"를 경쟁자로 여기는 것은 프로이트에게 어리석기 짝이 없는 일로 여겨졌다. 프로이트도 당시와는 다른 교육 체계가 생겨나, 남자와 여자 사이에 새로운 관계가 형성되고, 법과 관습이 여자들에게 지금은 유보된 권리를 부여할 날이 올지도 모른다는 사실을 인정했다. 그러나 여성의 완전한 해방은 훌륭한 이상의 종말을 의미했다. 프로이트는 사실 "자연"이 여자를 "아름다움, 매력, 부드러움으로 어떤 다른 일"을 할 운명을 지닌 존재로 만들어놓았다고 결론을 내렸다.[133] 누가 이 완전무결하게 보수적인 선언문을 보았다면, 그가 인간의 본성과 행동에 관한 가장 전복적이고, 불온하고, 비관습적인 이론들을 내놓을 것이라고는 짐작도 하지 못했을

1장 앎의 의지 97

것이다.

프로이트가 마르타 베르나이스에게 쓴 편지들에서 그는 익숙하지 않은 역할, 즉 낭만적 연인이라는 역할을 한다. 그는 다정하게 허물없이 굴었다가, 충동적이고 다급하고 의기양양하고 우울한 모습을 번갈아 보여주고, 가르치려 들고 뒷공론을 하고 압제적으로 굴기도 하며, 아주 드물지만 뉘우치는 모습도 보여준다. 프로이트는 그 전에도 정력적으로 편지를 써 상대를 즐겁게 해주는 사람이었지만, 이제 전에는 한 번도 시도해보지 않았던 연애 편지라는 장르에서 많은 글을 써낸다. 호통치기 좋아하고, 솔직해지면 아무런 배려가 없고, 자기 자신의 감정은 물론이고 약혼녀의 감정도 전혀 고려하지 않았던 프로이트는 어떤 대화가 이루어진 정황의 보고와 동료나 친구에 대한 솔직한 삽화로 편지를 가득 채웠다. 그는 마르타 베르나이스에게 보내는 편지에서 자신의 감정을 분석했고, 마찬가지로 그녀가 자신에게 보내는 편지도 탐정, 또는 정신분석학자처럼 세밀하게 주의를 기울여 분석했다. 그는 미세한 꼬투리, 수상쩍은 생략만으로도 자신에게 알리지 않았던 병이나 다른 남자에 대한 그녀의 마음을 알아냈다. 그의 연애 편지는 종종 공격적이고 아첨이라고는 찾아볼 수 없었지만, 이따금씩 감동적인 서정이 넘쳐나기도 했다.

이 연애 편지들은 결국 1880년대 초기 프로이트의 믿을 만한 자서전이 된다. 그는 약혼녀에게 감추는 것이 거의 없었다. 그는 일이나 종종 불만스러웠던 동료, 아직 사라지지 않은 야망에 대한 자신의 느낌을 솔직하게 기록했을 뿐 아니라, 그녀에 대한 갈망을 쏟아내기도 했다. 프로이트는 그녀가 너무 멀리 있기 때문에 그녀에게 해줄 수 없는 그 모든 키스를 아쉬워했다. 한 편지에서는 시가 중독을 그녀의 부재로 정당화했다. "키스할 사람이 없을 때는 흡연이 불가피하지요."[134] 1885년 가을에 파리에 머물 때는 노트르담의 한 탑을 올라가다가, 꼭대기에 이르는 계단의 수를 헤아리며 자신의 갈망을 떠올렸다. "계단을 300개 올라갑니다. 아주 어둡고, 아주 외롭네요. 당신이 나와 함께 있다면 계단 하나를 올라갈 때마다 당신에게 입 맞출 수 있을 텐데. 그러면 당신은 꼭대기에 이를 때면 숨이 가빠 제정신이 아니겠지요."[135] 그녀는 "사랑하는 보물"[136]에게 답장을 쓸 때 그처럼 입심이 좋거나 상상력이 풍부하거나 열정적이지는 않았지만, 그래도 다정한 인사와 상냥한 키스를 보내주었다.[137]

가끔 프로이트는 마르타 베르나이스를 가르치고자 선생 노릇을 하기도 했다. 그는 의사는 모든 환자, 심지어 친구들과도 감정적 거리를 유지할 필요가 있다고 상냥하게 설교했다. "내가 관찰을 하기 위해 병상 옆에 앉아 있거나, 인간의 고통을 하나의 대상으로 다룬다는 이야기를 들으면 당신이 얼마나 고통스러워할지 충분히 상상이 갑니다. 하지만 그대여, 다른 방법으로는 할 수가 없는 일이고, 나는 이런 일을 다른 사람들과는 다르게 볼 수밖에 없습니다." 그러나 프로이트는 곧 이런 약간 우월한 말투를 버리고, 누군가 병을 앓으면 자신이 객관성을 잃게 될 인간이 한 명, 딱 한 명 있다고 덧붙였다. "그 여인의 이름을 그대에게 말할 필요는 없겠지요. 그래서 나는 그 여인이 늘 건강하기를 바랍니다."[138] 결국 그는 연애 편지를 쓰고 있었던 것이다.

사랑은 프로이트의 자신감을 뒤집어놓았다. 이따금씩 나타나는 그의 질투심은 강렬함이나 거기서 비롯되는 비합리적인 분노에서 종종 병적인 수준에 이르곤 했다. 40년 뒤 프로이트는 약간의 질투심이 애도와 비슷한 "감정적 상태"이며, 이것을 "정상적"이라고 볼 수도 있다고 분석했다. 외려 그런 질투심이 표가 날 정도로 존재하지 않는 것이 깊은 억압의 증상이라고 생각했다.[139] 그러나 프로이트의 질투심은 연인이 경쟁자들에게 품을 수 있을 만한 적의를 넘어서는 것이었다. 마르타 베르나이스는 사촌을 친근하게 이름으로 부르지 못하고 예의 바르게 성으로 불러야 했다. 그녀를 사모하던 두 사람—작곡가와 화가—에 대해서도 분명한 호감을 드러내서는 안 되었다. 프로이트는 시무룩하게, 그들이 예술가들로서 자기 같은 과학자보다 불공평하게 유리한 입장에 있기 때문이라고 썼다. 결정적으로 그녀는 다른 모든 사람을 저버려야 했다. 그러나 이렇게 방해가 되는 사람에는 그녀의 어머니와 오빠 엘리—곧 프로이트의 여동생 안나와 결혼하게 된다.—도 포함되어 있었다. 마르타 베르나이스는 그들과 관계를 끊으라는 프로이트의 질투 섞인 요구를 묵인하려 하지 않았다. 이 때문에 생긴 긴장이 해소되는 데는 오랜 세월이 걸렸다.

어느 때보다 자신을 세밀하게 관찰했던 프로이트는 자신의 위태로운 상태를 어렴풋이 알고 있었다. "나는 내가 사랑하는 영역에서는 대단히 배타적입니다." 프로이트는 약혼한 지 이틀 만에 마르타 베르나이스에게 말했다.[140] 그는 애처로운 목소리로 인정했다. "나에게는 분명히 압제자 기질이 있습니다."[141] 그러나 이렇게 자기를 인식한다고 해서 그런 압제적 성격이 누그러지지는 않았다. 마르타 베르나이스가 벌써 구혼을 한 번 거절했고, 곧 다른 구혼을 받게 될 가능성이 높은 것은 사실이었다. 그러나 프로이트가 자신이 사랑하는 젊은 여자를 독점하려고 노력한 것은 그런 현실적인 위험보다는 그의 흔들리는 자존감을 보여준다. 사랑과 증오가 혼란스럽게 뒤얽혔던 유년의 해소되지 않고 억압된 갈등들이 이제 자신이 진정으로 마르타를 얻을 자격이 있는가 하는 의문을 품게 되면서 그를 다시 괴롭히기 시작한 것이다. 그가 마르타 베르나이스에게 되풀이하여 말했듯이 그녀는 분명히 그의 공주였지만, 그는 자신이 왕자라는 사실을 자주 의심했다. 그는 분명 자기 어머니의 소중한 지기*였는데도, 마치 형제가 태어나 위치가 흔들리는 사랑받는 외아들처럼 행동했다.

그러나 프로이트는 귀가 얇아서 생기는 분노와 얼굴을 찌푸리게 하는 질투가 그의 애정에 독을 푸는 것을 허락하지 않았다. 그는 오셀로가 아니었다. 프로이트는 자신의 선택을 의심한 적이 없으며, 종종 그 선택에서 확실한 기쁨을 맛보았다. 가정을 꾸린다는 생각에 기뻐하기도 하면서, 그들이 바라 마지않는 "행복한 작은 세상"에 필요한 세간 목록을 시간을 들여 즐겁게 작성하기도 했다. 그들은 방 두 칸, 탁자 몇 개, 침대, 거울, 안락의자, 바닥깔개, 거울, 평소에 쓸 그릇과 잔치 때 쓸 그릇, 조화 장식이 있는 모자, 큰 열쇠 꾸러미를 가질 것이며, 의미 있는 활동, 친절한 환대, 서로를 사랑하는 마음이 가득한 생활을 할 터였다. "우리가 그런 작은 것들에 매달리게 될까요? 그래요, 커다란 운명이 우리의 평화로운 문을 두드리지 않는 한, 아무런 불안 없이 그럴 겁니다."[142] 프로이트의 상상은 보통 자신의 커다란 운명에 머물곤 했지만, 그의 시대의 특별하지도 않고 기억할 만하지도 않은 수많은 부르주아와 공유하던 환상도 아주 기분 좋게 받아들일 수 있었다.

이런 환상을 현실로 만들려면 프로이트는 브뤼케의 충고를 피할 수 없었다. 프로이트는 마르타 베르나이스와 약혼을 하고 나서 여섯 주 뒤에 빈 종합병원에 들어갔다. 그는 3년간 이 병원에서 일하면서, 외과, 내과, 정신과, 피부과, 신경과, 안과 등을 전전하며 다양한 의학적 전문 지식을 조금씩 맛보았다. 프로이트는 분명한 목적을 가지고 일했다. 궁극적인 목표인 결혼을 위해 출세를 하려는 것이었다. 그러나 약간은 현

---

* 지크문트의 애칭. (역주)

실적이어야 했다. 오스트리아 병원에서 승진의 계단은 가팔랐고, 단이 많았다. 프로이트는 종합병원에서 가장 낮은 자리로서 일종의 의료 보조원인 지망의(Aspirant)에서 시작하여,[143] 1883년 5월 테오도어 마이네르트(Theodor Meynert, 1833~1892)의 정신과 진료소에 들어갔을 때 부의사(Sekundararzt)로 승진했다. 그러나 계단을 더 올라가야 했다. 1884년 7월에는 선임 부의사가 되었으며, 1년 이상의 세월이 흐른 뒤 약간의 좌절 끝에 선망하던 사강사(Privatdozent) 자리를 얻었다.* 사강사는 위신은 서지만 보수는 없는 자리였는데, 주로 먼 미래에서 손짓하는 교수 자리를 처음으로 흘끗 바라볼 수 있다는 점에서 바람직하게 여겨졌다. 따라서 이 자리가 결혼의 기반이 될 수는 없었다. 당연한 일이지만, 프로이트는 자기도 모르게 자신의 앞길을 방해하는 동료들에게 적대적 환상을 품게 되었는데, 여기에는 죽음의 소망도 빠지지 않았다. 그는 훗날 감회에 젖어 이 시절을 회상했다. "세상에서 계급 질서와 승진이 있는 곳에서는 어디에나 억압을 필요로 하는 소망으로 나아가는 길이 열려 있다."[144]

프로이트는 소망으로 만족하지 않았다. 1882년 10월, 그 무렵 권위 있는 내과학과장 자리에 앉게 된 헤르만 노트나겔에게 내과의 자리를 지원하여 승낙을 받았다. 노트나겔은 브뤼케와 더불어 프로이트의 가장 충실한 후원자가 되었으며, 프로이트는 서서히 공적인 인정을 받고 약간의 수입도 얻게 되었다. 프로이트는 이 위대한 인물을 처음 만난

---

* 프로이트를 사강사로 승진시키자고 매우 강력하게 추천하는 '보고서(Referat)'가 1885년 2월 28일에 교수진에게 제출되었으며, 'E. 브뤼케, 마이네르트, 노트나겔'이 서명을 했다. 그러나 정부는 9월에야 임명을 승인했다. (4페이지짜리 '보고서'의 필사본. Freud Museum, London.)

1885년 사강사로 승진한 서른 살 무렵의 지크문트 프로이트.

빈 대학의 내과 교수 헤르만 노트나겔(왼쪽). 1882~1883년에 프로이트는 노트나겔 밑에서 임상 조수로 일했다. 오른쪽은 빈 대학의 정신의학 교수 테오도어 마이네르트. 당시 국제적인 명성을 누렸다.

뒤 자신과는 아주 이질적이라고 묘사했다. "우리에게 행사할 수 있는 엄청난 힘을 갖고 있지만 우리는 그에게 아무런 힘을 발휘할 수 없는, 그런 사람을 보니 이상하네요." 그런 뒤에 프로이트는 덧붙였다. "아니야, 그 사람은 우리와 같은 인종이 아닙니다. 게르만 나무꾼이죠. 완전히 금발인 머리카락, 머리, 뺨, 목 등 모두가 그래요."[145] 그런데도 프로이트는 노트나겔이 친절한 사람이며, 기분 좋게도 기꺼이 자신의 뒤를 밀어주고자 한다는 것을 알았다. 시간이 지나면서 이 유명한 교수는 프로이트의 야망을 자극했으며, 프로이트는 시샘하듯이 자신을 그와 비교했다. 프로이트는 1886년 2월에 약혼녀에게 자랑을 했다. "유리한 조건에서라면 내가 노트나겔보다 더 많은 것을 해낼 수 있습니다. 노트나겔보다는 내가 훨씬 우월하다는 느낌입니다."[146]

이것은 결코 겉으로 드러나지 않은 프로이트 혼자만의 시합이었다. 그러나 프로이트는 노트나겔 못지않게 유명했던 뇌 해부학자이자 정신의학자인 테오도어 마이네르트와는 결국 공개적으로 충돌하게 된다.

프로이트는 노트나겔과 반년을 보낸 뒤 마이네르트의 과로 옮겨 갔는데, "위대한 마이네르트"가 보호자인 만큼이나 경쟁자이기도 하다는 것을 알았다.[147] 전에는 상황이 달랐다. 그가 의대생이던 시절에는 마이네르트의 연구와 인격이 프로이트에게 강한 인상을 주었다.[148] 실제로 마이네르트의 철학적인 자세는 프로이트의 생각을 확인해주고 또 자극하는 역할을 했다. 강인한 정신으로 과학적 심리학을 추구하던 마이네르트는 엄격한 결정론자로서, 자유의지를 환상으로 치부했다. 그는 정신이 감추어진 근본적인 질서를 따르며, 예민하고 통찰력 있는 분석가를 기다린다고 보았다. 본격적인 관계가 시작되자마자 프로이트는 마이네르트가 "별난 생각과 망상이 가득하여" 함께 일하기 힘든 사람이라고 불평했다.[149] "상대의 이야기를 들으려 하지도 않고 이해하려 하지도 않습니다."[150] 1890년대에 이 두 사람은 최면과 히스테리라는 핵심적인 쟁점을 놓고 다투게 된다.

이 시기에 또 다른 계기로 프로이트의 원한과 분노가 부풀어 올랐다. 이번에는 그 자신을 향한 분노였는데, 이것은 오랫동안 잠복해 있다가 40년 뒤 프로이트의 자화상에서 매우 교훈적인 방식으로 왜곡되어 나타났다. "이 시점에서 과거를 돌이켜 볼 때, 젊은 시절에 내가 유명해지지 못했던 것은 내 약혼녀의 잘못이었다고 이야기해도 좋을 것이다."[151] 이것은 그가 움켜쥐지 못한 큰 기회에 관한 이야기다. 프로이트는 외과 진료에 큰 기여를 할 뻔했다. 1884년 초봄에 프로이트는 마르타 베르나이스에게 코카인의 속성에 관심을 갖게 되었다고 말했다. 코카인은 당시에는 거의 알려져 있지 않은 약물이었는데, 독일의 어떤 군의관이 부하들의 지구력을 강화해주려고 사용하고 있었다. 프로이트는 이 편지에서, 대단한 것일 수도 있고 별것이 아닐 수도 있지만, 코카인을 사용하면 심장 문제와 모르핀을 중단했을 때 수반되는 "비참한 상태" 같은 신경 쇠약 사례를 완화할 수 있는지 실험해볼 계획이라고 말했다.[152] 프로이트의 관심에는 개인적인 측면도 있었다. 감염의 고통스러운 결과로 고생하던 동료 에른스트 폰 플라이슐-마르호프가 진통제로 사용하던 모르핀 중독을 떨쳐버리는 데 코카인이 도움을 줄지도 모른다고 생각했던 것이다. 그러나 늦여름에 프로이트는 1년 동안 떨어져 있던 약혼녀를 만나러 반츠베크에 가는 일에 정신을 팔고 있었다. 훗날 돌이켜 보았을 때도 그의 외로움은 매우 심각했던 것 같다. 마르타 베르나이스를 "2년", 심지어 "2년 이상" 보지 못했다고 말하게 되니 말이다. 그야말로 감동적이고 증후적인 실언인 셈이다.[153]

프로이트는 초조한 마음에 연구를 서둘렀다. 결국 6월에 과학적 보고와 정력적인 옹호가 매혹적으로 결합된 전문적인 논문 〈코카에 관하여〉를 끝내고 다음 달 빈의 한 의학 저널에 발표할 수 있었다. 9월 초 프로이트는 마르타 베르나이스를 만나러 가지만, 그 전에 친구인 안과의사 레오폴트 쾨니히슈타인(Leopold Königstein, 1850~1924)에게 코카인 실험 이야기를 하면서, 코카인이 진정시키는 동시에 자극하는 속성이 있다는 이야기를 했다. 프로이트가 약혼녀를 만나고 빈으로 돌아와 보니, 쾨니히슈타인이 아니라, "내가 코카인 이야기를 한 또 한 사람인" 동료 카를 콜러(Karl Koller, 1857~1944)가 "동물의 눈에 결정적인 실험을 한 뒤, 그것을 하이델베르크에서 열린 안과학 대회에 보고를 한 것"을 알게 되었다.[154] 프로이트의 기억에 따르면, 그는 장의 통증을 호소하는 동료를 우연히 만났을 때 코카인 5퍼센트 용액을 처방해주었는데, 이것이 입술과 혀에 감각이 사라지는 묘한 느낌을 만들어냈다. 콜러도 이 자리에 있었는데, 프로이트는 이때 콜러가 이 약의 마취 속성을 "처음 알게 되었다."고 확신했다.[155] 그렇다 해도 프로이트는 "콜러를 코카인을 이용한 국부 마취의 발견자로 인정하는 것이 정당하다."고 판단했다. 어쨌든 코카인 마취는 "작은 수술", 특히 눈 수술에서 "매우 중요한 역할을 하게 되었다 …… 하지만 나는 그 당시에 내가 태만했던 것과 관련하여 지금까지 약혼녀에게 아무런 원한을 품지 않았다."*156) 결과적으로 어느 정도는, 약혼녀를 탓하는 동시에 탓하지 않기도 했던 셈이다.

자신이 끝까지 해내지 못한 일을 이렇게 교묘하게 남의 탓으로 돌리는 것은 프로이트에게는 드문 일이다. 이것은 아주 오랜 시간이 흐른 뒤에 안전한 거리에서 되돌아보았는데도, 코카인이 그에게 어떤 불편한—스스로 온전히 인정하지는 않지만—의미를 지니고 있음을 보여주는 것이다. 진상은 그의 고통스러운 회상이 암시하는 것보다 훨씬 분명하다. 프로이트는 처음부터 콜러가 순식간에 유명 인사가 될 자격이 충분하다고 인정하기는 했지만, 자신이 아슬아슬하게 명성, 그리고 그와 더불어 결혼으로 가는 왕도를 놓친 것이 못내 아쉬웠다. 더욱이 코카인이 고통, 피로, 가라앉은 기분, 모르핀 중독에 만병통치약이라는 그의 감상적인 호소는 안타깝게도 호소의 대상을 잘못 선택했음이 밝혀졌다. 우선 프로이트 자신이 간헐적으로 우울해지는 기분을 통제하고, 전체적인 행복감을 높이고, 긴장된 사교적 만남에서 편안해지고, 그냥 더 남자 같은 느낌이 들도록 흥분제로 이 약을 복용하기 시작했다.** 그는 주위에 코카인을 무모하게 권했으며, 심지어 마르타 베르나이스가 기분이 언짢을 때 필요할 것이라고 생각하여 소량을 보내주기도 했다. 1885년 6월에는—이것이 유일한 경우도 아니었지만—코카인 약 0.5그

---

* 프로이트는 1884년 10월 29일 처제 미나 베르나이스에게 이렇게 썼다. "코카인 건은 사실 나에게 많은 명예를 안겨주었지만, 더 큰 명예는 다른 사람들에게 갔지요." (Sigmund Freud Copyrights, Wivenhoe의 허락을 받아 인용.)

램이 담긴 유리병을 반츠베크에 소포로 보내면서 "적게 먹을 경우는 8번, 많이 먹을 경우는 5번 나누어 먹으면" 된다고 말했다.[157] 그녀는 곧 소포를 받았음을 알리며, 충심으로 감사하고, 필요는 없지만 보낸 것을 나누어놓고 조금 먹어보겠다고 말했다.[158] 하지만 그녀가 (또 그녀의 약혼자도) 습관적으로 이 약을 복용했다는 증거는 없다.

그러나 친구 플라이슐-마르호프에게 코카인을 처방한 것은 그렇게 별 피해 없이 끝나지 않았다. 그의 고통을 덜어줄 수만 있다면! 프로이트는 1885년 초에 약혼녀에게 안타까운 목소리로 말한다.[159] 그러나 그의 열렬한 소망은 이루어지지 않았다. 천천히, 비참하게 죽어 가던 플라이슐-마르호프는 코카인의 치료제로서의 속성에 프로이트보다 더 열광적인 태도를 보였고, 결국 매일 다량으로 복용하게 되었다. 그러나 안타깝게도 이 치료법은 그의 고통을 가중시킬 뿐이었다. 치료 과정에서 플라이슐-마르호프는 전에 모르핀에 중독되었던 것처럼 이번에는 코카인에 중독되고 말았다.

물론 프로이트의 약 실험은 처음에는 그가 조롱하듯이 "돈, 지위, 명성의 추구"라고 부른 일에서 그에게 거의 해를 입히지 않았다.[160] 그는 코카인에 대한 논문과 그 직후 발표한 논문들 덕분에 빈 의학계 내부와 국외에서도 약간의 명성을 얻었다. 코카인의 중독적 성격이 입에 오르내리기 시작한 것은 어느 정도 시간이 흐른 뒤였다. 그러나 코카인의 국부 마취 효과를 발견한 것에서 비롯된 명성의 대부분을 콜러가 가져갔다는 점은 부정할 수 없으며, 프로이트는 자신이 얻은 매우 제한적인 성공에서 오히려 실패의 냄새를 맡고 있었다. 더욱이 전적으로 좋은 의

** 예를 들어 1884년 6월 2일에는 다음에 만날 때 자신이 그녀보다 더 힘이 세다는 것, "몸에 코카인이 든 크고 거친 남자"라는 것을 보여주겠다고 마르타 베르나이스를 장난스럽게 으르기도 한다. (*Jones* I, 84.)

도이기는 하지만 플라이슐-마르호프의 병에 무분별하게 개입한 것, 나아가 주사의 방법으로 코카인을 사용하도록 무분별하게 권고한 것은 말할 것도 없이 죄책감을 남겼을 것이다. 현실도 프로이트에게 자기 비판의 근거들을 충분히 제공했다. 플라이슐-마르호프의 괴로움을 덜어주기 위해 달리 할 수 있는 일은 없었을 테지만, 코카인 실험을 한 다른 의사들은 이 약을 피하에 주사할 경우 가장 불행한 부작용을 낳을 수 있다는 것을 알아냈던 것이다.***

이 불운한 사건은 프로이트의 인생에서 가장 괴로운 에피소드 가운데 하나가 되었다. 그의 꿈들은 오랜 기간 코카인에 몰두한 상태와 그 결과를 드러내며, 그는 적어도 1890년대 중반까지는 계속 소량의 코카인을 이용했다.**** 그가 그 일이 자신에게 끼치는 영향을 최소화하려고 한 것은 당연한 일이다. 프리츠 비텔스가 전기에서 프로이트가 "어떻게 자기에게 이런 일이 일어날 수 있었는지 생각하며 오랫동안 괴로워했다."고 말하자 프로이트는 그것을 부정했다. "틀렸다!" 그는 여백에 그렇게 적어놓았다.[161] 따라서 프로이트가 무의식적으로 이 모든 일의 책임을, 그가 위험을 무릅쓰고 명성을 추구하는 일에 힘을 기울이게 만든 바로 그 사람, 즉 약혼녀에게 떠넘기는 것이 편리하다고 여기게 된 것도 놀랄 일은 아니다.

*** 이것은 복잡한 문제다. 플라이슐-마르호프는 자신에게 직접 코카인을 주사했으며, 프로이트는 당시에 코카인 주사에 반대하지 않았다. 나중에 프로이트는 이 사실을 외면하고, 자신이 그런 방법을 옹호한 적이 없다고 주장했다.

**** 무엇보다도 《꿈의 해석》(SE IV, 106-21, 169-76)에서 분석한 이르마의 주사, 그리고 식물학 논문에 관한 중요한 꿈들을 보라. 1895년에 꿈꾸고 분석한 이르마의 주사에 관한 꿈들을 보고하면서 프로이트는 코가 붓는 것을 완화하기 위해 그 즈음 코카인을 사용했다고 말한다. (같은 책, IV, 111.)

프로이트는 멀리 반츠베크에 있는 약혼녀를 그리워하며, 비는 시간에 《돈키호테》를 읽었다. 그는 이 책을 읽고 웃음을 터뜨렸으며, 비록 일부가 좀 "추잡하여" 자신의 "귀여운 공주"가 읽기에는 적절하지 않다고 단서를 달면서도, 마르타 베르나이스에게 그 책을 열렬히 추천했다.[162] 가난에 찌든 이 젊은 의사는 경제적으로 감당하기 힘들 정도로 많은 책을 샀고, 밤늦게까지 고전을 읽었으며, 깊이 감동하고 또 매우 즐거워했다. 프로이트는 그리스 작가들, 라블레(François Rabelais), 셰익스피어(William Shakespeare), 세르반테스(Miguel de Cervantes), 몰리에르(Molière), 레싱(Gotthold Ephraim Lessing), 괴테, 실러 등 여러 시대의 스승을 찾아다녔으며, 특히 18세기 독일에서 인간 본성을 탐구한 재치 있는 아마추어 심리학자이자 물리학자, 여행가, 기억에 남을 만한 경구의 제조자이기도 했던 게오르크 크리스토프 리히텐베르크(Georg Christoph Lichtenberg)를 열심히 읽었다. 이런 고전들은 그에게 직관적인 현대의 심리학자 프리드리히 니체(Friedrich Nietzsche, 1844~1900)보다 큰 의미가 있었다. 프로이트는 어린 학생 시절 니체를 읽었고, 니체가 죽은 해인 1900년 초에는 그의 전집을 사는 데 거금을 투자하기도 했다. 그러면서 친구 플리스에게 "내 속에서 침묵하고 있는 많은 것을 표현할 말을 발견하면" 좋겠다고 말했다. 그러나 프로이트는 니체의 글이 연구하기보다는 저항할 텍스트라고 여겼다. 그가 니체의 책을 샀다고 말한 뒤 아직 펼쳐보지는 않았다고 즉시 덧붙인 것은 증후적이다. "당분간은 빈둥거릴 겁니다."[163]

프로이트는 이런 방어적인 행동을 한 주된 동기가 "지나친 관심" 때문에 착실하게 이루어지는 작업에서 한눈을 팔고 싶지 않았기 때문이라고 말했다.[164] 그는 사상가 니체―그만의 특이한 방식으로 프로이트의 가장 근본적인 추측 가운데 몇 가지를 예고하고 있었다.―의 폭발적인 통찰보다는 분석하는 시간에 그르모으는 임상적 정보를 더 좋아했던 것이다.* 프로이트는 훗날 자신이 선구자라고 주장한 적이 한 번도 없다고 강조하면서—너무 분명하게 부정하는 바람에 오히려 정확한 말이라는 느낌이 들지 않는다.—자신이 유용하게 여겼던 것은 독일의 심리학자이자 철학자 구스타프 테오도어 페히너(Gustav Theodor Fechner, 1801~1887)의 심리학적 글들뿐이라고 말한다. 이 글 덕분에 쾌락(pleasure)의 본질이 분명해졌다는 것이다. 프로이트는 독서를 좋아하고 또 거기서 많은 도움을 얻었지만, 경험을 훨씬 더 좋아하고 또 도움도 더 많이 받았다.

1880년대 초 프로이트가 개업을 위한 훈련을 받고 있을 때 그의 주된 관심은 이론적인 것이 아니라 직업적인 것이었다. 그러나 인간 정신의 신비가 그의 관심을 점점 빨아들이고 있었다. 1884년 초 그는 "착하고 귀여운 공주"에게 그가 가장 좋아하는 시인으로 꼽던 프리드리히 실러의 시를 약간 교훈적으로 인용했다. "우리 실러가 말했듯이, 굶주림과 사랑, 결국 그것이 진정한 철학이지요."[165] 세월이 흐른 뒤 프로이트는 자신의 충동(drive) 이론을 예시하기 위해 이 시구에 여러 번 의존한다. 굶주림은 자기의 생존을 돕는 "자아 충동(ego drive)"을 나타내며, 사랑은 물론 종의 생존[166]을 돕는 성 충동(sexual drive)을 나타낸다.

1880년대의 프로이트를 싹이 트기 시작한 정신분석학자라고 보는

---

* "천성적으로 철학적 재능이 부족하여 나는 부득이한 일을 불평 없이 했습니다." 프로이트는 1931년에 옛일을 돌아보면서 그렇게 썼다. 그는 "나에게 저절로 드러나는 사실들"을 가능한 한 "위장 없이, 편견 없이, 가공 안 된" 형식으로 "바꾸는" 훈련을 했다. 철학을 공부했다면 불가피하게 이미 결정된 시각을 강요받았을 것이고, 이것은 받아들일 수 없는 일이었다. "그래서 나는 니체에게서 정신분석적 통찰과 매우 흡사한 통찰들을 발견할 것이 분명했는데도, 아니 분명했기 때문에, 니체를 공부하는 것을 거부했습니다." (프로이트가 로타르 비켈Lothar Bickel에게 쓴 편지, 1931년 6월 28일. 타자로 친 사본, Sigmund Freud Copyrights, Wivenhoe의 허락을 받아 인용.)

것은 시대착오일 것이다. 그는 해부학, 특히 뇌 해부 연구를 계속했다. 하지만 그는 수입을 염두에 두고 정신의학에 집중하기 시작했다. 그는 나중에 무뚝뚝하게 썼다. "실제적인 관점에서 뇌 해부는 물론 생리학보다 나을 것이 없었다. 내가 신경병 연구를 시작한 것은 물질적인 면을 고려했기 때문이다." 신경병은 당시 빈에서는 많은 사람들이 진료하는 분야가 아니었다. 심지어 노트나겔도 이 분야에서는 프로이트에게 제공해줄 것이 별로 없었다. "자기가 자기 스승이 되어야 했다." 그의 명예와 부에 대한 욕구는 조금씩 충족되면서 더 커졌고, 앎에 대한 욕구도 마찬가지였다. 그는 빈이 줄 수 있는 것 이상을 원했다. 40년 뒤 그는 이 무렵 파리에서 맛보았던 새로운 경험의 생생함을 그대로 되살리며 이렇게 말했다. "멀리서 샤르코(Jean-Martin Charcot, 1825~1893)라는 큰 이름이 빛나고 있었다."[167]

1885년 3월, 사강사 임명까지 아직 몇 달이 남았을 때 프로이트는 학교에 여행 지원금을 신청했다. 빈약한 수당에 마찬가지로 빈약한 여섯 달 휴가일 뿐이었지만, 프로이트는 여행 계획에 몰두하여 마르타 베르나이스에게 보내는 편지에서 계속 그와 관련된 이런저런 이야기를 했다. "아, 나는 전혀 만족하지 않아요." 그는 6월 초에 특유의 분석적인 방식으로 말했다. "나는 극복할 수 없을 정도로 게으르고, 또 그 이유도 알고 있습니다. 기대는 늘 우리 인간을 현재에 나태해지게 만들죠." 모든 신청자는 수당을 지급하는 위원회에 옹호자가 있어야 했다. "내 경우는 브뤼케입니다. 매우 훌륭한 분이지만, 정력적인 옹호자라고 하기는 어렵죠."[168] 그러나 프로이트는 브뤼케를 과소 평가한 듯하다.* 사정을 알 만한 위치에 있었던 플라이슐-마르호프는 프로이트에게 상황이 "자네한테 지극히 나빴는데, 오늘 회의에서 좋은 결과가 나온 것은 오

결혼 1년 전인 1885년 반츠베크에서 프로이트와 마르타 베르나이스.

직 브뤼케가 자네를 지지했기 때문이라고 말할 수 있네. 브뤼케는 노골적으로, 열정적으로 자네를 옹호했고, 그 덕분에 큰 변화가 생겼네."[169] 물론 브뤼케의 추천은 매우 긍정적인 역할을 했지만, 프로이트는 6월 중순에야 지원금을 손에 넣을 수 있었다. 위원회가 무슨 대단한 상금이라도 주듯이 한참 논쟁을 벌였기 때문이다. 프로이트는 자신의 시간을 어떻게 나누어 쓸지 조금도 망설이지 않았다. 우선 약혼녀와 그녀의 가족을 만나고 난 뒤 파리로 가기로 한 것이다. 그는 우선 반츠베크에 여섯 주 동안 머물면서 오래 끌어온 베르나이스 부인의 결혼 반대 의견을 마침내 완전히 뒤집은 뒤, 10월 중순에 파리에 도착했다.

프로이트는 자리를 잡자마자, 거리, 교회, 극장, 박물관, 공원 등 도시를 돌아다니며 첫인상을 쟁여 두었다. 그가 마르타 베르나이스에게 보내는 보고서는 디테일이 만족스럽게 살아 있다. 콩코르드 광장에서 본 "룩소르에서 온 진짜 오벨리스크", 상점은 없지만 마차는 가득한 우아한 샹젤리제, 시끄럽고 서민적인 레퓌블리크 광장, 고요한 튈르리 정원을 보고 놀랐다. 프로이트는 루브르에서 특히 큰 기쁨을 맛보았다. 그는 그곳에서 오랫동안 유물을 들여다보았다. "수많은 그리스와 로마의 조각상들, 묘석들, 비문들, 파편들. 매우 아름다운 것들 몇 가지, 여러 시대를 대표하는 고대의 신들. 나는 또 밀로의 유명한 팔 없는 비너스도 보았습니다." 그는 또 로마 황제들의 당당한 흉상들, "사자를 애완용 개처럼 품에 안고 있는, 나무처럼 키가 큰 아시리아 왕들, 털이 아름답게 묘사된 반인반수의 날개 달린 괴물, 어제 새긴 것처럼 깨끗한 상형문자 비문, 화려하게 색을 입힌 이집트의 얕은 부조, 진짜 커다란 왕들의 상, 진짜 스핑크스"도 보았다. "꿈에서 보는 세상" 같았다. 그는 아시리아와 이집트 전시실을 다시, 그것도 여러 번 찾아오게 될 것임을 알았다. "나에게 이것들은 미학적 가치보다는 역사적 가치가 있습니다."[170] 그러나 그의 흥분은 여기에 학문적 관심 이상의 것이 있음

---

* 당연한 일이지만, 프로이트가 나중에 공적으로 한 이야기는 그의 개인적인 감정을 완전하게 또는 모두 재현하지 않는다. 그냥 자신이 "브뤼케의 따뜻한 청원" 덕분에 지원금을 얻었다고 간단히 말한다. ("Selbstdarstellung", *GW* XIV, 37 / "Autobiographical Study", *SE* XX, 12.)

을 드러낸다. 나중에도 지중해와 근동의 오래된 조각상을 좋아하여, 시간과 돈만 되면 찾아가 푹 빠지곤 했기 때문이다.

하지만 1885년에 파리에 갔을 때는 시간이 없었다. 돈은 더 없었다. 그는 극장에 가서 빅토리앵 사르두(Victorien Sardou)가 쓰고 사라 베르나르(Sarah Bernhardt)가 출연한 잘 짜인 연극을 보기도 했다. 그는 이 연극이 허세가 심하고 경박하다고 생각했다. 몰리에르의 희극은 뛰어나다고 생각하여, "프랑스어 수업"으로 이용했다.[171] 전체적으로 프로이트는 싸구려 좌석으로 만족했으며, 때로는 1프랑 50상팀을 주고 "정말 창피스러운 비둘기장 속 같은 관람석(quatrième loge de côté)"에 앉기도 했다.[172] 그는 빌린 돈으로 살았으며, 성냥이나 문구 같은 하찮은 물건에도 인색할 수밖에 없었다. "늘 아주 싼 와인을 마시는데, 짙은 빨간색입니다. 그래도 마실 만해요." 그는 파리에 도착한 직후 마르타의 여동생 미나 베르나이스(Minna Bernays)에게 그렇게 보고했다. "먹을 것은 100프랑에 살 수도 있고 3프랑에 살 수도 있습니다. 어디서 사는지만 알면요."[173] 처음에는 외로워서인지 까다롭고 약간 독선적인 경향이 있었다. 또 애국적이기도 했다. "보다시피, 내 심장은 독일제이고, 지방적이지요. 어쨌든 여기서는 제대로 움직여주지 않습니다." 그는 프랑스 사람들이 부도덕하게 감각적 자극을 찾는 사람들이며, "심리적 전염병에 걸린 사람들이고, 역사적인 집단 경련을 일으킨 사람들"이라고 생각했다.[174]

가끔 마르타 베르나이스에게 신중한 책략을 털어놓기도 했는데, 그런 책략을 쓰면서 두려움이 없는 것은 아니었다. 1885년 말에는, 꼭 필요한 일은 아니었던 것 같은데, 권태에 시달리는 어떤 오스트리아인 여자 환자를 일 주일에 한 번씩 찾아갔다. 이 환자는 프로이트 가족 주치의의 부인이며 "태도가 별로 좋지 않은, 매우 젠체하는" 사람이었는데, 이렇게 찾아간 것은 "빈의 동료와 잘 지내는 것이 양식 있는 일"이었기 때문이다.[175] 그러나 남을 조종하는 듯한 이런 행동은 불편했다. 이전에 그는 약혼녀에게 "일에 미친 상태"를 고백하면서, "일과 성공을 향한 욕구"가 있어도 "부정직하다"고 해석될 수도 있는 일은 하지 않도록 조심해야 한다고 말한 적이 있었다.[176]

그러나 더 중요한 것은 프로이트가 처음부터 장 마르탱 샤르코에게 압도당했다는 것이었다. 그는 약 여섯 주 동안 살페트리에르에 있는 샤르코의 병리학 연구소에서 아동의 뇌에 관한 미시적 연구를 했다. 훗날 아동의 뇌성마비와 실어증에 관하여 꽤 많은 분량의 발표를 한 것을 보면, 비록 점차 희미해지기는 하지만 계속 신경 연구에 관심을 가졌음을 알 수 있다. 그러나 샤르코라는 강력한 존재 때문에 프로이트는 현미경에서 멀어져 이미 어느 정도 분명한 관심을 갖고 있던 방향으로 움직이게 되었다. 심리학이라는 방향이었다.

샤르코의 과학적 스타일과 개인적 매력은 그의 구체적 가르침보다도 강력하게 프로이트를 사로잡았다. 그는 "늘 자극적이고, 교훈적이고, 멋집니다." 프로이트는 마르타 베르나이스에게 말했다. "빈에 가면 이 분이 무척 그리울 거예요."[177] 그는 샤르코와 함께 있을 때 자신이 느끼는 환희를 표현하기에 적당한 말을 찾아 종교적인—적어도 미학적이라고 할 수는 있는—언어에 의존했다. 그는 이렇게 고백했다. "가장 위대한 의사로 꼽히고, 천재인 동시에 수수한 인물인 샤르코는 내 관점과 의도를 완전히 뿌리째 뽑아버렸습니다. 강의를 몇 번 듣고 나서 나는 마치 노트르담 성당에서 나오는 것처럼, 완전함이 무엇인지 새로 인식한 상태에서 자리를 뜨게 되었습니다." 생식과 관련된 뜨거운 수사만이 그의 감정을 전달할 수 있었다. 정신의 독립성을 그렇게 열심히 지키려 하던 프로이트가 과학에 뛰어날 뿐 아니라 그에 못지않게 연기에도 뛰어난 이 인물의 씨앗을 너무도 쉽게 받아들이고 만 것이다. "이 씨앗이 언젠가 열매를 맺을지 어떨지는 잘 모르겠습니다. 하지만 나에게 이런 식으로 영향을 준 다른 인간이 없었다는 것만큼은 확실하게 말할 수 있습니다."[178]

샤르코는 분명 연극적인 데가 있는 인물이었다. 늘 명료했고 대체로 진지했지만, 가끔 자신의 요점을 전달하기 위해 유머를 구사하기도 했다. 프로이트는 그의 "매혹적인" 강의 하나하나가 "구축되고 구성되는 작은 예술 작품"이라고 생각했다. 실제로 프로이트는 "그가 자신의 사고의 흐름을 아주 꼼꼼하게 설명하고, 자신의 의심과 망설임을 아주 솔직하게 이야기하고, 그럼으로써 교사와 학생 사이의 간극을 좁히려는 노력을 할 때만큼 청중에게 훌륭해 보이는 때는 없다."고 말했다.[179] 프로이트도 강연자이자 학설의 주창자로서 자신의 불확실한 점들을 능숙하게 활용하면서 샤르코와 다름없는 방식으로 전진해 나가게 된다.

프로이트는 살페트리에르에서 이런 연기를 지켜보면서, 샤르코가 특정한 정신 질환을 진단하고 확인할 때 지적인 흥분 상태에 빠져들어 활기를 띠는 모습을 보며 강렬한 기쁨을 맛보았다. 그 과정을 보며 프로이트는 아담이 동물을 구별하고 그들의 이름을 지어주는 신화를 떠올렸다.[180] 장차 정신분석의 아담으로 활약하며 타의 추종을 불허하는 명명자(命名者)가 되는 프로이트는 다른 많은 영역에서도 그렇지만 이 영역에서도 샤르코의 제자였다. 정신 질환들을 서로 구분하고, 또 신체적인 질병과 구별하는 것은 당시에는 드문 기술이었다. 이 시기에 아직 신경증에 무지했던 프로이트는 신경증 환자의 만성적 두통을 수막염으로 진단하기도 했고, "빈에서 나보다 권위가 있던 사람들이 신경쇠약을 뇌종양으로 진단하곤 했다."[181]

그러나 샤르코는 결코 단순한 연기자가 아니었다. 그는 의학계의 권위자이자 사교계의 유명 인사로서 비길 데 없는 명성을 누렸으며, 히스테리를 꾀병이 아닌 진짜 병으로 진단했다. 더욱이 그는 전통적인 통념과는 반대로, 히스테리가 여자만큼이나 남자도 괴롭힌다는 사실을 인식했다. 샤르코는 더욱 과감한 시도로, 최면을 돌팔이와 사기꾼에게서 구출하여 진지한 정신 치료를 위해 사용하였다. 프로이트는 샤르코가 직접적인 최면적 암시로 히스테리성 마비를 유도하고 치료하는 것을 보고 놀라고 감명받았다.*

  1885년에 프로이트는 아직 최면의 전모를 파악하지 못했다. 그는 의대생 시절에 이미 최면 상태가 그 모든 불미스러운 평판에도 불구하고 속임수가 아니라고 믿고 있었다. 따라서 자신이 이미 대체로 믿고 있던 것을 샤르코가 확인해주는 것을 보자 만족스러웠으며, 최면 전후에 샤르코의 환자들에게 벌어지는 일을 보고 감명을 받았다. 샤르코의 가장 유명한 제자인 피에르 자네의 말을 빌리면, 환자들은 최면을 건 사람에게 '자석 같은 강한 감정'을 느끼게 되었다. 그 본질이 아들의 사랑이건, 어머니의 사랑이건, 아니면 노골적으로 성적인 사랑이건, 어쨌든 사랑하는 감정이 생겼다.[182] 프로이트는 오래지 않아 이런 감정에 불편한 면이 있음을 알게 되었다. 빈에서 최면 뒤에 히스테리의 고통에서 벗어나게 된 초기의 환자 한 사람이 프로이트의 목을 끌어안는 바람에 깜짝 놀랐던 것이다. 프로이트는 이 당혹스러운 경험에서 최면에 감추어진 "신비한 요소"를 파악하는 실마리를 얻었다고 회고한다.[183] 나중에 그는 이 요소를 전이의 한 예로 파악하여, 정신분석 기법에서 강력한 도구로 활용하게 된다.

---

* 프로이트는 빈으로 돌아와서 몇 년 동안 자신의 환자에게 이 기술을 적용해보았다. 그러나 몇 번 주목할 만한 성공을 거두기도 했지만, 결과는 대체로 신통치 않았다.

프로이트는 일상이 자리를 잡자, 파리 체류를 혼란스럽고 늘 유쾌하지만은 않은 꿈으로 여기던 태도를 접고 무섭게 연구에 집중했다. 얼마나 집중을 했는지 약혼녀를 안심시킬 필요가 있다는 생각이 들 정도였다. 그녀는 여전히 최고의 자리에서 그의 감정을 지배하고 있었다. 그는 12월에 이런 편지를 보냈다. "나에게서 사랑 고백을 듣고 싶다 하면, 이런 편지를 쉰 장은 쓸 수 있습니다. 하지만 당신은 너무 착해서 나한테 그런 요구를 하지 않는군요." 하지만 그는 "이제 과학에 대한 사랑을 극복하여 적어도 그것이 우리 사이를 방해하지 않을 정도로 다스리게 되었으며, 이제 오로지 당신만을 원한다."고 고백했다. 그러나 그는 자신의 궁핍에 대한 생각에서 결코 벗어나지 못했다. 그는 마르타 베르나이스에게 약간 애처로운 목소리로 자신이 "타오르는 소망과 우울한 슬픔에 괴로워하는 가련한 청년"이며, "거지의 희망(Schnorrerhoffnungen)"으로 가득 차 있다고 말했다. 구체적으로 말하자면 부자 친구가 돈을 빌려주었으면 하는 희망을 품고 있다는 것이었다.[184]

그러나 그의 작업은 잘 풀려 갔고, 시간이 지나면서 사교 생활도 마찬가지로 잘 풀렸다. 1886년 1월과 2월에는 샤르코의 궁궐 같은 집에서 열린 연회에 초대를 받았다. 그런 자리가 영 어색한 데다가 프랑스어 대화에 자신도 없었지만, 그는 코카인으로 힘을 낸 다음 정장을 차려입고 두근거리는 가슴을 안고 연회장으로 갔다. 그가 약혼녀에게 쓴 편지를 보면 그가 얼마나 불안했는지, 또 샤르코가 있는 자리에서 우스꽝스러운 행동을 하지 않은 것에 얼마나 안도했는지 알 수 있다. 2월의 늦은 저녁 이 위대한 인물의 저택에서 열린 연회에서 막 돌아온 프로이트는 자정이 넘은 시간에 "사랑하는 착한 보물"에게 편지를 썼다. "다 끝나서 정말 다행입니다." 연회는 "머리가 터지도록 지루했지만, 코카인 덕분에 간신히 터지지 않을 수 있었지요. 생각해보세요. 이번에는 사오십 명이었는데, 그 가운데 내가 아는 사람은 서너 명이었습니다. 서로 소개를 시켜주는 사람은 아무도 없어, 모두 각자 알아서 하고 싶은 일을 해야 했습니다." 그는 자신의 프랑스어가 형편없었다고, 평소보다 더 엉망이었다고 생각했다. 그는 정치 토론에 끼어들었는데, 거기서 자신을 "오스트리아인도 독일인도 아닌 유대인(juif)"이라고 밝혔다. 그런 뒤에 자정이 다가올 때쯤 초콜릿 한 컵을 마셨다. "그렇다고 내가 실망했다고 생각하면 안 됩니다. 정기 연회(jour fixe)에서 다른 것을 기대할 수는 없는 거죠. 다만 내가 그런 자리를 만들지는 말아야겠다는 것을 분명히 배웠습니다. 어쨌든 그 연회가 정말 지루했다는 이야기를 다른 사람한테는 하지 마세요."[185] 프로이트는 그런 사교 행사가 지루하다고 느끼고 자신의 프랑스어가 형편없다고 생각했는지 몰라도, 어쨌든 샤르코는 그에게 특별한 관심을 보여주었다. 이런 다정한 태도 때문에 샤르코는 프로이트에게 더욱더 본받을 존재가 되어 갔다.

프로이트에게 가장 중요했던 것은 자신의 모범이 되는 인물이 환자의 터무니없는 행동을 진지하게 받아들일 각오가 되어 있는 것이 분명하고, 나아가 이상한 가설들을 환영할 준비도 되어 있다는 점이었다. 샤르코는 자신의 인간 재료에 매우 신중하게 관심을 기울이고 그들을 꿰뚫어보는 예술가였다. 샤르코 자신의 고백을 듣자면 그는 '보는 사람(visuel)'이었다. 그는 자신이 보는 것을 믿었으며, 이론보다 실천을 옹호했다. 그가 한 말이 프로이트의 마음에 각인되기도 했다. *La théorie, c'est bon, mais ça n'empêche pas d'exister*. 프로이트는 이 명언을 잊지 않았으며, 훗날 믿기 힘든 사실들로 세상을 흔들어놓을 때도 지칠 줄 모르고 그 말을 되풀이했다. "이론도 다 좋다. 하지만 사실이 존재하는 것을 이론이 막지는 못한다."[186] 이것이 샤르코에게서 배운 주된 교훈이었다. 과학자는 사실에 순순히 복종해야 하며, 사실은 이론의 적이 아니라 근원이자 하인이라는 이야기였다.

프로이트가 만족할 만큼 샤르코가 해결해주지 못한 한 가지 구체적 문제, 몇 년 동안 프로이트를 뒤흔든 한 가지 문제는 최면의 본질과 관련된 것이었다. 최면의 지지자들에게도, 심지어 프랑스에서도, 최면은 논란거리였다. 샤르코와 그의 제자들은 최면 상태를 '인공적으로 만들어진 병적인 상태―신경증'이라고 정의했다.[187] 간단히 말해서, 분명한 기질(器質)적 구성요소들을 갖춘 신경의 질병, 구체적으로는 히스테리라는 것이었다. 실제로 샤르코는 최면 상태는 히스테리에서만 만들어낼 수 있다고 주장했다. 그러나 별로 알려지지 않은 개업의인 앙브루아즈 오귀스트 리에보(Ambroise Auguste Liébeault, 1823~1904), 그리고 그를 추종하여 적극적으로 활동하며 많은 작업을 한 이폴리트 베르넴(Hippolyte Bernheim, 1840~1919)으로부터 영감을 받은 낭시의 라이벌 학파는 다른 노선을 따랐다. 최면은 순수하게 암시의 문제라는 것이다. 따라서 거의 모든 사람이 최면에 걸릴 수밖에 없다는 것이었다. 프로이트는 몇 년 동안 양쪽 노선 사이에서 흔들렸다. 그는 매우 공정한 태도로, 1886년에는 샤르코의 《신경계의 질병에 관한 강의》 가운데 한 권을 번역했고, 2년 뒤에는 베르넴의 주요한 논문인 〈암시와 그것을 응용한 치료에 관하여〉를 번역했다. 프로이트는 계속 샤르코의 관점에 기울어 있었지만, 1889년 자신의 최면 암시 기법을 향상시킬 목적으로 낭시의 베르넴을 찾아갔을 때는 그것이 평생 가장 유익한 여행으로 꼽을 만하다고 생각했다. 1890년대 중반 프로이트가 발전시킨 정신분석은 최면으로부터 해방된 것이었다. 그러나 1890년대 초에 쓴 몇 편의 논문과 서평은 최면 실험에 뿌리를 두고 있다는 사실을 드러내며, 실제로 최면은 몇 년 동안 프로이트의 레퍼토리에 남아 있었다.

어린아이들의 병을 연구하러 베를린에 들렀다가 빈으로 돌아왔을 때 프로이트에게 문제는 어느 프랑스 학파를 따르느냐 하는 것이 아니라, 회의적인 의학계를 어떻게 상대하느냐 하는 것이었다. 베르넴의 책에 쓴 그의 서문은 그가 빈의 동료들에게 품고 있던 불만을 분명히 보여준다. 그는 빈의 고집 센 의사들을 염두에 두고 이렇게 썼다. "의사는 이제 최면에 초연한 자세를 취할 수 없다." 일단 알고 나면, "최면의 문제가 마이네르트가 주장하는 것처럼 여전히 부조리의 후광에 싸여 있다"는 일반적인 믿음이 "깨질" 것이다. 프로이트는 낭시의 베르넴과 그의 동료들이 최면의 증후들이 특이하기는커녕, 오히려 "정상적인 심리 생활이나 잠에서 일어나는 익숙한 현상들과" 연결되어 있음을 보여주었다고 주장했다. 따라서 최면이나 최면적 암시를 진지하게 연구하면 "건강한 사람들 다수"의 정신 생활을 지배하는 "심리 법칙"이 드러나게 될 것이다. 프로이트는 동료들을 약간 윽박지르는 듯한 말투로 이렇게 결론을 맺었다. "자연과학의 문제에서" 어떤 생각이 받아들여지느냐 마느냐를 두고 "최종 결론을 내리는 것은 늘 경험 하나뿐이지 절대로 경험 없는 권위가 아니다."[188]

프로이트가 손에 쥐고 있던 한 가지 설득 도구는 그가 1886년 부활절에 의대 교수진에게 제출한 보고서였다. 그는 파리에서 진 지적인 빚을 생각하면서 매우 의욕적인 태도로 이야기를 했다. 독일 (또는 그 점에서는 오스트리아도 마찬가지지만) 과학 연구자들은 프랑스 연구자들과 거의 접촉을 하지 않기 때문에 "매우 주목할 만하기도 하고(최면), 실제로 중요하기도 한(히스테리)" 프랑스 신경병리학의 발견이 독일어권 나라들에서는 거의 인정을 받지 못했다. 그는 자신이 샤르코의 "활기, 명랑함, 완벽한 웅변, 즉 우리가 흔히 프랑스의 민족성이라고 여기곤 하는 것들"에, 또 그의 "인내와 일을 사랑하는 태도, 즉 우리가 보통 우리나라에 속한 특성이라고 보는 것"에도 강하게 이끌렸다고 고백했다. 프로이트는 샤르코와 긴밀하게 "과학적, 개인적 교류"를 나눈 뒤에 이제 스스로 샤르코의 옹호자를 자처하게 되었다. 프로이트가 고국에 가져온 가장 자극적이고 지속적인 메시지는 샤르코가 신경병리학자들의 과제와 관련하여 열어젖힌 전망이었다. "샤르코는 대체로 해부학이 자기 할 일을 완료했으며, 기질성 질환에 관한 이론은 완성되었다고 보아도 좋다고 말하곤 했다. 이제 신경증의 시대가 왔다."[189] 프로이트의 상급자들은 이런 말이 구미에 맞지 않았다. 프로이트의 미래를 어렴풋이 보여주는 셈이었다.

그 미래가 가까이 다가오는 동안 그는 샤르코에 관한 기억을 아주 생생하게 간직하고 있었다. 프로이트는 샤르코를 또 한 사람의 브뤼케로 여겼다. 즉 존경하면서 모방하려고 노력하는 지적인 아버지로 삼은 것이다. 샤르코의 가르침에서 여러 측면에 의문을 제기하게 된 뒤에도 계속해서 그에게 최대한 경의를 표했다. 샤르코의 강의를 독일어로 번역했을 뿐 아니라, 샤르코의 생각들을 퍼뜨리고 적절한 곳에서 그를 전거로 인용했다. 프로이트는 앙드레 브루예(André Brouillet)의 그림 〈샤르코 박사의 임상 강의(La Leçon clinique du Charcot)〉를 판화로 새긴 것을 얻었다. 이것은 샤르코가 살페트리에르에서 완전히 몰입한 청중에게 여성 히스테리 환자를 보여주는 장면을 묘사한 그림이었다. 나중에 베르크 가세 19번지로 이사한 뒤, 프로이트는 이 판화를 상담실의 작은 골동품 조각상들을 빼곡하게 넣어 둔 유리 책꽂이 위에 자랑스럽게 걸어놓았다. 또 한 가지. 1889년 프로이트는 샤르코의 이름을 따 장남의 이름을 장 마르틴(Jean Martin)—흔히 마르틴이라고 알려져 있다.—이라고 지었다. 스승은 이런 존경의 표시에 간략하지만 정중한 답장과 "진심 어린 축하"로 감사의 뜻을 전했다.*[190] 1893년 샤르코가 죽었을

앙드레 브루예의 〈샤르코 박사의 임상 강의〉. 나중에 프로이트는 진료실에 이 그림의 복제품을 걸어놓았다.

때 프로이트는 〈빈 주간 의학잡지〉에 애정 어린 조사를 썼다. 여기에서 프로이트는 자기 자신을 언급하지는 않지만, 그래도 이것은 그의 자전적인 기록 가운데 하나로 꼽을 수 있으며, 프로이트 자신의 학문 스타일을 간접적으로 증언하기도 한다.

그러나 이 모든 일은 몇 년 뒤에 일어난다. 1886년 봄에 프로이트의 앞날은 그 전과 다를 바 없이 불확실해 보였다. 그러나 일단 빈으로 돌아오자 그는 프랑스에서 보낸 몇 달이 휴가로 끝나지 않았음을 알았다. 그것은 한 시기에 종지부를 찍는 일이었다. 그는 종합병원에서 퇴직했다. 부활절 일요일인 4월 25일 〈신자유신문〉 아침판의 지역 소식란에 다음과 같은 작은 기사가 실렸다. "대학 신경병 강사였던 지크문트 프로이트 박사가 파리와 베를린 유학에서 돌아와 I[지구] 라트하우스

슈트라세 7번지에서 1시부터 2시 30분까지 진료한다."[191] 브로이어와 노트나겔이 그에게 환자들을 보냈는데, 일부는 돈을 내는 환자였다. 프로이트는 마이네르트의 새 해부학 연구소에서 연구를 계속했지만, 그의 주된 관심은 먹고사는 것이었다. 그는 "빈과 싸워서" 이기는 문제에 별로 낙관적이지 않았으며,[192] 이민을 갈까 하는 생각을 하기도 했다. 그러나 결국은 인내가 승리를 거두었다. 그가 치료하는 신경병 환자 몇 명은 과학적으로 흥미로웠으며, 다른 환자 몇 명은 따분하기는 했지만 진료비를 내기 때문에 보탬이 되었다. 그의 가난은 고통을 주었다. 그는 택시를 타고 왕진을 갈 여유가 없을 때도 있다고 고백했다.

드문 순간이지만, 결혼이 가시권에 들어왔다고 생각할 만큼 수입이 괜찮을 때면 잠깐이지만 행복감에 젖기도 했다. 그러나 직업적 동료와 싸움에 빠져드는 것은 상황에 도움이 되지 않았다. 그가 프랑스의 혁신에 열광하자, 코카인 옹호로 인해 생긴 그에 대한 주변의 회의적 태도가 강화되기만 했다. 1886년 가을 프로이트가 빈 의사협회에서 남성 히스테리에 관하여 강연을 하고, 히스테리에 대한 심리학적 병인론을 제시하자 청중은 엇갈린 반응을 보였다. 한 늙은 외과의—프로이트는 이 사람을 결코 잊지 못했다.—는 프로이트가 파리에서 가져온 명제, 즉 남자도 히스테리 환자가 될 수 있다는 명제에 이의를 제기했다. '히스테리'라는 말 자체가 '자궁'을 가리키는 그리스어 '히스테라(hystera)'에서 나왔다는 사실만으로도 여자에게만 히스테리가 있다는 것은 명백하지 않은가?[193] 다른 의사들은 프로이트의 의견을 수용하는 편이었지만,

---

* 샤르코의 메시지는 짧지만 암시적이다. 그는 프로이트 아들의 이름의 원주인이었던 "복음사가와 백부장"이 "아들에게 행운을 가져다주기를" 바란다고 말했다. 샤르코는 자신이 말하는 사람이 복음사가 요한과 거지에게 망토를 주고 결국 기독교 성자가 된 이방인 기사 마르티누스를 가리키는 것임을 프로이트도 당연히 알 것이라고 생각했음이 분명하다.

프로이트는 격분하여 예민해진 상태였기 때문에 둔감하기 짝이 없는 동료들이 거부하는 태도를 보인다고 해석했다. 그는 이때부터 자신이 체제와 대립하는 쪽에 서게 되었다고 생각했다. 실제로 오랫동안 그를 가장 적극적으로 지지하던 마이네르트조차 그와 결별하기로 결정했다.

그러나 이 무렵 프로이트에게는 만족을 느낄 만한 일들도 있었다. 프로이트 자신의 얼마 되지도 않고 계속 줄어드는 저축, 거기에 약혼녀의 많지 않은 유산과 지참금, 그녀의 가족이 현금으로 주는 결혼 선물, 그리고 무엇보다도 부유한 친구들이 너그럽게 꿔주는 돈과 선물 덕분에 마침내 마르타 베르나이스와 결혼을 할 수 있게 된 것이다. 비종교적인 결혼식은 9월 13일 반츠베크에서 열렸다. 그러나 예기치 않았던 법적인 문제 때문에 다시 식을 올려야 했다. 독일에서는 프로이트가 고집했던 비종교적 결혼식으로 충분했지만, 오스트리아 법은 종교적 예식을 요구했던 것이다. 그래서 9월 14일에 모든 제의나 모든 종교와 원수지간이던 프로이트는 결혼을 인정하는 도장을 받기 위해 어쩔 수 없이 히브리어 답변을 얼른 외워서 암송하고 말았다. 그러나 일단 결혼을 하자 프로이트는 복수를 했다. 어쨌든 적어도 자기 뜻대로 해 나갔다. 이제 마르타 프로이트가 된 마르타 베르나이스의 사촌 한 사람은 이렇게 회고한다. "마르타가 나한테 한 이야기를 똑똑히 기억해요. 결혼한 뒤 첫 금요일 밤에 안식일 촛불을 켜는 것이 허락되지 않았는데, 그것은 마르타의 인생에서 상당히 당혹스러운 경험 가운데 하나였대요."[194] 집안의 종교적인―아니, 비종교적인―생활 방식 같은 중요한 문제와 관련하여 프로이트는 완강하게 자신의 권위를 내세웠다.

결혼 1년 뒤에 프로이트는 자신의 가족에게 좋은 소식을 전할 수 있었다. 1887년 10월 16일 그는 반츠베크의 베르나이스 부인과 미나 베르나이스에게 기쁨에 넘치는 목소리로 말했다. "저는 무척 피곤하고 아

프로이트의 여섯 자녀 가운데 장녀인 마틸데. 5개월 무렵에 찍은 사진. 마틸데는 결혼 일 년 만인 1897년 10월 16일에 태어났다.

직 쓸 편지가 많이 남아 있지만, 두 분에게 제일 먼저 편지를 씁니다. 이미 전보로 우리에게 귀여운 딸"—마틸데(Mathilde)였다.—"이 생겼다는 이야기를 들으셨을 겁니다. 아이는 몸무게가 3.4킬로그램인데, 이 정도면 꽤 나가는 거죠. 아이는 아주 못생겼고, 처음 나올 때부터 오른손을 빨고 있었습니다. 그것만 빼면 아주 착한 것 같습니다. 이곳을 아주 편하게 여기는 것 같기도 하고요."[195] 닷새 뒤 그는 자신의 말을 바꿀 만한 정당한 근거를 발견했다. 모두 그에게 어린 마틸데가 "그를 꼭 닮았다."고 말하고 있었다. 사실 "아이는 훨씬 예뻐졌고, 가끔 아주 예쁘다는 생각도 듭니다."[196] 그는 "당연히" 그의 좋은 친구 마틸데 브로이어의 이름을 따서 아이의 이름을 지었다.[197] 한 달 뒤 프로이트는 마틸데 브로이어의 남편의 모임에서 베를린 출신의 손님 빌헬름 플리스를 만나는데, 플리스는 프로이트의 인생에서 가장 결정적인 역할을 하는 친구가 된다.

1장 앎의 의지 127

2장

무의식의 탐사

"나에게 가장 중요한 환자는 바로 나 자신이었다."

친구 그리고 적

"친한 친구와 증오하는 적은 내 감정 생활에서 늘 반드시 필요한 존재였다." 프로이트는 《꿈의 해석》에서 그렇게 고백했다. "나는 나 자신에게 그 두 가지를 계속해서 공급하는 방법을 알았다." 그러면서 그는 그 둘이 한 인물에 결합되어 있는 경우도 있었다고 덧붙였다.[1] 유년 초기에 그런 이중 역할을 한 사람은 조카 욘이었다. 결혼 후에 발견의 10년 동안 프로이트는 빌헬름 플리스를 그런 필수적인 친구로 만들었고, 나중에는 적으로 만들었다.

베를린의 이비인후과 전문의인 플리스는 공부를 더 하려고 1887년 가을에 빈을 찾았다. 그는 브로이어의 조언을 받아들여 프로이트의 신경학 강연에 몇 차례 참석했으며, 고국으로 돌아간 뒤인 11월 말에는 프로이트에게서 정성 어린 제안을 받았다. "오늘 이 편지는 일 때문에 보내는 것이지만, 먼저 내가 플리스 씨와 관계를 계속 유지하고 싶다는 것, 플리스 씨가 나에게 깊은 인상을 남겼다는 것을 고백해야겠군요."[2]

이런 말은 프로이트의 평소 스타일보다 형식적인 동시에 감정적인 것이었으며, 실제로 플리스와의 우정 자체가 프로이트의 경험에서도 독특한 것이 될 운명이었다.

프로이트는 정신분석 이론을 발전시키는 과정에서 그가 원했던 것보다 적은 많이, 친구는 적게 만들게 된다. 실패할 가능성은 높았다. 적대와 조롱은 거의 확실했다. 이때 플리스야말로 바로 그에게 꼭 필요한 친구였다. 플리스는 이야기를 들어주는 사람, 속을 털어놓을 수 있는 사람, 자극을 주는 사람, 응원을 하는 사람, 어떤 일에도 충격을 받지 않고 함께 생각을 나눌 수 있는 사람이었다. 프로이트는 1894년 5월에 플리스에게 이렇게 말한다. "자네는 나의 둘도 없는 '다른 한쪽', 나의 분신일세."[3] 1893년 가을 프로이트는 어떤 통찰―이후 7, 8년 동안 그 통찰의 후속 작업을 하려 하지 않는다.―을 이야기하다가 플리스에게 이렇게 인정한다. "자네는 정말이지 내 비판 기능을 마비시키는군."[4] 과학을 하는 냉정한 인간임을 자부하던 프로이트 같은 사람이 이렇게 철저하게 남을 믿는 태도를 보였다는 것은 해석이 필요한 대목이다.

이런 신뢰는 플리스가 현재 괴짜인 데다 병적인 수비학자(數祕學者)*로 간주되기 때문에 더 도드라져 보인다. 그러나 그의 평판이 쇠퇴한 것은 나중에 찾아온 일이었다. 물론 그가 가장 아끼던 이론들은 실제로 매우 기상천외했다. 플리스는 코를 중심 기관으로 간주하여, 그것이 인간의 건강과 병의 모든 면에 영향을 준다고 생각했다. 또 23일과 28일이라는 생체 주기 구도에 사로잡혀, 남자와 여자는 각각 그 주기의 지배를 받으며, 의사는 이것을 근거로 모든 건강 상태와 병을 진단할 수 있다고 믿었다. 지금 이런 생각들은 거의 완전히 불신의 대상이지만, 20

---

* **수비학(數祕學)** 수를 이용해 사물의 본성, 인물의 성격, 운명이나 미래를 해명하고 예견하는 일종의 서양 점술. (편집자 주)

프로이트와 1890년대까지 가장 친한 친구였던 빌헬름 플리스(오른쪽). 프로이트에게 가장 중요하면서도 가장 문제가 많았던 친구다.

세기로 접어들 무렵까지만 해도 여러 나라의 존경받는 연구자들이 귀를 기울였고, 심지어 지지하기까지 했다. 사실 그의 자격 조건은 흠잡을 데가 없었다. 플리스는 그의 고향인 베를린을 넘어 멀리까지 가서 활동하는 평판 좋은 전문가였다. 프로이트가 가지고 노는 생각들 또한 처음에는 플리스의 생각들 못지않게 터무니없어 보였다. 게다가 플리스를 추천한 사람은 브로이어였다. 1880년대 말의 프로이트에게는 이것이 지적인 성실성의 보증이나 다름없었다.

플리스의 과학적 탐구는 범위가 넓었으며, 학문적 야망도 컸다. 그는 외모, 교양, 박식으로 다른 사람들에게 감명을 주었고, 프로이트보다 덜 가난했다. 1911년에, 플리스와 프로이트가 서로 상처를 주고받

2장 무의식의 탐사 131

으며 갈라서고 나서 오랜 세월이 흐른 뒤, 프로이트의 충성스러운 추종자이자 냉정한 관찰자인 카를 아브라함(Karl Abraham, 1877~1925)은 플리스가 온화하고, 예리하고, 독창적인 사람이라고 판단했다. 어쩌면 "베를린 의사들 가운데 사귀어볼 만한" 가치가 있는 가장 귀중한 사람인지도 모른다고 생각했다.[5] 프로이트도 플리스를 처음 만났을 때 바로 그렇게 느꼈다. 게다가 둘 다 의학계의 위험 인물로서 고립된 처지였기 때문에 더 죽이 잘 맞았다. "나는 이곳에서 신경증을 치료하는 일을 혼자 하다시피 하네." 프로이트는 1894년 봄에 플리스에게 그렇게 말한다. "사람들은 나를 편집광 취급하지."[6] 프로이트와 플리스는 자신들의 서신 교환을 아직 인정받지 못한 깊은 진실을 소유한 두 편집광의 대화로 여겼을 것이다.

플리스는 프로이트의 이론 작업을 치밀하게 파악하여, 지지만이 아니라 조언도 해주었다. 그는 부지런히 예리한 안목으로 프로이트의 원고를 읽고, 모든 인간 문화가 기본적인 통일성을 갖추고 있으며, 인간의 모든 표현물이 증거로서 가치가 있다는 점을 프로이트가 이해하게 해주었다. 프로이트는 1896년 6월에 감사하는 마음으로 이렇게 말했다. "널리 퍼진 모든 광기 뒤에는 약간의 진실이 숨어 있다는 사실을 자네가 나에게 가르쳐주었네."[7] 플리스는 프로이트가 정신분석학적 정밀 조사의 유용한 재료로 농담에 관심을 기울이는 데도 도움을 주었다. 또 1890년대 중반에 발표한 글에서 유아 성욕에 관한 추측을 제시했다. 이것은 프로이트가 비난이 쏟아질 상황을 각오하고 그런 생각을 일관되게 자신의 이론으로 밀고 나가기로 마음먹기 오래전의 일이다. 모든 신경증의 핵심에 성적 불안이 놓여 있다는 주장은 프로이트가 처음 펼친 것으로 보이지만, 플리스는 인간의 양성(兩性)적 본질이라는 착상을 후원하고, 프로이트가 그것을 주요한 원칙으로 다듬어 나가는 과정을 지켜보았다.

　그렇다고는 해도 플리스의 기발한 생각과 그것을 증명하려는 노력의 본질적 비합리성은 다른 사람은 몰라도 프로이트에게는 훨씬 일찍 분명하게 드러났어야 마땅했다. 물론 생물학에 수학을 도입하려는 플리스의 야심만만한 시도를 옹호할 수는 있다. 또 특정한 어느 신체 기관이 다른 기관들에 영향을 준다는 주장은 그 자체로는 터무니없다고 말할 수 없다. 정신분석학자라면 코에 비틀린 관심을 가질 만하다고 말할 수도 있다. 코는 그 형태에서는 남성 생식기를, 또 피를 흘린다는 점에서는 여성의 성 기관을 떠올리게 하기 때문이다. 단지 생각이 아니라 증상이 신체의 한 부분에서 다른 부분으로 옮겨 간다는 발상은 정신분석학적 진단의 버팀줄이 된다. 머지않아 인간 발달 과정에서 성감대가 이동을 한다는 주장을 펼치게 될 프로이트 같은 정신과학자는 코에 자리 잡은 '생식기 자리'가 생리와 출산 과정에 영향을 준다고 주장하는 이론에서 장점을 발견할 수도 있을 것이다. 그러나 연구를 통해 플리스가 강박에 사로잡혀 매달렸던 생각들이 터무니없는 것임이 밝혀지기 전이었다 해도 프로이트는 플리스의 교조주의, 인간사를 지배하는 원인의 풍부함과 당혹스러운 복잡성을 인식하지 못하는 관점 앞에서 주춤했어야 마땅하다. 그러나 플리스의 칭찬이 그에게 "넥타르*이자 암브로시아**인 한",[8] 프로이트는 불편한 의심을 제기하기는커녕 생각하려 하지도 않았다.

　이렇게 자발적으로 눈을 감는 태도는 플리스의 생물의학적 숫자 게임을 대할 때도 나타났다. 여성의 생리 주기를 고려할 때 남성의 성적 주기라는 관념도 받아들이기 어려운 것은 아니었다. 의미심장하게도,

---

* **넥타르**(nectar) 그리스 신화에 나오는 신들의 음료. (편집자 주)
** **암브로시아**(ambrosia) 그리스 신화에 나오는 신들의 음식. (편집자 주)

성 연구자들 가운데도 의욕적이고 낭만적인 사람이었던 영국의 해블록 엘리스(Havelock Ellis, 1859~1939)는 프로이트의 《꿈의 해석》과 거의 같은 시기에 나온 《성 심리 연구》 가운데 한 권에서 '성적 주기성이라는 현상'에 긴 장(章)을 할애했다. 성 문제와 관련이 있는 것이라면 여러 나라에서 잘 알려지지 않은 자료까지 지칠 줄 모르고 수집하던 엘리스는 성적 주기에 관한 플리스의 작업을 읽고 흥미롭기는 하지만 결국 설득력이 없으며, 특히 남성 리듬에 관한 부분은 설득력이 떨어진다고 생각했다. "플리스는 세밀하게 관찰한 사례를 다수 제출하지만, 나는 아직 이 23일 주기의 현실성을 확신한다고 말할 수 없다." 그는 특유의 관대한 태도로 "새로운 심리적 주기를 증명하려는 이런 시도는 세심한 연구와 추가 조사를 받을 자격이 있다."고 보지만, "그런 주기의 가능성을 염두에 두면서도" 현재로서는 "도저히 그것을 받아들일 수 없다."고 결론을 내렸다.[9] 플리스처럼 23과 28이라는 핵심적 숫자, 그리고 그 간격과 합을 조작하면 증명 못할 것이 없다는 점을 엘리스는 인식했던 것이다. 세월이 흐른 뒤 연구자들은 엘리스보다 훨씬 짜증스러운 태도로, 플리스의 이야기는 전혀 믿지 못하겠다고 공언하게 된다.

하지만 프로이트는 몇 년 동안 계속 확신을 유지했으며, 플리스가 증거가 되는 숫자를 모을 때 부지런히 자료를 제공했다. 자신의 편두통 발생 간격, 아이들의 병의 리듬, 아내의 생리 날짜, 아버지의 수명 등이 그런 자료였다. 이렇게 비과학적이고 순진한 행동에 빠져든 것에는 친구의 비위를 맞추는 것과는 뭔가 다른 것, 단순히 친구에게 자료가 부족하다는 이유 이상의 어떤 것이 관련되어 있었다. 사실 위대한 합리주의자였던 프로이트도 미신, 특히 숫자와 관련된 미신으로부터는 완전히 자유롭지 못했다. 그는 1886년에 5년 전 화재로 400명 이상의 사상자를 낸 빈의 원형 극장 터에 지은 아파트 건물에 신부를 데리고 입주한 사람이었다. 프로이트가 널리 퍼진 공포를 물리칠 수 있었던 것은 바로 미신에 저항하는 태도 덕분이었다. 그런 그도 어떤 숫자에는 불안을 느꼈다. 그는 오랫동안 자신이 51세에, 또 나중에는 61세나 62세에 죽을 운명이라는 생각에 시달렸다. 그는 이런 운명의 숫자들이 자신의 필멸성을 일깨우며 쫓아온다는 느낌을 받았다. 심지어 그가 1899년에 할당받은 전화번호 14362도 그 증거라고 보았다. 43은 그가 43세에 《꿈의 해석》을 출간한 것을 보여주며, 마지막 두 숫자 62는 그의 수명을 가리키는 불길한 경고라고 확신했다.[10] 프로이트는 한때 미신이 적대적인 소망, 살인하고 싶은 소망의 위장이며, 자신의 미신은 불멸을 향한 억눌린 욕망이라고 분석한 적이 있다.[11] 그러나 이런 자기 분석 뒤에도 프로이트는 작은 비합리성에서 완전히 놓여나지 못했으며, 그 스스로 자신의 "유대인다운 특징을 보여주는 신비주의"[12]라고 부른 것의 이런 잔여물 때문에 플리스의 황당한 이론에 민감하게 반응했다.

직업적인 이해관계를 넘어서서 프로이트를 플리스에게 묶는 것은 많았다. 두 사람은 내부자인 동시에 외부자였다. 통용되는 의학적 연구의 경계선에서, 또는 그 너머에서 작업을 하는 고도로 훈련된 전문적인 의사들이었다. 더욱이 그들은 각자의 사회에서 거의 똑같은 문제와 전망에 직면한 유대인들로서, 박해받는 종족의 형제처럼 쉽게 친밀해졌다. 정서적으로 말해서 플리스는 브로이어의 계승자였다. 플리스와 관계가 깊어지면서 브로이어에 대한 프로이트의 의존은 약해지기 시작했다. 프로이트와 플리스를 엮어준 사람이 바로 브로이어였다는 사실은 흥미로운 아이러니인 셈이다.

이렇게 말하면 정신분석학자라는 용어를 정당한 범위 너머에서 사용하는 것인지 몰라도, 프로이트는 중요한 의미에서 플리스에게 정신분석가와 비슷한 역할을 부여했다. 프로이트가 이 친한 친구를 오랫동안 현실적인 태도로 평가하지 못했다는 것, 실제로 그러기를 거부했다는 것은 그가 심각한 전이 관계에 사로잡혀 있었음을 암시한다. 프로이트는 플리스를 지나치게 이상화했으며, 브뤼케와 샤르코의 가장 존경할 만한 특질을 그에게 부여했다. 심지어 플리스의 이름을 따서 아들의 이름을 지으려 했으나, 1893년과 1895년에 연거푸 조피와 안나 등 딸만 둘이 태어나는 바람에 뜻을 이루지 못했다. 그는 베를린에 있는 그의 '분신'에게 편지로, 또 미리 세심하게 준비하고 열렬히 고대한 직접적인 "만남"에서 자신의 가장 내밀한 비밀을 쏟아냈다. 1893년 말부터 프로이트는 플리스에게 가슴 통증과 부정맥으로 고생하고 있다고 털어놓았다. 플리스는 이 괴롭고 걱정스러운 심장 문제가 프로이트의 흡연 습관 때문이라고 보았다. 그러나 이것은 플리스만 알고 있어야 하는 문제였다. 1894년 4월 프로이트는 이 언짢은 문제를 다시 언급하면서 플리스에게 "아내는 나의 죽음에 관한 망상을 털어놓을 상대가 아니라"[13]고 주의를 주었다. 그 전 여름에 프로이트는 플리스에게 마르타 프로이트가 "소생"의 느낌을 즐기고 있다고 말했다. "당분간, 1년간은, 아이가 생길 거라는 생각에서 벗어날 수 있기" 때문이었다. 그는 솔직하게 털어놓았다. "우리는 지금 금욕 생활을 하고 있네."[14] 이것은 품위 있는 부르주아라면 자신의 정신분석가에게만 털어놓을 만한 이야기였다. 플리스는 프로이트가 무슨 이야기든 할 수 있는 사람이었던 것이다. 그는 실제로 플리스에게 모든 이야기를 했다. 다른 누구보다 플리스에게 아내 이야기를 많이 했고, 자기 이야기도 아내보다 플리스에게 더 많이 했다.

사실 1890년대에 플리스가 프로이트에게 그렇게 불가결했던 한 가지 이유는 프로이트가 집중해서 관심을 쏟아붓는 연구에 관해 아내에게 속을 털어놓지 못했기 때문이다. 프로이트라는 눈부신 존재에 압도되어 마르타 프로이트는 약간 그늘져 보인다. 어느 정도는 자신의 의사에 반한 것이기는 하지만 그래도 프로이트는 후손에게 풍부한 기록을 남긴 반면, 지금까지 남아 있거나 우리가 접근할 수 있는 마르타의 흔적은 아주 드물다. 방문객들이 지나가면서 남긴 말이나 그녀의 남편이 남긴 말을 보면 그녀가 단지 모범적인 주부(Hausfrau)로서 집안일을 돌보고, 식사를 준비하고, 하인들을 감독하고, 아이들을 길렀다고 짐작할 수 있을 뿐이다. 그러나 그녀가 가족 생활에 기여한 것은 보답 없지만 피할 수 없는 의무적인 고된 일을 하는 것 이상이었다. 가족은 프로이트를 중심으로 돌아갔다. 여섯 자녀에게 이름을 붙인 것도 다 그가 한 일이라는 사실도 흥미가 없지 않다. 게다가 그는 **자신의** 친구, **자신의** 스승의 이름을 따 왔다. 1891년에 두 번째 아들이 태어났을 때는 **그가** 존경하던 올리버 크롬웰(Oliver Cromwell)의 이름을 따서 아들 이름을 지었다.[15] 그러나 프로이트의 장남 마르틴은 어머니가 상냥한 동시에 단호했으며, 자잘하지만 중요한 가정사나 그에 못지않게 중요했던 여행 계획에 능력을 발휘하면서도 사려 깊었고, 자신을 통제하여 사람들을 마음 편하게 해주었으며, 절대 생각 없이 떠벌리지 않았다고 회고했다. 마르타 프로이트는 시간을 반드시 지킬 것(아들 마르틴의 말에 따르면 일반적인 빈 생활에서는 보기 드문 특질이었다)을 고집하여, 남들에게 프로이트 가족은 믿을 만하다는 느낌을 주었다. 나중에 안나 프로이트가 불평한 바에 따르면, 마르타 프로이트는 심지어 규칙에 강박이 있다는 인상도 주었다.[16] 프로이트의 마지막 주치의로서 말년의 마르타 프로이트를 잘 알게 된 막스 슈어(Max Shur)는 많은 사람들이 그녀를 과소 평가한다고 생각했다. 슈어가 남편을 진찰할 때 침대에 앉아 시트를 엉망으로 만든다고 그녀가 불평을 하곤 했음에도 불구하고, 그는 그녀를 매우 좋아하게 되었다.[17]

이런 일화들이 보여주듯이 마르타 프로이트는 완전한 부르주아였다. 그녀는 가족을 사랑하고 가족에게 능률적인 태도를 보이면서 가정 내의 의무에 대한 끈질긴 소명 의식에 짓눌렸으며, 중간계급의 도덕성을 어기는 문제에 엄격했다.* 그녀는 런던에서 노년을 보낼 때 독서가 자신의 유일한 "오락"이라고 말했다가, 미안해하는 동시에 재미있어하는 말투로 "하지만 밤에 침대에서만" 읽는다고 얼른 덧붙였다. 마르타는 낮에는 자신에게 이런 즐거움을 허락하는 것에 인색했는데, "좋은 가정교육"[18]을 받았기 때문에 참는 것이었다. 프로이트는 플리스에게 아내가 매우 과묵하며, 낯선 사람들에게 호의를 갖는 데 시간이 걸린다고 암시했다. 그녀는 보통은 남들에게 부담을 주지 않았지만, 일단 자신이 보기에 합리적이라고 여겨지는 소망을 이루겠다고 마음먹으면 집요해질 수도 있었다. 프로이트의 편지에 나타난 암시나 그녀의 사진들로 판단해보건대, 마르타는 빠른 속도로 늘씬한 젊음에서 벗어나 단정하고 약간 단조로운 중년으로 넘어갔던 것으로 보인다. 그녀는 당시 받아들여지던 노화의 방식에 거의 저항하지 않았으며, 이 때문에 젊은 아내는 위엄 있는 부인으로 속절없이 변해 갔다.**[19] 약혼 초기부터 프로이트는 그녀가 통상적인 의미에서 정말로 아름다운 것은 아니지만, 그녀의 외모는 "착하고, 너그럽고, 합리적인"[20] 인상을 준다고 그녀에게 솔직하

---

* 마르타 프로이트는 슈테판 츠바이크가 비참한 종말을 맞이했음에도(1942년 브라질에서 여러 차례에 걸친 우울증 발작 뒤에 자살했다), 부인 프리데리케를 버리고 젊은 여자를 쫓아다니다 결국 결혼까지 했다는 이유로 절대 그를 용서하지 않았다. 그녀는 프리데리케 츠바이크에게 "우리 친구가 당신을 배신한 것"을 이해할 수 없다고 말했다. 마르타는 그가 죽은 뒤에도 분노가 가라앉지 않는다고 덧붙였다. (마르타 프로이트가 프리데리케 츠바이크에게 보낸 편지, 1948년 8월 26일. Freud Collection, B2, LC.)
** 당시에는 중년이나 노년의 기준이 지금과 확실히 달랐다. 프로이트는 1890년대에 "늙어가는 독신녀(약 서른 살)" 이야기를 하기도 했다. (프로이트가 플리스에게 보낸 편지, Draft H, 1895년 1월 24일 편지에 동봉, *Freud-Fliess*, 107 [108])

게 말했다. 그러나 그녀는 일단 결혼을 하자 자신이 소유한 어떤 아름다움에도 별 관심을 기울이지 않았다.

무자비하게 계속 임신을 하게 된 것도 부담을 준 것이 틀림없다. 프로이트 부부는 9년 동안 자식을 여섯이나 두었다. 결혼 직전에 마르타 프로이트는 자식을 셋 정도 둘 생각이었다. 실제로 그랬다면 더 편했을 것이다. "나의 가엾은 마르타는 괴로운 삶을 살고 있네." 그녀의 남편은 막내 안나가 막 2개월을 넘긴 1896년 2월에 그렇게 말했다.[21] 무엇보다도 성가셨던 것은 마르타 프로이트가 계속해서 아이들의 병수발을 들어야 했다는 것이다. 프로이트는 그녀를 도와주기도 하고, 아이들의 괴로움에 귀를 기울이기도 하고, 여름방학이면 앞장서서 아이들을 데리고 산으로 버섯을 따러 가기도 했다. 그는 시간이 있을 때는 적극적으로 아버지 노릇을 했고, 늘 관심을 가졌다. 그러나 집안일의 부담을 주로 떠안는 사람은 어디까지나 그의 아내였다.

마르타 프로이트는 여유가 있을 때는 책을 무척 사랑했지만, 그렇다고 남편이 정신분석을 향하여 외롭게 전진하는 오랜 기간 동안 동반자가 되어주지는 못했다. 그녀는 자신에게 자연스러운 방식으로, 남편이 편안함을 느낄 수 있는 가정 환경을 조성하여 프로이트를 도왔다. 프로이트가 그런 편안함을 대부분 당연하게 받아들이게 한 것도 그를 돕는 한 방법이었다고 말할 수 있을 것이다. 마르타는 프로이트가 죽은 뒤 조의를 표한 어떤 편지에 답하면서 "53년 결혼 생활에서 우리 사이에 단 한 번도 가시 돋친 말이 오간 적이 없음을 미약하나마 위로로" 받아들인다면서, "나는 늘 그가 가는 길에서 일상생활의 곤궁(misère)을 치워놓으려고 최선을 다해 노력했다."고 덧붙였다.[22] 마르타는 그 수십 년 동안 "우리의 친애하는 가장"을 보살필 수 있었던 것을 자신의 특권으로 여겼다.[23] 이것은 프로이트에게 큰 의미가 있었지만, 이것으로 충분한 것은 아니었다. 따라서 그의 아내가 플리스를 꼭 필요한 존재로 만든 것이나 다름없었다.

1920년대에 프로이트 부부를 알았던 프랑스의 정신분석학자 르네 라포르그(René Laforgue, 1894~1962)는 마르타 프로이트가 "현실적인 여성으로서 평화와 삶의 기쁨(joie de vivre)이 충만한 분위기를 만드는 데 뛰어난 솜씨가 있다."고 찬양했다. 라포르그의 생각에 그녀는 열심히 일하는 뛰어난 주부로서, 부엌일을 돕는 것을 주저하지 않았으며, "수많은 여성 지식인에게 유행하던 그 병적인 창백함을 드러낸 적이 전혀 없었다." 그러나 그는 마르타 프로이트가 남편의 정신분석학적인 생각들을 "일종의 포르노그래피"라고 생각했다고 덧붙였다.[24]

사람 많고 활기찬 집안에서 프로이트는 혼자였다. 1895년 12월 3일 프로이트는 플리스에게 안네를(Annerl)이 태어난 일을 알리면서, 어머니와 아기―"멋지고 완전한 작은 여성"―가 잘 있다고 보고했다.[25] 그러나 불과 닷새 뒤에 보낸 바로 다음 편지에서 그는 플리스의 필적을 보고 기뻤다면서, 그 덕분에 "외로움과 결핍감을 많이 잊을 수 있었다."고 말했다.[26] 여기에서는 애처로운 상황이 연상된다. 프로이트는 자신의 가족을 소중히 여겼고 가족 없이는 살 수 없었을 것이다. 그러나 가족은 그의 당혹스러운 고립감을 달래주지 못했다. 그것은 플리스의 몫이었다.

프로이트와 플리스의 우정은 빠른 속도로 무르익었다. 사람들 사이의 관계가 보통 서서히 친밀해지고, 때로는 수십 년 가까이 어울려도 별로 깊어지지 않던 그 시대에는 약간 특이한 일이었다. 프로이트가 1887년 11월에 플리스에게 보낸 첫 번째 편지는 그가 억제하려고 최선을 다했던 폭발적인 감정을 웅변적으로 암시한다. 이 편지에서 그는 플리스를 "존경하는 친구이자 동료!(Verehrter Freund und Kollege!)"라고 불렀다. 1888년 8월에 플리스는 "존경하는 친구!(Verehrter Freund!)"가 되었다.[27] 그리고 2년 뒤에는 가끔 "친애하는", 또 심지어 "가장 친애하는" 친구—Liebster Freund!—가 되었다.[28] 프로이트는 계속 이 호칭을 애용하다가 1893년 여름에 이것을 "사랑하는 친구!(Geliebter Freund!)"로 한 단계 끌어올린다.[29] 이 무렵 두 사람은 이미 1년 이상 서로 너(Du)라는 친밀한 호칭으로 부르던 사이였다. 다만 프로이트는 플리스 부인에게는 계속 거리를 두어 당신(Sie)이라고 불렀다.[30]

프로이트는 베를린에 사는 자신의 '분신'에게 의존하던 초기에 신경증 환자를 다루는 기존의 기법에 점점 불만을 느끼게 되었다. 프로이트는 이 시기를 이렇게 회상한다. "1886년에서 1891년까지 나는 과학적 연구를 거의 하지 않았고, 거의 아무것도 발표하지 않았다. 나는 새로운 직업에서 내 길을 찾고, 나와 급속하게 불어나는 내 가족의 물질적 생존을 확보하는 일에 몰두해 있었다."[31] 부화의 시기치고는 지나치게 가혹한 환경이었다. 프로이트는 혁명의 기초를 닦고 있었다. 이 시기에 최면과 암시에 관한 베르넴의 책을 번역하고 1889년에 낭시를 방문한 것은 정신과 의사로서 독학의 단계를 밟아 가는 과정이었다.

1891년에 출간하면서 브로이어에게 헌정한 첫 번째 책인 실어증에 관한 연구도 은근히 심리학에 대한 점증하는 관심을 드러낸다. 〈실어증이라는 개념에 관하여 : 비판적 연구(Zur Auffassung der Aphasien. Eine kritische Studie)〉는 출중한 신경학 논문이지만, 철저하게 정보를 확인한 풍부한 전거에서 존 스튜어트 밀 같은 철학자나 휼링스 잭슨(Hughlings Jackson, 1835~1911) 같은 심리학자들을 의미심장하게 여기저기에 배치해놓았다. 그는 이 낯선 언어 장애를 다루는 지배적 관점을 비판하면서, 약간 자의식에 사로잡힌 듯 자신이 "상당히 고립되어 있다"고 묘사한다. 그는 이런 고독감을 자신의 서명처럼 사용하기 시작했다. 사실 〈실어증이라는 개념에 관하여〉는 명료하기는 하지만 전문적인 방식으로 이루어진 수정주의적 작업이었다. "언어 장애에 관한 편리하고 매력적인 이론을 흔드는 시도"는 임상 현장에 심리학적 요소를 도입하는 것이나 다름없었다. 정신적 사건의 원인을 신체에서 찾는 당시의 경향에 발맞추어, 다른 전문가들은 언어나 이해의 실어증적 장애가 뇌의 특수한, 국부적 손상 때문이라는 데 거의 의심을 품지 않았다. 그러나 프로이트는 반대로 "실어증에서 [생리적인 뇌의] 국부적 요소의 의미가 과대 평가되었으며, 이제 당연히 언어 기관의 기능적 조건에 다시 관심을 가져야 한다."는 사실을 인식할 것을 요구했다.[32] 프로이트는 신경학자들에게 둘러싸인 채 심리학적 결과의 심리학적 원인을 찾기 시작했다.

프로이트는 심드렁한 태도로 계속 최면적 암시를 이용하여 환자의 증상을 완화해주다가, 1892년 겨울 그의 치료가 성공을 거둔 사례를 기록한 짧은 사례사를 발표했다.[33] 프로이트는 나중에 무뚝뚝하게 한마디 했다. "신경 관련 병에 걸린 환자를 치료해서 먹고살고 싶으면 그들을 위해 뭔가를 해 주어야 한다는 것은 분명하다."[34] 그는 신경쇠약을 치료하는 관습적인 방법—전기 치료를 말하는데, 그도 환자들에게 시도해보았다.—이 최면보다 훨씬 불만족스럽다는 것을 알게 되었다. 그래서 1890년대 초에 "전기 장치를 치워버렸는데", 안도의 숨을 내쉬었을 것이 분명하다.[35]

이 무렵 프로이트의 편지는 훨씬 광범한 혁신이 이루어지고 있었음을 암시한다. 특히 성적 갈등이 신경병에 영향을 줄 가능성이 높다는 점을 눈여겨본 것은 거의 전례가 없는 일이었다. 1893년 초 그의 추측은 확고한 주장으로 바뀌었다. 논평을 얻으려고 오랜 기간에 걸쳐 플리스에게 보낸 긴 메모들 가운데 한 곳에서 프로이트는 원고를 플리스의 젊은 아내의 손이 닿지 않는 곳에 두라고 미리 주의를 준 뒤, 그 점을 분명하게 밝혔다. "신경쇠약이 종종 비정상적인 성생활의 결과로 일어난다는 점은 이미 널리 알려진 사실로 여겨도 좋을 듯하네. 그러나 내가 말하고 싶고 또 관찰로 검증해보고 싶은 주장은 사실 신경쇠약 **전체가** 성적 신경증일 수도 있다는 점일세." 프로이트도 유전적 소인이 원인일 가능성을 배제하지는 않았지만, '후천적 신경쇠약'은 성적으로 부추겨진 것이라고 주장하기 시작했다. 자위로 인한 피로나 질외사정(coitus interruptus) 등이 원인이라는 것이었다. 여자들—그들의 근원적인 관능성을 프로이트는 전혀 의심하지 않았다.—은 상대적으로 신경쇠약에 잘 안 걸리는 것처럼 보이지만, 일단 걸리면 그 원인은 남자와 똑같았다. 여기서 프로이트가 끌어낸 결론은 신경쇠약이 완전히 예방 가능하고 또 완전히 치료 가능하다는 것이었다. 따라서 "의사의 과제는 예방으로 완전히 바뀌게 되네."[36]

이 원고 전체가 가장 자신만만한 프로이트의 모습을 보여준다. 또 그가 신경병의 사회적 함의에 관심을 갖고 있음을 보여준다. 이 이른 시기부터 벌써 자신을 사회를 치료하는 의사로 보았던 것이다. 그는 건강한 성을 위해서는 성병 예방, 그리고 자위의 대안으로 젊은 미혼 남녀 사이의 "자유로운 성교"가 필요하다고 주장했다. 따라서 안전하지도 않고 쾌적하지도 않은 콘돔보다 우수한 피임 도구가 필요했다.[37] 이 원고는 적의 영토에 대한 기습으로 읽힌다. 당시 브로이어와 함께 준비하고 있던 논문 《히스테리 연구(Studien über Hysterie)》에서 성애적인 면은 다시 눈에 안 띄는 곳에 감추기 때문이다. 프로이트는 나중에 비꼬는 기색을 감추지 않고 말한다. 그 책을 보아서는 "성이 신경증의 병인에서 어떤 위치를 차지하는지 짐작하기가 쉽지 않았을 것이다."[38]

《히스테리 연구》는 1895년에 가서야 출간되었지만,* 그 책에서 논한 가장 이른 사례—브로이어와 "안나 O."의 역사적 만남—는 1880년으로 거슬러 올라간다. 이것은 정신분석의 기초를 놓은 사례로 꼽힌다. 이 때문에 프로이트가 여러 번 정신분석의 아버지는 자신이 아니라 브로이어라고 말했던 것이다. 물론 브로이어는 정신분석의 역사에서 높은 자리를 차지할 자격이 있다. 젊은 친구 프로이트에게 안나 O.에 관한 매혹적인 이야기를 털어놓아, 브로이어 자신도 감당하기 힘들 만큼 불온한 생각들을 자극했기 때문이다. 그런 비밀 상담 가운데 하나가 1883년의 무더운 여름 저녁에 이루어졌다. 프로이트가 약혼녀를 위해 재구성한 그 장면은 이 두 친구가 얼마나 자연스럽고 친밀한 관계였는지, 그들의 직업적인 잡담이 얼마나 높은 수준이었는지 보여준다. "오늘은 여름 들어 가장 덥고, 가장 괴로운 날이었습니다. 나는 피로 때문에 이미 어린애가 되어 있었지요. 기운을 차릴 일이 필요하다고 생각하여 브로이어의 집으로 갔습니다. 그리고 방금, 이 늦은 시간에 돌아온 겁니다. 브로이어는 가엾게도 두통이 있어 살리실을 먹고 있더군요. 그가 처음 한 일은 나를 욕조로 쫓아보낸 겁니다. 그래서 목욕을 마치고 상쾌한 기분으로 나왔지요. 나는 이런 물의 환대를 받으면서 만일 귀여운 마르타가 여기 있다면, 우리도 이런 식으로 손님맞이를 하며 살고 싶다고 말했을 거라는 생각을 했습니다." 프로이트는 그렇게 할 수 있을 때까지 오랜 세월이 걸릴지 모르지만, 그녀가 자신을 계속 좋아하기만 해준다면 그렇게 될 수 있을 것이라고 생각했다. 이어 프로이트는 다시 자신에게 있었던 일을 보고한다. "그런 뒤에 우리는 셔츠 바람으로 위층에서 저녁 식사를 했습니다(지금은 더 눈에 띄는 실내복 차림으로 이 편

---

* 브로이어와 프로이트가 함께 쓴 '예비 보고서'는 1893년에 나왔다. 이 글은 1895년에 《히스테리 연구》의 첫 장으로 들어갔다.

유명한 히스테리 환자 안나 O.로 알려진 베르타 파펜하임. 1880년에서 1882년까지 브로이어의 환자였다. 그녀는 아주 현실적인 의미에서 정신분석을 창건한 환자라는 명예를 누려 왔다.

지를 쓰고 있습니다). 그런 뒤에 '범죄적 광기'와 신경병과 이상한 사례들에 관해서 오랫동안 의학적인 대화를 나누었습니다." 두 남자는 "다시 한 번" 마르타의 친구인 베르타 파펜하임(Bertha Pappenheim) 이야기를 하면서 점점 더 사적인 이야기로 들어가게 되었다.[39] 이 여자가 안나 O.라는 가명으로 불멸의 자리를 차지하게 된 브로이어의 환자였다.

브로이어는 이 흥미로운 히스테리 환자를 1880년 12월부터 1년 반 동안 치료했다. 1882년 11월 중순 브로이어는 프로이트에게 처음으로 안나 O. 이야기를 했다.[40] 그 뒤에 1883년의 그 뜨거운 한여름 밤, 브로이어는 베르타 파펜하임에 관해서 "어떤 것들"을 밝혔는데, 프로이트는 약혼녀에게 그 이야기는 "'내가 마르타와 결혼을 한 뒤에'만 말해줄 수 있다."고 이야기했다.[41] 프로이트는 파리에 갔을 때 샤르코가 이 주목할 만한 사례에 관심을 갖게 하려고 노력했으나, "이 위대한 인물"은 자신의 환자들만 해도 충분히 특별하다고 생각했는지 별 관심을 보이지 않았다.[42] 그러나 안나 O.에게 강한 흥미를 느낀 프로이트는 최면 암시의 치료 효과에 실망하면서 브로이어에게 그녀에 관해서 다시 이야기해 달라고 했다. 이 두 신경 전문가가 1890년대 초에 각자의 히스테리 연구를 합치면서 안나 O.는 중요한 자리를 차지하게 되었다.

안나 O.가 그렇게 모범적인 환자였던 한 가지 이유는 상상력이 필요한 작업의 많은 부분을 그녀 스스로 해냈기 때문이다. 분석가가 이야기를 듣는 재능을 갖는 것에 프로이트가 큰 중요성을 부여한 것을 고려할 때, 정신분석 이론을 만드는 데 환자가 그녀의 치료자인 브로이어나, 이론가인 프로이트만큼 기여한 것도 잘 어울리는 일이다. 4반세기 뒤에 브로이어가 자신의 베르타 파펜하임 치료에 "정신분석 전체의 맹아"가 담겨 있었다고 주장한 것은 정당했다.[43] 그러나 중대한 발견을 한 사람은 안나 O.였으며, 그것을 열심히 배양하여 생각지도 못했던 풍성한 성과를 거둔 사람은 브로이어가 아닌 프로이트였다.

이후에 이 사례에 관하여 나온 여러 이야기에는 모순과 모호한 점들이 있지만, 다음과 같은 사실은 대체로 논란의 여지가 없는 것으로 보인다. 1880년 병에 걸렸을 때 안나 O.의 나이는 스물한 살이었다. 프로이트의 말에 따르면 "특별한 교양과 재능"을 갖춘 젊은 여자였고, 착하고 박애주의적이었으며, 자선 사업에 헌신했고, 정력적이고 가끔은 완고했으며, 대단히 영리했다.[44] 브로이어는 사례 보고서에 이렇게 적었다. "생리는 규칙적이며…… 상당한 지성을 갖추었다. 기억력이 좋고, 짜맞추는 [재능]이 놀라울 정도로 뛰어나며 직관이 예리하다. 그래서 이 여자를 속이려는 시도는 늘 실패한다." 브로이어는 또 그녀의 "강한 지성"은 "단단한 음식물도 소화할 수 있는데", 그런 음식물이 계속 필요함에도 학교를 졸업한 뒤에는 먹어본 적이 없다고 덧붙였다.[45] 엄격한 유대인 가족 안에서 따분한 생활을 할 운명이었던 그녀는 오래전부터 "체계적인 백일몽"을 꾸면서, 그녀가 "개인 극장"이라고 부르는 곳으로 탈출하는 경향이 나타났다. 브로이어는 가정에서 그녀가 처한 곤란한 상황을 지켜보면서 동정심을 느꼈다. 그의 보고서는 전보 같은 문체로 계속 이렇게 말한다. "아주 단조로운 생활이며, 오로지 가족에게 얽매여 있고, 그녀를 응석받이로 만드는 아버지에 대한 정열적인 사랑에서 대체물을 구하며, 고도로 발달한 시적이고 환상적인 재능에 탐닉한다."[46] 브로이어는 그녀가 (프로이트가 의외라는 듯이 깜짝 놀라며 믿지 못하겠다는 투로 회고한 바에 따르면) "성적으로 놀랄 만큼 미발달 상태"라고 생각했다.[47]

그녀의 히스테리를 촉진한 사건은 아버지의 불치병이었다. 브로이어가 놓치지 않고 관찰했듯이 그녀는 아버지에게 강한 애착을 지니고 있었다. 아버지의 죽음을 두 달 남겨놓고 그녀 자신이 너무 아파 간호를 할 수 없게 되었지만, 그 전까지 그녀는 건강을 해칠 정도로 헌신적으로, 지칠 줄 모르고 아버지를 돌보았다. 아버지를 간호하는 동안 그녀는 식욕을 잃어 몸이 약해지고, 심한 신경성 기침 증상까지 겹쳐 점점 몸을 못 쓰게 되었다. 12월에는 반년간 혹심한 영양 부족에 시달린 끝에 교차성 사시(斜視)가 생겼다. 그 전까지만 해도 정력과 활기가 넘치는 젊은 여자였는데, 이제 몸을 못 쓰게 만드는 병들의 애처로운 피해자가 되고 말았다. 두통에 시달리고, 간헐적으로 흥분 상태에 빠져들었으며, 묘한 시각 장애가 나타났고, 부분적 마비와 감각 상실을 겪었다.

1881년 초에 그녀의 증상은 점점 더 괴상해졌다. 의식을 잃기도 하고, 오랫동안 비몽사몽 상태에서 헤맸으며, 기분이 급작스럽게 바뀌고, 검은 뱀, 두개골, 해골의 환각을 보았으며, 말을 하기가 점점 어려워졌다. 가끔 구문과 문법이 엉망이 되었고, 또 영어밖에, 아니면 프랑스어와 이탈리아어밖에 못하는 경우도 생겼다. 서로 구분되고 또 완전히 대조를 이루는 두 개의 인격이 발달했는데, 하나는 도저히 통제가 되지 않았다. 4월에 아버지가 죽자 그녀는 충격을 받아 흥분 상태에 빠져들었다가, 흥분이 가시면서 혼수 상태로 접어들었다. 그녀가 보이는 증상은 전보다 더 놀라웠다. 브로이어는 매일 저녁 찾아갔고, 그녀는 스스로 유도한 최면 상태에 빠져 있었다. 그녀는 슬프거나 매혹적인 이야기를 하곤 했는데, 그녀와 브로이어는 이렇게 이야기를 쭉 늘어놓다 보면 일시적으로 그녀의 증상이 완화된다는 사실을 함께 발견했다. 이렇게 해서 재능 있는 환자와 사려 깊은 의사의 획기적인 협력이 시작되었다. 안나 O.는 이런 절차를 적절하게 "말하기 치료(talking cure)"라고 부르거나, 또는 익살맞게 "굴뚝 청소(chimney sweeping)"라고 불렀다.[48] 이것은 중요한 기억들을 일깨우고, 정상적인 상태에서는 기억하거나 표현할 수 없었던 강한 감정들을 처리해주면서 카타르시스를 제공했다. 프로이트에게 안나 O.에 관하여 털어놓았을 때, 브로이어는 이런 카타르시스 과정도 빠뜨리지 않았다.

그녀의 말하기 치료의 전환점은 1882년의 더운 봄에 찾아왔다. 안나 O.는 공수병과 비슷한 상태에 빠져들었다. 목이 바싹바싹 타는데도 물을 마실 수가 없었다. 그러다가 어느 날 저녁 최면에 빠진 상태에서 브로이어에게 말벗으로 고용하여 함께 사는 영국 여자—안나 O.는 그녀를 싫어했다.—가 작은 개에게 컵으로 물을 마시게 하는 것을 보았다고 말했다. 이렇게 안나 O.의 억눌렸던 혐오가 밖으로 나오자 공수병은 사라졌다. 브로이어는 이 사건에서 강한 인상을 받아, 증상을 완화하는 이 비정통적인 방법을 받아들이기로 했다. 그는 안나 O.에게 최면을 걸고, 그녀가 최면 상태에서 아버지가 아팠을 때 자신의 증상이 나타나게 된 계기들을 차례로 짚어 가는 과정을 관찰했다. 브로이어는 이런 식으로 마비성 수축과 지각 마비, 사물이 두 개로 보이거나 왜곡되어 보이는 증상, 여러 가지 환각 등 그녀의 다양한 증상 전체가 "말을 해서 사라졌다(wegerzält)"고 말했다. 브로이어도 이런 식으로 말을 해서 사라지게 하는 것이 결코 쉽지 않다는 사실을 인정했다. 안나 O.의 기억은 종종 흐릿했으며, 그녀가 자기 정신의 굴뚝을 청소하는 바로 그 순간에도 기존의 증상이 고통스럽고 생생하게 되살아나곤 했다. 그러나 그녀는 말하기 치료에 점점 더 적극적으로 참여했다. 브로이어는 십여 년 뒤 이 점을 칭찬하며, 감탄하는 마음을 솔직하게 드러냈다. 그녀의 증상들은 그녀가 억눌러야만 한다고 느꼈던 감정과 충동의 찌꺼기임이 드러났다. 1882년 6월에 브로이어는 안나 O.의 증상들이 모두 사라졌다고 최종적으로 결론을 내렸다. "그 뒤에 그녀는 여행을 하려고 빈을 떠났지만, 그래도 정신적 균형을 완전히 회복하려면 상당한 시간이 필요할 것이다. 그 뒤로 그녀는 완전한 건강을 누리고 있다."[49]

브로이어의 사례사에 관한 의문은 이 대목에서 생긴다. 사실 브로이어는 치료가 끝나자 안나 O.를 스위스 크로이츨링겐에 있는 벨뷔라는 요양소에 입원시켰다. 벨뷔는 로베르트 빈스방거(Robert Binswanger) 박사가 운영하는 대단히 높이 평가받는 요양소였다. 1882년 9월 중순, 그러니까 증상들이 사라진 것으로 추정되는 시점으로부터 석 달이 지난 뒤, 안나 O.는 자신의 상태를 설명하려는 용감한 시도를 했다. 그녀는 여전히 크로이츨링겐에 있었으며, 거의 완벽에 가까운 영어로, "독일어로 말하거나 이해하거나 읽는 능력이 완전히 사라졌다."고 보고했다. 게다가 그녀는 "심한 신경통"과 그녀 자신이 "시간을 놓치는 상태"라고 부르는 "장단기 의식 상실"로 고생하고 있었다. 그녀가 많이 회복된 것은 분명했다. "나는 다시 독일어를 오랫동안 잃어버릴지도 모른다는,

충분히 그럴 만한 이유가 있는 두려움에 사로잡힐 때만 심하게 초조하고 불안하고 울고 싶어질 뿐이다."[50] 심지어 1년이 지난 뒤에도 그녀는 결코 건강을 완전히 회복하지 못했으며, 계속 증상이 재발하는 바람에 고생했다. 그녀의 이후 경력은 주목할 만했다. 그녀는 선구적인 사회사업가가 되었고, 페미니즘 운동과 유대인 여성 조직을 유능하게 이끌었다. 이런 성취는 그녀가 상당히 회복되었음을 증언하지만, 그렇다 해도 브로이어가 《히스테리 연구》에서 편치 않고 또 종종 파탄을 일으키는 증상 개선 기간을 완전한 치료라고 요약해버린 것은 사실 정당화되기 힘든 일이었다.

브로이어는 1895년에 안나 O.에 관하여 자세히 쓰면서, 지나가는 말처럼 "아주 흥미로운 세목들을 많이 생략했다."고 말했다.[51] 프로이트의 편지에서 알 수 있듯이, 그것은 단지 흥미로운 정도가 아니었다. 사실 그것은 브로이어가 애초에 이 사례 발표를 매우 꺼렸던 이유이기도 했다. 히스테리적인 전환성 증후*를 특정한 트라우마에 대한 의미 있는 반응으로, 또 신경증을 단지 어떤 유전적 소질의 발현이 아니라 답답한 환경에서 나올 수 있는 결과물로 인식하는 데까지 나아가는 것도 물론 중요한 일이었다. 그러나 히스테리의 궁극적 원인과 그 현란한 증후 가운데 일부를 본질상 성적인 것으로 받아들이는 것은 그것과는 완전히 다른 일이었다. 브로이어는 나중에 이렇게 말했다. "솔직히 말하면, 이론과 실천에서 성 문제에 뛰어드는 것은 내 취향에 맞는 일이 아니다."[52] 프로이트가 여기저기서 위장된 표현으로 암시한 안나 O.의 이야기는

---

* **전환 히스테리 신경증** 불안에 의해 야기되며 아무런 신체적 원인이 없지만 어떤 신체적 역기능 현상을 유발하는 장애를 말한다. 이러한 증상을 보이는 사람은 바라지 않는 활동을 피하려고, 또는 그렇게 행동하지 않으면 얻기 힘든 지지를 얻어내려고 무의식적으로 그러한 증후를 사용한다. 전환 장애(conversion disorder)와 같은 것이다. (편집자 주)

전체가 성적인 드라마였으며, 브로이어는 여기에서 큰 혼란을 느꼈다.

오랜 세월이 흐른 뒤인 1932년, 프로이트는 자신의 가장 열렬한 지지자로 손꼽히던 슈테판 츠바이크에게 편지를 쓰면서 "브로이어의 환자에게 진짜로 일어났던 일"을 회고했다. 그는 오래전 브로이어가 자신에게 해준 이야기라면서 이렇게 전했다. "그녀의 증상들을 다 제어할 수 있게 된 날 저녁 브로이어는 다시 한 번 와 달라는 요청을 받았는데, 가보니 그녀는 혼란에 빠진 채 복통으로 몸을 비틀고 있었습니다. 무슨 일이냐고 묻자 그녀는 대답했습니다. 'B. 박사님의 아이가 나오려고 해요.'" 프로이트의 논평에 따르면, 그 순간 브로이어는 "손에 열쇠"를 쥐고 있었지만 그것을 사용할 수 없었거나 사용할 생각이 없었다. "그는 열쇠를 버렸지요. 브로이어는 대단한 정신적 자산이 있는 사람이었지만 파우스트적인 면은 전혀 없었습니다. 그는 관습적인 공포에 사로잡혀 달아났고, 환자를 동료에게 맡겨버렸습니다."[53] 브로이어가 1883년 7월 저녁 프로이트에게 마르타 베르나이스가 마르타 프로이트가 된 뒤에만 옮길 수 있는 이야기를 해주었다고 했을 때, 그 이야기는 아마도 이 히스테리성 상상임신이었을 것이다.

안나 O.의 사례는 프로이트와 브로이어를 결합시키기보다는 갈라놓는 역할을 했다. 슬프게도 오래 지속된 가치 있는 우정이 쇠퇴하다가 결국 붕괴하고 마는 과정을 가속화한 것이다. 프로이트 자신이 알고 있었듯이, 그는 브로이어의 발견을 성적인 저류까지 포함하여 갈 수 있는 데까지 밀고 나갈 용기를 지닌 탐험가였으며, 그 과정에서 불가피하게 자신의 초기 경력을 이끈 관대한 스승을 소외시킬 수밖에 없었다. 브로이어는 한때 자신이 "'그러나'라는 악마"에 시달린다고 말한 적이 있었는데,[54] 프로이트는 그런 유보—사실 **어떤** 유보든—를 전장에서

요제프 브로이어와 그의 부인 마틸데. 1890년대 중반까지 프로이트의 친한 친구이자 은인이었다.

비겁하게 달아나는 것으로 해석하는 경향이 있었다. 브로이어는 갚기를 바라지 않았지만 어쨌든 브로이어에게서 돈을 꾼 상태라는 것 또한 프로이트에게는 그것 못지않게 짜증나는 일이었을 것이다. 1890년대에 프로이트가 브로이어에 관해 까다롭게 투덜거린 것은 배은망덕의 고전적인 사례다. 자존심 강한 빚쟁이가 자기보다 나이도 많은 은인에게 외려 원한을 품은 것이다.

브로이어는 10년에 걸쳐 프로이트에게 몹시 필요했던 격려, 애정, 환대, 재정적 지원을 아낌없이 제공했고, 프로이트도 오랫동안 따뜻하게 고마움을 표시했다. 첫 자식에게 브로이어 부인—무일푼에 포부만 큰 젊은 의사에게 살갑게 다가온 매력적인 친구였다.—의 이름을 붙인 프로이트 특유의 행동도 사려 깊은 후원자가 자신을 돕는 것을 기쁘게 받아들인 것이었다. 이것이 1887년의 일이었다. 그러나 1891년부터 두 사람의 관계는 이미 변하기 시작했다. 그해에 프로이트는 브로이어가 〈실어증이라는 개념에 관하여〉—우리가 알다시피 프로이트는 이 논문을 브로이어에게 헌정했다.—를 받아들이는 태도에 깊이 실망했다. "나에게 고맙다는 말도 제대로 하지 않았어요." 프로이트는 약간 어리둥절한 목소리로 처제 미나에게 말했다. "몹시 곤란해하면서, 내 논문을 두고 잘 알아들을 수도 없는 온갖 나쁜 이야기를 했어요. 좋은 점은 하나도 기억 못하더군요. 그러다가 마지막에 나를 달래려고 글은 잘 썼다고 칭찬을 〔했습니다〕."[55] 이듬해에 프로이트는 "동료"와 약간 "전투"를 벌였다는 이야기를 했다.[56] 1893년에 브로이어와 히스테리에 관한 공동 예비 보고서를 발표하면서, 프로이트는 초조해진 나머지 브로이어가 "빈에서 자신의 출세를 방해하고 있다"고 생각했다.[57] 1년 뒤에는 "브로이어와 학문적인 접촉은 중단되었다"고 말했다.[58*] 1896년에는 브로이어를 피하면서, 이제 그를 더 볼 필요가 없다고 분명히 밝혔다.[59] 오랜 친구에 대한 이상화는, 그런 이상화가 어차피 실망을 낳을 수밖에 없는 운명임을 증명이라도 하듯이, 그의 내부에서 신랄한 반응을 일으켰다. "브로이어에 대한 나의 분노는 계속 새로운 영양분을 얻고 있다." 그는 1898년에 그렇게 썼다. 그의 환자 가운데 하나가 전한 말에 따르면, 브로이어는 "프로이트가 내 생활 방식이나 재정 관리 방식과 맞지 않기" 때문에 프로이트와 "연락을 끊었다"고 사람들에게 말하고 있었다. 아직 브로이어에게 진 빚을 다 갚지 못했던 프로이트는 이것을 "신경증적 표리부동"이라고 불렀다.[60] 그러나 상대를 잘못 고른 것인지는 몰라도, 브로이어의 태도는 삼촌 같은 걱정, 친구로서의 관심이라고 부르는 것이 사실 더 적당할 것이다.

 결과적으로 프로이트가 브로이어에게 진 빚은 돈만이 아니었다. 프로이트가 카타르시스를 배우는 데 기여했고, 당시에 유행하던 무익한 정신 치료에서 벗어나도록 도와준 사람도 브로이어였다. 또 안나 O.에 관해서 매우 의미심장한 세부 사항까지 기꺼이 말해준 사람도 브로이어였다.—사실 브로이어로서는 착잡한 감정으로 돌아볼 수밖에 없는 사례였음에도. 게다가 브로이어의 과학적 절차는 전체적으로 감탄할 만한 모범 역할을 했다. 브로이어는 과학적 육감이 풍부하게 발달한 사람인 동시에 꼼꼼한 관찰자였다.—물론 프로이트와 마찬가지로 가끔 육감이 관찰을 앞서기는 했지만. 사실 브로이어는 추측과 지식 사이에 종종 입을 크게 벌리고 있는 간극을 너무 강하게 의식했다. 《히스테리 연구》에서도 《한여름 밤의 꿈》에서 시시어스가 비극에 관해 한 말, "이쪽에서는 최고라 해도 그림자에 불과하다"를 인용하면서, 히스테리에 대한 의사의 생각과 진짜 히스테리 사이에 약간의 일치라도 있기를 바란다는 희망을 피력했다.[61]

성적 갈등이 신경증으로 인한 고통에 끼치는 영향을 브로이어가 부정한 것은 아니었다. 그러나 안나 O.는 젊음의 매력과 매혹적인 무기력 상태, 거기에 베르타라는 이름으로, 브로이어에게서 그가 세 살 때 젊은 나이로 죽은 어머니 베르타를 향하여 잠복해 있던 오이디푸스적 갈망을 다시 일깨웠던 것으로 보인다.[62] 1890년대 중반에 브로이어는 자신이 프로이트의 성 이론으로 전향했다고 몇 번 공언한 적이 있다. 그러나 결국 자신의 양면적 태도, 즉 "그러나"라는 악마에 짓눌리고 말았고, 그런 뒤에는 더 보수적인 입장으로 물러났다. 프로이트는 1895년에 플리스에게 말했다. "얼마 전에 브로이어가" 빈 의사협회에서 "나에 관해 좋은 말을 해주고, 자신이" 신경증의 "원인은 성이라는 입장으로 **전향한** 지지자라고 소개했네. 그래서 내가 사석에서 그 일에 감사한다고 했더니 브로이어는 '나는 지금도 그것을 믿지 않네.'라며 내 기쁨을 깨 버리더군." 브로이어가 이렇게 물러나는 바람에 프로이트는 당황했다. "도대체 이해할 수 있는 일이야? 나는 이해 못해."[63]

5년 뒤 프로이트는 그때보다는 약간 차분한 태도로 플리스에게 브로이어가 보낸 여자 환자 이야기를 했다. 프로이트는 이 환자 때문에 심한 좌절을 겪다가 결국 분석으로 눈부신 성공을 거두었다. 그녀가 브로이어에게 "아주 좋아졌다"고 말하자, 브로이어는 "손뼉을 치면서 '그럼 결국 그 친구가 옳았군.' 하고 연거푸 소리를 질렀다." 사실 브로이어가 이 까다로운 환자를 프로이트에게 보낸 것은 그를 믿는다는 표시가 분명했는데도, 프로이트는 이런 뒤늦은 찬사를 별로 기쁘게 받아들이지 않았다. 그는 이런 찬사가 "성공을 숭배하는 사람"에게서 나온 것일 뿐이라고 무시해버렸다.[64] 이 시점에서는 프로이트의 기억에서 친구가 의리 있는 태도로 자신을 도와준 일들이 이미 다 지워졌으므로, 브로이어가 무슨 일을 해도 소용이 없었다.

　프로이트는 자기 분석이 확실하게 이루어지고, 감정의 폭풍 몇 개가 누그러지고, 플리스와의 우정이 약해진 뒤에야 브로이어를 제대로 볼 수 있었다. 그는 1901년에 플리스에게 이렇게 말했다. "나는 오래전부터 그를 경멸하지 않네. 오히려 그의 힘을 느끼고 있네."[65] 프로이트가 몇 년에 걸친 자기 분석 끝에 이제 그런 발견을 할 수 있었다는 것은 물론 의미가 없는 일이 아니었다. 그러나 브로이어가 그런 힘에도 불구하고 안나 O.의 사례를 지나치게 부담스럽고 너무 노골적이어서 당혹스러운 것으로 여겼던 것은 분명하다. 브로이어는 이렇게 회고한다. "나는 그때 다시는 이런 시련을 겪지 않겠다고 맹세했습니다."[66] 그것은 브로이어가 결코 잊을 수 없는 사례였지만, 그러나 사실 얻을 것이 없는 사례이기도 했다. 프리츠 비텔스가 프로이트의 전기에서 브로이어가 얼마 후 안나 O.의 기억을 없애버린 것 같다고 넌지시 말하자, 프로이트는 여백에 이렇게 간단하게 적어놓았다. "말도 안 되는 소리!"[67] 정신분석 과정은 저항과 싸우는 과정이며, 브로이어가 이 과정에서 드러낼 수 있는 기본적이고 충격적인 진실들을 거부한 것은 저항에 굴복한 분명한 사례다. 프로이트에게 꼭 필요한 친구 플리스는 훨씬 수용적인 태도를 보여주었다.

히스테리 환자들

프로이트에게도 그 나름으로 싸워서 극복해야 할 저항이 있었지만, 《히스테리 연구》에서 그가 제시한 사례들로 판단해보건대, 그는 환자들로부터 배우는 것을 일종의 프로그램으로 여겼던 것 같다. 그는 자발적이고, 자의식이 매우 강한 학생이었다. 1897년에 플리스에게 보낸 편지에서 프로이트는 분석 대상자인 "체칠리에 M. 부인"을 자신의 "스승(Lehrmeisterin)"이라고 불렀다.[68] 체칠리에 M., 그러니까 안나 폰 리벤(Anna von Lieben) 남작부인은 아마 그의 초기 환자들 가운데 가장 흥미롭고, 시간도 가장 많이 잡아먹은 환자였을 것이다. 그녀는 그의 "가장 중요한 환자"[69]이자 그의 "프리마돈나"[70]였다. 부유하고, 똑똑하고, 감수성이 예민하고, 문학을 알고, 또 프로이트도 가까워지게 된, 저명한 오스트리아 유대인 가문들로 이루어진 상당한 규모의 집단에 속해 있던 그녀는 오랫동안 환각, 발작, 그리고 모욕이나 비판을 "따귀를 맞은 것"이나 다름없는 심각한 안면 신경통으로 전환시키는 묘한 습관 등 여러 가지 특이하고 곤혹스러운 증상에 시달리고 있었다. 프로이트는 그녀를 샤르코에게 보내기도 했고, 1889년에 공부를 위해 최면의사 베르넴을 만나러 낭시에 갈 때 그녀와 동행하기도 했다.[71] 그녀는 오랜 세월에 걸쳐 프로이트에게 여러 증상의 의미와 치료 기법에 관하여 많은 것을 가르쳐주었다. 그러나 그의 다른 히스테리 환자들 또한 그의 스승이었다. 프로이트는 오랜 세월이 지난 뒤 자신의 초기 심리학적 분석을 돌아보며 분명한 경멸을 드러낸다. 1924년에 "에미 폰 N. 부인"에 관한 보고서를 회상하며 이렇게 말했다. "어떤 분석가도 이 사례사를 읽으면 동정의 미소를 띠지 않을 수 없다는 것을 잘 안다."[72] 하지만 이것은 너무 가혹하고 또 시대착오적이다. 둘론 완전히 발전한 수준의 정신분석 기법이라는 관점에서 보자면, 그가 초기에 에미 폰 N.을 비롯한 여러 사람을 치료한 것은 원시적인 작업이었다. 그러나 정신분석의 역사에서 이런 분석 대상자들의 의미는 그들이 프로이트에게 정신분석의 가장 중요한 기본 원리 몇 가지를 가르쳐주었다는 데서 찾을 수 있다.

이 대담한 시절에 프로이트가 치료한 히스테리 환자들은 다리의 통증에서부터 한기까지, 우울한 기분에서 간헐적인 환각까지 놀라울 정도로 다양한 전환성 히스테리 증상들을 보여준다. 프로이트는 아직 자신의 진단에서 유전, 즉 "신경병적 소질"이라는 요소를 제거할 준비가 되어 있지 않았다. 그러나 이제는 환자가 겪는 기묘한 장애의 그런 감추어진 원인보다는 유아기의 트라우마 경험에서 실마리를 찾는 쪽을 더 좋아했다. 프로이트는 신경증 환자의 비밀이 브로이어가 "규방의 비밀(secrets d'alcôve)"이라고 부른 것, 즉 환자들 자신에게도 감추어져 있는 성적 갈등이라고 믿기 시작했다. 어쨌든 이것이 아주 간접적인 방식이기는 하지만, 환자들이 그에게 말해주는 것이라고 생각했다.

'듣기'는 프로이트에게 기술 이상의 것이 되었다. 그것은 방법론이었으며, 환자들이 그에게 제시하는 앎에 이르는 왕도였다. 프로이트가 늘 감사하는 마음을 잊지 않았던 안내자들 가운데 한 사람이 에미 폰 N., 즉 파니 모저(Fanny Moser) 남작부인이었다. 프로이트는 이 중년의 부유한 과부를 1889년과 1890년에 만났으며, 브로이어의 최면 분석 요법으로 치료했다. 그녀는 발작적인 안면 경련, 경련성 언어 장애, 죽은 쥐와 꿈틀거리는 뱀이 자꾸 나타나는 무시무시한 환각으로 고생했다. 치료 과정에서 그녀는 트라우마의 기억, 프로이트에게는 매우 흥미로운 기억을 내놓았다. 여자 사촌이 정신병원으로 끌려간 기억과 그녀의 어머니가 뇌졸중을 일으켜 바닥에 누워 있는 기억이었다. 그러나 여기서 한 걸음 나아가, 그녀는 자신의 의사를 위하여 목소리로 실물 수업을 진행하는 역할을 했다. 프로이트가 그녀에게 고집스럽게 질문을 하면, 그녀는 점점 짜증을 내고, "몹시 퉁명스러워지면서", 그에게 "이것저것이 어디에서 왔느냐고 묻는 것"은 그만두고, "자신이 하고 싶은 말을 하게 해 달라"고 요구했다.[73] 프로이트는 그녀의 중언부언하는 독백이 아무리 지루하더라도, 말을 막아서는 얻을 것이 없으므로, 그녀의 이야기를 끝까지 들으면서 힘겹게 한 지점에서 다른 지점으로 나아갈 수밖에 없다는 것을 이미 알고 있었다. 프로이트가 1918년에 그녀의 딸에게 말했듯이 에미 폰 N.은 그에게 다른 것도 가르쳐주었다. "최면에 의한 치료는 의미 없고 가치 없는 과정이야." 결정적인 순간이었다. "더 설득력 있는 정신분석 치료법을 만드는" 길로 나아갈 수밖에 없었기 때문이다.[74] 자신의 실수를 통찰의 계기로 전환시킬 준비가 된 의사가 있다고 한다면, 프로이트가 바로 그런 의사였다.

에미 폰 N.을 치료하는 과정에서 프로이트는 최면이 사실 "의미도 없고 가치도 없다"는 것을 알게 되었으며, 이 깨달음은 브로이어에게서 벗어나는 중요한 계기가 되었다. 프로이트와 브로이어는 1893년에 함께 쓴 '예비 보고서'에서 "히스테리 환자는 주로 기억 때문에 고통을 겪는다."는 유명한 말을 남겼다.[75] 실제로 1890년대 초에 이르기까지 프로이트는 브로이어와 마찬가지로 최면을 이용하여 환자가 내놓기를 주저하는 중요한 기억들을 끌어내려 했다. 그렇게 해서 환자에게 되살아난 장면들은 종종 카타르시스 효과를 낳았다. 그러나 일부 환자는

1891년의 프로이트. 〈실어증이라는 개념에 관하여〉를 발표한 해다. 1890년대 초반 프로이트는 실어증이나 히스테리 같은 정신적 사건의 원인을 신체(뇌)가 아니라 심리적 차원에서 찾기 시작했다.

최면이 걸리지 않았으며, 프로이트는 제약 없이 말하게 하는 것이 훨씬 더 나은 조사 도구라고 생각하게 되었다. 이것은 단지 결함을 미덕으로 바꾼 것이 아니었다. 사실상 새로운 치료 방식을 채택하는 것과 다름없는 중요한 변화였다. '자유연상'이라는 기법이 만들어지고 있었던 것이다.

프로이트는 '엘리자베트 폰 R. 양'의 사례사를 길게 이야기하며 이 새

2장 무의식의 탐사 159

로운 기법이 만들어낸 놀라운 결과를 찬양했다. 실제로 프로이트는 이 환자의 경우에 처음에만 잠깐 최면을 걸었을 뿐이다. 1892년 가을에 그를 찾아온 이 환자에 대한 보고서는 그가 이제 자신의 면밀한 관찰 재능을 얼마나 체계적으로 계발하고 있는지 보여준다. 엘리자베트 폰 R.의 신경증을 진단할 수 있는 첫 번째 실마리는 그가 신체 검진을 하면서 허벅지를 누르거나 꼬집을 때 그녀가 성적으로 흥분한다는 것이었다. 프로이트는 이렇게 말한다. "그녀의 얼굴에는 이상한 표정이 나타났다. 고통의 표정이 아니라 쾌락의 표정이었다. 그녀는 소리도 질렀는데, 나는 이것이 관능적인 자극을 받을 때 내는 소리와 비슷하다고 생각하지 않을 수 없었다. 그녀는 얼굴이 붉어졌다. 머리를 뒤로 젖히고 눈을 감았다. 몸통은 뒤로 구부러졌다."[76) 그녀는 의식이 있을 때는 자신에게 허락하지 않았던 성적 쾌락을 경험하고 있었던 것이다.

그러나 프로이트가 그녀를 예리하게 관찰하기는 했지만, 치료할 열쇠를 준 것은 말이었다. 이 분석에서 "나는 히스테리를 처음으로 충분히 길게 분석했다." 결국 프로이트와 엘리자베트 폰 R.은 "병인(病因)이 되었던 심리적 자료들을 치워 나갔다." 이것은 "우리가 땅속에 묻힌 도시를 발굴하는 기법에 비유하곤 하던" 절차였다.[77) 프로이트는 환자가 자유롭게 연상을 하도록 격려했다. 그녀가 입을 다물고 있을 때 그가 머릿속에서 무슨 생각을 하고 있냐고 물으면 그녀는 "아무 생각도 안 한다."고 대답하기도 했는데, 프로이트는 이것을 대답으로 받아들이려 하지 않았다. 이런 부분에서 그의 협조적인(아니, 비협조적인) 환자들은 또 하나의 의미심장한 심리적 메커니즘을 보여주었다. 엘리자베트 폰 R.의 말을 막는 것은 내부의 저항이었다. 프로이트는 애초에 전환 증후를 만들어낸 것이 그녀의 의도적인 망각이라고 생각했다. 고통을 없애는 유일한 방법은 말을 해서 없애는 것뿐이었다.

프로이트는 이 사례를 겪으면서 수많은 아이디어가 떠올랐다. 엘리자베트 폰 R.의 증상들 "또한 말과 결합되었다." 증상들은 그것이 시작되던 시점의 이야기가 시작되면 강하게 나타났다가, 그녀가 이야기를 다 하면 가라앉았다. 그러나 프로이트는 또 치료가 통찰의 멜로드라마적인 폭발이 아니라는 더 어려운 교훈도 받아들여야만 했다. 한 번 이야기하는 것만으로는 충분치 않았다. 트라우마를 "끝까지 파고들" 필요가 있었다. 엘리자베트 폰 R.의 회복에서 최후의 요소가 되었던 것은 프로이트가 이미 제시했지만 그녀가 한동안 격렬하게 저항하던 증거의 해석이었다. 즉 그녀가 형부를 사랑하여 언니가 죽기를 바라는 나쁜 갈망을 억누르고 있다는 것이었다. 그녀가 이 부도덕한 소망을 인정하자 그녀의 고통은 끝이 났다. 프로이트는 다음과 같이 보고했다. "1894년 봄, 나는 그녀가 어떤 집에서 열린 무도회에 참가한다는 이야기를 듣고 그곳에 가보았다. 나의 환자였던 사람이 활달하게 춤을 추며 내 앞에서 날듯이 움직이는 모습을 볼 기회를 놓치고 싶지 않았기 때문이다."78)

엘리자베트 폰 R.—1867년에 부다페스트에서 태어난 일로나 바이스(Ilona Weiss)—은 나중에 딸과 이야기하면서 프로이트가 자신의 신경증 증상을 해결해주었다는 이야기를 받아들이지 않았다. 엘리자베트는 프로이트가 "그들이 나에게 소개해준, 턱수염을 기른 젊은 신경 전문가일 뿐이었다."고 말했다. 그는 "내가 형부를 사랑한다고 설득하려고" 노력했으나, "그것은 사실이 아니었다." 그러나 그녀의 딸은 프로이트가 말하는 어머니의 가족사가 상당히 정확하며, 어머니의 결혼 생활은 행복했다고 덧붙인다.79) 환자는 무의식적으로 자신의 고통에 대한 프로이트의 해석을 억눌렀던 것인지도 모른다. 아니면 프로이트가 그녀의 자유롭고 억제되지 않은 말의 흐름에서 스스로 인정하기 힘든 감정을 읽어낸 것일지도 모른다. 어쨌든 그의 환자였던 사람—걷거나 서 있기만 해도 다리에 심한 통증을 느끼던 히스테리 환자—은 밤새 춤을 추었다. 의사이자 연구자로서 의학계에서 자신의 미래에 관해 양면적인 감정을 지니고 있던 프로이트는 그녀가 활력을 회복한 것을 보고 만족을 느낄 수 있었다.

'루시 R.' 양이 치료를 받으러 온 1892년에 프로이트는 이제 의도적으로 환자에게 관심을 기울이는 자기 방식의 가치를 인식하고 있었다. 그녀의 가장 두드러진 증상은 탄 푸딩의 악취를 느끼는 것이었는데, 이 증상은 우울한 느낌과 연결되었다. 프로이트는 그녀를 9주 동안 치료한 뒤 이 증상을 없앨 수 있었다. 그는 이 독특한 후각적 환각을 줄이려고 하는 대신, 그것을 안내자로 삼아 루시 양의 괴로운 느낌의 기원을 찾아갔다. 그의 눈에 정신의 합법칙성, 그리고 증상의 그림같이 생생한 언어가 점차 분명하게 드러나고 있었다. 특정한 냄새가 특정한 기분과 연결되는 데에는 그럴 만한 현실적 이유가 있는 것이 틀림없었다. 그러나 그 연결 고리는 이 괴로움에 시달리는 영국인 여자 가정교사가 그것과 관련된 기억을 다시 포착해야만 눈에 드러날 터였다. 그렇게 하려면 그녀는 우선 "그녀 자신의 비판을 가라앉혀야 했다."[80] 이성적인 문제 제기로 통제하지 않고 생각이 제멋대로 흘러 다니게 놓아 두어야 했다. 그래서 프로이트는 엘리자베트 폰 R.에게 시도해보았던 것, 즉 자유연상을 루시 R.에게도 다시 적용해보았다. 그러나 루시 R.은 프로이트에게 인간은 정말 비판을 가라앉히려 하지 않는다는 것, 인간은 사소하고, 비합리적이고, 반복적이고, 관련이 없고, 외설적이라는 이유로 연상을 거부하는 경향이 있다는 것을 분명하게 보여주었다. 1890년대 내내 프로이트는 줄곧 매우 적극적이고 거의 공격적으로 이야기를 들었다. 그는 환자의 고백을 의심하는 태도로 빠르게 해석하여, 고통의 더 깊은 수준으로 탐사해 들어갔다. 프로이트가 나중에 관심이 "균등하게 정지된" 또는 "균등하게 떠 있는" 상태라고 부른, 정신분석가의 방심하지 않는 수동적 상태가 그의 레퍼토리로 들어오기 시작했다.[81] 그는 엘리자베트 폰 R.과 루시 R.을 비롯한 여러 히스테리 환자들에게 큰 빚을 졌다. 1892년에 프로이트는 정신분석 요법의 뼈대를 정리하기 시작했다.—면밀한 관찰, 적절한 해석, 최면의 부담이 없는 자유연상, 끝까지 파고들기.

그러나 아직 배워야 할 교훈이 하나 남아 있었는데, 프로이트는 여기에 평생 몰두하게 된다. 그는 일종의 일회성 분석을 기록한 매혹적인 삽화에서 오스트리아의 산에 있는 한 숙소에서 그의 시중을 든 열여덟 살짜리 시골 처녀 '카타리나'의 사례를 묘사하고 있다. 프로이트는 1893년 8월에 플리스에게 이렇게 말했다. "얼마 전 락스에서 여관 주인의 딸이 나한테 상담을 요청했는데, 나에게는 아름다운 사례였네."[82] 카타리나는 프로이트가 의사라는 것을 알고 숨이 가쁘고, 어지럽고, 무서워서 숨이 막히는 등의 신경성 증상들을 털어놓고 조언을 구했다. 프로이트는 휴일이면 신경쇠약 환자들로부터 벗어나 락스에서 등산을 하며 기분 전환을 했는데, 이번에는 산에 와서도 평소에 하던 일을 하게 된 것이다. 신경증은 어디에나 나타나는 것 같았다. 프로이트는 흥미를 느끼기도 하여, 체념을 하고 "환자"에게 직설적으로 질문을 해 들어갔다. 프로이트가 전하는 바에 따르면, 카타리나는 열네 살 때 삼촌이 자신을 유혹하려고 몇 번 서툴게 시도를 했으나 거부했으며, 그로부터 2년쯤 뒤에 삼촌이 여자 사촌의 몸 위에 엎드려 있는 것을 보았다고 밝혔다. 그때부터 그녀의 증상이 시작되었다. 열네 살의 순진하고 경험 없는 소녀로서 그녀는 삼촌의 관심이 몹시 싫었을 뿐이다. 그러나 삼촌이 사촌의 몸 위에 올라가 있는 것을 보았을 때에야 그 관심을 성교와 연결할 수 있었다. 그 기억은 그녀에게 혐오감을 주어 불안 신경증이 생겨났고, 이것이 히스테리에 의해 악화된 것이다. 그러나 그런 꾸밈없는 이야기는 카타리나가 자신의 감정을 방출하는 데 도움을 주었으며, 우울했던 태도는 사라지고 반짝거리는 건강한 활력이 돌아왔다. 프로이트는 그녀가 이 대화에서 오래 지속되는 도움을 얻었기를 바랐다. "그 뒤로는 그녀를 보지 못했다."[83)]

그러나 프로이트는 카타리나를 잊지 않았다. 30년 뒤, 프로이트는 《히스테리 연구》에 고백적인 각주를 덧붙이는데, 거기에서 그는 카타리나를 괴롭히려던 남자는 삼촌이 아니라 아버지였다고 조심스럽게 말했다. 프로이트는 자신에게 엄격했다. 환자의 정체를 위장하는 데는 더 나은 방법들이 있다는 것이다. "내가 이 사례에서 저지른 왜곡은 사례사에서는 분명히 피해야만 하는 것이다."[84)] 정신분석의 두 가지 목표, 즉 치료를 하고 이론을 만드는 것이 보통의 경우에는 분명히 양립 가능하고 상호의존적이다. 그러나 가끔 충돌이 일어나기도 한다. 사생활을 보호받을 환자의 권리가 공적인 논의라는 과학의 요구와 갈등을 일으킬 수도 있다. 프로이트는 이런 난관에 다시 부딪히게 된다. 단지 환자의 경우만이 아니었다. 가장 많은 것을 드러낸 분석 대상자가 바로 자신이었기 때문에, 자기를 드러내는 일이 고통스럽고도 필수적인 일임을 알게 된 것이다. 그러나 그가 이르게 된 타협점은 그에게도 그의 독자들에게도 완전한 만족을 주지 못했다.

비록 이런 사례들 모두가 카타리나의 사례만큼 아름답지는 못하겠지만, 또 그 나름의 문제들이 있기는 하지만, 이런 사례들은 기법과 이론 양쪽에 발전을 가져왔다. 1895년 프로이트는 《히스테리 연구》와 플리스에게 보낸 개인적인 편지에서 원대한 일반화를 향해 나아가고 있었다. 그는 정신이라는 큰 수수께끼의 조각들을 수집하고 정리해서 정신분석학적 개념과 더불어 정신분석학적 어휘를 발전시켜 나갔는데, 이것은 세기말에 이르면 기본적인 것으로 정착된다. 그는 플리스에게 자신의 생각의 발전과 변화를 모두 알렸다. 마치 집중 포화를 퍼붓듯이 그에게 짧은 사례, 경구, 꿈을 보냈다. 물론 "초고"도 잊지 않았다. 글이나 논문을 위한 리허설인 초고에 프로이트는 자신의 발견과 시험적인 구상들을 기록했다. 불안, 우울증, 편집증에 관한 초고들이 그런 것이다. 그는 《히스테리 연구》를 펴낸 해에 강박에 사로잡힌 연구자의 당당한 태도로 플리스에게 이렇게 말했다. "나 같은 사람은 좋아하는 일 없이는, 나를 지배하는 정열 없이는, 실러의 표현을 빌리면 압제자 없이는 살지 못하네. 이제 그 압제자가 나에게 왔어. 따라서 나는 이제 그 압제자를 섬기는 일에서 절제를 버릴 걸세. 그 압제자는 심리학이야."[85]

프로이트의 압제자가 아무리 가혹하다 해도, 침입은 했을지언정 그의 가정의 고요까지 깨뜨리지는 않았다. 프로이트의 사생활은 그가 원하는 만큼 안정되고 고요했다. 1891년 가을 프로이트 가족은 베르크가세 19번지로 이사했다. 눈에 두드러지는 면은 없었지만, 알고 보면 아주 편리한 동네에 있는 아파트로 옮겨 간 것이다. 이 집은 47년 동안 프로이트의 사령부 역할을 하게 된다. 프로이트는 바쁘게 일에 몰두했지만, 가족이 자신에게 요구하는 것을 가볍게 여기지는 않았다. 1895년 10월에는 당시 여덟 살이던 마틸데를 위하여 "총 20명"을 모아놓고 생일 잔치를 열었다.[86] 그밖에 다른 즐거운 가족 행사에도 참석했다. 1896년 봄 여동생 로자(Rosa)가 결혼했을 때는 당시 불과 세 살이던 딸 조피가 "고수머리에 물망초 화환"을 쓰고 참석하여 결혼식에서 "가장 아름다운 존재"가 되었다.[87] 프로이트는 자신의 "병아리들"을 눈에 띄

게 좋아했으며, 그의 "암탉"도 물론 좋아했다.[88]

특히 "제2세대"는 늘 프로이트의 머릿속을 떠나지 않았다.[89] 그는 편지에서 난해한 추측이나 임상 사례를 쭉 늘어놓다 말고 갑자기 자기 가족의 소식을 전하는 일이 많았다. 그는 플리스에게 아들 올리버와 관련된 재미있는 이야기를 몇 개 전하기도 했다. "의욕에 찬" 숙모가 이 꼬마에게 나중에 뭐가 될 것이냐고 묻자 올리버는 이렇게 대답했다. "2월에 다섯 살이 되고 싶어요." 프로이트는 그 말, 그리고 아이들 전체에 관해서 주석을 붙였다. "아이들은 각양각색이라는 점에서 아주 재미있네."[90] 프로이트는 똑같이 재미있어하는 태도로 막내 안나 이야기도 전했다. 안나는 두 살 나이치고는 약간 조숙하게 공격적인 태도를 보였는데, 프로이트는 그것이 귀여웠다. "얼마 전에 안네를은 마틸데가 사과를 다 먹었다고 불평하면서, 마틸데의 배를 갈라 달라고 요구했네(어린 염소 동화에서처럼). 이 아이는 매력적으로 성장하고 있어."[91] "소페를"은 "세 살 반인데, 미인의 단계에 진입했네."[92] 그 아이는 계속 미인의 상태를 유지했다고 덧붙여도 좋을 것이다. 아마 프로이트에게 가장 지속적으로 즐거움을 주었던 아이는 마르틴이었을 것이다. 마르틴은 어린 나이에 짧은 시를 쓰기 시작하여, 자신을 시인이라고 불렀으며, 간헐적으로 "해로울 것 없는 시인 병" 발작이 일어나는 바람에 고생을 했다.[93] 프로이트가 플리스에게 보낸 편지에는 마르틴이 어린 시절에 지은 시 대여섯 편이 실려 있다. 처음 전한 시는 그 전문이 이렇다.

암사슴이 말해요, "산토끼야,
뭘 삼킬 때 아직도 목이 아파?"*

마르틴은 이때 아직 여덟 살이 되지 않았다. 이듬해 마르틴은 중유럽

베르크 가세 19번지의 입구. 프로이트 가족이 1891년 9월부터 독일이 오스트리아를 합병한 뒤 1938년 6월 영국으로 떠날 때까지 살았던 곳이다.

의 수많은 어린이들과 마찬가지로, 영리하고 파렴치한, 그래서 동화나 우화에서 가장 인기 있는 여우에게 마음을 빼앗겨, "여우가 거위를 유혹하는 장면"에 관한 시를 몇 편 짓는다. 마르틴 프로이트의 시에서 여우의 사랑 고백은 이렇게 전개된다.

> 사랑해요,
> 끝까지 끝까지,
> 키스해주세요, 제발!

---

* "'Hase,' spricht das Reh, / 'Tut's Dir beim Schlucken im Halse noch weh?'" (프로이트가 플리스에게 보낸 편지, 1897년 5월 16일, *Freud-Fliess*, 260 [244].)

모든 짐승들 가운데
당신을 가장 좋아할 수 있어요.

"구조가 놀랍지 않나?" 프로이트는 기분 좋은 목소리로 물었다.*
 그러나 프로이트가 자식들에게서 느끼는 기쁨은 불안으로 끝나는 경우가 많았다. "어린아이들에게서는 많은 기쁨을 얻을 수 있지. 두려운 일만 많이 생기지 않는다면 말일세."[94] 긴밀하게 맺어진 그의 가족 내에서 벌어지는 주요한, 그러나 매우 단조로운 연속 드라마는 아이들의 되풀이되는 병이었다. 프로이트는 이 모든 소식을 그와 마찬가지로 어린 자식들의 아버지였던 플리스에게 전했다. 대가족에서는 흔히 있는 일이지만 프로이트의 자녀들은 형제들에게 병을 옮기곤 했다. 프로이트는 결코 끝나지 않을 것처럼 되풀이되는 복통과 감기와 수두에 경험 많은 아버지처럼 침착하게 대처하기도 했고, 플리스에게 잇따라 보낸 기나긴 편지들이 증언하듯이, 깜짝 놀라 불안에 떠는 아버지가 되기도 했다.
 다행히도 집안에서는 좋은 소식이 나쁜 소식을 압도했다. 그 시절의 전형적인 편지 한 통에는 이렇게 적혀 있다. "나의 귀여운 안네를이 다시 건강해졌네. 다른 동물들 또한 다시 자라면서 제대로 풀을 뜯고 있고."[95] 경제적으로도 가끔 형편이 나아질 때가 있었다. 오랫동안 알뜰하게 살아왔던 프로이트는 이따금씩 반가운 풍요를 누렸다. 1895년 말 그는 "진료비를 내가 결정하기 시작했다."면서 만족스러워했다. 그는 마땅히 그래야 한다고 강하게 이야기했다. "이 세상에는 증명할 수 있기 전에 새로운 것을 일단 먼저 생각해보는 용기를 가진 사람들이 있어

---

* "Ich liebe Dich, / herzinniglich, / komm, küsse mich, / Du könntest mir von allen / Tieren am besten gefallen." (프로이트가 플리스에게 보낸 편지, 1898년 3월 24일, 같은 책, 334 [304].)

마르타 베르나이스의 여동생 미나 베르나이스. 1890년대 중반에 프로이트 가족과 함께 살기 시작했다.

야 하는 법일세."[96] 그러나 세기말에 이르기까지 그는 여전히 빚에서 벗어나지 못했다. 심지어 저명한 전문가가 된 뒤에도 가끔 그의 진료실은 텅 빌 때가 있었다. 그럴 때면 프로이트는 자식과 미래의 경제적 문제를 곰곰이 생각해보곤 했다.

프로이트의 가정 생활에서 처제 미나는 없어서는 안 되는 요소였다. 마르타 베르나이스와 약혼한 시절에 그는 미나에게 친밀하고 애정 어린 편지를 보내면서 "당신의 오빠 지크문트"[97]라고 서명하고, 그녀를 "나의 보물"[98]이라고 불렀다. 그 시절에는 미나도 프로이트의 친구인 이그나츠 쇤베르크와 약혼을 한 상태였다. 그러나 쇤베르크가 1886년에 결핵으로 요절하자, 미나 베르나이스는 체념하고 독신으로 지내기로 한 것으로 보인다. 그녀는 몸무게가 늘고, 턱이 두 겹이 되었으며, 아주 못생긴 얼굴로 변해 갔다. 미나는 언니 마르타보다 네 살이나 어렸는데도, 언니보다 늙어 보였다. 그녀는 베르크 가세 19번지에서 오랫동안 환영받는 손님이었으며, 1890년대 중반부터 아예 그 집에서 살게 되었다.

미나는 지적인 여동생으로서, 재치 있는 말로 유명했으며, 날개를 단 듯한 프로이트의 상상을 적어도 어느 정도까지는 따라갈 수 있었다.[99] 새로운 영역을 개척해 나가던 시절에 프로이트는 그녀를 플리스와 더불어 "속을 털어놓을 수 있는 가장 가까운 사람"이라고 생각했다.*[100] 미나는 계속 프로이트와 가까운 관계를 유지했다. 여름이면 가끔 둘이 스위스 휴양지나 이탈리아 도시를 찾아가곤 했다.** 미나는 언제나 빠질 수 없는 가족 구성원이었으며, 언니와 함께 프로이트의 어린아이들을 돌보고 아이들을 휴양지에 데려가기도 했다.

1890년대 중반에 프로이트의 가정 생활은 안정적으로 정착한 것처럼 보였다. 그보다는 약간 못하지만 진료도 상당히 안정되었다. 그러나 프로이트의 학문적 전망은 여전히 예측이 어려웠다. 그는 히스테리, 강박, 공포증, 불안 신경증에 관한 논문을 발표하였다. 모두 탐험적인 작업이었으며, 심리학의 전쟁터에서 쓴 보고서나 다름없었다. 플리스의 우정과 지원으로 계속 마음을 다질 수 있었지만, 프로이트는 종종 무관심, 침묵, 적대에 둘러싸인 듯한 느낌을 받았다. 《히스테리 연구》가 저명

---

* 세월이 흐른 뒤 프로이트가 마리 보나파르트에게 이야기했듯이, 1890년대에는 그를 믿어준 사람이 플리스와 미나 베르나이스뿐이었다. (마리 보나파르트가 어니스트 존스에게 보낸 편지, 1953년 12월 6일. Jones papers, Archives of the British Psycho-Analytical Society, London.)
** 카를 G. 융이 처음 퍼뜨리기 시작한 소문, 즉 프로이트가 미나 베르나이스와 바람을 피웠다는 소문은 설득력 있는 증거가 부족하다. (이 문제에 관한 자세한 논의는 이 장에 대한 '문헌 해제' 참조.)

한 신경학자 아돌프 폰 슈트륌펠(Adolf von Strümpell, 1853~1925)에게서 찬반이 뒤섞인, 미심쩍어하는 듯한, 그러나 결코 경멸하는 것은 아닌 평을 받았을 때 프로이트는 지나치게 예민한 상태에서 그 평이 "비열하다"고 말했다.[101] 물론 그 서평은 균형을 잃었고, 약간 마지못해 쓴 느낌도 주었다. 스트륌펠은 독자들에게 사례사에 대해서는 한마디도 하지 않고, 히스테리 환자 치료에 최면을 이용하는 문제에 대해서만 불필요할 정도로 길게 걱정을 늘어놓았다. 그러나 동시에 슈트륌펠은 이 책이 히스테리의 원인이 기본적으로 심리에 있다고 보는 입장이 설득력을 넓혀 가는 "기분 좋은 증거"라고 환영했다.[102] 이런 서평을 비열하다(niederträchtig)고 말하는 것은 비판에 과민한 태도를 보여주는 것으로, 이런 태도는 프로이트에게 습관이 되어 가는 듯했다.

프로이트의 긴장은 우울증 발작이나 괴로운 신체적 증상으로 나타났다. 그 가운데 일부는 분명히 심인성이었다. 두세 번은 코감기에 걸려 플리스의 명령에 따라 내키지 않는 마음으로 사랑하는 시가를 끊기도 했다. 플리스에게 시가를 금지하는 것은 너무 쉬운 일이었다. 프로이트가 그의 결점으로 꼽기도 했지만, 플리스는 담배를 피우지 않았기 때문이다.[103] 어쨌든 프로이트는 오랫동안 금연을 하지 못했다. 그는 도전적인 태도로 곧 다시 담배를 피웠다. 1893년 11월에는 플리스에게 이렇게 말하기도 했다. "나는 담배 금지 조치를 따르고 있지 않네. 비참하게 장수하는 게 그렇게 명예로운 운명이라고 생각하나?"[104] 프로이트는 일을 하려면 시가가 필요했다. 그러나 담배를 피우는 동안에도 행복한 순간들, 기쁨이 터져 나오는 짧은 순간들이 망설임과 우울의 시간으로 뒤바뀌곤 했다. 스스로 요약한 바에 따르면, 그의 상태는 "당당하고 행복한 상태와 창피하고 비참한 상태를 번갈아 오갑니다."[105] 그가 플리스에게 보낸 편지들은 롤러코스터를 타는 듯한 감정의 기복을 보여준다. "내 편지가 이상하지 않나?" 그는 1895년 10월의 어느 날 소리쳤다. "두 주 동안 나는 열에 들뜬 듯이 글을 썼네. 비밀을 다 풀었다고 생각했지. 하지만 지금은 아직 풀지 못했다는 걸 알고 있네." 그런데도 프로이트는 자신이 낙심하지 않았다고 주장했다.[106]

실제로 그는 낙심하지 않았다. "자, 계속 들어봐." 프로이트는 며칠 뒤에 플리스에게 말했다. "지난주 어느 날 밤, 내 두뇌 활동에 최적의 조건을 만들어주는 적정 수준의 고통이라는 부담을 안고 부지런히 작업을 하다가, 장벽이 갑자기 들어 올려지고, 덮개가 떨어지고, 신경증의 세부 사항에서부터 의식의 결정 요소들에 이르기까지 모든 것이 투명해졌네."[107] 그러나 불과 11일 뒤에는 그렇게 자신만만하던 태도가 사라졌다. 그는 "몹시 피곤했고", 편두통 발작이 일어났으며, "히스테리와 강박 신경증을 쾌락과 고통으로 설명하면 된다고 그렇게 열을 내며 이야기했지만 지금은 의심스러워졌네."[108] 프로이트는 플리스에게 보낸 편지에서 그의 "압제자"인 심리학에 "반란"을 일으켰으며, "지치고, 짜증 나고, 혼란스러운" 느낌이고, 기진맥진하여 환멸에 빠졌으며, 애초에 왜 그런 엉뚱한 생각으로 플리스를 괴롭혔는지 모르겠다고 말했다. 그는 여전히 뭔가가 빠졌다고 생각했다.[109] 그러나 그는 계속 작업을 했다. 그가 간절하게 이해하고자 하는 증상들은 부분적으로는 자신의 증상이기도 했다. 프로이트는 주기적으로 두통에 시달리는 동안 플리스에게 편두통에 관한 원고를 보냈다.[110] 프로이트가 왜 격려를 갈망했는지 알 수 있는 대목이다.

프로이트가 명성에 대한 공상과 실패에 대한 공상 사이를 급격하게 오가게 만든 일은 과학적 심리학에 대한 야심만만한 기획이었는데, 1895년 초봄부터 생각해 오던 것이었다. 그는 "양(量)적인 관점, 즉 신경의 힘에 관한 경제학 같은 것을 도입하면 정신적 기능 이론이 어떤 형태를 띨 것인지 연구하고, 두 번째로 정신병리학으로부터 정상적인 심리학을 위한 것을 뽑아낼" 계획을 갖고 있었다. 이것이 오래전부터 멀리서 그에게 손짓을 해 오던 심리학이었다.[111]

4월에 플리스에게 보낸 편지에서 "신경학자들을 위한 심리학"[112]이라고 불렀던 것이 그를 "괴롭히고 있"다고 말했다. 그는 5월에 이렇게 썼다. "지난 몇 주 동안 그런 환상과 번역과 추측에 모든 자유 시간을 쏟아붓고, 11시부터 2시까지 밤 시간을 소비했네." 이 일에 너무 힘을 쓰는 바람에 일반적인 진료에는 관심을 둘 수가 없었다. 그러나 그의 신경증 환자들은 그에게 "큰 기쁨"을 주기도 했다. 그의 연구에 많은 기여를 했기 때문이다. "거의 모든 것이 매일 확인되고, 새로운 것들이 보태지네. 핵심을 쥐고 있다는 확신이 나에게 도움이 돼."[113] 이 시절의 프로이트는 비록 자신을 중년이라고 묘사하기는 했지만 탄력과 인내심이 있었으며, 가끔 실망을 해도 젊은 연구자답게 끈질기게 다시 일어섰다.

프로이트는 자신의 온 힘을 집중할 필요가 있었다. 그가 세운 두 가지 과학적 목표―양적인 관점을 도입하는 것과 정신병리학에서 일반 심리학을 위한 정보를 얻어내는 것―가운데 어느 하나만으로도 이미 매우 원대한 목표였다. 따라서 그 둘을 합치는 것은 유토피아적인 기획이라고 할 만했다. 1895년 9월과 10월 초, 플리스와 예의 그 "만남"을 한 번 가진 뒤, 그는 열병 같은 창조적 분위기에 급속히 빠져들어 종이에 "신경학자들을 위한 심리학"을 쓰기 시작했다. 10월 8일에는 그것을 플리스에게 보내 논평을 부탁했다. 그는 스스로 부과한 과제 때문에 고통을 겪었다. 글을 쓰느라 고생하면서 자신의 연구를 진 빠지는 등산에 비유하기도 했다. 계속되는 봉우리를 연거푸 넘어가면서 숨을 헐떡이고 있다는 것이었다. 11월이 되자 프로이트는 이제 "심리학을 부화시킨 자신의 정신 상태"를 이해할 수 없었다.[114] 유망해 보이는 길에 모든 것을 걸었으나 결국 아무런 성과도 거두지 못한 탐험가가 된 것 같았다. 프로이트는 자신의 열띤 노력에 대한 직접적인 보상이 눈앞에서 공허하게 흩어지는 느낌을 받았다. 그는 결국 그 기획을 완료하지 못했고, 자전적인 회고에서는 그것을 애써 무시했다. 그러나 그것은 실패라면 웅장한 실패였다. 이 "심리학"이 정신분석 이론의 초고로 읽히지 않는 것은 사실이지만, 충동, 억압과 방어, 여러 에너지의 힘들이 대립하는 정신 경제, 인간이라는 소망하는 동물에 관한 프로이트의 생각이 모두 여기에 흐릿하게 나타나 있기 때문이다.[115]

이 방대한 원고의 서두에 나오는 프로이트의 의도는 "자연과학적 심리학을 제공하는 것"이었다. "즉 정신 과정을 명시 가능한 물질적 입자들이 양적으로 규정된 상태로 표현하고, 그래서 그 과정을 눈에 보일 듯이 일관성 있게 만드는 것"이었다.[116] 그는 정신이라는 기계가 어떻게 일을 하는지, 어떻게 자극을 받아들이고 제어하고 방출하는지 보여주고 싶었다. 그는 낙관적인 분위기에 사로잡혀 이 기획을 플리스에게 이렇게 요약했다.

모든 것이 맞물리는 것처럼 보이네. 기어 메커니즘이 딱 들어맞아. 이제 이것이 진짜 당장이라도 스스로 움직일 수 있는 기계인 것 같다는 인상을 받네. 뉴런의 세 가지 체계. 양(量)의 자유로운 상태와 묶인 상태. 1차 과정과 2차 과정. 신경계의 주요 경향과 타협 경향. 주의와 방어라는 두 생물학적 규칙. 질(質), 현실, 사고의 표시. 성 심리적인 집단의 조건─억압이라는 성적 결정. 그리고 마지막으로 의식이라는 인식 기능적 요인들. 이 모든 것이 들어맞았고, 지금도 들어맞아! 나는 당연히 큰 기쁨을 억누를 수가 없지.[117]

프로이트의 기계를 이용한 비유와 전문적인 어휘—"뉴런", "양", "주의와 방어라는 두 생물학적 규칙"—는 그가 속해 있던 세계, 그의 의학적 훈련과 빈의 종합병원의 언어였다. 심리학을 신경학이라는 탄탄한 기초 위에 올라선 자연과학으로 단단하게 세워놓으려는 그의 시도는 그가 함께 공부했던 실증주의자들의 갈망과 맞아떨어졌다. 실제로 그는 지금 그 실증주의자들의 희망과 공상을 실현하려고 노력하는 중이었다. 그리고 그는 끝까지 과학적 심리학을 세우고자 하는 야망을 버리지 않았다. 프로이트는 런던에서 인성의 마지막 해에 쓰다가 젊은 시절의 그 기획처럼 완성하지 못했던 《정신분석학 개요(Abriss der Psychoanalyse)》에서 정신분석에서 무의식을 강조함으로써 정신분석은 "다른 자연과학과 같은 자리를 차지할" 수 있었다고 단호하게 주장했다.[118] 내용이 풍부한 이 단편에서 프로이트는 앞으로 정신분석은 "특수한 화학적 물질을 이용하여 정신적 장치 내에서 에너지의 양과 그 분배에 직접적인 영향력을 행사"할 수도 있을 것이라고 추측했다.[119] 이것은 그의 1895년 계획을 거의 말 그대로 옮겨놓은 것이다.

프로이트가 젊은 시절에 세운 이 기획은 지금까지 뉴턴적이라는 평가를 받아 왔는데, 이 평가는 상당히 타당한 표현이다.[120] 그의 기획은 정신의 법칙을 운동의 법칙에 종속시키려고 노력한다는 점에서 뉴턴적이었다. 이것은 심리학자들이 18세기 중반 이후 노력해 오던 일이었다. 그 기획은 또 경험적으로 입증 가능한 명제들을 찾는다는 점에서도 뉴턴적이었다. 또 무지를 인정한다는 점에서 뉴턴의 학문 스타일, 즉 그 유명한 철학적 겸손을 반영하고 있었다. 뉴턴은 중력의 본질이 수수께끼로 남아 있다고 솔직하게 인정하면서도, 동시에 이것 때문에 과학자가 그 힘을 인식하고 그 운동을 측정하는 것이 불가능하지는 않다고 주장했다. 프로이트 또한 뉴턴과 똑같은 불가지론적 입장을 취하여,

1895년과 그 이후에도 오랫동안 심리학자들은 정신적 에너지의 비밀을 파악하지 못했지만, 그 작용을 관찰하고 그것을 법칙으로 환원하는 일을 포기할 필요는 없다고 주장했다. 1920년에 프로이트는 뉴턴에게서 직접 빌려온 표현으로 여전히 단호하게, 정신의 "흥분 과정"에 관하여 "아무 가설이나 세워도 무방한 것은 아니"라고 주장했다.[121] 그러나 그는 이렇게 조심스럽게 설정한 한계 내에서는 정신의 기능에 관해 많은 것을 이해할 수 있다고 확신했다.

그러나 어려움은 엄청났다. 정신 기계를 관장하는 운동 원리 가운데 몇 가지는 아주 분명해 보였다. 정신은 항상성 원리의 지배를 받는데, 이 원리는 안이나 밖에서 정신을 침범하고 안정을 깨는 자극들을 정신이 방출할 것을 명령한다. 프로이트 자신의 전문적인 정식화에 따르면, "이것은 뉴런의 관성 원리다. 뉴런은 양을 벗어버리는 경향이 있다."[122] 뉴런이 이렇게 하는 것은 정지 상태, 즉 폭풍 뒤의 고요한 상태가 쾌감을 주기 때문이다. 정신은 쾌감을 구한다. 또는, 종종 같은 이야기라고 볼 수 있는데, 정신은 고통을 피한다. 그러나 "자극으로부터의 도피"만으로는 정신 활동 전부를 설명할 수 없다.[123] 항상성 원리는 계속 파탄이 난다. 그때나 나중에나 프로이트의 생각에서 아주 중요한 자리를 차지하는 기억은 정신이 자극을 축적하는 과정에서 그 안에 쌓인다. 나아가서, 만족을 찾는 정신은 현실 세계에 작용하여 그것을 얻으려 한다. 현실 세계를 인식하고, 그것에 관해 추론하고, 그것을 수정하여 집요한 소망에 굴복하도록 만드는 것이다. 따라서 정신 생활의 모든 것을 설명하려는 목표를 가진 과학적 심리학은 자극 방출 뒤의 이완에서 얻는 만족만큼이나, 기억, 인식, 사고, 계획도 설명해야 한다.

프로이트가 이런 다양한 정신 작용을 처리하기 위해 생각해낸 한 가지 방법은 자극을 받아들이는 데 적합한 뉴런, 전달하는 데 적합한 뉴런, 의식의 내용물을 운반하는 뉴런 등 뉴런의 세 가지 유형을 가정하는 것이었다. 이것은 황당하기는커녕 오히려 다른 평판 있는 심리학자들과 보조를 맞추는 것이었는데, 그러나 어디까지나 추측이었다. 이런 구도에는 필요한 것이 많았는데, 무엇보다도 의식의 본질과 활동을 이해해야 했다. 프로이트는 여기서 좌절했다. 비슷한 추측을 하다가 마주친 어려움 때문에 그의 동료들이 좌절한 것과 마찬가지였다. 어쨌든 프로이트의 생각들은 그가 "심리학"이라고 쓰는 동안에도 매우 다른 방향으로 움직이고 있었다. 그는 신경학자들을 위한 심리학이 아니라 심리학자들을 위한 심리학에 다가가기 직전이었다. 프로이트는 나중에도 정신의 생리학적이고 생물학적인 하층의 중요성을 결코 잊은 적이 없지만, 그것은 그가 무의식과 그것이 사고와 행동에서 표현되는 방식—실언, 농담, 증후, 방어, 그리고 가장 흥미로운 꿈—을 탐사하는 수십 년 동안은 배경으로 희미해졌다.

1895년 7월 23일에서 24일로 바뀌던 밤에—프로이트는 새벽일지도 모른다고 생각했다.—그는 역사적인 꿈을 꾸었다. 이것은 정신분석 전승에서 '이르마의 주사 꿈'으로 자리를 잡게 된다. 4년 이상 지난 뒤 프로이트는 《꿈의 해석》에서 이 꿈에 특별한 지위를 부여했으며, 꿈은 소망의 충족이라는 그의 이론의 모범적인 예로 이 꿈을 이용했다. 이 꿈을 꾸었을 때 프로이트는 기획 작업에 열심이었지만, 편안한 환경에 기분 좋게 자리를 잡고 있었다. 프로이트 가족이 휴가를 보낼 때면 찾곤 하던 빈 교외의 휴양 별장인 벨뷔에 있었던 것이다. 꿈을 꾸는 데만이 아니라—프로이트는 1년 내내 꿈을 많이 꾸었다.—자신의 꿈에 관해 느긋하게 생각을 해보는 데도 이상적인 장소와 시간이었다. 그가 나중에 말한 바에 따르면, 이것은 그가 "자세하게 해석을 해본" 첫 꿈이었

빈 근처 휴양지 벨뷔. 프로이트는 1895년 7월 24일 이곳에서 처음으로 꿈을 거의 완벽하게 해석하는 데 성공했다.

다.[124] 그러나 수고스럽고 꼼꼼하고 또 철저하게 꿈을 해석한 것 같기는 하지만, 그 해석에 대한 보고는 단편적이다. 꿈의 각각의 요소를 분리하여 그 무렵과 과거의 경험에서 근원을 추적하는 작업을 하다가 프로이트는 갑자기 중단해버린다.

나는 이 꿈의 의미를 완전히 드러냈다거나 그 해석에 빈 구석이 없다고 주장하지 않을 것이다. 앞으로도 오랫동안 생각을 해보면서 설명을 더 하고 거기에서 제기된 새로운 수수께끼들을 논의할 수 있을 것이다. 나 자신은 생각의 사슬을 더 이어갈 수 있는 대목들을 알고 있다. 그러나 자기 자신의 꿈에서는 이런저런 점들을 고려해야만 하기 때문에 해석 작업이 제약을 받을 수밖에 없다.

실제로 프로이트가 공개적으로 고백한 것들 몇 가지는 그의 명예에 전혀 도움이 안 될 만한 것이었다. 따라서 약간의 프라이버시는 당연히 지켜져야 마땅하다고 생각했을 것이다. 프로이트는 그 점을 방어할 준비가 되어 있었다. "내가 입을 다무는 것을 비난하려 하는 사람은 먼저 나보다 더 솔직해지려고 노력해야 할 것이다."[125] 사실이다. 아무리 억제가 없다 해도 자신에 관해 프로이트만큼 드러낼 수 있는 사람은 거의 없었을 것이다.

프로이트가 플리스에게 보내는 편지들은 보통 무궁무진한 자료 역할을 해주지만, 묘하게도 이런 선택적 솔직함 때문에 수수께끼는 더 꼬이기도 한다. 7월 24일, 그러니까 그 기념비적인 꿈을 꾸고 나서 몇 시간 뒤 프로이트는 베를린의 친구에게 유난히 짧은 편지를 보내면서 친구를 (어쩌면 약간은 모호하게) 자신의 "다이몬(daimon)"이라고 부른다. '운명', '영감'이라고 부른 것이다. 프로이트는 플리스가 왜 최근에 편지를 쓰지 않았는지 궁금해하면서, 플리스가 자신의 작업에 여전히 관심이 있는지 묻고, 플리스 자신의 구상, 건강, 부인에 관해 물은 다음, 자기들 둘은 불행한 시기에만 친구가 될 운명인지 모르겠다고 중얼거린다. 친한 친구들끼리 편지를 쓸 때면 흔히 그러듯이, 그는 약간 뜬금없이 그와 그의 가족은 벨뷰에서 "아주 만족스럽게 살고 있다"고 한마디 한다. "이르마", 또는 그날 그를 온통 사로잡았을 것이 틀림없는 해석 작업에 관해서는 한마디도 하지 않은 것이다.[126]

8월에 프로이트는 플리스에게 오랜 지적인 노고 끝에 "병리적 방어, 그리고 그것과 더불어 중요한 심리적 과정을 많이" 이해하게 되었다고 암시한다.[127] 이 대목은 이르마 꿈을 분석하다 떠오른 생각들을 간접적으로 암시하는 것처럼 읽힌다. 그는 9월 초에 베를린에서 플리스를 만났을 때 그와 함께 그 꿈을 점검해보았을 것이다. 그러나 프로이트가 그 승리의 순간을 플리스에게 다시 힘주어 상기시킨 것은 거의 5년

2장 무의식의 탐사 179

이 지난 뒤인 1900년 6월의 일이다. 그때도 프로이트는 벨뷔에 있었다. 그는 가족 소식과 꽃향기가 나는 늦봄의 기쁨에 관하여 잡담을 늘어놓은 뒤, 플리스에게 수사의문문으로 묻는다. "정말로 언젠가 이 집에서 사람들이 대리석 판에 새겨진 다음과 같은 글귀를 읽을 거라고 생각하나? '1895년 7월 24일 이곳에서 지크문트 프로이트 박사에게 꿈의 비밀이 드러나다.'"[128] 이것은 수사의문문, 즉 상대에 대한 음침한 불신이 깔린 질문이었다.

자주 인용되는 이 공상에는 명성에 대한 프로이트의 갈망과는 전혀 다른 여러 가지를 암시하는 복잡한 메시지들이 우글거리고 있다. 명랑한 어투에는 미묘한 책망이 감추어져 있는 것 같다. 프로이트가 1895년의 그 여름날에 자신의 꿈을 해석하면서 플리스의 근본적인 결함에 관한 생각에 몰두해 있었음을 뒤늦게 암시하는 것이다. 셜록 홈스라면 프로이트가 그 점에 관해 오랫동안 침묵한 것에는 '밤에 짖지 않는 개'*와 마찬가지로 큰 의미가 담겨 있었음을 이해할 것이다. 프로이트가 1895년 7월 24일에 플리스에게 말하지 않은 사실, 또 《꿈의 해석》의 독자들에게도 말하지 않은 사실은 이르마의 주사 꿈이 적어도 부분적으로는 프로이트가 플리스에 대해 품고 있는 이상화된 이미지를 깨버릴 만한 어떤 유죄 증거의 도전을 막아내려고 기획된 것이며, 신중하게 구축된 매우 복잡한 시나리오라는 것이었다. 이 꿈을 프로이트가 공개한 것보

---

* **밤에 짖지 않는 개** 셜록 홈스 시리즈 중 단편 〈실버 블레이즈의 모험〉(1892)에서 비롯된 말이다. 유명한 경주마 실버 블레이즈가 마구간에서 사라지고 조교사가 살해되는 사건이 일어난다. 홈스는 그날 밤 '개들의 이상한 행동'에서 실마리를 찾는다. 개들의 이상한 행동이란 바로 짖지 않았다는 것인데, 홈스는 개가 짖지 않았다는 것에서 곧 말 도둑이 개들이 잘 아는 사람일 것이라고 추리하여 범인을 찾아낸다. 이후로 '짖지 않는 개'라는 말은 겉으로 드러난 모습이나 요란하고 시끄러운 것보다 '삭제된 것, 일어나지 않은 일'이 더 중요한 단서를 제공한다는 뜻으로 쓰이고 있다. (편집자 주)

다 더 완전하게, 보호 장치를 다 제거하고 해석하게 되면 그의 삶에서 가장 곤혹스러운 에피소드라고 할 만한 것이 드러난다.

프로이트가 잠을 깨자마자 기억한 이르마 꿈은 그의 대부분의 꿈과 마찬가지로 풍부하고 투명했다. 표면적으로 볼 때 이 꿈에는 가족 소식과 직업과 관련된 걱정이 섞여 있었다. 프로이트는 큰 홀에서 많은 손님을 맞이하는데, 그 가운데 '이르마'도 있다. 프로이트는 그녀가 가족의 친구임을 알아본다. "내가 정신분석으로 치료하던 젊은 숙녀였다." 프로이트는 그녀를 옆으로 데려가 자신의 "해결책"을 받아들이지 않은 것을 책망하고, 그녀를 친근하게 너(Du)라고 부르면서 아직도 통증이 있다면, "그것은 사실 네 잘못"이라고 말한다. 이르마는 목, 위, 장의 꽉 막힌 듯한 통증이 그가 아는 것보다 심하다고 대답한다. 프로이트는 깜짝 놀라 이르마를 살펴보며, 혹시 자신이 기질성 질환을 간과한 것은 아닌지 걱정한다. 프로이트는 그녀의 목 안을 보려 한다. 그녀는 머뭇거리다가 마침내 입을 크게 연다. 하얀 반점과 코의 하갑개골처럼 생긴 회색 딱지들이 보인다. 이어지는 꿈 장면에는 프로이트의 의사 친구들이 들어차 있다. 모두 적절하게 위장을 하고 있다. 프로이트의 아이들을 돌보는 소아과 의사 오스카어 리(Oscar Rie)도 있다. 빈 의학계의 거물인 브로이어도 있다. 프로이트와 가장 친한 플리스도 박식한 전문의의 모습으로 나타난다. 어떻게 된 일인지 이 의사들—플리스를 제외한 모두!—이 이르마의 사라지지 않는 통증에 책임이 있는 것으로 드러난다. 실제로 프로이트는 친구 '오토'—오스카어 리—가 아무 생각 없이 이르마에게 주사를 놓는 꿈을 꾼다. "프로필 약제, 프로필렌······." 프로이트는 더듬거린다. "프로피온산······ 트리데틸아민." 그리고 "아마 깨끗하지 않은 주사기를 사용했을 것이다."[129]

프로이트는 꿈 해석에 앞선 논의에서 분석 과정을 거치면서 이르마의 히스테리성 불안 증상이 개선되었지만, 신체의 통증은 여전히 문제로 남아 있었다고 밝혔다. 프로이트는 그 전날 리를 만났는데, 리는 프로이트가 이르마를 완전하게 치료하지 못한 것을 간접적으로 비판했다(프로이트는 그렇게 느꼈다). 프로이트는 자신을 정당화하려고 브로이어에게 사례를 설명하는 편지를 보냈다. 프로이트가 굳이 입밖에 꺼내어 말하지는 않았지만, 두 사람의 관계가 긴장되었는데도 브로이어는 여전히 프로이트에게는 권위자, 즉 그의 판단을 존중하고 비판을 두려워하는 사람이었던 것이다.

이것이 프로이트가 꿈의 기원, 그리고 꿈이 왜곡하고 극화한 소망에 관해 설명하기 위해 제공한 배경이다. 그는 이 꿈을 이미지 단위, 말 단위로 해석했다. 손님들을 맞이하는 광경에서는 아내가 그녀의 생일 파티를 고대하면서 한 말이 떠오른다. 트리메틸아민이라는 화학 물질에서는 친구 플리스의 성(性) 화학 이론이 떠오른다. 불결한 주사기에서는 프로이트 자신이 한 나이 든 환자에게 매일 모르핀을 두 번 주사한다는 사실, 그러나 자신은 주사기를 조심해서 청결하게 관리한다는 사실에서 느끼는 자부심이 떠오른다. 프로이트의 생각은 하나하나 흔적을 추적해 가면서 가지처럼 뻗어나간다. 정당한 권위에 근거하여 좋은 의도로 처방한 약 때문에 환자가 죽음에 이른 비극적 사례도 떠오른다. 프로이트가 개입하는 바람에 환자가 불필요한 위험에 놓이게 된 다른 사례도 떠오른다. 임신 기간에 정맥 때문에 고생을 했고 (독자에게 분명히 밝히지는 않지만) 지금 임신을 하고 있는 아내도 떠오른다. 프로이트는 이 모든, 또는 대부분의 기억이 치료자로서 자신이 얼마나 능숙한가 하는 문제를 둘러싼 연상들이라고 해석한다. 따라서 이 꿈이 보여주는 소망의 핵심은 이르마가 겪는 고통이 진실로 프로이트의 잘못이 아니라 남들의 잘못으로 보여야 한다는 것이었다. "간단히 말해서, 나는 양심적인 것이다."[130] 편리하게도 꿈에서 예민한 프로이트를 비판한 것으로 보이는 친구는 무책임하고 신뢰할 수 없는 의사였다. 그래서 프로이트는 '이르마의 주사 꿈'을 복수를 하고 자신을 안심시키는 꿈으로 읽는 쪽을 택한다. 프로이트는 이 모든 생각을 종합하면 이 꿈에는 "건강, 자신만이 아니라 남들의 건강에 대한 걱정, 의사의 양심"이라는 딱지를 붙일 수 있다고 결론을 내린다.[131]

프로이트는 장녀 마틸데의 병 등 이 꿈의 직물에 함께 짜여 들어간 다른 주제 몇 가지도 언급하지만, 이 교묘한 해석에서 또 다른 주제들은 조심스럽게 언급하지 않는다. 친구 오토가 사용했던 더러운 주사기는 말할 것도 없고, 환자에게 자신의 해결책을 강요하는 프로이트, 입을 제대로 벌리려 하지 않는 이르마 등도 모두 정신분석에 관심이 있는 독자라면 프로이트의 성적 환상과 관련지어 생각해보지 않을 수 없는 요소들이다. 그러나 이보다 더 중요하면서도 눈에는 잘 띄지 않는 생략이 있다. 프로이트의 독법에서는 엄청난 전치(轉置)가 이루어지고 있기 때문이다. 그가 이 꿈으로 양심을 입증하고자 한 의사는 자기 자신이라기보다는 플리스였던 것이다.

이런 해석의 열쇠는 이르마의 복잡한 정체다. 프로이트는 꿈의 중심 인물 대부분이 그렇듯이 그녀가 "집합적 인물(Sammelperson)"이라고 주장한다.[132] 프로이트는 아마 그녀의 주요한 특징을 자신의 종교 교사인 자무엘 하머슐라크의 딸 안나 리히트하임(Anna Lichtheim)에게서 빌려왔을 것이다. 그녀는 젊은 과부였으며, 프로이트가 가장 좋아하는 환자로 꼽혔다. 그러나 젊고, 과부이고, 히스테리가 있고, 프로이트에게서 분석을 받고, 프로이트 가족과 연관이 있고, 또 신체적 증상들이 있다는 점에서, 안나 리히트하임은 프로이트의 다른 환자인 에마 에크슈타인(Emma Eckstein)과도 많이 닮았다. 그리고 에마 에크슈타인은 1895

년 초 프로이트가, 그리고 더 중요하게는 플리스가 힘겨운 역할을 맡았던 의학적 멜로드라마에서 주역으로 등장한 인물이었다. 이 꿈을 만들어낸 프로이트의 무의식에서는 에마 에크슈타인이라는 인물과 안나 리히트하임이라는 인물이 합쳐져 이르마가 되었던 것으로 보인다.

에마 에크슈타인은 히스테리성 불안 증상과 더불어 코의 통증, 특히 코피로 심한 고통을 겪고 있었다. 프로이트는 그녀의 코피가 심인성이라고 생각하면서도, 플리스에게 이 환자를 진찰해 달라고 부탁했다. 심리적인 병의 뿌리를 찾는 과정에서 신체적인 병을 간과할 것을 우려했기 때문이다. 실제로 이르마의 꿈에서 프로이트는 바로 그런 그릇된 진단을 하는 것을 걱정하고 있다. 플리스는 빈으로 와서 에마 에크슈타인의 코를 수술했다. 그러나 수술을 해도 차도가 없었다. 통증은 줄지 않았고, 출혈이 심해지면서 악취까지 났다. 프로이트는 깜짝 놀라 빈의 외과 의사들을 불렀고, 1895년 3월 8일에 플리스에게 그 소식을 전했다. 그가 전한 말에 따르면, 프로이트의 동창이며 평판 좋은 전문가 이그나츠 로자네스(Ignaz Rosanes)가 에마 에크슈타인의 아파트에서 프로이트를 만났다. 그녀는 코와 입으로 피를 흘리고 있었으며, "악취가 매우 심했다." 로자네스는 "콧구멍 주변을 닦고, 끈적끈적한 핏덩어리들을 빼내다가 갑자기 실 같은 것을 뽑아내기 시작했다. 그는 그것을 계속 잡아당겼다." 로자네스와 프로이트가 무슨 생각을 하기도 전에 "50센티미터는 족히 될 것 같은 거즈가 구멍에서 나왔다. 다음 순간 피가 홍수처럼 쏟아졌다. 환자는 얼굴이 창백해지더니, 눈이 튀어나오고 맥박이 사라졌다." 로자네스는 얼른 조치를 취했다. 새 거즈로 구멍을 막았다. 그러자 출혈이 멈추었다. 이 모든 일이 불과 30초 안에 일어났지만, 에마 에크슈타인을 "인사불성"으로 만들기에는 충분했다. 프로이트는 순식간에 어떻게 된 일인지 파악했다. 생각지도 않은 참사 앞에서 그는 구역질이 나올 것 같았다. 그녀의 코를 막은 뒤 그는 옆방으로 "달아나" 물 한 병을 마셨다. 그리고 자신이 몹시 한심하다고 생각했다. 코냑을 조금 마시자 정신을 차릴 수 있었다. 프로이트가 "약간 비틀거리며" 그녀 옆으로 돌아가자, 에마 에크슈타인은 "깔보듯이" 한마디 했다. "남자가 겨우 그 정도예요?"[133]

프로이트는 자신이 남자답지 못한 모습을 보인 것은 피 때문이 아니라 "감정의 압박" 때문이었다고 항변했다. 그 감정이 무엇인지는 추측만 할 수 있을 뿐이다. 그러나 이 혼란스러운 사건의 영향에서 벗어나지 못한 상태에서 쓴 첫 번째 편지에서 프로이트는 부주의 때문에 일어난 거의 치명적인 의료 사고 혐의에서 플리스를 보호해주려고 열심이었다. "그러니까 우리는 그녀에게 부당한 짓을 했던 거야." 프로이트는 그렇게 인정했다. 에마 에크슈타인은 완벽하게 정상이었던 것이다. 그녀의 코피는 히스테리 때문에 생긴 것이 아니라, "자네가 꺼낼 때 찢어지는 바람에 그대로 남아 있던 요오드포름 거즈 조각이 두 주 동안 그대로 남아 있어서" 생긴 것이었다. 프로이트는 그 짐을 스스로 지고 친구를 무죄로 만들어주었다. 빈에서 후속 조치를 해줄 수 없는 플리스에게 수술을 맡긴 것이 잘못이라고 생각한 것이다. "자네는 누구 못지않게 잘했네." 거즈 사고는 "가장 운이 좋고 가장 용의주도한 외과의에게도 일어날 수 있는" 일이었다. 정신분석학자 프로이트는 이런 종류의 방어적 변명을 곧 '부인(否認)'이라고 부르게 된다. 프로이트는 그런 일이 자신에게도 일어난 적이 있다고 고백한 다른 전문가의 말을 인용하며 안심시키듯이 덧붙였다. "당연히 아무도 자네를 책망하지 않아."[134]

사실 프로이트가 4월 초에 보낸 편지에서 아주 조심스럽게 암시했듯이, 플리스와 마찬가지로 이비인후과 전공인 빈의 한 전문의가 에마 에크슈타인이 자꾸 코피를 많이 흘리는 것은 플리스가 서툴게 개입한 것이 원인이며, 그가 그녀의 코에 거즈를 남겨 둔 것은 최악의 결과일 뿐이라고 말한 적이 있었다.[135] 플리스는 기분이 상한 것 같았으나, 프로이트는 그를 달래려 했다. 이런 전문가들이 어떻게 생각하건, "나에게 자네는 늘 의사, 그것도 나의 목숨과 가족의 목숨을 믿고 맡길 수 있는 의사라네."[136] 프로이트는 플리스의 솜씨와 주의력을 전적으로 신뢰한다고 다시 이야기하는 것만으로는 만족하지 못했다. 그는 사태의 책임을 에마 에크슈타인에게로 돌렸다. 4월 말, "친애하는 마법사에게" 보낸 편지에서 그는 이제 서서히 나아지고 있는 환자를 "나의 악몽이자 자네의 악몽"이라고 불렀다.[137] 1년 뒤 프로이트는 다시 그 이야기를 하면서, 플리스에게 "에크슈타인의 출혈에 대한 아주 놀라운 해결책이 나왔는데, 자네도 몹시 기쁠 것"이라고 말했다.[138] 프로이트는 플리스가 쭉 옳았다는 것, "그녀의 코피의 원인은 히스테리이며, 그것이 **갈망**에서 생긴 증상"이라는 것을 증명할 수 있을 것이라고 생각했다.[139] 그는 플리스의 비위를 맞추는 말을 했다. "자네의 코가 다시 한 번 냄새를 제대로 맡았네." 에마 에크슈타인의 출혈은 "소망 출혈"이었다는 것이다.[140]

그녀가 "훌륭하게"[141] 행동하고 있기 때문에, 친구를 위하여 깨뜨릴 수 없는 알리바이를 찾아낸다는 프로이트의 과제는 한결 쉬워졌다. 그는 수술을 한다는 플리스의 결정이 애초에 합리적이었느냐 하는 당혹스러운 질문에 관하여 교묘하게 입을 다물었고, 플리스가 남겨놓아 염증을 일으킨 거즈 조각에 관해서도 교묘하게 침묵을 지켰다. 모두가 에마 에크슈타인의 잘못이었다. 그녀는 피를 흘리는 것을 무척 좋아했다. 그 증상 덕분에 자신의 여러 가지 병이 상상한 것이 아니라 진짜임을 보여줄 수 있었고, 다른 사람들의 애정을 요구할 수 있었기 때문이다. 물론 프로이트는 그녀가 출혈에서 오랫동안 이득을 보았을 것이라는 몇 가지 임상적 증거를 제시했다. 그러나 그것으로 플리스의 무죄가 입증될 수는 없었다. 프로이트의 회피하는 태도는 눈에 금방 드러난다. 정말로 중요한 문제는 프로이트가 사랑을 받기 위하여, 또한 그가 불편하게 느끼던 부담 때문에 그녀의 병을 교묘하게 꾸며냈느냐 아니냐가 아니라, 그녀의 서툰 외과의가 프로이트가 요구하는 만큼 사랑스러운 사람이냐 아니냐 하는 것이었다. 프로이트는 대체로 안나 리히트하임에 기초를 두고 이르마를 만들어냈지만, 두 여자가 매우 닮았다는 점 때문에 에마 에크슈타인이 이르마 꿈에 침입하는 것도 불가피했다. 프로이트가 이야기하는 대로 플리스는 꿈에 잠깐 등장할 뿐이다. 그래서 프로이트 자신도 궁금하게 생각한다. "내 인생에서 그렇게 큰 역할을 하는 이 친구가 꿈의 생각의 맥락에 더 나타나야 하는 것이 아닐까?"[142] 그 답은 실제로 더 나타났다는 것이다. 이르마의 주사 꿈은 무엇보다도 플리스에 관한 의심을 플리스만이 아니라 프로이트 자신에게도 감추고자 하는 열망을 드러낸다.

　이것은 역설이다. 이것은 무의식적인 정신이 작용하는 법칙을 향하여 안간힘을 쓰며 나아가면서, 오로지 자신에게 필수적인 환상을 유지하기 위하여 죄 있는 사람을 무죄라고 하고 죄 없는 사람을 중상하던 프로이트의 모습이었다. 그 뒤에 이어지는 몇 년 동안 프로이트는 비일관성이 바람직하지는 않지만 피할 수 없는 인간의 운명이라는 사실을 흠잡을 데 없이 입증하게 된다. 프로이트는 그가 좋아하던 작가 가운데 하나인 스위스 시인 콘라트 페르디난트 마이어(Conrad Ferdinand Meyer, 1825~1898)의 "온갖 모순을 지닌 인간'에 관한 구절을 인용하곤 했다. 프로이트는 인간 정신을 지배하는 양면적 감정, 즉 사랑과 증오의 긴장된 공존의 힘을 인정하게 되었다. 그의 가장 초기의 환자들 몇 명은 그에게 인간은 아는 동시에 알지 못할 수 있고, 감정적으로 받아들이기를 거부하는 것을 지적으로는 이해할 수 있다는 것을 가르쳐 주었다. 더 정신분석학적인 경험은 그들에게서 소망이 생각의 아버지라는 셰익스피어의 말을 뒷받침할 압도적인 임상적 증거를 얻은 것이었다. 아무리 피하기 힘든 것이라 해도, 불편하고 복잡한 문제를 처리할 때 가장 애용하는 방법은 그것이 사라지기를 소망하는 것이다. 이것이 1895년 봄과 여름에 프로이트에게 일어난 일이기도 했다.

이 시기 내내, 또 그 이후에도 플리스는 계속 프로이트의 대체 불가능한 '분신'이었다. 프로이트는 1899년이라는 늦은 시기에 플리스와 만난 직후 이렇게 말했다. "어떤 일이 일어나는지 보게. 나는 여기 어둠 속에서 침울하게 살고 있었네. 그러다 자네가 오자, 나는 나 자신을 꾸짖고, 자네의 흔들림 없는 불을 이용하여 내 깜빡이던 불을 다시 피워 올리고 기분이 좋아졌네. 자네가 떠난 뒤, 나는 다시 볼 수 있는 눈을 갖게 되었고, 이제 내 눈에 보이는 것은 아름답고 좋다네."[143] 프로이트에게 이런 일을 해줄 수 있는 사람은 빈에든 어디에든 달리 없었다. 심지어 그의 재치 있고 똑똑한 처제 미나 베르나이스도 해줄 수 없는 일이었다. 그러나 '완벽하게 이야기를 들어주는 사람'이라는 프로이트의 구상을 그렇게 실현해낸 플리스는 부분적으로는 프로이트 자신이 만들어낸 플리스이기도 했다.

플리스의 이런 이상화된 초상이 그렇게 오랫동안 침해당하지 않고 유지되었던 한 가지 이유는 자신이 플리스에게 의존하는 것에 담긴 성적 요소를 프로이트가 인정하고 끝까지 파헤치는 데 시간이 걸렸기 때문이다. 프로이트는 플리스에게 이렇게 고백한 적이 있다. "친구와 함께 하는 것, 이것은 특별한—어쩌면 여성적인—면의 요구인지도 모르는데, 나에게는 자네 대신 누구도 해줄 수 없는 일이네."[144] 이것은 그들 우정의 말기인 1900년에 한 말이었다. 1년 뒤 프로이트는 다시 이 문제로 돌아오는데, 그의 사무적인 자전적 논평에는 책망의 말투가 스며들어 있다. "나는 남자들 사이의 우정을 경멸하는 자네의 태도에 동의할 수 없네. 아마도 내가 거기에 깊이 관여하고 있는 당사자이기 때문이겠지. 자네도 잘 알다시피, 내 인생에서는 여자가 동지, 친구를 대신한 적이 한 번도 없네."[145] 프로이트는 플리스와 맺은 친밀한 관계가 점점 쇠락하면서 그것을 분명하게 판단할 여유가 생겼을 때 그런 자기 평가를 했다. 1910년 프로이트는 이 운명적인 애착 전체를 돌아보면서 자신의 가장 가까운 제자 몇 명에게 플리스에 대한 그의 애착에는 동성애적 요소가 포함되어 있었다고 솔직하게 말했다.* 그러나 1895년과 1896년에 프로이트는 플리스에 대한 의심을 애써 누르고 있었다. 그가 이런 속박 상태에서 벗어나는 데는 5년 이상이 걸린다.

오이디푸스 전투

1896년 늦은 봄에 이르면 에마 에크슈타인은 프로이트의 인생에서는 사라지지 않았지만,** 그가 플리스에게 보내는 편지에서는 거의 사라진다. 그의 머릿속에는 시끄러운 환자들, 직업적 고립, 정신분석학적 이론화 작업을 향한 현기증 나는 돌진 등 더 다급한 일들이 많았다. 프로이트는 1896년 4월 플리스에게 이렇게 보고했다. "전반적으로 신경증의 심리학에 관해서는 꽤 진전이 이루어지고 있네. 아주 만족할 만하

---

* 본서 6장 515~518쪽 참조.
** 에마 에크슈타인은 계속 가족의 친구였으며, 나중에는 프로이트의 동료가 된다. 프로이트는 플리스에게 보내는 편지 1897년 12월 12일자에서 그녀가 그녀 자신의 환자들을 분석하기 시작했다고 밝힌다. (*Freud-Fliess*, 312 [286] 참조.)

지."146) 그리고 한 달 뒤에 이런 편지를 보낸다. "지금 심리학 작업을 하는 중일세. 혼자 열심히 하고 있지."147) 그는 또 노트나겔의 권위 있는 백과사전식 《특수 병리학과 치료》에 참여하여 소아 뇌성마비에 관한 논문도 꾸역꾸역 쓰고 있었다. 프로이트는 신경증의 비밀을 탐색하고 싶은 마음에 쫓기고 있었기 때문에, 내키지 않는 마음을 노골적으로 드러내며 신경학에서 자신이 맡은 책임을 이행해 나갔다. "나는 소아의 마비 증세라는 수렁에 완전히 빠져 있네. 전혀 관심도 없는데 말이지." 그는 1895년 말에 플리스에게 그렇게 한탄했다.148) 1년 뒤에는 "노트나겔 작업"이 "역겹다"고 내뱉었다.149) 마침내 1897년 초 《소아 뇌성마비》를 출간했을 때는 다른 의사들 같으면 기꺼이 자신의 평판의 근거로 삼을, 내용이 충실한 이 학문적 텍스트를 스스로 혹평했다.*

그러나 1896년 봄과 여름에는 그의 아버지가 죽음을 목전에 두고 있었기 때문에, 프로이트는 신경학과 관련된 고역이나 심지어 신경증보다도 여기에 마음을 훨씬 더 많이 빼앗기고 있었다. 그는 1896년 6월 말에 플리스에게 알렸다. "우리 늙은 아버지(81세)는 바덴"—빈에서 30분 떨어진 휴양지였다.—"에 계시는데, 심장병, 방광 마비 등으로 몹시 불안정한 상태라네."150) 플리스와 만나는 것을 비롯하여 프로이트의 여름 계획이 모두 불투명해졌다. 프로이트는 두 주 후에 이렇게 썼다. "정말이지 지금이 아버지의 마지막 날들인 것 같네." 그는 플리스를 만나 "다시 한 번 머리와 마음을 맞대고 지내고" 싶었지만 감히 동네를 떠날

---

* 스위스의 신경학자 루돌프 브룬은 1936년에 이렇게 말했다. "프로이트의 논문은 지금까지 아동의 뇌성마비에 관해 쓴 책들 가운데 가장 철저하고 완전한 책이다…… 이 책에서 비판적으로 철저하게 검토한 엄청난 임상 자료를 저자가 높은 수준에서 장악하고 있다는 것은 서지 목록만 14페이지 반을 차지한다는 사실에서도 짐작할 수 있다. 이 책은 놀라운 업적이며, 이것만으로도 프로이트의 이름은 임상 신경학에 영원히 남을 것이다." (*Jones* I, 219에서 인용.)

말년에 이른 프로이트의 아버지 야코프. 1896년 10월 아버지가 사망했을 때 프로이트는 내면 깊이 영향을 받았고, 그런 자신을 분석했다.

수 없었다. 아버지의 임박한 죽음은 이렇게 프로이트의 마음을 움직였지만, 그것 때문에 우울해지지는 않았다. "아버지가 누려 마땅한 안식을 얻으시는 것을 나쁘게 생각하지 않네. 아버지는 한 인간으로서 재미있는 분이었고, 내적으로 아주 행복했지." 야코프 프로이트가 아직 숨을 쉬고 있는데도 프로이트는 여기서 애도하는 마음으로 과거형을 쓰고 있다. 이제 아버지는 "존엄을 지키면서 품위 있게" 떠나고 있었다.[151] 8월에는 약간 나아졌다. 그러나 그것은 깜부기불의 마지막 깜빡거림이었다. 그래도 프로이트는 이 틈에 잠깐 휴가를 다녀왔다. 10월 23일 야코프 프로이트가 사망했다. "끝까지 용감했네. 실제로 전체적으로 보아 결코 보통 사람이 아니었지."[152] 지금은 냉정하게 비판적 평가를 할 때가 아니었다. 프로이트는 애정 어린 마음으로, 진창에서 모자를 줍고 빈에서는 제대로 생계를 꾸리지도 못했던 사람을 잊었다. 한동안 프로이트는 아버지를 자랑스럽게 생각하기만 했다.

2장 무의식의 탐사

그러나 불가피하게 반동이 시작되었다. 프로이트는 편지를 쓰기도 힘든 상황에 빠졌다. 그는 플리스의 조의에 감사하는 편지에 이렇게 썼다. "노인의 죽음은 공식적인 의식 배후에 있는 몇 가지 어두운 길을 통해 내 마음을 심하게 움직였네. 나는 그분을 매우 존중했고, 아주 정확하게 이해했네. 그분은 특유의 깊은 지혜와 놀랄 만큼 경쾌한 태도로 내 인생에 많은 영향을 주었지." 그러면서 프로이트는 아버지의 죽음이 그의 자아 가장 깊은 곳에 있는 과거의 모든 것을 다시 일깨웠다고 덧붙였다. "지금 나는 완전히 뿌리가 뽑힌 느낌일세." 이 느낌은 "원 없이 장수한" 늙은 아버지의 죽음을 생각하는 중년 아들의 전형적인 반응은 아니었다.[153] 프로이트의 애도는 그 강렬함에서 예외적이었다. 또 그것을 과학적으로 이용했다는 점에서도 예외적이었다. 그는 상실감과 약간 거리를 두고 자신의 이론을 위한 자료를 모았다.

이 슬픈 시기에 프로이트가 자기 내부에서 관찰하고 명명한 현상이 '살아남은 자의 죄책감'이다.* 그는 몇 년 뒤인 1904년, 극적으로 그런 죄책감의 존재를 확인했다. 그는 그리스에 처음 갔다가 묘한 현실감 상실을 경험했다. 아크로폴리스가 정말로 학교에서 배운 그대로일까? 내가 여기 있다는 것이 너무 좋은데, 혹시 사실이 아닌 것은 아닐까? 프로이트는 한참 후에 자신을 오랫동안 곤혹스럽게 했던 이 경험을 분석하면서 이것을 다시 죄책감 탓으로 돌렸다. 그는 아버지를 뛰어넘었는데, 그것은 어쩐지 금지된 일 같았다.[154] 프로이트는 자기 분석 과정에서 오이디푸스 전투에서 이기는 것은 지는 것만큼이나 위험하다는 것을 알았다. 이런 인식의 뿌리는 아버지가 죽은 직후, 자신의 감정을 이론으로 번역하던 시절로 거슬러 올라간다. 프로이트는 늘 연구를 하고

---

* 프로이트는 한 편지에서 "살아남은 자들에게 자주 나타나는 자책"에 관해 썼다. (프로이트가 플리스에게 보낸 편지, 1896년 11월 2일, *Freud-Fliess*, 214 [202]).

있었다는 비난은 실제로 일리가 있는 것이다.

아버지의 죽음은 프로이트가 보편적인 암시를 끌어낸 심오한 개인적 경험이었다. 그것은 고요한 웅덩이에 떨어진 돌 같은 역할을 하여, 생각지도 못했던 곳까지 물결의 동심원이 퍼져나갔다. 1908년 《꿈의 해석》 2판 서문에서 프로이트는 그 사건을 돌이켜보며 이 책이 자신에게 강력한 "주관적인" 의미가 있는데, 책을 "완성하고 나서야 그 의미를 이해할 수 있었다"고 말했다. 그는 이 책을 "나의 자기 분석의 일부, 아버지의 죽음, 그러니까 한 남자의 삶에서 가장 의미심장한 사건, 가장 결정적인 상실이 되는 사건에 대한 나의 반응"으로 여기게 되었다.[155]

이렇게 자서전과 과학이 뒤엉키는 양상은 처음부터 정신분석을 괴롭혔다. 아버지의 죽음이라는 비길 데 없는 의미심장한 사건에 관한 프로이트의 유명한 고백적 언급은 그것이 말하는 것만큼이나 생략하고 있는 것 때문에도 주목할 만하다. 즉, 어머니의 죽음이 아버지의 죽음보다 조금이라도 아픔이 덜하다는 것이 정말 사실일까, 하는 점이다. 침착하고 위풍당당한 프로이트의 어머니는 가장 사랑하던 귀중한 장남을 포함하여 모든 자식에게 충성을 요구하면서 1930년, 95세까지 살았다. 그녀가 활달하게 오래 살았기 때문에 그녀의 정신분석가 아들이 오이디푸스 전투―사실 그 아들은 이 전투에 처음으로 사람들의 관심을 끌어모은 사람이었는데도―의 온전한 함의를 피해 갈 수 있었다는 느낌이 들 정도다. 프로이트가 아버지 쪽에 훨씬 가까운 아들로서 어머니와의 관계보다 아버지와의 관계를 꿈으로도 꾸고 걱정도 했지만,[156] 어머니에 대한 양면적 감정의 일부는 분석을 하지 않은 채로 남겨 두려고 무의식적으로 안간힘을 썼다는 사실은 정신분석의 역사에서 중요하다.

전체적으로 프로이트는 자신이 가진 증거의 특이한 면에 민감한 사람이었다. 그는 1895년에 엘리자베트 R.에 관하여 이야기하면서 약간 방어적으로, "내가 쓴 사례사들이 소설처럼 읽히고, 거기에 말하자면 진지한 과학적 방법론의 낙인이 없다는 것"이 이상하게 느껴진다고 말했다. 그러면서 "이런 결과에 책임을 져야 할 것은 분명히 나의 성향보다는 주제의 본질"이라고 자신을 다독였다.[157] 그러나 프로이트가 자신의 생각을 기준으로 전체적 의견이 돌아가는 분위기를 추측하는 경향이 있다는 비난은 이 정도의 간단한 위로로 무장이 해제되지는 않았다. 프로이트를 의심하는 사람들 무리의 선봉에 선 플리스는 이미 1901년부터 "생각을 읽는다는 이 사람은 다른 사람들에게서 자신의 생각만 읽고 있다."는 이유로 프로이트를 공격했다.[158]

그 이후로 프로이트가 단순히, 그리고 부당하게 자신의 트라우마를 이른바 정신의 법칙으로 번역했을 뿐이라는 이의 제기는 잠잠해지지 않았다. 어떻게 그런 이의 제기가 생겼고, 왜 그것이 집요하게 계속되었는지는 쉽게 알 수 있다. 실제로 프로이트의 가장 불온한 생각들은 많은 경우 스스로 인정했거나 또는 직접 드러내지 않은 자전적 출처에서 나온 것이다. 그는 자신을 목격자로 자유롭게 활용했고, 스스로 가장 많은 정보를 제공하는 환자가 되었다. 엄격한 자연과학에서 관찰하는 주체는 전혀 문제가 되지 않는다. 물리학자나 생물학자의 개인적 동기나 신경증적 곤란은 오직 가족이나 친구, 그리고 전기 작가의 관심사일 뿐이다. 그가 내린 결론의 타당성은 객관적인 검증, 실험의 재현, 사슬처럼 이어지는 수학적 추론을 통한 검산에 의해서만 결정될 수 있다. 이상적으로 말하자면 심리학에도 똑같은 엄격한 절차가 적용되어야 한다. 정신분석을 공부하는 사람에게 중요한 것은 결국 프로이트에게 오이디푸스 콤플렉스가 있었느냐(또는 그가 그것을 상상했느냐)가 아니라, 모두가 그런 콤플렉스를 거쳐 간다는 그의 주장이 독립적인 관찰이나 정교한 실험으로 입증될 수 있느냐 하는 것이다. 프로이트는 자신의 경험이 모든 인간에게 무조건 적용된다고 생각하지 않았다. 그는 자신의 생각을 환자들의 경험에 비추어, 나중에는 정신분석 문헌에 비추어 검증했다. 또 일반적인 법칙을 만들어내고, 다듬고, 수정하며 오랜 세월을 보냈다. 그의 유명한 사례사들은 그가 개별성과 일반성 양쪽을 똑같이 중요하게 여겼음을 웅변으로 증언한다. 각각의 사례는 복제 불가능한 환자, 그러나 동시에 사례들을 묶는 어떤 범주에 속하는 환자를 묘사하기 때문이다.

프로이트는 아무도, 심지어 그 자신도 모든 사람의 대표자가 될 수 없다는 점을 인식했다. 그러나 프로이트는 적절하게 조심하면서, 즉 각 개인을 바로 그런 개인으로 만드는 변수를 염두에 두면서, 같은 인간들의 경험을 잘 이해하기 위해 자신의 정신적 경험을 읽어낼 각오가 되어 있었다. 그는 자신의 프라이버시를 유지하고 싶어 했고 내면 생활을 낯선 사람들에게 드러내는 것을 싫어했으면서도, 학문을 위하여 자신에 관한 신중한 태도를 버려야 한다는 압력에 굴복했다. 그 자신도 단지 또 하나의 재료 출처일 뿐이었다. 그는 자신의 사례가 순전히 정신분석 증거로 영향력을 갖기를, 또한 그가 세운 공식의 설득력으로 뒷받침되기를 바랐다. 아버지를 잃은 것이 그가 줄 수 있는 가장 결정적인 손실이라 해도, 아버지를 잃은 다른 사람에게는 그 비극의 충격이 다를 수밖에 없었다. 어쩌면 근본적으로 다를 수도 있었다. 그러나 그의 확신이 그 개인에게서 나온 것이라고 해서 프로이트가 애도에 관한 이론, 나아가서 더 폭넓게, 어디에나 존재하는 가족 드라마—대개 무의식에 속하는 소망, 만족, 좌절, 상실 등으로 이르러지는 플롯, 늘 변하지만 동시에 대체로 예측 가능한 플롯을 가지고 있다.—에 관한 이론을 전개하는 것도 막을 수는 없었다.

1896년 10월 아버지의 죽음은 프로이트가 필생의 작업으로 여기기 시작한 구조의 건설에 강력한 추진력을 제공했다. 그러나 자신의 비통한 상실에서 충분히 이득을 얻기 전에 우선 1890년대에 그의 사고를 지배하고 있던 심각한 실수를 교정해야 했다. 이른바 '유혹 이론(seduction theory)', 즉 모든 신경증은 형제, 하인, 아버지가 아이를 성적으로 학대한 결과라는 주장을 버려야 했던 것이다.* 모든 것을 비타협적으로 포괄하려 하는 유혹 이론은 그 본질상 받아들이기 어려워 보인다. 플리스 같은 몽상가만이 그런 것을 받아들이고 찬양할 수 있었을 것이다. 프로이트가 결국 그런 생각을 버린 것이 놀라운 일이 아니라, 애초에 그런 생각을 받아들였다는 것 자체가 놀라운 일이다.

그러나 프로이트가 그 생각에 매혹을 느낀 것은 분명하다. 평생에 걸쳐 프로이트의 이론적 사고는 복잡성과 단순성 사이를 오가며 열매를 맺었다. 이 점은 우리가 방금 보았듯이 그의 사례사에서 분명하게 나타난다. 프로이트는 복잡성을 인정했기 때문에, 의식적인 정신에 집중하는 심리학자들은 결코 알 수 없을 만큼 풍부하고 놀라운 인간 경험의 다양성에 제대로 대처할 수 있었다.** 이와 대조적으로 프로이트는 단순성이라는 이상도 소중하게 여겼다. 겉으로 보기에는 비슷하지 않은 정신적 사건들을 몇 개의 잘 규정된 범주로 환원하는 것은 과학 연구에서 그의 목표였다. 프로이트는 임상 경험에서 빈의 의학계 동료들이 품위 없다고, 아니 대체로 믿을 수 없다고 생각하는 많은 것을 직접 목격했다. 최면의 신비로운 효과, 환자가 의사에게 애정을 품고 접근하는

---

* 그런 폭행의 피해자 대부분이 여자아이들이었지만, 프로이트가 알기에는 남자아이들도 안전하지 않았다. 1895년 이 이론에 대한 확신이 절정에 달했을 때 프로이트는 플리스에게 그의 신경증 환자 한 사람이 "나에게 예상하던 것(성적인 공포, 즉 남성 히스테리와 관련된 유아 학대!)을 주었다."고 말했다. (프로이트가 플리스에게 보낸 편지, 1895년 11월 2일, *Freud-Fliess*, 153〔149〕.)

일, 말을 함으로써 히스테리 증상이 없어지는 것, 눈에 드러나지 않는 성욕의 작용 등이 그런 것이었다. 사실 프로이트는 이런 것들보다 훨씬 믿기 어려운 것들도 믿을 준비가 되어 있었다. 더욱이 1890년대 중반은 독창적인 과학적 기여로 그때까지 그에게 찾아오지 않았던 명성을 막 얻으려 하던 시절이었기 때문에, 프로이트로서는 광범한 의학적 질병들을 한 가지 종류의 야만적인 행동—근친상간적 유혹이나 강간—의 결과로 설명해주는 산뜻한 일반화로서 유혹 이론을 환영할 만했다.

'신경쇠약'이 대체로 성적 문제 때문에 일어난다는 프로이트의 생각을 고려할 때, 추론을 한 단계만 밀고 나가면 그런 이론을 그럴듯하게 보이게 만드는 것은 어렵지 않다고 생각할 수도 있었을 것이다. 물론 그런 신념은 쉽게 얻어진 것이 아니었다. 프로이트는 품위 있는 부르주아로서 그런 관념에 대한 강력한 내적 저항을 극복한 뒤에야 그것을 받아들일 수 있었다. 그가 가장 존경하는 스승이나 동료 몇 명—샤르코, 브로이어, 그와 알고 지내던 빈의 유명한 부인과 의사 루돌프 크로바크(Rudolf Chrobak, 1843~1910)—은 신경 관련 질병에는 늘 브로이어의 표현대로 규방의 비밀(secrets d'alcôve)이 관련되어 있다고 노골적으로 암시를 했다. 그러나 프로이트는 그들이 그가 있는 자리에서 지나가는 말처럼 던진 가벼운 논평이나 그들이 이야기해준 일화를 곧 "잊어버렸다." 1886년 초 샤르코의 집에서 열린 연회에서 프로이트는 샤르코가 심한 장애 때문에 고생하는 어떤 젊은 여자의 신경 문제들이 남편의 발기 부전 또는 성적으로 서툰 면 때문이라고 우렁차게 이야기하

** 프로이트는 '중층 결정(overdetermination)'이라는 개념으로 복잡성에 대한 인식을 구체화했는데, 이 용어는 그가 1895년에 처음 제시했다. 증후나 꿈을 비롯한 무의식의 산물에는 원인이 여러 가지가 있을 수밖에 없다. 유전과 환경이 원인이 될 수도 있고, 병에 대한 소인(素因)이나 트라우마가 원인이 될 수도 있다. 그런 무의식의 산물은 다양한 충동과 경험을 압축하여 단순하게 제시함으로써 사람을 기만하는 경향이 있다.

는 것을 우연히 들었다. 샤르코는 큰 소리로 말했다. "그런 경우는 언제나 생식기 문제야, 언제나.(c'est toujours la chose génitale, toujours…… toujours…… toujours.)" 1년 뒤 크로바크가 프로이트에게 흥미로운 여자 환자를 보냈다. 그녀는 겉으로 보기에는 아무런 의미가 없는 불안에 시달리고 있었다. 크로바크는 그답지 않게 냉소적인 목소리로 이런 불안은 남편이 침대에서 무능하게 굴기 때문에 생긴 것이라고 말했다. 효과가 있는 처방은 하나뿐인데, 그녀의 남편은 그 처방을 결코 이해할 수 없다는 것이었다.

"정상인 음경을
　　　반복해서
　　　　복용할 것!
Penis normalis
　　　dosim
　　　　repetatur!"[159]

민간의 지혜였을지는 모르지만 정신적인 기능 장애를 설명하는 일반론에는 전혀 들어 있지 않은 이런 즉흥적인 판단은 프로이트에게 소리 없이 영향력을 발휘했으며, 그는 1893년 무렵 그것을 신경증 이론으로 통합할 준비가 되었다. 우리가 알다시피, 그해 2월 프로이트는 플리스에게 보낸 원고에서 "신경쇠약은 사실 **전적으로** 성적인 신경증"이라는 명제를 주장하고 검증하고 싶은 소망을 간결하게 표현했다.[160] 사실 그는 《히스테리 연구》에 넣은 사례사에서도 가끔 다소 희미하기는 하지만 환자들의 증상이 성 문제에서 유래한다는 것을 암시하기도 했다.

프로이트는 신경병의 형성에서 기억이 차지하는 역할을 생각하기 시작하면서, 그런 병의 원인이 되는 정신적 또는 신체적 모욕을 환자의 어린 시절까지 밀고 올라가 찾으려 했다. "현실적" 신경증—먼 경험보다는 현재의 경험 때문에 일어나는 신경증—은 급속히 그의 관심에서 멀어지고 있었다. "내가 말로나 글로 커다란 임상적 비밀을 알려주었던가?" 프로이트는 1895년 10월에 아직 그의 기획에 깊이 몰두해 있던 시기에 플리스에게 그렇게 물었다. "히스테리는 섹스 이전의 **성적 공포**의 결과라네. 강박 신경증은 섹스 이전의 **성적 쾌락**의 결과야. 이것은 나중에 [자기] **책망**으로 변하지." 이 무렵 프로이트는 신경쇠약 같은 널찍한 진단 범주들의 모호함에 불만을 느껴, 신경증을 더 세밀하게 분류하기 시작했다. 그러나 '섹스 이전' 같은 말이 보여주듯이 유아 성욕이라는 관념은 지평선 위에 맴돌고 있기는 했지만 아직은 시야 너머에 있었다. 그는 플리스에게 이렇게 설명했다. "'섹스 이전'이라는 말은 실제로 사춘기 이전, 성적 물질의 방출 이전을 뜻하네. 이와 관련된 사건들은 오직 **기억**으로만 영향력을 발휘하지."[161] 환자마다 프로이트 앞에서 기억하는 이와 관련된 사건들은—그럴듯한 설득의 결과건 잔인한 폭행의 결과건—유년기에 겪은 성적 트라우마였다.

1896년이 되자 프로이트는 이제 활자로 그것을 말할 준비가 되었다. 그는 그해 초에 쓴 〈방어 신경 정신병〉이라는 논문에서 13개의 사례에 기초하여 히스테리의 원인이 되는 그런 트라우마들이 **"유년 초기(사춘기 이전의 시기)에 속한 것이 틀림없으며, 그 내용은 생식기의 실질적 자극(성교를 닮은 과정)이 틀림없다."**고 주장했다.[162] 강박 신경증 환자들은 과거에 성 행동에서 조숙했던 것처럼 보이지만, 그들 또한 히스테리 증상을 드러냈다. 따라서 그들도 유년기에 처음 피해자가 된 것이 틀림없었다. 프로이트는 분석이 드러낸 유년의 삽화들이 "소각하며", 때로는 "매우 혐오스럽다"고 덧붙였다. 범인은 특히 "유모, 여자 가정교사 등의 하인

들", 나아가서 안타깝게도 교사나 "순진한" 형제였다.[163]

같은 해 4월 21일 프로이트는 지역 정신의학 및 신경학회에서 '히스테리의 병인'에 관하여 강연을 하면서 소수의 전문적 청중 앞에서 이 유혹 이론을 제시했다. 청중은 모두 성적 삶의 잘 알려지지 않은 비틀린 면에 관한 전문가들이었다. 독자적인 성 정신병리학을 만든 위대한 리하르트 폰 크라프트-에빙(Richard von Krafft-Ebing, 1840~1902)이 사회를 보았다. 프로이트의 강연은 활기찼으며, 논의 방법도 매우 세련되었다. 그는 히스테리 연구자가 버려진 도시의 유적을 찾아내는 탐험가와 같다고 말했다. 벽과 기둥과 판에 적힌 글의 반은 지워져 있다. 그는 그것을 파내고 닦아내며, 그래서 운이 좋으면 돌이 말을 한다(saxa loquuntur). 그는 잘 믿지 않는 청중에게 히스테리의 기원을 아동의 성적 학대에서 찾아야 한다고 설득하기 위해 이런 수사적인 노력을 기울였다. 프로이트는 자신이 다룬 사례 18가지가 모두 그런 결론을 낳았다고 말했다.[164] 그러나 이런 화려한 웅변과 과학적 냉철함도 아무런 소용이 없었다. 그는 며칠 뒤에 플리스에게 그 강연이 "당나귀들로부터 싸늘한 반응을 얻었다."고 말했다. "크라프트-에빙은 이상한 평가를 내렸네. '과학적 동화처럼 들리는군.'" 프로이트는 흥분해서 말을 이었다. "수천 년 묵은 문제의 해결책, 나일 강의 근원을 제시했는데도 그런 소리를 한 거야!" 그런 다음 그는 무례하게 그들 모두 지옥에 갔으면 좋겠다(Sie können mich alle gern haben)고 덧붙였지만, 그 표현은 매우 완곡했다.[165] 그는 이렇게 플리스에게도 자신의 감정을 끝까지 풀어놓지는 못했던 것 같다.

프로이트는 이날 저녁을 결코 잊지 않기로 했다. 그것이 남긴 트라우마의 잔재는 그가 기대를 낮추는 근거가 되었고, 그의 비판적 태도를 정당화해주었다. 그는 주변 분위기가 그 어느 때보다 냉랭하다는 것을 인식했으며, 그 강연으로 인해 자신이 추방의 대상이 되었다고 확신했다. 그는 플리스에게 말했다. "내 주위의 모든 것이 나에게서 떨어져 나가고 있는 것을 보면 나를 버리라는 암호가 퍼진 게 분명하네."[166] 그는 "침착하게" 고립을 견디고 있다고 말했지만, 새로운 환자가 오지 않는 것은 걱정이 되었다. 그러나 프로이트는 계속 연구를 했으며, 한동안 환자들의 소름 끼치는 이야기들을 계속 사실로 받아들였다. 실제로 그는 그들의 이야기에 귀를 기울이도록 자신을 철저하게 훈련해 왔다. 그러나 그를 엄습하는 불안은 점차 견딜 수 없는 것이 되었다. 1897년 5월 그는 맏딸 마틸데에게 "지나친 애정"을 갖는 꿈을 꾼 뒤, 이 에로틱한 꿈을 "아버지"에게서 신경증의 원인을 찾으려는 소망으로 해석했다. 그는 플리스에게 이것이 유혹 이론에 관한 그의 "계속 부추겨지던 의심"을 진정시켰다고 말했다.[167] 그러나 이것은 이상하고 설득력 없는 해석이었다. 그 꿈은 프로이트의 불안을 진정시키기보다는 오히려 가중시켜야 했기 때문이다. 그는 자신이 마틸데나 다른 딸을 성적으로 폭행하지 않았으며, 성욕은 성행위와 똑같지 않다는 것을 잘 알았다. 나아가서 이론이 확인되는 것을 보고 싶다고 소망하는 것이 이론을 실제로 확인하는 것과 같지 않다는 것은 그의 과학적 신조의 일부였다. 그러나 그는 일단 이 꿈이 자신이 아주 좋아하는 관념을 뒷받침하고 있다고 여겼다.

프로이트의 의심은 1897년 여름과 초가을 이전까지는 그의 마음에서 우위를 차지하지 못했다. 9월 중순 "상쾌하고, 명랑하고, 궁핍한" 상태로 여름 휴가에서 돌아온 프로이트는 플리스에게 "지난 몇 달 동안 서서히 분명해진…… 큰 비밀"을 고백했다. "나는 이제 나의 노이로티카(Neurotica)를 믿지 않는다네." 노이로티카란 신경증을 설명하는 그의 지나치게 단순한 방식을 뜻하는 말이었다. 1897년 9월 21일에 쓴 이 프로이트가 1897년 9월 21일에 플리스에게 보낸 중요한 편지의 한 페이지. 신경증의 유혹 이론이 설득력이 없다고 생각하는 이유를 설명하고 있다.

편지는 아마 프로이트가 플리스에게 보낸 편지들 가운데서도 자신을 가장 많이 드러낸 편지일 것이다. 프로이트는 자세하고 설득력 있게 왜 자신이 마침내 유혹 이론에 대한 자신감을 잃었는지 "역사적으로" 설명했다. 그는 분석을 하나도 마무리하지 못했다. 중간에 환자가 떠났거나 다른 근거로 분석에 부분적인 성공을 거두었기 때문이다. 나아가서 상식이 개입하여 그의 단순화된 구도를 파괴해버렸다. 히스테리는 널리 퍼져 있어 프로이트 집안도 예외일 수 없었기 때문에, "모든 경우에, 나의 아버지까지 포함한 모든 **아버지**가 성도착자라고 비난받아야 한다."

는 결론이 나올 수밖에 없었다. 1890년대의 프로이트에게 플리스를 이상화하던 것만큼 철저하게 아버지를 이상화하는 경향은 없었지만, 그렇더라도 야코프 프로이트를 아동 학대자에 포함시키는 것은 터무니없다는 생각이 들었다. 더욱이 아버지의 폭행이 히스테리의 유일한 원인이라면, 그런 비행은 거의 보편적으로 퍼져 있어야 했다. 히스테리를 일으킬 수 있는 **원인**보다는 히스테리의 **사례**가 더 적을 수밖에 없기 때문이다. 사실 모든 피해자가 아픈 것은 아니지 않은가. 하지만 "아동에 대한 성도착이 그렇게 널리 퍼져 있다는 것은 가능한 일이 아닐세." 게다가 "무의식에는 현실이라는 표지가 따로 붙어 있지 않은" 것이 확실하다. 따라서 진실과 감정이 잔뜩 개입된 허구를 구별하는 것은 불가능하다.[168] 프로이트는 이제 임상 경험이 가르쳐준 원칙적 회의주의라는 교훈을 적용할 준비가 되어 있었다. 그의 환자들의 "폭로" 중 적어도 일부는 그들의 상상의 산물이었던 것이다.

이론이 무너졌다고 해서 프로이트가 신경증이 성적 병인에서 생긴다는 믿음이나 신경증 환자 가운데 적어도 일부는 아버지에게 성적인 피해를 입었다는 신념까지 버린 것은 아니었다. 다른 의사들과 마찬가지로 프로이트도 그런 사례들을 만났다.* 유혹 이론을 포기한 것으로 여겨지는 때로부터 거의 석 달이 지난 뒤인 1897년 12월에도 그가 여전히 "아버지 병인론에 대한 자신감이 상당히 늘어났다."고 말하고 있는 것은 주목할 만하다.[169] 두 주가 안 돼 프로이트는 플리스에게 그의 여자 환자 한 사람이 무시무시한 이야기를 해주었는데, 그 말을 믿고 싶은 마음이라고 말했다. 그 환자는 두 살 때 아버지에게 짐승처럼 강간을 당했다는 것이다. 아버지는 피가 흐를 정도로 상처를 입혀야만 성적 만족을 얻는 성도착자였다.[170] 사실 프로이트는 2년 동안 이 이론과 분명하게 결별하지 않았으며, 생각이 바뀌었다는 것을 공식적으로 알린 것은 그로부터 6년 뒤였다.[171] 그가 회개를 하듯이 "내가 여러 번 인정을 하고 그 이후로 교정해 온 잘못"이라고 부른 이론으로부터 열심히 노력해서 빠져나오고 나서 거의 30년이 지난 1924년에도 프로이트는 자신이 1890년대 중반에 아동의 성적 학대에 관하여 쓴 모든 것이 거부되어야 하는 것은 아니라고 주장했다. "유혹은 병인론에서 어느 정도 의미를 유지해 왔다." 그는 자신의 초기 사례인 카타리나와 '로잘리아 H. 양'은 아버지에게 폭행을 당했다고 분명히 밝혔다.[172] 프로이트는 환자들의 말을 쉽게 믿어버리는 함정에 빠졌지만, 그렇다고 해서 거기서 빠져나오려고 그것 대신 다른 것을 쉽게 믿어버릴 생각은 없었다. 환자들이 말하는 모든 것을 믿지 않는다고 해서 역겨운 성적 폭력 같은 것은 절대 저지르지 않는, 검은 양복을 입은 근실한 부르주아라는 이미지를 받아들이는 감상적인 함정에 빠지지는 않았다는 것이다. 프로이트가 받아들이지 않은 것은 단지 모든 신경증의 발생 원인을 설명하는 일반론으로서의 유혹 이론이었다.

어쨌든 이렇게 유혹 이론을 포기하자 정신분석의 역사에 새로운 장이 열렸다. 프로이트는 결코 "당황하거나, 혼란에 빠지거나, 지치지" 않았다고 주장하면서 예언적인 질문을 던졌다. "이런 의심은 더 진전된 발견을 향해 나아가는 과정의 한 에피소드에 불과한 것이 아닐까?" 그는 "영원한 명성에 대한 기대"를 상실한 것이 고통스럽다는 점은 인정했다. 그 기대는 "확실한 부, 완전한 독립, 여행, 나의 젊음을 박탈했던

---

* 의학 문헌에서는 상당히 유보적인 태도로 다루었지만, 아버지의 어린 소녀에 대한 성폭행은 19세기 초 이후로 공적으로 검토되었다. 일찍이 1821년에 유명한 프랑스의 정신과 의사장 에티엔 에스키롤(Jean Étienne Esquirol)이 그러한 사례를 보고했다. 아버지가 열여섯 살 난 딸을 범하려 하는 바람에 딸이 신경쇠약에 걸려 여러 차례 자살 기도를 했다는 것이다. ("Suicide", in *Dictionnaire des Sciences Médicales*, by "A Group of Physicians and Surgeons", LIII(1821), 219-20 참조. 이 자료는 Lisa Lieberman의 도움으로 알게 되었다.)

심각한 걱정에서 아이들을 벗어나게 해주는 것"에 대한 희망과 마찬가지로 "매우 아름다운 것이었다."[173] 프로이트는 세월이 흐른 뒤 이 전환점을 돌아보며, "아직 어린 학문에 거의 치명적"이었던 유혹 이론이 "그 자체의 성립 불가능에 눌려" 무너졌을 때, 그의 첫 번째 반응은 "완전한 당혹"이었다고 말했다. "현실적 근거를 상실했다."[174] 그는 의욕이 너무 앞섰고 약간 순진했던 것이다.

그러나 그런 당혹감은 오래 가지 않았다. "마침내 사람은 자신의 기대가 배반당했다고 해서 낙담할 권리는 없다는 생각이 찾아왔다." 이것이 프로이트 특유의 면모였다. 세상이 먹을 것을 잔뜩 쌓아놓고 언제라도 배고픈 자식들을 먹일 준비가 된 어머니가 아니라는 것을 깨닫자, 그는 그런 세상을 받아들였다. 현실적 근거를 상실했지만, 그래도 환상의 근거는 확보하고 있었다. 결국 크라프트-에빙이 거의 옳았다. 1896년 4월 저녁에 프로이트가 동료 의사들에게 말한 것은 실제로 동화였다. 조금 낫게 보자면, 환자들이 그에게 처음으로 말해준 동화 모음이었다. 그렇지만 플리스가 프로이트에게 인정할 것을 권유했듯이, 이 동화에는 진실이 묻혀 있었다. 유혹 이론에서 풀려나면서 프로이트가 보인 반응은 환자로부터 오는 것이건 그 자신으로부터 오는 것이건 자신에게 전달되는 것을 전보다 진지하게 받아들이는 것이었다. 다만 이제 말 그대로 받아들이지는 않았다. 그는 그것을 암호화된 메시지, 왜곡되고 검열되고 의미심장하게 위장된 메시지로 읽었다. 간단히 말해서 그는 주의를 기울여, 전보다 분별력 있게 귀를 기울였다. 힘들고 혼란스러운 시기였지만 그 보답은 눈부셨다. "자신에게 완전히 정직해지는 것은 좋은 훈련일세."[175] 이제 지속적인 자기 분석, 오이디푸스 콤플렉스와 무의식적 공상의 인식에 이르는 길이 열려 있었다.

자기 분석은 용어 자체로는 모순처럼 보인다. 그러나 프로이트의 시도는 정신분석 신화에서 소중하게 여기는 핵심이 되었다. 분석가들의 말에 따르면 프로이트는 1890년대 중반에 자기 분석을 시작하여, 1897년 늦봄 또는 초여름부터는 체계적으로 거기에 몰입했다. 존경을 불러일으킨, 또 비슷하게 모방은 되었지만 결코 되풀이된 적은 없는 이 끈기 있는 영웅적 행동은 결국 정신분석을 창건했다. 어니스트 존스는 이렇게 썼다. "요즘에는 이런 업적이 얼마나 중요한지 상상하기 어려운데, 프로이트가 겪은 어려움은 모든 선구적인 공적의 운명이다. 그렇더라도 그런 공로가 유일무이하다는 사실에는 변함이 없다. 한번 이루어진 일은 영원히 이루어진 것이다. 아무도 다시는 이런 깊은 곳을 탐사한 첫 번째 사람이 될 수 없기 때문이다."[176]

프로이트 자신은 그렇게까지 단정적이지는 않았다. 우리는 그가 《꿈의 해석》을 자기 분석의 일부로 여겼다는 사실을 알고 있으며, 그가 플리스에게 보낸 편지에는 계속되는 무자비한 자기 탐사의 진전과 장애에 대한 언급이 넘쳐난다. 그러나 그는 가끔 궁금하게 여겼다. 예를 들어 1897년 11월에는 플리스에게 이렇게 말했다. "내 자기 분석은 막혀 있는 상태일세. 그 이유를 알게 되었네. 나는 객관적으로 얻은 지식으로만 (타인의 경우처럼) 나 자신을 분석할 수 있다는 것일세." 결론은 우울했다. "진정한 자기 분석은 불가능하네. 그렇지 않다면 병도 없겠지." 그러나 프로이트는 자신에게 이런 모순을 허락했는데, 이것은 그 작업의 전례 없는 성격으로만 설명이 가능할 것이다. 프로이트는 자기 분석이 불가능하다고 선언한 바로 그 편지에서 여름 휴가 전에 플리스에게 "나에게 가장 중요한 환자는 바로 나 자신이었다."고 한 말을 되새겼다. "휴가 여행 뒤에 그때까지 아무런 조짐이 없던 나의 자기 분석이 갑자기 시작되었네."[177] 나중에 프로이트는 자기 분석이 분석가가 자신의 콤플렉스들을 인식하고 나아가서 그것을 제압하는 방법이라고 옹호하게 된다. 그러면서도 동시에 다른 사람에게 분석을 받는 것이 자신을 아는 데 이르는 훨씬 나은 길이라고 주장한다.* 흥미롭게도 프로이트는 늘 일관되게 자신의 자기 탐사가 완전한 분석과 동일하다고 이야기한 것이 아니다. 인기를 얻은 《일상생활의 정신병리학(Psychopathologie des Alltaglebens)》에서 프로이트는 이것을 '자기 관찰'이라는 겸손한 용어로 불렀다.[178] 그는 1898년을 돌아보면서 "마흔세 살에 나 자신의 유년 기억 가운데 남아 있던 것에 관심을 돌리기 시작했다."고 회고했다.[179] 이것은 '자기 분석'보다는 덜 엄중하고, 덜 고귀하고, 당연히 덜 무섭게 느껴진다.

프로이트의 망설임과 겸손하고 완곡한 표현은 적절하다. 아무리 일방적이라 해도, 정신분석은 기본적으로 대화다. 분석가는 비록 대개는 입을 다문 파트너지만, 분석 대상자가 스스로 도달할 수 없었을 것이라고 여겨지는 해석들을 제공한다. 프로이트 스스로 말해보자면, 만일 분석 대상자 스스로 그런 해석에 도달했다면 대초에 신경증은 없었을 것이다. 환자는 과대망상으로 부풀어 있건 아니면 죄책감으로 쭈그러들었건 간에 세계와 그 안에서 자신의 자리를 왜곡하며, 분석가는 칭찬도 비난도 하지 않고 분석 대상자가 정말로 하고 싶어 하는 말이 무엇인지 간결하게 지적하고, 현실을 보게 해주어 치료에 도움을 준다. 그

---

* 1935년 프로이트는 그 전에 교육용 분석 문제로 정신분석 주류파와 충돌한 적이 있던 정신과 의사 파울 실더(Paul Schilder, 1886~1940)에게 타인으로부터 분석을 받은 적이 없는 분석가 제1세대에 속한 사람들은 "그것을 결코 자랑하지 않았다"고 강하게 말했다. 사실 분석을 받는 것이 "가능할 때마다 분석이 이루어졌다. 예를 들어 존스와 페렌치는 오랫동안 분석을 받았다." 프로이트는 자신에 관해서는 "예외적인 자리에 앉을 권리를 주장할 수 있을지도 모르겠다."고 말했다. (프로이트가 실더에게 보낸 편지, 1935년 11월 26일. Freud Collection, B4, LC.)

러나 어쩌면 이보다 훨씬 더 중요할 수도 있고, 자기 분석에서는 아예 불가능한 점은 분석가—상대적으로 익명이며, 또 수동적이지만 주의를 기울인 상태에서—가 자신을 스크린으로 제시하여, 분석 대상자가 강한 감정, 사랑과 증오, 애정과 적대감, 희망과 불안을 거기에 투사하게 해준다는 것이다. 정신분석 과정이 제공하는 치료 효과의 많은 부분이 달려 있는 이런 전이는 정의상 두 인간 사이의 교류다. 따라서 분석가가 그 보이지 않는 존재, 심지어 말투, 또 오랜 침묵으로 제공하는 퇴행적 분위기를 자기 분석의 경우에 어떻게 재현할 수 있는지 쉽게 상상이 되지 않는다. 간단히 말해서 분석 대상자에게 정신분석가란 프로이트가 플리스를 올려놓은 자리에 올라가 있는 존재다. 즉 분신인 것이다. 프로이트가 아무리 대담하고 독창적이라 한들, 어떻게 스스로 자신의 분신이 될 수 있겠는가?

그러나 뭐라고 표현하든, 1890년대 말 프로이트는 아주 철저하게 자기 탐사를 했다. 자신의 단편적인 기억들, 감추어진 소망과 감정들을 정교하고 깊이 있게, 쉴 새 없이 조사한 것이다. 그는 감질나는 작은 조각들로부터 묻혀 있던 어린 시절을 단편적으로 재구성했으며, 매우 개인적인 이런 재구성의 지원을 받고 여기에 임상 경험을 결합하여 인간 본성의 윤곽을 스케치하고자 했다. 이런 작업에는 선례가 없었고, 스승도 없었다. 따라서 작업을 해 나가면서 규칙을 만들어내야 했다. 자신의 자아를 탐험한 프로이트와 비교하면 성 아우구스티누스에서 장-자크 루소에 이르기까지 가장 제약 없이 쓴 자서전 작가들마저, 그 통찰이 아무리 깊이 파고들고 자신을 아무리 솔직하게 드러낸다 해도, 어느 정도 유보적이라는 느낌을 준다. 어니스트 존스가 그렇게 큰소리를 칠 만도 하다는 느낌이 드는 것이다. 그러나 프로이트의 자기 분석에는 잘 파악하기 힘든 중요한 세부 사항이 있다. 그가 자기 분석을 매일 한 것은 틀림없는 일이다. 그런데 저녁에 비는 시간을 이용했을까, 아니면 상담을 하던 중에 비는 시간을 이용했을까? 아니면 전문적인 청취자라는 위치에서 내려와 쉬기도 하고 시가도 사러 갈 겸 이른 오후에 산책을 하면서 그 강렬하고, 종종 곤혹스러운 되새김질을 했을까?

우리가 아는 것은 다음과 같다. 프로이트가 자기 분석에 사용한 방법은 자유연상이며,[180] 그가 주로 의존한 재료는 자신의 꿈에서 얻은 것이었다.* 물론 그는 꿈으로만 제한을 하지는 않았다. 기억, 말이나 글의 실수, 시구나 환자의 이름을 잊어버린 일을 수집했으며, 이런 실마리들을 쫓아 자유연상이라는 "일반적인 우회로"를 거쳐 이 생각에서 저 생각으로 나아갔다. 그러나 꿈이야말로 정보가 묻혀 있는 가장 믿을 만하고 가장 풍부한 출처였다. 그는 1890년대 중반에 주로 환자들의 꿈을 해석하여 그들의 신경증의 핵을 밝혀냈으며, "내가 버틸 수 있었던 것은 오직 이런 성공들 때문이었다."고 생각했다. 프로이트는 "유년의 모든 사건들 속으로 이끄는 나 자신의 일련의 꿈들에서 도움을 받아, 곧 필요성이 분명해진 자기 분석"을 해 나갔다.[181] 그는 플리스에게 "짜증나는 수수께끼들이 수도 없이 널려" 있지만, "꿈의 해명"이 "가장 확실한" 자원으로 보인다고 말했다.[182] 당연한 일이지만 그의 자기 분석은 당시 그가 해석하던 바로 그 꿈들을 형성하기도 했다. 그는 "늙은 브뤼케"가 프로이트 자신의 하체를 해부하라는 이상한 과제를 내준 꿈을 꾼 뒤 이 고도로 압축된 꿈이 그의 자기 분석을 가리킨다고 읽었다. 자신이 꿈을 보고하는 것이나 자신의 유아기의 성적인 느낌을 드러내는 것과 관련이 있다고 본 것이다.[183]

---

* 마리 보나파르트는 1953년 12월 16일 어니스트 존스에게 프로이트의 자기 분석에서는 "박사님이 적절하게 지적했듯이, **주로** 그 자신의 꿈의 분석이 그의 가장 확고한 **입장**이었다"고 말했다. (Jones papers, Archives of the British Psycho-Analytical Society, London.)

프로이트가 플리스에게 보낸 편지들은 그 작업이 환희와 좌절을 동시에 안겨주는 힘든 일이었음을 보여준다. "그게 내 안에서 발효하면서 부글부글 끓고 있네." 그는 1897년 5월에 그렇게 썼다. 그는 새로운 비약을 고대하고 있었다.[184] 하지만 통찰은 마음대로 찾아와주지 않았다. 6월 중순에는 매우 게으르고, 지적으로는 정지 상태이며, 여름의 행복 속에서 무위도식하고 있다고 고백했다. "지난번에 전진을 한 후로는 전혀 움직인 게 없고 아무것도 변하지 않았네."[185] 그러나 뭔가 커다란 것이 곧 터져나올 것임을 알았다. 그는 나흘 뒤에 이렇게 썼다. "나는 지금 고치 안에 있다고 믿네. 거기서 어떤 짐승이 기어나올지야 아무도 모르는 거지."[186] 그는 환자들의 저항에 관해서는 이미 알고 있었지만, 이제 그것을 자신의 내부에서 경험했다. "내 안에서 벌어지는 일을 아직도 잘 모르겠어." 그는 7월 초에 그렇게 고백했다. "내 신경증의 가장 깊은 곳에서 뭔가가 신경증에 대한 이해의 진전에 저항을 하고 있네. 어떻게 된 일인지 자네도 여기에 끌려 들어와 있어." 플리스가 모호한 방식으로 이 어려움에 말려들어 있다는 점 때문에 프로이트는 휴지기가 더 마음에 들지 않았다. 하지만 "며칠 동안 이 어둠으로부터 벗어나는 과정이 준비되어 온 것 같네. 그동안 나의 작업에 온갖 종류의 진전이 있었다는 점이 눈에 보여. 실제로 이따금씩 다시 나한테 뭔가가 일어나고 있네." 프로이트는 환경의 영향을 절대 간과하는 사람이 아니었기 때문에 여름의 더위와 과로가 일시적인 마비를 일으키는 데 일조했다고 생각했다.[187] 하지만 참고 기다리면서 계속 분석을 하기만 하면 묻혀 있는 자료가 의식의 표면으로 떠오를 것이라는 확신으로 버티고 있었다.

그러나 그의 자신감은 흔들리고 있었다. 프로이트는 8월에 아우스제의 휴양지에서 이렇게 말했다. "여기 와서 아주 명랑해졌는데, 지금은 언짢은 시기를 보내고 있네." 그는 "일 때문에 아주 심해진 작은 히스테리"를 해소하려고 노력하고 있었지만, 나머지 자기 분석은 중단 상태였다. 그는 이 분석이 "다른 어떤 것보다 어렵다"는 점을 인정하면서도, "해야만 한다"고 확신했다. 그것은 그의 작업에서 빼놓을 수 없는 부분이었다.[188] 프로이트가 옳았다. 그의 자기 분석은 정신의 이론을 향하여 밀고 나가는 과정에서 필수적인 단계였다. 그의 저항은 점차 무너졌다. 9월 말 휴가에서 돌아온 프로이트는 플리스에게 유혹 이론에 대한 믿음이 무너졌음을 알리는 유명한 편지를 썼다. 10월이 되자 프로이트는 자기 인식과 이론적인 명료함이 어지럽게 뒤섞인 곳까지 헤치고 나왔다. 그는 10월 초에 플리스에게 이렇게 보고했다. "문제 전체를 해명하는 데 불가결하다고 생각하는 자기 분석이 꿈속에서 나흘 동안 계속 이루어져, 나한테 아주 귀중한 설명과 실마리를 주었네."[189] 이때 프로이트는 유아기의 가톨릭교도 유모, 벌거벗은 어머니를 본 일, 동생의 죽음을 원한 일을 비롯하여 그동안 억눌려 있던 유년기의 기억들을 살려냈다. 그 기억들이 모두 정확한 것은 아니었지만, 환상으로서 자기 인식에 이르는 데 불가결한 표지판이 되었다.

저항이 갑자기 강해질 때면, 짧지만 고통스럽게 분석이 중단되면서 프로이트는 다시 괴로움을 겪었다. 그러다가 더 많은 기억, 더 많은 생각이 찾아왔다. 생각들이 빠르게 관련을 맺으면서 프로이트는 마치 자신의 과거 전체를 강제로 다시 통과하고 있는 듯한 느낌을 받았다(10월 말에 그런 식으로 자기 자신을 시각적으로 묘사했다). "기차를 타고 가는 사람의 눈앞에 펼쳐지는 풍경처럼 기분이 계속 바뀌네." 진료는 "절망적일 정도로 한가하여", 그는 "오직 '내적인' 작업을 위해서만" 살 수밖에 없었다. 그는 자신의 정신 상태를 보여주기 위해 괴테의 《파우스트》를 인용했다. 사랑하는 유령들이 오래되고 반쯤 희미해진 신화처럼 우정과 첫사랑을 데리고 나타났다는 것이다. "또 첫 두려움과 불화도 데려왔네. 이곳의 슬픈 삶의 많은 비밀들이 최초의 뿌리를 드러내고 있네. 또 많은 자부심과 특권들이 수수한 출발점을 알려주고 있네." 어떤 꿈이나 환상의 의미를 헤아릴 수 없어서, 그의 표현을 빌리면, 그 자신을 질질 끌며 돌아다니는 날들도 있었다. 그러다가 "번갯불이 그 관련을 밝혀주어, 전에 지나간 일들이 현재의 준비 과정으로 이해되는 날들"이 찾아왔다.[190] 프로이트는 이 모든 과정이 엄청나게 힘겨울 뿐 아니라 대단히 불쾌하다는 것을 알았다. 그의 자기 분석은 거의 매일 사악한 소망과 수치스러운 행위를 토해냈다. 그런데도 프로이트는 자기 자신에 관한 환상을 하나하나 버리면서 활기를 느끼게 되었다. 그는 1897년 10월 초 플리스에게 "이 작업의 지적인 아름다움이 어떠한지" 말로 전달하는 것이 불가능하다는 것을 깨달았다고 말했다.[191] 지적인 아름다움―프로이트는 자신의 발견과 정식화의 우아함에 늘 미학자 같은 반응을 보였다.

 이제 모든 것이 맞아떨어졌다. 그는 "어머니에게 홀리고 아버지에게 질투심을 느끼던 상태"를 기억해내고, 이것이 개인적인 특이성을 넘어선 것임을 인식했다. 그는 플리스에게 부모에 대한 아이의 이런 오이디푸스적 관계가 "유년 초기의 일반적 사건"이라고 말했다. 실제로 그는 이것이 《오이디푸스 왕》 또 어쩌면 《햄릿》의 "흡인력"까지 설명해줄 수 있는, "일반적 가치를 지닌 관념"이라고 확신했다.[192] 이 시절에는 다른 놀라운 발견들도 수없이 나타났다. 죄책감이라는 무의식적 느낌, 성적 발달의 단계, 내적으로 발생한―"정신 내적인(endopsychic)"―신화들과 종교적 믿음의 인과론적 연결, 아주 많은 아이들이 부모에게 과대한 환상을 품게 되는 "가족 로맨스", 말실수와 엉뚱한 행동이 드러내는 것, 억압된 공격적 감정의 힘, (그가 늘 염두에 두고 있던) 꿈 생산의 복잡한 메커니즘. 그는 심지어 중독의 심리학적 설명을 찾아내기도 했다. 중독은 전치된 자위라는 것이다. 이것은 시가에 대한 욕구에 저항하지 못했던 프로이트 자신과 독특한 관련성이 있는 생각이기도 했다.

이런 많은 통찰들이 1897년 가을과 1898년 사이에 집중적으로 찾아왔지만, 간헐적으로 메마르고 실망스러운 순간들이 계속 그를 괴롭혔다. 술에는 아무런 재주가 없다고 고백했던—"알코올이 조금만 들어가도 나는 완전히 바보가 되네."[193]—프로이트지만 이제 거리낌 없이 술에 의존했다. 그는 "바롤로 병에서 힘"을 얻으려 했으며,[194] "친구 마르살라"*에게 도움을 청했고,[195] 술이 "좋은 친구"라고 고백했다.[196] 술 한두 잔을 마시면 취하지 않았을 때보다 낙관적이 될 수 있었다. 그렇다고 오랫동안 의심을 누그러뜨릴 수 있는 것은 아니었다. 게다가 그는 플리스에게 말한 대로 "새로운 악덕을 즐긴다"는 것이 부끄러웠다.[197] 그는 자신이 가끔 "바싹 말라버린 것" 같다고 고백했다. "내 안의 어떤 샘이 말라버린 것처럼 모든 감정이 완전히 시들었네. 너무 자세하게 묘사하고 싶지는 않아. 그랬다간 꼭 하소연을 하는 것처럼 보일 테니 말이야."[198]

다행히도 아이들은 그의 눈앞에서 성장하면서 계속 그를 기쁘게 해주었다. 그는 계속 플리스에게 조피의 걱정스러운 설사, 올리의 영리한 말, 에른스트의 성홍열 이야기를 전했다. "안네를은 매혹적으로 성장하고 있다네. 신체적으로나 정신적으로나 마르틴 유형이지." 한 다정한 편지는 이런 내용을 전한다. "자신에 대한 아이러니가 섞여 있는 마르틴의 시적 표현은 아주 재미있다네."[199] 그는 또 플리스가 생체 리듬 주기

---

* 바롤로와 마르살라는 둘 다 이탈리아 와인 이름이다. (역주)

에 관한 이론을 입증할 자료에 관심을 갖고 있다는 사실도 잊지 않았다. 프로이트의 맏딸 마틸데는 빠르게 성숙하고 있었으며, 1899년 6월에는 플리스가 기대하던 대로 정확하게 맏딸이 생리를 시작했다는 소식을 전했다. "6월 25일에 마틸데는 여성으로 진입을 했네. 약간 이르기는 하지만 말이야."[200] 그러나 '해몽 책'을 쓰는 긴장 때문에 자주 우울했다. 그는 자신이 늙는 것인지—40대 초반이었다.—아니면 기분이 어떤 "주기적 동요"를 일으키는 것인지 의문을 품곤 했다.[201] 그런 시기가 반복해서 찾아왔지만 기간은 짧았다. 프로이트도 점차 익숙해지면서 그런 시기가 끝나기를 기다리게 되었다. 그는 자신의 이야기를 들어줄 사람으로 여전히 플리스가 필요했다. 플리스가 계속 "분신이라는 선물"을 주고 최고 수준의 "비평가이자 독자" 역할을 해준다는 것에 무한한 기쁨을 느꼈다. 그는 독자가 전혀 없다면 작업을 할 수 없을 것이라는 사실을 인정했지만, 그런 독자는 한 사람이면 족하다고 고백했다. "오직 자네를 위해 쓰는 것"으로 만족한다고 말한 것이다.[202]

그러나 프로이트의 의존은 곧 약해진다. 그의 자기 분석이 낳은 소득 가운데 하나가 이 베를린 출신의 "다이몬"에 대한 신뢰의 엉킨 뿌리를 차츰 파헤치는 것이었으며, 그 결과 그가 분신으로부터 해방되는 과정이 촉진되었다. 그는 계속 플리스와 생각을 공유하고, '해몽 책'의 원고를 보내고, 스타일 문제나 책에 등장하는 인물의 사생활을 보호하는 문제에 관한 조언을 받았다. 심지어 괴테에서 인용한 "감상적인" 제사(題詞)에 플리스가 거부권을 행사하는 것도 용납했다.[203] 그러나 그는 플리스의 편집자적인 판단을 받아들이는 바람에 그보다 큰 대가를 치러야 했다. 프로이트는 플리스의 고집과 반대 때문에 텍스트에서 중요한 꿈 하나를 삭제했다. "아름다운 꿈과 신중한 태도는 함께 갈 수 없지."[204] 프로이트는 체념하여 그렇게 말했지만 계속 아쉬워했다.[205]

1898년 무렵 빈의 베르크 가세 19번지 정원에서 찍은 사진. 아랫줄 왼쪽에서 오른쪽으로, 조피, 안나, 에른스트이고, 가운뎃줄 왼쪽에서 오른쪽으로 올리버, 마르타, 미나(처제)가 보인다. 뒷줄에는 큰아들 마르틴과 프로이트가 서 있다. 이 사진에는 큰딸 마틸데가 빠져 있다.

그러나 걸작을 쓰기 위한 프로이트의 오랜 노고는 끝이 보이고 있었다. "잉태 기간이 곧 끝나겠군." 프로이트는 1898년 7월에 플리스에게 그렇게 말했다.[206] 이 말은 곧 출산을 할 친구의 부인 이다 플리스를 염두에 두고 한 말이었다. 그러나 그 자신의 상태, 즉 긴 창조의 잉태 기간이 곧 끝나는 상황과 연결되는 것이 분명하게 느껴진다. 정신분석의 산파 플리스는 자신의 의무를 다했기 때문에 이제 거의도 문제가 없었다.

이제 플리스가 필요 없다 해서 프로이트가 그를 간단히 버린 것은 아니다. 플리스의 정신의 진정한 윤곽, 그의 바탕에 깔린 신비주의, 수비학에 대한 강박적 몰두를 프로이트가 마침내 깨닫게 되면서, 또 플리스가 열정적으로 지키는 신념이 프로이트 자신의 신념과 양립할 가능성이 전혀 없다는 사실을 인식하면서, 우정이 끝날 수밖에 없는 상황에 이른 것이다. 1900년 8월 초, 프로이트는 인스브루크 근처 아헨제에서 플리스를 만났다. 여름 관광객이 쉬면서 기운을 차릴 수 있는 전원적인 휴양지였다. 그러나 두 남자는 심하게 싸웠다. 서로 상대의 가장 민감하고 가장 사납게 보호하는 부분을 공격했다. 상대가 몰두하는 작업의 가치, 타당성을 공격한 것이다. 이것이 그들의 마지막 만남이었다. 그들은 그 뒤에도 한동안 계속 편지를 주고받았지만, 횟수는 줄어 갔다. 프로이트는 1901년 여름 플리스에게 보낸 편지에서, 그에게 진 빚을 다시 한 번 이야기하며 고마워하면서도, 그들은 이제 사이가 벌어졌으며, 개인적으로나 직업적으로 "자네는 통찰력의 한계에 이르렀네."라고 무뚝뚝하게 내뱉었다.[207] 플리스는 정신분석의 전사(前史)에서 두드러진 역할을 했지만, 1900년 이후 정신분석의 역사가 전개되는 과정에서 그의 역할은 미미해졌다.

3장

정신분석의 탄생

"내가 높은 곳에 있는 권세들을
굴복시키지 못한다면 지옥을 움직이리라."

프로이트는 "정신분석(psychoanalysis)"이라는 운명적인 용어를 1896년에 처음 사용했다. 처음에는 프랑스어로, 그 다음에는 독일어로 사용했다.[1] 그러나 그는 이미 그 얼마 전부터 정신분석을 향해 나아가고 있었다. 실제로 그에게 고마움을 느낀 환자가 선물로 준 유명한 분석용 소파는 1891년 9월에 베르크 가세 19번지로 이사할 때부터 그의 사무실에 있었다.* 앞에서 보았듯이, 원래 프로이트는 브로이어의 영향 아래 최면으로부터 카타르시스적인 대화 치료로 넘어왔고, 거기에서 점차 브로이어의 방법들을 다듬어 마침내 1890년대 중반에 정신분석으로 진입하게 되었다. 그의 가장 우상 파괴적인 생각 가운데 일부는, 당시에는 그 의미를 온전히 인식하지 못한 상태에서 슬쩍 내비치기만 한 것이지만, 1890년대 초의 연구와 임상적 관찰로 거슬러 올라간다. 프로

---

* 마리 보나파르트가 프로이트 전기를 위해 모은 메모 가운데는 다음과 같은 날짜 미상의 항목이 프랑스어로 적혀 있다. "프로이트 부인은 분석용 소파(프로이트는 나중에 이것을 런던에 가져간다)를 환자인 벤베니스티 부인(Madame Benvenisti)이 1890년 무렵에 감사의 표시로 주었다고 나에게 알려주었다."

이트는 처음에는 침착한 속도로 작업을 진행하였으나, 1897년부터 자신에 대한 정밀 조사 결과를 내놓으면서 점차 속도를 붙여 가기 시작했다. 그는 그 결과를 출간된 논문 몇 편에서 조금씩 밝혔고, 플리스에게는 편지를 보낼 때마다 언급했다. 프로이트는 그 후 30년 이상의 기간 동안 자기 정신의 지도를 만지작거리고, 정신분석 기법들을 다듬고, 충동, 불안, 여성의 성욕 이론들을 수정하고, 예술사, 사변적 인류학, 종교심리학, 문화 비평 분야를 공략했다. 그러나 1899년 말《꿈의 해석》을 출간할 무렵에 정신분석의 원리들은 이미 자리를 잡고 있었다. 1905년에 발표한《성욕에 관한 세 편의 에세이(Drei Abhandlungen zur Sexualtheorie)》는 이런 원리들을 상술한 두 번째로 주요한 텍스트다. 물론 첫번째는 '해몽 책'이며, 프로이트는 이것이 자신의 작업으로 진입하는 열쇠라고 생각했다. 그는 이렇게 힘주어 말했다. **"꿈의 해석은 정신적 삶의 무의식을 알 수 있는 왕도다."**[2)]

《꿈의 해석》

프로이트의《꿈의 해석》은 꿈에 관한 책이라고 한정할 수 없다. 이 책은 솔직한 동시에 신중한 자서전인데, 그것이 드러내는 면만이 아니라 생략하는 면 때문에 감질이 나기도 한다.《꿈의 해석》은 2판 이후보다 상당히 짧았던 초판에서도 근본적인 정신분석 개념들—오이디푸스 콤플렉스, 억압의 기능, 욕망과 방어 사이의 갈등—을 개괄하고, 사례사들에서 건져 온 풍부한 자료를 제시한다. 또 부수적인 것이기는 하지만, 경쟁과 출세 지향적 태도가 만연한 빈 의학계와 자유주의 시기 끝에 이르러 반유대주의에 오염된 오스트리아 사회의 삽화들을 선명한 에칭으로 보여준다. 《꿈의 해석》은 꿈에 관한 문헌의 철저한 서지학적 조사에서 시작하여 까다로운 7장에 이르러 정신에 관한 포괄적 이론으로 끝을 맺는다. 간단히 말해서 프로이트의 이 걸작은 장르를 규정할 수 없는 것이다.

하지만 그 주장은 아주 선명하다. 그러나 자의식 강한 스타일리스트인 프로이트는 자신의 제시 방법에 불안을 느꼈다. 그가 2판 서문에서 고백했듯이 《꿈의 해석》은 "읽기 어렵다".[3] 그의 평가는 작업을 하면서 흔들렸다. "나는 해몽 책에 깊이 빠져 있네. 막힘 없이 써 나가고 있지."[4] 프로이트는 1898년 2월 초에 플리스에게 그렇게 말했다. 그리고 몇 주 뒤에 이미 몇 장(章)을 쓴 "해몽 책이 매혹적인 성과를 보여주고 있다."고 보고했다.[5] 하지만 5월에는 플리스가 그때 읽고 있던 장이 "스타일 면에서 아직 매우 조잡하며, 어떤 대목들은 형편없이, 그러니까 생기 없이 표현되어 있다."고 혹평했다.[6]

원고의 출간이 가까워졌음에도 프로이트의 불안은 완전히 가시지 않았다. 그는 이 작업 때문에 "큰 괴로움"을 겪었으며,[7] 꿈 자료 자체가 난공불락일지라도, 그가 걱정하는 점들이 책에서 드러날 것을 걱정했다. 프로이트는 1899년 9월에 교정지를 읽다가 말했다. "내가 마음에 안 드는 것은 스타일일세. 고상하고 단순한 표현은 도무지 찾지를 못하고, 비유를 찾아 우스꽝스럽고 장황한 완곡 어법으로 빠져들고 말아." 그는 자신이 정기적으로 즐겨 읽던 독일의 풍자 주간지 〈짐플리치시무스(Simplicissimus)〉에서 빌려온 농담으로 자신의 실망을 표현했다. "다음은 두 전우가 나눈 대화라네. '동지, 약혼했다면서? 약혼녀는 틀림없이 매력적이고 아름답고 재치 있고 우아하겠지?' '하지만 **내** 취향은 아닌 여자야.' 이게 바로 내 상황일세."[8] 강렬한 "형식 감각"과 "아름다움을 일종의 완벽성으로 보는 태도" 때문에 괴로워하던 프로이트는 "내 해몽 책의 비비 꼬인 문장들이 관념들을 곁눈질로 바라보고 에두른 단어들을 들고 점잔 빼며 걷는 바람에 내적인 이상을 심각하게 훼손하고", 또 "자료를 완전히 정복하지 못했다"는 인상을 줄까 봐 걱정했다.[9]

사실 프로이트는 평온한 상태와는 거리가 멀었다. 플리스가 괴테에서 인용한 그 "감상적인" 제사를 거부한 뒤에 선택한 베르길리우스(Vergilius)의 《아이네이스》 7권에서 따온 수수께끼 같은 제사는 프로이트가 신경이 예민한 동시에 언제든지 분노를 터뜨릴 수 있는 상태임을 은근히 암시하고 있었다. "내가 높은 곳에 있는 권세들을 굴복시키지 못한다면 지옥을 움직이리라.(Flectere si nequeo Superos, Acheronta movebo)"라는 구절에 대한 프로이트 자신의 해석은 직선적이었다. 이 구절은 "높은 곳에 있는 정신적 권위들"에게 거부당한 소망은 자신의 목표를 이루려고 "정신의 지하 세계(무의식)"에 의존한다는 그의 근본 명제를 간결하게 요약하고 있다는 것이다.*[10] 그러나 올림포스의 신들 때문에 소망을 이루지 못한 뒤 격분한 여신 유노(헤라)가 내뱉은 이 말의 신랄한 분위기는 그 이상을 암시한다. 이것은 프로이트의 도전적인 분위기에 썩 잘 어울린다. 1899년 9월 교정지를 읽으면서 프로이트는 플리스에게 자신이 내놓은 책이 말도 안 되는 어리석은 이야기라며 질타하는 격분한 외침, 진짜 "뇌우" 소리가 들려올 것이라고 예언했다. "진짜로 그들에게 비난을 듣게 될 걸세!"[11] 그의 해몽 책에도 빈의 높은 곳에 있는 권세들은 꼼짝도 하지 않을 터였다. 그의 생각을 동화라

---

* 프로이트는 1896년 말에 플리스에게 쓴 편지에서 이 구절을 처음 언급하면서, 히스테리의 심리학에 관해 책을 쓰려고 하는데, 이 구절을 증후 형성에 관한 부분의 표제로 사용할 생각이라고 말했다. (프로이트가 플리스에게 쓴 편지, 1896년 12월 4일. *Freud-Fliess*, 217 [205] 참조.)

고 부른 상상력이 부족한 교수들, 그에게 교수 자리를 주려고 하지 않은 편협한 관료들이 그의 생각으로 넘어올 가능성은 없었다. 그러나 상관없었다. 그는 그들에 대항하여 지옥의 권세들을 불러 올릴 테니까.

뇌우에 대한 그의 예상이 근거가 없는 일이었던 것과 마찬가지로, 프로이트가 자신의 표현을 마음에 들어 하지 않는 것 또한 정당한 근거가 없는 태도였다. 흔히 있는 일이지만, 프로이트는 자신의 작업에 대한 완벽한 심판관은 아니었던 것으로 보인다. 물론 그의 해몽 책의 구성은 산만하다. 게다가 이 작업은 판을 거듭할 때마다 그가 덧붙인 자료로 양이 부풀어올랐다. 프로이트는 첫 네 장에서는 꿈에 관한 자신의 일반 이론을 활기찬 속도로 서술한다. 꿈을 예로 들고 해석할 때만 잠시 쉴 뿐이다. 그러나 그 뒤에는 느긋하다는 느낌이 들 만큼 속도가 점점 느려져 다양한 꿈들을 자세히 이야기하고, 꿈의 직접적인 계기에서 시작하여 기원을 찾아 먼 원인으로까지 거슬러 올라간다. 꿈의 작업에 관해 이야기하는 6장은 나중에 나온 개정판에서는 거의 앞의 다섯 장을 다 합친 것만큼 늘어났다. 그리고 마무리를 하는 장, 유명한 "철학적" 7장은 간결하고 매우 전문적이다. 그러나 그의 견고한 표현 방식과 우아한 증명은 변함이 없다.

프로이트는 자신의 메시지에 도움이 되도록 스타일상의 전술을 빈틈없이 구사했다. 꿈의 실례들을 제시하여 논의를 진전시키고, 문제 제기를 예상하여 비평을 무력화하고, 문학적 암시 같은 대화적인 말투로 독자의 짐을 덜어준다. 또 소포클레스와 셰익스피어, 괴테와 하이네(Heinrich Heine), 모차르트(Wolfgang Amadeus Mozart)와 오펜바흐(Jacques Offenbach)와 민요를 자유자재로 탁월하게 인용했다. 그 자신의 뛰어난 비유는 《꿈의 해석》을 하나의 건물이 아니라 안내자가 딸린 관광 여행으로 만들었다.

모든 것이 환상 속의 산책로처럼 배치되어 있네. 처음에는 여러 저자들(나무를 보지 못하는)이 모인 어두운 숲일세. 절망적이고, 엉뚱한 길도 많아. 이윽고 내가 감추어진 좁은 통로로 독자들을 이끌지. 그 나름의 특색, 세부, 경솔함, 고약한 농담을 갖춘 나의 모범적인 꿈이 등장하는 거야. 그러다 갑자기 정상에 이르러 전망이 펼쳐지고, 나는 질문을 하네. 자, 이제 어디로 가고 싶나요?[12]

텍스트의 "고르지 못한 표면들"[13]에 관한 그의 탄식, 또 그의 의심에도 불구하고, 프로이트는 독자에게 안내자인 자신을 믿으라고 권유하고 있었다.

프로이트는 적절하게도 《꿈의 해석》을 시작하면서 도발적으로 자신감을 과시했다. "나는 이 책에서 꿈을 해석하게 해주는 심리학적 기법이 있다는 증거, 또 그 절차를 밟으면 모든 꿈이 의미 있는 정신적 구조―이것은 언제라도 깨어 있는 생활의 정신적 활동 안에 편입될 수 있다.―로 드러난다는 증거를 제시할 것이다."[14] 프로이트는 단지 꿈에 해석 가능한 의미가 있을 뿐 아니라, 그 의미는 자신이 제시한 절차를 따라야만 해석 가능하다고 주장했다. 독자에게 이제 엄청난 주장들을 펼쳐 나가겠다고 통보하고 있는 것이다.

프로이트는 우선 꿈에 관한 문헌, 즉 고금을 망라한 철학과 심리학 논문을 끈기 있고 철저하게 점검하여 그런 주장을 뒷받침했다. 프로이트는 1898년 2월 꿈에 관한 선배들의 글을 공부하는, 마음에 들지 않는 작업에 착수하면서 플리스에게 이 불가피하지만 기운 나지 않는 일에 관하여 심하게 불평했다. "읽을 필요가 없다면 또 얼마나 좋을까!

지금 갖고 있는 얼마 안 되는 문헌도 이미 역겹기 짝이 없어."[15] 그는 서지학적 조사를 하는 것이 "무시무시한 형벌"임을 알았다.[16] 설상가상으로, 몇 달이 흐르면서 상상했던 것보다 읽을 것이 훨씬 많다는 것을 알게 되었다. 1899년 8월, 《꿈의 해석》의 일부가 이미 인쇄소에 가 있는 상황에서도 프로이트는 여전히 툴툴거리고 있었다. 그러나 그는 첫 장이 책의 나머지 부분 앞에 놓인 방패 역할을 한다는 점을 인식했다. 그는 "'학자들'"—조롱하듯이 인용 부호 안에 넣었다.—"에게 그 가엾은 책을 죽일 도끼"를 건네주고 싶지 않았던 것이다.[17] 이 장에서 여러 저자들로 이루어진 어두운 숲을 헤치고 걸어가보면 꿈에 관한 기존 이론들이 기본적으로 빈곤하다는 사실이 드러나게 될 터였다.

프로이트는 모든 명제에 대하여 반명제를 발견할 수 있다고 불평했다. 물론 일부 연구자들은 호평하기도 했다. 독일의 저자 F. W. 힐데브란트(F. W. Hildebrandt)는 1875년에 출간된 그의 연구서 《꿈과 실생활에서 꿈의 활용》에서 꿈의 기능의 윤곽을 파악했다. 프랑스의 기록 보관인이자 민족지학자이자 마법 역사가인 알프레드 모리(Alfred Maury, 1817~1892)는 자기 자신의 꿈 생산에 관하여 몇 가지 뛰어난 실험을 한 뒤 1878년에 그 결과를 《잠과 꿈》에서 보고했다. 말이 많지만 상상력이 풍부한 철학 교수 카를 알베르트 셰르너(Karl Albert Scherner)는 미학이 주관심사였지만, 상징의 의미를 우연히 발견하여, 그것을 1861년에 발표한 논문 《꿈의 삶》에 실었다. 프로이트는 정중한 태도로 이런 저자를 비롯한 몇몇 저자들이 약간의 진실을 파악했다고 인정했다. 그러나 그 전모를 파악한 사람은 없었다. 따라서 다시 시작할 필요가 있었다.

이런 이유로 2장에서 꿈 해석의 방법을 처음 제시하면서 모범적인 꿈—이르마의 주사 꿈—의 분석까지 보여준다. 그러나 그는 자신의 방법을 상술하기에 앞서, 약간 짓궂게도 짐짓 자신의 발견이 민간의 미

1899년에 빈에서 출간된 《꿈의 해석》 초판본. 오늘날 이 책은 찰스 다윈의 《종의 기원》과 함께 인류 문명을 근본적으로 바꾼 혁명적 고전으로 평가받지만, 출간 당시에는 프로이트의 기대와 달리 별다른 반응이 없었다.

신과 비슷한 데가 있다고 이야기한다. 사실 도저히 읽을 수 없는 셰르너를 제외하면 근대의 연구자들 가운데 꿈이 진지한 해석을 받을 만한 가치가 있다고 생각한 사람은 없었다. 그런 식의 꿈 독법은 "비전문가의 의견"으로 치부되었다.[18] 막연하게 꿈을 읽어낼 수 있는 메시지라고 느끼는 교육받지 못한 대중의 생각으로 치부되었던 것이다.

꿈에는 메시지가 있다. 이 점에는 프로이트도 동의했다. 다만 일반 대중이 예상하는 의미가 아닐 뿐이었다. 꿈의 각각의 세목에 하나의 분명한 상징적인 의미를 할당하는 일반적인 방법이나, 단순한 열쇠를 이용하여 해독하면 되는 암호문처럼 꿈을 읽어내는 독법으로는 꿈의 의미가 결코 드러나지 않는다. 프로이트는 단호하게 "양쪽의 대중적인 해석 절차"가 다 쓸모없다고 선언했다. 그 대신 자신의 진료에서 다듬어지고 수정된 브로이어의 카타르시스 방법을 추천했다. 즉 꿈을 꾼 사람은 반드시 자유연상을 이용해야 하며, 정신적으로 구불구불한 길에 대한 평소의 합리적 비판을 버려야 하고, 자신의 꿈을 있는 그대로, 하나의 증후로 인정해야 한다는 것이었다. 꿈의 각 요소를 분리하여(과거의 암호 해독 방법에서처럼, 즉 과학적인 목적을 위해 활용될 수 있도록), 그 요소를 자유연상의 출발점으로 이용하면, 꿈을 꾼 사람 또는 그의 분석가는 결국 그 의미를 풀어낼 수 있다. 프로이트는 이런 기법으로 자기 자신의 꿈과 분석 대상자의 꿈을 천 개 이상 해석했다고 주장했다. 여기서 나타난 것이 다음과 같은 일반 법칙이었다. **"꿈은 소망의 충족이다."**[19]

이런 정식화에 이어 곧바로 문제가 제기되는데, 프로이트는 이 문제를 가장 간결한 장에서 처리했다. 소망 충족은 꿈의 보편적인 법칙인가, 아니면 이르마의 주사 꿈에 어울리는 독법에 불과한 것인가? 프로이트는 상당한 규모의 사례 카탈로그를 제시하면서, 설사 그 반대로 보이는 부분이 있다 해도 그 법칙은 모든 꿈에 적용된다고 주장했다. 이런 포괄적이고 강력한 주장의 예외로 보이는 모든 것이 검토를 해보면 또 하나의 증거로 판명날 뿐이었다. 각각의 꿈은 단순한 주제의 미묘한 변주라는 것이다.*

프로이트에게 그 법칙의 암시를 준 첫 꿈들 가운데 하나는 이르마의 주사 꿈보다 거의 다섯 달 앞선다. 그것은 그가 아는 젊고 똑똑한 의

---

* 1920년에야 프로이트는 한 국제 정신분석가 대회에서 예외를 인정했다. 이것은 최근의 사고나 유년 시절의 트라우마를 기억하는 꿈이라는 범주였다. 그러나 이것조차 결국은 예외가 아닌 것으로 판명이 났다. 이러한 꿈도 트라우마를 돌파해 그것을 정복하려는 소망을 구현한다는 점에서 소망 충족이라는 꿈 이론에 들어맞기 때문이다. ("Supplements to the Theory of Dreams" [1920], SE XVIII, 4-5 참조).

사―실제로는 브로이어의 조카였다.[20]―가 꾼 재미있고 상당히 투명한 "나태의 꿈(Bequemlichkeitstraum)"이었다. 《꿈의 해석》에서는 "페피"로 위장된 그 의사가 늦잠을 자고 싶어 하는 사람으로 나타난다. 어느 날 아침 하숙집 여주인이 그를 깨우려고 문밖에서 그를 부르자, 페피는 이미 병원에 가 있어서 일어날 필요가 없는 꿈을 꾸어 대응한다. 그런 뒤에 그는 몸을 뒤집고 계속 자는 것이다.[21] 그러나 반대자는 소망 충족과는 전혀 관계없는 것으로 보이는 꿈이 많다고 고집을 부릴 것이다. 꿈들은 불안을 표현하거나 자극할 수도 있고, 중립적이고 매우 비감정적인 시나리오를 펼칠 수도 있다는 것이다. 괴롭거나 중립적인 그런 꿈을 어떻게 소망 충족의 예로 꼽을 수 있는가? 왜 그런 꿈들이 그 의미를 위장해야 하는가? 프로이트는 이렇게 대답한다. "과학적인 작업에서 문제의 해결이 어려울 때는 두 번째 문제를 집어드는 것이 좋은 경우가 많다. 호두 하나를 깨는 것보다는 두 개를 서로 부딪쳐 깨는 것이 더 쉬운 것과 마찬가지다."[22] 해답은 왜곡에 있다. 왜곡은 사람이 꿈을 꾸면서 무의식적으로 수행하는 작업의 핵심적 실마리를 제공한다.

프로이트는 왜곡을 설명할 준비를 하면서 '나타난 꿈(manifest dream)'과 '잠재적 꿈 사고(latent dream thought)'라는 핵심적인 구분을 도입했다. 나타난 꿈이란 깨어나는 순간 대체로 흐릿하게 기억하는 꿈이다. 잠재적 꿈 사고는 감추어져 있으며, 나타난다 하더라도 보통 심하게 베일에 덮인 상태로 나타나 암호 해독이 필요하다. 예외가 되는 어린아이의 꿈은 따라서 역설적으로 지루한 동시에 정보가 풍부하다. "어린아이들의 꿈은 종종 순수한 소망 충족이다." 따라서 "해결할 수수께끼가 없다." 그러나 "꿈이 가장 깊은 본질에서는 소망의 충족을 의미한다는 것을 보여준다는 점에서 매우 귀중하다." 그런 꿈은 아주 노골적으로, 금지된 과자를 이미 먹었다거나 예정된 소풍을 이미 간 것으로 표현된다. 이런 꿈은 사실 해석이 필요 없다. 프로이트는 이 점을 예시하기 위해 자신의 어린 아들과 딸들의 꿈을 보여주었다. 한 매혹적인 예에서는 미래의 정신분석학자 안나가 본명으로 출연한다. 생후 19개월인 이 어린아이는 어느 날 아침에 토하는 바람에 하루 종일 굶어야 했다. 그날 밤 아이의 부모는 아이가 잠을 자다 말고 흥분해서 외치는 소리를 들었다. 아이는 당시 습관대로 자신의 이름을 사용하여 자기가 뭔가 소유하고 있다는 뜻을 전달하려 했다. "안나 프오이트, 따기, 산 따기, 옴렛, 푸딘." 프로이트는 이 "메뉴가 아이에게 나타난 먹고 싶은 음식 전부였을 것"이라고 논평했다.[23]

반면 어른의 경우에는 위장이 제2의 천성이 된다. 꿈을 꾸는 사람들이 아무런 위험이 없어 보이는, 거의 뚫고 들어갈 수 없는 가면으로 자신의 욕망을 덮어버릴 때 흉내 내는 모델에는 일상 생활의 예의, 더 극적인 것으로 언론 검열이 있다. 간단히 말해서 '나타난 꿈'은 꿈을 꾼 사람의 내적 검열이 의식의 표면에 떠오르도록 허용한 것이다. "따라서 우리는 꿈을 꾸고 거기에 형태를 부여하는 사람으로서 경향과 체계라는 두 가지 심리적 힘을 가정해볼 수 있다. 경향은 꿈으로 표현되는 소망을 형성하고, 체계는 이런 꿈 소망에 검열을 행사하며, 검열은 표현의 왜곡을 강요한다."[24] 꿈이 나타난 내용과 잠재적 사고 양쪽으로 이루어져 있다는 인식 덕분에 해석자는 꿈이 구현하고 위장하는 갈등에 이를 수 있다.

이런 갈등은 보통 만족을 원하는 충동과 그것을 부인하고 싶은 방어 사이에서 벌어진다. 그러나 꿈은 다른 종류의 경쟁, 즉 소망들이 자기들끼리 충돌하는 모습도 보여줄 수 있다. 1909년 프로이트는 자신의 이론에 대한 이의 제기에 자극을 받았던지, 《꿈의 해석》 2판에 그런 무의식적 갈등의 분명한 예를 추가했다. 환자들이 "나에게 저항하여", 소망이 분명하게 좌절되는 꿈을 자주 꾸었기 때문이다. 그는 이것을 "소망에 반하는 꿈"이라고 불렀는데,[25] 이런 꿈은 프로이트가 틀렸다고 증명하고 싶은 소망을 보여주었다. 그러나 그런 꿈에도 불구하고 그는 자신이 옳다는 것을 의심하지 않았다. 심지어 프로이트의 이론을 멋지게 반격하는 것처럼 보이는 불안의 꿈도 실제로는 그런 것이 아니라고 보았다. 그것은 무의식에서 생산되었지만 정신의 나머지 부분에서는 거부하는 소망을 표현하는 꿈이다. 따라서 이때 나타나는 꿈에는 불안이 잔뜩 실려 있는 것이다.* 한 예로 어린 소년은 어머니에 대한 성적인 소망을 절대 받아들여질 수 없는 것으로 억압하지만, 그 소망은 무의식 속에 끈질기게 남아 어떤 식으로든 나타난다. 불안의 꿈에 나타날 수도 있다. 따라서 프로이트가 이 지점에서 제안하는 것은 그의 원래의 정식화로부터 후퇴하는 것이 아니라, 그것을 확대하자는 것이다. **"꿈은 (억제된, 억압된) 소망의 (위장된) 충족이다."**[26]

프로이트는 첫 번째 일반 명제가 만족스러울 만큼 복잡해지자, "꿈의 문제들"을 헤치며 "거닐기" 위하여 소망 충족을 옆으로 밀어 두고 온 길을 다시 되짚어 가 "새로운 출발점"에서 꿈 이론에 접근했다. 그는 이제 그 특유의 재료와 출처로 눈길을 돌렸다. 꿈의 나타난 면과 잠재적인 면의 구별로 길을 닦아놓은 뒤였기 때문에, 프로이트는 거기서 한

---

* 프로이트는 1919년에 추가한 긴 각주에서 이 까다로운 문제를 자세히 설명한다 (*Interpretations of Dreams*, SE V, 580-81n 참조). 그러나 프로이트의 주장은 그가 가능한 모든 상황에서 옳기 때문에 그의 이론은 틀리다는 것이 증명될 수 없다고 말하려는 것이 아닌가 하는 불편한 문제를 제기한다. 소망 충족으로 쉽게 해석될 수 있는 꿈은 그의 이론을 확인해주며, 정반대로 보이는 불안의 꿈도 어쨌든 거기에 들어맞는다. 이에 대한 설명은 정신을 서로 갈등하는 일군의 조직으로 보는 프로이트의 관점에서 찾을 수 있다. 정신의 한 부분이 원하는 것을 다른 부분은 거부할 가능성이 높으며, 그것도 종종 아주 불안하게 거부할 가능성이 높다는 것이다.

걸음 나아가 이 두 가지가 의미 있게 연결되어 있으면서도 서로 현저하게 다르다는 것을 보여주었다. 꿈은 늘 최근의 재료에 의존하지만, 해석을 해보면 아주 먼 과거로 거슬러 올라간다. 또 기억해낸 시나리오가 아무리 무미건조하다 해도 또는 아무리 괴상하다 해도, 꿈을 꾸는 사람에게는 매우 중요한 문제들을 가리킨다. 프로이트는 신랄하게, 또 약간 불길하게 결론을 내린다. "꿈을 자극하는 것들 가운데 대수롭지 않은 것은 없다. 따라서 순수한 꿈이란 없는 것이다."[27]

프로이트의 한 여자 환자는 촛대에 초를 꽂는 꿈을 꾸었다. 그러나 초가 부러져서 제대로 서지 않았다. 그녀의 급우들은 그녀가 서툴러서 그렇다고 말했지만, 그녀의 선생은 그녀의 잘못이 아니라고 말했다. 프로이트의 세계에서 제대로 서지 못하는 초는 무기력한 음경의 이미지를 환기한다. 지금이야 새로울 것이 없어 보이지만, 프로이트가 이 꿈을 비롯하여 이와 비슷한 다른 꿈들을 공개하던 시기만 해도, 그의 성적 해석에 충격을 받고 방어적이 된 대중은 불쾌함을 드러내며 이것을 꼴사나운 편집광의 증거로 여겼다. 그러나 프로이트는 기죽지 않고 이 꿈을 해석하면서 그 상징이 "투명하다"고 말했다. 사실 "초는 여성 생식기를 자극할 수 있는 물건이다. 그것이 부러져서 제대로 서지 못하면, 이것은 남자의 발기 불능을 의미한다." 예의 바른 집안에서 세심하게 보호를 받으며 성장한 이 젊은 분석 대상자가 초를 그런 식으로 사용하는 것을 알고 있었을까 하는 문제가 궁금하여 프로이트가 혼자 중얼거리자, 그녀가 프로이트에게 알려주었다. 한번은 남편과 함께 라인 강에서 보트를 타고 노를 저어 가는데, 지나가던 다른 보트에 탄 학생들이 큰 소리로 신나게 노래를 불러대더라는 것이다. "스웨덴의 여왕은, 셔터를 다 내리고, 아폴로 초로……." 여자는 빠진 말, 즉 '자위를 한다'는 말을 듣지 못했거나 이해하지 못했기 때문에 남편이 설명을 해주었다. 그 외설적인 노래의 "셔터를 다 내리고"라는 구절에서 시작된 자유연상은 그녀가 전에 기숙사 학교에서 저질렀던 초와 관련된 서툰 행동으로 이어져, 이 행동은 이제 꿈에서 그녀의 성적인 생각에 순진해 보이는 외투를 입히는 데 이용되었다. 그럼 "아폴로"는? 그것은 초의 상표 이름이었지만, 이 꿈을 이전의 꿈, "처녀" 팔라스 아테나와 관련된 내용이 있었던 꿈과 연결시켰다. 프로이트는 다시 간결하게 말한다. "정말이지 이 모든 것이 순수한 것과는 거리가 멀다."[28]

그러나 꿈을 직접 자극하는 것은 일반적으로 순수해 보인다. 프로이트는 모든 꿈이 "**전날**의 사건들과 접하는 지점"을 보여준다고 주장한다. "내 꿈이건 남의 꿈이건 언제나 이 경험을 확인해준다."[29] 그가 "하루의 찌꺼기"라고 부르는 이것은 종종 꿈의 해석에 가장 쉽게 접근하는 길이다. 식물학 논문에 관한 프로이트의 짧은 꿈을 예로 들어보자. 이 꿈에서 프로이트는 자신이 쓴, 삽화가 들어간 책을 보았는데, 책 한 권마다 말린 식물 표본이 붙어 있었다. 이 꿈의 자극 재료는 그날 아침 서점 진열장에서 본 시클라멘에 관한 논문이었다.[30] 그렇더라도 거의 모든 예에서 꿈은 궁극적으로 꿈을 꾼 사람의 어린 시절로부터 핵심적 요소들을 빌려온다.

모리 같은 이전의 연구자들도 이미 유아기의 재료가 어른에게 나타난 꿈으로 밀고 들어올 수 있다는 점에 주목했다. 어린 시절에 처음 꾸었다가 세월이 흐른 뒤 다시 반복해서 잠을 자는 사람을 찾아오는 꿈은 인간 기억의 민첩한 곡예를 보여주는 또 하나의 놀라운 증거다. 그러나 프로이트의 관심을 진정으로 사로잡은 것은 해석이 드러내는 유아기 재료, 잠재적 꿈 사고에 감추어져 있는 재료였다. 사실 프로이트는 이것에 아주 큰 흥미를 느껴 한 절 전체를 여기에 바치면서 자신의 많은 꿈을 나열하고, 거기에 매우 내밀한 자전적인 이야기를 길고 솔직하게 덧붙였다. 프로이트는 자신의 개인적인 기억을 바탕으로 **"꿈속에서는 어린아이가 아이의 충동들을 그대로 지닌 채 계속 살고 있다."**는 것을 증명하려 했다.31) 바로 이 대목에서 프로이트는 자신의 야망을 고통스러울 정도로 자세하게 고백하며, 프라터 공원의 레스토랑에서 떠돌이 시인이 어린 프로이트가 장차 위대한 정치인이 될 것이라고 예언했다는 이야기를 전해준다. 또 여기서 프로이트는 그를 괴롭혔던 소망, 로마에 가보고 싶다는, 오랫동안 품어 왔지만 오랫동안 좌절되어 온 소망을 밝힌다.

자주 인용되는 '툰 백작 꿈'은 프로이트가 《꿈의 해석》에서 분석한 꿈 가운데 가장 솔직하게 자전적인 요소를 드러낸 꿈으로 꼽힌다. 분석에서 그는 꿈을 자극한 그날의 찌꺼기에 관한 상세한 보고를 훨씬 더 상세한 해석과 결합한다. 툰 백작에 관한 꿈과 관련된 그날의 찌꺼기는 과대망상적인, 심지어 호전적인 분위기에 사로잡힌 프로이트의 모습을 보여준다. 프로이트는 아우스제로 여름 휴가를 가는 길에 빈 서부역에서 반동적인 정치가이자 승승장구할 때는 잠깐 총리까지 지냈던 툰 백작을 지켜보다가, 마음에 "온갖 무례하고 혁명적인 생각들"이 가득 들어찼다. 프로이트는 〈피가로의 결혼〉 1막에서 피가로가 대담하게 백작에게 도전하여 춤을 추게 만드는 장면에서 나오는 유명한 아리아를 혼자 흥얼거렸고, 여기에서 이 모차르트의 오페라를 위해 다 폰테(Lorenzo da Ponte)가 쓴 리브레토의 기초가 되었던 보마르셰(Pierre Augustin Caron de Beaumarchais)의 활기찬 희극을 연상했다. 프로이트는 그 연극을 파리에서 보았으며, 이 상황에 어울리게도, 어머니 뱃속에서 나오느라 수고를 했을 뿐 다른 장점은 없는 것 같은 잘난 신사에게 주인공이 강단 있게 항의하는 장면을 기억하게 되었다.*32)

이것은 정치적인 프로이트, 자신이 여느 백작 못지않게 훌륭하다고 생각하는 자유주의적 부르주아 프로이트였다. 그러나 프로이트는 정교한 연상들의 망을 추적하여 툰 백작 꿈을 추동한 에너지를 드러내면서 오랫동안 잊고 있던 어린 시절의 에피소드들로 거슬러 올라간다. 이 에피소드들은 꿈의 직접적인 자극 재료보다는 덜 정치적이지만, 그와 마찬가지로 프로이트의 성격과 잘 어울리며, 실제로 그의 자존심 강한 정치적 태도들을 지탱하는 기초를 구성하고 있다. 이 가운데 가장 의미심장한 에피소드는, 이미 이야기했지만, 프로이트가 일고여덟 살쯤 부모의 침실에서 오줌을 누다가 아버지한테서 절대 훌륭한 사람이 되지 못할 것이라는 이야기를 듣는 것이다. 프로이트는 이렇게 말한다. "그 일은 나의 야망에 끔찍한 타격이었던 것이 분명하다. 이 장면에 대한 암시가 계속 꿈에 반복되며, 그럴 때마다 나는 나의 업적과 성공을 열거하기 때문이다. 마치 나는 이렇게 말하고 싶은 것 같았다. '보세요, 결국 나는 훌륭한 사람이 되었잖아요.'"[33]

꿈의 모든 의미심장한 출처를 유아기까지 거슬러 올라갈 필요는 없다. 프로이트는 식물학 논문에 관한 꿈을 꾸고 나서 꽃을 자주 사다 주지 못한 아내, 코카나무에 관한 논문, 친구인 쾨니히슈타인 박사와 그 무렵 나눈 대화, 이르마의 주사 꿈, 과학자로서 품은 야망, 그리고 오래전 그가 다섯 살이고 여동생은 아직 세 살이 안 되었던 시절의 어

---

* 프로이트가 인용한 아리아의 가사는 이렇다. "백작님, 춤추고 싶으시면/ 백작님, 춤추고 싶으시면/ 기타로 반주를 해 드리죠(Se vuol ballare, signor contino,/ Se vuol ballare, signor contino,/ Il chitarino le suonerò)." 그러나 이 대목에서 프로이트는 분명히 생각은 했을 텐데도, 그가 가장 좋아하던 풍자가 하인리히 하이네 이야기는 하지 않는다. 하이네는 자신의 적이며 자신을 옭아 넣으려는 음모의 중심에 있다고 생각하던 동성애자 시인 플라텐(Platen) 백작에 대한 통렬한 공격인 《루카의 목욕》 서문에서 바로 이 가사를 표제로 사용했다.

느 날 아버지가 그들에게 채색 도판이 있는 책을 주면서 찢어도 좋다고 하던, 유년 시절의 행복한, 그러나 동떨어진 기억을 떠올렸다.

유년의 경험이라는, 숲이 우거진 정글 속을 사냥하다가 프로이트는 매혹적인 전리품 몇 가지를 건져 왔다. 그 가운데 오이디푸스 콤플렉스만큼 극적이고 또 그만큼 논쟁을 불러일으킨 것도 없다. 그는 이 중요한 생각을 1897년 가을 플리스에게 처음 알렸다.** 《꿈의 해석》에는 아직 그것이 정신분석의 역사에 진입할 때—아니, 그 역사를 지배할 때—사용하게 되는 이름을 달지 않은 채 자세한 설명만 들어 있다. 프로이트는 이 콤플렉스를 적절하게도 전형적인 꿈들에 관한 부분에 도입했다. 이 꿈들 가운데 사랑하는 사람의 죽음에 관한 꿈들은 냉정한 설명이 필요했다. 형제 간 경쟁, 모녀 또는 부자 사이의 긴장, 가족 구성원의 죽음에 대한 소망 등은 모두 사악하고 부자연스러워 보인다. 이것들은 모두 공적으로 매우 귀중하게 여기는, 도덕적으로 올바른 태도를 훼손하는 것이지만, 프로이트는 건조하게 이것이 누구에게도 비밀이 아니라고 말한다. 일상생활만큼이나 신화, 비극, 꿈에도 나타나는 오이디푸스 콤플렉스는 가까운 사이에서 일어나는 그 모든 갈등과 연루되어 있다. 이 콤플렉스는 무의식으로 밀려 들어가며, 그렇기 때문에 더욱더 중요하다. 프로이트는 나중에 오이디푸스 콤플렉스를 신경증의 "핵 콤플렉스"라고 부르게 된다.[34] 그러나 그가 처음부터 주장했듯이 "부모의 어느 한쪽을 사랑하고 다른 한쪽을 미워하는 것"은 신경증 환자의 독점물이 아니다.[35] 이것은 덜 화려하게 나타난다 뿐이지, 모든 정상적인 인간의 운명이다.

** 본서 2장 212~213쪽 참조.

오이디푸스 콤플렉스에 대한 프로이트의 초기 정식화는 비교적 간단했지만, 세월이 흐르면서 상당히 복잡해졌다. 이 콤플렉스에 대한 생각은 곧 강력한 반박에 부딪히게 되는데, 프로이트의 애정은 오히려 점점 강해졌다. 그는 오이디푸스 콤플렉스를 신경증의 기원에 대한 설명으로, 아동의 발달사에서 전환점으로, 남성과 여성의 성적 성숙을 구별하는 표지로, 심지어 《토템과 터부(Totem und Tabu)》에서는 문명을 건설하고 양심을 창조하는 깊은 동기로 보았다. 그러나 《꿈의 해석》에서 오이디푸스적 갈등은 아직 그 폭넓은 함의를 찾아내는 데까지는 나아가지 않고 수수한 역할만 한다. 배우자나 부모의 죽음에 관한 무시무시한 꿈을 설명함으로써 꿈이 충족된 소망을 표현한다는 이론의 증거를 제공하는 정도다. 그리고 거기서 한 걸음 나아가, 꿈이 왜 그렇게 이상한 생산물인지 설명하는 데 도움을 준다. 인간, 모든 인간은, 검열되지 않은 형태로는 낮의 빛에 드러낼 수 없는 소망을 품고 있다는 것이다.

따라서 모든 꿈은 하나의 작업, 그것도 힘겨운 작업의 결과물이다. 만일 의식에 이르고자 하는 소망의 압력이 덜 강하거나, 그 압력에 저항할 필요가 덜 다급하다면, 이 작업은 쉬워질 것이다. 잠의 수호자 역할을 하는 "꿈 작업"은 받아들일 수 없는 충동과 기억의 날을 무디게 하여, 표현되어도 무방할 만큼 해가 없는 이야기로 바꾸는 기능을 한다. 꿈을 꾸는 사람에게 가능한 꿈 작업의 다양성은 거의 무궁무진하다. 그날의 무한한 찌꺼기와 유일무이한 인생사를 마음대로 사용할 수 있기 때문이다. 그러나 겉으로는 아무런 계획도 없고 복잡한 혼돈으로 보일지 몰라도, 이 작업은 확정된 규칙들을 따른다. 잠재적 꿈 사고가 실제로 꿈에 나타나는 방식을 관리하는 검열관은 큰 재량권을 누리며 인상적인 재간을 부린다. 그러나 그의 명령은 간결하며, 그가 이용하는 도구는 한정되어 있다.

프로이트는《꿈의 해석》에서 이런 명령과 도구를 다루는 데 가장 긴장을 할애했다. 그는 꿈 해석자를 고문서 학자 겸 번역자 겸 암호 해독가로 여겼다. "꿈 사고와 꿈 내용은 마치 똑같은 내용을 다른 언어로 표현한 두 가지 판본처럼 우리 앞에 놓여 있다. 아니, 꿈 내용은 꿈 사고를 다른 표현 양식으로 옮겨 쓴 것으로서 우리 앞에 나타나며, 우리는 원본과 번역본을 비교하면서 그 문자와 구문 법칙에 익숙해져야 한다고 말하는 것이 더 나을 것이다." 프로이트는 비유를 바꾸어 꿈을 그림 퍼즐에 견주었다. 아무 뜻도 없는 것처럼 보이는 이 그림 퍼즐은 그 불합리해 보이는 겉모습에 놀라지 않고 "각 그림을 음절이나 단어로 바꿀" 때에만 이해할 수 있다.[36]

꿈 작업의 연장통에 든 주요한 도구는 압축, 전치, 또 프로이트가 "표현 가능성에 대한 고려"라고 부른 것이다.*[37] 이것은 꿈에만 있는 것이 아니라, 신경증 증후의 형성, 말실수, 농담에서도 찾아볼 수 있다. 그러나 프로이트가 처음 이 도구들의 기능을 드러내고 묘사한 것은 꿈에서였다. 네 번째 메커니즘인 "2차 가공", 즉 깨어날 때 혼란스러운 꿈 이야기를 정리하는 과정은 이미 발견했지만, 그것을 꿈 작업의 도구로 포함시킬지 말지 아직 확신이 서지 않았다.

꿈이 내적인 의미를 전달하는 또 하나의 방법이 있다. 상징을 통한 것이다. 그러나 프로이트는 상징에는 주변적인 역할만 부여했다.《꿈의 해석》의 초기 판들에서는 그저 지나가며 언급하는 정도였다. 그러나 나중에 상징에 관해 상당한 분량을 추가하는데, 이것은 주로 빌헬름 슈테켈(Wilhelm Stekel, 1868~1940)을 포함한 첫 제자들의 강력한 권유 때문이었다. 프로이트는 순수하게 기계적인 상징 해석의 특질 때문

---

*《꿈의 해석》을 대중화한 책인《꿈에 관하여》(1901)에서 프로이트는 꿈 작업이 이용하는 가장 중요한 수단으로 "압축, 전치, 극화"를 들었다. (*GW* II-III, 699 / *SE* V, 685.)

에 늘 혼란을 느꼈다. "꿈 해석에서 상징의 의미를 과대 평가하는 것에 힘주어 경고하고 싶다." 프로이트는 1909년에 그렇게 쓴 뒤에 "꿈 번역 작업을 상징의 번역으로 한정하고, 꿈을 꾼 사람의 연상을 이용하는 기법을 버리는 것"에 주의를 주었다.[38] 1년 뒤 그는 스위스인 친구인 목사 겸 정신분석가 오스카어 피스터(Oskar Pfister, 1873~1956)에게 이렇게 단정적으로 말했다. "상징에 대한 모든 새롭고 강력한 요구(Symbolzumutung)를 그것이 경험에서 새롭게 밀고 올라올 때까지 수상쩍게 여긴다면 나의 완전한 동의를 얻을 수 있을 걸세." 사실 "정신분석의 가장 좋은 방법은 무의식의 독특한 방언 사전을 아는 것이지."[39]

따라서 프로이트가 꿈 작업의 도구를 나열하는 데에는 어느 정도 아이러니가 스며들어 있다. 상징의 해석은 수백 년 동안 해몽 책들의 버팀줄이었으며, 1920년대에 정신분석을 가지고 노는 아마추어들이 가장 좋아하는 응접실 게임이 된다. 따라서 정신분석이라는 말이 퍼진 뒤에는 프로이트가 꿈 해석 기법 가운데 가장 미심쩍어하던 기법이 많은 사람들이 가장 흥미를 느끼는 기법으로 자리를 잡게 된 셈이다. 앞으로 보겠지만, 프로이트가 개탄을 하면서 없어졌으면 좋겠다고 생각한 통속화는 이것만이 아니었다.

꿈 작업에서 정말로 의미 있는 도구들 가운데 첫 번째인 압축은 그말 자체로 설명이 된다. 꿈을 꾸는 사람의 정신으로 홍수처럼 흘러드는 '꿈 사고'들은 '나타난 꿈'보다 훨씬 풍부하여, 나타난 꿈은 "이와 비교하면 빈약하고, 하찮고, 간결하다." 꿈을 꾼 사람이 나중에 약간의 새로운 연상을 할 수도 있지만, 대부분의 연상은 꿈 자체에서 생겨난다. 또 나타난 꿈의 내용에 들어가는 각 요소는 중층 결정된다는 것이 드러난다. 즉 잠재적 꿈 사고 몇 가지가 동시에 표현되는 것이다. 예를 들어 꿈에 나타나는 사람은 합성된 인물이다. 이르마가 좋은 예다. 이르마는 몇 사람의 생김새와 특징을 빌려왔다. 꿈에 자주 등장하는, 익살스럽게 만들어진 말이나 신조어는 압축이 생각들을 미친 듯이 절약하여 응집하는 과정을 보여준다. 예를 들어 식물학 논문에 관한 프로이트의 꿈은 한 장면이다. 가장 짧은 시각적 인상인 것이다. 그러나 여기에는 프로이트 삶의 여러 단계에 속하는 아주 다양한 재료들이 포함되어 압축되고 있다. 또 프로이트가 꿈에서 만난 단어 "Autodidasker"는 "저자(author)", "독학자(autodidact)", "라스커(Lasker)"의 압축이라는 것이 드러난다. 라스커는 독일의 자유주의적인 유대인 정치가의 이름인데, 프로이트는 이것을 독일의 유대인 사회주의자 페르디난트 라살(Ferdinand Lassalle, 1825~1864)의 이름과 연결시켰다. 이 이름들은 구불구불한 샛길을 통하여 성적 관심사들로 이루어진 지뢰밭으로 들어가는데, 이것이야말로 이 꿈이 말하고자 하는 바였다 라스커와 라살은 둘 다 여자 때문에 비참한 종말을 맞이했다. 라스커는 매독으로 죽고, 라살은 결투에서 죽었다. 프로이트는 "Autodidasker"라는 말에 "라스커(Lasker)"를 가지고 철자 바꾸기 놀이를 한 것처럼 또 하나의 이름이 들어가 있다는 것을 알아냈다. 집에서 알렉스라고 부르던 동생 알렉산더의 이름이었다. 이 꿈에는 동생이 언젠가 행복하게 결혼하기를 바란다는 프로이트의 소망도 포함되어 있었다.[40] 압축의 지략은 놀라울 뿐이다.

  압축은 검열관을 연루시킬 필요가 없지만, 전치 작업은 검열관의 존재를 보여주는 훌륭한 증거물이다. 전치는 우선 자신을 표현하려고 대기하고 있는, 터져 나올 듯이 강한 감정의 강도를 줄인 다음 그것을 변형시킨다. 그 덕분에 이 감정은 비록 종종 불구의 형태로 나타나기는 하지만, 그래도 검열의 저항은 피할 수 있다. 그 결과 꿈을 자극한 진짜 소망은 전혀 나타나지 않을 수도 있다. 바로 이런 점 때문에 꿈을 꾼 사람이 자신의 생산물을 이해하려면 최대한 자유롭게 연상을 해야 하는 것이며, 분석가는 그들이 해주는 말에 자신의 해석 재능을 모두 동원해야 하는 것이다.

꿈은 그 나름의 괴상한 논리를 가진 그림 퍼즐이기 때문에 꿈 해석자는 전치와 압축만 이해해서는 안 된다. "표현 가능성에 대한 고려"도 자기 역할을 한다. 꿈에서는 깨어 있는 생활에서 당연하게 여기는 범주들을 찾아볼 수 없다. 꿈은 인과 관계도 모르고, 모순도 모르고, 동일성도 모른다. 꿈은 생각을 그림으로 표현한다. 추상적인 생각을 구체적인 이미지로 보여주는 것이다. 어떤 사람이 불필요하다는 생각은 욕조에서 흘러넘치는 물로 전달될 수도 있다. 하나의 꿈 요소에 다른 꿈 요소가 시간적으로 뒤따르는 것은 논리적인 인과 관계를 암시한다. 꿈 요소가 나타나는 빈도는 그 중요성을 시각적으로 강조하는 것이다. 꿈은 부정을 직접 표현할 수단이 없기 때문에 사람, 사건, 감정을 그 대립물로 보여주어 부정을 나타낸다. 꿈은 익살을 좋아하고 책략을 좋아한다. 농담을 하거나 지적인 활동을 하는 척하는 것이다.

따라서 프로이트가 꿈이 이용할 수 있는 책략에 많은 지면을 할애한 것은 전적으로 정당한 일이었다. 많은 꿈에 말이 포함되는데, 이때 말은 거의 변함없이 인용이다. 즉 꿈을 꾸는 사람이 어딘가에서 들은 말을 재현하는 것이다. 그러나 꿈이 이렇게 현실적인 말을 징발하는 것은 꿈의 의미를 분명히 밝히려는 것이 아니라, 전혀 순수하지 않은 재료를 검열관 몰래 들여오려는 교활한 노력을 지원하려는 것이다. 또 꿈에는 종종 정서가 넘쳐나기도 하는데, 프로이트는 해석자가 이것을 문자 그대로 받아들이면 안 된다고 경고한다. 꿈 작업은 정서들의 힘을 약하게 만들거나 강하게 만들기도 하고, 진짜 목표를 위장하기도 하고, 앞서도 보았듯이 반대되는 것으로 바꾸기도 하기 때문이다. 가장 유명한 예인 '논 빅시트(Non vixit)' 꿈은 꿈이 말과 감종 양쪽을 처리하는 방식을 잘 보여준다. 프로이트가 이 꿈을 "사랑스럽다"고 부른 것도 당연하다. 이 꿈에는 친구들이 많이 나오는데, 그 가운데 여러 명은 이미 죽었다. 이 꿈에서 죽은 친구인 요제프 파네트(Josef Paneth)는 플리스가 하는 말을 이해하지 못하는데, 프로이트는 그것이 파네트가 살아 있지 않기—"Non vixit"—때문이라고 설명한다. 그러나 프로이트도 꿈속에서 인식하지만, 이것은 잘못된 라틴어다. '논 빅시트(Non vixit)'는 "살아 있지 않다(Non vivit)"가 아니라 "살지 않았다"는 뜻이기 때문이다. 그 순간 프로이트는 파네트를 한번 노려보는 것으로 없애버린다. 파네트는 그냥 사라져버린다. 플라이슐-마르호프도 마찬가지다. 이들은 **저승에서 돌아온 사람**, 즉 마음대로 없애버릴 수 있는 유령에 지나지 않는다. 꿈을 꾼 프로이트는 그렇게 생각하며 즐거워한다.[41]

프로이트가 꿰뚫어보는 눈길 하나로 파네트를 없애버렸다는 꿈-환상의 출처는 분명하다. 이것은 그의 스승 브뤼케가 태만한 조수 프로이트를 노려보아 아무것도 아닌 존재로 만들어버렸던 모욕적인 사건을 자신에게 유리하게 변형한 것이다. 하지만 "Non vixit"는? 프로이트는 마침내 그것이 들은 말이 아니라 눈으로 본 말에서 나왔음을 알아냈다. 이 말이 빈의 제국 궁전의 요제프 2세 기념비 받침대에 적혀 있다는 사실을 기억해낸 것이다. "조국의 행복을 위하여, 그는 오래 살지는 않았지만 완전하게 살았다.(Saluti patriae vixit/ non diu sed totus)" 프로이트의 꿈은 이 말을 빌려 와 다른 요제프인 요제프 파네트, 즉 브뤼케의 연구소에서 프로이트의 뒤를 이었지만 1890년에 요절한 인물에게 적용한 것이다. 물론 프로이트는 친구의 때 이른 죽음을 안타까워했지만, 동시에 그보다 오래 살게 된 데 기쁨을 느끼기도 했다. 이런 것들이 프로이트의 꿈이 전달하면서 왜곡한 정서들 가운데 일부였다.

프로이트는 또 다른 감정으로 친구 플리스로 인한 불안이 있다고 덧붙였다. 플리스는 곧 수술을 받을 예정이었는데, 프로이트는 얼른 베를린으로 가서 함께 있어주지 못하는 데 죄책감을 느끼고 있었다. 동시에 플리스가 아무한테도 수술 이야기를 하지 말라고 한 것에 화가 나 있었다. 자신이 입이 가볍기 때문에 그 점을 강조했다는 느낌을 받았기 때문이다. 꿈에 나타난 **저승에서 돌아온 사람**은 또 프로이트를 유년으로 데려갔다. 그들은 오래전의 친구와 적들을 나타냈다. "Non vixit" 꿈에 넘쳐나는 우월감이라는 쩨쩨한 느낌, 또 쩨쩨하다는 면에서는 다를 것이 없는 짜증이라는 느낌 밑에는 남들보다 오래 사는 기쁨, 불멸에 대한 소망이 깔려 있었다. 프로이트는 전체 시나리오를 보면서 옛날이야기 하나가 생각났다. 순진하고 자기 중심적인 배우자가 자신의 짝에게 말한다. "우리 가운데 하나가 죽으면, 나는 파리로 갈 거야."[42] 이제 왜 프로이트가 어떤 꿈도 끝까지 해석할 수 없다고 생각했는지 분명해진 것 같다. 연상들로 짜인 구성이 너무 풍부하고, 장치들이 너무 교묘하기 때문에 그것이 내놓는 수수께끼는 완전히 풀어낼 수가 없다. 그러나 프로이트는 모든 꿈의 바닥에는 유아적인 동시에 품위 있는 사회에서는 아마도 외설적이라고 부를 소망이 깔려 있다고 아무런 망설임 없이 주장했다.

햄릿들의 시대

프로이트의 정신분석적 사고의 진화에서 《꿈의 해석》은 전략적인 중심을 차지했고, 프로이트도 그것을 알았다. 그가 꿈을 정신 작업의 가장 교육적인 예로 선택했다는 것은 매우 의미심장하다. 꿈을 꾸는 것은 정상적이고 보편적인 경험이기 때문이다. 프로이트는 해몽 책 작업을 하던 시기에 다른 일반적이고 정상적인 심리 과정의 연구도 계획하고 있었으므로, 다른 출발점을 선택할 수도 있었을 것이다. 1890년대 말 프로이트는 온갖 종류의 실수와 잘못에 관한 눈에 띄는 일화들을 수집하기 시작했으며, 이것을 1901년에 《일상생활의 정신병리학》이라는 의미심장한 제목으로 발표했다. 또 1897년 6월에는 플리스에게 "심오한 유대 이야기들"을 모으기 시작할 것이라고 말했다.[43] 그는 이 이야기들도 책으로 묶는데, 여기에서 농담과 무의식의 관계를 검토한다. 가장 평범한 실수와 가장 소박한 농담을 발판으로 프로이트는 정신의 아주 외딴 영역으로 들어갔다. 그러나 프로이트에게서 특권을 누린 안내자는 역시 꿈이었다. 꿈은 흔한 동시에 신비로웠으며, 괴상한 동시에 합리적 설명이 가능하여, 정신 기능의 거의 모든 영역으로 뻗어 나간다. 따라서 프로이트는 《꿈의 해석》의 이론적인 제7장에서 꿈의 그 비할 데 없이 폭넓은 관련성의 범위를 자세하게 보여주었다.

프로이트가 꿈에 관한 책의 재료를 선정한 방식 또한 많은 것을 보여준다. 초판 서문에서 말했듯이 신경증 환자의 꿈은 꿈의 대표성을 훼손할 수도 있는, 따라서 그의 이론의 일반적 적용을 망칠 수도 있는 특별한 특징들을 보여준다.[44] 그래서 그는 자신의 꿈은 말할 것도 없고, 친구와 자식들의 꿈, 문헌에 보고된 꿈을 찾아다녔다. 그 결과, 환자의 꿈들 일부에 저항할 수 없는 유혹을 느끼기는 했지만, 그래도 그보다는 그가 정상적인 사람이라고 부르고 싶어 하는 사람들로부터 끌어온 예들이 압도적으로 많아졌다. 프로이트는 히스테리나 강박 신경증에 걸린 분석 대상자들로 이루어진 특수하고 좁은 영역을 정신분석학적 지식에 이르는 길의 출발점으로 삼지 않겠다고 결심하고 있었던 것이다.

동시에, 그의 분석 대상자들이 제공한 재료들은 대표성은 결여되어 있을지 모르나, 그렇다고 그의 연구를 심각하게 왜곡하지는 않았다. 프로이트가 신경증 환자들로부터 그렇게 자유롭게 재료를 빌려올 수 있었던 것은 물론 그가 일상적으로 하는 일의 분명한 결과였다. 그 재료들은 쉽게 이용할 수 있었고 또 흥미롭기도 했다. 그러나 프로이트는 신경증 이론을 세워 나가면서 신경증 환자가 정상인에게 매우 분명한 빛을 던져준다는 것을 알게 되었다. 무엇보다도 그 둘이 사실 서로 크게 다르지 않기 때문이다. 신경증 환자, 그리고 그 지나친 면을 보여주는 정신병자는 그들보다 덜 고통 받는 사람들의 특질을 극적이고, 따라서 그만큼 더 교훈적인 방식으로 드러낸다. 프로이트는 1895년 봄에 플리스에게 이렇게 말했다. "정상적인 정신적 과정에 관한 분명한 가정들과 연결할 수 없다면 신경 정신병적 장애를 전체적으로 만족스럽게 파악하는 것은 불가능하네."[45] 그는 "과학적인 심리학을 위한 기획"을 생각하던 바로 그 시점에 신경증의 수수께끼 때문에 괴로워하고 있었다. 그 자신의 머릿속에서 이 두 연구는 결코 분리되지 않았으며, 분리되어서는 아무런 이득이 없을 것 같았다. 그가 추상적인 이론적 원고에 임상 사례로부터 얻은 예들로 활기를 불어넣은 것도 우연이 아니다. 그것은 일반 심리학을 위한 재료였던 것이다.

분석 대상자가 정보를 아무리 많이 제공한다 해도 프로이트가 그들에게 늘 감사한 것은 아니었다. 그들과 보내는 길고 진 빠지는 시간 때문에 이따금씩 늪에 빠진 듯한 느낌이 들기도 했으며, 치료 작업 때문에 우주의 수수께끼에 다가가지 못한다고 느낄 때도 있었다. 하지만 그의 실제 치료 과정은 그런 느낌과 일치하지 않는다. 그의 임상 경험과 이론적 연구는 보통 서로 거름이 되어주었다. 프로이트는 자신의 의사 경력을 하나의 거대한 우회로로 여기기를 좋아했다. 심오한 철학적 수수께끼를 풀고자 하는 사춘기의 열정에서 시작하여 의사들 사이에서 오랫동안 원치 않는 망명 생활을 한 뒤에 마침내 노인이 되어 근본적인 사색으로 돌아가 끝을 맺게 되었다는 것이다. 사실 "철학적" 문제들은 결코 그의 의식에서 멀어진 적이 없었다. 그의 격한 표현대로 "나 자신의 의지에 반하여 치료자가 되고" 나서도 마찬가지였다. 프로이트는 1896년 마흔이 되어 젊은 시절을 돌아보며 이렇게 말했다. "나는 철학적인 통찰을 향한 갈망 외의 다른 것은 알지 못했네. 그리고 나는 지금 의학에서 심리학으로 방향을 틀면서 그 갈망을 충족시키는 중이야."[46] 프로이트는 자신과 똑같은 방향으로 나아가는 것처럼 보이는 베를린의 친구에게 감정 이입을 할 수 있었다. 그는 1896년 1월 1일, 깊은 생각을 드러낸 새해 편지에서 이렇게 말했다. "자네가 의사가 되는 우회로를 통과하여 자네의 첫 번째 이상, 즉 생리학자로서 인간을 이해하는 단계에 이르는 중임을 잘 알겠네. 나도 나의 원래 목적, 즉 철학에 이르고자 하는 희망을 아주 은밀하게 품고 있거든."[47] 프로이트는 대부분의 철학자들과 그들의 쓸데없는 말장난에 강한 경멸감을 품었지만, 평생 그 나름의 철학적 목표를 추구했다. 이는 모순처럼 보이지만, 실제로는 그렇지 않았다. 프로이트가 "철학"에 특별한 의미를 부여했기 때문이다. 프로이트는 진정한 계몽주의적 태도로 형이상학자들의 철학은 도움이 되지 않는 추상화라고 폄하했다. 또 정신의 범위를 의식에 한정 짓는 철학자들에게도 적대적이었다. **프로이트**의 철학은 정신의 과학적 이론에 구현된 과학적 경험론이었다.

꿈의 연구가 직접적인 계기가 되어 프로이트는 그런 큰 야망을 품게 되었다. 꿈은 기본적으로 행동하는 소망이기 때문에, 프로이트는 심리학의 기초 자체에 대한 체계적이고 광범위한 공략을 시도할 필요가 있다고 생각했다. 이렇게 해야만 꿈 활동의 의미가 이해될 수 있을 것 같았다. 그래서 프로이트의 심리학을 다른 사람들의 심리학과 구별해주는, 더 단순화할 수 없는 짧은 카탈로그로 구성된 프로이트 정신분석의 "쉽볼렛(shibboleth)"*은 해몽 책 가운데 엄격하게 분석적인 마지막 장에만 등장하는 것이 아니다. 심리학적 결정론의 원리, 정신이 갈등하는 힘들로 이루어져 있다는 관점, 역동적인 무의식과 모든 정신적 활동에 감추어진 뜨거운 감정의 힘이라는 개념은 그 구성 자체에 스며들어 있다.

정신이라는 우주에 우연은 없다는 것, 이것이 프로이트 이론의 핵심이다. 프로이트는 인간이 우연에 노출되어 있다는 사실을 결코 부정하지 않았다. 오히려 그것을 강조했다. "우리는 정자와 난자의 만남에서 우리가 생겨난 것부터 시작해서 인생의 모든 것이 사실 우연이라는 사실을 잊곤 한다."[48] 또 그는 인간의 선택이 진짜라는 것을 부인하지도 않았다. 실제로 정신분석 치료의 한 가지 목적이 바로 "환자의 자아에게 이쪽이든 저쪽이든 결정을 할 **자유**를 주는 것"이었다.[49] 그러나 프로이트에게는 "우연"도 "자유"도 자발성의 자의적인 또는 무작위적인 표현이 아니다. 정신에 대한 그의 관점에서 보자면 모든 사건은 비록 겉으로는 아무리 우연처럼 보인다 해도, 사실은 서로 엉킨 인과 관계의 실들의 매듭이라고 말할 수 있다. 그러나 이 실들은 출발점이 너무 멀고, 수가 너무 많고, 상호작용이 너무 복잡하여 쉽게 정리할 수가 없다. 실제로 인과 관계의 손아귀로부터 자유를 확보하는 것은 인류가 가장 소중하게 여기는 소망으로 꼽힌다. 따라서 가장 집요한 소망이지만,

---

* '쉬' 음의 발음을 할 수 있는지 없는지를 시험해보는 말로, 어떤 특정한 집단이 다른 집단 또는 외부인을 구별해내기 위해 사용하는 단어나 문구다. (역주)

그것은 착각에 기초한 소망이다. 프로이트는 정신분석이 그런 착각에 기초한 환상에 위로를 주어서는 안 된다고 엄격하게 경계한다. 따라서 프로이트의 정신에 관한 이론은 엄격하게 또 솔직하게 결정론적이다.

이것은 또한 분명하게 심리학적이며, 따라서 그 시대를 고려할 때 혁명적이다. 프로이트는 당대 심리학의 틀 안에서 자신의 프로그램을 전개했으나, 결정적인 지점을 넘어서자 그 틀을 깨고 나아갔다. 정신의학 분야에서 그의 가장 저명한 동료들은 본질적으로 신경학자들이었다. 1895년, 그러니까 프로이트와 브로이어의 《히스테리 연구》가 나온 해에 크라프트-에빙은 〈신경과민과 신경쇠약〉이라는 논문을 발표했는데, 이것은 그 시대를 지배하던 관점을 완벽하게 보여준다. 이 작은 책은 당시의 진단 용어를 사용할 때 흔히 일어나던 혼란을 정리해보려는 용감한 시도였다. 크라프트-에빙은 '신경과민'을 **"중추 신경계의 후천적인 병리학적 변화라기보다는 타고난 병리학적 성향"**이라고 정의했다. 유전이 문제의 주된 원천이라는 것이다. "신경과민 성향으로 고통을 겪는 환자의 절대 다수는 선천적인 영향이 토대에 깔려 있기 때문에 아주 이른 시기부터 신경과민 증상을 보인다." 크라프트-에빙은 엄숙하게, 거의 경외심에 가까운 존경심으로 "유전이라는 강력한 생물학적 법칙"에 경의를 표했으며, "이것이 모든 유기체에 결정적으로 개입한다."고 보았다. 그는 유전이 정신 생활에 끼치는 영향은 논란의 여지가 없고, 오히려 뚜렷하다고 생각했다. 한편 후천적인 신경과민은 **"신경의 힘의 축적과 소비 사이의 올바른 관계"**가 흐트러졌을 때 생긴다. 수면 부족, 영양 부족, 폭음, 근대 문명의 "반위생적" 성격—성급함, 정신에 떠안기는 과도한 부담, 민주 정치, 여성 해방—모두가 사람들을 신경과민으로 만든다. 하지만 후천적 신경과민은 선천적인 신경과민과 마찬가지로 "극히 미세

하다 하더라도 어쨌든 신경계의 물질적 변화"의 문제다.[50]

더 심각한 병인 '신경쇠약'은 크라프트-에빙이 보기에는 확대된 신경 과민이며, 정신 생활이 "신경의 힘의 생산과 소비 사이의 균형을 유지하지 못하는" 하나의 "기능성" 질환이었다. 여기에 나오는 기계적인 비유는 우연이 아니다. 크라프트-에빙은 신경쇠약을 기본적으로 신경계의 고장으로 보았다. 신경과민과 마찬가지로 신경쇠약의 주요 원인도 유전에서 찾아야 한다. 후천적인 신경쇠약은 생리학적 원인, 여러 가지 불운한 트라우마, 파괴적 환경 때문에 나타날 수 있다. 예를 들어 "신경병리학적 기질" 때문에 생긴 유년 시절의 병, 자위, 또 이번에도 근대적 삶이 신경계에 주는 과도한 긴장 같은 것들이 원인이 된다. 신경쇠약을 부추기는 요인이 걱정이나 정신적 스트레스 같은 심리적 사건으로 판명난다 해도, 문제를 일으키는 궁극적인 요소는 그 성격상 신경학적인 것이다. 크라프트-에빙은 "사회학적" 요인들을 고려할 용의가 있었지만, 그 "사전 조건을 이루는 원인"을 찾을 때면 역시 "신경과민적 기질"로 돌아간다.[51] 크라프트-에빙이 권하는 치료법은 당연히 식이 요법, 약, 물리 요법, 전기 요법, 마사지 등으로 기운다.[52] 성적 탈선 분야의 저명한 전문가로서 크라프트-에빙은 스스로 성적 신경쇠약(Neurasthenia sexualis)이라고 부른 것을 간과하지는 않았지만, 원인이라기보다는 임상적 묘사의 작은 부분으로 일별하고 갈 뿐이다.[53]

간단히 말해서 크라프트-에빙은 심리적 고통을 대체로 생리학의 문제로 다루었다. 그는 1895년에도 16년 전에 정신의학 교과서에서 제시한 명제로부터 조금도 움직이지 않았다. "광기는 뇌의 질환이다."[54] 그는 자신과 같은 직업을 가진 사람들을 대변하고 있었다. 19세기에 심리학이라는 과학은 인상적인 발걸음을 내디디며 눈부신 발전을 이루었다. 그러나 그 위치는 역설적이었다. 그전에 신학으로부터 해방되었듯이

독일의 정신의학자 리하르트 폰 크라프트-에빙. 프로이트가 신경증이나 다른 정신 장애를 무의식과 관련된 심리학적 문제로 본 것과 달리, 크라프트-에빙은 심리적 고통을 대체로 뇌의 문제, 즉 생리학의 문제로 다루었다.

철학으로부터 해방이 되었지만, 생리학이라는 새로운 주인의 오만한 포옹을 받아들이고 만 것이다. 정신과 육체가 가장 내밀한 유대를 이루며 연결되어 있다는 생각 배후에는 물론 유서 깊은 전통이 자리 잡고 있다. 18세기 중반에 영국 작가 로렌스 스턴(Laurence Sterne, 1713~1768)은 이렇게 선언했다. "인간의 육체와 정신은, 그 두 가지에 최대한의 경의를 표하며 말하건대, 가죽 상의와 안감, 그 둘과 똑같다. 하나를 구기면 나머지도 구겨진다."[55] 19세기의 정신의학도는 이런 명제를 신봉하면서 거기서 한 걸음 더 나아갔다. 그들은 자신 있게 어느 것이 상의이고 어느 것이 안감인지 밝힌 것이다. 그들은 정신이 육체에, 즉 신경계, 뇌에 의존한다고 주장했다.

특히 남성과 여성의 성적 불능 문제 전문가였던 미국의 저명한 신경학자 윌리엄 해먼드(William Hammond, 1828~1900)는 1876년에 전문가들의 압도적인 합의를 이렇게 대변했다. "심리학이라는 현대의 과학은 **하나의 신체적 기능으로 간주되는 정신을 연구하는 과학** 이상도 이하도 아니다."[56] 강조는 해먼드가 한 것이다. 영국에서 큰 영향력을 가진, 다작으로 유명했던 정신의학자 헨리 모즐리(Henry Maudsley, 1835~1918)도 비슷한 점을 강조했다. 그는 1874년에 광기에 관해 말하면서 이렇게 썼다. 미친 사람이 표현하는 "타락한 본능의 기원이나 본질을 **심리학적으로** 설명하는 것은 우리의 일도 아니고 우리가 할 수 있는 일도 아니다. 설명이 가능하다면 그것은 정신적인 면이 아니라 신체적인 면에서 나온다."[57] 대륙의 심리학자나 정신의학자들도 이 문제에 관해서는 영국이나 미국의 동료들과 다투지 않았다. 19세기 초에 프랑스의 저명한 정신의학자 장 에티엔 에스키롤(Jean Étienne Esquirol, 1772~1840)은 "광기, 정신 이상"을 "**대개** 만성적인 뇌 장애"라고 정의했으며,[58] 이 정의는 세기말과 그 이후까지 유럽 전역과 미국에서 우세한 지위를 유지했다. 1910년 프로이트는 그의 가장 유명한 환자로 꼽히는 '늑대 인간'에게 이렇게 말했다. "우리에게는 당신을 치료할 수단이 있습니다. 지금까지 당신은 당신의 병의 원인을 요강에서만 찾았습니다." 늑대 인간도 훗날 이때를 돌아보면서, 어쩌면 약간 과장을 한 느낌도 있지만, 어쨌든 프로이트의 말에 동의했다. "그 시절에 사람들은 신체라는 길을 통해 정신 상태에 이르려 했다. 심리적인 것은 완전히 무시했다."*[59] 소수의 반대파가 있기는 했다. 1800년경 미친 환자들을 위해 "도덕적 치료"라는 것을 개발한 영국의 퀘이커교도 의사들이 그런 예였다. 그들은 그들이 맡은 가엾은 광인들을 약이나 신체적 학대보다는 도덕적 권고, 정신적 규율, 친절로 치료하려 했으며, 실제로 어느 정도 성공을 거두었다. 그러나 다른 거의 모든 신경학자, 정신의학자, 정신병원 책임자들은 몸이 정신에 끼치는 영향이 정신이 몸에 끼치는 영향보다 훨씬 더 중요하다고 가정하고 일을 했다.

19세기 뇌 해부학 분야의 뛰어난 연구들 덕분에 시각, 청각, 언어, 기억의 복잡한 구조가 상당히 많이 파악되었는데, 이것은 심리적 과정에 대한 신경학적 관점을 뒷받침하는 역할만 했을 뿐이다. 심지어 기묘한, 궁극적으로 말이 되지 않는 생각을 했던 골상학자들도 교육받은 사람들에 대한 그런 견해의 지배력을 강화하는 역할을 했다. 19세기 후반에 회의적인 뇌 해부학자들은 각각의 감정과 각각의 정신적 능력이 특정한 자리를 차지한다는 골상학의 학설을 논파해버렸지만, 정신적 기능이 뇌의 특정한 영역에서 유래한다는 골상학자들의 근본적 관념을 완전히 거부하지는 않았다. 위대한 헤르만 헬름홀츠와 그의 친구 에밀 뒤부아 레몽 같은 과학자들은 신경 임펄스의 속도와 경로에 관한 섬세한 실험으로 정신에 관한 유물론적 관점의 지위를 더 강화해주었다. 정신은 점차 추적, 도해, 측정이 가능한 전기적인 힘과 화학적인 힘들로부터 연료를 공급받는 작은 기계로 보이게 되었다. 이런 저런 발견이 잇따라 이루어지면서 모든 정신적 사건에 생리학적 기초가 존재한다는 생각이 절대적으로 확고하게 자리를 잡은 것 같았다. 이제 신경학이 왕이었다.

---

* 1917년 3월 6일, 프로이트를 긍정적인 관점에서 바라본 최초의 인물들 가운데 한 명인 미국의 저명한 정신의학자 윌리엄 앨런슨 화이트(William Alanson White, 1870~1937)는 W. A. 로빈슨(W. A. Robinson)에게 이렇게 말했다. "이 나라에서 이른바 미친 사람들을 어떻게 돌보았는지 그 역사를 안다면, 정신병이 정신병으로 치료를 받은 것은 몇 년밖에 되지 않는다는 놀라운 사실을 알게 될 것입니다. 그들은 보통 신체적인 장애를 가진 사람으로서 치료를 받았습니다. 우리는 오래전부터 정신적인 관점에서 이 문제에 접근해 왔고, 최근 몇 년 동안은 심리 치료라는 관점에서 이 문제에 접근해 왔습니다. 우리는 프로이트 교수의 작업을 따랐고 그의 정신분석 방법을 사용하고 있습니다. 물론 그것을 교조로 삼지도 않고 특별히 숭배를 하는 것도 아니지만요." (Gerald N. Grob 편, *The Inner World of American Psychiatry, 1890-1940: Selected Correspondence* [1985], 107.)

헬름홀츠와 뒤-부아 레몽의 메시지를 빈에 가져온 브뤼케를 존경하는 제자였던 프로이트는 이런 관점에 완전히 노출되어 있었으며, 나중에도 그런 관점을 완전히 버리지는 않았다. 그의 진료에서도 그런 관점을 입증하는 부분이 많이 나타났다. 프로이트에게서 분석을 받는 환자들은 많은 신체적 증상들이 히스테리적 전환이지만, 일부는 실제로 기질적인 성격의 증상으로 드러난다는 사실을 그에게 가르쳐주었다. 프로이트가 신경증은 성적인 기능 부전에서 유래한다는 명제에 그렇게 끌렸던 한 가지 중요한 이유도 "결국 성은 순수하게 정신적인 일이 아니며, 거기에는 신체적인 면이 있다."는 점 때문이었다.[60] 그래서 프로이트는 1898년에 플리스에게 이렇게 말했다. "기질적인 기초 없이 심리적인 것만 쫓아다닐 마음은 전혀 없네."[61] 결국 프로이트가 지배적인 정통적 견해를 뒤집은 것은 분명하게 계획한 것이 아니라, 점진적으로 생각이 변화된 결과였다. 그가 마침내 혁명을 일으켰을 때, 그 혁명은 신경학 이론을 버리는 것이 아니라, 정신과 육체의 상호작용에서 기존에 받아들여졌던 서열을 역전시킨 것이었다. 그는 정신의 작용에서 독점적 지위가 아니라 우선적 지위를 심리적 영역에 할당한 것이다.

프로이트가 지배적인 유물론적 합의에 도전하기 전에는, 정신이라는 기계가 기본적으로 물리적인 성격을 지닌다는 가정은 상대적으로 논란이 거의 없는 편이었다. 사실 1895년이라는 늦은 시기에도 프로이트는 자신의 미완의 기획을 "신경학자들을 위한 심리학"으로 제시한다. 그러나 프로이트는 이 기계의 고장을 일으키는 원인이 무엇인가 하는 문제를 다루면서 오랫동안 결론이 나지 않는 논쟁에 끼어들게 되었다. 정신의학자들은 대체로 정신병이 거의 모두 뇌 손상의 증후라는 데 합의를 보았지만, 그런 손상의 원인을 둘러싸고는 의견이 나뉘었다. 1830년대에 에스키롤은 여전히 절충적이고 다소 무차별적으로 병을 일으키는 원인들의 목록을 제시했다. 그는 이렇게 썼다. "정신 착란의 원인은 다양하고 많다. 기후, 계절, 나이, 성별, 기질, 직업, 생활 방식이 광증의 빈도, 성격, 지속 기간, 위기, 치료법에 영향을 준다. 또 이 병은 법, 문명, 도덕, 나라의 정치 조건에 따라 다른 모습으로 나타나기도 한다."[62] 하지만 19세기 중반에 들어서면 유전이라는 총애를 받는 후보가 다른 후보들을 완전히 제거하지는 못해도 압도하는 상황이 되었다. 유전은 그 후 수십 년 동안 최고의 지위를 놓치지 않았다. 사례사들은 정신병 환자가 비정상적인 가족사라는 짐을 지고 있을 수밖에 없다는 방대한—많은 사람들에게 결정적으로 보였다.—증거를 제공했다. 크라프트-에빙의 신경쇠약에 관한 논문은 이 점에서 매우 전형적이다. 프로이트 또한 초기의 사례 보고에서 환자의 "신경병적" 가족에 관하여 자세하게 기록했다. 환자의 어머니가 정신병원에 있다거나 형이 심한 우울증에 걸렸다는 사실을 세심하게 기록한 것이다. 그러다가 심리학이 우위에 서게 되었다. 1905년 프로이트는 《성욕에 관한 세 편의 에세이》에서 동료 정신의학자들이 유전에 지나친 중요성을 부여한다고 비판하는 단계에 이르렀다.[63]

그러나 프로이트는 정신적 고통의 원인으로 여겨지는 다른 요소들에 관해서도 느낌이 단순하지 않았다. 크라프트-에빙의 신경쇠약에 관한 연구가 보여주듯이, 경쟁하는 원인들은 부피한 유전의 조연을 맡는 것처럼 보였지만, 문학에서는 그들 나름의 지지자가 있었다. 갑작스러운 충격이나 잘 낫지 않는 병을 원인에서 완전히 배제하는 정신의학자는 거의 없었다. 물론 프로이트도 한동안은 같은 입장이었다. 또 많은 사람들이 현대 문화의 유해한 부작용이라고 생각한 것에도 특별한 관심을 가졌다. 사실 이 마지막 진단에 관해서는 프로이트도 이유는 달랐지만 다수와 의견을 같이 했다. 그의 시대의 다른 많은 관찰자들과 마찬가지로 프로이트도 자기 시대의 도시적, 부르주아적, 산업적 문명이 신경과민—그는 이 질환이 눈에 띄게 증가한다고 생각했다.—에 분명히 영향을 끼친다고 믿었다. 그러나 다른 사람들이 근대 문명의 성급함, 소란, 빠른 교통, 정신 기계가 떠안는 과도한 부담 등이 신경과민의 원인이라고 생각한 반면, 프로이트는 근대 문명이 성적 행동을 과도하게 제약하는 것이 원인이라고 보았다.

이렇게 다수의 입장과 갈라지는 지점은 정신병의 기원에 관한 프로이트의 관점의 핵심과 연결되었다. 그는 동료 정신의학자들이 제시하는 모든 현상이 강박 신경증, 히스테리, 편집증을 비롯한 비참한 질환들을 만들어내는 데 자기 역할을 한다는 것을 의심하지는 않았다. 그러나 자신의 동료들이 감추어진 본질을 탐사하는 데는 분명히 실패했다고 믿게 되었다. 특히 의사들은 거의 모두 성욕, 그리고 이 충동이 만들어내는 무의식적 갈등을 외면했다. 그래서 그들은 환자의 머나먼 전사(前史)—유전—의 중요성을 과장하는 데 만족하면서, 성적인 갈등이 일어나는 다른, 훨씬 더 중요한 전사—유년—는 철저하게 무시해 온 것이다. 《꿈의 해석》은 이런 문제와 관련된 프로이트의 관점, 즉 심리학자들을 위한 심리학을 아직 결코 완전하지는 않았지만, 처음으로 포괄적으로 진술한 것이다.

"우리는 1899년 여름 휴가 때 아버지를 거의 보지 못했다." 마르틴 프로이트는 오랜 세월이 흐른 뒤에 그렇게 회고했다. 이것은 특이한 일이었다. 프로이트는 아이들과 함께 산에 있는 시간을 중요하게 생각했기 때문이다. 그러나 그해 여름에는 책을 완성하고 교정쇄를 읽기 시작하면서 "태만히 할 수 없는 일에 몰두해 있었다." 하지만 그는 가족과 함께 그 책 이야기를 편하게 했는데, 이것은 그에게는 예외적인 일이었다. "우리 모두 그 이야기를 들었다. 아버지는 심지어 우리의 꿈 이야기를 해 달라는 말까지 했다. 그래서 우리는 열심히 꿈 이야기를 했다." 앞서 보았듯이 프로이트의 자식들에게서 나온 표본 몇 개는 발표할 만한 것이었다. 마르틴 프로이트는 말을 이어간다. "아버지는 심지어 쉬운 말로 꿈을 어떻게 이해할 수 있는지, 꿈의 기원과 의미는 무엇인지 설명해주기도 했다."[64] 일반 심리학에 생산적으로 기여하고자 의도한 책이었으므로 비의적인 탐구 작업으로만 남아 있을 수는 없었던 것이다.

물론 비밀을 유지하려는 태도는 프로이트의 기획 자체에 어느 정도 내재할 수밖에 없었을 것이다. 그는 다른 사람의 성적 욕망과 성적 갈등이 꿈을 자극하는 힘은 자유롭게 기록하면서도, 자신의 꿈의 리비도적 기원은 다른 사람의 경우처럼 억제 없이 자유롭게 탐사하려 하지 않았다. 그는 자신의 과거, 자신의 꿈을 캐내 원료로 사용하는 작업과 관련된 양면적 태도 때문에 결국 대가를 치렀다. 나중에 프로이트의 가장 빈틈없는 독자들, 주로 분석가들은 그가 그 점과 관련하여 이야기를 부분적으로 삼간 것에 강한 충격을 받았다. 카를 아브라함은 프로이트에게 이르마 꿈의 해석을 일부러 완료하지 않은 것이냐고 노골적으로 물었다. 실제로 그 꿈 이야기는 끝부분으로 갈수록 성적 암시가 점점 더 눈에 두드러지는 것처럼 보이기 때문이다.[65] 프로이트는 초기 분석가들 특유의 속 이야기를 털어놓는 듯한 말투로 즉시 공개적으로 대답했다. "그 안에는 성적인 과대망상이 감추어져 있네. 세 여자 마틸데, 조피, 안나는 내 딸들의 이름을 따온 여자들이야. 그런데 그 세 여자가 모두 꿈에 나온 거지!"[66] 카를 G. 융(Carl Gustav Jung, 1875~1961) 또한 예리한 인식 능력을 보여주었다. 그는 곧 나올 《꿈의 해석》 3판에 대하여 논평을 해 달라는 권유를 받자, 프로이트와 아이들의 꿈에 대한 해석이 피상적이라고 문제를 제기했다. 그러면서 융은 자신과 자신의 학생들은 "(개인적인) 핵심적 의미"나 이르마의 꿈 같은 꿈들의 "리비도적인 역동성", "교수님 자신의 꿈들에서 개인적이고 고통스러운 것들"이 빠져 있어 "큰 아쉬움을 느낀다"고 덧붙였다. 융은 프로이트에게 "궁극적이고 진실한 동기가 무자비하게 드러나는" 그의 환자의 꿈 하나를 이용해보라고 권했다.[67] 프로이트는 동의하고 텍스트를 수정할 것을 약속했지만, 모든 것을 완전히 드러내겠다는 약속은 하지 않았다. "독자들은 나에게 자기들 앞에서 더 벗으라고 요구할 자격이 없네."[68] 실제로 동료들이 끝까지 파고들기를 원했던 그의 성적 과거에 대한 흥미로운 암시 가운데 프로이트가 나중에 개정판에서 더 파고든 것은 하나도 없었다. 《꿈의 해석》을 지배하는 긴장 가운데 하나는, 대체로 눈에 안 보이는 곳에서 이루어지기는 하지만, 자기를 드러내는 것과 자기를 보호하는 것 사이의 바로 그런 충돌이다. 하지만 프로이트는 자신이 더 벗고 싶어 하지 않는 것이 자기 이론에 대한 설명을 어떤 식으로든 훼손한다고 생각하지 않았다.

프로이트의 사고에서 결정론이 중심을 차지한다는 사실을 생각할 때, 그가 꿈을 연구하면서 동시에 '일상생활의 정신병리학'이라고 부른 것의 자료를 모은 것은 당연한 일이라고 할 수 있다. 프로이트는 그 결과에 놀라지 않았다. 일반적이고 "정상적인 병리학"은, 겉으로 보면 "우연" 같지만 분석을 해보면 결코 우연이 아니라는 것이 드러나는 예를 말 그대로 수도 없이 제공했다. 익숙한 이름을 잘못 쓰는 것, 가장 좋아하는 시를 잊어버리는 것, 묘한 방식으로 물건을 놓은 장소를 잘못 아는 것, 아내의 생일에 늘 보내던 꽃다발을 보내지 못하는 것—이런 것들은 모두 해독해주기를 간청하는 메시지들이다. 그런 행동을 하는 사람이 스스로 흔쾌히 인정하지 못하는 욕망이나 불안을 파악하는 실마리들이다. 이런 발견들을 통해 프로이트는 인과 관계의 작용을 존중해야 한다는 것을 다시 한 번 인식하게 되었다. 그의 결론에 내포된 진단상의 이점은 아주 분명하다. 겉으로 보기에는 원인도 없고 설명도 할 수 없는 사건들을 과학적으로 읽어내는 과정에서 가장 일반적인 경험을 증인으로 삼아 인간 정신을 지배하는 감추어진 질서를 보여주기 때문이다.

프로이트는 1897년 말 베를린에 갔을 때 필요한 주소를 찾지 못하다가 실수의 이론적 의미에 관심을 갖게 된 것으로 보인다. 자신의 경험에 귀를 기울이는 것은 프로이트에게 새로운 일이 아니었지만, 이 자기 분석의 시기에는 정신이 미덥지 못하거나 에둘러 가는 방식을 조금만 드러내도 아주 민감하게 반응했다.[69] 프로이트는 1898년 여름부터 플리스에게 보내는 편지에 자기 일상에서 일어나는 정신병리학적인 묘한 예들을 자주 거론했다. "마침내 오랫동안 추측해 오던 사소한 것을 이해했네." 그는 8월에 그렇게 보고했다. 프로이트는 자신이 아주 잘 아는 시를 쓴 시인의 성을 "잊었는데", 사실은 어린 시절로 거슬러 올라가는 개인적인 이유들 때문에 그 이름을 억누르고 있었다는 사실을 증명할 수 있었다.[70] 다른 예들이 곧 뒤따랐는데, 그 가운데도 오르비에토에 있는 〈최후의 심판〉을 그린 "위대한 화가" 시뇨렐리(Luca Signorelli)의 이름을 기억하지 못하고, 대신 보티첼리(Sandro Botticelli)와 볼트라피오(Giovanni Antonio Boltraffio) 같은 이름들이 대신 떠오른 사건 등이 주목할 만한 예다. 프로이트는 분석을 하면서 죽음과 성에 관하여 그 무렵 나눈 대화를 포함해서 연상과 억압의 복잡한 망을 알아냈다. "자, 누가 이런 것을 믿으려 할까?"[71] 믿든 안 믿든 프로이트는 이런 의미심장한 망각의 예가 발표를 할 만큼 흥미롭다고 생각했다. 이것은 1898년 신경학과 정신의학에 관한 전문적인 정기간행물에 복잡한

도표와 함께 실렸다.[72]

　1899년 여름 프로이트는 《꿈의 해석》 원고 교정을 보던 도중 일상생활의 정신병리학의 훨씬 이상한 예를 제시했다. 프로이트는 플리스에게 쓴 편지에서 아무리 열심히 책을 교정하려 했지만, 책에는 여전히 "2,467개의 착오"가 포함되어 있을 것이라고 말했다.[73] 물론 이 숫자는 완전히 자의적인 것으로 보인다. 프로이트가 하고자 하는 말은 그의 해몽 책이 수많은 잘못에 의해 손상되었다는 것이다. 하지만 프로이트가 보기에 정신 활동에서 순수하게 변덕스러운 것은 없었다. 그래서 그는 추신에서 그 숫자를 분석했다. 사실 프로이트는 이 탐정 일을 매우 귀중하게 여겨, 1년 뒤에 플리스에게 그것을 묘사한 편지를 돌려 달라고 요청하기까지 했다.[74] 시간이 지난 뒤 이것은 자세한 해석과 함께 《일상생활의 정신병리학》에 등장했다. 이 해석에 따르자면, 프로이트는 우선 신문에서 자신이 군대에 있을 때 만난 장군이 퇴역한다는 기사를 읽었다. 프로이트는 그 기사를 보고 자신이 은퇴하는 때를 계산해보게 되었다. 그는 머리에 떠오르는 다양한 숫자들을 결합하여 자신에게는 아직도 일을 할 수 있는 해가 24년 남았다고 판단했다. 프로이트는 24살 생일에 성년에 이르렀다. 그의 현재 나이는 43살이었다. 이것을 합하면 67이 되었다. 24와 67을 나란히 놓으면 그가 플리스에게 쓴 편지에서 아무렇게나 말한 2467이라는 숫자가 설명이 되었다. 간단히 말해서, 아무런 원인 없이 나타난 것처럼 보이는 숫자가 앞으로 활동을 20년 정도 더 하고자 하는 소망을 구현하고 있었던 것이다.[75]

　프로이트는 1901년 1월에 《일상생활의 정신병리학》을 탈고했다. 5월에 그는 초교지를 읽기 시작했는데, 진심으로 이 원고를 싫어했으며, 다른 사람들은 자기보다 훨씬 싫어하기를 바란다는 희망을 피력했다.[76] 여기에는 프로이트가 글을 발표할 시점이 다가올 때면 보통 빠지곤 하던 우울한 분위기 이상의 것이 작용하고 있다. 이 책은 그와 플리스의 관계 악화와 밀접한 관련이 있었다. 그는 플리스에게 자신의 "'일상생활'이 자네에 대한 언급으로 가득 차 있다."고 말했다. "명백한 것들은 자네가 자료를 제공한 것이고, 감추어진 것들은 그 동기가 자네에게서 나온 걸세. 제사(題詞) 또한 자네가 준 선물이야." 전체적으로 프로이트는 그 책이 "자네가 지금까지 나에게 한 역할에 대한" 증언이라고 보았다.[77]

플리스의 역할은 프로이트가 인정하고 싶어 하는 것보다 훨씬 컸으며, 이제 그는 놀랄 만큼 솔직한 태도로 플리스에 대한 자신의 부당한 태도를 일상생활의 병리학의 또 하나의 예로 공개적으로 활용했다. 프로이트는 언젠가 플리스를 만났을 때 분명히 어떤 발견을 한 듯한 태도로, 인간이란 동물이 양성적인 성격을 부여받았다고 가정할 때만 신경증을 이해할 수 있다고 말한 적이 있었다. 그러자 플리스는 자신이 오래전에 그런 생각을 개진한 적이 있으며, 그때는 프로이트가 찬성하지 않았다고 지적했다. 프로이트는 플리스의 주장을 몇 주 동안 생각해보다가 마침내 그 일을 기억해내고, 플리스가 우선권을 주장할 권리가 있음을 인정했다. 그러면서 실제로 그때까지는 플리스가 그런 말을 했다는 사실을 잊고 있었다고 덧붙였다. 프로이트는 이전의 대화를 억눌러 근거 없는 명예를 얻으려 했던 것이다. 그는 자신의 의도적인 건망증에 주석을 달았다.* "독창성에 대한 주장은 포기하기 힘든 것이라네." 프로이트는 《일상생활의 정신병리학》에서 인상과 의도를 망각하는 문제에 관한 장에 이 사건을 집어넣었다.[78] 이렇게 배치해놓자 독자들은 감정적인 아픔을 알아차리지 못하게 되었다. 그러나 곧 우정을 잃게 되

---

* 프로이트는 나중에 이런 유형의 '유용한' 망각에 '잠복 기억(cryptomnesia)'이라는 전문적인 이름을 붙였다.

는 두 친구에게 이 일은 매우 불쾌하고, 심지어 고통스러운 것이었다.

물론 세상은 이런 일을 알 도리가 없었다. 결국 모든 사람이 《일상생활의 정신병리학》을 싫어하기를 바란다는 프로이트의 거의 도착적인 소망은 실현되지 않았다. 이 책은 소수 전문가들의 개인 소유로 남게 될 운명이 아니었다. 이 책에는 전문적인 용어가 거의 없다. 프로이트는 이 책에 말 그대로 일화 수십 개를 빽빽하게 집어넣고, 자신과 남들의 경험에서 나온, 어떤 동기가 있는 재미있는 실수들을 모아놓았다. 결정론, 우연, 미신에 관한 자신의 이론적인 생각들은 마지막 장으로 밀어놓았다. 그가 가장 좋아한 이야기는 그가 애독하던 신문 〈신자유신문〉에서 찾아낸 오스트리아 의회의 하원의장과 관련된 것이었다. 의장은 격렬한 싸움이 예상되는 회기의 개회를 앞두고, 공식적으로 개회를 선언하면서, 회기가 시작되는 것이 아니라 끝났다고 말했다.[79] 이 빤한 말실수 뒤에 감추어진 소망은 누구라도 알아볼 수 있다. 그러나 프로이트는 책 전체에 걸쳐 훨씬 알아보기 힘든 생각, 말, 행동의 실수도 일관되게 똑같은 결론, 즉 정신은 법칙의 지배를 받는다는 결론을 가리킨다고 주장했다. 《일상생활의 정신병리학》은 정신분석의 이론적 구조에는 아무것도 보태지 않았다. 비판자들은 그 예들 가운데 일부가 지나친 억지이며, 프로이트의 말실수라는 개념 자체가 너무 느슨해서 과학적으로 검증되지 않는다고 불평했다. 그래도 이 책은 프로이트의 책 가운데 가장 널리 읽히는 책으로 꼽힌다. 이 책은 그의 생전에 11판을 찍고, 12개 언어로 번역판이 나왔다.*[80]

---

* 정신분석학자들은 프로이트의 결정론에 비추어 볼 때, 자유연상 기법은 이름이 잘못 붙여졌다는 정당한 지적을 해 왔다. 사실 분석 대상자가 소파에서 내놓는 일련의 생각이나 기억은 그것들이 눈에 보이지는 않지만 뗄 수 없이 서로 붙어 있다는 바로 그 이유 때문에 흥미가 있는 것이다.

심리학자들이 정신의 감추어진 질서를 보지 못하는 주된 이유는 수많은 정신 작용들, 그 가운데서도 가장 중요한 작용들이 무의식적이기 때문이라고 프로이트는 믿었다. 프로이트가 무의식을 발견한 것은 아니다. 계몽의 시대에 인간 본성을 연구하던 예리한 사람들이 이미 무의식적 정신 작용을 인식했다. 프로이트가 아주 좋아하던 18세기 독일의 재사 게오르크 크리스토프 리히텐베르크는 꿈의 연구를 권하면서, 꿈이란 다른 방식으로는 다가갈 수 없는 자기 인식에 이르는 길이라고 말했다. 프로이트가 자유자재로 인용할 수 있었던 괴테와 실러는 시적 창조의 뿌리를 무의식에서 찾았다. 영국, 프랑스, 독일 등 여러 나라의 낭만주의 시인들은 콜리지(Samuel Taylor Coleridge, 1772~1834)가 "의식의 불가사의한 영역"이라고 부르는 것에 경의를 표했다. 프로이트의 시대에는 헨리 제임스(Henry James, 1843~1916)가 분명한 태도로 무의식과 꿈을 연결시켰다. 그의 중편 〈애스펀의 편지〉의 서술자는 "잠의 무의식적 뇌 활동"에 관한 이야기를 한다.[81] 프로이트는 쇼펜하우어(Arthur Schopenhauer, 1788~1860)와 니체의 기억에 남을 만한 경구에서도 이와 매우 비슷한 정식화를 발견할 수 있었다. 프로이트만의 기여라면 그늘진, 말하자면 시적인 개념을 가져다 정확하게 다듬고, 그것을 심리학의 토대로 들여온 것이었다. 그는 무의식의 기원과 내용, 그리고 그것이 의식을 향하여 밀고 올라오는 절박한 방식들을 구체화했다. 프로이트는 나중에 "정신분석은 병리학적 억압의 연구를 통하여 '무의식'이라는 개념을 진지하게 받아들일 수밖에 없었다."고 술회했다.[82]

이렇게 무의식과 억압을 연결하는 방식은 프로이트가 정신분석을 이론화하던 초기 시절로 거슬러 올라간다. 의식적인 생각의 가닥들은 별개의 요소들이 우연히 뭉친 덩어리처럼 나타나는데, 이것은 단지 그들의 연상적 관련이 대부분 억압되었기 때문일 뿐이다. 프로이트의 말을 빌리자면, 그의 억압 이론은 "신경증 이해의 초석"이다.[83] 사실 신경증만이 아니다. 무의식은 대부분 억압된 재료로 이루어져 있다. 프로이트의 개념화를 따르자면 이 무의식은 일시적으로 시야에서 사라졌지만 쉽게 다시 불러올 수 있는 생각들을 품고 있는 정신의 한 구역이 아니다. 프로이트는 이 구역을 전의식(前意識, preconscious)이라고 불렀다. 무의식은 최대 보안 시설을 갖춘 감옥을 닮았다. 이곳에는 반사회적 재소자들이 오랫동안 고달프게 살고 있다. 또 최근에 입감한 재소자들도 있다. 이들은 가혹한 대접과 엄중한 감시를 받고 있다. 이들은 통제되지 않으며 늘 탈출을 시도한다. 하지만 이들의 탈출은 이따금씩만 성공할 뿐이며, 그때마다 그들 자신이나 남들이 큰 대가를 치러야 한다. 따라서 부분적으로라도 이 억압을 풀려고 시도하는 정신분석가는 이 작업에 따르는 심각한 위험을 인식하고, 역동적 무의식의 폭발적인 힘을 존중하지 않을 수 없다.

저항이 배치한 장애물들이 완강하기 때문에 무의식을 의식으로 만드는 것은 잘 봐주어도 아주 어려운 일이다. 기억하고자 하는 욕망은 잊고자 하는 욕망의 반격을 받는다. 거의 태어날 때부터 정신 발달의 구조 안에 자리를 잡는 이 갈등은 경찰처럼 외적으로 기능하든 양심처럼 내적으로 기능하든 모두 문화의 결과물이다. 제어되지 않는 강한 감정을 두려워한 세상은 기록된 역사 내내 가장 집요한 인간 충동을 예외 없고, 부도덕하고, 불경하다고 낙인찍는 것이 필요하다고 생각해 왔다. 예절에 관한 책의 출간에서부터 해변에서 나체 금지에 이르기까지, 자기보다 나은 사람에게 복종하라는 가르침에서부터 근친상간 금기의 설교에 이르기까지, 문화는 욕망을 일정한 방향으로 이끌고, 제한하고, 꺾는다. 그러나 엄중하고 종종 지나친 금지들에도 불구하고 성적 충동은 다른 원시적 충동들과 마찬가지로 만족을 얻어내려고 가차 없이 밀고 올라온다. 진짜 이유를 좋은 이유로 대체하는 자기 기만과 위선은 억압의 의식적 동행자들로서, 가족의 화합, 사회적 조화, 단순한 체면을 위하여 뜨거운 요구들을 부정한다. 그러나 이런 요구들을 부정할 수는 있지만, 파괴하지는 못한다. 프로이트는 그가 가장 좋아하던 환자로 꼽던 '쥐 인간'이 그에게 인용해준 니체의 말을 좋아했다. "'내가 이렇게 했어.' 나의 기억은 말한다. '내가 이렇게 했을 리 없어.' 내 자존심은 그렇게 말하고 꼼짝도 하지 않는다. 결국 기억이 굴복한다."[84] 자존심은 문화의 속박하는 손아귀다. 기억은 사고와 행동에서 일어나는 욕망에 대한 보고서다. 결국 자존심이 이길 수는 있지만, 욕망이 인류의 가장 절박한 특질이라는 사실에는 변함이 없다. 여기에서 우리는 다시 꿈으로 돌아가게 된다. 꿈은 철저하게 인간이 소망하는 동물임을 보여주기 때문이다. 이것이 바로 《꿈의 해석》의 요체다.—소망과 그 운명.

물론 프로이트는 무의식을 처음 발견한 사람이 아니듯이 뜨거운 욕망의 원초적 힘을 처음 주장한 사람도 아니었다. 적어도 구약성서가 기록된 이후로 수많은 철학자, 신학자, 시인, 극작가, 에세이 작가, 자서전 저자들이 그 힘을 찬양하거나 개탄했다. 또 플라톤과 성 아우구스티누스와 몽테뉴(Michel De Montaigne) 같은 이름들이 증언하듯이, 수백 년 동안 사람들은 자신의 내면의 삶에서 격정의 움직임을 탐사해 왔다. 프로이트의 시대에 빈의 살롱이나 카페에서는 그런 자기 점검이 흔한 일이 되었다. 19세기는 단연 심리학의 세기였다. 그 전에 조금씩 나타나던 고백적인 자서전, 격식에서 벗어난 자화상, 자신을 주인공으로 삼은 소설, 내밀하고 은밀한 일기가 이 시기에는 하나의 흐름을 이루었으며, 주관성의 과시, 의도적인 내면 지향성이 현저하게 강화되었다. 18세기에 루소가 고통스러울 정도로 솔직한 《고백록》에서, 또 젊은 괴테가 자신을 잡아 찢는 동시에 해방시키는 《젊은 베르테르의 슬픔》에서 뿌린 씨를 19세기에 바이런(George Gordon Byron, 1788~1824)과 스탕달(Stendhal, 1783~1842), 니체와 윌리엄 제임스(William James, 1842~1910)가 거두어들였다. 토머스 칼라일(Thomas Carlyle, 1795~1881)은 예리하게도 "우리의 이런 자서전의 시대"에 관해 이야기했다.[85] 그러나 근대에 이렇게 자기에게 몰두하게 된 것이 결코 이익만 준 것은 아니었다. 랠프 월도 에머슨(Ralph Waldo Emerson, 1803~1882)은 만년에 이렇게 말했다. "시대의 핵심은 정신이 자기 자신을 의식하게 되었다는 점이었던 것 같다." 그는 "새로운 의식"이 등장하면서 "젊은 사람들이 뇌에 칼을 품고 태어났으며, 내향성, 자기 해부, 동기 분석의 경향이 나타났다."고 생각했다.[86] 햄릿들의 시대가 된 것이다.

이런 햄릿들 가운데 다수가 오스트리아인이었다. 그들의 문화는 점차 그들이 마음에 있는 것을 마치 노출증에 걸린 것처럼 자유롭게 드러내도록 허용했다. 1896년 말, 빈의 풍자가 카를 크라우스는 당시를 지배하던 분위기를 신랄하지만 정확하게 해부했다. "곧 일관된 리얼리즘은 끝나고, 그린슈타이들(Griensteidl)"—문인들이 자주 찾던 카페—"에는 상징주의의 간판이 내걸렸다. 사람들은 '영혼의 조건'을 관찰하기 시작했으며, 사물의 평범하고 명료한 상태를 피하려 했다. 가장 중요한 구호는 '삶'이었다. 매일 밤 사람들은 모여서 삶과 씨름했으며, 정말로 분위기가 무르익으면 삶을 해석했다."[87] 이런 강한 관심을 가장 분명하게 증언하는 것이 알프레트 쿠빈(Alfred Kubin, 1877~1959)이 1902년에 그린 소묘 〈자기 고찰(Self-Consideration)〉인지도 모른다. 이 그림은 머리 없는 반라의 인물이 서 있는 모습을 뒤에서 그린 것인데, 그 몸에는 너무 클 것으로 보이는 머리가 바닥에서 관객을 멍하니 마주보고 있으며, 열린 입 안으로 사이가 벌어진 무시무시한 치아들이 보인다.

이 소묘는 《꿈의 해석》을 위한 삽화처럼 보이지만 실제로는 그렇지 않았다. 프로이트는 이렇게 과도하게 자극을 받아 잔뜩 흥분한 빈의 세계에는 관심이 없었다. 그는 빈의 다른 모든 사람과 마찬가지로 재기 넘치는 독특한 정기간행물 〈횃불(Die Fackel)〉을 읽었다. 정치, 사회, 언어의 부패에 대한 통렬한 채찍과 같은 이 재치 있는 잡지는 카를 크라우스가 거의 다 쓰고 간행까지 했다. 나아가서 프로이트는 아르투어 슈니츨러의 단편, 장편, 희곡을 높이 평가했다. 주로 등장인물들의 관능적인 내면 세계를 예리하게 드러내는 점을 높이 샀기 때문이다. 슈니츨러는 심지어 꿈이 "무례한 소망", "용기 없는 갈망"이며, 우리 마음의 구석으로 몰려가 숨어 있다가 밤에만 간신히 기어 나온다는 내용의 사행시로 프로이트의 전공 분야를 공략하기도 했다.

> 꿈은 용기 없는 갈망,
> 낮에는 마음의 구석에 쫓겨나 있다가
> 밤에야 비로소 기어나올 엄두를 내는
> 무례한 소망이라오.[88]

프로이트는 슈니츨러의 작품에서 늘 기쁨을 얻었으며, 슈니츨러에게 편지를 보내 인간의 마음에 대한 그의 "은밀한 지식"을 질투한다고 말했는데,[89] 이것은 예의상의 찬사 이상의 것이었다. 그러나 앞서도 보았듯이 프로이트는 대부분의 경우 현대의 시인이나 화가나 카페 철학자들과 거리를 유지했으며, 진료실이라는 금욕적인 고립 상태에서 자기 연구를 수행했다.

《꿈의 해석》과 정신분석 전체의 중심 주제를 이루는 한 가지 매혹적인 발견은 인간의 가장 집요한 소망들은 그 기원이 유아기에 있으며,

오스트리아의 작가이자 의사였던 아르투어 슈니츨러. 그는 세기말 빈의 사회상과 인간 내면을 날카롭게 파헤친 작품을 썼다. 프로이트는 그의 작품을 좋아해 편지를 보내기도 했다.

사회에서 허용될 수 없고, 대부분 교묘하게 감추어져 있어 의식적인 정밀조사로는 거의 다가갈 수 없다는 것이었다. 프로이트는 이 "경계심 많고, 말하자면 불멸인 우리 무의식의 소망들"을 신화의 티탄에 비유했다. 티탄들은 그들에게 승리를 거둔 신들이 그들 위에 쌓은 육중한 산들을 이고 있지만, 가끔 발작을 일으키듯이 두 팔을 들어올린다. 이것이 모든 꿈 밑에 묻혀 있는 힘이다. 프로이트는 꿈을 자극하는 낮 시간의 생각을, 구상은 있지만 자본은 없는 기업가라고 묘사했다. 이 사업에 돈을 대주는 자본가는 **"무의식 출신의 소망"**이다.[90] 이런 역할 구분이 늘 정확한 것은 아니다. 자본가 자신이 기업가가 될 수도 있기 때문이다. 요는 꿈이 사업을 시작하려면 자극과 에너지 자원이 다 필요하다는 것이다.

여기에서는 왜 자본가가 잉여를 투자할 수밖에 없다고 느끼느냐 하는 문제가 제기된다. 이에 대해 프로이트가 제시하는 답은 1895년의 좌절된 기획을 생각나게 한다. 인간 유기체는 자극을 최소로 줄이려 하지만, 동시에 이전의 쾌감을 되살리기 위해서, 어쩌면 그 쾌감을 반복하기 위해서 기억을 활성화한다. 여기에서 소망이 태어난다. 소망은 무의식에서 갈등을 일으킨다. 소망은 절제가 없어, 아이가 성장하는 환경을 이루는 문화적 제도들의 명령을 거스르기 때문이다. 그러나 억눌린다고 해서 사그라들지는 않는다. "무의식적 소망은 늘 활동 상태다." 사실 프로이트는 그 소망들을 "파괴할 수 없다"고 결론을 내린다. "무의식에서는 어떤 것도 끝낼 수 없고, 어떤 것도 과거가 되거나 잊힐 수 없다." 그러나 이런 소망들은 시간이 지나면서, 말하자면 세련되게 다듬어진다. 프로이트가 "1차 과정(primary process)"이라고 부른 것, 즉 처음부터 마음에 자리 잡고 있던 길들여지지 않은 원시적인 정신적 에너지들의 집적은 여전히 쾌락 원칙(pleasure principle)에 완전히 좌우된다. 이것은 생각이나 지연을 참지 못하고, 무분별하게, 노골적으로, 난폭하게 만족을 원한다. 그러나 오랜 발달을 거치면서 정신은 현실을 고려하는 "2차 과정(secondary process)"을 추가한다. 이것은 생각, 계산, 즉 나중에 즐기기 위해 만족을 미루는 능력을 도입하여 덜 격정적으로 또 더 효율적으로 정신 기능을 규제한다. 그러나 프로이트는 2차 과정의 영향력을 과대 평가하지 말라고 경고했다. 1차 과정은 평생에 걸쳐 그 집요한 탐욕을 유지한다는 것이다. 따라서 프로이트가 그의 해몽 책의 후기 판들에서 간결하게 정리했듯이, 꿈을 연구하는 사람들은 "심리적 현실이 **물질적 현실과 혼동되어서는 안 되는, 존재의 특수한 형식이라는 것**"을 인식해야 한다.[91] 프로이트는 이 말로 책의 결론을 맺으면서 자신이 시작한 야심만만한 프로그램을 당당하게 옹호한다. 그는 1910년에 희망을 담아, 그의 "가장 의미심장한 작업"인 《꿈의 해석》이 "인정을 받기만" 한다면, "정상적인 심리학도 새로운 기초 위에" 올려놓을 것이 틀림없다고 썼다.[92]

미켈란젤로의 〈모세〉

아마 프로이트가 《꿈의 해석》에 뿌려놓은, 그의 정신을 알 수 있는 실마리들 가운데 가장 흥미롭고 또 단연 가장 통렬하다고 꼽을 만한 것은 로마라는 주제일 것이다. 로마는 멀리 보이는 최고의 보물이자 이해할 수 없는 위협으로 빛을 발하고 있다. 로마는 프로이트가 가고 싶다고 욕심을 내던 도시였지만, 그는 어떤 공포증적인 금제 때문에 묘하게도 그 욕망이 무너지고 마는 것을 알게 되었다. 그는 몇 번 이탈리아로 휴가를 갔지만, 로마에서 약 80킬로미터 정도 떨어진 트라시메노 호수까지밖에 가지 못했다. 이 호수는 한니발도 갑자기 멈추어 섰던 곳이었다. 1897년 말 프로이트는 플리스와 로마에서 "모임"을 가질지도 모른다는 꿈을 꾸었고,[93] 1899년 초에는 부활절에 그곳에서 플리스를 만나겠다는 생각을 하기도 했다.[94] 몇 달이 지난 뒤에는 "영원의 도시에서 처음으로 삶의 영원한 법칙들에 관해 듣는 것"이 아주 좋은 계획이라는 생각이 들었다고 말했다.[95]

그는 스스로 괴로운 갈망이라고 부른 것에 사로잡혀 로마의 지형을 연구하다가,[96] 자신의 집착에 분명히 묘한 데가 있음을 깨달았다. 프로이트는 플리스에게 말했다. "그런데 로마를 향한 내 갈망은 매우 신경증적일세. 이것은 초등학교에 다닐 때 내가 유대인의 영웅 한니발에 열광하던 것과 관계가 있네."[97] 우리가 알다시피, 프로이트는 자신의 이런 초등학교 시절의 열광(Gymnasialschwärmerei)을 반유대주의에 도전하고 그것을 무찌르고 싶은 열렬한 소망의 표현으로 해석했다. 로마를 정복하는 것은 유대인의 불구대천의 원수가 있는 자리—그 사령부—에서 승리를 거두는 것이었다. "한니발과 로마는 어린 아이에게 유대 민족의 끈기와 가톨릭교회 조직 사이의 대립을 상징했다." 그러나 여기에는 그 이상의 것이 있었다. 그는 로마에 대한 자신의 욕망이 "뜨겁게 품어 온 다른 몇 가지 소망의 가면이자 상징" 역할을 한다는 점에 주목했다.[98] 프로이트는 그것이 오이디푸스적 성격을 띤 것이라고 암시했다. 그는 타르퀴니아인이 받은 고대의 신탁, 즉 어머니에게 처음 키스한 사람이 로마의 통치자가 될 것이라는 신탁을 떠올렸다.*[99] 양가적인 강렬한 상징인 로마는 프로이트의 감추어진 가장 강력한 성적 소망들, 그리고 그보다는 약간 덜 감추어진 공격적인 소망들을 상징하면서, 그 소망들의 은밀한 역사를 훑어보고 있었다.

 프로이트는 《꿈의 해석》을 출간할 때 아직 로마를 정복하지 못했다. 그는 이것이 어쩐 일인지 어울린다고 생각했다. 내적으로 명료해지면서 대담하게 이론화를 해 나가던 이 폭풍 같던 시절에 그를 괴롭히던 고독이나 좌절의 느낌과 맞아떨어졌기 때문이다. 이 책을 쓰는 데는 오랜 시간이 걸렸으며, 프로이트는 이 책의 완성을 하나의 상실로 받아들였다. 그는 한동안 우울했다. 1899년 10월 초에 프로이트는 "자신의 특별한 소유물"을 박탈당하는 것은 "고통스러운 느낌"이라는 플리스의 말에 동의했다. 그는 이전에는 자기 비판적이었지만, 이제는 곧 나올 책을 좋아하게 되었다. "잘 쓴 것은 아니지만, 전에 나온 것들보다는 훨씬

---

* 그 키스의 정신분석학적 함의(비록 프로이트는 드러내놓고 말하지 않지만)는 아버지에 대한 승리다. 더 깊은 수수께끼와 더 넓은 함의가 있을 수도 있지만, 프로이트는 안전한 추측을 해볼 만한 재료를 제공하지 않는다.

낫다."는 것이었다. 프로이트는 이 책의 출판이 더욱 고통스러웠던 것은 "나와 헤어지는 것이 지적인 소유물이 아니라 감정적 소유물이기 때문"이라고 생각했다.[100] 오랫동안 소중하게 간직해 온 또 하나의 감정적 소유물인 플리스와 헤어져야 할지도 모른다는 막연한, 아직은 멀리 떨어진 폭풍도 그의 기분을 어둡게 했다. 또 처음 있는 일도 아니었지만, 교수 임용에서 고려의 대상이 되지 못했다는 소식이 들렸을 때도 평온을 찾지 못했다. 프로이트는 해몽 책의 첫 두 부 가운데 한 부를 플리스에게 생일 선물로 보내고, 여론의 반응에 대비해 냉정하게 마음을 다 잡았다. "나는 오래전부터 이런 일에는 단념을 해 왔기 때문에, 말하자면 기대를 버리고 그 책의 운명을 받아들일 수 있네."[101]

사실 프로이트의 기대는 사실이었지만, 기대를 버렸다는 말은 사실이 아니었다. 그는 전체를 칭찬하는 대신 사소한 실수들을 지적하는 해몽 책의 초기 독자들 때문에 마음이 차가워졌고, 언짢아했고, 짜증이 났다. 그가 마음의 준비를 하고 있었던 강력한 이의 제기는 없었다. 그러나 상당히 빠른 시기인 12월에 나온 《꿈의 해석》에 대한 첫 반응에 프로이트는 불쾌해했다. 그는 플리스에게 그것이 비판으로서는 전혀 "의미가 없고", 서평으로서는 "불만족스럽다"고 말했다. 카를 메첸틴(Carl Metzentin)이라는 이름의 비평가가 프로이트에게 조금이라도 용서를 받을 수 있었던 것은 오로지 "획기적"이라는 한 단어 덕분이었다.[102] 그러나 그것으로는 부족했다. 프로이트는 자신의 생각에 대한 빈 사람들의 태도가 "극히 부정적"임을 알았으며, 자신과 플리스가 대담무쌍한 선구자들이라는 생각으로 기운을 내려 했다. "사실 우리는 끔찍할 정도로 멀리 앞서 가고 있네." 그러나 우울한 기분은 가시지 않았다. "이제는 이론 작업을 할 힘이 전혀 남지 않았네. 그래서 저녁이면 몹시 따분해."[103] 따분함이란 종종 분노와 불안의 증후다. 아마 분명하게 규정할 수 없는 걸작을 만들어내고 괴로워하는 프로이트의 경우에도 그랬을 것이다.

새해가 되어도 위로가 될 만한 일은 없었다. 1900년 1월 초, 빈 사람들이 애독하는 일간지 〈시대(Die Zeit)〉에 실린 서평은 프로이트가 보기에 "백치가 쓴 것 같고", "거의 비위에 맞지 않고, 이해가 한참 부족했다."[104] 아는 사이인 시인이자 극작가 야코프 율리우스 다비트(Jakob Julius David, 1859~1906)가 〈국가(Nation)〉에 쓴 서평은 "약간 모호하기는" 하지만 "친절하고 예리했다." 그러나 거의 위로는 되지 않았다. "학문이 점점 더 어려워지네. 저녁이면 기분을 좀 밝게 해주고, 상쾌하게 해주고, 깨끗하게 해줄 만한 것을 원하지만, 늘 혼자야."[105] 이 말은 수상쩍게도 약간 자기 연민이 섞여 있는 것처럼 들린다. 프로이트는 공허에 둘러싸인 채 오로지 오해와 무시만 예상하며 살기로 결심한 것처럼 보였다. "나는 바깥세상과 거의 단절되었네." 그는 1900년 3월에 그렇게 보고했다. "《꿈의 해석》이 누군가의 마음에 감동을 주었다는 이야기는 전혀 들리지 않네. 그런데 바로 어제 일간지 〈빈 외국신문(Wiener Fremdenblatt)〉의 문예란에 호의적인 기사가 실린 것을 보고 놀랐네." 이제는 좋은 소식에만 놀랐다. "나는 공상에 빠지고, 체스를 두고, 영어 소설을 읽네. 진지한 모든 것은 여전히 다 추방 상태라네. 두 달 동안 내가 알게 된 것이나 추측하게 된 것을 한 줄도 쓰지 않았네. 따라서 일에서 자유로워지자마자 나약한 속물처럼 살고 있는 셈이라네. 자네도 내 방종이 얼마나 제한적인지 알지 않나. 나는 시가도 좋은 것은 피우지 않아. 알코올은 나에게 전혀 도움이 되지 않네. 아이도 다 낳았어. 사람들과 접촉하는 일은 단절되었네. 따라서 나는 누구에게도 해를 주지 않고 식물처럼 살고 있네. 낮에 작업하는 주제로부터 관심을 돌리려고 조심하면서 말일세."[106] 프로이트는 진이 다 빠진 것 같았다.

프로이트가 기분이 저조했던 한 가지 이유는 경제적인 것이었다. 그의 진료 수입은 변동이 심했던 것이다. 그는 자기 규율과 힘겹게 얻은 정신적 균형에 의지하여 그런 기분에서 벗어나려 했으나, 그다지 성공을 거두지 못했다. 프로이트는 1900년 5월 7일에 플리스의 생일 축하에 답하여 이렇게 말했다. "전체적으로 나는 사리 분별을 하는 사람이니 불평은 하지 않네. 한 가지 약점, 즉 가난에 대한 두려움만 빼면 말일세." 물론 그도 "인간의 곤궁에 관한 통계를 고려할 때 내가 가질 자격이 있는 것에 비해 많이 갖고 있는 것인지도 모른다."고 인정했다.[107] 그러나 가끔 대처하기 힘든 분석 대상자 몇 명을 이해하지도, 돕지도 못하는 것 때문에 절망에 빠지기도 했다. 그런 기분에 빠져들 때면 그 사람들 때문에 괴로워했다.[108] 1900년의 늦겨울에 프로이트는 봄과 해를 고대하면서 어두운 목소리로 "파국"과 "붕괴" 이야기를 했다. 그는 "신기루 같은 성"을 완전히 "부수어버릴" 수밖에 없었다. 그러면서도 "작은 용기를 모아 그것을 다시 지으려고" 최선을 다하고 있었다.[109]

여론의 무시와 개인적 외로움은 서로 상승 효과를 일으켰다. 프로이트는 자신을 천사와 씨름하는 야곱에 비유했다. 우월한 상대를 만났기 때문에 숨을 헐떡이며 천사에게 놓아 달라고 간청했다. "내가 인간으로는 처음 들어가본 정신 생활의 미발견 영역 가운데 어느 것도 내 이름을 따서 부르는 일은 없을 것이고 내 법칙을 따르지도 않을 것이며, 그것이 나에게는 정의로운 형벌이 될 걸세." 그는 그렇게 예언했는데, 이것은 그의 예언 가운데 가장 크게 틀린 예언이 되었다. 그러나 그는 천사와 대결해서 절뚝거리는 다리밖에 얻은 것이 없다고 생각하고 있었다. 그는 이런 때 이른 노쇠라는 우울한 희화화에 푹 빠져들었다. "그래, 정말로 나는 벌써 마흔넷이야." 그는 1900년 5월에 그렇게 썼다. "늙고 약간 추레한 이스라엘 사람이지."[110] 그는 가족들에게도 똑같이 침울한 태도를 보였다. 베를린의 조카딸들이 그의 생일 축하를 해주는 것에 감사하면서 스스로 자신을 "늙은 삼촌"이라고 불렀다.[111] 1년 뒤 그는 체념한 목소리로 가족에게 "늙은 사람 생일에 뭘 하는 것을 중단"해 달라고 요구하면서—물론 소용없었지만—자신이 "생일을 맞은 아이"라기보다는 일종의 늙은 기념물이라고 말했다.[112] 그때부터 추레함보다는 나이가 그를 괴롭히게 된다.

늘 단조로 울려 퍼지는 이런 웅변적인 만가는 자기 분석이 이루어진 1900년경에도 프로이트가 얼마나 약한 상태였는지 보여준다. 그는 성공을 위해 모험하는 것을 피하려고 실패의 유령을 불러냈다. 프로이트는 자신의 생각의 독창성과 불쾌한 면이 어리둥절한 침묵이나 격분하여 못마땅해하는 태도를 불러일으킬 것이라고 분명히 예상했을 것이다. 따라서 이 두 가지는 실제로는 그들 자신도 모르게 칭찬을 하는 것이나 다름없다고 받아들일 수도 있었을 것이다. 그러나 그는 비평가들, 환자들, 친구들, 자기 자신에게 다 불만이었다. "꿈의 자식"[113]의 출생은 그만큼 힘들었던 것이다.

프로이트는 아주 많은 것을 기대했던 논문을 끝냈는데 좌절감이나 강요된 고독감이 거의 그대로임을 알고 낙담했다. 1900년 3월에는 "열에 들떠 활기차게" 해몽 책을 완성하던 지난여름을 돌아보며 향수에 젖기도 했다. 그때는 어리석게도 "이제 자유와 편안함을 향하여 한 걸음을 내디뎠다는 희망에 다시 한 번 빠져들었네. 그러나 그 이후 책이 받아들여지는 과정과 침묵이 나의 환경과 나 사이에 싹트던 관계를 다시 파괴해버렸지."[114] 그러나 프로이트는 점차 우울한 상태에서 벗어났다. 1901년 9월에는 자기 분석에서 기운을 얻어 마침내 오랜 억제를 극복하고 동생 알렉산더와 함께 로마를 찾아갔다. 기번(Edward Gibbon),

프로이트의 막내 동생 알렉산더. 프로이트는 형제 중에서도 알렉산더와 특히 친했으며 1901년에는 오랫동안 고대하던 로마 여행에 동행하기도 했다.

괴테, 몸젠(Theodor Mommsen) 등 로마를 처음 방문한 수많은 북부인들과 마찬가지로 프로이트도 기쁨에 정신이 몽롱한 상태에서 걸어다녔다. 그는 기독교 로마에 혼란을 느꼈다. 현대 로마는 장래가 유망하고 쾌적해 보였다. 그러나 그를 환희에 젖게 한 것은 고대와 르네상스의 로마였다. 그는 트레비 분수에 동전을 던지고, 고대 유적지에서 기쁨을 느꼈으며, 미켈란젤로의 〈모세〉에 매혹되었다.* 로마 방문은 그의 인생의 한 "정점"이라고 그는 과장할 생각 없이 단호하게 말했다.115)

프로이트는 매일 열광하여 가족에게 소식을 전하면서, 도대체 왜 이렇게 오랫동안 이런 최고의 기쁨을 스스로 막았는지 모르겠다고 말했다. 9월 3일에는 "정오에 판테온 맞은편에서" 아내에게 편지를 쓰면서 이렇게 감탄했다. "그러니까 이것이 내가 오랫동안 두려워하던 것이야!"116) 그

---

* 이 조각과 모세가 프로이트에게 준 의미에 관해서는 본서 7장 581~587쪽 참조.

는 로마가 매혹적으로 덥고, 로마의 빛이 장엄하다는 것을 알았다. 그는 이틀 뒤에 아내에게 자기를 걱정할 필요 없다고 말했다. 그의 생활은 "일에서나 노는 데서나 즐거우며, 자신과 다른 일들을 다 잊어버릴 정도"라는 것이었다.117) 그는 다시 9월 6일에 로마에서 여전히 명랑한 기분으로, 그리고 쾌활한 전보 같은 말투로 보고한다. "오늘 오후에는 오랫동안 삶의 양식이 될 몇 가지 인상적인 광경을 보았음."118) 나중에 이탈리아를 자주 찾게 되면서 프로이트는 베네치아의 아름다움119)과 나폴리를 둘러싼 풍경(사람은 아니고)에 감탄한다.** 그러나 그가 가장 사랑한 곳은 여전히 논란의 여지 없이 "이 신성한 도시" 로마였다.120) 프로이트는 로마를 찾아갔을 때 딸 마틸데에게 편지를 쓰면서 "로마의 엄격한 진지함에 끌렸기 때문에" 피렌체 외의 아름다운 고장 피에졸레에는 오래 머물고 싶지 않다고 말했다. 사실 "이 로마는 아주 놀라운 도시야. 벌써 많은 사람들이 그렇다고 생각했지만."121)

　프로이트는 곧 로마 정복이 그에게 준 심리학적 기회들을 이용했다. 그의 로마 방문은 더 큰 내적 자유의 상징이자 계기인 동시에, 사회적이고 정치적인 행동에 있어서 새로운 유연성의 상징이었다. 현실적으로도 그가 반은 만족스럽고 반은 당혹스러운 **찬란한 고립**122)이라는 모호한 중간 지대에서 빠져나오는 데 도움을 주었다. 1902년 가을 프로이트는 매주 수요일 밤 베르크 가세 19번지에서 소수의 의사들―처음에는 겨우 다섯 명이었으며, 그 수는 아주 느리게 늘어났다.―과 관심 있는 일반인 몇 명을 만나 전적으로 그가 주도하여 사례를 보고하고, 정

** 1902년 9월 1일 프로이트는 나폴리에서 아내에게 엽서를 보내, 특히 베수비오 산을 바라보고 자리 잡은 도시의 위치를 매우 칭찬했다. 그러나 프로이트는 이렇게 덧붙였다. "사람들은 혐오스러워. 갤리선 노예들 같아. 중세와 다를 바 없이 시끄럽고 더러워. 무엇보다도 잔인할 정도로 더워." (Freud Museum, London.)

신분석학 이론이나 정신분석적 전기(傳記)에 관해 논의하기 시작했다.*
그보다 반년쯤 전인 2월에는 오랫동안 탐내고 또 실제로 충분한 자격을 갖추고 있던 교수직을 마침내 확보했다. 그 이후 프로이트는 두 번 다시 사회적 지위, 공적인 반향, 열렬한 추종자, 측근 내의 논쟁을 아쉬워할 필요가 없게 되었다.

프로이트가 학계에서 지위가 올라가게 된 복잡한 과정을 보면 오스트리아-헝가리 제국에서 승진에 이르는 길―미로 같으면서도 아늑하다.―이 적나라하게 드러난다. 독창성이 반드시 장애가 되었던 것도 아니고, 우수성이 반드시 필요조건이었던 것도 아니다. 오직 연줄(Protektion)만이 교수 승진을 보장해주었다. 프로이트는 1885년부터 사강사(Privatdozent)였다. 12년이라는 긴 세월 뒤인 1897년 2월에 그의 가장 영향력 있는 선배 헤르만 노트나겔과 리하르트 폰 크라프트-에빙이 그를 원외교수(Ausserordentlicher Professor) 자리에 추천했다. 원외교수는 주로 위신(그리고 그에 따른 높은 진료비) 때문에 가치를 인정받는 자리였다. 이 지위에는 보수도 없었고, 의대 교수 회의에 참석할 자격도 없었기 때문이다. 그러나 상관없었다. 프로이트가 무뚝뚝하게 말했듯이 교수 자리는 "우리 사회에서 의사를 환자들에게 반신반인의 지위로 승격시켜주기" 때문이었다.[123] 프로이트의 동기들은 교수직 위계에서 꾸준히 위로 올라갔지만 프로이트는 계속 사강사였다. 그러다가 그를 심사하기 위해 임명된 7인 위원회가 1897년 3월 회의를 열어 그를 만장일치로 원외교수로 추천했다. 6월에 의대 교수진은 22 대 10으로 이 추천을 승인했다. 그러나 교육부는 아무런 행동도 하지 않았다.

---

* 본서 4장 337~347쪽 참조.

프로이트는 해마다 승진하는 사람들이 열을 지어 눈앞을 지나가는 것을 말없이 지켜보았다. 그는 고위 관료들에게 연줄을 댈 수 있는 옹호자들의 도움을 얻는 "미끄러운 비탈"[124]에 발을 올리기를 주저했다. 그는 오스트리아의 연줄 체계가 혐오스럽다고 생각했다.[125] 또 자신이 그런 것 없이는 살아갈 수 없는 절망적인 경우도 아니라고 생각했다. 사실 그는 고려의 대상이 될 만한 요건을 모두 갖추고 있었다. 1891년에 발표한 실어증에 관한 논문과 6년 뒤에 발표한 유아의 뇌성 마비에 관한 논문은 상당한 두께로, 전통적인 의학의 영역을 전혀 벗어나지 않은 범위에서 그의 능력을 인상적으로 보여줄 수 있는 성과였다. 그러나 프로이트에게는 교수 자리가 돌아가지 않았다. 1897년에도, 1898년이나 1899년에도, 심지어 프란츠 요제프 황제가 승진 제청서에 올라온 많은 사람을 승인한 1900년에도 마찬가지였다. 그러다가 1901년 말 프로이트는 방향을 틀었다. 역겨움을 드러내고 의식적인 죄책감을 기록하면서도 수동적인 태도에서 능동적인 태도로 옮겨 간 것이다. 그 결과는 신속했고 놀라웠다. 1902년 2월 22일 황제가 프로이트에게 원외교수 직함을 부여하는 명령에 서명을 한 것이다. 온 가족에게 특별한 날이었다. 프로이트의 누이 마리는 얼른 맨체스터 소식을 전했고, 그들의 배다른 형제 필리프는 "사랑하는 동생 지크문트"와 관련된 좋은 소식에 기쁨으로 응답하며 승진에 관해 더 자세한 소식을 알려 달라고 했다.[126]

프로이트가 플리스에게 보낸 마지막 편지들 가운데 한 통에서는 그 과정을 고통스러울 정도로 자세하게 기록하고 있다. 플리스는 프로이트가 마침내 교수님(Herr Professor)이 된 것을 축하하며, "인정", "정복" 같은 말들을 사용했다. 프로이트는 답장을 쓰다가 "진지해지고자 하는 익숙하고 해로운 충동"에 사로잡혀 모든 것을 그 자신이 연출했다고 약간 심술궂게 고백했다. 그는 9월에 로마에서 돌아온 뒤 진료 환자가 많이 줄어든 것을 알았고, 플리스와 점점 소원해지면서 어느 때보다 외로움을 느꼈으며, 교수 자리를 마냥 기다리다가 남은 인생의 많은 부분이 지나가버릴지도 모른다는 사실을 인식했다. "나는 로마를 다시 보고 싶었고, 환자들을 돌보고 싶었고, 자식들이 기가 죽지 않기를 바랐네." 이 모든 것 때문에 프로이트는 연줄을 구하는 미끄러운 비탈로 내몰렸다. "그래서 나는 엄격한 미덕과 결별하고 다른 인간들과 마찬가지로 적당한 조치를 취하기로 결정했네." 프로이트는 4년이나 가만히 있다가 이제야 옛 스승인 생리학과 교수 지크문트 폰 엑스너(Sigmund von Exner)를 찾아갔다. 옛 스승은 퉁명스럽게 교육부 내부의 적대적인 분위기를 얘기하고, "반대 방향에서 개인적인 영향력을 행사할 사람을 찾으라"고 조언했다. 그래서 프로이트는 "오랜 친구이자 그의 환자이기도 했던" 엘리제 곰페르츠(Elise Gomperz)를 동원했다. 그의 남편 테오도어 곰페르츠는 저명한 고전학자였는데, 젊은 프로이트를 고용해 존 스튜어트 밀의 에세이 몇 편을 독일어로 번역하기도 했다. 그래서 엘리제 곰페르츠가 개입을 했으나, 알아낸 것이라고는 프로이트가 노트나겔과 크라프트–에빙으로부터 다시 추천을 받아야 한다는 사실뿐이었다. 두 사람이 다시 추천을 했으나, 당장은 아무런 효과가 없었다.[127]

그러자 또 다른 친구이자 환자인, 곰페르츠 교수 부인보다 사회적인 지위가 훨씬 높은 마리 페르슈텔(Marie Ferstel) 남작 부인이 프로이트를 지원하고 나섰다. 남작 부인은 힘을 써서 교육부 장관을 만난 다음 그를 설득하여 "그녀의 건강을 되찾아준 의사"에게 교수직을 주겠다는 약속을 받아냈다. 프로이트가 전하는 바에 따르면, 뇌물은 장관이 세우려고 하는 화랑에 걸 에밀 오를리크(Emil Orlik)의 "현대화" 한 점이었다. 프로이트가 냉소적으로 던진 말에 따르면, "뵈클린(Böcklin) 한 점"

(오를리크의 그림보다 더 귀하게 여겨졌던 것으로 보인다)이 마리 페르슈텔의 숙모가 아니라 그녀 자신의 소유였다면, "나는 석 달 빨리 임명되었을 걸세." 그러나 프로이트는 가장 신랄한 냉소는 자기 자신을 위해 아껴 두었다. 〈빈 신문(Winer Zeitung)〉이 아직 프로이트의 교수 임명 사실을 발표하기 전 그는 플리스에게 이렇게 말했다.

임명이 임박했다는 소식이 관료 집단에서부터 빠르게 퍼지기 시작했네. 아주 많은 주민이 관심을 보이더군. 지금도 축하와 꽃 선물이 비 오듯 쏟아지고 있네. 갑자기 폐하께서 성(性)의 역할을 공식적으로 인정하기라도 한 것처럼, 각료회의가 꿈의 의미를 확인해주기라도 한 것처럼, 의회에서 히스테리를 정신분석적인 방법으로 치료할 필요성을 3분의 2의 찬성으로 받아들이기라도 한 것처럼 말일세.

프로이트는 마침내 "새로운 세계가 달러의 지배를 받듯이 이 낡은 세계는 권위의 지배를 받는다는 사실"을 알게 되었다. 그러면서 권위에 처음으로 복종을 했으니, 이제 보답을 기대할 수 있겠다고 덧붙였다. 그러나 그동안 그렇게 수동적으로 기다리기만 한 것을 보면 그는 바보, 멍청이였다. "이 일 전체에서 귀가 긴 당나귀 같은 바보가 한 사람 있는데, 자네 편지를 보니 잘 파악하지 못하는 것 같더군. 그건 바로 나일세." 물론 "3년 전에 이런 몇 가지 단계를 밟았다면 나는 그때 임명이 되었을 걸세. 그럼 욕을 훨씬 덜 보았겠지. 다른 사람들은 로마에 갔다 오지 않아도 똑똑하기만 한데 나는 왜 이런지."[128) 그는 마치 맨발로 눈을 밟고 카노사*에 갔다온 것처럼 말하고 있었다. 프로이트가 새로

---

* 신성로마제국 황제 하인리히 4세의 '카노사의 굴욕' 사건이 일어났던 곳. (역주)

운 자리에 오르며 느낀 기쁨은 진짜였지만, 이 기쁨은 그것을 얻으려고 어쩔 수 없이 사용해야만 했던 불명예스러운 책략들로 인한 불편함 때문에 많이 훼손되었다.

기록에서 한 가지는 분명하다. 학계에서 프로이트의 승진은 현저하게 속도가 늦었다는 것이다. 누가 의도적으로 막은 것처럼 보일 정도다. 아주 많은 의사가 사강사 자리에 앉았다가 4, 5년 뒤에는 심지어 정교수까지 승진했다. 1년 뒤에 승진하는 사람도 있었다. 1885년부터 따져볼 때, 프로이트가 기다리던 기간에 강사에서 교수로 승진하는 데 걸린 시간은 평균 8년이었다. 1885년 프로이트와 함께 사강사로 임명되었던 위대한 신경학자 율리우스 폰 바그너-야우레크(Julius von Wagner-Jauregg, 1857~1940)는 불과 4년 뒤에 교수 직함을 확보했다. 프로이트는 17년을 기다려야 했다. 교수 자리에 아예 오르지 못한 극소수를 빼면 19세기의 마지막 15년 동안 사강사로 임명된 약 백 명의 후보자들 가운데 프로이트보다 더 오래 기다린 사람은 불과 네 명이었다.[129] 엑스너의 말이 옳았다. 관료 집단에서는 프로이트에 대한 편견이 집요하게 이어졌던 것이다.

분명히 반유대주의도 배제할 수 없다. 물론 유대인도, 심지어 세례라는 유익한 구원책을 거부한 사람들도 오스트리아 의학계에서 높은 지위까지 계속 올라갔지만, 널리 퍼지던 반유대주의라는 전염병은 영향력 있는 관료들을 그냥 놔두고 지나가지 않았다. 1897년 노트나겔은 프로이트에게 자신이 크라프트-에빙과 함께 그의 승진을 추천한다고 알리면서도 너무 많은 것을 기대하지는 말라고 경고했다. "자네도 이 다음이 어렵다는 것을 알잖나."[130] 노트나겔이 암시하는 것은 분명히 뤼거가 시장으로 있는 빈에서는 유대인과 관련하여 불편한 분위기가 있다는 사실이었다. 우리가 보았듯이 1890년대의 반유대주의는 1870년대 프로이트가 대학생 시절 몇 번 마주쳤던 반유대주의보다 훨씬 유독하고 노골적이었다. 1897년 기반을 굳힌 뤼거는 자신의 정치적 목적을 위해 유대인에 대한 증오를 조작했다. 이런 분위기가 오스트리아 유대인의 전문적인 경력에 영향을 준다는 것은 비밀이 아니라 공공연한 사실이었다. 세기말의 사건들을 다룬 아르투어 슈니츨러의 《열린 곳으로 가는 길》이라는 소설에서 등장인물인 유대인 의사는 사회를 지배하는 편협한 태도에 항의하는 아들에게 이렇게 말한다. "결국은 인격과 성취가 반드시 승리할 거다. 너한테 무슨 해가 오겠니? 그저 네가 다른 사람들보다 몇 년 늦게 교수가 된다는 것 외에."[131] 이것이 바로 프로이트에게 일어난 일이었다.

그러나 프로이트가 그렇게 오래 교수직에 오르지 못하고 중간 지대에서 시들어 간 것은 반유대주의 때문만은 아닐 것이다. 신경증의 기원에 대한 그의 수치스러운 이론 때문에, 그의 앞길을 편하게 해줄 수 있는 가장 좋은 자리에 있는 사람들의 눈에 그는 예뻐 보이지 않았다. 프로이트는 어느 문화 못지않게 체면을 중시하고 직함을 탐내는 문화에서 살았다. 그가 빈 정신의학 및 신경학회에서 히스테리의 성적 원인에 관한 강연, 이른바 그의 "과학적 동화" 강연을 한 것은 오래전 일이 아니었다. 바로 얼마 전인 1896년의 일이었다. 정부가 프로이트의 과학적 성취를 인정하고 보답하는 데 머뭇거린 동기는 프로이트의 표현을 빌리자면 "중층 결정"된 것이었다. 즉 완전히 이해하기 어려울 만큼 복잡했다.

그에 비하면 프로이트 자신의 동기, 오랫동안 인내한 동기와 갑자기 적극적인 전술로 전환한 동기는 투명한 편이다. 프로이트는 늘 명성을 열망했지만, 그가 원한 것은 돈으로 사지 않은 명성이었다. 가장 달콤한 인정, 즉 공로에 대한 보답이었던 것이다. 그는 세상이 잊지 않고 자신에게 관심을 기울이도록 스스로 자신의 깜짝 생일 파티를 준비하는 사람이 되고 싶지 않았다. 그러나 지위의 옆방에서 기다리며 좌절감을 겪는 일이 결국 그에게 너무 큰 짐이 되었다. 현실주의가 공상에 승리를 거두고, 그의 까다로운 행동 기준에 승리를 거두었다. 그는 빈을 있는 그대로 받아들여야 했다. 물론 프로이트는 오래전부터 교수라는 지위가 여러 기회를 열어주고, 수입도 크게 늘려줄 것이라는 사실을 알았다. 그러나 그가 오직 돈 때문에 스스로 조롱하듯이 "출세주의자(Streber)"[132]라고 부른 존재로 바뀐 것은 아니었다. 돈 걱정이야 사실 오래고 익숙한 동반자였으니까. 그것보다는 새로 발견한 능력, 즉 로마를 보고자 하는 소망을 충족시킬 수 있었던 능력, 그의 영웅 한니발을 능가하게 해준 능력 덕분에 그가 자신의 다른 욕망들도 약간 더 자비롭게 바라볼 수 있게 되었다고 생각해야 할 것이다. 엄밀하게 말해서 프로이트는 자신의 양심에 휴가를 주기로 결정한 것이 아니다. 그렇게 쉽게 물리치기에는 양심이 너무 확고하게 자리를 잡고 있었기 때문이다. 그러나 이제 양심이 정직을 강요하는 힘을 좀 줄이는 방법을 찾은 것이다.

이 모든 것, 그리고 그 이상이 프로이트가 플리스에게 보낸 고백적인 편지에 나타난다. 도전과 사과가 뒤섞인 말투는 새로운 결단이 그에게 얼마나 큰 대가를 요구했는지 보여준다. 프로이트는 기다리는 동안은 "단 한 명의 인간도 나를 위해 움직이려 하지 않았다."고 플리스에게 말했다. 그러나 로마를 정복한 뒤 "삶과 일에서 느끼는 쾌감은 약간 늘었고", "순교"에서 느끼는 쾌감은 "약간 줄었네."[133] 이것은 프로이트가 자신에 관하여 말한 것 가운데 자신을 가장 많이 드러낸 구절로 꼽힐 만하다. 그의 양심은 단지 엄격한 것이 아니라 징벌을 가할 정도였다. 순교는 어린 시절 그가 저지른, 또는 공상 속에서 연습했던 범죄에 대한 속죄였다. 그것이 궁핍, 고독, 실패, 요절을 비롯한 어떤 형태로 나타나든 상관없었다. 프로이트가 꼭 도덕적 마조히스트였던 것은 아니지만, 고통에서 약간 쾌감을 느끼기는 했던 것이다.

지적인 고립을 극적으로 표현하는 습관은 이런 기질의 증거다. 그에게는 대변자 같은 면도 있었고, 이야기꾼 같은 면도 있었다. 두 가지 모두 강한 색채와 선명한 윤곽을 가진 그림을 그려야 하는 직업이다. 게다가 그에게는 자의식이 강한 영웅 같은 면모도 있어, 자신을 모세는 물론이고 레오나르도 다빈치나 한니발 같은 세계사의 거인들과 동일시했다. 장난스러운 만큼이나 진지하기도 했던 이런 상상의 게임들은 그의 전투 보고서에 어떤 웅장한 단순성 같은 것을 부여했다. 프로이트의 자전적인 이야기들은 그의 투쟁들을 양식화하기는 하지만, 그럼에도 어떤 감정적 진실을 포착해낸다. 그런 투쟁들에 대한 그의 느낌이 드러나는 것이다. 나이가 많이 들어서도 상처는 계속 아픔을 주었다. 1897년, 프로이트는 2년 전에 설립된 브나이 브리트*의 '빈' 지부에 가입하여, 회원들에게 대중적인 강연을 하기 시작했다. 그는 "추방당한 듯한" 느낌이었기 때문에, "나의 오만에도 불구하고" 그를 환영해 줄 남자들의 "선별된 집단"을 찾았다.[134] 프로이트는 이 시절을 기억하면 늘 침울해졌다. 그는 25년 뒤에 이렇게 썼다. "브로이어와 결별하고 나서 10년 이상 나에게는 지지자들이 없었다. 나는 완전히 고립되어 있었다. 빈에서 나는 기피 인물이었다. 외국에서는 아무도 나를 주목하지 않았다." 《꿈의 해석》도 "전문지에서는 서평을 거의 받지 못했다."[135]

이런 말 하나하나에 약간씩 오해의 소지가 있다. 프로이트가 브로이어와 멀어진 것은 갑작스러운 일이 아니라 점진적인 것이었으며, 그 시

---

* 브나이 브리트(B'nai B'rith) 원래 '계약의 자손'이라는 뜻이며, 19세기 중반 세계 각지에서 만들어져 지금도 활동 중인 유대인 남성 우애 단체이다. (역주)

기에도 드문드문 친했던 순간들이 있었다. 어쨌든 그가 전적으로 외로웠던 것은 물론 아니다. 가장 중요했던 발견의 몇 해 동안에는 플리스, 그리고 그보다는 못하지만 미나 베르나이스가 그를 지원했다. 또 프로이트가 빈 의학계에서 정말로 기피 인물이었던 것도 아니다. 저명한 전문가들은 그의 이론이 잘 봐주어도 엉뚱하다고 생각하면서도, 이 독립적인 인물을 추천해줄 마음이 있었다. 앞서 보았듯이 1896년에 신경증의 기원에 관한 그의 강연을 동화라고 평했던 크라프트-에빙은 이듬해에 그를 교수 자리에 천거했다. 게다가 약간 늦기는 했지만 나라 안팎에서 그의 해몽 책에 주목하면서, 그 책을 높이 평가하거나 심지어 그 책에 열광하는 서평들이 등장하기도 했다. 물론 프로이트가 자신을 위험한 땅에서 일하는 공격당하기 쉬운 선구자로 본 데는 그럴 만한 이유가 있다. 학술 정기간행물들이 그의 생각이 터무니없다고 공격했고, 그보다 더 심한 조롱을 하기도 했기 때문이다. 그러나 프로이트는 자신의 외로움을 집요하게 끌어안으면서, 기운을 북돋워주는 증거는 낮추어보고, 때로는 무시하기까지 했다. 마치 미신에 사로잡혀, 질투심 많은 신들은 성공의 미소만큼 싫어하는 것이 없기 때문에, 자신의 고생과 임박한 죽음에 몰두해야만 신들을 자극하지 않을 수 있다고 생각하는 것 같았다. 그러나 프로이트 자신이 보여주었듯이 미신이란 적대적이고 불쾌한 소망들을 밖으로 투사하면서 고난을 예감하는 것이다. 이런 점에서 프로이트의 미신은 사악한 소망에 대한 보복의 공포는 물론이고, 그의 유년을 괴롭혔던 무의식적 갈등, 공격적인 환상, 형제 간의 경쟁을 드러낸다.

    1890년대 말, 아버지가 죽고 자기 분석이 진전되고 정신분석의 이론화가 속도를 내면서, 프로이트는 오이디푸스적인 갈등을 격렬하게 다시 겪은 것 같다. 그는 《꿈의 해석》을 쓰면서 대리 아버지들, 즉 그를 길

러주었지만 이제 그가 떠나게 된 스승과 동료들에게 도전하고 있었다.*
그는 매달 더 극단적으로 보이는 모험을 하면서 자신의 길을 가고 있었다. 1901년 9월의 첫 로마 방문은 그의 독립에 도장을 찍어주었다. 프로이트는 순교에 대한 자신의 요구에 도전하는 동시에 그것을 즐기면서 이 모호한 분위기를 헤쳐 나가 화려하게 심리적인 빛을 갚고 있었다.

어쨌든 그는 일을 하고 있었다. 일은 늘 그를 그 자신으로 복원해주었다. 1901년은 매우 바빴다. 내키지 않는 일이었지만 《꿈의 해석》의 요약판을 써서 그해에 《꿈에 관하여》라는 제목으로 출간하기도 했다. 이미 그렇게 열심히 답사했던 땅을 다시 돌아다니는 것은 따분하고 짜증나는 일이었다. 반면 《일상생활의 정신병리학》을 마무리하는 일에서는 큰 기쁨을 맛보았다. 우리가 알다시피 이 책 또한 그해에 출간되었다. 그러나 그보다 훨씬 흥미로운 것은 유명한 히스테리 환자 '도라'의 사례였다. 그는 1월에 이 사례의 대부분을 써 두었지만, 발표는 1905년에 이루어졌다.** 역시 1905년에 출간한 책의 주제가 된 '농담의 정신분석'도 간헐적으로 그의 시간을 차지했다. 그러나 뭐니 뭐니 해도 가장 좋은 것은, 그에게는 약간 곤혹스럽고도 놀라운 일이었지만, 성에 관해 오랫동안 갖고 있던 분산된 생각들이 모이기 시작하여 일관된 이론을 이루게 되었다는 사실이다.

---

* 어니스트 존스는 프로이트의 "엄청난 자신감은 심지어 지적인 영역에서도 묘한 열등감이라는 가면을 쓰고 나타났다."고 말했다. 그는 공격할 수 없는 지위로 스승들을 격상시켜 그런 감정을 정복하려 했다. 그렇게 하면 그들에게 계속 의존할 수 있기 때문이다. 존스는 프로이트가 "그의 인생 초기에 중요한 역할을 한 인물 여섯 명을 이상화했다."고 말하면서, 브뤼케, 마이네르트, 플라이슐-마르호프, 샤르코, 브로이어, 플리스 등의 이름을 나열한다. 그러나 존스의 주장에 따르면, 그 뒤에 프로이트가 자기 분석을 통하여 "완전한 성숙"에 이르면서 그런 구조는 불필요해졌다. (*Jones* II, 3.) 나의 견해는 이보다는 덜 단정적이다.
** 본서 6장 465~481쪽 참조.

성욕과 리비도

《꿈의 해석》의 교정쇄를 보는 동안 성에 관한 몇 가지 생각이 프로이트 내부에서 꿈틀거리기 시작했다. "이상한 말이지만 가장 낮은 층에서 움직이는 것들이 있네." 그는 1899년 10월에 플리스에게 그렇게 말하고 나서 예언적으로 덧붙였다. "어쩌면 해몽 책 다음은 성 이론이 될지 모르겠는 걸."[136] 생활은 쓸쓸했지만 프로이트는 꾸준히, 천천히, 또 약간 둔하게 그 다음 책 작업을 진행했다. 다음해 1월 그는 "성 이론 자료를 모으고 있으며, 쌓아놓은 재료가 불꽃에 의해 불이 붙을 수 있을 때까지 기다리고 있다."고 보고할 수 있었다.[137] 그러나 약간 기다려야 했다. 그는 1900년 2월에 이렇게 말했다. "현재는 운의 버림을 받았네. 이제 쓸모 있는 것을 찾지 못하고 있어."[138]

프로이트는 성의 일반 이론을 향해 나아가면서 그에게 가장 적합하고 거의 필연적인 발견의 길을 따라갔다. 환자에게서 끌어낸 대체로 불완전한 관념들, 자기 분석, 책에서 읽은 것들이 그의 정신 속을 둥둥 떠다니고 충돌하면서, 말하자면 일관성을 향해 나아가고 있었다. 프로이트는 절대 고립된 관찰에 만족하지 않았다. 그 결과들을 질서 잡힌 구조 안에 맞추어놓고 싶은 저항할 수 없는 압력을 느꼈다. 가끔 아주 빈약한 사실들의 집결지에서 미지의 영역으로 성급하게 돌진하기도 했지만, 그럴 때마다 분별력 있게 다시 뒤로 물러나 지원군을 기다렸다. 그는 자신의 전의식(前意識)이 도움을 줄 것이라고 믿었다. 그는 1900년 11월에 플리스에게 말했다. "내 작업이 멈추었다고 할 수는 없을 것 같네. 지하 수준에서는 견실하게 진행되는 것 같아. 하지만 추수할 때, 의식적인 정복에 나설 때가 아닌 것은 틀림없어."[139] 그는 연관들이 보이기 전까지는 흥분된 긴장 상태에서 살곤 했다. 그가 고통스럽게 길러낸 인내심이 그 상태를 간신히 제어했다. 오직 종결되었다는 느낌이 들 때만 안도했다.

그런 안도감은 1905년 《성욕에 관한 세 편의 에세이》가 나오면서 뒤늦게 찾아왔다. 그의 다른 근본적인 이론 작업들과 마찬가지로 리비도 이론 또한 진화가 더디었다. 전진하는 단계마다 관습적 부르주아 프로이트가 과학의 정복자 프로이트와 싸웠다. 리비도에 관한 그의 주장은 대부분의 독자들에게 그랬던 것처럼 프로이트 자신에게도 수치스러워 보였다. 신경 장애에는 "생식기 문제"가 어디에나 존재한다는 샤르코와 브로이어와 크로바크의 말을 그가 왜 "잊고 있었을까"? 프로이트 자신이 《일상생활의 정신병리학》에서 풍부한 자료를 근거로 삼아 증명했듯이, 그런 망각 행동은 모두 저항이었다.

그러나 프로이트는 의학계 사람들이나 교육받은 대중 대부분보다 일찍, 또 완전하게 이런 저항을 극복했다. 그는 성이라는 민감한 영역에서 자신의 우상 타파에, 중간계급의 경건성을 극복하는 능력에 강한 자부심을 느꼈다. 그는 미국의 저명한 신경학자 제임스 잭슨 퍼트넘(James Jackson Putnam, 1846~1918)에게 편지를 쓰면서 자신이 이 한 가지 영역에서만은 개혁가였다고 고백했다. "사회, 특히 가장 극단적인 형태인 미국 사회가 규정하는 성적 도덕성은 내가 보기에는 매우 경멸스럽습니다. 나는 비길 데 없이 자유로운 성생활을 옹호합니다."[140] 그는 1915년 그렇게 분명하게 선언했지만, 이미 10년 전에도 오스트리아-헝가리 제국의 이혼법 개혁—당시에는 가톨릭교도에게 이혼이 불가능했고 법적 별거만 가능했다.—과 관련된 설문에 응답할 때 "더 큰 성적 자유를 부여할 것"을 옹호하고, 결혼의 해소 불가능성을 "윤리적이고 중대한 위생적인 원칙들과 심리적 경험"에 반하는 것이라고 비난하면서,

대부분의 의사들이 "강력한 성적 충동", 즉 리비도를 대단히 과소 평가하고 있다고 덧붙였다.[141]

이 충동, 그리고 이것이 신경증 환자의 생활만이 아니라 정상 생활에도 끼치는 영향에 대한 프로이트의 인식은 물론 1890년대 초반으로 거슬러 올라간다. 그는 논문마다 그러한 인식을 밝혔다. 1897년 가을 유혹 이론을 버릴 때도 그런 입장을 철회한 것은 전혀 아니었다. 오히려 이 이론을 발판으로 삼아 프로이트는 성적 갈망과 실망의 기원을 찾아 아이의 환상 생활까지 거슬러 올라갈 수 있었다.* 이 시기의 또 다른 발견인 오이디푸스 콤플렉스 경험은 의미심장하게도 성적인 경험이었다.

그러나 세상이 듣고 싶어 하지 않는 것을 프로이트가 세상에 알리기는 했지만, 성의 힘을 인식한 사람은 그가 유일하지도 않았고 또 처음도 아니었다. 사실 빅토리아 여왕 시대 사람들은 보통 신중하기는 했지만 비방자들―프로이트도 그 가운데 한 사람이었다.―이 공격한 것만큼 성적인 면에 관해 얌전을 뺀 것은 결코 아니었다.[142] 앞장을 선 것은 성과학자(sexologist)들이었다. 크라프트-에빙은 1886년에 《성적 정신병질(Psychopathia Sexualis)》을 출간했다. 신중하게 난해한 제목을 택하고 가장 흥미를 끄는 일화들은 라틴어로 썼는데도** 이 책은 잘 팔려나갔으며, 곧바로 성도착에 관한 과학적 연구의 고전이 되었다. 크라프트-에빙의 책은 여러 번 개정되고 증보되면서 진지한 의학 연구의 새로운 대륙을 열어젖혔다. 프로이트를 포함한 모두가 이 책의 영향을 받았다. 1890년대 말에는 《성적 정신병질》에 해블록 엘리스의 글들이 보태졌다. 엘리스는 아주 다양한 성적 행동에 관한 기록들을 용감하게, 열성적으로, 아무런 억제 없이, 심지어 시끄럽게 떠들어대며 모으

---

* 본서 2장 196~205쪽 참조.

고 편찬한 사람이었다. 프로이트의 《성욕에 관한 세 편의 에세이》가 나온 1905년이 되자, 소부대를 이룰 만한 규모의 성과학자들이 그때까지 남자들의 농담, 외설적인 소설, 잘 알려지지 않은 의학 정기간행물에만 한정되어 있던 성애적인 주제들에 관하여 논문교 법적 보고서를 발표하기 시작했다.

프로이트는 《성욕에 관한 세 편의 에세이》에서 이런 문헌에 경의를 표했다. 책의 서두에서 그는 크라프트-에빙과 해블록 엘리스 같은 선구자들에서부터 빈의 성과학자 이반 블로흐(Iwan Bloch, 1872~1922)와 독일의 마그누스 히르슈펠트(Magnus Hirschfeld, 1868~1935)에 이르기까지 무려 아홉 명에 이르는 저자들의 "잘 알려진 글들"의 공로를 인정했다.[143] 다른 저자들도 얼마든지 덧붙일 수 있었을 것이다. 이런 성생활 전문가들 가운데 일부는 특별한 청원 운동을 하는 사람들로서 이들은 당시 모두가 "성전환"이라고 부르던 것에 관용적인 태도를 요구했다. 그러나 선전가들이 객관적인 연구를 한다고 자부하는 일도 없지 않았다. 프로이트는 히르슈펠트의 성적 취향은 공유하지 않았지만, 그가 편집하는 《성 중간 단계 연보(Jahrbuch für sexuell Zwischenstufen)》

** 한 가지 예를 들겠다. '실례 124번'에서 크라프트-에빙은 등성애자 의사에게서 들은 이야기를 기록했다. "어느 날 저녁 나는 오페라에 가서 나이 든 신사 옆에 앉았다. 그가 나에게 구애를 했다. 나는 그 어리석은 노인을 마음껏 비웃은 뒤 그의 기분에 맞추어주었다. Exinopinato genitalia mea prehendit, quo facto statim penis meus se erexit." 노인이 자기 음경을 잡은 뒤 발기를 한 것을 깜짝 놀라 바라보면서, 의사는 노인에게 도대체 무슨 생각을 하는 거냐고 다그쳤다. "그는 나를 사랑한다그 말했다. 나는 병원에서 자웅동체 이야기를 들은 적이 있기 때문에, 지금 여기서 그런 사람과 만나게 되었다고 생각했다. Curiosus factus genitalia eius videre volui." 이어 의사는 노인의 생식기가 보고 싶었다. "Sicuti penem maximum eius erectum adspexi, perterritus effugi." 그러나 그는 상대의 음경이 최대 크기로 발기한 것을 보고 달아났다. (Richard von Krafft-Ebing, *Psychopathia Sexualis* [11판, 1901], 218-19.) 감나지움 교육을 받은 사람이라면 누구나 이런 라틴어 설명을 어렵지 않게 판독할 수 있다.

가 매우 유용하다는 것을 알았다. 성과학자들 가운데 가장 서정적인 해블록 엘리스 같은 사람들은 공격을 당하기 십상이었지만, 그들이 생산하는 문헌이 토론할 수 있는 주제의 영역을 눈에 띄게 확대한 것은 분명했다. 그들은 동성애나 성도착 같은 은밀한 문제들을 의사나 일반 독서 대중의 눈앞에 들이밀었다.

이렇게 기운을 북돋워주는 사람들이 있었는데도 프로이트는 몇 년을 계속 주춤거린 뒤에야 유아의 성욕을 완전히 받아들였다. 이것은 그에게 근본적인 개념이며, 이것이 없었다면 그의 리비도 이론은 결코 불완전한 상태에서 벗어날 수 없었을 것이다. 플리스를 비롯하여 그보다 앞선 소수의 이론가들이 이미 성생활의 기원을 매우 어린 시기에서 찾아야 한다고 가정했다. 일찍이 1845년에는 아돌프 파체(Adolf Patze)라는 별로 유명하지 않은 독일의 지방 의사가 매음굴에 관한 팸플릿의 한 주석에서 "성적 충동은 여섯, 넷, 심지어 세 살짜리 어린아이들에게서도 이미 나타난다."고 말했다.[144] 1867년에는 파체보다 훨씬 잘 알려진 영국의 정신의학자 헨리 모즐리가 "번식 본능"이 "사춘기가 되어서야 나타난다"는 생각을 비웃었다. 그는 "동물에게서나 인간의 아이들에게서나 아주 어린 시기부터 그 존재는 자주 드러나지만, 그 맹목적인 충동의 목표나 계획은 스스로 전혀 의식하지 못한다."고 생각했다. 모즐리는 엄하게 덧붙였다. "이와 다르게 말하는 사람은 어린 동물의 장난에 별로 주의를 기울이지 않았거나, 자신의 유년기 사건들을 묘하게 또는 위선적으로 망각한 것이 틀림없다."[145]

프로이트가 파체의 팸플릿을 알았다는 증거는 없지만, 모즐리의 작업은 분명히 알고 있었으며, 1890년대 중반 이후에는 유아 성욕 문제를 잠정적이라 해도 어쨌든 생각은 하기 시작했다. 1899년에 프로이트는 《꿈의 해석》에서 지나가는 말이기는 하지만 여전히 단호하게 "우리는 유년의 행복을 찬양하는데, 그때는 성적 욕망을 아직 모르기 때문"이라고 말하고 있다.[146] 이 문장은 프로이트같이 두려움을 모르는 연구자에게도 통념 또는 그 잔재가 집요하게 남아 있음을 정신이 번쩍 들도록 일깨워준다.* 그러나 같은 책에서 프로이트는 처음으로 오이디푸스 콤플렉스를 공개적으로 언급함으로써 아이들에게 성적 감정이 있다고 생각한다는 사실을 분명하게 보여주었다. 그리고 《성욕에 관한 세 편의 에세이》에서는 이제 망설임이 없었다. 두 번째 에세이인 "유아의 성욕"은 전체의 중심을 차지하고 있었다.

《성욕에 관한 세 편의 에세이》에 대한 프로이트의 이야기는 지나치게 겸손하게 들릴 때가 있다. 그는 이 책의 진정한 중요성에 관하여 두 가지 서로 다른 생각을 드러낸다. 예를 들어 1914년 3판 서문에서 그는 독자들에게 지나친 기대를 하지 말라고 주의를 주었다. 이 책에서는 성의 완전한 이론을 끌어낼 수 없다는 것이었다.[147] 이것은 서로 연결된 이 세 편의 에세이들 가운데 첫 번째는 "정상적인" 성생활이라는 광대한 범위를 다루는 것이 아니라, "성적 일탈"이라는 한정된 영역만 다룬다

---

* 유년의 순진함에 관한 구절은 프로이트의 영어판 편집자들이 말한 대로 "틀림없이 이 책의 초기 원고의 유물이다." ("Editor's Note", *Three Essays*, SE VII, 129.) "성에 관한 **프로이트의** 이론에 기초하여" 그 구절에 이의를 제기한 융에게 자극을 받아 프로이트는 1911년 판에서 그것이 자신의 생각과 다르다고 말하지만, 문장은 그대로 남겨놓고 각주만 하나 다는 방식이었다. 프로이트가 융에게 한 설명, 즉 《꿈의 해석》은 꿈 이론에 관한 기본적인 소개이며, 1899년에 출간되었기 때문에 1905년에 발표한 생각들을 미리 알 수는 없는 노릇이었다는 이야기는 묘하게 설득력이 없다. (프로이트가 융에게 쓴 편지, 1991년 2월 17일, 같은 책, 453-436[394-495] 참조.) 앞서 말했듯이, 그는 1899년에 이미 유아의 성욕에 관한 관념을 대체로 받아들이고 있었다. 게다가 그의 해몽 책이 몇 권 팔리지 않았기 때문에 그는 자신이 전문가들을 상대로 말을 하고 있다는 것을 알았음에 틀림없다. 전문가들은 1911년에는 《성욕에 관한 세 편의 에세이》를 잘 알았을 것이고, 따라서 수정을 했다면 환영했을 것이다.

고 말하는 것이나 다름없다. 그러나 점차 판을 거듭하면서 프로이트는 비방자로부터 정신분석을 방어할 때 《성욕에 관한 세 편의 에세이》와 그 이론들의 전략적 용도를 발견하게 되었다. 그는 이것을 일종의 시금석으로 사용하여, 그의 리비도 이론을 진정으로 받아들이는 사람들과 그와는 달리 성에 두드러진 자리를 부여하지 않으려는 사람들 또는 그의 불명예스러운 생각들로부터 물러나는 것이 신중하다고 생각하는 사람들을 구분했다. 어쨌든 프로이트는 자신은 주저했지만, 독자는 《성욕에 관한 세 편의 에세이》에 많은 것을 요구할 권리가 있다. 판을 거듭하면서 리비도적인 충동과 그 다양한 운명과 관련하여 점점 더 포괄적인 전망을 열어 가는 그의 '성 책'은 그의 해몽 책에 필수적인 짝을 이루는 것으로서 길이에서는 아니지만 지위에서는 해몽 책과 동등하기 때문이다. 가끔 프로이트 자신도 그렇게 생각하곤 했다. 그는 1908년에 아브라함에게 이렇게 말했다. "유아 성욕에 대한 저항은 세 편의 에세이가 《꿈의 해석》에 비교할 만한 가치를 지닌 것이라는 내 의견을 강화해 줄 뿐이네."[148]

다루는 범위만이 아니라 냉정하고 임상적인 말투로도 주목할 만한 첫 번째 에세이는 으스대거나 한탄하는 일 없이 성적인 소질과 경향의 풍부하고 다양한 집합을 보여준다. 자웅동체성, 동성애, 소아성애, 남색, 페티시즘, 노출증, 사디즘, 마조히즘, 기분증(嗜糞症), 시체 애호증 등이 그런 예다. 몇몇 구절에서 프로이트는 비판적이고 관습적으로 말하는 것 같지만, 그의 태도가 검열관과 다르다는 것은 분명하다. 그는 스스로 "가장 역겨운 성도착들"이라고 부른 것을 나열한 뒤 그것들을 중립적으로, 심지어 인정할 수 있다는 태도로 묘사했다. 이런 것들은 "하나의 정신적 작업"이 이루어진 것이며, "그 모든 잔학한 성공에도 불구하고" 여기에 "충동의 이상화라는 가치"가 있다는 것은 부정할 수 없다. 사실 "사랑의 전능함은 다른 어디에서보다 이런 일탈에서 강하게 나타난다."[149]

프로이트가 목록을 만든 것은 당혹스러울 만큼 다양한 성적 쾌락을 정리하려는 것이었다. 그는 이것을 두 집단으로 분류했다. 하나는 정상적인 성적 대상으로부터 벗어난 것이고, 또 하나는 정상적인 성적 목표로부터 벗어난 것이었다. 그런 다음 받아들일 수 있는 인간 행위의 스펙트럼 안에 이것들을 집어넣었다. 프로이트는 전에도 여러 번 그랬지만 신경증 환자들의 성생활의 지나친 면들 덕분에 일반적인 현상들을 더 밝게 볼 수 있다고 주장했다. 여기에서 임상 자료로부터 일반 심리학의 커다란 구도를 만들어내고자 하는 프로이트의 시도가 다시 분명하게 나타난다. 정신분석은 "극단적인 신경증과 건강 사이에는 아주 다양한 형태의 신경증들이 한 줄로 자리 잡고 있다."는 사실을 드러낸다. 프로이트는 장난스럽게 독일의 정신의학자 파울 율리우스 뫼비우스(Paul Julius Moebius, 1857~1907)의 말을 인용하는데, 그 말은 "우리 모두가 약간은 히스테리를 갖고 있다."는 취지다. 모든 인간은 성도착을 타고났다. 성도착의 일종의 부정적 대응물을 이루는 증상을 보이는 신경증 환자들은 "정상적인" 사람들보다 이런 보편적인 원시적 성향을 더 강하게 보여줄 뿐이다. 신경증 "증상은 환자의 성적 활동이다."[150] 따라서 프로이트에게 신경증은 기이하고 이국적인 병이 아니라, 불완전한 발달, 즉 정복되지 않은 유년기 갈등의 아주 흔한 결과다. 신경증은 그 증상을 겪는 사람이 유년기의 대결로 퇴행한 상태다. 간단히 말해서 끝나지 않은 일을 처리하려 하는 것이다. 이런 공식을 가지고 프로이트는 가장 민감한 주제, 즉 유아의 성욕에 이르렀다.

정신분석은 그 나름으로 뚜렷하게 발달해 온 발달심리학이다. 프로이트가 카를 아브라함과 같이 젊은 축에 속하는 유능한 분석가들의 도움을 받아 심리적 성장, 그 단계와 지배적 갈등에 관한 최종적 평가를 내놓은 것은 1920년대 초의 일이다. 이때 《성욕에 관한 세 편의 에세이》의 초판에서 프로이트는 인간이라는 동물의 성적인 역사에 관해서는 여전히 아주 간결하게 이야기했다. 그가 성적 조직의 성장에 관한 대목을 보탠 것은 1915년의 일이다. 그러나 그는 초판에서도 "성감대", 즉 입, 항문, 생식기 등 인간의 몸 가운데 발달 과정에서 성적 만족의 초점이 되는 부분들을 논의했다. 또 1905년에도 그가 "부분 충동(component drives)"이라고 부른 것을 다루었다.[151] 성이 태어날 때 완전하게 형성되거나 사춘기에 처음 형성되는 어떤 단순하고 단일한 생물적인 힘이 아니라는 것이 프로이트의 이론에서는 처음부터 핵심이었다.

따라서 유아기의 성욕에 관한 에세이에서 프로이트는 유년기 초기의 교란으로부터 중간에 상대적으로 조용한 잠복기를 가로질러 사춘기의 교란으로 이어지는 선을 그렸다. 프로이트는 자신이 처음 발견했다는 주장은 하지 않고, 유년기의 성 충동 표현에 자신이 부여한 의미를 강조하는 것에 만족했다. 그는 "발기, 자위, 심지어 성교 비슷한 행동"과 같은 "조숙한 성행위"를 이따금씩 언급한 문헌이 있음을 언급하면서, 이런 것들이 늘 "호기심, 또는 조숙한 타락의 끔찍한 예"로 제시되었다는 사실에 주목했다. 그는 눈에 띄게 자부심을 드러내는 태도로 그 이전에는 누구도 "유년기 성 충동"의 보편성을 분명하게 인식한 적이 없다고 말했다.[152] 그는 그런 태만을 교정하기 위해 성에 관한 서로 연결된 세 편의 에세이 가운데 두 번째 에세이를 쓴 것이다.

프로이트는 어린아이의 성적 행동을 거의 누구도 인식하지 못한 것이 얌전을 빼고 예의를 차리려는 태도 탓이라고 보았지만, 그것이 전부라고 생각하지는 않았다. 다섯 살 무렵부터 사춘기에 이르는 잠복기는 어린아이들이 지적으로나 정신적으로 엄청나게 성장하는 발달 단계이기 때문에 아동의 성적인 느낌들의 표현은 뒤로 딜려난다. 더욱이 깨뜨릴 수 없는 기억 상실이 묵직한 담요처럼 유년기의 가장 이른 시기를 덮고 있다. 성생활이 사춘기에 시작된다고 생각하는 사람들은 기억을 상실한 사람들의 자기 중심적인 증언이 그 통념을 확인해준다고 반가워했다. 그러나 프로이트는 그답게 뻔해 보이는 것에 과학적인 호기심을 들이댔다. 이런 보편적인 기억 상실은 오래전부터 모든 사람이 알고 있는 것이었지만, 아무도 그것을 연구해볼 생각을 하지는 않았다. 프로이트는 이 묘하게도 효과적인 망각 밑에, 유아 시절의 흥분된 삶의 다른 부분과 더불어 아이의 성적 경험이 깔려 있다고 주장했다.

프로이트는 유년의 성이 성인의 성과 똑같은 방식으로 표현된다는 터무니없는 주장은 하지 않았다. 어린아이의 신체적 상태와 심리적 상태 모두 이것을 허용하지 않을 터였다. 정반대였다. 유아의 성적 감정과 욕망은 엄지손가락을 빠는 것을 비롯한 자기성애(autoerotism)의 여러 표현, 배변 억제, 형제 간 경쟁, 자위 등 다양하고 많은 형태를 띠는데, 그 모두가 분명하게 성적인 것은 아니다. 어린 소년과 소녀의 생식기는 자위에서 처음으로 성과 관련을 맺기 시작한다. "어린아이 몸의 성감대 가운데서 주도적인 역할을 하지도 않고, 가장 초기의 성 충동을 담을 수도 없지만, 미래에는 큰일을 하게 될 운명인 것이 있다." 프로이트는 물론 음경과 질에 관해 말하고 있는 것이다. "본래의 성 기관에 속하는 이런 성감대의 성적 활동이야말로 사실상 훗날의 '정상적인' 성생활의 시작인 것이다." '정상적인'이라는 말을 둘러싼 따옴표가 웅변적이다. 실제로는 몸의 모든 부분, 생각할 수 있는 모든 대상이 성적 만족에 봉사할 수 있기 때문이다. 유혹이든 강간이든 어린 시절의 성적 침해는 프로이트가 화려하게 아이의 "다형적인 도착" 경향이라고 부른 것을 자극하지만, 그런 도착을 향한 "소질"은 타고나는 것이다.[153] 사람들이 흔히 '정상적'이라고 부르는 성 행동은 사실 길고 종종 중단되는 일도 많은 순례의 종착점이다. 많은 사람이 이 목표에 결코 이르지 못하며, 아주 가끔씩만 거기에 이르는 사람들은 그보다 더 많다. 성숙한 형태의 성 충동은 하나의 성취인 것이다.

프로이트가 마지막 세 번째 에세이에서 다룬 사춘기는 큰 시련기다. 이 시기에는 성적 정체성이 굳어지고, 오랫동안 묻혀 있던 오이디푸스적 애착이 되살아나고, 성적 만족을 얻는 일에서 생식기의 지배가 확립된다. 이렇게 일차적인 지위에 오른다고 해서 생식기가 성생활을 독점하는 것은 아니다. 어린 시절에 자기 역할을 훌륭하게 수행했던 성감대들은 계속 쾌감을 제공한다. 다만 이제는 "최종 쾌락"을 지원하고 고양하는 "사전 쾌락(fore-pleasure)"을 생산하는 것으로 역할이 축소된다. 프로이트에게 이 최종 쾌락이 오직 사춘기에만 일어나는 새로운 경험이라는 점은 주목할 가치가 있다. 프로이트는 유년의 지속적 권위와 진단상의 중요성을 강조하는 것으로 악명이 높았지만, 사람들이 성인 생활에서 처음 만나는 경험을 결코 가볍게 여기지는 않았다. 단지 그가 말한 대로, 어른들은 알아서 자기 이야기를 하기 때문에, 지금까지 우습게 여겨져 온 유년의 옹호자로 심리학자들이 나서야 할 때가 온 것뿐이었다.

《성욕에 관한 세 편의 에세이》의 초판은 80쪽 정도의 작은 책으로, 팸플릿과 크게 다르지 않았다. 수류탄처럼 자그마하면서도 또 그만큼 폭발력도 강했던 것이다. 그러나 1925년 프로이트 생전에 나온 마지막 판인 6판에 이르면 이 책은 120쪽으로 늘어난다. 그래도 애초에 이 책이 풀고자 하지 않았던 수수께끼 몇 가지는 그대로 남아 있다. 쾌감의 정의, 충동이나 성적 흥분 자체의 근본적 본질 등이 그런 것이다. 그렇더라도 프로이트가 차츰 종합을 해 오면서 많은 것이 분명해졌다. 프로이트는 성적인 느낌들의 기원을 가장 어린 시기까지 밀고 올라감으로써, 수치와 혐오 같은 강력한 감정적인 제동 장치, 취향과 도덕성에 관한 규범, 정신분석을 포함한 과학적 연구와 예술 같은 문화 활동 등의 출현을 오직 자연주의적이고 심리학적인 근거에서 설명할 수 있었다. 이것은 또 어른의 사랑의 뒤얽힌 뿌리들을 드러냈다. 게다가 프로이트의 우주 안에서는 이 모든 것이 결합되어 있다. 심지어 농담과 미학적인 생산물, 그리고 그들이 만들어내는 "사전 쾌락"에도 성적 충동과 그 모험의 낙인이 찍혀 있다.

프로이트는 리비도에 관해서 너그러운 관점을 지녔기 때문에 심리학적 민주주의자가 되었다. 모든 인간은 성생활을 공유하기 때문에 문화적인 제복을 벗고 나면 사람들은 모두 다 형제자매다. 성적인 급진주의자들은 프로이트의 생각을 생식기 이데올로기라고 부르며 그를 비난했다. 프로이트가 사랑의 감정을 품은 상대와 어른으로서 이성애적인 성교를 하고 약간의 전희를 하는 것을 모든 인간이 갈망하는 이상으로 본다는 것이었다. 그러나 프로이트는 그런 이상을 일부일처제와 분리했기 때문에, 그의 이데올로기는 그의 시대에는 매우 전복적인 것이었다. 또한 성도착에 대한 비검열적이고 중립적인 자서라는 면에서도 전복적이었다. 성장하면서 벗어버리지 못한 유년기의 대상에 성적으로 고착되는 것이 페티시즘으로 나타나든 동성애로 나타나든, 그것은 범죄도 신에 대한 죄도 아니고, 병이나 광기의 한 형태도, 퇴폐의 한 증상도 아니라고 보았기 때문이다. 이런 관점은 매우 현대적이고 매우 품위 없는 것, 다시 말해서 매우 비부르주아적인 것으로 여겨졌다.

그러나 반드시 짚고 넘어가야 할 것은, 프로이트가 범성욕주의자는 아니었다는 점이다. 그는 이런 별명을 상당히 강하게 거부했다. 그것은 그가 속으로는 일방적인 리비도 예찬자라는 사실을 들켰기 때문이 아니다. 아주 간단하게, 그를 비방하는 사람들이 틀렸다고 생각했기 때문이다. 그는 1920년 《성욕에 관한 세 편의 에세이》 4판 서문에서 독자들에게 "얼마 전 인류에게 그들의 목적과 행동이 어디까지 성적 충동에 의해 결정되는가 하는 문제를 들이댄" 사람은 반역자이자 외부인인 프로이트 자신이 아니라 독일 철학자 아르투어 쇼펜하우어였다고, 냉혹한 만족감 같은 것을 드러내며 말했다. 이것은 정신분석이 "모든 것을 성으로 설명한다"고 주장하는 비판자들이 편리하게도 잊어버리고 있는 문화사적 사실이었다. "우월한 관점에서 정신분석을 깔보는 모든 사람들이 정신분석에서 말하는 확장된 의미의 성이 거룩한 플라톤의 에로스에 얼마나 가까운지 깨닫게 되기를!"[154] 프로이트는 실증주의자이자 원칙적으로 반(反)형이상학자였지만, 자신에게 맞는다고 생각할 때는 철학자를 조상으로 끌어오는 것도 마다하지 않았던 것이다.

FREUD: A LIFE FOR OUR TIME

2부
정신의 정복자

1902~1915

4장

투사와 정신분석가

"우리는 새로 발견된 땅의 개척자들 같았고,
그 지도자는 프로이트였다."

1906년 5월 6일, 프로이트는 쉰 살이 되었다. 막 지나온 몇 해는 만족과 희망으로 가득 찼다. 1899년 말에서 1905년 중반 사이에 그는 두 권의 중요한 텍스트 《꿈의 해석》과 《성욕에 관한 세 편의 에세이》를 펴냈다. 또 전문적인 연구서인 《농담과 무의식의 관계(Der Witz und seine Beziehung zum Unbewussten)》를 펴냈고, 일상생활의 정신병리학에 관한 대중적인 책도 냈으며, 그의 사례사 가운데 최초이자 여전히 가장 논란이 많은 '도라'의 사례사도 발표했다. 마침내 교묘하게 원외교수 자리도 확보했다. 빈의 의사들 사이에 지지자가 몇 명 생기면서 업계에서 느끼던 고립감도 완화되기 시작했다. 그러나 혹시라도 그가 이제 획기적인 책을 두 권 내고, 명예로운 직책을 얻고, 추종자도 몇 명 생겼으니 평온을 얻을 것이라고 생각했다면 그것은 오산이었다. 그 이후의 세월 또한 1890년대와 마찬가지로 격랑이 일었다. 정신분석 운동을 조직하는 작업은 고된 일이 된다. 실제로 그 일 때문에 프로이트는 에너지의 가장 중요한 부분을 많이 소모했다. 그러나 정신을 팔 일이 있다고 해서 프로이트가 정신분석 이론이나 기법을 재검토하는 일을 중단할

 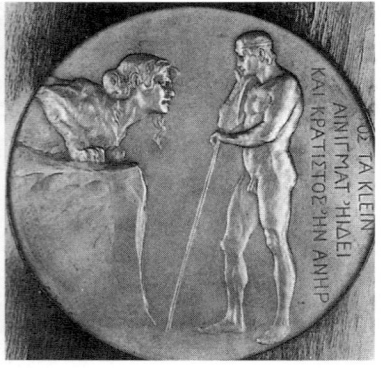

프로이트의 쉰 살 생일에 그의 추종자들이 선사한 기념 메달의 앞면(왼쪽 사진). 조각가 카를 마리아 슈베르트너가 새겼다. 실수를 연구하는 사람들은 프로이트 이름의 철자가 틀린 것에 주목할 것이다. SIGMUND가 아니라 SIEGMUND라고 되어 있다. 메달의 뒷면(오른쪽 사진)을 보면 오이디푸스가 스핑크스의 수수께끼를 푸는 장면이 새겨져 있다. 자신을 인간 존재의 감추어진 수수께끼를 푸는 정복자 오이디푸스라고 생각했던 프로이트에게 이 메달은 매우 각별한 의미로 다가왔다.

수 있었던 것은 아니다. 이후 15년은 이론을 정교하게 다듬는 시기였고, 다가올 수정을 준비하는 시기였다. 그러나 정신분석 정치의 압박 때문에 시간을 내지 못해 짜증을 내곤 했다.

스핑크스의 문제를 풀다

프로이트의 지지자들은 그의 쉰 살 생일을 기념하기 위해 한 면에는 그의 옆얼굴이 새겨지고, 다른 면에는 스핑크스의 수수께끼를 푸는 오이디푸스의 모습이 새겨진 메달을 그에게 선사했다. 소포클레스의 《오이디푸스 왕》에서 따온 그리스어로 새긴 글은 현대의 오이디푸스인 프로이트에게 최고의 찬사를 바치고자 하는 의도인 것이 분명했다. "그는 유명한 수수께끼를 풀었으며, 대단히 강한 사람이었다." 존스는 메달

증정식에서 프로이트가 거기에 새겨진 글을 읽고 "얼굴이 창백해질 정도로 흥분했다"고 기록한다. "마치 **유령**과 마주친 사람 같았다." 실제로 그랬다. 프로이트는 대학생 시절 세상을 뜬 저명인사들의 흉상이 장식된 아케이드 뜰을 거닐다가 언젠가 자신의 흉상도 거기에 놓이게 될 것이라는 공상을 한 적이 있었다. 그때 자신의 흉상에 새겨질 것이라고 상상했던 글이 바로 지지자들이 메달에 새겨 넣은 그 글귀였다.[1] 프로이트의 지지자들은 그 무렵부터 그가 아주 주의 깊게 감추어 온 야망을 매우 예리하게 알아맞히고 또 멋지게 인정해주곤 했는데, 이 사건은 그런 흐름을 상징적으로 보여주었다. 어쨌든 소수의 사람들은 무의식의 개척자인 그를 거인으로 승인한 것이다.

프로이트에게는 칭찬이 필요했다. 오래전부터 시들어 가던 플리스와의 우정은 공개적으로 최후의 불쾌한 불길을 확 피워 올리고 나서 완전히 꺼져버린 참이었다. 이 관계로 인한 기억들이 그를 심하게 괴롭혔다. 플리스가 프로이트의 정신분석 연구의 가치에 의문을 표시한 1900년 여름에 격렬한 말다툼을 한 이후 두 사람은 다시 만나지 않았다. 그러나 비록 사이가 점점 뜨기는 했지만, 서신 교환은 그 이후에도 2년 동안 드문드문 계속되었다. 오랜 세월 정이 들었기 때문에, 그 동력이 쉽게 소진되어버리지는 않았던 것이다.

그러다가 1904년 초여름 플리스는 프로이트에게 퉁명스러운 편지를 보냈다. 그는 그 전해에 출간된 오토 바이닝거(Otto Weininger, 1880~1903)의 《성과 기질》을 막 본 참이었다. 생물학적이고 심리학적인 추론과 기발한 문화 비평을 묘하게 혼합한 이 책은 곧 숭배의 대상이 되었다. 여기에는 바이닝거가 멜로드라마처럼 자살을 한 것도 한몫을 했다. 스물세 살의 재능 있고, 조숙하고, 광기에 사로잡힌 청년, 유대교로부터 개종을 한 뒤 유대인을 여자만큼이나 혐오한 이 청년은 베토벤이 임종을 맞은 빈의 베토벤 하우스에서 총으로 자살을 했다. 플리스가 퉁명스럽게 프로이트에게 알린 바에 따르면, 그는 바이닝거의 책에 "양성적 경향과 거기에서 기인하는 성적 매력의 본질에 관한 내 아이디어—남성적인 여자는 여성적인 남자에게 끌리고 그 역도 성립한다는 아이디어"가 들어 있는 것을 발견하고 깜짝 놀랐다.[2] 플리스의 생각에 이것은 자신이 특허를 내다시피 한 것으로, 몇 년 전 프로이트에게 털어 놓은 명제였다. 그러나 그것을 아직 완전히 공표하지는 않았다. 그런데 이제 그것이 활자화된 것을 보자 플리스는 자신의 오래된, 예전에는 막역했던 친구가 경솔하게 그 아이디어를 바이닝거에게 옮긴 것이라고 확신했다. 직접 옮겼을 수도 있고, 아니면 바이닝거의 친구이자 프로이트의 환자였던 심리학자 헤르만 스보보다(Hermann Swoboda, 1873~1963)를 통해서 옮긴 것일 수도 있었다.

앞서 보았듯이 한 성이 다른 성의 요소를 지니고 있다는 아이디어, 그리고 자신이 최초로 그런 아이디어를 제시했다는 플리스의 우선권 주장 때문에 그 얼마 전에도 둘 사이에 흥미로운 마찰이 생긴 적이 있었다. 그러다 1904년에 다시 신중하지 못하다는 비난에 직면하게 되자 프로이트는 대강 얼버무리고 넘어가려 했다. 프로이트는 치료 과정에서 스보보다에게 양성적인 측면에 관해 말한 것은 사실이라고 인정하면서도, 그런 일은 모든 분석에서 일어난다고 말했다. 어쨌든 스보보다가 당시 성 문제에 몰두해 있던 바이닝거에게 그 정보를 전달한 것이 틀림없었다. 프로이트는 플리스에게 이렇게 말했다. "고(故) 바이닝거는 발견한 열쇠를 손에 그대로 들고 있던 도둑이었네." 그러면서도 프로이트는 바이닝거가 그 아이디어를 다른 데서 얻은 것일 수도 있다고 덧붙였다. 사실 전문적인 문헌에는 얼마 전부터 그런 아이디어가 등장했기 때문이다.[3] 그러나 플리스는 누그러지지 않았다. 플리스는 자기와 프로이트를 둘 다 아는 친구에게서 바이닝거가 프로이트에게 《성과 기질》의 원고를 보여주었으며, 프로이트가 바이닝거에게 그런 말도 안 되는 것은 발표하지 말라고 조언했다는 이야기를 들었다. 그러나 프로이트가 바이닝거에게 그것을 발표하는 것은 지적인 도둑질을 저지르는 것이나 다름없다고 주의를 주지 못한 것은 분명했다.[4]

플리스가 이렇게 모든 면에서 정확하게 지적을 하자 프로이트는 이 뜻밖의 사고에 그가 인정한 것 이상이 있다는 식으로 물러서게 되었다. 바이닝거가 자기를 찾아온 것은 사실이지만, 그의 원고는 책과는 상당히 달랐다는 것이다. 그러면서 프로이트는 플리스가 고작 이런 작은 문제를 제기하려고 서신 교환을 재개한 것은 유감스러운 일로 생각한다고 가혹하게 이야기했는데, 이것은 그의 불리한 입장을 고려할 때 약간 경솔한 처사였다. 프로이트는 지적인 도둑질은 사실 쉽게 저지를 수 있는 일이지만, 자신은 늘 남들의 작업을 인정했으며, 무엇이든 다른 사람에게 속한 것을 자기 것인 양 위장한 적이 없다고 항변했다. 그러나 지금 이 자리는 프로이트가 우선권을 놓고 경쟁하는 아이디어들의 각축장에서 자신의 결백을 주장하고 나설 때도 장소도 아니었다. 그런데도 프로이트는 추가 논란을 막기 위해 플리스에게 아직 완성되지 않은 《성욕에 관한 세 편의 에세이》 원고를 보여주겠다고 제안했다. 양성적 태도에 관한 구절이 있는지 살펴보고 거슬리는 것이 있으면 수정하라는 뜻이었다. 프로이트는 심지어 플리스가 책을 낼 때까지 자기 책의 출간을 미루겠다고까지 제안했다.[5] 이것은 관대한 제안이었지만, 플리스는 받아들이지 않았다.

이것으로 프로이트와 플리스의 서신 교환은 끝이 났다. 그러나 다툼은 끝나지 않았다. 1906년 초 플리스는 마침내 야심만만하게 〈생명의 경로 : 정밀 생물학의 기초〉라고 제목을 붙인 논문을 발표했다. 주기성과 양성적인 특질에 관한 그의 이론을 아주 자세하게 기술한 논문이었다. 그와 동시에 사서이자 정치 평론가인 A. R. 페니히(A. R. Pfennig)라는 사람이 (프로이트의 비난에 따르면 플리스의 부추김을 받아) 스보보다와 바이닝거를 표절자라고 비난하고, 그들이 플리스의 독창적인 소유물에 접근했던 통로가 바로 프로이트라고 고발하는 호전적인 팸플릿을 냈다. 프로이트가 이 논란에서 가장 불쾌하게 생각했던 것은 이 팸플릿에 자신이 플리스에게 보낸 사적인 편지가 인용되어 있다는 점이었다. 프로이트는 카를 크라우스에게 쓴 편지에서 반격을 했다.[6] 프로이트는 바이닝거가 자신을 통하여 간접적으로 플리스의 이론들을 만나게 되었다는 페니히의 주장은 사실이라고 차분하게 인정하고, 바이닝거가 자신이 빚진 사실을 기록하지 않은 것을 비판했다. 그러나 나머지 부분에 관해서는 페니히, 즉 플리스의 비난이 비열한 중상이라며 받아들이기를 거부했다.

이때만큼은 분노를 표출하고서도 마음이 풀리지 않았다. 이 논쟁은 불편한 경험으로 프로이트의 마음에 남았다. 찜찜했던 점은 스보보다와 경솔하게 양성적 상태를 논의한 것이라기보다는 바이닝거의 방문에 관해 플리스에게 솔직하지 못했다는 점이었다. 프로이트의 주장대로 프로이트가 읽은 원고와 큰 인기를 끈 베스트셀러가 된 책 사이에는 공통점이 거의 없을 수도 있었다.* 어쨌든 프로이트는 바이닝거에게 그 원고를 출판하지 말라고 조언했다. 그런데도 프로이트의 발견에서 플리스가 이바지한 부분이 문제가 될 때면, 프로이트는 무척 애를 써야만 불편한 기억을 억누를 수 있었다. 10년 이상 플리스는 프로이트의 가

---

* 1938년이라는 늦은 시기에도 프로이트는 이 문제를 마음에 담아 두고 있었다. 그는 자신이 "[바이닝거의] 원고를 읽고―비난한 첫 번째 사람"이라고 주장했다. (프로이트가 데이비드 아브라함슨David Abrahamsen에게 쓴 편지, 1938년 3월 14일, Freud Collection, B3, LC.)

1906년경의 프로이트. 아들 가운데 하나가 찍은 사진. 그래서인지 다른 사진보다 인상이 부드럽게 나왔다. 쉰 살의 프로이트는 여전히 활력이 넘치고 지적이고 생산성이 높았다.

장 가까운 친구였고, 중요한 일에서는 그가 속을 털어놓은 유일한 친구였다. 프로이트는 플리스에게 가장 깊은 감정을 보여주었다. 따라서 1906년에 프로이트는 플리스와의 최종적인 결별을 차분하게 극복하는 것이 불가능하다는 사실을 알았다. 이런 힘든 상황에서 자신을 오이디푸스에 비유하는 지지자들이 있다는 것은 프로이트에게 무척 든든한 일이었다.

쉰 살의 프로이트는 지적으로 생산성이 높았고 신체적으로 힘이 넘쳤다. 그러나 늙고 쇠약해진다는 어두운 생각 때문에 이따금 괴로워하기도 했다. 1907년 카를 아브라함은 빈으로 처음 프로이트를 찾아간 뒤 "안타깝게도 노년 콤플렉스가 그를 짓누르는 것" 같다며 아쉬워했다.[7] 프로이트가 마흔네 살에 벌써 자신은 늙고 추레한 이스라엘인이라고 자조한 것을 우리는 알고 있다. 그는 이런 푸념을 늘 입에 올리게 되었다. 1910년에는 한 친구에게 이렇게 말했다. "어쨌든 얼마 전에 내가 1916년이나 1917년에는 죽기로 결심했다는 사실을 잊지 말도록 하세."[8] 그러나 프로이트의 생산성과 행동거지는 이런 신경증적인 염려가 잘못된 것임을 드러냈다. 키는 평균 정도였지만—168센티미터 정도 되었다.—권위적인 풍모, 깔끔한 외모, 주의 깊은 눈 때문에 군중 속에서도 금방 눈에 띄었다.

프로이트의 눈에 관해서는 많은 사람들이 말을 했다. 이 무렵 프로이트와 가까웠던 프리츠 비텔스는 그 눈이 "갈색에 광택이 있으며", "정밀 조사하는 듯한 느낌"을 주었다고 묘사했다. 그 눈이 잊히지 않는다고 생각하는 사람이 많았다. 창조적 행동의 심리학에 강한 관심을 드러냈던 빈의 교양 있는 음악학자 막스 그라프(Max Graf)도 그런 사람이었다. 그라프는 1900년에 프로이트를 처음 만나 곧 그의 핵심 그룹의 일원이 되었다. 그는 프로이트의 눈이 "아름답고…… 진지하며", "깊은 곳에서부터 사람을 보는 것 같다."고 말했다.[9] 제1차 세계대전 후에 프로이트를 만난 영국의 심리학자 조앤 리비에르(Joan Riviere, 1883~1962)는 프로이트에게 "매혹적인 유머"의 재능이 있으며, 그의 엄청난 존재감의 특징은 "앞으로 내민 이마와 날카롭게 꿰뚫는 듯한 비판적인 탐사의 눈길"이라고 말했다.[10] 만일 프로이트가 말한 대로 보는 것이 만지는 것의 문명화된 대체물이라고 한다면, 어떤 것도 놓치지 않는 그의 꿰뚫는 눈길은 그에게 썩 잘 어울리는 것이었다. 비텔스의 회고에 따르면 프로이트는 "학자들이 그렇듯이 자세가 구부정했다."[11] 그러나 이것 때문에 프로이트의 당당한 태도가 훼손되지는 않았던 것 같다.

그에게는 규율 잡힌 힘의 분위기가 있었다. 심지어 프로이트의 콧수염과 뾰족한 턱수염마저도 매일 이발사가 가지런하게 정돈했다. 프로이트는 일편단심으로 임무를 수행하기 위하여 욕구―화산 같은 감정, 사변에 대한 욕망, 요동치는 에너지―를 제어하게 되었다.* 그는 1910년 친구인 취리히의 목사 오스카어 피스터에게 이렇게 썼다. "나는 일 없는 인생이 정말로 안락할 거라고 생각하지 못하겠네. 나에게는 공상에 빠지는 것과 일을 하는 것이 하나야. 다른 데서는 즐거움을 찾을 수가 없네."[12] 그는 집중해서 일을 하는 데 몰두하느라 초인적인 노력을 기울였기 때문에 아주 정확한 시간표에 묶여 살았다. 그는 모범적인 부르주아였고 또 그것을 부끄러워하지 않았기 때문에, 그런 부르주아답게, 조카 에른스트 발딩거(Ernst Waldinger)의 표현을 빌리면, "시계에 맞추어 살았다."[13]

심지어 프로이트의 일상생활에 활기를 불어넣던 변화들도 시간표 안에 포함되어 있었다. 카드 게임, 도시 산책, 여름 휴가도 세심하게 계획이 짜여 있었으며, 대체로 예측이 가능했다. 그는 7시면 일어나 8시에서 12시까지 정신분석 환자들을 만났다. 점심은 1시 정각에 먹었다. 시계가 1시를 치면 가족이 식탁에 모였다. 프로이트는 서재에서 나타났고, 아내는 그의 맞은편에 앉았다. 그러면 하녀가 수프 그릇을 들고 나타났다. 식사 후에는 몸의 순환을 회복하기 위한 산책 시간이었다. 이 시간

---

* 비텔스가 전기에서 프로이트를 "화산 같은 성격"이라고 묘사했을 때 프로이트는 여백에 느낌표를 찍었다. (프로이트가 소유한 비텔스의 *Sigmund Freud*, p. 29. Freud Museum, London.)

에 교정쇄를 갖다주거나 시가를 살 수도 있었다. 3시에는 손님들과 이야기를 했고, 그 뒤에는 분석 환자들을 더 만났는데, 이 일은 저녁 9시까지 계속되는 경우가 많았다. 그러면 저녁을 먹은 뒤, 가끔 처제 미나와 잠깐 카드 게임을 하거나 아내 또는 딸과 산책을 했다. 산책을 하면 종종 카페까지 갔고, 그곳에서 신문을 읽거나 여름이면 아이스크림을 먹었다. 저녁 나머지 시간에는 독서, 글쓰기, 정신분석 정기간행물의 편집 일을 했다. 정기간행물은 1908년부터 프로이트의 생각들을 퍼뜨리는 동시에 그의 생활을 복잡하게 만들었다. 잠자리에 드는 시간은 새벽 1시였다.[14]

프로이트는 대학에서 변함없이 토요일 5시부터 7시까지 강의를 했으며, 그 다음에는 마찬가지로 변함없이 친구 레오폴트 쾨니히슈타인의 집으로 가서 일 주일에 한 번씩 타로 게임을 했다. 네 명이 하는 오래된 카드 게임인 타로는 오스트리아와 독일에서 오랫동안 인기를 끌었다. 프로이트에게는 "타로 중독(Tarockexzess)"이 생활에서 빼놓을 수 없는 요소였다.[15] 일요일 아침에는 어머니를 찾아갔다. 그런 뒤에는 주중에 쓰지 못한 편지를 썼다. 프로이트 가족 전체가 열렬히 고대하는 여름 휴가는 중요한 일이었다. 빈을 떠나 있는 몇 달의 계획을 짜는 일은 프로이트 편지의 상당 부분을 차지했다. 그는 1914년 봄 아브라함에게 이렇게 썼다. "나도 여름 휴가 문제가 얼마나 까다로운지 잘 알고 있네."[16] 제1차 세계대전으로 박살이 나기 전의 부르주아 세계에서 여름 휴가 문제(Sommerproblem)는 많은 생각과 관심을 쏟아부어야 하는 문제였다. 프로이트는 임상 노동으로부터 몸을 회복하고, 가까운 사람들을 맞이하고, 머릿속에 중요한 구상이 있을 때는 몇 주간 혼자 있을 수 있는 적당한 온천을 찾으려고 초봄부터 준비를 시작하곤 했다. 몇 달간의 힘든 분석 작업 끝에 여름이 오면 프로이트 가족―프로이트 부

어머니를 가운데 둔 프로이트 부부. 1905년 아우스제에서 보낸 여름 휴가 때 찍은 사진이다.

부, 여섯 자식, 미나 이모—은 오스트리아의 바트 가슈타인의 산자락이나 바이에른의 베르히테스가덴에 있는 조용한 호텔에 자리를 잡고, 버섯을 따고, 딸기를 수확하고, 낚시를 하고, 열심히 산책을 하면서 몇 주를 함께 보냈다. 여름의 막바지—8월이나 9월 초—가 되면 프로이트는 동생 알렉산더나 산도르 페렌치 같은 좋아하는 동료와 함께 이탈리아 탐사에 나섰다. 1904년에는 동생과 함께 짧지만 잊을 수 없는 아테네 여행을 다녀오기도 했다. 프로이트는 아크로폴리스에 서서 압도당한 채 생각에 잠겼다. 오랫동안 책을 통해 그렇게 잘 알았던 것을 마침내 현실로 보게 되자 너무 이상하여 묘한 감정에 사로잡히지 않을 수 없었다.[17]

프로이트가 《성욕에 관한 세 편의 에세이》를 마무리하던 1904년과 1905년에 발표된 《프로테스탄트 윤리와 자본주의 정신》이라는 유명한 연구에서 막스 베버(Max Weber, 1864~1920)는 현대인이 강요된 시간 지키기, 영혼을 파괴하는 노역, 분별없는 관료제의 피해자가 되어 쇠 우리에 갇혀 있다고 냉혹하게 묘사했다. 그러나 프로이트의 박자를 맞춘 생활 방식은 일만큼이나 즐거움의 전제 조건이었으며, 나아가 그 하인이었다. 프로이트가 일만이 그에게 즐거움을 준다고 말한 것은 그 자신을 부당하게 표현한 것이었다. 베르크 가세 19번지를 찾아간 사람들이나, 여름 소풍을 함께 떠난 사람들은 50대 내내, 또 그 후에도 새로운 경험을 수용하는 프로이트의 태도에는 변함이 없었다고 증언한다. 가끔 식사를 하다가 조용히 생각에 잠긴 채 대화를 가족에게 맡겨놓는 바람에 손님들이 당황하기는 했다.[18] 그러나 대부분의 경우 그는 온화하게 손님을 접대하는 주인이었다. 아브라함은 1907년 12월 말 프로이트를 만나고 돌아온 뒤에 여전히 행복감에 취해 친구인 정신분석학자 막스 아이팅곤(Max Eitingon, 1881~1943)에게 말했다. "그의 집에서 아주 다정한 대접을 받았네. 프로이트 교수님, 그의 부인, 처제, 딸이 나를 데리고 빈을 돌아다녔지. 미술관, 카페, 헬러 서점, 고서점 등을 찾아가 보았네. 즐거운 나날이었어."[19]

프로이트는 이런 활력에도 불구하고 가끔 우울한 상태에 빠져들었지만, 어두운 생각에 길게 잠기곤 하던 버릇은 사라졌다. 훗날 그는 1909년 미국 방문을 돌이켜보면서 이렇게 말했다. "나는 그때는 쉰세 살밖에 안 되었다. 젊고 건강하다는 느낌이었다."[20] 그의 아들 마르틴은 이 시절에 관해서 쓰려고 할 때 무엇보다도 "명랑하고 너그러운 아버지"가 떠올랐다. 그는 정확한 표현을 찾기 위해 모국어인 독일어로 바꾸어, 자신의 아버지에게 "ein froehliches Herz"가 있었는데, 이것은 "'명랑한 마음'이라는 말로는 완벽하게 뜻이 전달되지 않는다."고 말했다.[21] 안나 프로이트도 오빠의 평가를 확인해주었다. 그녀는 어니스트 존스에게 아버지의 진짜 성품이 편지에서는 완전히 드러나지 않는다고 말했다. 편지는 "늘 누군가를 향한 것이고, 뭔가를 전달하거나, 누군가를 누그러뜨리거나, 격려하거나, 문제와 일을 공유하려는 것"이었기 때문이다. 보통 프로이트는 "침착하고, 낙관적이고, 심지어 쾌활했으며", 거의 아프지 않았고, 병 때문에 하루 일을 쉬는 일도 없었다.*[22]

사진을 통해 우리에게 익숙한, 얼굴을 찌푸리고 있는 프로이트는 허상이 아니다. 사실 단지 의견이 다른 지지자들간이 아니라, 인간들 전체를 생각하면 얼굴을 찌푸릴 일이 많았다. 그러나 그것이 그의 전부는 아니었다. 어니스트 존스는 프로이트가 사진 찍는 것을 좋아하지 않았다는 적절한 지적을 했다. 따라서 그의 공식적인 사진들은 실제보다 더 우울해 보인다는 것이다.[23] 오직 그의 아들들만 무방비 상태의 그를 찍어 덜 무서운 얼굴을 포착할 수 있었다. 산에서 본 멋진 풍경, 특히 즙이 많은 버섯, 전에 보지 못했던 도시 풍경에 기뻐하는 프로이트도 혼자서 생각의 낯선 바다를 항해하는 정신의 뉴턴을 닮은 프로이트, 또는 강철 같은 눈으로 이단자를 노려보는 위엄 있는 창건자 프로이트와 다를 바 없는 진정한 프로이트였다.

규칙성이 엄격성을 뜻하는 것은 아니었다. 실제로 그는 비공식적인 조직을 좋아했으며, 출판사나 번역자하고도 비공식적으로 일을 처리하는 바람에 많은 혼란이 생겼다. 그러나 그보다 더 중요한 것은 프로이트가 자신이 가장 소중하게 간직한 생각들 몇 가지에 관해서도 입장을

---

* 1952년 1월 28일 안나 프로이트는 아버지가 아브라함과 아이팅곤에게 쓴 편지를 읽은 뒤에 존스에게 이렇게 썼다. "나는 이 편지들에서 아버지가 몸이 안 좋다고 불평을 하신 것에 놀라곤 했습니다. 집에서는 그런 말을 한 번도 들은 적이 없거든요. 어쩐지 그런 불평은 밖에서 아버지에게 요구하는 일을 피하기 위한 수단이었다는 생각이 들어요." 그녀는 "아버지가 진심으로 함께 있고 싶어 했던 플리스와의 관계에서는" 확실히 그런 방어 책략을 사용하지 않았다고 덧붙였다. (Jones papers, Archives of the British Psycho-Analytical Society, London.)

바꾸는 것이 가능하다고 생각했다는 점이다. 유아의 성, 신경증의 성 원인론, 억압의 역할 등 정신분석의 핵심적인 원리와 관련된 것이 아니라면, 프로이트는 이론과 치료에서 유망해 보이는 일탈에 개방적이었으며, 심지어 그런 일탈을 고대하기도 했다. 그는 즉흥적인 것에 공포를 느끼지 않았다. 그의 대화는 편지 스타일과 마찬가지로 명료한 태도와 정력의 모범이었으며, 독창적인 표현들이 넘쳐났다. 주로 통렬한 유대인 이야기로 이루어진 농담이라는 그의 자산, 또 시와 소설에서 따온 적절한 구절들에 대한 뛰어난 기억력 덕분에 그는 말에서나 글에서나 적당한 놀라움을 안겨주는 비할 데 없는 재주를 갖추게 되었다. 그는 어느 모로 보나 매혹적인 강사여서, 느리고 명료하고 힘차게 요지를 전달했다. 비텔스의 기억에 따르면 그는 대학에서 매주 토요일에 강의를 했는데, "메모도 없이 거의 두 시간 동안 강의를 했으며, 청중은 완전히 매혹되었다." 프로이트는 "독일 인문학자의 설명 방법론을 채택했으며, 파리에서 습득했을 법한 대화의 말투로 분위기를 가볍게 가져갔다. 과장이나 매너리즘은 찾아볼 수 없었다." 매우 전문적인 이야기를 할 때도 유머와 허물없는 태도를 잃지 않았다. 비텔스는 프로이트가 "소크라테스적인 방법을 좋아했다."고 말했다. "그는 공식적인 설명을 중단한 뒤 질문을 요청하고 비판을 권했다. 이의 제기가 나오면 재치와 설득력으로 대처했다."[24]

또 프로이트는 오랫동안 가난한 생활을 했지만 돈에 집착하지 않았으며, 가족의 경제적 상태를 걱정하지 않았다. 애처로운 처지임을 핑계 삼아 집안의 즐거운 행사에 참여하지 않는 경우는 있었다. 예를 들어 유명한 낭송자였던 조카딸 릴리 프로이트 마를레(Lilly Freud Marlé)의 빈 데뷔 행사에는 참석하지 않았다. 그럴 시간적 여유가 없다고 생각했기 때문이다. 프로이트는 조카딸에게 보내는 사과 편지에서 자신이

"단순히 돈 버는 기계일 뿐"이며, "일시적으로 큰 재능을 부여받은 일용 노동자"라고 말했다.[25] 그러나 그는 도움이 필요한 사람에게는 인색하게 굴지 않았다. 프로이트가 막 쉰으로 접어들던 1905년 무렵 당시 빈에서 공부하던 젊은 스위스 시인 브루노 괴츠(Bruno Goetz, 1885~1954)가 어떤 약을 써도 두통이 나아질 기미가 없다며 진찰을 받으러 왔다. 괴츠의 교수 한 사람이 혹시 도움이 될지 모른다며 프로이트를 추천하면서, 쉽게 만나게 해주려고 프로이트에게 괴츠의 시 몇 편을 미리 보냈다. 프로이트는 괴츠를 편하게 앉혀놓고, 어린 시절 뱃사람들에게 반했다든가 하는 내밀한 성적인 대목을 포함한 살아온 이야기를 모두 끌어낸 뒤, 정신분석은 필요하지 않다고 결론을 내렸다. 그는 처방을 써주었는데, 하던 이야기와 관련이 없는 것 같았지만, 어쩌다 보니 괴츠는 자신의 궁핍을 이야기하게 되었다. "그래." 프로이트가 말했다. "자신에게 가혹한 것에는 좋은 면이 있네. 하지만 지나치면 안 되지. 스테이크를 마지막으로 먹은 게 언제인가?" 괴츠는 넉 주 전쯤 된다고 고백했다. "나도 그럴 거라고 생각했네." 프로이트는 그렇게 대꾸하더니, 괴츠의 기억에 따르면, "쑥스러워하면서" 약간의 조언과 더불어 봉투를 하나 내밀었다. "불쾌하게 생각하지 말게. 나는 어른 의사이고, 자네는 아직 젊은 학생이야. 이 봉투를 받게. 이번 한 번만 내가 자네 아버지 노릇을 하는 걸 허락해주게. 자네 시를 주고, 어린 시절 이야기를 들려주어 나에게 기쁨을 주었으니 내가 작은 사례를 한다고 생각하게. 잘 가게. 그리고 언제 다시 들러주게. 진심일세. 아주 바쁘기는 하지만 삼십 분이나 한 시간 정도는 내겠네. 또 보세!" 괴츠가 자기 방에 가서 봉투를 열어보니 안에는 200크로넨이 들어 있었다. '나는 너무 흥분해서 소리 내어 울 수밖에 없었다.'[26] 프로이트는 이때 말고도 젊은 동료, 심지어 환자까지 적절한 선물로 도왔다. 그는 요령 있게 선물을 주었고 상대는 감사하며 받았다.

프로이트가 아버지로서 행동하는 방식은 말을 하고, 글을 쓰고, 작으나마 은혜를 베푸는 방식과 일치했다. 그에게는 평생 19세기 가정 예절의 많은 부분이 달라붙어 있었지만, 그래도 그는 남다른 데가 있는 부르주아 가장이었다. 모두가 알다시피 마르타 프로이트는 남편이 연구와 글쓰기에 시간과 에너지를 집중하게 해주는 것을 자신의 전공으로 삼았다. 그녀는 가정사를 유능하게 또 기꺼이 처리해냈다.*

프로이트 자식들은 얌전하다고 소문이 났다. 그러나 얌전하다는 것이지, 기가 죽은 것은 아니었다. 장남이 기억하는 어머니는 친절한 동시에 단호했다. "규율은 부족하지 않았다." 프로이트 집안은 성적을 지나치게 강조하지 않으면서도 중요하게 여겼다. 착한 행동을 지배하는 규칙이 농담이나 명랑한 태도를 억제하지도 않았다. 마르틴 프로이트는 이렇게 회고한다. "우리 프로이트 자식들은 남들이 이상하게 여기는 말이나 행동을 했다." 마르틴은 자기 형제들이 자유주의적인 환경에서 자랐다고 생각했다. "우리는 이것을 하라거나 저것을 하지 말라는 명령을 받은 적이 한 번도 없었다. 부모는 양식 있는 질문이면 뭐든지 답을 해주고 설명을 해주었다. 우리를 한 개인으로, 우리 나름의 권리가 있는 사람으로 대접한 것이다."27) 이 집에서는 정신분석학적 교육 이론이 분별력 있게 실행에 옮겨지고 있었던 것이다. 근대적인 개방성이 중간계급의 예법으로 제어되고 있었던 셈이다. 마르타 프로이트는 남편의 "분명한 소망"에 따라 그의 아들 셋이 "그의 뒤를 따르지" 않았다고 증언했다.** 그러나 그들의 막내 안네을은 정신분석가가 되었다. "그도 딸은

---

* 제1차 세계대전 후에 일어난 중요한 예외에 관해서는 《프로이트 II》 8장의 '전쟁과 평화' 참조.

막을 수가 없었다."[28] 프로이트 말년의 흐름을 보면 이것이 그의 소망에 대한 도전 가운데 그가 따뜻하게 환영한 드문 예임을 알 수 있다.

마르틴 프로이트의 사춘기에 일어난 감동적인 사건은 그의 아버지의 가정적인 스타일을 잘 보여준다. 어느 겨울날 마르틴은 누나 마틸데, 남동생 에른스트와 함께 나가서 스케이트를 타고 있었다. 두 소년은 함께 스케이트를 타고 가다가 턱수염을 기른 나이 든 신사와 부딪혔고, 신사는 균형을 잡으려고 우스꽝스럽게 몸을 비틀었다. 에른스트는 이 어색한 동작을 보고 주제넘은 무례한 말을 했다. 그때 능숙하게 피겨 스케이트를 타던 사람이 이 사건을 목격했는데 마르틴이 범인이라고 착각하여, 스케이트를 타고 옆을 지나가며 따귀를 때렸다. 명예와 기사도에 관하여 소년다운 생각을 품고 있던 마르틴 프로이트는 이 일을 심각한 수모로 여겼다. 설상가상으로 직원은 마르틴의 시즌 티켓을 압수했으며, 서툴게 스케이트를 타던 뚱뚱한 사람이 한 명 비틀거리며 다가와 자신이 변호사라면서 법정에서 그를 대리해주겠다고 제안했다. 마르틴 프로이트는 그것 때문에 "오히려 절망적인 느낌에 더 깊이 빠졌다"고 회고한다. 법적 행동에 나서는 것은 당시 그가 푹 빠져 있던 중세의 규약에 위배되는 일이었기 때문이다. 마르틴은 분개하여 그 제안을 거부했다. 마틸데는 가까스로 동생의 시즌 티켓을 다시 찾아올 수 있었다. 프로이트의 아이들은 이 소식을 어서 전하고 싶은 마음에 가슴을 두근거리며 집으로 달려갔다. 이 사건 때문에 우울한 사람은 마르틴 한 사람뿐이었다. "이 수모로 인해 내 미래 전체가 망가져버린 것 같았다." 마르틴은 나중에 병역을 이행할 때가 오면 "절대 장교가 될 수 없을 것"이라고 확신했다. "나는 감자 껍질이나 벗겨야 할지도 몰랐

** 그러나 프로이트의 세 아들 모두 프로이트가 하는 일을 좋아한다거나 거기에 재능이 있는 것으로 보이지는 않았다는 사실을 덧붙여야 할 것이다.

다." 쓰레기통을 비우고 변소를 청소하는 사병 신세를 벗어나지 못할지도 몰랐다. 마르틴은 굴욕감에 사로잡혀 어쩔 줄을 몰랐다.

프로이트는 아이들이 흥분하여 전하는 이야기에 주의 깊게 귀를 기울였다. 이윽고 아이들이 차분해지자 프로이트는 마르틴을 서재로 불렀다. 프로이트는 아들에게 다시 처음부터 끝까지 이야기를 해보라고 했다. 마르틴 프로이트는 사건 자체는 자세하게 기억했지만, 나중에 아버지가 한 말은 기억할 수 없었다. 그의 기억에 남은 것이라고는 "영혼을 파괴할 것 같은 비극"이 "불쾌하지만 의미 없는 사소한 일"로 바뀌어버렸다는 것뿐이었다.[29] 아버지 프로이트가 그날 저녁 아들에게 어떻게 했건 중요한 점은 이때 그가 아들을 치유하는 데 필요했던 다정한 관심을 보여주지 못할 만큼 다른 데 정신이 팔려 있지 않았다는 것이며, 또 그가 그런 관심을 보여주지 못할 만큼 위대한 척하는 사람도 아니었고, 엄격하게 규율을 잡는 사람도 아니었다는 것이다.

그의 시대와 그가 속했던 북유럽 문화의 전형적인 부르주아로서 프로이트는 감정을 많이 드러내는 사람이 아니었다. 그의 조카 해리(Harry Freud)의 기억에 따르면 그는 "늘 자식들에게 아주 친근했지만", "거리낌 없는" 관계는 아니었다. 외려 그는 "늘 약간 **딱딱하고 과묵했다.**" 사실 "그가 자식에게 입을 맞추는 일은 거의 없었다. 아니, 전혀 없었다고 해도 좋았다. 심지어 그가 무척 사랑했던 그의 어머니와 헤어질 때도 의례적인 입맞춤만 나누었다."[30] 그러나 1929년 프로이트는 어니스트 존스에게 보내는 편지에서 자신의 내부에는 "애정의 샘"이 있으며, 누구나 언제든지 거기에 기댈 수 있다고 말했다. 그가 그런 감정을 과시하는 경향은 아닐지 몰라도, "내 가족은 그것을 잘 알고 있다."[31] 프로이트가 아들에게는 주지 않는 것을 딸에게는 기꺼이 주었을 수도 있다. 존스는 프로이트의 집을 찾아갔을 때 "당시에 커다란 초등학생"이었던 딸이 "아버지의 무릎에 앉아 아버지에게 글라붙어 있는 것"을 보았다.[32] 프로이트의 애정의 상징들, 그리고 그의 태도가 자식들에게 전달하는 섬세한 실마리들만으로도 집안에서 온기와 든든한 신뢰에 바탕을 둔 감정적 환경을 이루는 데는 충분했다. 프로이트는 1910년에 융에게 이렇게 말했다. "할아버지들은 가혹하게 구는 일이 드물지. 아마 나는 아버지로서도 별로 가혹하지 않았던 것 같네."[33] 그의 자식들은 이런 자기 평가를 입증해주었다.

정신의 고고학자

프로이트는 규율을 엄격하게 준수하려는 사람이 아니었다. 또 금욕주의자도 아니었다. 그러나 그의 성생활은 일찌감치 시들해졌던 것으로 보인다. 우리는 그가 서른일곱 살에 불과했던 1893년 8월에 성적 절제 상태에서 살고 있었음을 알고 있다. 그렇다고 이것으로 그의 성생활이 끝났던 것은 아니다. 막내인 안나는 1895년 12월에 태어났다. 이듬해에 그는 늘 생물학적 리듬을 찾고 있던 플리스에게 매 28일마다 되풀이해서 "성욕이 사라지고 성적 불능 상태가 되네. 사실 그때만 아니면 아직 늘 그런 것은 아니지만." 하고 알려주었다.[34] 그러다 1897년 프로이트는 플리스에게 꿈 이야기를 했는데, 꿈속에서 그는 옷을 거의 걸치지 않고 계단을 올라가고 있었고 어떤 여자가 뒤를 따라왔다. 여기에 따르는 정서는 "불안이 아니라 성적 흥분"이었다.[35]

실제로 우리가 보았듯이 1900년에 프로이트는 이제 "아이 낳는 일은 끝냈다"고 이야기했다.[36] 그러나 프로이트에게 성적 흥분, 나아가서 성교가 아직 끝나지 않았다는 흥미로운 증거가 있는데, 사실 그 뒤로도 10여 년 이상 끝이 나지 않는다. 그는 1915년 7월 일련의 꿈을 꾼 뒤 바로 기록을 하고 분석을 했다. 하나는 아내에 관한 꿈이었다. "마르타가 나에게 다가온다. 나는 마르타에 관해 뭔가를 적어야 한다. 공책에 적어야 한다. 나는 연필을 꺼낸다. …… 아주 희미해진다." 프로이트는 이 꿈을 해석하면서 그것을 설명하기 위하여 그날의 다양한 찌꺼기를 제시한다. 이 가운데는 불가피하게 "성적인 의미"도 있다. 이 꿈은 "수요일 아침의 성공적인 성교와 관련이 있다."[37] 이때 프로이트는 쉰아홉 살이었다. 따라서 바로 이해에 자신은 자신이 옹호하는 성적 자유를 "거의 사용하지 않았다"[38]고 제임스 잭슨 퍼트넘에게 한 말은 기본적으로 혼외정사에 대한 반감을 표현한 것이었다. 꿈과 마찬가지로 그의 논문과 일상적인 말에도 오랜 세월에 걸쳐 지속된 성적 환상들이 풍부하게 스며 있다. 그 대부분은 아마 공상이었을 것이다. 프로이트는 불과 쉰한 살일 때 냉소적인 체념의 말투로 추종자들에게 이렇게 말했다. "우리 교양인들(Kulturmenschen)은 모두 약간 심리적으로 성적 불능인 경향이 있습니다." 그러고 나서 몇 달 뒤에 상당히 우울한 말투로, 고대의 제도를 되살리면 쓸모가 있을 것이라고 말했다. "사랑의 기술(ars amandi)을 가르치는 사랑의 아카데미"를 세우자는 것이었다.[39] 그가 그런 아카데미에서 가르쳤을 만한 것을 실제로 얼마나 실행에 옮겼는지는 그의 비밀로 남아 있다. 그러나 1915년에 특별히 "성공적인 성교"를 이야기한 것을 보면 틀림없이 실패를 겪은 때가 있었다는 것을 알 수 있다.

 프로이트가 성생활을 체념한 것은 알려진 모든 산아제한 방법을 그가 매우 혐오했기 때문이기도 하다. 우리는 1890년대 초 그가 신경증의 성적 기원을 탐사할 때—환자들에게서, 또 거의 틀림없이 자신의 결혼 생활에서도—피임의 좋지 못한 심리적 결과를 개탄했다는 사실을 알고 있다. 그는 아주 우호적인 환경에서가 아니라면 콘돔을 사용하는 것이 신경증적 장애를 낳을 가능성이 높다고 믿었다. 질외사정을 비롯한 다른 방법도 더 나을 것이 없었다. 사용하는 방법에 따라 남자 또는 여자가 결국은 히스테리나 불안 신경증에 걸릴 확률이 높았다. 재닛 맬컴(Janet Malcolm)은 이렇게 말한다. "만일 프로이트가 이 방향으로 계속 노력을 했다면 그는 정신분석의 창시자가 아니라 더 나은 콘돔의 발명자가 되었을 것이다."[40] 그러나 프로이트는 피임의 단점에서 발생하는 어려움을 자신의 정신을 포함한 인간 정신의 가장 은밀한 곳의 작용을 알아내는 실마리로 이용했다. 그가 이 미묘한 문제에 관하여 플리스에게 보낸 비망록은 자신이 아니라 환자들을 언급하고 있으며, 그들의 솔직한 고백에서 그의 이론이 도움을 얻는 방식들을 이야기한다. 그러나 자신만만한 동시에 정열적인 그의 초고는 자신의 개인사에 관해서도 이야기한다. 그의 만족스럽지 못했던 성적 경험을 은근히 반영하고 있는 것이다.

프로이트의 체념은, 더 은근한 방식이기는 하지만, 자신의 빠른 죽음에 대한 예상과도 관련이 있었던 것처럼 보인다. 1911년에 프로이트는 융의 부인 에마(Emma Jung, 1882~1955)에게 이렇게 말했다. "나의 결혼은 오래전에 분할 상환이 끝났습니다. 이제 더 할 일이 남지 않았습니다. 죽는 것밖에는요."[41] 그러나 프로이트는 절제가 약간의 자부심의 근거가 된다는 것도 알았다. 그는 1908년에 발표한 문명화된 성적 도덕성에 관한 논문에서 근대 문명은 특히 교양이 좀 있다고 주장하는 사람들에게 성적인 억제 능력을 특별히 요구한다고 말했다. 사람들에게 결혼을 할 때까지 성교를 삼가고, 그런 뒤에는 성적 활동을 단일한 파트너에게만 제한하라고 요구한다는 것이다. 프로이트는 대부분의 사람들은 이런 요구를 따르는 것이 불가능하며, 따른다 해도 엄청난 감정적

대가를 치러야 한다고 확신했다. "오직 소수만이 승화를 통하여, 즉 성의 본능적 힘을 더 높은 문화적 목표로 돌림으로써 극복에 성공하지만, 이런 성공도 간헐적으로 이루어질 뿐이다." 다른 사람들은 대부분 "신경증에 걸리거나 다른 식으로 피해를 본다."[42]

그러나 프로이트는 자신이 신경증에 걸렸거나 피해를 보았다고 생각하지 않았다. 오히려 자신의 본능을 승화시켜 가장 높은 수준의 문화적인 일을 하고 있다는 것을 의심하지 않았다. 그러나 늙은 아담은 억눌린 상태로 가만히 있지 않았다. 프로이트는 말년에 잘생긴 여자들에게 유난히 감탄하며 즐거워했다. 잘생긴 데다 만만찮은 인물이었던 루 안드레아스-살로메(Lou Andreas-Salomé, 1861~1937)는 그 가운데 가장 두드러진 예에 지나지 않았다. 프로이트는 성적 충동을 승화시키는 길로 잘 나아가고 있다고 생각하던 1907년 이탈리아에서 융에게 쓴 편지에서 융의 젊은 동료 한 사람과 우연히 만났는데, 그 젊은이는 "다시 여성을 사귀게 된 것으로 보이더군. 그런 습관은 이론에 방해가 되지." 라고 말했다. 이 사건을 계기로 프로이트는 자신의 습관을 생각해보게 되었다. "내 리비도를 완전히 정복하면(일반적인 의미에서), '인류의 애정 생활'에 착수해보겠네."[43] 어쨌든 그는 1907년에는 아직 리비도를 정복하지 못했던 것으로 보인다―일반적인 의미에서.

따라서 프로이트는 오랫동안 감각의 쾌락을 환영했던 셈이다. 그는 호라티우스(Quintus Horatius Flaccus)의 격언인 "오늘을 잡아라(carpe diem)"에 어느 정도 공감했다. 이 말은 순간의 쾌락을 잡는 태도에 대한 철학적인 옹호이며, "삶의 불확실성과 더불어 고결한 극기의 무용성"을 호소하는 것이다. 실제로 프로이트는 "우리 모두가 이런 삶의 철학이 옳다는 것을 인정하는 시간을 경험한 적이 있다."고 고백했다. 그런 순간에 우리는 도덕적 가르침의 무자비한 가혹함을 비판하게 된다. "그런 가르침은 보상을 제공하지 않고 요구를 하는 방법만 알고 있을 뿐이다."*44) 프로이트는 엄한 도덕주의자였지만, 쾌락이 머무는 시간을 부정하지 않았던 것이다.

프로이트가 오랜 세월에 걸쳐 그의 집에 모은 물건들은 의사이자 가정적인 남자로서 그가 기쁨을 누릴 수 있는 동시에 자신에게 허용될 만하다고 여기던 감각적 만족이 어떤 것이었는지 말해준다. 베르크 가세 19번지는 의도적인 선택을 반영하는 작은 세계였다. 이곳은 그 안에 담긴 것과 동시에 그 안에 담기지 않은 것―후자가 눈에 두드러진다.―양쪽을 통해 프로이트를 더 큰 문화 속에 안정되게 자리 잡게 했다. 프로이트는 그의 시대의 교육받은 중간계급 시민이었다. 그러나 그의 계급이 소중히 여긴다고 공언한 것들, 또 종종 실제로 소중히 여긴 것들―미술, 음악, 문학, 건축―에 대한 그의 태도가 전적으로 예측 가능했던 것은 아니다. 물론 프로이트는 인간이 만든 아름다움에 무감각하지는 않았다. 1913년에 그는 카를 아브라함이 프로이트 자신도 전에 휴가를 보낸 적이 있는 네덜란드의 휴양지 노르트베이크 안 제이에서 즐겁게 지낸다는 이야기를 듣고 흡족해했다. 그는 "무엇보다도 석양이 멋졌지." 하고 회고했다. 그러나 그런 것보다는 사람이 만든 것을 더 높이 평가했다. "작은 네덜란드 도시들은 매혹적이라네. 델프트는 작은 보석이지."45) 화가, 조각가, 건축가들은 프로이트에게 많은 시각적 즐

---

* 제1차 세계대전이라는 무분별한 살육의 기간에 쓴―이 시기에 썼다는 사실이 중요하다.―덧없는 것에 관한 재미있는 작은 에세이에서 프로이트는 모든 아름다움이 스러질 운명이지만, 이 진실에는 어떤 신화적인 불멸이나 애도하는 우울한 느낌이 포함되어 있지 않다고 주장했다. "오직 하룻밤만 피는 꽃이 있다고 할 때, 그 꽃이 그런 이유 때문에 덜 화려하게 보이지는 않을 것이다." 중요한 것은 아름다움과 완벽함이 바로 그 순간 불러일으키는 감정이다. ("Vergänglichkeit" [1916], *GW* X, 359 / "On Transience", *SE* XIV, 306.)

거움, 풍경보다 더 큰 즐거움을 주었다.

그러나 아름다움에 열려 있든 아니든, 프로이트의 취향은 대체로 관습적인 쪽이었다. 그가 함께 살기로 선택한 물건들은 그 보수성과 더불어 기존에 잘 확립된 전통을 기념한다는 면에서 타협이 없었다. 그는 19세기 부르주아 대부분이 자신들의 행복에 불가결하다고 생각했던 기념물들을 좋아했다. 예를 들어 가족이나 가까운 친구들의 사진, 찾아가 보았고 또 기억할 때마다 기쁨을 주는 곳의 기념품, 미술에서 말하자면 구체제의 유산이라고 할 수 있는 에칭이나 조각품들—모두 아카데믹하고, 모험심이라고는 찾아볼 수 없었다.— 따위였다. 프로이트는 주변에서 폭발하는 회화, 시, 음악 혁명으로부터 아무런 영향을 받지 않았다. 드문 일이지만 그런 것들이 밀고 들어와 그의 눈길을 끌 때면 매우 못마땅하게 생각했다. 프로이트가 베르크 가세 19번지로 이사했을 때 그의 벽에 걸린 그림들만 본 사람이라면 한때 프랑스 인상주의가 번창했다거나, 클림트(Gustav Klimt, 1862~1918)나 코코슈카(Oskar Kokoschka, 1886~1980), 그리고 나중에 실레(Egon Schiele, 1890~1918)가 빈에서 작업을 했다는 사실을 짐작도 할 수 없었을 것이다. 그는 카를 아브라함을 그린 "매우 현대적인" 초상화에 격한 혐오감을 드러내면서, 아브라함에게 "현대 '예술'에 대한 자네의 관용이나 공감이 잔인한 벌을 받았다는 것"을 알고 무시무시했다고 말했다.[46] '예술'이라는 말에 비꼬듯이 인용부호를 붙인 것이 눈에 띈다. 표현주의와 마주했을 때, 프로이트는 오스카어 피스터에게 자신이 속물이라고 솔직하게 인정했다.[47]

아닌 게 아니라, 프로이트의 집에 가득 들어차 있던 가구는 당시 빈의 현대적인 가정의 거주 공간을 바꾸던 실험적 디자인을 완전히 무시하고 있었다. 프로이트의 가족은 수를 놓은 식탁보, 플러시 천을 덮은

빈에서 훗날 런던으로 옮겨지는, 프로이트의 유명한 분석용 소파. 이 소파는 프로이트에게 치료를 받은 환자가 감사의 뜻으로 선물한 것이었다. 바닥에 깔린 페르시아 융단을 비롯해 빈 베르크 가세 19번지의 프로이트 집은 가족이 오랜 세월에 걸쳐 직접 모은 물건들로 가득했는데, 이러한 집의 모습은 바로 프로이트가 오랫동안 꿈꾸어 온 안락한 부르주아 가정과 경제적 안정을 의미하는 것이었다.

의자, 액자에 건 초상 사진, 푸짐하게 깔아놓은 동양산 바닥깔개 등을 갖춘 빅토리아 여왕 시대의 견고한 안락 속에서 살고 있었다. 그들의 집은 아주 뻔뻔스러울 정도의 절충주의를 뿜어내고 있었다. 이것은 그곳에 쌓인 여러 물건에 반영되어 있었는데, 이 물건들은 어떤 장식가의 계획을 따르지 않았으며, 그곳에 사는 사람들이 오랜 세월에 걸쳐 복잡하지 않게 가정 생활의 즐거움을 추구해 왔음을 보여주었다. 금욕적 취향을 가진 사람이라면 답답하다고 경멸했을 이런 어지럽고 풍부한 상태를 프로이트 가족은 편안하게 여겼던 것 같다. 이것은 프로이트가 결혼하기 전에 세웠던 가정 계획을 이행하는 것이었으며, 그가 기분 좋게 회고하는 경험들만큼이나 마침내 이룩한 경제적 안정 또한 증언해준다.

사실 이런 경제적 안정과 추억은 베르크 가세 19번지의 다른 방들만큼 이나 프로이트의 직업적 공간인 진료실과 서재의 특징이기도 했다. 따라서 예술에 대한 그의 분석이 아름다움에 대한 취향보다 훨씬 더 과격했던 셈이다.

문학에 대한 프로이트의 태도도 이와 비슷한 갈등이 지배하고 있었다. 그의 논문이나 글은 그의 폭넓은 독서, 뛰어난 기억력, 스타일에 대한 엄격한 요구 등을 보여준다. 우리가 알다시피, 그는 특히 괴테와 실러 등 그가 좋아하던 독일 고전과 셰익스피어를 자주 인용했다. 셰익스피어는 그에게 매혹적인 수수께끼를 제시했으며, 그는 거의 완벽한 영어로 셰익스피어를 길게 암송할 수 있었다. 하인리히 하이네 같은 재사, 빌헬름 부슈(Wilhelm Busch, 1832~1908) 같은 약간 상스러운 편인 유머 작가 등은 그에게 정통을 찌르는 예들을 제공했다. 그러나 프로이트는 작가를 선택할 때 그의 시대 유럽의 아방가르드는 무시했다. 그는 입센은 용감한 우상 파괴자 정도로 이해했지만, 보들레르(Charles Pierre Baudelaire, 1821~1867) 같은 시인이나 스트린드베리(August Strindberg, 1849~1912) 같은 극작가는 거의 쓸모를 찾지 못했던 것 같다. 이 시절에 전기 충격을 받은 듯이 저항할 수 없는 모더니즘적 충동에 사로잡혀 글을 쓰고 그림을 그리고 작곡을 했던 빈 사람들 가운데 프로이트가 분명하게 찬사를 보냈던 사람은 우리가 보았듯이 아르투어 슈니츨러뿐이었다. 그것은 슈니츨러가 당시 빈 사회의 성에 관하여 통찰력 있는 심리학적 연구를 보여주었기 때문이다.

그렇다고 해서 프로이트가 재미 삼아 소설이나 시나 에세이를 읽지 않았다는 뜻은 아니다. 그가 이런 목적으로 읽는 책은 여러 분야에 걸쳐 있었다. 긴장을 풀 필요가 있을 때, 특히 말년에 수술 후 몸을 회복할 때는 애거사 크리스티(Agatha Christie)나 도로시 세이어스(Dorothy Sayers) 같은 고전적인 탐정 소설 작가들의 손이 미스터리에 푹 빠져들었다.[48] 물론 일반적인 경우 그가 읽는 책은 이런 것들보다는 수준이 높았다. 1907년 프로이트는 그의 책을 내던 출판사 후고 헬러의 '양서' 10권을 선정해 달라는 설문에 응하여, 스위스 작가 두 명, 프랑스 작가 두 명, 영국 작가 두 명, 러시아 작가 한 명, 네덜란드 작가 한 명, 오스트리아 작가 한 명, 미국 작가 한 명을 골랐다. 고트프리트 켈러(Gottfried Keller, 1819~1890)와 콘라트 페르디난트 마이어, 아나톨 프랑스(Anatole France, 1844~1924)와 에밀 졸라(Émile Zola, 1840~1902), 러디어드 키플링(Rudyard Kipling, 1865~1936)과 매콜리 경(Lord Macaulay, 1800~1859), 드미트리 메레시코프스키(Dmitrii Merezhkovski, 1865~1941), '물타툴리(Multatuli)', 테오도어 곰페르츠, 마크 트웨인(Mark Twain, 1835~1910)이 그 명단이었다.[49] 이런 선호도는 미술에서 그의 선호도와 마찬가지로 상대적으로 안전한 것이었으며, 프로이트 같은 반역자에게 기대되는 만큼 대담성이 드러나지는 않았다. 하지만 약간의 반역적 성격은 드러났다. '물타툴리', 즉 네덜란드의 에세이 작가이자 소설가인 에두아르트 다우베스 데커르(Eduard Douwes Dekker, 1820~1887)는 정치와 도덕의 개혁가 비슷한 존재였다. 키플링의 《정글북》은 근대 문명의 인위성에 대한 상상력이 풍부한 저항으로 읽을 수 있었다. 물론 마크 트웨인은 유머 작가 가운데 가장 불경한 존재였다.

사실 프로이트가 애독하던 책 가운데 몇 가지, 예를 들어 17세기부터 19세기까지 영국 문화에 관한 매콜리의 단호할 정도로 낙관적인 에세이들, 그리고 고대 그리스 철학의 역사를 휘그당 입장에서 마찬가지로 단호하게 정리한 곰페르츠의 글도 그 나름으로 전복적인 면이 있었다. 이런 글들을 보면 프로이트가 18세기 계몽주의 사상에, 그 비판 정신과 인간성에 대한 희망에 잊을 수 없는 빚을 지고 있다는 생각이 든다. 그는 계몽주의 사상을 디드로(Denis Diderot)나 볼테르(Voltaire)를 읽어서 직접 경험하기도 했고, 19세기의 상속자들을 통해 걸러진 형식으로 접하기도 했다. 매콜리와 곰페르츠의 작업을 지배하는 주제는 미신과 박해였으며, 그림자가 짙게 드리워진 세계 곳곳에 빛과 이성이 퍼져 나가 마침내 승리를 거둘 것이라는 이야기였다. 우리가 알다시피 프로이트는 환상을 파괴하는 삶을 살았다고 말하기 좋아했다. 그러나 완강한 비관주의에도 불구하고, 인간사에서 진보는 가능하며 또 어쩌면 누적될지도 모른다는 환상에 약간 젖어드는 것을 이따금 즐기기도 했다. 하지만 프로이트가 개인이든 집단이든 문화 전체든 그 심리학에 관해 발표할 글을 쓸 때는 그렇게 낙관적이지 않았다는 점에 주목할 필요가 있다. 반면 즐기려고 독서를 할 때는 일하는 시간에는 엄하게 억눌렸던 소망에서 나오는 환상을 어느 정도 허용했던 것 같다.

프로이트의 문학적 판단은 당연히 종종 노골적으로 정치적이었다. 그가 아나톨 프랑스를 높이 평가한 한 가지 이유는 프랑스가 반유대주의를 소리 높여 외쳤기 때문이다. 그가 《레오나르도 다빈치의 로맨스》의 저자 드미트리 메레시코프스키에게 과장되었다 싶을 정도의 권위를 부여한 한 가지 이유는 그의 독립성과 지적인 용기를 존경했기 때문이다. 그러나 프로이트가 이런 작가들을 좋아한 이유는 대부분의 경우 그들이 재능 있는 아마추어 심리학자들이었기 때문이다. 그는 전기 작가나 인류학자들이 자신에게서 배울 것이 있다고 생각했듯이, 자신도 그런 작가들에게서 배울 것이 있다고 생각했다. 그렇다고 프로이트가 스스로를 겨냥해 말한 것처럼 그가 일관되게 속물이었다고 몰아붙이려는 것은 아니다. 그러나 그의 취향의 실용주의적 경향은 부인할 수 없다. 그는 미켈란젤로의 〈모세〉에 관한 글에서 이렇게 고백했다. "나는 예술 작품의 형식적이고 기술적인 속성보다는 제재에 더 강하게 끌린다. 물론 예술가 자신이야 주로 그런 속성을 높이 평가하겠지만. 사실 나는 많은 방법론, 또 몇 가지 예술적 효과는 제대로 이해하지 못한다."50) 프로이트는 순수하게 형식적이고 미학적인 쾌락과 미술이나 문학의 제재가 제공할 수 있는 쾌락의 차이를 인정했다. 그러나 거기에서 멈추었다. 예술가들이 사용하는 방법을 이해할 수 없다고 생각한 것도 한 가지 이유였다. "의미는 이들에게 하찮은 것이다. 그들이 관심을 가지는 것은 선, 형태, 윤곽의 조화다. 그들은 쾌락 원칙(Lustprinzip)에 몰두해 있다."*51) 이와는 대조적으로 프로이트에게는 현실 원칙이 쾌락 원칙을 누르고 있었다.

프로이트는 실용적인 정신 구조 때문에 불가피하게 음악과 다소 거리를 두는 묘한 관계를 형성할 수밖에 없었다. 그는 음악 문제에 대하여 무지하다고 이야기하곤 했으며, 노래를 잘하지 못한다고 인정했다. 《꿈의 해석》에서는 음치라는 것을 자랑하다시피 했다. 그는 〈피가로의 결혼〉 1막에서 피가로가 알마비바 백작에게 도전하는 대목을 콧노래로 흥얼거리며 "다른 사람은 아마 이것이 무슨 노래의 곡조인지 알아듣지 못했을 것"이라고 생각한다.52) 그가 모차르트의 오페라 아리아들을 흥얼거리는 것을 들을 수밖에 없었던 사람들은 그것이 사실임

---

* 프로이트는 뛰어난 스타일리스트였으며, 자신의 생산물에 대한 무자비한 비판자였다. 그는 페렌치에게 자신의 "자기 비판이 유쾌한 재능은 아니라"고 말했지만, 그러면서도 이것이 자신에게서 용기 다음으로 좋은 자질이라고 생각했다. "내가 발표할 것을 엄격하게 선별할 수 있었던 것"은 이런 자기 비판 덕분이었다. "그것이 없었다면 세 배는 발표할 수 있었을 거요." (프로이트가 페렌치에게 쓴 편지, 1910년 10월 17일. Freud-Ferenczi Correspondence, Freud Collection, LC.) 이 말은 약간 극단적으로 들린다. 하지만 프로이트는 초고와 메모를 없애는 습관이 있었기 때문에, 이 말이 사실이었을 수도 있다. 그러나 이런 태도가 있었다고 해서 그가 문학 평론가가 되었던 것은 아니다.

을 인정했다.[53] 그는 어떤 음악가를 특별히 좋아하지도 않았으며, 그의 딸 안나가 단정적으로 한 말에 따르면, "연주회에 한 번도 가지 않았다."[54] 그러나 오페라는, 더 정확히 말하면 오페라 가운데 일부는 좋아했다. 그의 딸들은 기억을 되살려 모차르트의 〈돈 조반니〉, 〈피가로의 결혼〉, 〈마술 피리〉, 비제(Georges Bizet, 1838~1875)의 〈카르멘〉, 바그너(Richard Wagner, 1813~1883)의 〈마이스터징거〉 등 다섯 편을 꼽았다.[55] 이 목록은 빈약하기도 하지만 안전하기도 하다. 클로드 드뷔시(Claude Debussy, 1862~1918)도 없고, 리하르트 슈트라우스(Richard Strauss, 1864~1949)도 없다. 바그너의 오페라들 가운데도 〈마이스터징거〉는 〈방황하는 네덜란드인〉 같은 초기작을 제외하면 확실히 가장 받아들이기 쉽다. 그리고 〈카르멘〉은 1875년에 파리에서 초연된 뒤로 파리를 정복하는 데 시간이 좀 걸리기는 했지만, 금세 독일어권에서 아주 좋아하는 오페라가 되었다. 서로 동의하는 점이 거의 없었던 브람스(Johannes Brahms, 1833~1897), 바그너, 차이코프스키(Pyotr Chaikovskii, 1840~1893) 모두 비제의 이 마지막 오페라는 걸작이라고 생각했다. 〈카르멘〉을 적어도 스무 번은 관람했던 니체는 바그너의 무겁고 퇴폐적인 게르만적 음악극에 반대하여 논쟁을 벌일 때 〈카르멘〉의 활력과 프랑스적 매력을 대비시켰다. 아마추어지만 음악에 박식했던 비스마르크(Otto Bismarck, 1815~1898)는 〈카르멘〉을 27번 들었다고 자랑했다.[56] 이런 오페라들을 즐기는 데는 아방가르드의 옹호자가 될 필요가 없었던 것이다. 물론 프로이트는 자신의 목적에 맞게 인용을 할 수 있을 만큼 이 오페라들을 잘 알았다. 피가로의 아리아 "백작께서 춤을 추기를 원하신다 해도(Se vuol ballare, signor contino)", 〈마술 피리〉에서 사라스트로가 파미나 공주에게 억지로 사랑을 얻어낼 수 없다고 고백하는 대목, 레포렐로가 돈나 엘비라 앞에서 뻔뻔스럽게 돈 조반니가 정복한 여자들을 나

열하는 장면 등이 그런 예다.[57]

　프로이트처럼 음악에 관심이 없던 사람이 오페라에 매력을 느낀 것은 전혀 이상한 일이 아니다. 오페라는 결국 가사가 있는 음악, 극적 행동과 결합된 노래다. 오페라는 책과 마찬가지로 프로이트에게 발견이라는 즐거운 충격을 제공할 수 있었다. 오페라는 화려하고 또 종종 멜로드라마적인 방식으로 사랑, 증오, 배신 등 프로이트의 성인 생활 전체를 사로잡았던 심리적 문제들과 씨름한다. 또 이런 것을 넘어 구경거리이기도 하다. 프로이트는 특히 시각적 인상에 민감했다. 그래서 환자들의 이야기에 귀를 기울일 뿐 아니라 그들을 열심히 보기도 했던 것이다. 더욱이 오페라는 격렬한 도덕적 갈등이 만족스러운 도덕적 결단을 낳는 과정을 묘사한다. 선과 악의 다툼에 사로잡힌, 매우 말이 많은 주인공들을 제시하는 것이다. 프로이트가 좋아한 다섯 오페라 가운데 〈카르멘〉을 제외하면 모두가―특히 〈마술 피리〉와 〈마이스터징거〉가 두드러지는데―미덕이 악덕을 누르고 승리하는 것을 보여준다. 이런 결과는 인간의 정신에서 벌어지는 투쟁에 관한 정보를 제공할 뿐 아니라, 가장 세련된 청자들에게 만족을 주었다.*

　오페라, 또 이와 비슷하게 연극도 프로이트의 삶에서는 찾아보기 힘든 오락이었다. 이와 대조적으로 규칙적이고 반복적인 일상의 쾌락은 음식이었다. 프로이트는 미식가도 대식가도 아니었다. 게다가 우리가

---

* 프로이트가 특히 좋아하던 〈돈 조반니〉에서는 이러한 승리가 매우 모호하다는 점을 지적해야 할 것 같다. 세상을 지배하던 경건한 도덕성과 종교에 도전하던 돈 조반니는 지옥으로 보내지지만, 그가 워낙 태평하게 쾌락을 추구하고 심판과 죽음 앞에서도 영웅적으로 행동하기 때문에, 이 오페라는 예를 들어 〈피가로의 결혼〉에서 제시되는 화해보다 복잡한 반응을 불러일으킨다. 그러나 프로이트가 〈돈 조반니〉에 관해서 자세하게 이야기하지 않았기 때문에, 이 오페라가 그에게 어떤 의미로 다가갔는지 추측하는 것은 불가능하다.

알기에는 와인도 거의 견디지 못했다. 그러나 조용히 집중하여 섭취할 만큼 식사를 즐기기는 했다. 빈에 있는 동안은 오후 1시 정각에 하루의 중심을 이루는 식사인 점심(Mittagessen)이 나왔다. 식사는 수프, 고기, 야채, 디저트로 이루어져 있었다. "보통 세 코스로 이루어지는 낮의 정찬은 계절마다 변화가 있었는데, 봄에는 아스파라거스가 추가되었다." 프로이트는 특히 이탈리아 아티초크, 삶은 쇠고기(Rindfleisch), 양파를 넣고 구운 쇠고기를 좋아했다. 그러나 꽃양배추와 닭은 싫어했다.[58] 그는 세련된 프랑스 요리법이 전혀 들어가지 않은, 건실하고 푸짐하고 시민다운(bürgerliche) 식사를 좋아했다.

대신 그의 입천장의 모든 감별력은 시가를 위해 아껴 두었다. 그는 시가에 치명적으로 중독되어 있었다. 1890년대 초 플리스―그는 이비인후과 의사였다.―가 프로이트의 비염을 치료하려고 시가를 금지하자, 프로이트는 절망에 빠져 도와 달라고 애처롭게 호소했다. 그는 스물네 살 때부터 담배를 피우기 시작했는데, 처음에는 궐련을 피웠지만 곧 시가만 피우게 되었다. 프로이트는 그가 "습관 또는 악덕"이라고 부른 흡연이 일하는 능력과 더불어 자제력을 크게 높여준다고 주장했다. 의미심장하게도 "여든한 살 때까지 줄곧······ 담배를 많이 피웠던" 아버지가 그의 모델이었다.[59] 물론 당시에는 시가 흡연자가 상당히 많았다. 프로이트의 집에서 매주 열리는 모임에서는 하녀가 각 손님 앞에 재떨이를 하나씩 갖다 놓았다. 나중에 어느 수요일 밤, 이런 모임이 끝난 뒤, 마르틴 프로이트는 방의 공기를 한 번 보았다. 아니, 들이마셨다고 하는 것이 옳을 것이다. 그 방에는 "여전히 담배 연기가 자욱했으며, 인간이 그 안에서 몇 시간 동안 숨이 막히지 않고 말을 하는 것은 물론이고 살 수 있다는 것 자체가 신기하게 느껴졌다."[60] 프로이트는 조카 해리가 열일곱 살이 되자 담배를 권했다. 그러나 해리가 사양하자 이렇게 말했다. "애야, 담배를 피우는 것은 인생에서 가장 크고 가장 싼 즐거움 가운데 하나란다. 네가 일찌감치 담배를 안 피우겠다고 결심했다니, 안됐다는 생각밖에 안 드는구나."[61] 이것은 프로이트가 자신에게 주지 않을 수 없었던 감각적 만족이었으며, 이에 대해 그는 결국 엄청나게 고통스러운 대가를 치르게 된다. 1897년에 프로이트가 논문으로까지는 발전시키지 않은 직관을 플리스에게 이야기한 적이 있음을 우리는 알고 있다. 프로이트는 플리스에게 중독―담배 중독도 분명히 포함하고 있다.―이 "하나의 큰 습관, '원초적 중독'"인 자위의 대체물일 뿐이라고 말했다.[62] 그러나 그는 이런 심리학적 직관을 담배를 끊겠다는 결심으로 바꾸지는 못했다.

프로이트의 시가에 대한 속수무책의 사랑이 원초적인 구순(口脣)적 욕구의 잔존을 증명한다고 한다면, 골동품을 모은 것은 어른이 되어서도 역시 원초적인 항문적 즐거움이 남아 있음을 보여준다. 그가 한때 "선사(先史)적인 것에 대한 편애"[63]라고 불렀던 골동품 수집은 주치의인 막스 슈어에게 한 말에 따르면 "그 강도에서 오직 니코틴 중독에만 밀리는 강한 중독"[64]이었다. 프로이트가 분석 대상자들을 만났던 진료실과 그 옆에 붙은 서재는 점차 동양산 바닥깔개, 친구들 사진, 석판 등으로 가득 차 터져 나갈 지경이 되었다. 유리 서가는 책이 잔뜩 꽂히고 여러 가지 물건이 채워져 있었다. 벽에는 스냅 사진과 에칭 판화들이 가득 걸려 있었다. 유명한 소파는 그 자체가 하나의 작품이었다. 소파 위에는 베개가 잔뜩 쌓여 있고 발치에는 환자들이 추울 때 사용하라고 무릎 덮개가 하나 놓여 있었으며, 시라즈산(産) 페르시아 융단으로 덮여 있었다. 그러나 프로이트의 작업실에서 어디를 가나 가장 눈에 띄는 것은 빈 공간마다 놓여 있는 조각품이었다. 조각들은 책꽂이에도 빽빽

프로이트의 진료실과 그 옆의 서재를 채우고 있던 골동품들. 골동품 수집은 오랫동안 계속된 프로이트의 중요한 취미였다.

하게 줄지어 있었고, 탁자와 캐비닛에도 모여 있었으며, 프로이트의 단정한 책상까지 침범했다. 그는 책상에서 편지나 논문을 쓰면서 조각품들을 다정하게 곁눈질하곤 했다.

이곳을 찾는 손님이나 환자들이 가장 생생하게 기억하는 것이 이 조각의 숲이었다. 프로이트의 측근 가운데 한 사람인 한스 작스(Hanns Sachs, 1881~1947)는 1909년에 베르크 가세 19번지를 처음 찾아갔을 때는 프로이트의 수집이 "아직 초기 단계"였지만, "작품 몇 개가 바로 내 눈을 사로잡았다."고 말했다.[65] 이듬해에 분석을 받기 시작한 '늑대 인간'도 즉시 프로이트의 골동품들에 매혹되었다. 프로이트의 "나란히 붙어 있는 두 서재"에는 "늘 신성한 평화와 고요의 분위기가 있었다." 그는 "의사의 진료실이 아니라 고고학자의 서재"에 온 느낌을 받았다. "이곳에는 온갖 종류의 작은 조각품과 더불어 특별한 물건들이 있었는데, 전문가가 아니어도 이것들이 고대 이집트의 고고학적 발굴품이라는 것을 알 수 있었다. 벽 여기저기에는 오래전에 사라진 시대의 여러 장면을 묘사한 석판들이 걸려 있었다."[66]

  이런 풍부함은 오랫동안 사랑하는 마음으로 축적한 결과였다. 골동품 수집은 프로이트의 평생에 걸친 취미였으며, 그는 헌신적인 태도로 체계를 세워 이 일을 해 나갔다. 로마에서, 그리고 나중에는 빈에서 고고학 교수로 일했던 오랜 친구 에마누엘 뢰비(Emanuel Löwy, 1857~1938)는 빈에 있을 때면 프로이트를 찾아와 고대 세계의 새로운 소식을 알려주었다. 프로이트도 그 나름으로 시간이 날 때면 고대 세계에 관하여 열심히 읽었으며, 박식한 아마추어답게 발굴 소식을 확인하며 흥분했다. 그는 말년에 슈테판 츠바이크에게 이렇게 말했다. "나는 그리스, 로마, 이집트의 골동품을 모으기 위해 많은 희생을 했네. 사실 심리학보다 고고학을 더 많이 읽었지."[67] 이것은 물론 농담 섞인 과장이다. 프로이트의 체계화된 호기심은 늘 정신의 삶에 초점이 맞추어져 있었으며, 그의 글에 붙은 참고 문헌은 그가 전문적인 문헌을 철저하게 파악하고 있었음을 보여준다. 그러나 그가 작은 조각상과 파편들, 젊은 시절 간신히 구입했던 물건들, 나중에 친구와 지지자들이 베르크 가세 19번지로 들고 온 선물들을 무척 아긴 것은 사실이다. 말년에는 환자용 소파 뒤에 놓인, 속을 두툼하게 넣은 안락한 팔걸이의자에 앉아 진료실을 둘러보면 이집트 아부심벨 신전의 커다란 그림, 스핑크스의 수수께끼를 푸는 오이디푸스를 묘사한 앵그르 그림의 복제판, 고대의 부조인 '그라디바'의 석고 모형을 볼 수 있었다. 맞은편 벽의 골동품으로 가득한 유리 진열장 위에는 기자(Giza)의 스핑크스 그림을 걸어놓았다. 이 또한 수수께끼와, 그것을 해결하는 프로이트 같은 용맹한 정복자를 연상시키는 그림이었다.

이런 강렬한 열정을 보면 해석을 하고 싶은 마음이 들기 마련인데, 실제로 프로이트 자신이 망설임 없이 해석을 제공하고 있다. 그는 '늑대 인간'에게 이렇게 말했다. "정신분석가는 발굴을 하는 고고학자와 마찬가지로 환자의 정신을 한 켜 한 켜 들어내, 마침내 가장 깊은 곳에 있는 가장 귀중한 보물에 이르러야 합니다."[68] 그러나 이런 묵직한 비유로도 프로이트의 중독의 의미는 다 해명되지 않는다. 골동품은 그에게 순수하게 시각이나 촉각과 관련된 쾌감도 제공했다. 프로이트는 골동품을 눈으로 애무하거나 책상에 앉아 손으로 어루만졌다. 가끔 새로 들어온 것이 있으면 식당으로 가져가 거기서 살피고 어루만졌다. 골동품은 또 상징이기도 했다. 그가 이런 물건을 얼마나 좋아하는지 잊지 않고 들고 온 친구가 떠오르기도 했고, 남쪽 나라가 떠오르기도 했다. 그가 가보았던, 가보고 싶은, 너무 멀거나 접근할 수 없어 방문을 포기할 수밖에 없는 화창한 지역들이 떠올랐던 것이다. 빙켈만(Johann Joachim Winckelmann, 1717~1768)에서 E. M. 포스터(E. M. Forster, 1879~1970)에 이르기까지 수많은 북유럽인들과 마찬가지로 그는 지중해 문명을 사랑했다. 프로이트는 1896년 말에 플리스에게 이렇게 말했다. "내 방을 피렌체 조각품의 석고 모형으로 장식해놓았네. 그것을 볼 때마다 기분이 아주 상쾌해진다네. 이런 여행을 계속하기 위해서 부자가 될 생각이야." 로마와 마찬가지로 그의 수집품은 삶에 대한 막연한 요구들을 상징했다. "이탈리아 땅에서의 만남! (나폴리, 폼페이)." 그는 플리스에게 피렌체의 석고 모형에 관해서 말한 뒤에 강렬한 갈망이 솟구쳐 그렇게 외쳤다.[69]

더 막연한 이야기지만, 골동품은 프로이트와 그의 민족인 유대인이 뿌리를 두고 있는 사라진 세계를 떠오르게 했던 것 같다. 1899년 8월 프로이트는 베르히테스가덴에서 쓴 편지에서 플리스에게 다음번 비 오는 날에는 "사랑하는 잘츠부르크"까지 "행진"을 하겠다고 말했다. 그 무렵 그곳에서 "이집트 골동품 몇 점을 찾았는데, 그 물건들이 나를 기분 좋게 해주면서 먼 시대와 땅의 이야기를 들려주었다."는 것이다.[70] 프로이트는 자신의 소중한 물건들을 살피면서, 오랜 세월 뒤에 페렌치에게 말했듯이 내부에서 "이상하고 은밀한 갈망"이 솟아오르는 것을 느꼈다. "어쩌면 나의 선조들의 유산인지도 모르겠는데, 그것은 동방과 지중해에 대한 갈망, 아주 다른 종류의 삶에 대한 갈망일세. 이것은 유년의 끝 무렵에 나온 소망들로서 절대 이루어질 수 없고, 그렇다고 현실에 적응되지도 않는 거지."[71] 프로이트는 유명한 발굴자로서 신화에 감싸인 신비한 트로이 유물을 발견한 하인리히 슐리만(Heinrich Schliemann, 1822~1890)의 인생사를 읽으면서 가장 큰 기쁨을 느꼈으며, 또 아마 그를 가장 부러워했을 텐데, 사실 이것은 우연이 아니다. 프로이트는 슐리만의 경력이 아주 특별하다고 생각했다. 슐리만이 "프리아모스*의 보물"을 발견하면서 진정한 행복을 발견했기 때문이다. "어린 시절의 소망이 충족될 때에만 가능한 행복이 있네."[72] 프로이트는 바로 그런 소망의 충족이 자신의 삶에서는 현실이 되는 일이 무척 드물다고 생각하며 우울한 기분에 젖어들곤 했다.

그러나 '늑대 인간'에게 말했듯이, 프로이트가 골동품을 지속적으로 사랑한 것이 가장 확실한 의미를 띠게 되는 것은 그것이 그의 필생의 작업에 대한 핵심적인 비유가 될 때이다. "돌이 말을 한다(Saxa loquuntur)!" 그는 1896년 빈의 의학계 동료들 앞에서 히스테리의 병인론에 대한 강연을 하면서 그렇게 외쳤다.[73] 적어도 그에게는 돌들이 말

---

* 트로이의 왕. (역주)

을 했다. 프로이트는 플리스에게 보낸 한 열광적인 편지에서 자신이 방금 거둔 분석의 성공을 트로이의 발견에 비유했다. 프로이트의 도움을 받아 환자는 환상들 밑에 깊이 묻혀 있던 "최초의 시기(생후 22개월 이전)의 한 장면"을 발견했다. "이 장면은 모든 요구에 응답하며, 남은 모든 수수께끼가 이곳으로 흘러드네. 이것은 동시에 모든 역할을 해. 성적인 것이고, 무해한 것이고, 자연스러운 것이지. 나는 지금도 이것을 감히 믿을 수가 없네. 전설로 여겨지던 트로이를 슐리만이 발굴해낸 것과 다름없네."[74] 이 비유는 프로이트에게 언제나 유효했다. 도라의 사례사에 대한 서문에서 그는 "나의 분석 결과의 불완전함"으로 인해 생기는 문제들을 "손상된 상태이기는 하지만 오랫동안 묻혀 있던 귀중한 고대 유물에게 빛을 보게 해준 운 좋은 탐험가들"이 직면한 문제와 똑같이 보았다. 일부 복원을 했지만, "양심적인 고고학자"와 마찬가지로 "각각의 사례에서 나의 재구성으로 원래의 상태를 보완한 모든 경우를 언급하는 일을 빠뜨리지" 않은 것이다.[75] 30년 뒤 《문명 속의 불만(Das Unbehagen in der Kultur)》에서 "정신에서 보존이라는 일반적인 문제"를 설명할 때는 현대 여행자의 눈앞에 펼쳐져 있는 로마라는 포괄적인 비유를 사용했다. 과거에 속한 부분들이 현재의 도시에 속한 부분과 나란히 존재하거나, 고고학적 발굴에 의해 복원되어 있다는 것이었다.[76] 이렇게 프로이트의 골동품 수집에는 일과 놀이, 어린 시절의 충동과 어른이 되었을 때의 세련된 승화가 흘러들어 하나로 합쳐져 있었다. 그러나 중독의 느낌은 그대로 남아 있다. 1902년 가을 수요심리학회의 첫 번째 회의의 토론 주제가 흡연의 심리적 영향이라는 사실에는 뭔가 시적인 데가 있다.[77]

수요심리학회

프로이트의 수요일 밤 모임은 1902년 가을에 수수하고 격식 없이 시작되었다. "많은 젊은 의사들이 정신분석을 배우고, 실행하고, 퍼뜨리고 싶다는 의도를 밝히며 내 주위에 모여들었다. 정신분석 치료의 유익한 효과를 직접 경험한 한 동료가 추진력을 발휘했다."[78] 10년 뒤쯤 프로이트는 학회의 초기 역사를 그렇게 요약했다. 이런 모임을 시작하자고 제안한 동료의 이름을 언급하지 않은 것은 훗날 빌헬름 슈테켈에 대한 프로이트의 분노(또는 그의 신중함)의 증후다. 상상력이 풍부하고 생산성도 높은 빈의 의사 슈테켈은 심리적 성교 불능 증상 때문에 프로이트에게서 짧은 기간 정신분석 치료를 받고 한동안 효과를 보았다. 이것이 하나의 끈이었다. 그리고 슈테켈의 꿈 상징에 관한 작업이 또 하나의 끈이었다. 《꿈의 해석》의 계속되는 개정판들, 그리고 슈테켈에게 빚진 부분을 분명하게 인정하는 프로이트의 말이 보여주듯이, 프로이트와 이 신봉자의 관계는 다른 몇 사람과의 관계와 마찬가지로 서로에게 유익했다. 프로이트는 초기 친구들의 관계에서 그들에게 배우는 것보다 가르치는 것이 훨씬 많았지만, 어쨌든 그들의 영향에 개방적인 태도를 보였다. 이 초기 시절에 슈테켈은, 그의 자서전에 특유의 과장된 표현으로 써놓았듯이 "나의 그리스도인 프로이트의 사도였다!"*[79]

만일 프로이트가 살아서 그런 주장을 읽었더라면, 그는 슈테켈을 유다로 여겼을지도 모른다. 나중에 슈테켈을 유난히 가혹하게 심판하게

---

* 프로이트는 비텔스가 쓴 자신의 전기를 읽다가 슈테켈이 기념비를 세워줄 만한 사람이라는 엉뚱한 이야기와 마주치자 유난히 짜증을 내는 말투로 여백에 "슈테켈 이야기가 너무 많군." 하고 적어놓았다. (프로이트가 보유한 비텔스의 *Sigmund Freud*. Freud Museum, London, p. 47 참조.)

되었기 때문이다. 그러나 1902년에는 슈테켈이 제시한 아이디어가 쓸모가 있다는 것을 재빨리 알아차렸다. 사실 프로이트는 그 아이디어가 매우 시기적절하다고 생각했다. 매주 수요일 밤에 그의 대기실에 모이는 사람들의 약점이 무엇이든, 초기에 그들은 프로이트가 간절히 원하던 심리학적 반향을 제공해주었다. 이들은 대체로 플리스를 대신하는 존재였으며, 그가 《꿈의 해석》으로 얻고 싶어 하던 갈채를 어느 정도 보내주었다. 프로이트가 나중에 약간 아쉬워하는 말투로 말했듯이, 처음에는 무조건 만족할 수밖에 없었다.[80]

수요심리학회는 처음에는 규모가 작았지만 분위기는 활기찼다. 프로이트는 슈테켈 외에 막스 카하네(Max Kahane), 루돌프 라이틀러(Rudolf Reitler, 1865~1917), 알프레트 아들러(Alfred Adler, 1870~1937) 등 빈의 다른 의사 세 명에게도 초대하는 엽서를 보냈다. 이들이 1908년에 결성될 빈 정신분석협회의 핵이 되는데, 빈 정신분석협회는 또 전 세계의 이런 협회 수십 개의 모델이 되었다. 카하네는 프로이트와 마찬가지로 샤르코의 강연집 한 권을 독일어로 번역했으며, 슈테켈에게 프로이트와 그의 글을 소개했다. 1917년에 요절한 라이틀러는 프로이트 다음으로, 즉 세계에서 두 번째로 정신분석가가 되었다.[81] 프로이트는 존중하는 마음으로 이 개업의의 글을 인용했다. 라이틀러는 수요일 밤 모임에서는 날카롭고 때로는 상처를 주는 비판을 하곤 했다. 그러나 아마 가장 만만찮은 참가자는 알프레트 아들러였을 것이다. 사회주의자였던 의사 아들러는 재단사들을 위한 보건 책자를 내기도 했지만, 점차 정신 치료를 사회적으로 이용하는 데 관심을 가지게 되었다. 슈테켈은 수요일 밤 모임의 첫 회합이 "고무적이었다"고 자랑스럽게 회고했다. "다섯 명 사이에는 완벽한 조화가 있었으며 불협화음은 없었다. 우리는 새로 발견된 땅의 개척자들 같았고, 프로이트가 지도자였다. 한 정신에서 다른

빌헬름 슈테켈. 수요심리학회 초기부터 참여한 프로이트의 열렬한 지지자였지만, 1910년 이후 프로이트와 갈라선다.

정신으로 불꽃이 튀는 것 같았으며, 매일 저녁이 하나의 계시였다."[82]

 슈테켈의 비유는 진부하지만, 그래도 이 보고서는 당시의 분위기를 포착하고 있다. 반대와 불화는 미래의 일이었다. 틀림없이 초기 구성원 몇 명은 슈테켈의 신학적인 표현이 완벽하게 어울린다고 생각했을 것이다. 막스 그라프는 이렇게 회고했다.

 그 모임은 분명한 제의(祭儀) 규칙을 따랐다. 우선 한 회원이 논문을 발표한다. 그러면 블랙커피와 케이크가 나온다. 시가와 궐련은 탁자에 놓여 있고 모두 양껏 피워댄다. 15분 정도 사교적인 이야기가 오간 뒤 토론이 시작된다. 마지막의 결정적인 말은 늘 프로이트가 한다 그 방에는 종교를 창시하는 듯한 분위기가 있었다. 사실 프로이트야말로 지금까지 지배적이었던 심리학적 연구 방법을 피상적으로 보이게 만드는 새로운 예언자였다.[83]

프로이트 자신은 이런 표현을 좋아하지 않았을 것이다. 그는 자신이 이른바 "예언자"들보다 유연하고, 덜 권위적이라고 여기고 싶어 했다. 그러나 이 모임에는 늘 어떤 고양된 느낌이 있었던 것 같으며, 몇 년 뒤에는 이것이 답답한 느낌을 주어 그라프를 비롯한 몇 사람은 프로이트를 존경하면서도 모임에서 빠져나오게 된다.*

수요심리학회의 신입 회원은 만장일치로 선출했지만, 초기의 따뜻한 분위기에서 이런 규칙은 형식에 불과했다. 그냥 한 회원이 다른 회원을 소개했다. 소수, 오직 소수만이 탈퇴했다. 프로이트가 쉰 살이 되던 1906년에 회원은 17명이 되었으며, 프로이트는 늘 여남은 명과 활기차게 대화를 나눌 수 있었다. 그러나 분위기는 점차 공격적으로 변해 갔다. 그해 10월, 수요학회의 성격은 미묘하지만 분명하게 바뀌었다. 5년째로 접어들면서 회원들은 유급 간사로 오토 랑크(Otto Rank, 1884~1939)를 고용하여, 출석을 확인하고, 회비를 기록하고, 모임마다 자세한 회의록을 남기기로 했다.

---

* 프로이트가 세속적 종교를 창시했다는 끈질긴 공격과 관련하여, 어니스트 존스가 이런 비판에 정면으로 맞설 필요가 있다고 생각했다는 점은 눈여겨볼 만하다. 존스는 자신의 자서전의 한 장에 "정신분석 '운동'"이라는 제목을 붙여놓고, "운동"이라는 말을 "조롱하려고 일부러 따옴표" 안에 넣었다고 말한다. "말하자면…… 그 말은…… 옥스퍼드 운동, 차티스트 운동을 비롯하여…… 대단히 귀중하다고 여기는 믿음을…… 전파하려는 열렬한 욕망을 특징으로 하는 수많은 활동에 붙여야 올바르다……. 이런 요소 때문에 과학이 되고자 하는 우리의 활동에 종교 운동의 성격이 있다는 비판이 흔히 제기되고, 흥미로운 유추가 제시된다. 이 유추에 따르면, 프로이트는 물론 새로운 종파에서, 더 높은 존재는 아니라 해도, 어쨌든 교황 정도는 되며, 그에게는 모두가 경의를 표해야 한다. 그의 글은 성스러운 문서이며, 필수적인 개종을 거친 이른바 무오류론자들이 이 문서를 믿는 것은 의무다. 교회에서 추방당한 이단도 없지 않다. 이런 유추는 아주 명백한 희화화인데, 이 안에 담긴 아주 작은 진실의 요소가 이와는 매우 달랐던 현실을 대체해서는 안 되는 것이다." (Ernest Jones, *Free Associations: Memories of a Psycho-Analyst* [1959], 205.)

랑크의 회의록은 이 모임에서 사례사, 문학 작품이나 공적 인물의 정신분석, 새로운 정신의학 문헌의 평가, 회원이 낼 출간물의 사전 검토 등이 이루어지는 과정을 담고 있다. 고백의 분위기가 지배하는 저녁도 있었다. 1907년 10월, 피부과 의사이자 성병 전문의인 막시밀리안 슈타이너(Maximilian Steiner)는 성적 금욕의 시기에 온갖 종류의 심신증을 겪는데, 이런 증상들이 성 불능인 친구의 부인과 바람을 피우기 시작하면 사라진다고 보고했다.[84] 또 1908년 초에 요양소장인 루돌프 폰 우르반트시치(Rudolf von Urbantschitsch, 1879~1964)는 자신의 일기에서 뽑은 "결혼에 이르기까지 나의 발달 과정"—성적 발달 과정이라는 뜻이었다.—에 관한 논문으로 회원들을 즐겁게 해주었다. 그는 이 글에서 일찌감치 자위를 시작했고, 사도마조히즘을 좋아한다는 사실을 고백했다. 프로이트는 마무리를 하면서 우르반트시치가 모임에 일종의 선물을 준 것이라고 딱딱하게 논평했다. 모임은 눈 하나 깜빡하지 않고 그 선물을 받았다. 수요심리학회는 그런 종류의 과학적 자기 노출에 자부심을 가졌다.[85]

1902년 이후에 가입한 회원들 가운데는 당시에도 잘 알려지지 않았고, 지금도 여전히 무명인 사람들도 있었다. 그러나 소수는 정신분석의 역사를 만드는 데 기여하게 된다. 이런 사람으로는 서적상이자 출판업자로서 지식인과 예술가들을 위한 살롱을 열다가 결국 자신의 출판물 목록에 정신분석 서적들을 보태게 된 후고 헬러(Hugo Heller, 1870~1923), 다섯 살 난 아들이 프로이트의 가장 특별한 사례 가운데 하나인 '꼬마 한스'로서 지워지지 않을 이름을 얻게 되는 막스 그라프 등이 있다. 이들은 의사 출신이 아니었는데, 프로이트는 늘 정신분석이 의사들의 독점물로 바뀔 것을 염려했기 때문에 이들을 특히 귀중하게 여겼다. 그런데도 학회의 의사들 일부는 오스트리아와 국외의 정신분석 운동에서 지배적인 자리를 차지하게 된다. 빈의 정신분석협회에서 프로이트에게 가장 신임받는 지지자의 자리에 빠르게 올라선 파울 페데른(Paul Federn, 1871~1950)은 독창적이고 영향력 있는 이론가가 되었다. 유능한 분석가이자 다소 도발적인 인물이었던 이지도어 자드거(Isidor Sadger, 1867~1942)는 조카인 프리츠 비텔스를 이 모임에 소개했다. 1905년에 가입한 에두아르트 히치만(Eduard Hitschmann, 1871~1957)은 6년 뒤 정신분석의 대중적 해설서—교묘하게 프로이트의 창조물인 것처럼 제목을 붙인 《프로이트의 신경증 이론》[86]이라는 책이었다.—로 프로이트의 특별한 감사를 받았다. 페데른과 마찬가지로 히치만도 그 이후 오랜 세월에 걸친 우여곡절에도 불구하고 언제나 믿을 만한 부관 노릇을 해냈다.

아마 가장 놀라운 신입 회원은 오토 랑크였을 것이다. 숙련 기계공인 랑크는 키가 작고 볼품이 없었으며, 오랫동안 건강이 좋지 않았다. 그는 배움에 대한 지칠 줄 모르는 욕구를 키워 나감으로써 가난하고 불행한 유대인 가족의 곤궁에서 탈출했다. 랑크는 일반적인 독학자와는 달리, 지능과 흡수력이 탁월했다. 읽지 않는 것이 없었다. 그의 가족의 주치의였던 알프레트 아들러는 그에게 프로이트의 글을 소개했고, 그는 그 글들을 탐독했다. 랑크는 프로이트의 글에 압도당했다. 세상 모든 수수께끼의 열쇠를 얻은 것 같았다. 스물한 살이던 1905년 봄에는 프로이트에게 《예술가》라는 작은 책의 원고를 보여주었다. 정신분석의 구상들을 문화에 적용해본 것이었다. 그로부터 1년이 조금 지나 랑크는 수요학회의 간사로 자리를 잡았다. 프로이트는 그에게 부모 같은 관심을 보였다. 약간 생색을 내는 듯하기는 했지만 그를 다정하게 "꼬마 랑크"라고 부르며, 자신의 글의 수정을 돕는 일을 맡기기도 했고,

에두아르트 히치만. 프로이트가 가장 신임했던 빈의 보좌역 가운데 한 사람이었다.

뒤늦게나마 김나지움과 빈 대학에 다니도록 길을 닦아주는 은혜를 베풀기도 했다. 수요심리학회에서 랑크는 단순한 서기가 아니었다. 1906년 10월, 그러니까 학회에 나오고 나서 한 달이 되었을 때, 그는 문학에서 근친상간의 모티프에 관하여 엄청난 분량의 논문을 쓸 계획을 세우고 꽤 두꺼운 초록을 발표했다.[87]

랑크 자신의 책임은 아니지만, 그가 간사로 재직하는 동안에는 얻은 것보다 잃은 것이 더 많았을 것이다. 회원들이 자리를 놓고 다투고, 독창성을 뽐내고, 분석적 솔직함을 가장하여 동료에 대해 잔인한 적개심을 표현하면서 회의가 순탄하게 진행되는 일이 드물어졌다. 1908년 초에는 절차 "개혁"을 목표로 한 공식 토론을 여러 번 하면서 "지적인 공산주의(geistiger Kommunismus)"를 철폐하자는 제안을 놓고 논쟁을 벌였다. 각 사람의 아이디어는 그것을 처음 제시한 사람의 사적 소유로 인정해야 한다는 것이었다. 프로이트는 타협안을 제시했다. 모든 회원이 각자 기여한 바를 각자가 원하는 대로 처리하게 하자는 것이었다. 즉 원하는 바에 따라 공동 소유로 할 수도 있고 개인 소유로 할 수도 있다는 방안이었다. 그러면서 프로이트 자신은 여전히 자신이 하는 모든 말을 공유 재산으로 삼을 용의가 있다고 선언했다.[88]

그러나 다른 회원들은 프로이트만큼 관대하지도, 삼가지도 않았다. 1907년 12월의 전형적인 모임에서 자드거는 19세기 스위스 시인 콘라트 페르디난트 마이어를 분석한 논문을 읽으면서 어머니에 대한 마이어의 거리낌 없는 사랑을 강조했다. 이런 종류의 오이디푸스적 분석은 이 모임의 지적인 습관에 어긋나지 않는 것이었는데도, 동료들은 그의 논문이 조악하다고 생각했다. 페데른은 격분했다고 말했다. 슈테켈은 충격을 받았다고 하면서, 훌륭한 대의를 훼손하기만 할 뿐인 과도한 단순화에 이의를 제기했다. 비텔스는 삼촌을 옹호하고 나서서, 회원들이 그런 식으로 "개인적인 격분과 분노를 분출"하는 것을 비난했다. 프로이트 자신도 자드거의 논문에 불만이 있기는 했지만, 이런 논쟁은 자제해달라고 조언했다. 프로이트는 필요하다고 생각하면 얼마든지 강하게 나갈 수 있는 사람이었지만, 큰 힘은 큰일에 쓰기 위해 아껴 두기를 좋아했다. 자드거는 자신이 받은 대접에 화가 나 실망감을 표시했다. 가르침을 바라고 왔지만, 욕설 몇 마디 외에는 듣고 가는 것이 없다는 이야기였다.[89]

1908년에 이르기까지 그런 거친 회의가 드물지 않았다. 통찰의 부족을 격렬함으로 매우는 경우가 아주 많았다. 그러나 수요학회가 보여주는 실망스러운 모습은 시간이 지나면서 어느 모임에나 퍼지기 마련인 분위기, 즉 평범한 수준의 능력이 전체를 지배하게 되는 분위기와는 다른 데가 있었다. 예민하고 종종 불안정한 개인들의 마찰은 적대감의 불꽃을 일으킬 수밖에 없었기 때문이다. 더욱이 인간 정신이 가장 심하게 보호하려고 하는 부분을 무례하게 건드리는 정신분석적 연구의 자극적인 제재는 그 대가를 요구하여, 늘 과민한 분위기가 지배하게 되었다. 사실 이 영웅적이고 탐험적인 시절에 타인, 또 그 자신의 가장 은밀한 성소를 요령 없이 자신만만하게 침범하던 사람들 가운데 누구도 분석을 받아본 적이 없었다. 슈테켈이 프로이트에게 치료를 받았다고는 하지만, 기간도 짧았고 완료된 것도 아니었다. 둘론 프로이트는 자기 자신을 분석했지만, 정신분석의 성격상 그의 자기 분석은 복제될 수 없는 것이었다. 다른 사람들은 대부분 분석을 이용하기만 했지, 그 혜택을 누리지는 못했다. 1908년 초, 막스 그라프는 안타까운 목소리로 말했다. "우리는 이제 예전과는 달리 동료가 아니다."[90]

이 불온한 부대에서 여전히 논란의 여지 없는 권위로 인정받고 있던 프로이트는 오래지 않아 변화된 상황을 고려하여 비공식적인 모임을 해체하고 '빈 정신분석협회'로 재구성하자고 제안했다. 이렇게 조직을 재편하면 프로이트의 목표에 관심이나 공감을 잃은 회원들에게 표 나지 않게 탈퇴할 기회를 제공할 수 있을 것 같았다.[91] 이것은 우아하고 편리한 최상의 방법이었다. 프로이트로서는 다른 사람들을 그들의 타고난 수준 이상으로 올라오도록 밀어붙일 방법이 없었던 것이다. 1907년 12월, 카를 아브라함이 처음으로 회의에 손님으로 참석했다. 그는 친구 막스 아이팅곤에게 자신이 받은 인상을 빈틈없이 무자비하게 적어 보냈다. "빈의 신봉자들에게 별로 감동을 받지 못했네. 수요일 회의에 참석을 했어. **그분은** 다른 사람들보다 훨씬 앞서 가 있더군. 자드거는 탈무드 제자 같아. 스승의 모든 규칙을 정통파 유대인처럼 엄격하게 해석하고 준수하지. 의사들 가운데는 페데른 박사가 가장 인상 깊더군. 슈테켈은 피상적이고, 아들러는 일방적이고, 비텔스는 너무 미사여구를 늘어놓고, 다른 사람들은 별 볼 일이 없어. 젊은 랑크는 아주 똑똑해 보이더군. 그라프 박사도 그 정도는 되는 것 같고……."92) 1908년 봄에 어니스트 존스도 자기 눈으로 보고 동의했다. 훗날 그는 빈을 방문하여 처음 수요일 모임에 참석했을 때 빈의 프로이트 신봉자들에게 "별 감명을 받지 못했다"고 회고했다. 외부자로서 차갑게 거리를 두고 보면, 그들은 "프로이트의 천재성에 어울리지 않는 부수물로 보였다. 그러나 그 시절 빈에서는 프로이트에 대한 편견이 워낙 심했기 때문에 평판이 있는 제자를 구하기가 어려웠을 것이고, 그래서 프로이트는 손에 쥘 수 있는 것만 쥘 수밖에 없었다."93)

간혹 밝은 분위기가 지배할 때도 있었다. 1908년에서 1910년 사이에 들어온 신입 회원에는 부다페스트의 산도르 페렌치, 재능은 있지만 심한 신경증 환자였던 법학자 빅토어 타우스크(Victor Tausk, 1879~1919), 교사이자 사회민주당원인 카를 푸르트뮐러(Carl Furtmüller), 재치 있는 법률가 한스 작스 등이 있었다. 프로이트와 인사를 나누고 수요일 밤 회의에 참석하려고 빈으로 몰려오는 방문객들의 수는 불어났다. "스위스인들", 즉 취리히를 비롯하여 스위스 다른 곳에서 일하는 정신과 의사들과 의학 연구자들은 일찌감치 1907년에 찾아왔다. 프로이트는 이런 사람들—막스 아이팅곤, 카를 G. 융, 루트비히 빈스방거(Ludwig Binswanger, 1881~1966), 카를 아브라함—을 가장 흥미로운 새 지지자들로서 환영했다. 이듬해에는 정신분석의 미래에 중요한 역할을 하는 다른 방문객들이 프로이트와 그의 빈 그룹을 만나려고 들렀다. 프로이트의 미국인 사도이자 번역가인 A. A. 브릴(A. A. Brill, 1874~1948), 영국에서 가장 영향력 있는 지지자가 되는 어니스트 존스, 이탈리아 정신분석의 선구자 에도아르도 바이스(Edoardo Weiss, 1889~1970) 등이 그런 사람들이었다.

프로이트는 이 철새들과 빈 상근자들의 차이를 인식하며 괴로워했다. 그는 사람들을 판단할 때 자신의 경험보다 애정 어린 소망을 앞세우는 경우가 많았지만, 빈의 지지자들에 관해서는 자신을 기만하지 않았다. 1907년 어느 수요일 밤 회의 뒤에 프로이트는 유난히 환멸을 느낀 표정으로 스위스의 젊은 정신의학자 루트비히 빈스방거에게 말했다. "자, 자네도 이제 이 패거리를 본 셈이군!" 이 조롱 섞인 간결한 말에는 은근한 아부도 약간 섞여 있었을지 모른다. 당시 프로이트는 새로운 스위스 지지자들에게 구애를 하고 있었기 때문이다. 그러나 세월이 흐른 뒤 이 장면을 회고한 빈스방거는 그 말을 더 관대하게, 어쩌면 더 정확하게 읽어냈다. 그 말은 프로이트가 그 무리 가운데서 여전히 고립되어 있다고 느낀다는 사실을 보여주었다는 것이다.[94] 프로이트는 1911년에 아브라함에게 냉혹하게 말했다. "빈 사람들은 죄다 별 볼 일 없네. 꼬마 랑크만 빼고."[95] 빈 사람들 가운데도 랑크, 페데른, 작스, 또 거기에 라이틀러, 히치만, 나아가 타우스크까지 전도가 유망한 사람들이 몇 명 있었다. 그러나 세월이 흐르면서 프로이트는 점차 외국에, 외국인들에게 기대를 걸게 되었다.

정신분석의 씨족 구성원들

이런 외국인들 가운데 베를린의 막스 아이팅곤과 카를 아브라함, 런던의 어니스트 존스, 부다페스트의 산도르 페렌치 등 네 명은 오랜 세월에 걸쳐 대의에 열심히 봉사하면서 정신분석의 깃발을 들고 가게 된다. 이들은 편집, 토론, 조직, 모금, 훈련을 했고, 각각 흥미롭고 때로는 문제가 있는, 임상적이고 이론적인 기여를 했다. 극적인 협조와 그에 못지않게 극적인 충돌을 보여주었던 프로이트와 융의 관계와는 대조적으로, 이 네 명과 프로이트의 제휴는 가끔 긴장을 낳기는 했지만, 대체로 양쪽에 매우 유익했다.

"스위스인들" 가운데 베르크 가세 19번지를 처음 방문한 사람은 막스 아이팅곤이었다. 취리히에서 의학을 공부하던 부유하고 관대하고, 잘 나서지 않는 러시아계 유대인 아이팅곤은 1906년 말 프로이트에게 편지를 보내 자신이 부르크횔츨리 정신병원의 "부조수"라면서, 상사인 "블로일러(Paul Eugen Bleuler, 1857~1939) 교수와 융 박사"의 권유로 프로이트의 글을 접하게 되었다고 이야기했다. "그 글들을 꼼꼼히 읽어보면서 히스테리에 대한 박사님의 개념이 놀라울 정도로 폭이 넓다는 것과 정신분석 방법이 큰 가치를 지니고 있다는 것을 점차 확신하게 되었습니다."[96] 프로이트는 평소대로 지체하지 않고 "우리 가르침의 참된 내용에 이끌리는" 젊은이를 만나는 것에 즐거움을 드러냈다.[97] 그 시절 프로이트는 자신을 "사람을 낚는 어부"라고 생각했으며,[98] 스스로 지은 이 성경적인 별명에 맞추어 살려고 최선을 다했다.

1907년 1월에는 아이팅곤이 다루기 힘든 환자에 관하여 자문을 구하러 빈으로 와서 두 주 머물다 갔다. 그와 프로이트의 우정은 이때 시작되어, 몇 번 아주 비관습적인 분석 '상담'을 거치며 공고해졌다. 프로이트는 아이팅곤을 데리고 빈을 산책했으며, 걷는 동안 이 신참자를 분석했다. 어니스트 존스는 나중에 초기 시절의 이런 격의 없는 관계를 회고하며 이렇게 감탄했다. "최초의 교육용 분석은 그런 식으로 이루어졌다!"[99] 1909년 가을, 아이팅곤은 프로이트와 다시 산책을 하며 분석을 받은 뒤, 프로이트의 확실한 '제자'가 되어 취리히에서 베를린으로 이사

막스 O-아이팅곤. 프로이트의 관점에 대한 믿을 만한 지지자이자 프로이트의 가까운 친구였다.

한 뒤 개업했다.[100] 그러나 환자는 빨리 늘지 않았다. 아이팅곤은 이따금씩 프로이트에게 환자를 보내 달라고 요청했고, 프로이트는 순순히 응해주었다.[101] 그 대가로 아이팅곤은 프로이트에게 선물을 잔뜩 보냈다. 1910년 초에 프로이트는 기쁨에 넘쳐 베를린 제자에게 편지를 보냈다. "사흘 동안 D……의 작품들이 내 집에 비처럼 쏟아졌다네."[102] 아이팅곤은 프로이트에게 도스토예프스키의 책을 한 권씩 보내면서, 특히 《악령》과 《카라마조프의 형제들》에 주목하라고 이야기했다.[103] 두 사람은 편지를 주고받으며 애정이 깊어졌고, 서로 속도 털어놓게 되었다. 프로이트는 1914년 7월에 아이팅곤에게 이렇게 말했다. "자네가 늘 나에게 충실할 것임을 알고 있네. 우리는 한 줌의 무리에 불과해. 거기에는 독실한 사람도 없지만, 배반자도 없지."[104] 프로이트는 아이팅곤을 믿은 것을 한 번도 후회하지 않았다. 그는 프로이트의 생애 전체에 걸쳐 정신분석의 가장 아낌없는 후원자가 되기 때문이다.

베를린에 있는 아이팅곤의 가장 가까운 협력자 카를 아브라함은 자신의 평생 친구는 당연한 것으로 여겼던 경제적 독립을 위해 안간힘을 써야 했다. 아이팅곤보다 네 살 위였던 아브라함은 1877년 항구 도시 브레멘에서 독일에 정착한 지 오래된 유대인 가문의 아들로 태어났다. 종교 교사였던 그의 아버지는 그 시대의 기준에서 보자면 보기 드물게 속이 트인 사람이었다. 카를 아브라함이 정신과 의사 일을 하기로 마음먹고 아버지에게 앞으로는 안식일을 비롯해 유대교 관행을 지킬 수 없을 것이라고 알리자, 아버지 아브라함은 아들에게 자신의 양심을 따르라고 말했다.[105] 그러나 아들 아브라함은 정신분석의 감시인으로서 이따금씩 아버지보다 편협한 태도를 보여주었다. 동료 분석가들은 그가 차분하고, 꼼꼼하고, 똑똑하며, 공론에 빠지거나 감정을 분출하는 일이 없다고 평가했다. 아마 그는 약간 냉정한 쪽이었을 것이다. 어니스트 존스는 그를 "감정적으로 터놓지 않는다"고 묘사했다. 그러나 아브라함의 과묵함 덕분에 정신분석 운동은 몹시 필요했던 자제력과 상식을 얻을 수 있었다. 다시 존스의 말을 빌리자면, 그는 프로이트의 주변 "사람들 가운데 틀림없이 가장 정상에 가까웠을 것이다."[106] 또 그의 명랑한 태도는 동료들 사이에 유명했다. 아브라함의 긍정적인 예측에 힘을 얻곤 하던 프로이트는 그를 대책 없는 낙관주의자라고 불렀다.

아브라함은 내과학에서 정신의학으로 넘어왔다. 1907년 서른 살 때 프로이트를 처음 만났으며, 이 만남으로 인생이 바뀌었다. 융이 수석 레지던트로 있던 취리히 근처의 정신병원 부르크횔츨리에서 3년을 일했지만, 프로이트의 영향권으로 들어간 뒤에는 베를린에서 혼자 정신분석 진료실을 열었다. 이 시기에, 게다가 전통 정신의학이 완전히 지배하던 나라에서 이것은 큰 모험이었다. 프로이트가 베를린의 "공무원 어중이떠중이"[107]라고 조롱하던 사람들은 정신분석에 관해 거의 몰랐으며, 그나마 아는 것은 혐오했다. "베를린에서 흩든 싸움을 하고 있겠군요." 어니스트 존스는 1911년에 런던에서 이런 으애 섞인 공감을 표시했다.[108] 프로이트가 감탄했듯이, 아브라함은 몇 년 동안 독일 수도에서 유일한 정신분석 개업의였다. 언제나 희망을 잃지 않는 아브라함에게는 특별한 격려가 필요 없었지만, 프로이트는 자신도 기운을 낼 겸 빈에서 응원을 보내곤 했다. "괜찮아질 거네."[109]

아브라함은 기질이 낙천적이기는 했지만, 사실 아주 작은 지지의 표시라도 환영할 만한 상황이었다. 1907년 말 베를린의 정신의학자 오토 율리우스부르거(Otto Juliusburger)가 정신분석학의 아이디어들을 옹호하는 논문을 낭독하자 프로이트는 그의 용기에 감사하는 편지를 보냈다. 아브라함은 이런 빈약한 긍정적 신호에 기운을 얻어 1908년 8월 다섯 명의 회원으로 '베를린 정신분석협회'를 설립했다. 이 다섯 명에는 아브라함 자신을 비롯하여 율리우스부르거와 전투적인 성과학자 마그누스 히르슈펠트가 포함되었다. 프로이트는 처음부터 자발적으로 열심히 조언을 해주었다. 히르슈펠트에 대한 혐오가 널리 퍼져 있었기 때문에, 그에게는 그럴 만한 이유가 있어 동성애를 정열적으로 옹호하는 것이니 그 사람에게 편견을 갖지 말라고 아브라함에게 권유한 것이다.[110]

프로이트와 아브라함 사이에는 정신분석적인 업무만 이루어진 것이 아니었다. 두 사람은 가족과 함께 서로 왕래를 할 만큼 친해졌으며, 프로이트는 아브라함의 자식들에게 부모 같은 관심을 보이기도 했다.* 1908년 5월에는 고마워하는 마음으로 아브라함에게 말했다. "집사람이 박사 집에 갔을 때 따뜻하게 환영을 받았다는 이야기를 많이 하더군." 프로이트는 아브라함의 환대하는 태도에 관하여 자신이 "올바른 진단"

을 내리고 있었다는 것에 흡족해할 뿐, 놀라워하지는 않았다.[111]

아브라함은 몇 년 고생을 한 뒤에 사람들이 많이 찾는 치료사이자 두 대륙의 분석가 지망생 제2세대를 지도하는 교육 분석가가 되었다. 1914년 루 안드레아스-살로메는 관음증에 관한 중요한 논문에 감사하면서 아브라함의 명료한 제시 방식과, 교조를 무리하게 적용하지 않고 자료를 따르려 하는 태도를 특히 칭찬했다.[112] 이해에 아브라함의 명성이 높아지면서 미국 클라크 대학 총장인 심리학자 G. 스탠리 홀(G. Stanley Hall)은 "우리 학교 벽에 걸어놓겠다"며 그에게 사진을 요청했다.[113]

성공은 부를 가져왔다. 1911년 초에 아브라함은 프로이트에게 진료가 "아주 오랫동안 활발했으며",[114] 심지어 "정신없었다"고 이야기할 수 있었다.[115] 그는 하루에 여덟 시간 분석을 하고 있었다. 그러나 그는 이 모든 활기를 축복이라고만 부를 수는 없다는 점을 인식하고 있었다. 그는 프로이트파 특유의 말투로 그 때문에 "학문을 연구할 시간이 거의 없다."고 아쉬워했다.[116] 1912년이 되자 아브라함은 분석 환자가 12명이나 되었으며, 진료는 전보다 훨씬 "돈이 되었다." 그해 6월까지 11,000마르크를 벌었는데, 그 자체로 아주 큰돈이었지만 그는 진료비를 올릴 계획이었다. 그는 프로이트에게 말했다. "보시다시피 베를린에서도 이제 교수님의 지지자가 되는 것이 곧 순교자의 길로 가는 것은 아닙니다."[117] 아브라함은 불평을 하는 일이 거의 없었다. 한다 해도

---

* 나중에 아브라함의 미망인은 "교수님"이 "우리 아이들의 건강과 발달에 큰 관심을 보였으며, 교수님 가족 소식도 자주 전해주었다."고 회고했다. "헤이그 학회(1920)가 끝난 뒤에 우리를 찾아왔을 때는 네덜란드 체재 비용으로 받은 돈 가운데 남은 것을 우리에게 주며 아이들에게 크리스마스 선물로 자전거를 사주라고 하여, 아이들이 바라지 않던 소망을 채워주셨습니다." (헤트비히 아브라함이 존스에게 쓴 편지, 1952년 4월 1일. Jones papers, Archives of the British Psycho-Analytical Society, London.)

환자가 아니라, 직업적 동료와 관련된 것이었다. 그는 1912년 봄에 프로이트에게 이런 편지를 보냈다. "진료에 완전히 몰두해 있습니다."[118] 하지만 좀 투덜거리고 싶었던지, 얼마 후에는 이론에 관심이 있는 정신분석가에게 "베를린은 너무 척박한 땅"이라고 덧붙였다.[119] 정신분석협회 모임은 잘 되었지만 "적당한 사람들이 부족합니다."[120] 그러나 상관없었다. 아브라함은 상대적인 지적 고독 때문에 오히려 자신만의 작업을 해 나갈 결심을 더 굳힐 수 있었다.

정신분석 씨족의 구성원은 거의 모두가 넘치는 활력을 부여받은 사람들이었지만, 아브라함은 그 가운데서도 에너지가 특출했다. 그러나 활력이 넘치는 그의 활동 가운데 일부는 의지에 따른 행동이었다. 어린 시절부터 가벼운 천식, 약간 허약한 체질과 싸워야 했던 아브라함은 테니스, 수영, 그리고 나중에는 그가 가장 좋아하던 운동인 등산을 열심히 했다.[121] 등산은 아브라함처럼 앉아서 일하는 직업을 가진 의사들 사이에서 인기 있는 운동이었다. 열심히 땀을 흘리는 운동에 몇몇 지지자들만큼 심하게 중독되지는 않았던 프로이트조차 오랫동안 힘차게 산을 걷는 것을 즐겼다.

아브라함은 산을 타는 결의로 자신의 직업에 달려들었다. 그는 신입 회원들을 모으고, 회의를 주재하고, 매우 다양한 분야로 관심을 돌렸다. 그의 저서 목록을 보면 당시의 분석적 문헌 조사, 임상 연구, 근대 미술에서 이집트 종교에 이르기까지 다양한 주제와 관련하여 정신분석을 적용한 에세이 등이 눈에 띈다. 정신분석의 역사에 더 큰 영향을 준 것은 리비도 발달에 관한 중요한 논문들이었는데, 이 글들은 프로이트가 말년에 생각의 방향을 다시 잡는 데 도움을 주었다. 아브라함은 또 바쁜 가운데도 빈과 취리히라는 폭풍의 중심에서 벌어지는 정신분석 정치를 훈련받은 눈으로 주시했다. 프로이트와 대비되는 아브라함의 유난히 명랑한 기질은 동료 분석가들의 일탈이나 지평선 위에 나타나는 아주 작은 변절의 구름도 놓치지 않는 주의 깊은 관심과 묘하게 결합되어 있었다.

그러나 아브라함은 대의의 충실한 종이기는 했지만 프로이트의 노예는 아니었다. 사실 그는 프로이트가 플리스와 결별한 것을 알면서도 플리스와 친한 관계를 형성할 만큼 독립성을 유지했다. 1911년 초 플리스는 아브라함이 분석 대상자에게서 "플리스적인" 주기를 발견했다는 이야기를 듣고 한번 찾아오라고 초대했다. 아브라함은 양심적으로 이 초대를 프로이트에게 보고했고, 프로이트는 신중하게 대응했다. "박사가 그 친구를 찾아가지 않아야 할 이유를 모르겠군." 그러면서 그는 아브라함이 "아주 중요하고, 실제로 매혹적인 인간을 만나게" 될 것이라고 덧붙였다. 이 방문은 아브라함에게 "〔플리스의〕 주기 학설에 포함된 진실의 조각에 과학적으로 접근할" 기회를 줄지도 몰랐다. 동시에 프로이트는 플리스가 틀림없이 아브라함을 정신분석으로부터, "그리고, 그의 믿음대로, 나로부터" 꾀어내 플리스 자신의 뒤를 따르게 하려 할 것이라고 주의를 주었다. 그는 플리스가 "근본적으로 빈틈없고 사악한 인간"이라고 말하면서 덤으로 이렇게 덧붙였다. "특히 그의 부인을 조심하라고 이야기해야겠네. 영리하면서도 어리석고, 심술궂고, 히스테리가 아주 심한 사람이야. 요컨대 신경증이 아니라 도착(倒錯)이라는 거지."[122]

그러나 이런 경고를 받고도 아브라함은 플리스와 계속 친밀히 교제했다. 그는 프로이트의 주의를 받아들이고, "필요한 만큼 신중하게 행동하겠다"고 약속했으며,[123] 플리스를 찾아갈 때마다 꼼꼼하게 보고했다. 아브라함은 플리스가 자신을 정신분석이나 그 창건자에게서 떼어내려는 노력을 하지 않으며, 어쨌든 자신이 보기에는 어느 모로도 매혹적이지 않다고 프로이트를 안심시켰다.[124] 그러나 그의 특징인 그 약간 과묵한 면을 드러내, 프로이트가 플리스의 부인을 헐뜯은 것에 대해서는 아무런 말을 하지 않았다.[125] 또 그대나 나중에나 그와 플리스가 논문의 발췌 인쇄물을 주고받는다는 이야기도 프로이트에게 하지 않았다. 물론 프로이트는 아브라함에게 자신이 이전에 친하게 지내던 사람과 사귀는 것에 따르는 위험을 과장했다. 플리스가 아브라함의 논문 발췌 인쇄물이 프로이트 자신은 한 번도 보여주지 못한 정신분석학적 발견들을 보여주는 것처럼 호들갑을 떤 것은 사실이다. "계속 우리 눈을 뜨게 해주는군요!"[126] 그러나 플리스는 아브라함이 프로이트를 버리도록 꾀어내려는 노력은 하지 않았던 것 같다. 설사 노력을 했다 해도 성공하지는 못했을 것이다. 아브라함은 명민하고 침착한 사람이라 그런 설득에 얼마든지 저항했을 것이기 때문이다. 어쨌든 이런 변수에도 불구하고 프로이트와 아브라함의 친밀한 관계가 유지되었다는 것은 프로이트의 아브라함에 대한 다정한 마음과 흔들림 없는 신뢰를 보여준다.

어니스트 존스는 아브라함과 달라도 그렇게 다를 수가 없었다. 그러나 이 두 사람은 서로 죽이 잘 맞았으며, 국제적인 정신분석 운동이 격랑에 흔들리며 진화해 나가는 과정에서 변함없이 충실한 동맹자 역할을 했다. 그들은 프로이트에 대한 강한 존경심, 일중독, 또 결코 사소하지 않은 수준으로 스포츠에 대한 사랑을 공유했다. 아브라함은 산을 타는 것을 좋아했으며, 단단하고 팔팔하고 활력이 넘치는 존스는 피겨 스케이팅을 좋아했다. 심지어 이 주제에 관하여 박식한 논문을 쓰기까지 했다.* 그러나 정서적으로 두 사람은 완전히 다른 세계에 살고 있었다. 아브라함은 고요하고 분별력이 있었던(적어도 그렇게 보였던) 반면 존스는 폭발하기 쉽고 도발적이었다. 아브라함은 건실하고 일부일처제에 충실했던 반면 존스는 되풀이하여 때로 당혹스럽기까지 한 성적 모험에 얽혀 들었다. 존스는 아주 고집이 세고, 프로이트가 기쁘게 인정했듯이, 그의 지지자들 가운데서 가장 전투적이었으며, 지칠 줄 모르고 편지를 썼고, 오만하게 조직을 했으며, 전투적으로 논쟁을 벌였다.

프로이트는 1905년에 '도라'의 사례사를 발표하고 나서 얼마 지나지 않았을 때 어니스트 존스를 만났다. 정신의학을 전공한 젊은 의사 존스는 당대 의학 정통파가 정신의 작용과 기능 부전을 설명하지 못하는 것에 크게 실망하고 있었다. 이런 실망 때문에 개종도 쉬웠다. 도라에 관해 읽을 때는 아직 독일어 실력이 시원치 않았지만, 그런데도 그것을 읽고 "빈에는 진짜로 환자들이 하는 모든 말에 귀를 기울이는 의사가 있다는 데 강한 인상을 받았다." 이것은 계시로 다가왔다. "나 자신이 그렇게 하려 하고 있었기 때문이다. 그러나 다른 사람이 그렇게 하고 있다는 이야기는 들은 적이 없었다." 그는 프로이트가 "보기 드문 인물(rara avis), 즉 진짜 심리학자"라는 사실을 알아보았다.**[127]

존스는 부르크횔츨리 병원에서 정신분석을 더 배우며 융과 함께 시간을 보낸 뒤, 1908년 봄 잘츠부르크에서 열린 정신분석가 대회에 참석

---

* 존스는 우아한 문체와 방대한 삽화를 자랑하지만 전문서라고 볼 수 있는 *The Elements of Figure Skating*을 1931년에 처음 냈다. 수정 증보판은 1952년에 나왔다. 곳곳에 삽입된 세심한 도해(圖解)들이 놀랄 만큼 다양한 피겨 자세를 보여주는데, 이 책은 그의 전문적인 관심과는 먼 일처럼 보이지만 사실 존스의 억누를 수 없는 성적 충동을 보여준다. 그는 머리말에서 이렇게 쓰고 있다. "모든 예술은 아무리 그 기법이 세련되고, 위장되어 있고, 정교하다 해도 궁극적으로 인체에 대한 사랑과 그것을 마음대로 부리려는 욕망에 뿌리를 두고 있다."(p. 15). 그러면서 이 책은 우아한 동작과 아주 쉽게 이뤄지는 것처럼 보이는 상쾌한 미끄러짐이 주는 쾌감에 관해 길게 이야기하며 분명한 즐거움을 드러낸다.
** 존스는 영국이 뛰어난 외과의이자 군중심리학자인 친구(나중에 그의 매제가 된다) 윌프레드 트로터(Wilfred Trotter)에게서 프로이트 이야기를 처음 들었다. 그러나 존스가 개종하는 계기가 된 것은 도라의 사례였다.

하여 프로이트를 만나보기로 했다. 그는 그곳에서 프로이트가 환자인 '쥐 인간'에 관해 기억에 남을 만한 연설을 하는 것을 들었다.*** 존스는 5월의 이 모임이 끝난 뒤에 지체하지 않고 베르크 가세 19번지로 찾아가 프로이트의 환대를 받았다.[128)] 그 뒤로 존스와 프로이트는 자주 만났으며, 만나지 못할 때는 자주 긴 편지를 주고받았다. 존스는 몇 년 동안 괴로운 내적 싸움을 벌였다. 정신분석에 대한 의구심에 시달린 것이다. 그러나 자신의 근거를 확인하고 완전한 확신을 갖게 되자, 처음에는 북미에서, 그 다음에는 영국에서, 마지막으로 어디에서나 프로이트의 가장 정력적인 옹호자가 되었다.

존스가 캐나다와 미국 북동부에서 프로이트의 이론을 퍼뜨리는 운동을 시작한 것이 전적으로 자유로운 선택이었다고 말할 수는 없다. 의사 경력 초기에 그는 런던에서 추문을 일으키곤 했다. 그는 검사하고 진찰하던 아이들에게 부적절한 행동을 했다는 이유로 두 번 고발을 당했다.**** 존스는 소아병원에서 해임을 당한 뒤 토론토로 옮기는 것이 좋겠다고 결정했다. 토론토에 자리를 잡자 그는 정신분석을 잘 받아들이려 하지 않는 캐나다와 미국의 청중에게 정신분석 강연을 했으며, 1911년에는 '미국 정신분석협회'를 세우는 데 적극적인 역할을 했다. 2년 뒤인 1913년에는 런던으로 돌아와 정신분석 진료를 하며, 얼마 되지 않는 영국의 프로이트 지지자들을 조직했다. 11월에는 "지난 목요일에 아

*** 본서 6장 491~501쪽 참조.
**** 존스는 자서전에서 이 사건들에 관하여 설득력 있을 만큼 솔직하고 자세하게 이야기한다. 그는 이 사건들에서 아이들이 자신들의 성적인 느낌을 존스에게 투사했다고 주장하는데, 이것도 그럴듯해 보인다. 물론 제1차 세계대전 전의 영국 의학계 분위기에서는 아무도 이런 설명을 받아들이지 않았을 것이다. 이런 사건이 벌어지던 시기에 존스는 이미 정신분석이야말로 유일하게 진실한 심층심리학이라고 완전히 확신하고 있었다. (*Free Associations*, 145-52.)

홉 명의 회원으로 런던 '정신분석협회'가 정식으로 구성되었다."고 프로이트에게 의기양양하게 보고할 수 있었다.[129]

프로이트의 측근 가운데 사실상 유일한 비유대인이었던 존스는 외부자인 동시에 내부자였다. 그는 특유의 활기로 유대인의 농담과 표현법을 잔뜩 익혀 나가면서, 상대적으로 폐쇄적이고 방어적인 빈과 베를린의 정신분석 문화에 완전히라고는 할 수 없어도 거의 어긋남 없이 들어맞아 일종의 명예 유대인이 되었다. 그의 논문들은 응용 정신분석을 포함하여 분석의 다양한 주제를 다루고 있지만, 독창성보다는 명료함과 어떤 날카롭고 굳센 기세가 특징이었다. 이 점은 그가 자신을 여성적이라고 묘사할 때도 스스로 인정하는 부분이었다. 그는 프로이트에게 이렇게 말했다. "나에게 일이란 여자가 아기를 낳는 것과 같습니다. 하지만 선생님 같은 사람들에게는 남성의 단성생식에 가까울 것 같습니다."*[130] 독창적이든 아니든 존스는 대중화라는 면에서 가장 설득력이 있었으며, 가장 집요한 논객이었다. 프로이트는 감탄의 기색을 감추지 않고 그에게 말했다. "박사야말로 다른 사람들의 주장을 다루는 데 적임자일세."[131] 프로이트와 영어로 방대한 양의 편지 대부분을 주고받은 것도 존스의 특별한 기여였다. 그가 처음에 "오래된 독일 글자에 익숙하지 않다"—프로이트의 "고딕" 서체를 가리키는 말이었다.—고 불평을 하자, 프로이트는 서체를 바꾸는 대신 영어로 써버렸다.**[132] 이런

---

* 그러나 존스가 단순히 맹목적인 지지자였던 것은 아니다. 1920년대에는 여성의 성의 본질을 두고 프로이트와 완강히 맞서기도 했다. 그 전에 제1차 세계대전 동안에는 어느 편이 결국 승리할 것인가를 놓고 맞서기도 했다.
** 프로이트는 제1차 세계대전 시기, 그리고 말년의 편지를 제외하면 존스에게 영어로 편지를 썼다. 안타깝게도 존스는 그의 권위 있는 전기에 프로이트의 편지를 인용하면서 많은 부분을 교정하는 수고를 했다. 그 바람에 딱딱하고 매혹적인 오류가 이따금씩 나타나는 프로이트의 글이 "개선"되고 말았다. 나는 사소한 실수를 포함하여 프로이트가 원래 쓴 글을 그대로 복원해놓았다. 설사 공식 영어와 약간 어긋나더라도 따로 표시하지는 않았다.

우연한 사건 덕분에 프로이트는 자신이 가장 좋아하던 외국어를 더 능숙하게 구사하게 되었다.***

1910년이 되자 존스는 여전히 주저하는 마음이 남아 있어서 이따금씩 시달리기는 했지만, 그래도 전심으로 정신분석에 헌신하게 되었다. 프로이트에 대한 헌신도 그에 못지않았다. 적어도 이 무렵에 존스는 새로운 정신분석계 친구들에게 조금 더 투명한 존재가 되었다. 처음에 그는 파악하기도 힘들고 예측하기는 더 힘들다는 인상을 주었다. 1908년 여름, 융은 프로이트에게 말했다. "내가 보기에 존스는 알 수 없는 인간입니다. 왠지 으스스하고 파악이 안 돼요. 어쨌든 단순한 사람이 아니라 지적인 거짓말쟁이죠." 융은 계속해서 물었다. 존스가 "한편으로는 지나치게 예찬을 하면서, 다른 한편으로는 너무 기회주의적으로 굴지 않나요?"¹³³⁾ 프로이트는 대답하기가 쉽지 않았다. "나보다는 박사가 존스를 잘 알 거라고 생각했네." 프로이트는 답장에서 그렇게 말했다. "나는 그 친구가 나의 소심함을 보고 웃음을 짓는 광신자라는 걸 알게 되었네." 그러나 그가 정말로 거짓말쟁이라면, "우리가 아니라 다른 사람들에게 거짓말을 하는 거겠지." 프로이트는 이렇게 말을 맺었다. 존스에 관한 진실이 무엇이건 분명한 점 하나는 "우리 무리의 인종 혼합 상태가 나에게 아주 흥미롭다는 걸세. 그 사람은 켈트인이니 우

*** 시간이 지나면서 존스는 프로이트가 영어를 구사하는 것만큼이나 견실하게, 어쩌면 그보다 더 견실하게 독일어를 구사하게 되었다. 그가 프로이트에게 먼저 영어로 편지를 써 달라고 요청한 것은 아니다. 프로이트가 먼저 영어로 바꾸어 쓰면서 존스에게 주의를 주었다. "내 실수는 다 박사 책임일세." (프로이트가 존스에게 쓴 편지, 1908년 11월 20일. Freud Collection, D2, LC.) 1911년 6월 18일에 존스는 아브라함에게 영어로 편지를 쓰는 것을 사과하면서, "하지만 박사님의 영어가 내 독일어보다 나을 것이 분명하기 때문입니다." 하고 덧붙였다. 나중에 쓴 편지들로 판단해보면 존스는 빨리 배우는 사람이었음이 분명하다.(예를 들어 [1914년] 1월 9일에 아브라함에게 보낸 긴 편지를 보면 독일어 관용어도 능숙하게 구사하고 철자도 완벽하다.) (Karl Abraham papers, LC.)

리 게르만 사람이나 지중해 사람이 이해하기가 쉽지 않아."[134] 하지만 존스는 영민한 제자라는 것이 드러났다. 그는 프로이트의 이론에 의문이 생기면 그것은 자신의 비합리적인 자기 방어 때문이라고 생각하곤 했다. 1909년 12월에 존스는 프로이트에게 이렇게 말했다. "간단히 말해서 나의 저항은 교수님 이론에 대한 반대에서 나오는 것이 아니라, 어떤 면에서는, 강렬한 '아버지 콤플렉스'의 영향에서 나오는 것이기도 합니다."[135]

프로이트는 만족하여 이 설명을 받아들였다. "박사의 편지들은 나에게 계속 만족을 주는군." 그는 1910년 4월에 존스에게 그렇게 말했다. "실제로 박사의 활발한 활동, 엄청난 박식함, 최근 들어 나타나는 문체의 신실함에 놀라고 있네." 프로이트는 "박사를 포기하라는 내부의 목소리들에 귀를 기울이기를" 거부한 것이 다행이라고 썼다. 이제 모든 것이 명확해졌으므로, "나는 우리가 한참 동안 함께 걷고 일할 수 있을 것이라고 믿네."[136] 2년 뒤 프로이트는 존스가 결국 믿을 만하다고 결정한 순간을 회고한다. 그것은 1909년 9월, 두 사람이 미국 매사추세츠 주 우스터의 클라크 대학에서 오랫동안 이야기를 나누고 난 뒤였다. "내가 박사를 얼마나 좋아하는지, 박사가 정신분석을 파고드는 높은 정신력을 얼마나 자랑스러워하는지 박사가 알게 되어 기쁘네." 그는 편지에서 존스에게 그렇게 말했다. "박사에 대한 나의 이런 태도를 처음 의식하게 된 때가 기억나는군. 그때는 상황이 나빴지. 박사가 한동안 어두운 비일관성을 보인 뒤에 우스터를 떠난 때였거든. 나는 박사가 멀어져서 우리와 소원해질 거라는 생각과 마주할 수밖에 없었지. 그러다가 절대 그렇게 되어서는 안 된다고 느꼈네. 하지만 박사와 함께 역으로 가서 떠나기 전에 악수를 하는 것 외에는 그것을 달리 보여줄 방법이 없었어. 어쩌면 박사가 나를 이해했는지도 모르지. 어쨌든 그 이후로 그 느낌은 진실이었다는 것이 입증되었고, 박사는 마침내 빛나는 존재가 되었네."[137]

그때부터 존스를 말릴 수가 없었다. 1913년 존스는 부다페스트로 가서 산도르 페렌치에게 짧은 교육 분석을 받은 뒤, 프로이트에게 두 사람이 "과학적 대화를 나누면서 함께 많은 시간을 보냈으며", 페렌치가 "나의 특이한 면과 변덕을 잘 참아주었다"고 보고했다.[138] 존스는 프로이트에게 편지를 쓸 때 자기 비판을 전혀 망설이지 않았다. 반대로 프로이트는 큰아버지 같은 태도를 취하여, 가끔 스물세 살 연하였던 존스를 다정하게 구박하는 태도를 보이기도 했다. 그러나 대개는 이 젊은 남자를 따뜻하게 칭찬하고 격려하는 쪽이었다. "박사는 큰일을 하고 있네."[139] 또 "박사가 편지를 자주 보내 기분이 좋군. 그리고 보다시피 나도 서둘러 답장을 쓰고 있네." 하고 말하기도 했다.[140] 또 "박사의 편지와 논문이 아주 마음에 드네." 같은 말을 하기도 했다.[141] 프로이트는 이 중요한 신참이 대의를 향해 나아가도록 계속 채찍질하는 데 들이는 시간을 전혀 아까워하지 않았다.

프로이트는 1912년부터 존스의 매력적인 정부 루 칸(Loe Kann)을 분석하기 시작했다. 프로이트를 포함하여 모든 사람이 이 모르핀 중독자를 존스의 부인이라고 불렀다. 프로이트는 의사와 환자 사이의 비밀 유지라는 신성한 규칙을 무시하고, 존스에게 그녀가 진료실에서 보이는 진전을 보고하면서 그녀가 모르핀 양을 줄이면서 살 수 있게 되었다고 알렸다.* 프로이트는 존스에게 가끔 개인적 조언을 해주기도 했다. 존스가 또 다른 연애에 얽혀 들고 있다는 이야기를 듣자 프로이트는 그에게 간청했다. "이건 개인적인 부탁인데, 결혼을 자네 인생의 **다음 단계**로 여기고 서둘지 말고, 선별도 하고 숙고도 좀 해주면 안 되겠나?"[142] 얼마 뒤에는 웅변에 능한 로마의 애국자인 대(大) 카토(Marcus Porcius Cato)의 토가를 걸치고 원로원에서 적 카르타고에 관하여 연설을 하듯이 엄격해진 목소리로 말했다. "내 의견을 말한다면(Ceterum censeo) 여자를 조심하고, 이번에는 박사의 사례를 망치지 말라는 걸세."143) 그는 자신의 개입에 아무런 "특별한 동기"가 없다고 말했다. "그냥 내 마음을 박사에게 쏟아붓는 것뿐이라네."144) 존스는 프로이트의 마음을 아주 잘 받아들였다. 이런 속을 터놓는 편지 교환은 정신분석 운동에 일편단심으로 몰두하던 두 사람에게 우정의 분위기를 조성했다. 존스의 쉰 살 생일 때 프로이트는 진지함과 아첨을 섞는 그 특유의 방식으로 그에게 이렇게 말했다. "나는 늘 박사를 나와 가장 가까운 가족 가운데 한 사람으로 꼽아 왔네." 존스에 대한 부드러운 감정은 우스터 역까지 존스와 함께 갔던 그날 처음 분명해졌다. 프로이트는 어떤 불일치가 있었다 해도, 또 아직도 있다 해도, 그것은 가족 간의 불일치이지 그 이상은 아니라고 기분 좋게 덧붙였다.145)*

산도르 페렌치는 존스와 선명한 대조를 이루는 사람이었다. 그는 초기 정신분석가들 가운데 가장 마음이 약하고 복잡했으며, 프로이트도 감정을 훨씬 많이 소모해야 했다. 존스가 프로이트를 가끔 화나게 했다면, 페렌치는 프로이트를 비참하게 만들 수 있었다. 존스가 약간 질투심을 섞어 말했듯이 페렌치는 프로이트가 속을 털어놓는 소규모의

---

* 프로이트가 놀랄 만큼 경솔한 행동을 할 수도 있다는 것이 존스가 공개적으로 그를 비판할 때 거론한 몇 가지 사항 가운데 하나였다. "묘하게도 프로이트는 다른 사람의 비밀을 지켜주는 것이 어려운 사람이었다…… 그는 몇 번 나에게 동료들의 사생활 이야기를 해주었는데, 사실 그래서는 안 되는 일이었다."(Jones II, 409.) 존스는 프로이트 전기 두 번째 권이 나온 뒤 막스 슈어에게 쓴 편지에서 자신이 염두에 두고 있던 한 가지 사례를 적시했다. 그의 말에 따르면 프로이트는 "슈테켈의 성도착의 본질"에 관해 자신에게 알려주었는데, "이것은 이야기해서는 안 되는 것이어서, 자신은 누구에게도 그 말을 옮긴 적이 없다." (존스가 슈어에게 쓴 편지, 1955년 10월 6일. Jones papers, Archives of the British Psycho-Analytical Society, London.)

전문가 집단의 "고참"이었고, 프로이트에게 "가장 가까이 서 있는 사람"이 되었기 때문이다.[146] 1873년 부다페스트에서 서적상이자 출판업자의 아들로 태어난 페렌치는 채워지지 않는 사랑의 욕구와 평생 씨름했다. 그는 열한 명의 남매 가운데 하나로 태어났으며, 아버지는 일찍 죽었고 어머니는 가게와 많은 자식들을 챙기느라 바빴기 때문에 처음부터 애정을 박탈당했다는 느낌 속에서 살았다. 페렌치를 잘 알게 된 루 안드레아스-살로메는 일기에 이렇게 적었다. "어린 시절에 그는 자신의 성취에 대한 부당한 평가로 괴로워했다."[147] 그는 어른이 되어서도 늘 절대 치유되지 않는 상처 같은 애정 결핍을 느끼며 살았다.

페렌치는 1890년대 초에 빈에서 의학을 공부했으며, 자신의 고향에 정착하여 정신과 의사로서 진료를 했다. 처음 정신분석 이론을 만난 결과는 신통치 않았다. 그는 프로이트의 《꿈의 해석》을 서둘러 훑어본 뒤 모호하고 비과학적이라고 내쳐버렸다. 그러나 융과 동료들이 개발한 정신분석학적 단어 연상 실험을 알게 되면서, 말하자면 뒷문을 통해 프로이트 편으로 넘어갔다. 부르크횔츨리 병원의 의료진은 실험 대상자들에게 단어 뭉치를 주고 마음에 떠오르는 첫 단어로 응답하는 데 걸리는 시간을 측정했다. 그것을 알고 (그의 제자이자 친구인 헝가리 정신분석가 미하엘 발린트Michael Balint가 세월이 흐른 뒤 회고한 바에 따르면) 페렌치는 "초시계를 갖고 다녔으며, 누구도 그에게서 벗어날 수 없었다. 그는 부다페스트의 커피하우스에서 모든 사람, 소설가건 시인이건 화가건 휴대품 보관소 여직원이건 웨이터건 가리지 않고 모든 사람과 '연상 실험'을 했다."[148] 발린트는 페렌치가 이런 취미를 즐기는 것에 한 가지 이점이 있었다고 말한다. 이로 인해 정신분석 문헌을 꼼꼼하게 공부하기 시작했다는 것이다. 페렌치는 프로이트의 해몽 책을 주의 깊게 읽은 뒤에 설득당했으며, 1908년 1월에 편지를 보내 면담을 신청했다.

프로이트는 페렌치에게 일요일 오후면 아무 때나 괜찮으니 베르크 가세 19번지로 오라고 초대했다.[149]

두 사람은 금방 친구가 되었다. 프로이트는 페렌치의 사변적인 기질에 흥미를 느꼈다. 프로이트 또한 평생 자신의 내부에서 똑같은 기질의 압박을 느끼면서, 그것에 저항해 왔기 때문이다. 페렌치는 정신분석적 직관을 높은 수준의 예술로 발전시켰다. 프로이트는 그를 데리고 높은 곳을 날아다닐 수 있었지만, 가끔 제자가 순식간에 눈에 보이지 않는 곳으로 솟구치는 것을 지켜보곤 했다. 페렌치의 동료이자 그에게 분석을 받기도 했던 어니스트 존스는 그가 "아름다운 상상력"을 지닌 사람이라고 묘사했다. "아마 그 상상력이 늘 철저하게 규율이 잡힌 것은 아니었겠지만, 늘 많은 것을 암시하기는 했다."[150] 프로이트는 이 암시들에 저항할 수 없는 매력을 느꼈으며, 그것을 위하여 규율 부족은 기꺼이 눈감아주었다. 프로이트는 그들의 관계 초기에 페렌치에게 이렇게 말했다. "박사가 수수께끼에 몰두하는 게 기뻤네. 농담이 감추려고 하는 모든 기법을 수수께끼는 드러낸다는 것을 알고 있겠지. 두 가지를 비교해서 연구해보면 정말 배우는 게 많을 걸세."[151] 프로이트도 페렌치도 이 유망해 보이는 추측을 계속 따라가 보지는 않았지만, 그들에게는 그 외에도 사례사, 오이디푸스 콤플렉스, 여성의 동성애, 취리히와 부다페스트의 정신분석 상황 등 할 이야기가 많았다.

1908년 여름 두 사람은 무척 가까워졌기 때문에 프로이트는 페렌치를 베르히테스가덴으로 초대하여 자신의 가족이 있는 곳 근처의 호텔에 묵도록 주선해주었다. "우리 집은 박사에게 열려 있네. 그래도 박사의 자유는 그것대로 유지해야지."[152] 1년 뒤인 1909년 10월 프로이트는 페렌치에게 보내는 편지의 서두를 "친애하는 친구에게"로 시작했다. 이런 따뜻한 호칭은 그가 소수에게만 사용하는 것이었다.[153] 그러나 페렌치는 문제가 많은 신참이라는 것이 드러났다. 그의 정신분석에 대한 가장 강력한, 그러나 논란의 여지가 있는 기여는 기법과 관련된 것이었다. 이것이 그렇게 강력하면서도 그렇게 논란의 여지가 많았던 것은 그것이 대부분 그의 특별한 감정 이입 재능, 사랑을 표현하고 끌어내는 능력에서 나타난 것이 분명했기 때문이다. 안타깝게도 페렌치의 베풀고자 하는 열렬한 태도는 받고자 하는 굶주림과 짝을 이루었고, 어떤 면에서는 그 부속물이었다. 프로이트와 맺은 관계에서 이것은 끝없는 이상화와 친밀함에 대한 갈망으로 나타났다. 그러나 프로이트는 플리스에 대한 애정이 불행한 운명을 겪고 난 뒤에 환멸을 느낀 터라 그런 친밀한 관계를 전혀 원하지 않았다.

그들의 우정의 첫 해에도 희미하지만 긴장의 기미가 나타난다. 프로이트는 자신의 지지자가 환상에 대한 추측 가운데 하나를 확인하려고 "너무 열심히" 노력하는 것을 두고 가볍게 야단을 칠 필요를 느꼈다.[154] 페렌치는 여러 번 프로이트에게 자신의 고해 신부 노릇을 해 달라고 심하게 압박했다. 그는 여자들이 선망하는 독신남의 연애가 흔히 그렇듯이 복잡하기 짝이 없게 얽히는 자신의 연애담을 자세하게 털어놓았고, 부다페스트에서 느끼는 외로움을 불평했다. 1910년 늦여름에 둘이 떠난 시칠리아 여행은 프로이트에게 별로 유쾌한 느낌을 주지 못했다. 페렌치가 그 기회를 이용해 프로이트를 아들을 사랑하는 아버지로 바꾸어놓으려고 했기 때문이다.

프로이트는 아버지 같은 기질이 다분했지만, 그 역할을 즐기지는 않았다. 그는 페렌치와 함께 있었던 시간을 "공감하는 따뜻한 감정"으로 돌아보면서도, "박사가 유아적인 역할에서 벗어나 내 옆에 동등한 벗으로 자리를 잡기를 바랐지만, 그렇게 하지 못했다.'고 말했다.[155] 1년 뒤 프로이트는 인내심을 발휘하여 쾌활한 기분을 유지하면서 마지못해 페렌치가 자신에게 강요하는 역할을 하겠다고 동의했다. "나는 독립적인 친구가 더 낫다고 얼마든지 이야기할 수 있지만, 박사가 그렇게 어려워하니 내 아들로 받아들일 수밖에 없겠군." 프로이트는 다음과 같이 말을 맺었다. "이제 진정하고 잘 있게. 아버지로서 인사를 하며."[156] 그는 다음 편지에서 페렌치를 "친애하는 아들"이라고 부르고 거기에 "(박사가 이런 호칭을 그만두라고 할 때까지)"라고 주석을 달아 이 게임을 계속했다.[157] 일 주일 뒤 프로이트는 다시 평소의 "친애하는 친구"로 돌아갔지만,[158] 이미 하고 싶은 말은 다 한 셈이었다.

페렌치의 의존적인 태도는 반갑지도 않고 치유도 불가능했다. 그러나 그가 부다페스트에서 교육 분석가로서 하는 일은 말할 것도 없고, 그의 공중을 나는 듯한 상상력, 강렬한 충성심, 뛰어난 두뇌 때문에 프로이트는 다른 사람이 그렇게 부담스럽게 굴었다면 짜증을 냈겠지만 이 총애하는 헝가리 지지자에게는 관대한 편이었다. 프로이트는 아브라함에게서 강한 자제를 지탱하는 개인적인 핵을 발견하여, 1920년에 어니스트 존스에게 말했다. "박사 말이 옳았네. 아브라함에게는 프로이센적인 면이 아주 강해."[159] 페렌치에게는 "프로이센적인 면"이 없었다. 그렇더라도 프로이트는 페렌치가 유쾌한 벗이라고 생각했으며, 그 때문에 인내심이라는 미덕을 길렀다.

프로이트의 초기 제자들 거의 모두가 정신과 의사로서 경력을 펼쳐 나갈 만한 사람들이었다. 작스와 랑크 같은 예외 몇 명을 제외하면 모두 의사였고, 융과 아브라함과 아이팅곤 같은 사람들은 이미 정신질환 치료에 능숙했다. 법률가 교육을 받고 판사와 저널리스트로 활동하던 타우스크는 진지하게 정신분석을 파보기로 결심하고 의대에 입학했다. 그러나 프로이트의 이론은 그 성격상 의사 출신이 아닌 사람들도 많

오스카어 피스터. 스위스 취리히의 개신교 목사로서 정신분석을 열심히 지지하는 논객이 되었다. 특히 정신분석을 교육과 목회에 응용하는 데 관심이 많았다.

이 끌어들였고, 프로이트는 이 점에 크게 안도했다. 1910년에 편지를 주고받던 한 영국인에게 한 말에 따르면 프로이트는 "수많은 의학계 제자들에도 불구하고 지적으로 고립된" 느낌을 받았으며, 적어도 스위스에서는 "의사가 아닌 수많은 연구자들"이 "우리 작업"에 관심을 가지게 된 것을 위안으로 여겼다.[160] 그의 지지자들에 속한 이런 아마추어들 가운데는 오스카어 피스터와 루 안드레아스-살로메 두 사람이 두드러졌으며, 둘 다 25년 이상 프로이트의 친구가 된다. 언뜻 보기에 둘은 프로이트에게 어울리지 않는 사람들 같다. 한 사람은 목사였으며, 또 한 사람은 남자 시인과 철학자를 수집하는 여걸이었다. 프로이트가 그들의 방문이나 편지를 즐길 수 있었다는 것, 그가 그들을 둘 다 계속 좋아했다는 것은 삶, 다양성, 그리고 빈이라는 테두리 너머의 전초 기지들에 대한 그의 욕구를 증언해준다.

4장 투사와 정신분석가 367

취리히의 개신교 목사였던 피스터는 1908년에 프로이트의 글을 우연히 만나기 오래전부터 간절하고 진지하게 심리학에 깊이 몰입해 있었다. 프로이트가 의대에 입학하던 1873년 취리히 교외에서 태어난 피스터는 일찌감치 신학 교리를 둘러싼 논쟁을 말을 둘러싼 다툼에 불과하다고 싫어하게 되었다. 이런 논쟁은 목사의 첫 번째 의무, 즉 영혼의 치료와 영적 고통의 치유라는 의무를 완전히 방기하는 것으로서 불쾌감만 줄 뿐이었다. 그러나 효과적인 종교심리학을 찾기 위해 살펴본 심리학 논문들도 그가 신학교에서 공부해야 했던 신학만큼이나 쓸모없어 보였다. 그러다가 그는 프로이트를 발견했고, 그의 회고에 따르면 "오래된 예감이 현실이 된 듯한" 느낌이 들었다. 여기에는 "영혼의 형이상학에 관한 끝도 없는 사변이 없고, 삶의 큰 문제들은 건드리지 않은 채 사소하고 자잘한 것을 붙들고 실험을 하는 일도 없었다." 프로이트는 "영혼 현미경"을 만들어냈으며, 이것으로 정신 기능과 그 발달의 기원에 대한 통찰을 제공했다.[161] 한동안 피스터는 의사가 되고 싶어 했다. 실제로 자유주의적인 목사였던 그의 아버지는 교구민을 돕기 위해 의사가 되었다. 그러나 프로이트가 의학 공부를 말렸다.[162] 그래서 피스터는 "분석 목사(Analysenpfarrer)"이자 프로이트의 좋은 친구가 되었으며 그 자리를 계속 유지했다.[163]

피스터는 자신이 초기에 쓴 학생 자살에 관한 논문을 프로이트에게 보내 그와 사귀기 시작했다. 프로이트는 1909년 1월에 융에게 이렇게 알렸다. "박사의 용감한 친구 피스터에게 논문을 받았네. 길게 감사를 할 걸세." 프로이트는 아이러니를 보고 있었다. 목사가 죄에 대항한 싸움에 신을 믿지 않는 정신분석을 이용하고 있었기 때문이다.[164] 그러나 곧 조롱하는 말투를 버렸다. 피스터는 쓸모 있는 협력자를 넘어서서 함께 지내기 좋은 벗이라는 것을 알 수 있었기 때문이다. 그들의 우정 초기에는 프로이트의 아주 가까운 동료 몇 명, 그 가운데 특히 아브라함이 피스터의 정신분석학적 정통성에 의문을 제기하며 프로이트에게 주의를 준 적도 있었다. 그러나 프로이트는 그렇게 생각하지 않았다. 프로이트가 보기에 피스터의 지지는 확실했다. 이번만큼은 사람에 관한 그의 직관, 늘 신뢰하기는 힘든 그의 직관이 제대로 맞아떨어진 것이다.

프로이트가 피스터에 대해 그렇게 자신할 수 있었던 한 가지 이유는 그를 가까운 거리에서 관찰할 기회가 많았다는 것이다. 1909년 4월 피스터는 베르크 가세 19번지를 처음 방문하여 그 집의 가장만이 아니라 가족 전체를 감동시켰다. 프로이트는 페렌치에게 피스터가 "우리 모두의 마음을 얻은 매력적인 인물, 마음이 따뜻하고 열광적인 사람이며, 반은 구세주고 반은 하멜른의 피리 부는 사나이"라고 말했다. "어쨌든 우리는 좋은 친구가 되어 헤어졌네."[165] 안나 프로이트는 피스터가 처음에는 "외계에서 온 유령"처럼 보였지만, 환영받는 유령이었다고 회고했다. 이 목사는 틀림없이 말이나 옷이나 습관에서 프로이트의 식탁에 앉아 정신분석과 관련된 전문적인 이야기를 하던 다른 손님들과는 분명한 대조를 이루었을 것이다. 그런 일편단심의 예찬자들과는 달리 피스터는 유명한 아버지 때문에 그 자녀들을 무시하지 않았다.*[166] 키가 크고 힘이 있어 보이는 피스터는, "남자다운 콧수염"을 길렀으며 "뭔가를 찾는 듯한 눈은 따뜻했다."[167] 그는 또 용기가 있었다. 그의 비교조적

---

* 마르틴 프로이트의 회고에 따르면 집에서 식사를 하는 손님들은 "나오는 음식에 거의 관심이 없었고, 아마 어머니나 우리 아이들에게는 더 관심이 없었을 것이다. 그래도 그들은 여주인이나 아이들과 정중하게 대화를 나누려고 늘 열심히 노력했다. 대부분의 경우 그 주제는 연극이나 운동이었다. 이런 경우에 영국과는 달리 날씨는 쓸모 있는 소재가 아니었다. 그들이 그렇게 노력을 했지만 우리는 그들이 사교적인 행사를 어서 끝내고 아버지와 함께 서재로 물러나 정신분석에 관하여 더 듣는 것을 원할 뿐임을 쉽게 알 수 있었다." (Martin Freud, *Sigmund Freud: Man and Father* [1958], 108.)

인 정신분석적 프로테스탄티즘은 스위스의 기성 신학 조직과 여러 번 충돌하여, 몇 년 동안은 교구를 박탈당할 위기에 빠지기도 했다. 그러나 그는 프로이트의 격려를 받고 물러서지 않았으며, 자신이 정신분석 운동에 귀중한 봉사를 하는 것은 사실이지만, 서로 주고받는 것이 있음을 인식했다. 세월이 흐른 뒤 그는 프로이트에게 "사랑에 대한 맹렬한 굶주림"을 느끼며 살았다고 이야기하면서 이렇게 덧붙였다. "정신분석이 없었다면 나는 오래전에 무너졌을 겁니다."[168]

피스터는 처음 프로이트 가족을 방문하고 나서 15년이 지난 뒤에 그 일을 기분 좋게 회고했다. 그는 프로이트에게 "교수님 가족의 명랑하고 자유로운 분위기"를 사랑하게 되었다고 말했다. "지금은 〈국제정신분석저널(Internationale Zeitschrift für Psychoanalytische)〉에 아주 진지한 논문을 쓰고 있는" 안나는 당시에 "아직 짧은 치마를 입고 다녔고, 둘째 아들 올리버는 연미복을 입은 따분한 목사에게 프라터 공원을 견학시켜주려고 감나지움에 빠졌지요." 피스터는 만일 누가 세상에서 가장 유쾌한 곳을 묻는다면 "프로이트 교수님 댁에 가보라"고 말할 것이라고 말을 맺었다.[169]

피스터는 오랜 세월에 걸쳐 정신분석으로 신도들에게 도움을 주었으며, 프로이트와 함께 환자들을 점검하면서 명랑하고 우호적인 분위기에서 그들을 가르는 쟁점들, 특히 종교적인 믿음에 관해 토론했다. 피스터의 관점에서 볼 때, 사랑을 자신의 가르침의 중심 교의로 고양시킨 예수는 첫 번째 정신분석가였으며, 프로이트는 절대 유대인이라고 할 수 없었다. 그는 프로이트에게 이렇게 말했다. "훌륭한 기독교인은 유대인이었던 적이 없습니다."*[170] 물론 프로이트는 자신을 최고의 기독교인이라고 생각할 수 없었기 때문에, 요령 있게 이 선의의 칭찬을 무시했다. 그렇다 해도 자신이 가장 좋은 친구로 꼽힌다는 것은 기분이 좋았다. "늘 한결같아!" 프로이트는 서로 안 지 15년이 지난 뒤에 피스터에게 감탄했다. "용감하고, 정직하고, 자비로워! 자네의 성품은 내 눈앞에서 더 변하지 않을 것이 틀림없네!"171)

루 안드레아스–살로메는 프로이트의 감정 생활에서 약간 다른 현을 건드렸다. 피스터가 목사이고 투명했다면, 안드레아스–살로메는 화려하고 고혹적이었다. 젊은 시절 그녀는 아름다웠다. 이마는 높고, 입은 크고, 이목구비는 단단하고, 몸매는 관능적이었다. 1880년대 초반 그녀는 니체와 가까웠으며—그녀가 일관되게 자신의 개인적 삶에 관한 질문에는 전혀 답을 하지 않았으므로 얼마나 가까웠는지는 영원히 알 수 없겠지만—이후에 릴케(Rainer Maria Rilke, 1875~1926)를 비롯하여 다른 유명인들과 가까운 사이가 되었다. 그러다 1887년에 괴팅겐의 동양학자 프리드리히 카를 안드레아스(Friedrich Carl Andreas)와 결혼하여 마침내 그곳에 정착했다. 그러나 그녀는 부르주아적 구속에서 벗어나 때와 장소를 가리지 않고 내키는 대로 연애를 했다. 1911년에는 스웨덴의 정신분석가 포울 비에르(Poul Bjerre)와 함께 바이마르에서 열린 정신분석가 대회에 참석하여 프로이트를 만났는데, 쉰 살의 그녀는 여전히 잘생겼고 매력이 넘쳤다. 게다가 남자, 특히 똑똑한 남자를 향한 욕구는 채워질 줄 몰랐다.

프로이트는 루 안드레아스–살로메를 다정하게 "뮤즈"라고 부른 적도 있었다.172) 그러나 "루 부인"—그녀는 남들이 자신을 이렇게 불러주기를 바랐다.—은 천재 옆에서 조연을 담당하는 나긋나긋한 여성과는

---

* 안나 프로이트는 오랜 세월이 지난 뒤에 이 편지를 우연히 발견하고 당연히 그 말을 이해할 수 없었다. "도대체 피스터의 이 말이 무슨 뜻일까요? 왜 아버지가 유대인이라는 사실을 받아들이지 않고, 그것을 가지고 논쟁을 하고 싶어 할까요?" (안나 프로이트가 어니스트 존스에게 쓴 편지, 1954년 7월 12일. Jones Papers, Archives of the British Psycho-Analytical Society, London.)

거리가 먼 존재였다. 그녀는 그녀 나름으로 생산성이 있는 여성 문인이었으며, 특이하기는 하지만 인상적인 지성을 타고났고, 새로운 사상을 흡수하는 재주도 뛰어났다. 그녀는 프로이트의 사상에 관심이 끌리자 그의 글을 열심히 읽었다. 1912년 봄 베를린에서 그녀를 알게 된 아브라함은 프로이트에게 "그렇게 정신분석을 잘 파악하고 있는 사람을 만난" 적이 없다고 말했다.[173] 반년 뒤 프로이트는 "오로지 정신분석을 공부하기 위해 빈에 몇 달 머물고 싶어 하는 루 안드레아스-살로메 부인"[174]에게서 문의를 받고 기뻐했다. 그녀는 말한 대로 가을에 빈을 침공하여, 지체 없이 기존의 정신분석계를 정복했다. 10월 말이 되자 프로이트는 그녀를 "위험한 지성을 갖춘 여자"[175]라고 불러 이 막강한 존재에게 경의를 표했다. 몇 달 뒤에는 훨씬 신중하게 "루 부인의 관심사는 진실로 순수하게 지적인 것이며, 부인은 대단한 여자"라고 인정했다.[176] 프로이트는 이런 판단을 수정해야겠다는 생각을 한 번도 하지 않았다.

루 부인이 자주 참석했던 빈 정신분석협회의 의사록은 10월 30일에 처음으로 그녀가 출석했다고 기록하고 있다.[177] 그 전주에는 후고 헬러가 "작가 루 안드레아스-살로메"에 관한 논문을 발표했다.[178] 그녀가 얼마나 빨리, 또 얼마나 확실하게 빈 서클 내에 자리를 잡았는지, 오토 랑크는 11월 27일부터는 손님들을 거명하면서 그녀를 그냥 "루"라고만 기록했다.[179] 그러나 그녀가 빈에서 한 일이 모두 순수하게 지적인 것은 아니었다. 그녀는 자기보다 나이가 훨씬 어리고 여자들에게 아주 인기가 좋았던 타우스크와 잠깐 연애를 했던 것 같다. 또 프로이트에 대한 지지가 처음부터 절대적이었던 것도 아니다. 빈에 머물던 초기에는 프로이트 진영에서 이미 평판이 나빠진 아들러의 이론을 잠깐 건드려보기도 했다.* 그러나 프로이트는 그녀를 자기 쪽으로 끌어왔다.

1912년 11월 그녀가 토요일 강연에 참석하지 않았을 때는 그녀가 빠졌다는 사실을 그녀에게 언급하여 비위를 맞추어 주었다.[180] 새해가 되자 두 사람은 사진을 교환했으며, 1913년 초봄에 그녀가 빈을 떠나기 전 프로이트는 그녀를 베르크 가세 19번지로 몇 번 초대했다. 그녀의 일기로 보건대 이 일요일 만남은 즐거웠던 것 같다. 유혹의 기술은 루 부인의 독점물이 아니었던 것이다. 프로이트가 이 방문객을 그렇게 열심히 끌어들이려 한 것은 그녀를 진정으로 좋아했기 때문이다. 시간이 가면서 그녀는 괴팅겐에서 정신분석 진료를 시작하게 되었지만 계속 프로이트에게 애정이 담긴 편지를 보냈고, 프로이트는 그녀를 더욱더 좋아하게 되었다. 아브라함, 페렌치, 존스는 말할 것도 없고, 그녀와 피스터 같은 지지자들을 이들과는 거느림으로써 프로이트는 창건자로서 느끼던 부담을 어느 정도 덜 수 있었다. 그러나 그가 살던 지역의 지지자들은 이들과는 완전히 달라, 대체로 훨씬 만족스럽지 못했다. 그렇다고 그가 빈의 지지자 수 때문에 걱정을 했다는 것은 아니다. 그가 걱정한 것은 그들의 자질과 신뢰성이었다.

프로이트의 인내심을 시험한 것은 빈의 제자들만이 아니었다. 대학의 높은 자리에 있거나 평판이 좋은 정신병원을 운영하는 정신의학계 내의 적들도 분노의 연료를 푸짐하게 공급했다. 우리가 알다시피 프로이트는 자신의 상황을 삭막하게 덧칠하는 경향이 있었지만, 이 경우에는 실제로도 삭막했다. 둔감한 거부든, 악의에 찬 뒷공론이든, 의미 있는 침묵이든 정신분석에 대한 저항은 끊이지 않았고, 프로이트에게 고통을 주었다. 물론 다른 상황을 기대하는 것은 비현실적이었다. 만일 프로

---

* 아들러에 관해서는 본서 5장 414~429쪽 참조.

이트가 옳다면, 생각을 바꾸기에는 너무 나이가 들어버린 저명한 정신의학자들은 그때까지 자기들이 쓴 논문과 교과서를 모두 버려야 했다. 그러나 프로이트에게 불쾌한 점은 가장 고집스러운 비판자들 가운데 일부가 젊은 사람들이었다는 것이었다. 그 가운데 프로이트의 뇌리에서 사라지지 않았던 존재는 정신의학과의 어떤 조수(Assistent)였는데, 그는 1904년에 정신분석에 반대하는 책을 내서, 프로이트가 이미 버린 신경증의 유혹 이론 같은 개념들을 공격했다. 설상가상으로 그는 《꿈의 해석》을 읽지도 않았다고 말했다.[181]

유럽 전역과 미국에서도 그렇게 형편없이 무지한 상태에서 거부를 하는 사례들이 나타났다. 정신 질환 전문가 학회들은 프로이트의 이론을 무시하거나, 아니면 그것이 입증되지 않은 공상적인 주장을 모은 잡동사니 또는 외설적이고 악취가 나는 꽃다발(비판자들은 후자로 보는 쪽을 더 즐기는 것 같았다)이라고 비난하는 논문을 찬양했다. 프로이트가 1905년에 《성욕에 관한 세 편의 에세이》를 출간하자, 그를 정신이 더러운 범(凡)성욕론자로 비난하던 사람들은 훨씬 만만한 오독의 재료를 만났다. 그들은 프로이트를 "빈의 방탕아"라고 불렀고, 정신분석 논문은 "순수한 처녀에 관한 포르노그래피적인 이야기"이며, 정신분석 방법론은 "정신적 자위"라고 불렀다. 1906년 5월 바덴바덴에서 열린 신경학자와 정신의학자 학회에서 하이델베르크의 신경학과 정신의학 교수인 구스타프 아샤펜부르크(Gustav Aschaffenburg, 1866~1944)는 정신분석 방법론을 그릇되고 불쾌하고 불필요한 것이라고 간단히 내팽개쳐버렸다.[182]

프로이트 진영의 소수 통신원은 프로이트에게 계속 그런 즉석 판결 소식을 알렸다. 1907년, 이미 아샤펜부르크와 글과 말로 전투를 치렀던 융은 프로이트에게 "아샤펜부르크는 강박 신경증 환자를 치료했는데, 그 여자 환자가 성적 콤플렉스 이야기를 시작하려 하면 아예 말을 못하게 막아버렸다."고 보고했다.[183] 융이 프로이트에게 전한 바에 따르면, 같은 해에 심리학자, 신경학자, 정신의학자들이 모인 암스테르담의 학회―아샤펜부르크도 참석했다.―에서 작센의 요양소를 운영하는 콘라트 알트(Konrad Alt)라는 사람이 "교수님에 대한 테러"를 자행했다. "즉 그 사람은 환자를 절대 프로이트 학파의 의사에게 맡기지 않겠다는 겁니다. 양심적이지 못하고, 외설적이라는 등의 이유를 대면서 말이에요. 그러자 베를린의 치헨(Theodor Ziehen) 교수가 연사에게 열렬하게 박수를 치고 축하를 하더군요." 이 연설 뒤에는 정신분석에 대한 "우둔한 짓"이 더 많이 벌어졌지만, 전체적으로 뜨거운 환영을 받았다.[184]

이런 편지를 보낼 무렵 배우 같은 면이 있고 전투적이었던 융은 그들 관계의 초기 흥분 상태에서 프로이트에게 아들처럼 헌신하고 있었다. 그러나 카를 아브라함 같은 차분한 성품의 소유자도 다른 곳에서 비슷한 장면을 보고했다. 1908년 11월 아브라함은 베를린 정신의학과 신경병 학회에서 신경증과 근친 결혼이라는 민감한 주제로 연설을 했다. 그는 외교적으로, 자신의 생각이 청중석에 앉아 있던 베를린의 신경학자 헤르만 오펜하임(Hermann Oppenheim, 1858~1919)의 견해와 일치한다고 일부러 강조했다. 동성애 같은 자극적인 주제는 피했다. 또 프로이트라는 이름은 모여 있는 황소들에게 여전히 "빨간 천 같은 역할을 하기" 때문에 "너무 자주 언급하지는 않았다." 그 덕분에 아브라함은 이 저녁 연설이 매우 성공적으로 끝났다고 생각했다. 그는 청중의 관심을 사로잡았으며, 토론자 몇 명은 호의적이었다. 그러나 오펜하임은 정중하지만 가혹하고 분명한 태도로 유아의 성욕이라는 개념 자체에 반대했다. 테오도어 치헨―암스테르담에서 프로이트에 대한 "테러"에 환호했던 바로 그 사람―은 "거만하게 자신의 학문을 과시하며" 프로이트의 글이 무책임한 헛소리라고 비난했다. 이윽고 약간 합리적인 의견이 나온 뒤에, 한 "출세주의자 동료"가 대중 연설가처럼 도덕주의적 태도를 드러냈다. 아브라함은 연설을 하면서 스위스 작가 콘라트 페르디난트 마이어의 어머니에 대한 사랑을 언급했는데—수요학회에서 논쟁을 일으켰던 바로 그 주제였다.—그 비판자는 아브라함이 남자들의 오이디푸스적인 성적 애착을 이야기함으로써 "독일의 이상"을 위기에 빠뜨렸다고 항의했다. 그러나 아브라함은 비록 그 많은 사람들 가운데 진심으로 자기편에 서주는 사람을 한 명도 찾지는 못했지만, 개인적으로는 그의 이야기가 신선했다는 말을 들었다. 새로운 이야기를 들으니 기분 전환도 되고 좋다는 것이었다. 아브라함은 "동료 전체가 적어도 **반쯤**은 설득이 된 상태에서 집으로 갔다."는 인상을 받았다.[185]

프로이트는 적들을 신랄한 말로 공격하여 아브라함을 응원했다. "언젠가 Z[치헨]는 자신의 '헛소리'에 대해 비싼 대가를 치를 걸세."[186] 오펜하임에 대해서는 이렇게 호되게 말했다. "너무 아둔한 사람이야. 박사가 머지않아 그 사람 없이 살 수 있기를 바라네."[187] 유아의 성욕은 베를린에서 계속 도발적인 주제가 되었으며, 프로이트라는 이름은 1909년이 지나서도 한참 동안 강한 감정을 자극했다. 1909년에 베를린에서 존경받는 성과학자 알베르트 몰(Albert Moll, 1862~1939)은 아동의 성생활에 관한 책을 냈는데, 이것은 프로이트가 그때까지 거의 10년 동안 이 주제에 관해 이야기했던 모든 것과 반대되는 내용이었다. 프로이트는 이듬해에 《성욕에 관한 세 편의 에세이》에 추가한 주석에서 몰의 《아동의 성생활》을 정말 하찮은 책으로 평가했다.[188] 사석에서 프로이트는 더 격렬한 태도로 대응하며 만족감을 맛보았다. 그는 아브라함에게 몰이 "의사가 아니라 사기꾼(Winkeladvokat)"이라고 말했다.[189] 1909년 몰은 프로이트를 방문했을 때 아주 무례한 대접을 받았다. 프로이트는 페렌치에게 방문자를 거의 문밖으로 내던질 뻔했다고 보고했다. "그는 역겹고, 신랄하고, 짓궂고, 협잡이나 하는 사람일세."[190] 보통 프로이트는 분통을 터뜨릴 기회를 얻고 나면 기분이 나아졌다. 그는 아무리 우둔하다 해도 소리를 내어 자신에게 이의 제기를 하는 쪽이 침묵하는 것보다 낫다고 여겼다. 1905년 이후에 정신분석을 둘러싼 침묵은 확실히 깨졌다. 논쟁이 벌어지면서 지지자들도 나타났지만, 감정 실린 비판이 서서히 다가오는 인정의 밀물에 계속 어두운 그림자를 드리웠다. 1901년에 《꿈의 해석》 서평을 하면서 별로 너그럽게 보지 않았던[191] 빌헬름 바이간트(Wilhelm Weygandt, 1870~1939) 교수는 1910년에 함부르크 신경학자·정신의학자 학회에서 뜬금없이 프로이트의 이론들은 과학적 모임에서 토론할 문제가 아니라 경찰에 넘길 문제라고 외쳤다.[192]

국외에서도 비슷한 보고가 프로이트의 귀에 들어왔다. 1910년 4월 어니스트 존스는 토론토의 한 정신의학 교수에 대해 불평을 했다. 그의 프로이트 공격은 너무 악의에 가득 차, 그 이야기를 들으면 "일반적인 독자는 교수님이 자유연애, 모든 속박의 제거, 야만으로의 퇴보를 옹호한다고 생각할 겁니다!!!"[193] 석 달 뒤 존스는 프로이트에게 정신의학자와 신경학자들이 참석한 보스턴의 회의에 관해 자세하게 이야기해주었다. 그때까지 미국에서 프로이트의 가장 유명한 신입 회원이었던 위대한 하버드 신경학자 제임스 잭슨 퍼트넘은 정신분석에 관해 우호적으로 이야기했다. 그러나 다른 사람들은 대부분 냉담했고, 심지어 헐뜯기까지 했다. 한 부인은 자신의 이타적인 꿈을 이야기하면서 프로이트의 꿈 이론이 이기주의의 산물이라고 못마땅해하기도 했다. 더 심각했던 사건은 논리 정연하고 공격적인 정신병리학자 보리스 사이디스(Boris Sidis, 1867~1923)가 "사납게 교수님을 전면 공격하고, '현재 미국을 침공하고 있는 프로이트주의라는 미친 전염병'을 천박하게 조롱하고, 교수님의 심리학이 우리를 중세 암흑시대로 되돌린다고 하면서, 교수님을 '또 한 사람의 경건한 체하는 성 예찬자'라고 부른 것"[194]이었다. 프로이트의 성 이론이 사이디스의 마음에 크게 자리 잡고 있었던 것은 분명하다. 이듬해에 다시 정신분석을 "성적 주제에 관하여 경건한 체하는 엉터리 문헌의 또 다른 측면에 불과하다."고 비난하고,[195] 1914년에는 자위, 도착, 혼외정사를 권장하는 "베누스와 프리아포스* 숭배"라고 부른 것을 보면 말이다.[196]

심지어 프로이트를 설명하고 찬양하기 위해 기획된 모임에서도 신랄한 면은 빠지지 않았다. 1912년 4월 5일 〈뉴욕타임스〉는 1880년대에 빈에서 프로이트와 잠깐 함께 일했던 미국의 신경학자 모지스 앨런 스타(Moses Allen Starr)가 "어젯밤 의학 아카데미 신경학 분과의 성황을 이룬 회의에서 지크문트 프로이트의 이론을 비난하여 센세이션을 일으켰다."고 보도하면서, 프로이트가 "빈의 심리학자이며, 인간의 모든 심리 생활이 성 충동에 기반을 둔다는 이론으로 미국 의사들 사이에서 상당한 영향력을 행사하게 되었다."고 약간 그릇되게 묘사했다. 스타는 프로이트의 가장 주목할 만한 지지자들의 강연을 이미 들은 청중에게 "빈은 별로 도덕적인 도시가 아니며", 또 "프로이트는 고상한 수준에서 사는 사람이 아니었다."고 말하여 그들을 깜짝 놀라게 했다. "그는 자기 억제를 하는 사람이 아니었다. 그는 금욕주의자가 아니었다." 스타는 "그의 과학 이론은 대체로 그의 환경과 그가 영위하는 독특한 삶의 결과"라고 생각했다. 스타가 말하는 프로이트는 "정신분석이라는 정말로 진지한 새로운 과학을 경박한 경향"으로 일탈시킨 사람이었다.[197]

---

* 베누스(Venus)는 성애(性愛)와 미(美)의 여신인 아프로디테의 로마식 이름이다. 프리아포스(Priapus)는 그리스 신화의 번식과 다산(多産)의 신이다. 유난히 큰 성기를 지닌 기형적인 모습으로 묘사되며, 실체는 번식의 상징인 팔루스(Phallus, 남근)다. (편집자 주)

뉴욕에 갔던 프로이트의 환자 한 사람이 프로이트에게 〈뉴욕타임스〉의 기사를 오려 오자, 프로이트는 그것을 보고 즐거움과 짜증이 뒤섞인 반응을 보였다. 프로이트는 자신을 잘 안다고 주장한 스타를 기억하지 못하겠다고 하면서 어니스트 존스에게 스사 의문문으로 물었다. "이게 무슨 뜻인가? 계획적인 거짓말과 중상이 미국 신경학자들의 일반적인 무기인가?"[198] 우호적인 성향의 저널리스트들조차 프로이트를 충분히 알지 못하거나 노력을 하지 않아 정확하게 쓰지 못했다. 1913년 3월의 〈뉴욕타임스〉는 "미친 사람의 꿈이 치료에 큰 도움이 되다"라는 제목으로 길고 우호적인 기사를 실으면서, 프로이트를 취리히의 교수라고 소개했다.[199]

5장

정신분석 정치학

"우리가 진리를 소유하고 있으니,
저들이 학문의 운명을 바꾸지 못할 걸세."

황태자, 융

프로이트의 쉰 살 생일을 한 달 남겨 둔 1906년 4월 초 카를 G. 융은 프로이트에게 자신이 편집한 《진단학적 연상 연구》 한 부를 보냈다. 여기에는 그 자신의 중요한 논문도 포함되어 있었다. 융은 바야흐로 임상 및 실험 정신의학자로서 명성을 누리기 시작했다. 1875년 스위스의 콘스탄츠 호반의 케스빌이라는 마을에서 목사의 아들로 태어난 융은 어린 시절 부모와 함께 시골 교구들을 옮겨다녔다. 네 살 때부터는 바젤 근처에서 살았지만 도시 생활의 분위기에 완전히 노출된 것은 열한 살 때 도시의 김나지움에 입학하고 나서부터였다. 융은 어린 시절부터 혼란스러운 꿈들에 시달렸으며, 수십 년이 지난 뒤 여러 삽화들로 이루어진 매우 주관적인 자화상 《기억, 꿈, 사상》을 쓸 때 이 꿈들이 자신의 삶에 독특한 의미를 지니는 사건들이었다고 회고한다. 융은 이 자서전에서도 그랬지만, 그가 기꺼이 응한 몇몇 인터뷰에서도 꿈으로 가득한 풍부한 내면 생활에 관해 이야기하기 좋아했다.

융의 내향성은 부모의 불화와 어머니의 변덕스러운 불안정성 때문에 더 강해졌다. 그는 또 매우 체계 없고 탐욕스러운 독서로 환상 생활을 북돋았다. 그를 둘러싼 신학적 환경—그의 가족 가운데 남자는 대부분 목사였다.—도 생각에 잠기는 그의 성향을 막지 않았다. 그는 자신이 어쩐지 주변의 소년들과는 다르다는 확신을 품고 자랐는데, 이것은 틀린 생각이 아니었다. 그러나 융은 친구도 사귀고 장난도 좋아했다. 어렸을 때나 나이가 들어서나 융은 그를 아는 사람들에게 매우 모순된 인상을 남겼다. 그는 붙임성이 있는 동시에 까다로웠고, 어느 때는 즐거워하다가 어느 때는 시무룩했으며, 겉으로는 자신만만했지만 비판에 약했다. 나중에 유명하고 여행을 많이 한 정신의학자이자 저널리스트들의 조언자로서 그는 안정되고 심지어 평온해 보이기까지 했다. 그러나 국제적인 명성을 얻은 뒤에도 종교적인 위기 때문에 괴로워하던 시절이 있었다. 그의 내적인 갈등이 무엇이건, 융은 젊은 시절부터 커다란 체구, 강인한 몸집, 단단하게 조각된 게르만적인 얼굴, 격류 같은 웅변으로 권력의 느낌을 뿜어냈다. 1907년에 융을 처음 만난 어니스트 존스는 그가 "부단히 활동적이고 재빠른 두뇌"를 타고난 "기운찬 인물"이라고 생각했다. 그는 "성격이 강하고, 심지어 위압적이기까지 했으며", 또 "활력과 웃음"이 흘러넘쳤다. 분명히 "아주 매력적인 사람"이었다.[1] 프로이트는 이 사람을 자신의 황태자로 선택했다.

융은 가족의 다른 남자들과는 달리 의사가 되고 싶어 했으며, 1895년에 바젤 대학에서 의학 교육을 받기 시작했다. 그러나 과학 교육을 받으면서도 현란한 환상 생활은 말할 것도 없고 비학(秘學)에 몰두하고 비교(秘敎)에 매혹되는 습성은 오랫동안 끈질기게 유지되었다. 1900년 말에는 취리히 대학의 정신의학 부속병원 역할을 하는 부르크횔츨리 정신병원에 들어갔다. 그에게 이보다 더 나은 곳은 없었다. 오이겐 블로일러의 의욕적인 지휘로 부르크횔츨리는 정신병 연구의 첨단을 걷고 있었다. 많은 나라의 의사들이 참관하기 위해 이곳으로 몰려왔으며, 반대로 병원의 의료진은 국외로 출장을 다녔다. 1902년 말 융은 거의 20년 전의 프로이트와 마찬가지로 젊은 정신과 의사들에게 저항할 수 없는 자석 역할을 하던 살페트리에르 병원에서 한 학기를 보냈다. 그는 이곳에서 이론 정신병리학에 관한 피에르 자네의 강의를 들었다.

융의 뒤에는 분명하게 규정하기 어려운 약간 수수께끼 같은 인물인 상관 오이겐 블로일러가 버티고 있었는데, 그는 동시대의 정신과 의사들 사이에서 높은 자리를 차지하는 인물이었다. 프로이트보다 한 해 뒤인 1857년에 태어난 블로일러는 파리에서 샤르코와 함께 연구를 한 뒤 스위스로 돌아왔다. 그는 몇 군데 정신병원에서 정신과 의사로 일하면서 상당한 임상 경험을 쌓았다. 그러나 그는 단순한 임상의를 훌쩍 뛰어넘는 존재였다. 그는 관찰력이 뛰어나고 상상력이 풍부한 연구자로서 정신병자와 하는 작업을 과학적인 목적에 이용했다. 1898년 블로일러는 오귀스트 포렐(Auguste Forel, 1848~1931)의 뒤를 이어 부르크휠츨리의 소장으로 임명된 후, 이미 명성이 높던 이 병원을 정신병 연구의 세계적인 중심 기관으로 바꾸어놓았다. 그는 샤르코의 뒤를 이어, 매우 부정확한 심리적인 병 진단에 질서를 잡은 선구자로 꼽히며, 샤르코와 마찬가지로 영향력 있는 명명자(命名者)가 되었다. 정신분열증(schizophrenia), 양가감정(ambivalence), 자폐(autism) 등 그가 만들어낸 언어 몇 가지는 정신의학 어휘로 완전히 자리를 잡았다.

부르크휠츨리는 국제적인 명성을 누렸지만, 융은 그곳에서 보낸 처음 몇 년을 지루하고 진부한 반복의 시간으로, 독창적 사고와 창조적인 기발함이 가로막힌 시간으로 회고했다.[2) 그러나 이곳 덕분에 그는 정신분석에 순조롭게 진입할 수 있었다. 포렐은 이미 브로이어와 프로이트의 히스테리 연구를 알고 있었다. 또 융이 들어온 직후 블로일러는 《꿈의 해석》에 관해 의료진에게 보고하는 일을 융에게 맡겼다. 이 책은 융에게 강한 인상을 주었다. 그는 곧 프로이트의 해몽 책에 나온 생각들, 히스테리에 관한 초기 논문들, 그리고 1905년 이후에는 도라의 사례사를 자신의 연구에 끌어들였다. 늘 확고한 의견을 내세우는 사람이었던 융은 스스로 프로이트의 열렬한 지지자를 자임하고, 의학 학회나 글을 통해 정신분석의 혁신성을 힘차게 옹호했다. 또 자신의 전문 분야로 명성의 발판이 되었던 정신분열증(당시에는 조발성 치매dementia praecox라고 불렀다)에 프로이트의 이론을 적용하여 효과를 보자 그 이론에 대한 관심이 더 깊어졌다. 1906년 여름에 〈조발성 치매의 심리학〉이라는 상찬을 받은 논문의 서문에서 융은 프로이트의 "뛰어난 개념들"을 특별히 언급하면서 프로이트가 "아직 정당한 인정과 평가를 받지 못했다"고 덧붙였다. 융은 자신도 처음에는 "당연히 여러 문헌에서 프로이트에게 제기하는 모든 반론을 제기했다"고 고백했다. 그러나 프로이트를 반박하는 유일하게 정당한 방법은 그의 작업을 되풀이해보는 것뿐이라는 결론에 이르렀다고 덧붙였다. 그렇게 하지 않는다면 "프로이트를 심판해서는 안 된다. 아니면 갈릴레오의 망원경을 보는 것을 경멸했던 유명한 과학자들과 똑같이 행동하는 것이다." 그러나 융은 자신의 지적인 독립성을 공개적으로 주장하면서, 정신분석학적 치료가 정말로 프로이트가 주장하는 대로 효과가 있는지 의문을 제기했다. 또 "프로이트는 어린 시절의 성적 트라우마에 배타적 중요성을 부여하려 하는 것처럼 보이지만" 융의 생각은 달랐다.[3] 이것은 내내 프로이트와 융의 우정을 좀먹는 불길한 유보 조항이 된다.

그러나 1906년에 융은 "이 모든 것은 부차적인 중요성밖에 없다"고 주장했다. 이런 것들은 "심리학적 원리 앞에서는 완전히 사라지는데, 그런 원리의 발견은 프로이트의 가장 위대한 공로다." 융은 텍스트에서 프로이트를 되풀이하여 인용하면서 매우 높이 평가했다.[4] 그러나 융은 단지 프로이트의 사상을 대변하여 논쟁을 벌이는 것에 만족하지 않았다. 그는 프로이트의 결론들을 뒷받침하는 혁신적인 실험 작업을 하기도 했다. 예를 들어 1906년에 나온 단어 연상에 관한 주목할 만한 논문에서는 프로이트의 자유연상 이론을 뒷받침할 실험 증거를 풍부하게 제공했다.[5] 어니스트 존스는 이 논문을 "훌륭하다"고 평가하면서, "아마 과학에 대한 그의 가장 독창적인 기여"일 것이라고 덧붙였다.[6]

프로이트는 융의 관심에 감사를 표시했으며, 그 나름의 솔직한 태도로 상대의 무장을 해제했다. 그는 융의 독창적인 논문이 실린 《진단학적 연상 연구》를 보내준 것에 감사하면서, "당연히" 융의 논문이 가장 마음에 들더라고 말했다. 사실 융은 그 논문에서 "경험에 의지하여", 프로이트가 "우리 분야에서 이제까지 탐사되지 않은 영역으로부터 오직 진실만을 보고했다."는 호의적인 주장을 펼쳤으니까. 외국에 존경받는 선전자가 생기고, 게다가 이 사람이 유명한 정신병원에서 흥미로운 환자들과 관심을 가지는 의사들에게 마음대로 접근할 수 있는 인물이라는 생각에 프로이트는 마음이 들뜰 수밖에 없었다. 합리적으로 기대할 수 있는 것 이상의 전망이 펼쳐지는 것 같았기 때문이다. 그러나 자신이 맹목적인 제자를 기대할지도 모른다고 상대가 의심할까 봐 무척 조심스럽게 나아갔다. "박사가 종종 나와 협력할 일이 있을 것이라고 확신하고 있으며, 박사가 내 생각을 정정해주는 것을 기꺼이 환영할 것입니다."[7]

1906년 가을 프로이트는 막 출간된 신경증 이론에 관한 논문 모음집을 한 부 보내 융의 선물에 보답했다. 융은 감사 편지에서 프로이트의 옹호자이자 전도사의 자세를 취했다. 그는 블로일러가 처음에는 프로이트의 사상에 완강하게 저항을 했지만 "이제는 완전히 전향했다"고 열렬한 목소리로 보고했다.—사실 약간 성급한 것이기는 했지만.[8] 프로이트는 답장에서 정중하게 그 승리의 소식을 융 개인의 승리로 번역했다. "박사가 블로일러를 전향시켰다는 소식에서 큰 기쁨을 맛보았소." 프로이트는 편지 상대를 품위 있게 칭찬할 때면, 가끔 사근사근한 궁정대신에게도 밀리지 않는 능력을 보여주었다. 그는 시간을 낭비하지 않았다. 같은 편지에서 그는 서슴없이 스스로 횃불을 젊은 사람 손에 넘겨줄 준비가 되어 있는 늙은 창건자 역을 자임했다. 그는 지독한 아샤펜부르크 교수가 정신분석을 무절제하게 공격했다는 이야기를 하면서, 정신분석을 둘러싼 정신의학자들의 논쟁을 두 세계 사이의 투쟁으로 제시했다. 그 둘 가운데 어느 편이 쇠퇴하고 어느 편이 승리를 거둘 것이냐 하는 것은 곧 분명해질 터였다. 설사 프로이트 자신은 살아서 그 승리를 못 본다 해도, "나의 제자들은 그 자리에 있기를 바라오. 나아가서 진리를 위하여 내적인 저항을 극복할 수 있는 모든 사람은 기쁜 마음으로 스스로 내 제자라고 여기고 자신의 생각에 남아 있는 우유부단한 면을 없애기를 바라오."[9] 프로이트와 융의 우정은 순조롭게 출발했다.

그들의 우정은 일단 시작되자 힘차게 피어났다. 두 사람은 정중한 편지로 신경증의 발생에서 성의 역할을 토론했고, 논문 발췌 인쇄물과 책을 교환했으며, 특별히 관심을 끄는 사례를 교환했다. 융은 절대 아첨을 하지는 않았지만 정중했다. 그는 프로이트의 생각을 잘못 대변하지 않기를 바랐다. 정신분석에 대해 약간 주저하는 마음은 자신의 미숙함과 주관성 때문이고, 프로이트와 개인적으로 만난 일이 없기 때문이라고 생각했다. 공적으로 프로이트를 옹호할 때 신중한 말투를 사용하는 것은 외교의 기술을 이용하는 것이라고 정당화했다. 그는 프로이트가 고맙게 생각할 만한 소식을 전했다. "스위스에서 교수님의 견해가 급속히 퍼져 나가고 있습니다."[10] 또는 "개인적으로 저는 교수님의 치료를 열렬히 지지합니다."[11]

프로이트는 융의 꽃다발을 아버지처럼 너그럽게 받아들였다. "박사가 아직 경험으로 판단하지 못한 영역에서도 일단은 나를 신뢰해주겠다고 약속하니 몹시 유쾌하구려." 그러나 융에게 부담을 줄까 봐 얼른 덧붙였다. "물론 경험을 통해 판단하기 전까지만 그렇게 한다는 것을 잘 알고 있소." 프로이트는 세상이 생각하는 것보다 유연하게 자신의 모습을 제시했으며, 융이 그런 점을 알아본 것에 만족했다. "박사도 잘 알다시피 나는 '혁신자'에게 달려들 수 있는 모든 악마를 상대해야 한다오. 자신의 지지자들에게 독선적이고 교정이 불가능하고 퉁명스러운 불평분자로 보일 필요가 있다는 것도 상대하기 만만찮은 악마라고 할 수 있소. 나는 사실 그런 사람이 아니거든." 그는 비위를 맞추기 위해 겸손한 태도를 보이며 말을 맺었다. "나는 늘 나 자신의 오류 가능성을 믿어 왔소."[12] 프로이트는 조발성 치매일지도 모르는 증상을 보이는 한 환자에 대한 융의 견해를 물었다.[13] 그는 융의 글을 찬양하면서도 열광하는 말 사이사이에 빈틈없이 비판을 배치해놓았으며, '대의'를 절대 잊지 않았다. "조발성 치매에 관한 박사의 책이 나를 특별히 만족시켜주지 못했을 것이라는 잘못된 생각은 얼른 버리시오. 내가 비판을 했다는 사실 자체가 나의 만족을 증명하고 있지 않소. 만일 만족하지 않았다면 외교적인 태도로 비판을 감추었을 거요. 사실 지금까지 나에게 가담한 협력자 가운데 가장 강력한 박사에게 모욕을 준다는 것은 매우 지혜롭지 못한 일일 테니 말이오."[14] 프로이트는 융 같은 사람에게는 어느 정도의 비판적인 솔직함이 무조건적인 찬양보다 더 빈틈없는 아침의 형식이라고 느낀 것이 틀림없다.

프로이트는 진정으로 융을 좋아했으며, 그에게 큰 희망을 걸었다. 그는 플리스를 이상화했듯이 누군가를 이상화할 필요가 있었다. 융이 쓸모가 있었던 것은 틀림없다. 그러나 곧 흠잡기 좋아하는 비판자들이 이런 저런 비난을 했지만, 프로이트가 융을 유대인 정신분석가들이 혁명적인 작업을 할 수 있도록 정면을 가려주는 품위 있는 이방인으로 이용하기만 한 것은 아니었다. 융은 프로이트가 총애하는 아들이었다. 프로이트는 유대인 측근들에게 보내는 편지에서 융이 편집이나 이론 작업이나 정신분석의 적을 공격하는 일을 "훌륭하고 멋지게" 해낸다고 되풀이하여 칭찬했다.[15] 프로이트는 1910년 12월에 페렌치를 자극했다. "자, 질투하지 말고 융을 계산에 포함시키게. 융이 미래의 인물이라는 확신이 더욱더 굳어지고 있네."[16] 융은 창건자가 무대를 떠난 뒤에도 정신분석이 생존하도록 보장해주는 인물이었으며, 프로이트는 이 때문에 그를 사랑했다. 더욱이 프로이트의 의도에는 교활하거나 은밀한 구석이 없었다. 프로이트는 1908년 여름 융에게 그를 방문할 계획임을 밝히면서 철저하고 전문적인 토론을 고대한다고 말하고, "이기적인 의도"를 드러냈다. "당연히 그것을 솔직하게 고백해야겠지." 그것이란 융을 "나의 작업"을 이어가고 완성할 분석가로 "앉히겠다"는 계획이었다. 그러나 그것이 다가 아니었다. "게다가 나는 박사를 무척 좋아하기도 하오(habe ich Sie ja auch lieb)." 그러면서 프로이트는 덧붙였다. "하지만 나는 그 요소는 억제하게 되었소." 프로이트가 융에게서 얻기를 기대하는 이익은 매우 개인적인 것이었다. 프로이트는 자신의 창조물인 정신분석을 자기 자신과 동일시했기 때문이다. 그러나 그는 융을 치켜세우면서 눈에 띠게 빈의 지지자들보다 융을 총애하면서도, 어떤 편협

카를 구스타프 융. 격동의 시절 몇 년 동안 프로이트에게 기름부음을 받은 정신분석의 황태자이자 후계자였다.

한 개인적인 이익보다는 자신의 운동의 번창을 생각하고 있었다. 프로이트가 솔직하게 말했듯이 융은 "강하고 독립적인 인물"이자 "게르만인(Germane)으로서" 그들의 큰 기획을 위하여 바깥 세계의 공감 어린 관심을 끌어낼 자격을 가장 잘 갖추고 있는 것처럼 보였다.[17] 융은 빈 출신도 아니고, 늙지도 않았고, 무엇보다도 유대인이 아니었다. 프로이트가 불가항력으로 여겼던 부정적인 점 세 가지가 융에게는 없었던 것이다.

프로이트는 환하게 웃으며 융을 인정했고, 융은 그 분위기를 한껏 누렸다. "교수님이 보여주신 신임의 증거에 온 마음으로 감사를 드립니다." 융은 1908년 2월 프로이트가 그를 처음으로 "친구에게"라고 부른 뒤에 그렇게 썼다. 이런 "분에 넘치는 우정의 선물은 저에게는 제 삶

5장 정신분석 정치학 389

의 어떤 높은 지점을 뜻합니다. 그것을 시끄러운 말로 기념하지는 못하겠지만요." 프로이트는 편지에서 플리스를 언급했으며, 정신분석적인 실마리 찾기를 훈련받은 융은 그 이름을 그냥 지나치지 않고 확실하게 부인을 했다. 융은 어쩔 수 없이 프로이트에게 "동등한 자격으로서가 아니라 아버지와 아들처럼 교수님과 우정을 나눌 수 있게 해주실 것을" 요청할 수밖에 없었다. "저에게는 그런 거리가 적절하고 당연해 보입니다."[18] 프로이트의 엄청난 유산의 상속자로 임명된다는 것, 그것도 창건자 자신으로부터 직접 선택을 받는다는 것은 융에게 위대함으로 나아가게 해주겠다는 약속으로 여겨졌다.

융과 프로이트 모두 빡빡한 의무에서 시간을 낼 여유가 없는 바쁜 의사들이라 둘이 처음 만난 것은 편지를 주고받기 시작하고 나서 거의 1년이나 지난 뒤인 1907년 3월 초였다. 융은 부인 에마와 젊은 동료 루트비히 빈스방거를 데리고 베르크 가세 19번지를 찾아갔다. 그의 빈 방문은 전반적으로 전문적인 이야기에 열중하는 시간이었으며, 거기에 이따금씩 수요심리학회의 회의나 가족 식사가 끼어들었다. 다른 아이들과 함께 그 자리에 참석했던 마르틴 프로이트는 융이 자기 자신과 사례사로 머릿속이 꽉 찼다고, 꽉 차서 터질 것 같았다고 회고했다. 융은 "한 번도 어머니나 우리 아이들과 대화를 하는 예의를 보여주려고도 하지 않고, 식사하라고 부르는 바람에 끊겼던 토론을 계속 이어갔다. 그럴 때마다 이야기는 융 혼자 다 했으며, 아버지는 기쁨을 감추지 않은 채 귀를 기울이고 있었다."[19] 융은 자신과 프로이트의 토론이 끝없이 이어지기는 했지만 둘이 균형을 이루는 대화였다고 기억했다. 융의 기억에 따르면 그들은 열세 시간 동안 거의 쉬지 않고 이야기를 했다.[20] 융은 프로이트 가족에게 활력으로 폭발할 것 같은 인상을 주었다. 마르틴 프로이트는 그가 "당당한 존재감"을 주는 인물이었다고 썼다. "키가 아주 컸고 어깨가 넓었으며, 과학자나 의사라기보다는 군인 같은 자세였다. 머리는 순수하게 게르만적이었다. 턱은 강하고, 콧수염은 작고, 눈은 파랗고, 숱이 적은 머리카락은 바싹 깎았다."[21] 그는 마음껏 즐기는 것처럼 보였다.*

스위스인들의 이 첫 방문은 꽤 부담스러웠던 것이 틀림없지만, 긴장을 푸는 순간도 있었다. 빈스방거는 자식들을 대하는 듯 다정한 프로이트의 대화 태도와 처음부터 이 방문을 지배했던 "제약 없고 친근한 분위기"를 결코 잊지 못했다. 당시 스물여섯 살에 불과했던 빈스방거는 프로이트의 "위대함과 위엄"에 경외감을 품었지만, 겁을 먹거나 기가 죽지는 않았다. 프로이트의 "형식적인 것과 예의범절에 대한 혐오, 개인적인 매력, 소박함, 허물없고 개방적이며 선한 모습, 특히 유머"가 모든 불안을 추방해버린 것 같았다. 세 사람은 편하게 서로의 꿈을 해석하고, 함께 산책을 하고 식사를 했다. "아이들은 식탁에서 아주 조용했지만, 여기에서도 구속에서 완전히 벗어난 분위기가 지배했다."[22]

프로이트는 방문객들에게 만족했다고 말했다. 융은 압도당했다고 고백했다. 그가 취리히로 돌아간 직후 프로이트에게 쓴 편지에 따르면, 빈 방문은 "단어의 온전한 의미 그대로 하나의 사건"이었으며, 그에게 "엄청난 감명"을 주었다. 프로이트의 "확대된 성 개념"에 대한 융의 저항이 무너지고 있었다.[23] 프로이트는 빈에서 융에게 했던 이야기를 반복했다. "직접 만나보니 미래에 대한 자신감으로 가득 차게 되었소." 그는 이제 자기 자신이 "다른 누구와 다름없이 없어도 되는 존재"임을 알았다면서, "박사가 이 일을 궁지에 빠진 꼴로 버려 두지 않을 것이라고

---

* 융은 이 방문에서 프로이트와 그의 처제 미나 베르나이스의 연애 이야기를 들었다고 주장한다.

확신한다."고 덧붙였다.[24] 프로이트가 과연 그렇게 확신을 했을까? 프로이트의 해석에 따르면 융의 꿈 가운데는 융이 그를 왕좌에서 밀어내고 싶어 한다는 뜻을 지닌 꿈도 있었는데.[25]

그러나 프로이트도 융도 이 꿈을 불안한 조짐으로 받아들이지 않았다. 금방 자리를 잡은 그들의 우정은 돌에 새겨진 것처럼 보였다. 그들은 마치 존중의 표시를 교환하듯이 사례 보고서를 교환했으며, 정신분석 개념들을 정신병과 문화 연구로 확대할 방법을 탐사했고, 프로이트의 가르침의 진실을 보려 하지 않는 학계 정신의학자들의 "우둔한 진부함"—융의 표현이다.—을 조롱했다.[26] 융은 임상적 전문 지식을 빠르게 쌓아 가고 논쟁에도 여러 번 참여했지만, 오랫동안 제자의 자리를 지켰다. 프로이트는 1907년 4월에 이렇게 썼다. "내가 일부밖에 답을 할 수 없다는 것을 알면서도 그렇게 많은 것을 나에게 질문해주니 기분이 좋군요."[27] 둘의 서신 대화에서 프로이트만 아첨을 한 것은 아니었다. 융은 프로이트에게 자신은 프로이트가 앞에 펼쳐준 푸짐한 음식을 먹고 있으며, "부자의 식탁에서 떨어지는 부스러기를 먹고 삽니다."[28]라고 썼다. 프로이트는 이런 화려한 비유적 표현에 항변하면서, 융이 자신에게 가치가 있는 존재라는 점을 강조하곤 했다. 1907년 7월에 휴가를 떠나기 직전 프로이트는 융에게서 듣는 소식이 "이미 필수품이 되었다"고 말했다.[29] 다음 달에는 자기 성품의 결함을 탄식하는 융을 다독거려주기도 했다. "박사의 성격에서 히스테리적인 면이라고 부르는 것, 사람들에게 강한 인상을 주고 영향을 끼치려 하는 것, 바로 그것 때문에 박사는 선생이 되고 안내자가 될 수 있는 거요."[30]

통치자와 황태자 사이의 이 모든 기분 좋은 서신 교환에도 불구하고 잠재적으로 분열을 초래할 성에 대한 논란은 절대 완전히 사그라지지 않았다. 융은 계속 주춤거렸지만, 아브라함은 부르크횔츨리에 있던 마지막 몇 달 동안 프로이트의 리비도 이론을 융보다 잘 받아들이는 태도를 보여주었다. 자신의 뒷마당에 와 있는 이 경쟁자는 융의 질투심을 자극했다. 프로이트는 융에게 "아브라함이 성적인 문제를 직접 파고들기" 때문에 그를 좋아한다는 사실을 감추지 않았다.[31] 그러나 질투와 선망은 융의 정신 표면에 아주 가까이 올라와 있는 감정적 습관이었기 때문에, 그는 그것을 억누르기는커녕 굳이 위장하려고 하지도 않았다. 1909년 초 융은 페렌치에게, 프로이트가 페렌치의 한 논문을 매우 칭찬했기 때문에—프로이트가 융에게 늘 해주는 일은 아니었다.—이 편지로 "질투라는 저열한 감정"을 처리할 수밖에 없었다고 천진하게 말했다.[32] 그렇다 해도 융은 계속 프로이트의 이론에 대한 "무조건적인 헌신"과 프로이트라는 개인에 대한 "그보다 못하지 않은 무조건적인 존경"을 고백했다. 융은 이런 "존경"이 "'종교적'인 열광이 가득한" 특징임을 인정했으며, 이런 특징이 "그 부정할 수 없는 성적 저류(低流) 때문에 역겹기도 하고 우스꽝스럽기도 하다고" 생각했다. 융은 일단 고백의 길로 들어서자 중간에 멈추지 않았다. 그는 이런 유사 종교적인 매혹에 대한 강렬한 혐오를 어린 시절에 겪은 사건 탓으로 돌렸다. "어린 시절 저는 존경하던 남자에게 동성애적인 공격을 당했습니다."[33] 당시 플리스에 대한 자신의 동성애적 감정들에 관해 깊이 생각해보던 프로이트는 융의 고백을 어려움 없이 받아들이면서. 종교적 전이는 배교에 이를 수밖에 없다고, 평소의 그와는 달리 약간 현자처럼 논평했다. 프로이트는 그렇게 되지 않게 하려고 최선을 다하고 있었다. 그는 "나는 숭배의 대상에 어울리지 않다."고 융을 설득하려 했다.[34] 결국 융이 이 점에 관하여 프로이트에게 동의할 때가 오게 된다.

프로이트는 아브라함에게 보내는 편지들—그가 융에게 쓴 것들에 대한 정신이 번쩍 드는 주석 역할을 한다.—에서 이 취리히 사람의 독특한 미덕을 거리낌 없이 밝혔다. 아브라함은 부르크횔츨리에 머무는 3년 동안 융과 잘 지냈다. 융은 무뚝뚝한 만큼이나 매력적인 사람이었다. 그러나 아브라함은 분명히 융에 대해 의혹을 품고 있었다. 아브라함은 부르크횔츨리에서 풀려나 베를린에서 진료를 하게 되자, 특히 국제 정신분석가 대회 같은 데서 만날 때면 옛 상사 융의 화를 돋우곤 했다. 프로이트는 인내심을 지니고 협력할 필요가 있다고 조언하면서도, 융에 대한 아브라함의 다소 차가운 태도를 불가피하지만 해롭지는 않은 형제간 경쟁이라고 부드럽게 해석했다. "너그러운 마음을 갖게." 프로이트는 1908년 5월에 아브라함에게 명령했다. "그리고 박사가" 유대인으로서 정신분석을 받아들이는 것이 융이 "기독교인이자 목사의 아들로서" 커다란 내적 저항에 직면하는 과정을 통해서 나에게 오는 것보다 "실제로 더 쉽다는 사실을 잊지 말게." 따라서 "융의 지지가 훨씬 귀중하네. 오로지 그가 나타났기 때문에 정신분석이 유대인의 민족적 관심사가 될 위험으로부터 벗어났다고 말하고 싶을 정도네."[35] 프로이트는 세상이 정신분석을 "유대인의 학문"이라고 인식하는 한, 이 전복적 사상이 감당해야 하는 짐이 늘어날 뿐이라고 믿었다. 그는 얼마 후에 한 유대인에게 쓴 편지에서 이렇게 말했다. "우리는 유대인이고 앞으로도 계속 그럴 겁니다. 다른 사람들은 늘 우리를 이용만 할 뿐이고, 절대 우리를 이해하거나 우리에게 감사하지 않습니다."[36] 아브라함에게 신랄하게 분통을 터뜨린 유명한 편지에서 그는 의심할 바 없이 가장 오스트리아적이고 가장 비유대인처럼 들리는 이름을 골라 유대인이라는 존재의 모든 비참한 면을 요약했다. "만일 내 이름이 오버후버였다면 내 혁신은 그 모든 것에도 불구하고 틀림없이 저항을 훨씬 덜 받았을 걸세."[37]

이런 자기 보호적인 분위기에 싸인 프로이트는 아브라함에게 "인종

편애"를 주의하라고 무뚝뚝하게 경고했다. 그들 둘, 그리고 부다페스트의 페렌치는 서로 완벽하게 이해하고 있으며, 바로 그 이유 때문에 그런 점을 앞세우면 안 된다는 이야기였다. 그들이 그렇게 친밀하다는 사실이 오히려 "나에게는 근본적으로 이질적인 아리아인을 무시하지 말아야 한다."는 경고 역할을 했다.[38] 그는 의심하지 않았다. "우리의 아리아인 동지들은 결국 우리에게 정말 불가결한 존재가 될 걸세. 그들이 아니면 정신분석은 반유대주의에 희생될 거야."[39]

이렇게 비유대인 지지자들이 필요한 것이 사실이라 해도, 프로이트가 융을 격려한 것이 단지 그를 조종하려는 목적은 아니었음을 되풀이할 필요가 있다. 아브라함은 융을 그다지 높게 평가하지 않았지만, 프로이트는 달랐다.[40] 동시에 프로이트는 자신과 아브라함을 연결하는 것, 그가 당시의 은어로 "인종적 친족 관계(Rassenverwandtschaft)"라고 부른 것의 가치를 직업적인 면에서나 개인적인 면에서나 낮게 보지 않았다. "박사의 나를 끌어당기는 면을 혈연적인 유대인의 특질이라고 말해도 될까?" 가족 안에서 유대인 대 유대인으로서 이야기를 하면서 프로이트는 아브라함에게 "스위스인의 감추어진 반유대주의"를 걱정했고, 어느 정도 체념하는 것이 유일하게 먹혀들 정책이라고 권했다. "우리는 유대인으로서 어디에 끼어들고 싶으면 약간의 마조히즘이 있어야만 되네." 심지어 어느 정도 부당한 대접을 받아도 버틸 각오를 해야 했다.[41] 그러면서 프로이트는 아브라함에게 유대교 신비주의의 오랜 전통에 대한 완전한 무지를 드러내며 이렇게 말했다. "일반적으로 우리 유대인에게는 그것이 더 쉽지. 우리한테는 신비주의적 요소가 없으니까."[42]

다행히도 신비주의적 요소로부터 자유롭다는 것은 프로이트가 보기에는 과학에 열려 있다는 것이고, 자신의 이론을 이해하기에 적합한 단 하나의 태도를 갖고 있다는 뜻이었다. 목사의 아들인 융은 동양과 서양의 신비주의자들에게 공감하는 위험한 태도를 보였으며, 실제로 많은 기독교인들이 그러는 것 같았다. 유대인이건 아니건 정신분석가는 프로이트처럼 신을 믿지 않는 쪽이 훨씬 나았다. 그러나 중요한 것은 정신분석은 하나의 과학이라는 인식이었으며, 그 발견물과 정신분석가의 종교적 배경은 전혀 관계가 없었다. "아리아인의 과학과 유대인의 과학이 따로 있어서는 안 되네." 프로이트는 페렌치에게 그렇게 밝힌 적이 있다.[43] 그러나 프로이트는 정신분석 정치라는 현실 때문에 지지자들의 종교적 차이를 늘 염두에 두는 것이 긴요하다고 믿었다. 그래서 유대인 추종자와 비유대인 추종자를 동시에 육성하려고 최선을 다했다. 그는 절대 대의를 간과하지 않으면서, 융은 아버지 같은 애정으로, 아브라함은 "인종적" 친근감으로 자신에게 묶어 두었다. 1908년에 프로이트는 아브라함, 융과 거의 똑같은 양의 편지를 주고받았다. 그의 전략은 효과가 있는 것 같았다.

물론 이 기간에 프로이트는 융의 믿음이 확고하다는 데 의심을 품지 않았다. 융도 자주 그렇게 말했다. 그는 1907년에 프로이트에게 이렇게 말했다. "저에게 핵심적인 자리를 차지하는 교수님의 이론을 절대 조금도 버리지 않을 것이라고 믿고 안심하셔도 됩니다. 저는 지금 거기에 모든 것을 걸고 있기 때문에 절대 그럴 수가 없습니다."[44] 2년 뒤에도 다시 안심을 시켰다. "지금뿐 아니라 앞으로도 플리스 같은 일은 벌어지지 않을 겁니다."[45] 불필요하게 힘을 준 이 맹세에 프로이트가 자신의 수사관 기법을 적용했다면 플리스 같은 일들이 벌어질 것이라는 불길한 암시로 받아들였을 것이다.

1909년, 미국 방문

융이 확고한 충성을 확언한 해인 1909년에 프로이트는 정치적인 근심으로부터 벗어나 예기치 않은 휴식, 그리고 고향에서 멀리 떨어진 곳에서 그보다 더 예기치 않았던 명예를 얻었다. 9월 10일 금요일 저녁 미국 매사추세츠 주 우스터의 클라크 대학 체육관에서 명예 법학박사 학위를 받은 것이다. 이 영예는 프로이트에게는 매우 놀라운 것이었다. 그에게는 빈에 소수의 추종자들이 있었다. 그리고 얼마 전부터 취리히, 베를린, 부다페스트, 런던, 심지어 뉴욕에서도 지지자들이 생기기 시작했다. 그러나 정신의학계 전체에서 보자면 이들은 전투적인 소수였다. 프로이트의 이론은 여전히 소수의 소유물이었으며, 대다수에게는 추문이었다.

그러나 프로이트의 명예 학위 수여식을 주관한 클라크 대학 총장인 G. 스탠리 홀은 진취적인 심리학자로서 논쟁을 두려워하기는커녕 오히려 논쟁을 장려했다. 프로이트는 그를 "정계 실력자 같은 존재"라고 불렀다.[46] 특이하고 열정적인 사람이었던 홀은 미국에서 심리학, 특히 아동심리학을 대중화하는 데 크게 기여했다. 1889년 홀은 클라크 대학의 초대 총장으로 임명되었는데, 아낌없는 재정 지원을 받고 있던 이 대학은 존스 홉킨스 대학을 모방하고 대학원 프로그램에서 하버드를 뛰어넘고자 했다. 독창적인 연구자라기보다는 지칠 줄 모르고 새로운 사상을 보급하고 옹호하는 사람이었던 홀에게는 이상적인 발판이었다. 기민하고, 야심이 크고, 대책 없을 정도로 절충주의적이었던 홀은 유럽에서 흘러나오는 심리학의 새로운 흐름을 재빨리 흡수했다. 1899년 홀은 부르크횔츨리 정신병원장 출신인 스위스의 권위자 오귀스트 포렐을 수입하여 그 즈음의 사태 발전을 보고받았으며, 포렐은 청중에게 프로이트와 브로이어의 히스테리 관련 작업에 관해 이야기해주었다. 그 후 몇 년 동안 다른 강연자들이 클라크에 빈의 정신분석 이야기를 전해주었으며, 1904년 홀은 두툼한 두 권짜리 논문 《사춘기》에서 프로이트의 평판이 나쁜 성욕에 관한 생각을 한 번 이상 언급하며 분명한 지지를 표명했다. 유명한 교육심리학자 에드워드 L. 손다이크(Edward L. Thorndike, 1874~1949)는 《사춘기》의 서평에서 홀의 전례 없는 솔직함에 콧방귀를 뀌었으며, 다른 사람에게 쓴 편지에서 그의 작업을 "오류, 자위, 예수로 꽉 찼다"고 비난했다. 심지어 저자가 "미친 사람"이라고 말했다.[47]

이런 사람이 논란을 불러일으킨 프로이트를 초대하여 여러 차례 강연을 해 달라고 한 것이다. 홀은 클라크 대학 개교 20주년 기념 행사를 기회로 삼았다. 또 당시 정신분열증 전문가이자 프로이트의 가장 유명한 지지자로 널리 알려진 융도 초대했다. 홀은 1908년 12월에 프로이트에게 편지를 썼다. "교수님 자신의 연구 결과와 관점을 간략하게 말씀해주시는 것이 지금 매우 시의적절하다고 보며, 어떤 의미에서는 이 나라에서 이런 연구의 역사에 획을 그을 것이라고 믿습니다."[48]

프로이트는 명예 학위에 감사하는 짤막한 즉흥 연설에서 이것이 "우리의 노력에 대한 첫 공식 인정"이라고 자랑스럽게 말했다.[49] 5년 뒤에도 프로이트는 여전히 이때의 기분 좋은 인상을 기억하고 있었다. 프로이트는 미국의 관대함과 개방적 태도를 막대기로 이용하여 유럽인들을 후려치면서, 자신이 클라크 대학 방문에서 "처음으로 공개적으로 정신분석에 관해 이야기하는 것을 허락받았다."고 말했다. 다섯 번의 강연을 독일어로 했는데도 청중이 줄지 않은 것 때문에 프로이트는 이 행사를 더 높이 평가했다. 그는 또 유럽 독자들에게 "북아메리카에 정신분석이 도입되는 과정은 매우 명예롭게 이루어졌다."고 신랄하게 한마디 하는 것을 잊지 않았다. 프로이트는 자신이 이런 상황을 예상하지 못했음을 인정했다. "그 작지만 평판이 좋은 대학의 편견 없는 사람들이 정신분석 문헌을 모두 알고 있고" 그것을 강의에 사용한다는 사실에 "우리는 깜짝 놀랐다." 프로이트는 교양 있는 유럽인들 사이에 널리 퍼져 있는 미국에 대한 일종의 제의에 가까운 비방에 맞추어 자신의 높은 평가를 조절하면서 이렇게 덧붙였다. "얌전을 떠는 미국이지만 적어도 학계에서는 일상생활에서 부적절하게 여겨지는 모든 것을 자유롭게 토론하고 과학적으로 다룰 수 있다."[50] 10년 뒤 그는 자전적인 연구에서 이 행사를 회고하며 미국 여행이 자신에게 큰 도움을 주었다고 말했다. "유럽에서 나는 파문당한 사람이 된 느낌이었다. 그러나 미국에서는 가장 훌륭한 사람들이 나를 동등하게 받아들였다. 우스터의 강단에 올라서는 순간 믿을 수 없는 백일몽이 실현된 것 같았다." 분명히 "정신분석은 이제 망상이 아니었다. 현실의 귀중한 일부가 된 것이다."[51]

처음에 프로이트는 홀의 초대를 받아들이기 힘들 것 같다고 생각했다. 6월로 잡혀 있는 학위 수여식은 분석에 써야 할 시간을 잡아먹을 것이고, 그러면 수입도 줄어들 터였기 때문이다. 수입은 그에게는 늘 민감한 문제였다. 프로이트는 거절해야 하는 것이 아쉽다고 페렌치에게 말했다. 하지만 "그렇더라도 나는 거기에서 강연할 기회를 얻기 위해 그런 돈을 희생해야 한다는 요구가 너무 '미국적'이라고 생각하네." 프로이트는 무자비하게 감정을 폭발시켰다. "미국은 내 돈을 쓰게 할 것이 아니라 나에게 돈을 주어야 하네." 돈 문제가 그가 미국에서 공개적인 강연을 주저하는 유일한 이유는 아니었다. 미국인들이 "우리 심리학의 성적인 기반"을 발견하면 자신과 동료들이 추방을 당할 것을 염려하기도 했다.[52] 그런데도 프로이트는 이 초대에 강하게 흥미를 느꼈다. 홀이 자신의 편지에 늦게 답장을 하자 홀의 침묵에 안달을 하면서도, 마치 실망에 대비하여 자신을 보호하려는 듯 얼른 어떤 경우든 자기는 미국인들을 신뢰하지 않으며 "신대륙의 얌전 떠는 태도"를 걱정한다고 주장했다.[53] 그러나 며칠 뒤에는 어조가 바뀌어 거의 불안해하는 목소리로 페렌치에게 다시 편지를 썼다. "미국에서는 아무런 소식이 없네."[54]

홀은 제안을 수정했다. 행사를 9월로 옮기고 프로이트의 여비도 상당히 늘렸다. 이런 수정으로 인해, 프로이트가 페렌치에게 말한 바에 따르면, "초대를 받아들이는 것"이 가능해졌을 뿐 아니라, "사실 편해졌다."[55] 프로이트는 전과 마찬가지로 페렌치에게 함께 가겠느냐고 물었다. 페렌치는 무척 가고 싶어 했다. 그는 일찌감치 1월에 프로이트에게 여행을 갈 만한 여유가 있다고 말했고,[56] 3월에는 "외국 소풍에 대비한 준비"를 하기 시작했다. 여기에는 "불완전한" 영어를 향상시키고 미국에 관하여 좀 읽어 두는 것 등이 포함되었다.[57] 몇 주가 지나면서 여행으로 인한 프로이트의 흥분도 눈에 띄게 강해졌다. "미국이 상황을 지배하고 있네." 그는 3월에 그렇게 말했으며, 페렌치와 마찬가지로 미국에 관한 책을 주문하고 영어를 "다듬으며" 모험을 준비하기 시작했다. 여행은 "좋은 경험"이 될 것 같았다.[58] 아브라함에게 미국에서 강연을 하게 되었다고 알릴 때는 열광적으로 소리쳤다. "자, 이제 좋은 소식일세."[59] 프로이트는 신중하고 경험 많은 여행자답게 항로를 묻고 다양한 여행 방법들을 비교해보았다. 그러다 마침내 노르트도이체 로이트의 기선 조지 워싱턴 호를 택했다. 이 기선의 일정에 따르면 클라크 대학에 가기 전에 일 주일 동안 미국 관광을 할 여유가 있었기 때문이다. "지중해야 2년마다 한 번씩 갈 수 있지. 하지만 미국은 빠른 시간 안에 다시 가지 못할 걸세."[60]

프로이트는 복잡한 심정으로 이 "여행 모험"에 관한 자신의 양가적 감정을 인식하고 있었으며, 페렌치에게 말한 대로 이것이 "〈마술 피리〉에 나오는 심오한 말, 즉 '사랑은 강요할 수 없다'는 말의 참된 예"로 받아들였다. "나는 미국을 전혀 좋아하지 않지만, 우리가 함께 여행을 한다는 것은 매우 고대하고 있네."*61) 그는 융도 함께 간다는 것이 기뻤다. "대단히 이기적인 이유들 때문에 아주 만족스럽네." 프로이트는 6월에 융에게 그렇게 말했다. 그러면서 또 융이 이미 심리학자들 사이에서 큰 신망을 얻고 있는 것에도 만족을 느낀다고 덧붙였다.62)

프로이트는 미국에 관한 책 몇 권을 여름 휴가 때 의무적으로 가지고 갔지만 읽지는 않았다. "그냥 가서 놀라고 싶네."63) 그는 페렌치에게 그렇게 말했으며, 융에게도 그런 자발적인 태도를 계발하라고 권했다.64) 결국 그의 평생 유일했던 미국 진출은 한편으로는 휴가였고, 또 한편으로는 정신분석을 진전시키는 일이 되었다. 그러나 여행은 불길한 에피소드로 시작되었다. 8월 20일 세 여행자는 브레멘에서 함께 점심을 먹으며 승선 시간을 기다렸다. 융은 독일 북부에서 발굴 중인 선사 시대 유물에 관해 이야기를 시작하더니, 계속 그 이야기를 했다. 프로이트는 이런 화제, 그리고 융이 집요하게 이 이야기를 하는 것을 자신에 대한 감추어진 죽음의 소망으로 해석하여 기절을 했다. 프로이트는 그 뒤에도 융이 있는 곳에서 다시 기절을 한다. 그러나 곧 유쾌한 기대감이 자리를 잡았고, 이튿날 프로이트, 융, 페렌치는 브레멘에서 기분 좋게 출발했다. 그들은 8일간 항해를 하면서 초기 분석가들이 가장 좋아하던 여흥으로 즐거운 시간을 보냈다. 서로 꿈을 분석해준 것이다. 프로이트가 나중에 어니스트 존스에게 이야기해준 바에 따르면, 그의 선실 남자 승무원이 《일상생활의 정신병리학》을 읽고 있는 것을 발견한 일도 이 여행에서 기억에 남을 만한 순간 가운데 하나였다.65) 물론 그런 일반 독자에게 읽히려는 것이 프로이트가 그 책을 쓴 이유의 하나였

---

* 프로이트의 반미주의에 관한 자세한 분석은 《프로이트 II》 1장의 '미국을 혐오하는 사람' 참조.

기 때문에, 실제로 그 책이 넓은 독자층을 사로잡고 있다는 구체적 증거를 보고 만족했던 것이다.

세 사람은 뉴욕 구경을 위해 한 주를 비워 두었고, 당시 신세계에 있던 정신분석가 어니스트 존스와 A. A. 브릴이 도시를 안내해주었다. 존스는 이 유명한 손님들을 맞으러 토론토에서부터 내려왔다. 그러나 브릴이야말로 거의 전문적인 관광 안내인이라고 할 수 있었다. 그는 1889년 열다섯 살의 나이에 단돈 3달러를 들고 홀로 고향 오스트리아-헝가리를 떠나 뉴욕에 도착한 이후 계속 그곳에 살았다. 그는 이 도시, 적어도 맨해튼은 손바닥처럼 잘 알았다. 브릴이 유럽에서 도망친 것은 가족에게서 도망친 것이었다. 교육을 받지 못한 그의 아버지는 권위적이었으며, 어머니는 그를 랍비로 만들려고 했다. 미국은 원치 않는 직업과 "질식시킬 것 같던" 부모 양쪽으로부터 그를 구해주었다.[66] 브릴은 사춘기 때 신앙이나 아버지의 독재를 단호하게 거부했지만, 네이선 G. 헤일(Nathan G. Hale)이 정확하게 표현했듯이, "선생과 현자에 대한 유대인의 존경심은 보존했다. 그는 고참 상사가 아니라 안내자를 구하고 있었다."[67]

브릴은 절망적일 정도로 가난했지만, 의지로 밀어붙여 교사 일도 하고 이런 저런 천한 일도 하면서 뉴욕 대학을 졸업했다. 그가 나중에 어니스트 존스에게 한 말에 따르면, 몇 년 절약을 하여 컬럼비아 대학에서 의학 교육을 받을 돈은 모았다고 생각했지만, 실제로는 수험료도 낼 수 없었다. "당국에 지원이나 면제를 호소했지만 소용이 없었다. 자기 힘으로 버틸 수밖에 없었기 때문에, 교사 일을 1년 더 했다. 그는 몹시 힘들었지만 자신에게 이렇게 말했다. '너 자신 말고 탓할 사람은 없다. 아무도 너에게 의학을 공부해 달라고 요청하지 않았다.' 그는 용감하게 밀고 나갔다." 존스는 감탄을 감출 수가 없었다. "그는 거친 다이

아몬드라고 할 수 있을지 모르지만, 어쨌든 다이아몬드라는 점에는 의심의 여지가 없다."[68] 1907년이 되자 브릴은 부르크휠츨리 병원에서 정신의학을 공부하며 1년을 보낼 만한 돈을 모았다. 그곳에서 그는 프로이트를 발견했으며, 이 발견이 그에게 필생의 소명을 주었다. 그는 뉴욕으로 돌아가 스스로 훈련을 하여 정신분석의 대변인이 되고, 프로이트의 글을 영어로 읽을 수 있게 하겠다고 결심했다. 결국 1909년 늦여름에 브릴은 열의와 권위를 가지고, 프로이트에게 진 빚을 일부나마 갚을 수 있었다.

도시 탐험가의 젊은 욕구를 그대로 간직한 프로이트는 지칠 줄 몰랐다. 아직 사진기자나 인터뷰 요청자들에게 둘러싸일 만큼 유명하지는 않았다. 심지어 뉴욕의 한 조간 신문 기자는 그의 이름도 정확히 알지 못한 채, 의무적으로 "빈의 프로인트(Freund) 교수가 도착했다"고 보도했다.[69] 그러나 프로이트는 뉴욕을 걸어서 돌아다니느라 바빴기 때문에 그런 문제에 전혀 마음을 쓰지 않았던 것 같다. 그는 센트럴 파크와 컬럼비아 대학, 차이나타운과 코니아일랜드를 보았으며, 시간을 내 메트로폴리탄 박물관에서 그가 사랑하는 그리스 골동품을 살펴보았다. 9월 5일에 여행자들은 우스터에 갔다. 다른 사람들은 스탠디시 호텔에 묵었지만, 확실한 주빈이었던 프로이트는 G. 스탠리 홀의 우아한 집에 초대를 받아 그곳에 묵었다.

페렌치와 아침 산책을 하면서 논의하고 리허설을 해보았던 다섯 번의 즉흥 강연은 좋은 평가를 받았다. 대중 연설가로서 프로이트가 가진 기술은 미국 청중에게 잘 먹혀들었다. 그는 이 강연 시리즈를 시작하면서 너그럽게 정신분석의 진정한 창시자인 브로이어에게 찬사―그러나 곰곰이 생각을 해본 뒤에는 이 찬사가 지나치다고 생각하게 되었다.—를 바쳤다. 그런 다음에 자신의 사상과 기법의 역사를 간략하게 제시하고, 아직 태어난 지 얼마 되지 않는 학문에 너무 많은 기대를 하지 말라고 주의를 주었다. 세 번째 강연이 끝날 무렵에는 청중에게 억압, 저항, 꿈 해석 등 정신분석의 핵심 개념들을 전달할 수 있었다. 네 번째 강연에서는 유아 성욕을 포함하여 성욕이라는 민감한 문제를 다루었다. 그는 비할 데 없이 효과적인 변론 기술을 발휘하여, 교묘하게도 미국 인맥 가운데서 비장의 패를 꺼내들었다. 그가 자신을 위한 증인으로 불러낸 사람은 다름 아닌 클라크 대학의 교수인 샌퍼드 벨(Sanford Bell)이었다. 프로이트가 《성욕에 관한 세 편의 에세이》를 내기 3년 전인 1902년, 벨은 〈미국 심리학 저널〉에 여러 번의 관찰을 통해 유아의 성욕 현상을 입증한 논문을 발표했다. 자신이 어떤 이야기를 처음 하는 것이 아니라고 말하면 상대는 어느 정도 경계를 풀기 마련이었다. 프로이트는 그 점을 최대한 활용했다. 그는 문화 비평과 응용 정신분석을 현란하게 뒤섞어 시리즈를 마무리하면서, 강연의 기회를 준 것과 청중이 주의 깊게 그의 이야기를 들어준 것에 정중하게 감사했다.

프로이트는 미국 방문을 후회할 이유가 거의 없었다. 따라서 나중에 그가 트집을 잡은 것은 대부분 억지스럽게 들린다. 너그럽지도, 심지어 합리적이지도 않다. 소화가 잘 안 되는 음식부터 얼음을 넣은 물에 이르기까지 미국의 요리가 이미 소화불량이던 그의 뱃속을 엉망으로 만든 것은 사실이다.[70] 프로이트는 미국 체재가 그의 장 문제를 "심하게 악화시켰다"고 확신했으며,[71] 존스도 기꺼이 맞장구를 쳐주었다. 존스는 몇 달 뒤 프로이트에게 편지를 보냈다. "이제 몸의 병은 과거의 일이 되었기를 간절히 바랍니다. 미국이 요리로 교수님께 비열하게 타격을 준 것은 참으로 안된 일입니다."[72] 그러나 프로이트는 미국 음식의 악영향을 심하게 과장했다. 그는 이미 오래전부터 장의 장애로 고생하고

1909년 9월 프로이트는 우스터의 클라크 대학에서 명예 법학박사 학위를 수여받기 위해 처음이자 마지막으로 미국을 방문했다. 위는 클라크 대학 방문 기념으로 찍은 사진이다. 앞줄 왼쪽부터 차례로 프로이트, 스탠리 홀, 카를 융이 앉아 있고, 뒷줄 왼쪽부터 A. A. 브릴, 어니스트 존스, 산도르 페렌치가 서 있다.

있었기 때문이다. 미국 방문 때문에 자기 필체가 나빠졌다는 그의 말은 어떻게 이해해야 할까?[73] 심지어 충성스러운 어니스트 존스마저도 프로이트의 반미국주의는 기본적으로 "미국 자체와는 사실 아무런 관계가 없었다"고 결론을 내릴 수밖에 없었다.[74]

실제로 사람이든 언론이든 미국은 프로이트를 대체로 따뜻하게 받아들였다. 미국의 많은 부분은 분명하게 양식 있는 태도를 보여주었다. 〈우스터 텔리그램(Worcester Telegram)〉의 표제—"온갖 유형이 클라크에 모이다⋯⋯ 뇌가 툭 튀어나온 사람들도 가끔은 미소를 짓다"—는 물론 가장 저급한 대중 저널리즘의 예지만, 이것은 예외였다.[75] 프로이트의 청중 가운데 성욕에 관한 그의 이론이 매우 충격적이라고 생각하는 사람도 일부 있었고, 언론은 그 민감한 주제를 다룬 네 번째 강연을 주제에 어울리게 간략하고 예의 바르게 취급했다. 그러나 프로이트가 미국 청중에게 거부는커녕 무시를 당했다고 느끼는 것은 근거 없는 일이었다.[76] 반대로 미국 심리학계를 지도하는 인물들이 그를 만나보려고 우스터까지 왔다. 미국에서 가장 유명하고 가장 영향력이 큰 심리학자이자 철학자 윌리엄 제임스는 프로이트와 산책을 하면서 그의 이야기를 들어보려고 클라크에서 하루를 보냈다. 프로이트로서도 잊을 수 없는 산책이었다. 제임스는 이미 심장병으로 고생하고 있었는데, 결국 이 병으로 1년 뒤에 세상을 뜬다. 프로이트는 자전적인 스케치에서 제임스가 갑자기 걸음을 멈추고 프로이트에게 서류가방을 건네더니, 계속 걷자고 했다는 이야기를 전한다. 그는 협심증 발작을 일으켰으며, 발작이 끝나면 곧 프로이트를 따라오곤 했다. 프로이트는 이렇게 말했다. "그 뒤로 나도 인생의 종말이 가까웠을 때 그렇게 두려움이 없기를 늘 바랐다."[77] 그렇지 않아도 그 몇 년간 죽음에 관해 곰곰이 생각하고 있었기 때문에, 제임스의 정중한 극기가 감탄할 만하며 심지어 부럽다고 느낀 것이다.

제임스는 프로이트와 브로이어가 함께 쓴 히스테리에 관한 "예비 보고서"가 눈에 띄었던 1894년 이후 프로이트의 글을 읽어 왔다. 제임스는 받아들일 수는 없지만 흥미로운 이론에는 보통 너그러운 태도를 보였는데, 프로이트와 프로이트 추종자들도 잘되기를 바랐다. 제임스는 종교를 전문적으로 연구하여 종교적 경험을 더 높은 진리의 차원으로 격상시킨 사람으로서, 프로이트 학파의 종교에 대한 도식적이고 강박적인 적대감은 몹시 꺼림칙하게 여겼다. 그러나 이것 때문에 그들의 기획에 대한 관심이 사라지지는 않았다. 제임스는 우스터에서 어니스트 존스에게 작별 인사를 할 때 그의 어깨에 팔을 두르며 이렇게 말했다.

"심리학의 미래는 당신들의 작업에 달려 있소."[78] 제임스는 "꿈 이론으로 보건대" 프로이트가 "자주 환각을 겪는 사람"일지도 모른다고 강하게 의심하고 있었다. 그렇다 해도 프로이트가 "진짜 심리학인 '기능적' 심리학에 대한 이해를 높여줄" 것이라고 생각했다.[79] 제임스는 클라크 대학 강연 직후 스위스의 심리학자 테오도르 플루르누아(Théodore Flournoy, 1854~1920)에게 편지를 쓸 때는, 프로이트의 "고정관념"을 걱정했고, 그의 꿈 이론이 전혀 쓸모가 없다고 이야기하면서, 상징에 관한 정신분석적 개념이 위험하다고 비난했다. 그러면서도 제임스는 "프로이트와 그의 제자들이 그들의 생각을 극한까지 밀어붙여, 우리가 그 생각들이 무엇인지 알 수 있게 해주기를" 바랐다. '그 생각들은 반드시 인간 본성에 빛을 던져줄 것입니다."[80]

이러한 평가는 친절하기는 하지만, 잠정적이고 약간 막연하다. 제임스는 융이 좀 낫다고 생각했는데, 그것은 융의 종교에 대한 공감이 자신의 태도와 비슷했기 때문이다. 제임스가 열렬히 옹호하는 철학적 신학에는 클라크 대학에서 융이 했던 아동심리학과 단어 연상 실험에 관한 강연[81]이 프로이트의 강연보다 덜 도발적으로 느껴졌던 것이 분명하다. 프로이트가 클라크 대학에서 무신론을 설교하지는 않았지만, 진리 추구에서 종교적인 사고가 들어설 여지를 거부하는 과학적 신념에 투철한 것은 분명했다. 그러나 과학보다 종교를 우위에 두었던 제임스는 바로 그런 여지를 넓히려고 오랫동안 노력해 왔으며, 그 중요한 예가 바로 몇 년 전인 1902년에 나온 《종교적 경험의 다양성》이라는 제목의 유명한 기퍼드 강연이었다. 이와 대척점에 선 제임스 잭슨 퍼트넘은 프로이트를 전폭적으로 지지할 수 있었으며, 미국에서는 윌리엄 제임스보다 훨씬 유능한 정신분석 옹호자가 되었다. 윌리엄 제임스와 마찬가지로 하버드 대학 교수였던 퍼트넘은 동료들 사이에서 비길 데 없는 명성을 누리는 신경학자였다. 따라서 매사추세츠 종합병원에서 히스테리 환자들을 치료하던 그가 1904년이라는 이른 시기에 정신분석적 방법이 전혀 쓸모없는 것이 아니라고 선언한 것은 중요한 의미가 있었다. 사실 퍼트넘이 프로이트를 읽고 공감함으로써 미국 기성 의학계에 정신분석 사상이 들어갈 문이 처음 열린 것이라고 볼 수 있었다. 그러나 프로이트로서는 조금 아쉬운 일이었지만, 퍼트넘은 늘 독립성을 유지하려 했기 때문에 약간 추상적인 신성(神性)이 들어설 여지를 남기는 자신의 철학적 경향을 버리고 신이 존재하지 않는 프로이트의 실증주의로 넘어오려 하지 않았다. 그러나 클라크 대학 강연, 그리고 프로이트나 그와 함께 방문한 사람들과 벌인 열띤 토론을 계기로 퍼트넘은 정신분석 이론과 치료 방식이 기본적으로 옳다고 확신하게 되었다. 어떤 면에서는 이런 정복이야말로 프로이트의 미국이라는 막간극이 남긴 가장 지속적인 유산이었다.

클라크 대학 행사가 끝난 뒤 프로이트, 융, 페렌치는 애디론댁스에 있는 퍼트넘의 별장에서 며칠을 보내며 전문적인 이야기를 계속 나누었다. 그리고 마지막 이틀은 뉴욕에서 보낸 뒤 마침내 9월 21일, 세 사람은 올 때와는 다른 독일 기선 카이저 빌헬름 데어 그로세 호에 올랐다. 그들은 폭풍이 치는 불쾌한 날씨를 만났지만, 그렇다고 프로이트의 융 분석이 중단되지는 않았다. 융은 이것이 자신에게 큰 도움이 되었다고 말했다.[82] 여드레 뒤 그들은 브레멘에 내렸으며, 미국은 이제 생생하고 풍부하고 복잡한 기억이 되었다. "거기서 벗어나게 되어 몹시 기쁘고, 거기서 살 필요가 없다는 것이 더 기쁘구나." 프로이트는 딸 마틸데에게 그렇게 말했다. "또 휴식을 취하고 아주 상쾌한 기분으로 돌아간다고 말할 수도 없다. 하지만 우리의 대의를 위해서는 아주 흥미로웠고 또 매우 중요한 여행이었을지도 모르겠다. 전체적으로 큰 성공을 거두었다고 말할 수 있을 것 같구나."[83] 10월 초 융은 어떤 향수 같은 것을 느낀다고 프로이트에게 고백하고 다시 취리히에서 일을 시작했다.[84] 프로이트도 마찬가지로 평소의 일과로 돌아갔다. 그는 법학박사가 되었을 뿐 아니라, 자신의 운동이 이제 진정으로 국제적인 일이 되었다는 기분 좋은 증거들을 가지고 집으로 돌아온 것이다.

이런 만족을 얻은 뒤였지만 빈은 기대에 전혀 미치지 못했다. 실제로 11월 초에 빈 추종자들에 대한 프로이트의 짜증은 다시 절정에 이르렀다. "빈 사람들에게 가끔 무척 화가 나오." 그는 융에게 편지를 하면서 로마 황제 칼리굴라의 말을 원용하기도 했다. "그래서 그들을 뒤로 돌려 일렬로 세워놓고 막대기로 엉덩이를 때려주고 싶소." 그러나 여기에서 의미심장한 실수가 나타나, 프로이트의 융에 대한 억눌린 불편함이 드러난다. "그들(ihnen)"이라고 써야 될 곳에 "당신(Ihnen)"이라고 쓰는 바람에, 막대기로 엉덩이를 맞아야 할 사람은 융이라고 암시한 것이다.[85] 그러나 정신분석의 최초의 심각한 분열은 바로 본거지 빈에서 일어나며, 그 중심에는 프로이트의 첫 지지자들인 빌헬름 슈테켈과 알프레트 아들러가 있었다. 융은 공감하는 방관자로서, 아직은 프로이트 편에 확고하게 서 있었다.

아들러 추방

이 무렵 프로이트는 짜증이 극도로 치밀곤 했는데, 그런 순간에 한번은 슈테켈과 아들러를 "막스와 모리츠"라고 불렀다. 이들은 고집스럽고 잔인한 장난과 끔찍한 보복을 다루는 빌헬름 부슈의 유명한 희극적 이야기에 나오는 소문난 악동들이었다. "이 두 사람 때문에 계속 짜증이 나네."[86] 그러나 이 두 사람은 친구이자 동맹자이면서도 또 서로 매우 달라, 여러 가지 이유로 프로이트를 당황스럽게 하다가, 결국은 극단적인 행동을 하게 만들었다.

슈테켈은 수요심리학회의 조직과 상징 이론에 기여한 사람이었지만 처음부터 거슬리는 인물이었다. 그는 직관적이고 지칠 줄 몰랐으며, 저널리스트, 극작가, 단편 작가로 많은 작품을 썼고, 정신분석 논문도 썼다. 그는 사람과 어울리는 것을 좋아하면서도 거만했고 과학적 증거를 이용한다는 구실로 파렴치하게 굴었기 때문에 많은 사람들과 사이가 벌어졌다. 또 학회에 제출되는 모든 논문에 논평을 하고 싶어 안달이 나 토론에 적합한 환자를 꾸며내곤 했다. 그 결과 어니스트 존스는 "'슈테켈의 수요일 환자'라는 말이 하나의 농담으로 자리를 잡았다."고 회상한다.[87] 슈테켈은 상상력이 너무 풍부하여 도저히 제어가 되지 않았던 모양이다. 그는 한 논문에서는 이름이 사람의 삶에 은근히 영향을 끼치는 경우가 많다면서, 자신의 분석 대상자 몇 명의 이름을 증거로 제시하여 그 주장을 "뒷받침했다." 프로이트가 의사로서 신중한 태도를 지켜야 한다고 질책하자 슈테켈은 변명했다.—그 이름들은 다 제가 지어낸 건데요 뭐![88] 이러니 서로 관계가 좋았을 때도 프로이트는 슈테켈이 "감추어진 것과 무의식적인 것의 의미를 찾아내는 재주"가 있지만 "이론과 생각이 약하다"고 결론을 내릴 수밖에 없었다.[89]

이것이 1908년의 일이었다. 곧 프로이트는 슈테켈이 "바보 같은 편협한 질투심(schwachsinnige Eifersüchteleien)"[90]에 사로잡혔다고 격분하면서 더 거리를 두게 된다. 최종적인 평가에서는 슈테켈이 "처음에는 매우 기특했지만, 나중에는 완전히 제멋대로였다"고 말했다.*[91] 이런 평결은 상당히 가혹한 것이었지만, 프로이트가 개인적으로 분통을 터뜨릴 때 쓴 말에 비하면 사실 유순한 표현이었다. 프로이트는 개인적인 편지에서는 슈테켈을 뻔뻔스러운 거짓말쟁이,[92] "교육 불가능한 사람, 쓸모없는 인간(mauvais sujet)",[93] 심지어 "돼지"[94]라고 불렀다. 프로이트는 이 자극적인 별명이 아주 마음에 들었는지 영어로 써보기도 했다. 그가 보기에 슈테켈을 너무 신뢰하는 것 같은 어니스트 존스에게 보내는 편지에서 "그 돼지, 슈테켈(that pig, Stekel)"이라고 쓴 것이다.[95] 빈 사람들 가운데 다수는 슈테켈에게 이런 식의 별명을 붙이는 데 동의할 정도로 채신없이 굴지는 않았다. 그러나 슈테켈이 비록 활기를 주기는 하지만 매우 무책임하며, 종종 의도와 관계없이 즐거움을 주고, 전체적으로 보자면 견딜 수 없는 사람이라는 데는 대체로 동의했다. 그래도 1911년이라는 늦은 시기까지 슈테켈은 빈 정신분석협회의 정식 회원으로서 논문을 발표하고 토론에 참여했다. 그해 4월에 학회는 심지어 하룻저녁을 할애하여 슈테켈의 책 《꿈의 언어》에 대한 토론—대체로 매우 비판적이었다.—을 하기도 했다.[96] 슈테켈은 견딜 수 없는 사람이었는데도 사람들은 몇 년 동안 그를 견딘 것이다.

빈의 지지자들 가운데는 슈테켈만큼 짜증스러운 사람들이 또 있었지만, 프로이트는 지지자들만 걱정할 형편이 아니었다. 프로이트는 카를 크라우스와 결코 가깝다고는 할 수 없지만 그래도 꽤 친하게 몇 년

---

* 프리츠 비텔스는 미발표 자서전에서, 〈정신분석 운동의 역사〉를 다시 찍는다는 것을 알게 되었을 때 프로이트에게 슈테켈의 제멋대로인 태도에 관한 이런 "악의가 있는" 구절을 약화시켜 달라고 요청하자, 프로이트가 비판적 태도를 없앨 수는 없지만 "약한 표현"을 사용할 수는 있다고 동의했다고 말한다. 그러나 제멋대로(verwahrlost)라는 말은 그대로 남았다. (Fritz Wittels, "Wrestling with the Man: The Story of a Freudian", 169-70. 타자로 친 원고, Fritz Wittels Collection, Box 2. A. A. Brill Library, New York Psychoanalytic Institute.)

을 보내다 이 무렵 다투게 되었는데, 그는 재치 있고 위험한 적이었다. 크라우스는 절대 프로이트 본인에게 무례한 행동은 하지 않았다. 대신 그 자신을 포함한 지식계 인물들이 당시 유행에 따라 프로이트의 사상을 적용하려는 원시적인 시도를 하는 것에 격렬하게 반대했다. 예를 들어 그의 친구이자 협력자였던 프리츠 비텔스가 그런 시도를 했는데, 비텔스는 크라우스의 유명한 정기간행물인 〈햇불〉이 신경증적 증상에 불과하다고 진단했다. 크라우스는 여기에 특히 화가 나, 몇 가지 예리하고 심술궂은 비판으로 정신분석을 공격했다. 프로이트 자신도 크라우스만큼이나 정신분석적 방법의 통속화를 싫어했지만, 비록 실망스러운 사람들이라 해도 자신의 동료들에게는 의리를 지켜 사적인 자리에서는 심한 말로 크라우스를 비난했다. "박사도 그 재능 있는 짐승 K. K.*의 제어되지 않는 허영심과 규율 부족을 알고 있을 걸세." 그는 1910년 2월에 페렌치에게 그렇게 속을 털어놓았다.[97] 두 달 뒤에는 페렌치에게 크라우스의 비밀이 무엇인지 짐작하겠다고 말했다. "그는 연극적인 재능이 있는 미친 얼뜨기라네."[98] 그런 재능 때문에 지적인 태도와 분노를 꾸며낼 수 있다는 것이다. 이런 평결은 맑은 정신에서 내린 판단이라기보다는 충동적인 격분의 산물로서, 아무리 크라우스의 공격이 신랄하고 비합리적이었다 해도, 과녁을 많이 벗어난 것이었다.

그러나 이런 것들은 부차적인 쟁점이었다. 정신분석 운동이 동력을 얻어 감에 따라, 프로이트는 영향력이 있지만 아직 결정을 내리지 못한 외국인들을 교육하여 휘하로 끌어들여야 했다. 프로이트의 편지 교환은 해가 갈수록 외국으로 넓어져 갔으며, 원정을 계획하는 장군이나 동맹국을 얻으려는 외교관의 편지를 점점 닮아 갔다. 프로이트가 노리는

---

* 카를 크라우스를 가리킨다. (역주)

사람 가운데 그의 마음을 가장 흔들고, 또 단연 가장 중요한 인물은 아마 융의 유명한 상관 오이겐 블로일러였을 것이다. 한동안 블로일러는 프로이트 씨족의 귀중한 일원이었다. 블로일러는 1908년 잘츠부르크에서 열린 소규모 국제 학회에 참석했다. 이런 수많은 국제 학회 가운데 최초였던 이 학회에서는, 빈, 취리히, 베를린, 부다페스트, 런던, 심지어 뉴욕에서 온 사람들이 스스로를 "정신분석의 친구들"이라고 부르며, 융, 아들러, 페렌치, 아브라함, 존스, 그리그 물론 프로이트의 논문 발표를 듣고 더 긴밀한 협력을 모색했다. 이 학회의 희망적인 결과물은 첫 정신분석 정기간행물인 〈정신분석학·정신병리학 연구 연보〉였다. 블로일러와 프로이트가 감수를 맡고, 융이 편집을 맡았다. 발행인 란에 적힌 이름들은 빈과 취리히의 협력 관계를 보여주는 만족스러운 상징이었으며, 또 블로일러가 프로이트의 대의를 지지한다는, 그에 못지않게 만족스러운 증거이기도 했다.

블로일러와 프로이트의 관계는 약간 거리감이 있기는 했지만 표면적으로는 매우 우호적이었다. 그러나 블로일러는 프로이트의 이론에 큰 감명을 받기는 했지만, 성욕에 대한 강조가 진실로 근거가 있는 것인지 아직 확신하지 못한 상태였다. 이런 불확실성에, 프로이트가 그 자신이 철저하게 통제하는 정치 기구를 만들고 있다는 불편한 느낌이 겹치면서 블로일러는 프로이트가 구축하고 있는 조직에 주저하는 태도를 보이게 되었다. 블로일러는 1911년 막 조직된 국제정신분석협회를 그만두면서 프로이트에게 이렇게 말했다. "'우리에게 찬성하지 않는 자는 우리에게 반대하는 자다' 하는 식의 태도나 '전부 아니면 전무'라는 식의 태도는, 내 의견으로는 종교 공동체에 필요한 것이고 정당에나 쓸모 있는 것입니다. 그런 곳이라면 그런 원칙을 이해할 수 있겠지만, 과학에는 그런 원칙이 유해하다고 생각합니다."[99] 프로이트도 그렇게 개방적이고 진실로 과학적인 태도를 원칙적으로 환영했을 것이나, 전투 중이라는 생각이 강했기 때문에 그런 태도를 채택할 수가 없었다.* 그래서 프로이트는 계속 블로일러를 설득하는 동시에 측근에게 보내는 편지에서는 그를 비난했다. 프로이트는 페렌치에게 이렇게 말했다. "블로일러는 정말 견딜 수가 없네."[100]

블로일러의 양심적인 판단 유보에 짜증이 났겠지만, 프로이트에게는 빈에서 정리해야 할 더 심각한 문제들이 있었다. 그 가운데도 빈 정신분석협회에서 알프레트 아들러의 자리를 잡는 문제가 중요했다. 프로이트와 아들러의 관계는 슈테켈과의 관계보다 복잡했으며, 결국은 더 중요한 의미를 띠게 된다. 아들러는 자기 주장이 강하고 냉소적이었다. 프로이트의 서클에서 그를 비방하던 사람들은 그가 유머가 없고 갈채를 탐한다고 생각했다. 그런 사람들 가운데 하나였던 존스도 아들러가 "뚱한 데다 애처로울 정도로 인정받고 싶어 한다."고 묘사했다.[101] 그러나 빈의 카페들을 자주 들락거리는 아들러를 알던 사람들은 그에게서 다른 사람을 보았다. 느긋하고 농담 잘하는 아들러를 본 것이다. 이 가운데 어느 것이 '진짜' 아들러이건, 그는 동료들 가운데서 서열상 프로이트 다음의 2인자 자리를 차지했다. 그러나 프로이트는 아들러를 경쟁자로 두려워하지도 않았고, 또 그렇게 대하지도 않았다. 오히려 몇 년 동안 그에게 거의 무제한의 지적 신뢰를 보여주었다. 1906년 11월에

---

* 프로이트는 루 안드레아스-살로메에게 이렇게 쓴 적이 있다. "나는 정신분석 연구 서클 내에서는 의견의 차이를 두고 싸워본 적이 없습니다. 무엇보다도 내가 어떤 쟁점에 관해서 보통 한 가지 이상의 의견을 갖고 있기 때문이지요. 그러니까 그 가운데 한 가지를 발표하기 전까지는 그렇다는 것입니다. 하지만 핵의 동질성은 고수해야 합니다. 그러지 않으면 다른 것이 되어버리니까요." (프로이트가 안드레아스-살로메에게 쓴 편지, 1914년 7월 7일. *Freud-Salomé*, 21 [19].)

아들러가 신경증의 심리학적 근거에 관한 논문을 발표하자 프로이트는 따뜻한 찬사를 보냈다. 물론 아들러가 애용하는 "기관(器官) 열등성(Minderwertigkeit)"이라는 표현은 마음에 들지 않았고, 이보다는 중립적인 "기관의 특수한 변이성" 같은 표현이 더 좋기는 했다. 그러나 이것을 제외한 아들러의 논문 나머지 부분은 그의 전체적인 작업과 마찬가지로 프로이트 자신에게 도움이 되고 의미가 있다고 생각했다. 그날 저녁 그 자리에 모인 사람들도 프로이트와 똑같은 태도를 보였다. 루돌프 라이틀러만이 예외였는데, 빈틈없던 그는 아들러가 신경증 형성에서 생리 기능과 유전의 역할을 거의 배타적으로 강조하는 것에서 문제를 느꼈다.[102]

그러나 아들러는 그런 것쯤은 모기에게 물린 정도로 여기고, 계속 프로이트의 정신분석의 보호막 아래에서 자신의 심리학을 구축해 나갔다. 피상적으로 보면 아들러와 프로이트는 폭넓게 일치하는 듯했다. 둘 다 신경증의 병인에 유전과 환경이 똑같이 관련되어 있다고 보았기 때문이다. 아들러는 기관 열등성이 인간 정신에 끼치는 파괴적인 영향을 강조하면서 생물학적인 지향으로 많이 기울었지만, 이런 관점을 프로이트가 전적으로 거부하는 것은 아니었다. 아들러는 동시에 교육과 사회사업을 통하여 인류의 운명을 개선해 나가는 데 관심을 둔 사회주의자이자 사회 활동가로서 정신 형성에서 환경에 진정한 중요성을 부여하기도 했다. 우리가 알다시피 프로이트는 유년의 세계가 심리 발달에 끼치는 영향을 힘주어 강조했다. 성적 트라우마와 해소되지 않은 갈등이 생겨나는 과정에서 부모, 형제, 보모, 놀이 친구의 역할을 강조한 것이다. 그러나 환경에 대한 아들러의 관점은 프로이트와는 달랐다. 사실 아들러는 어린 시절의 성적 발달이 성격 형성에 결정적이라는 프로이트의 근본 명제에 공개적으로 의문을 제기했다. 아들러는 정신의학으로 방향을 튼 시점에 제기했던 주장을 다듬고 수정하면서, 세련된 방식은 아니었지만 효과적으로 일군의 독립된 개념들을 발전시켰다. 그의 연구 발표, 다른 사람들의 연구 발표에 대한 그의 논평, 그가 잡지에 발표한 글, 첫 심리학 논문 등은 의심할 바 없이 "아들러적"인 것이 되었다. 그 모든 것의 중심에, 모든 신경증 환자는 어떤 기질(器質)적인 불완전성을 보상하려 한다는 그의 신념이 놓여 있었다. 아들러가 외부 세계를 아무리 진지하게 받아들였다 해도, 결국 그의 심리학은 생물학을 운명으로 격상시켰던 것이다. 그러나 이런 것들 때문에 아들러가 아직 모색 중인 조그만 정신분석 공동체의 공감 어린 관심의 대상에서 벗어났던 것은 아니다.

'기관 열등성'은 아들러가 프로이트 서클 안에 있는 기간 내내 그의 말과 글에서 강박적인 주제였다. 그는 1904년 교육자로서 의사를 다룬 짧은 격려성 잡지 기고문에서 처음 이 용어를 사용했는데, 여기에서 그는 어떤 신체 기관의 불완전성이 소심함, 예민함, 겁을 비롯하여 아이들을 괴롭히는 다른 병의 원인이라고 이야기했다. 그는 계속 트라우마가 정신에 끼치는 영향을 과대 평가하는 것을 경계했다. "사람의 체질이 성적 트라우마를 찾아내는 것이다."[103] 정신은 신체적 또는 정신적 무능을 탐지하여 그것을 보상하려 시도한다는 것이다. 그러나 가끔은 성공하지만, 대체로 성공하지 못한다. 간단히 말해서 아들러는 기본적으로 신경증을 열등감의 보상이 실패한 것이라고 정의했다. 그러나 그는 정신이 없애려고 하는, 심각한 불완전 상태가 대부분 타고난 것이라고 보았다. 예를 들어 아들러는 사디즘, 또 프로이트가 항문기 성격이라고 불렀던 질서 정연함, 인색함, 고집스러움 등 일군의 특질에 유전적 근거가 있음을 보여줄 수 있다고 생각했다. 어린이 성교육에 관한 수요학회 토론에서 아들러는 심지어 그런 교육이 만병통치약은 아니지만 신경증

알프레트 아들러. 빈의 수요심리학회에서 단연 가장 유명하고 프로이트 다음으로 영향력이 컸던 인물.

을 막는 유용한 예방약이라는 프로이트의 주장을 거부하기까지 했다. "유아기의 트라우마는 기관의 열등성과 연결될 때만 의미가 있다."[104]

내용의 문제가 프로이트와 아들러를 갈라놓는 데 큰 몫을 했지만, 정신분석 정치 또한 이들의 불화를 악화시키는 데 한몫을 했다. 프로이트는 아브라함에게 편지를 쓰면서 이렇게 말한 적이 있다. "정치가 성격을 망치는군."[105] 이때 프로이트는 슈테켈 문제를 염두에 두고 있었지만, 정치가 그 자신에게 끼치는 영향에 관해 생각하고 있었다고 해도 무방할 것이다. 프로이트는 정치를 할 때는 진짜 정치가가 되어, 다른 행동을 할 때보다 교활해졌기 때문이다. 경쟁하는 힘들 사이를 헤쳐 나가며 자신의 계획을 추진하는 그의 잠재적 재능은 아들러와 싸우는 과정에서 모두 드러났다.

프로이트는 1910년 봄, 뉘른베르크에서 열린 국제 정신분석가 대회와 그 직후에 처음으로 아들러나 그의 동맹자들과 심각하게 맞섰다. 이때 프로이트는 원대한 소망에 따라 정신분석 운동을 조직하기 위해 사람들을 움직이고 있었다. 훗날 자신이 상처를 준 자아들을 달래려고 노력한 것 역시 정치적이었다. 이런 노력은 전투적인 모습과 구별되는 프로이트의 외교적인 모습을 보여준다. 뉘른베르크 대회는 어느 정도 성공을 거두었다. 프로이트는 새로운 에너지를 얻었다. 그는 대회가 끝나고 나서 며칠 뒤에 페렌치에게 명랑하게 말했다. "뉘른베르크 제국의회(Reichstag)와 더불어 우리 운동의 유년기가 끝이 났네. 그것이 내가 받은 인상일세. 이 뒤에 풍요롭고 아름다운 청춘기가 이어지기를 바라네."[106] 그러나 이런 말을 하는 프로이트 자신도 잘 알고 있었듯이, 대회에서는 격렬한 분노와 공개적인 반역이 드러나기도 했다. 그는 존스에게 뉘른베르크 소식을 전하며 이렇게 말했다. "모두가 새로운 희망을 품고 일을 하겠다고 다짐을 했네. 나는 나이 든 신사답게 뒷전에 물러나 있다네. (칭찬 받으려고 하는 소리는 아니야!)"[107] 그러나 이것은 솔직한 말이 아니었다. 사실 뉘른베르크에서 프로이트는 동료 분석가들과 그의 평생 가장 힘든 감정적인 대립에 빠져들었기 때문이다.

모든 일은 페렌치의 연설에서 시작되었다. 대회에서 프로이트의 대리인으로 행동하던 페렌치는 국제정신분석협회에 관한 프로이트의 제안을 제출했다. 융이 종신 회장이 되고, 융과 마찬가지로 스위스의 정신과 의사이자 융의 친척이기도 한 프란츠 리클린(Franz Riklin, 1878~1938)이 간사 일을 맡는다는 것이었다. 이 자체도 프로이트의 최초 지지자들에게는 삼키기 힘든 약이었는데, 페렌치는 빈 정신분석협회를 불필요하게 비판하여 그들을 더 화나게 했다. 대회 직후 프로이트는 이 사건을 돌이켜보면서 "[그의 제안이] 빈 사람들에게 줄 영향을 충분히 계산하지 않은 것"을 두고 페렌치만큼이나 자신을 탓했다.[108] 이런 자기 비판은 당연한 것이었다. 프로이트로서는 그들의 반응을 당연히 예상했어야 했기 때문이다. 아무리 요령껏 제안을 했다 해도 프로이트의 계획이 암시하는 바를 감출 수는 없었다. 즉 빈은 이미 빛을 잃었다는 것이다.

빈의 분석가들은 맹렬히 이의를 제기했다. 비텔스의 회고에 따르면 그들은 그랜드 호텔에 은밀히 모여 "그 어처구니없는 상황에 관해 토론했다. 그런데 갑자기 초대하지도 않았던 프로이트가 나타났다. 나는 프로이트가 그렇게 흥분한 모습을 본 적이 없었다." 사실 공적인 자리에서 프로이트는 변함없이 완벽하게 자기 통제가 되어 있다는 인상을 주었다. "그는 이렇게 말했다. '당신들 대부분은 유대인이오. 따라서 새로운 가르침에 친구를 끌어들일 능력이 없소. 유대인은 터를 닦는 겸허한 역할로 만족해야 하오. 내가 과학계 전체와 유대를 맺는 것이 절대적으로 긴요하오. 나는 늙어 가고 있고, 계속 공격을 당하는 데 지쳤소. 우리 모두 위험에 빠졌단 말이오.'" 비텔스의 이야기는 프로이트 특유의 나이와 피로를 내세운 호소—사실 그는 그때 아직 쉰네 살도 되지 않았다.—와 극적으로 말을 맺으면서 호소라는 말로 볼 때 진실의 느낌이 든다. "그는 자신의 상의 깃을 잡으면서 말했다. '적들은 내가 이 옷 하나도 걸치도록 해주지 않을 거요. 하지만 스위스인들이 우리를 구할 거요. 나를 구하고, 또 여러분도 다 구할 거요.'"[109] 결국 체면을 살리는 타협안이 마련되었다. 융의 회장 임기가 2년으로 제한된 것이다. 그러나 이것으로 프로이트가 취리히의 새로운 제자들에게 구애를 하려고 무정하게 최초의 지지자들을 무시해버렸다는 빈 사람들의 인식이 바뀌지는 않았다.

그들의 주장은 일리가 있었다. 실제로 1906년 이후로 프로이트는 융과 점점 더 친밀하게 서신 교환을 하고 있었다. 1907년에 융과 취리히 출신의 다른 사람들이 찾아온 뒤부터 친근함은 우정으로 익어 갔고, 프로이트가 그들에게 큰 기대를 하게 되었다는 것은 비밀도 아니었다. 뉘른베르크 대회는 빈 사람들의 불안을 엄혹한 현실로 굳혔을 뿐이다. 프로이트는 자신의 계획과 관련하여 대단히 명민하게 행동하고 있었다. 그는 나중에 이렇게 썼다. "나는 빈의 인맥이 초창기 운동에 지원이 아니라 오히려 방해가 된다고 판단했다." 유럽의 중심에 자리 잡은 취리히가 훨씬 유망해 보였다. 게다가 그는 늙어 죽는 것에 대한 강박을 교묘하게 자신의 책략의 이유로 바꾸어, 자기가 다시 젊어질 수는 없는 일 아니냐고 덧붙였다. 정신분석이라는 대의는 권위 있는 지도가 필요했으며, 따라서 그 건립자가 책임을 질 수 없는 상태가 된 뒤에도 계속 대의를 짊어지고 나갈 수 있는 젊은 사람에게 맡겨져야 했다. 또 "공식 학문"이 정신분석 진료를 하려는 의사들을 엄하게 파문하고 일관되게 보이콧하기 때문에, 프로이트는 가르치는 사람들의 진정성과 배우는 사람들의 실력 향상을 보장할 수 있는 교육 기관들이 생기는 날이 빨리 오도록 노력을 해야 했다. "내가 국제정신분석협회를 건립하여 얻고자 하는 것은 이것 외에 다른 것이 없다."*[110]

빈 사람들은 프로이트의 우려가 실제로 근거가 있다거나, 그런 이유로 그가 말하는 조직 혁신이 정말로 필요하다고는 믿지 않았다. 심지어 충성스러운 히치만조차도 "하나의 인종으로 볼 때" 취리히 대표단

---

* 1911년 3월 프로이트는 아들러와의 싸움이 막바지에 이르렀을 때 루트비히 빈스방거에게 이렇게 말했다. "내가 세운 학문이 고아가 되면 융 외에는 그것을 전부 상속할 사람이 없소. 보다시피, 나의 정책은 변함없이 이 목적을 추구하고, 슈테켈과 아들러를 향한 나의 행동은 바로 이런 계획의 일환이오. (프로이트가 빈스방거에게 쓴 편지, 1911년 3월 14일. Ludwig Binswanger, *Erinnerungen an Sigmund Freud* [1956], 42.)

은 "우리 빈 사람들하고는 완전히 다르다."고 걱정했다.[111] 그러나 4월 초 빈 정신분석협회에서 대회가 끝난 직후 사후 분석 토론을 했을 때는 불평도 많았지만 예의를 지키는 사람도 많았다. 회장 임기의 타협, 그리고 어차피 프로이트가 아직은 없어서는 안 된다는 어쩔 수 없는 인식 때문에 반대하는 온도가 약간 낮아진 것이다. 프로이트도 이들의 감정을 진정시키려고 자기 할 일을 했다. 빈 사람들을 달래려는 기민한 조치로 아들러가 협회의 회장(Obmann)으로 복귀하도록 밀고, 아들러와 슈테켈을 새로운 정기간행물인 월간 〈정신분석 중앙신문(Zentralblatt für Psychoanalyse)〉의 공동 편집인으로 임명하자고 제안한 것이다. 아들러는 온화하게 프로이트가 대표직에서 물러나는 것은 "불필요한 행동"이라고 말했지만 결국 그 자리를 받아들였으며, 슈테켈과 함께 새 정기간행물 편집인 자리도 맡기로 했다.[112]

프로이트는 이 모든 호의의 과시를 대단히 냉소적으로 해석했다. 그는 페렌치에게 이렇게 털어놓았다. "여기 빈 사람들은 뉘른베르크의 반작용으로 아주 다정하게 나오면서, 대공을 우두머리로 세우는 공화국을 건립하기를 간절히 원하고 있네."[113] 그러나 또 한 번의 타협으로 모두가 행복해졌다.―대체로 행복해졌다. 아들러가 박수로 회장 자리에 앉으면서, 학술대표(wissenschaftlicher Vorsitzender)라는 자리가 새로 생겨 프로이트가 지명을 받은 것이다.[114] 나중에 프로이트는 박해를 받는다는 아들러의 주장이 근거 없고 비합리적이라는 증거로 자신의 이런 화해 제스처를 들이댄다.[115] 그러나 이것은 솔직하지 못한 것이다. 프로이트가 자신의 전략을 구사하던 중에 페렌치에게 솔직하게 말했듯이, 아들러에게 빈 그룹의 지도권을 넘긴 것은 "애정이나 만족 때문이 아니라, 결국 현실적으로 인물이 그 사람 하나밖에 없고, 그가 그 자리에 있어야 어쩔 수 없이 공동의 근거를 방어하는 데 힘을 합칠 것이기 때문"이었다.[116] 아들러를 설득할 수는 없다 해도 필요에 따라 부릴 수는 있다는 것이었다.

그러나 우리가 보았듯이 정신분석 정치만으로는 프로이트와 아들러의 긴장된 공존과 최종적인 결별을 완전히 설명할 수 없다. 조직적인 요구, 무의식적 갈등, 기질상의 불화, 이론의 충돌이 서로 상승 작용을 일으키다가 마침내 예정된 절정으로 치달았다. 두 사람이 거의 모든 면에서 반대라는 것도 사태에 도움이 되지 않았다. 그 시대에 양쪽 편을 든 사람들은 프로이트와 아들러의 옷 입는 습관, 개인적 스타일, 치료 방식이 서로 그렇게 다를 수가 없었다고 증언한다. 프로이트는 깔끔하고, 귀족적이고, 임상적인 거리를 유지하려 했다. 아들러는 옷에 별 관심이 없고, 민주적이고, 환자에게 적극적으로 개입했다.[117] 그러나 결국 두 사람이 갈라서게 된 것은 신념의 충돌이었다. 프로이트는 둘 사이의 차이를 얼버무리려 한 지 불과 1년 만에 아들러의 입장이 보수적이라고 지적하면서 아들러가 사실 대단한 심리학자인지 의문이 든다고 말했다. 단순히 전술적인 이유나 순전한 적대감 때문에 그랬던 것은 아니다.* 프로이트가 가장 바란 것은 빈의 평화였다. 1911년에는 취리히와의 관계가 약간 약해지는 것처럼 보이기 시작했기 때문이다. 그러나 아들러와 프로이트 두 사람 사이에 화해 불가능한 생각의 차이는 이제 의심의 여지가 없었다. 1911년이 되면 아주 분명해졌다. 사실 프로이트

---

* 프로이트는 일반적으로 불화에 대한 합리적이거나 지적인 설명이 의미 있다고 보지 않는 쪽이었다. 한번은 견해 차이 때문에 친구 관계가 불가능한 경우를 두고 이렇게 말한 적이 있다. "중요한 것은 학문적 차이가 아니다. 불화를 일으킨 것은 보통은 다른 종류의 적대감, 질투, 복수심이다. 학문적 차이는 나중에 온다." (Joseph Wortis, *Fragments of an Analysis with Freud* [1954], 163.) 프로이트 자신은 오히려 그 반대로 가는 경향이었다. 즉 지적인 불일치를 약간 감정적인 다툼의 근거로 삼는 쪽이었다는 것이다.

는 몇 년 전부터 그런 낌새를 채고 있었다. 그러나 아들러의 탈퇴가 초래한 심각성은 아주 뒤늦게 인식하게 되었다. 덜리 거슬러 올라가 1909년 6월에 프로이트는 융에게 아들러를 "빈틈없고 독창적인 이론가지만, 심리학적 성향은 아니"라고 말했다. "그 사람은 심리학을 넘어 생물학적인 것을 목표로 삼고 있네." 그러나 곧이어 아들러가 "품위 있는" 사람이며, "금방 떠날 것 같지는 않다고" 생각한다고 덧붙였다. 그러면서 가능하다면 "우리는 그 사람에게 매달려야 한다."고 결론을 내렸다.[118] 그러나 2년 뒤에는 그런 평화로운 분위기가 가능하지 않았다. 프로이트는 1911년 2월에 오스카어 피스터에게 아들러가 "그 자신을 위하여 사랑이 없는 세계 체제를 창조했다."고 말했다. "나는 그를 상대로 모욕을 당한 여신 리비도의 복수를 하고 있는 중이라네."[119]

프로이트가 이런 과감한 결론을 내리기 몇 달 전부터 지루하게 이어지던 상황은 파국으로 치닫고 있었다. 프로이트는 1910년 12월에 융에게 이렇게 말했다. "아들러 일이 정말 심각해지고 있네."**[120] 그 전까지 프로이트는 아들러가 프로이트 자신의 생각에 기여해주기를 희망적으로 기대하는 태도와 아들러가 리비도의 무의식적인 과정을 평가 절하하는 것을 불안하게 걱정하는 태도 사이를 오가고 있었다. 그러나 점차 아들러에 대한 얼마 남지 않은 희망은 줄어들었다. 아들러의 발상에 대한 불안이 강해지면서 아들러의 행동도 요령 없고 불쾌하게 느껴지고, 덩달아 그에 대한 짜증도 심해졌다. 프로이트가 왜 이런 현실과 직면하고 싶어 하지 않았는지는 이해할 수 있다. 1910년 말에는 그런 분쟁이 그에게 파멸의 운명처럼 보였다. 블로일러 같은 성가신 신입 회원들의 불확실한 태도로 인해 골치가 아팠기 때문에, 프로이트는 그런 분

** 프로이트도 인정했듯이 한 가지 문제는 아들러가 플리스에 관한 기억을 자극한다는 것이었다.

쟁이 주는 충격을 더 강하게 느낄 수밖에 없었다. 그는 발작처럼 일어나는 피로와 우울증을 겪었으며, 빈에서 자신이 견뎌야 하는 말다툼을 생각하면 예전의 고립이 그립다고 페렌치에게 고백했다. "솔직히 말해, 혼자였을 때가 더 좋았던 경우가 많아."[121]

하지만 위기를 촉진한 것은 프로이트가 아니라 프로이트의 지지자 가운데 아들러에게 가장 공감했던 히치만이었다. 1910년 11월 히치만은 아들러에게 그의 생각을 조금 자세히 이야기하여 회원들이 철저하게 검토할 수 있게 해 달라고 제안했다. 사실 프로이트를 포함하여 협회 회원 다수는 아들러의 제안을 정신분석 이론을 위협하는 대체물이라기보다는 귀중한 보완물로 여기고 있었다. 아들러도 순순히 응하여, 1911년 1월과 2월에 두 편의 논문을 발표했다. 그런데 이 가운데 두 번째인 〈신경증의 핵심 문제인 남성적 저항*〉은 그의 입장을 아주 솔직하게 제시하고 있었기 때문에 프로이트도 무시할 수가 없었다. 이제 아들러의 생각을 프로이트 자신의 사고 체계에 억지로 끼워 맞출 수도 없었다. 프로이트는 아들러의 첫 번째 발표 뒤에는 입을 다물고 있었지만, 두 번째에는 반대 의견과 그동안 쌓였던 분노를 퍼부었다.

프로이트의 발언은 실질적으로 반박 논문이나 다름없었다. 우선 그는 아들러의 주장이 너무 추상적이라서 파악이 불가능한 경우가 많다고 말했다. 나아가서 아들러는 익숙한 개념을 새로운 이름으로 제시하고 있다. "어쩐지 '남성적 저항'이라는 말 밑에 억압이 감추어져 있는 듯한 인상을 받는다." 더욱이 아들러는 "우리의 오래된 양성적 성격을 '정신적 자웅동체'라는 말로 불러, 마치 다른 것처럼 들리게 한다."**[122] 그

---

* **남성적 저항**(masculine protest) '남성적 추구'라고 번역하기도 한다. 남성이 사회적으로 더 높은 지위, 권력, 안정성을 누리는 것을 보고 성에 관계 없이 힘과 권력을 추구하려는 의지를 보이는 현상을 가리킨다. (편집자 주)

러나 그럴듯한, 조작된 독창성은 문제라고 할 수도 없다. 아들러의 이론은 무의식과 성욕을 무시한다. 그것은 "반동적인 동시에 퇴행적인 일반 심리학"에 불과하다. 프로이트는 계속 아들러의 지성을 존중한다고 하면서도, 그가 심리학을 생물학과 생리학에 종속시켜 심리학의 자율적 지위를 훼손한다고 공격했다. 그는 냉혹하게 예측했다. "아들러의 이 모든 학설은 큰 영향력을 발휘하여 정신분석에 피해를 줄 것이다."[123] 프로이트의 이런 격렬한 태도 밑에는 자신의 비타협적 이론이 오이디푸스 콤플렉스, 유아 성욕, 신경증의 성적 병인론과 같은 급진적 통찰을 내버린 아들러의 희석된 판본으로만 인기를 얻게 될 것이라는 끈질긴 두려움이 깔려 있었다. 프로이트는 사람들이 아들러 식으로 바꾼 정신분석을 받아들이는 것은 아예 거부하는 것보다 더 위험하다고 보았다.

아들러는 씩씩하게 자신을 방어하며, 자신의 이론에서 신경증의 기원 또한 프로이트의 경우와 마찬가지로 성적이라고 주장했다. 그러나 이런 외견상의 퇴각은 그들의 불일치를 더는 덮어줄 수가 없었다. 검투사들이 경기장에 나온 이상 끝까지 싸울 수밖에 없는 운명이었다.[124] 균열의 위기에 직면하자 고민에 사로잡힌 학회 회원 몇 명은 둘의 차이를 부인하는 쪽으로 달아났다. 프로이트와 아들러 사이에 양립 불가능한 면은 찾을 수가 없다는 것이었다. 슈테켈은 아들러의 견해가 "지금까지 우리가 발견한 사실들"을 심화하고 발전시켰다고 찬양하기까지 했다. 그것들이 "여전히 프로이트의 기초 위에 세워진 것"이라는 이야기였다. 그러나 프로이트는 그런 강요된 타협에 흥미가 없었다. 프로이트는 무

** 예민한 페렌치는 약 2년 전에 아들러의 이런 경향에 주목했다. 그는 1908년 7월 7일에 프로이트에게 이렇게 말했다. "물론 아들러의 열등성 학설이 이 논쟁적인 문제에서 결정적인 주장은 아닙니다. 사실 그것은 '신체적 호응(somatic compliance)'이라는 교수님의 개념을 폭넓게 제시한 것에 불과합니다." (Freud-Ferenczi Correspondence, Freud Collection, LC.)

뚝뚝하게, 만일 슈테켈이 두 주역의 견해에서 불일치를 찾지 못한다 해도, "참가자들 가운데 두 사람, 즉 프로이트와 아들러는 그런 불일치를 찾을 것임을 지적할 수밖에 없다."고 말했다.[125]

파국은 시간 문제일 뿐이었다. 1911년 2월 말 아들러는 빈 정신분석협회의 회장 자리를 내놓았으며, 부회장인 슈테켈은 "이 기회를 이용하여" 아들러에 대한 "그의 우정을 증명하기 위하여" 함께 사임했다.[126] 6월에 프로이트는 아들러를 〈정신분석 중앙신문〉의 편집인 자리에서 떼어내고─슈테켈은 편집인 자리를 유지했다.─학회 사퇴서까지 확보할 수 있었다. 프로이트는 한번 화가 나면 풀리지 않았다. 오랫동안 참을성 있게 아들러의 말에 귀를 기울였으나, 이제는 아니었다. 이런 기분에서는 공격적 충동이 독립적이라는 가설을 비롯한 아들러의 몇 가지 생각이 정신분석 이론에 중요한 기여가 될 수 있다는 점도 인정할 수 없었다. 오히려 프로이트는 아들러에게 그가 사용할 수 있는 가장 강력한 심리학적 표현을 사용했다. 1911년 8월에 그는 존스에게 이렇게 말했다. "내부에서 벌어진 아들러와의 의견 차이는 예전부터 생겨날 가능성이 높았던 것이고, 또 위기가 무르익도록 내가 분위기를 조성하기도 했네. 그것은 야망 때문에 미쳐버린 비정상적인 개인의 반란이었고, 그가 다른 사람들에게 끼치는 영향은 강력한 테러리즘과 사디즘에 의지하고 있었네."[127] 1909년까지만 해도 아들러를 품위 있는 사람이라고 불렀던 프로이트는 시간이 얼마 지나지도 않았는데 이제 아들러가 박해에 대한 편집증적 망상에 시달리고 있다고 믿고 있었다.*[128] 이것은 진단을 가장한 탄핵이었다.

아들러의 말투는 어쨌든 처음에는 온건한 편이었다. 그는 1911년 7월에 어니스트 존스에게 분쟁의 자세한 내용을 보고하면서 "가장 우수한 두뇌와 정직한 독립성을 지닌 사람들"이 자기편에 있다고 주장했다.[129]

그는 프로이트의 태도를 "펜싱 선수의 자세"라고 부르면서 개탄했다. 그리고 자신이 "모든 저자와 마찬가지로" 인정을 받으려고 노력했지만, "늘 한계 내에 온건하게 머물렀으며 그 안에서 기다릴 수 있었고 누가 다른 의견을 갖는다고 불평한 적이 없었습니다." 아들러는 자신이 '대의' 를 위하여 선전 활동을 해 온 시간을 상당히 늘려 "15년 동안" 빈에서 정신분석을 지칠 줄 모르고 옹호해 왔다고 존스에게 말했다. 그는 만일 "오늘날 빈의 의학계와 지식인 서클들이 정신분석 연구를 진지하게 받아들이고 그것을 높이 평가한다면, 정신분석이 빈에서 조롱이나 추방을 당하지 않는다면, 나 또한 적으나마 거기에 기여했다."고 주장했다. 아들러는 존스의 판단을 존중하는 것이 분명했다. "나는 박사에게 오해를 받고 싶지 않습니다."[130] 그러나 늦여름이 되면서 아들러의 어조가 강해졌다. 그는 존스에게 프로이트가 "모든 사람의 눈앞에서" 공식적으로 수행하려고 하는 "말도 안 되는 거세"를 불평했다. 그는 프로이트가 자신을 박해하는 것이 프로이트에게 "어울리는" 일이라고 말했다.[131] 심리학적 진단을 공격의 한 형식으로 이용한 사람은 프로이트만이 아니었던 것이다.

긴 여름 휴가 때문에 한동안 싸움이 중단되었지만, 프로이트가 분위기를 조성하여 무르익은 위기는 가을에 빈 정신분석협회가 학회를 다

---

* 1914년 아브라함은 프로이트의 〈정신분석 운동의 역사〉 원고를 읽다가 "박해"라는 말에 이의를 제기했다. "A(아들러)는 자신을 편집증이라고 부르는 것에 반발할 것입니다." 프로이트는 아들러가 실제로 박해를 받고 있다는 식으로 불평을 했다고 주장하면서도, 그 표현을 삭제하는 데는 동의했다. 그러나 막상 프로이트의 글이 출판되었을 때 "박해(Verfolgungen)"라는 말이 활자로 찍혀 있었다. (아브라함이 프로이트에게 쓴 편지, 1914년 4월 2일. *Freud-Abraham*, 165 [169]. 또 프로이트가 아브라함에게 쓴 편지, 1914년 4월 6일. 같은 책, 166 [170]도 참조.)

시 열었을 때 절정에 이르렀다. 프로이트는 10월 초에 페렌치에게 말했다. "내일이 학회의 첫 회의라네." 여기에서 "아들러 패거리를 몰아내는" 시도를 하겠다는 것이었다.[132)] 회의에서 아들러와 그의 가장 열렬한 지지자 세 명이 사퇴하여 아들러 그룹을 만들었다면서, 프로이트는 이 그룹이 "적대적 경쟁자"라고 선언했다. 이 선언으로 모든 퇴로는 차단되었다. 프로이트는 새로운 그룹의 회원이 되면 빈 정신분석협회 회원은 겸할 수 없으므로 참석자 모두가 일 주일 안에 둘 중 하나를 선택하라고 요구했다. 나중에 아들러의 가장 가까운 측근에 속하게 되는 카를 푸르트뮐러는 돌이킬 수 없는 것을 돌이키려는 최후의 헛된 시도로, 두 회원을 겸할 수 없다는 말에 대한 반론을 한참 동안 펼쳤다. 그러나 작스, 페데른, 히치만의 찬성을 얻은 프로이트는 물러서지 않았다. 프로이트가 뜻을 관철하자 아들러 지지자 여섯 명이 협회에서 사퇴했다. 프로이트는 "전투와 승리로 약간 피곤했지만", 모든 것이 끝난 뒤의 만족감을 느끼며 융에게 알렸다. "아들러 패거리 전체"가 사라졌다. "나는 날카로웠지만 부당하지는 않았네." 이어 약간 짜증스러운 목소리로 "그들은 우리의 부자유스러운 협회와는 반대되는 '자유로운 정신분석'을 위한 협회를 세웠고, 특별 정기간행물을 낼 계획이라네." 그런데도 아들러파는 계속 "기생적인" 방식으로 빈 정신분석협회의 회원 자격을 주장하면서, 이 협회를 활용하고 곡해하기를 "당연히" 바라고 있었다. "나는 이런 공생을 불가능하게 만들었네."[133)] 프로이트와 프로이트파는 빈 정신분석협회를 자기들만의 것으로 만들었다. 오직 슈테켈만 그대로 남아 프로이트에게 아직 못다 한 일을 일깨웠다.

프로이트보다 아들러가 이 결렬을 사상을 둘러싼 투쟁으로 보는 쪽이었다. 두 사람이 결별하기 직전 프로이트가 사적인 식사 자리에서 아들러에게 협회를 떠나지 말라고 간청하자 아들러는 수사 의문문으로 물었다. "왜 제가 늘 교수님 그늘에서 제 일을 해야 합니까?" 이 질문의 어조가 애처로웠는지 도전적이었는지는 알기 힘들다. 아들러는 나중에 자신의 고통에 찬 외침이 자신이 "점차 불신하게 된 프로이트의 이론을 책임지고, 반면 자신의 작업은 프로이트와 그 추종자들에 의해 곡해되거나 한쪽으로 밀려나게 될" 두려움을 표현한 것으로 해석하는 쪽을 택했다.[134] 단지 프로이트가 아들러를 거부한 것이 아니었다. 아들러도 똑같이 격렬하게 프로이트를 거부했다. 어쨌든 아들러는 적어도 그들의 결별을 이런 식으로 보았다.

1911년 6월 프로이트는 융에게 약간 때 이르기는 하지만 간결하게 외쳤다. "마침내 아들러를 제거했네." 이것은 승리의 외침이었다. 그러나 프로이트 정신의 더 깊은 층에서는 아마 결론이 난 것도 없고, 정리가 된 것도 없었던 것 같다. 프로이트는 "마침내(endlich)"라고 쓰는 대신 "끝없이(endlos)"라고 쓰는 실수를 통해 그 점을 드러냈다.[135] 그는 미래에 놓인 문제를 느끼고 있었던 것으로 보인다. 그러면서도 여전히 융을 선택받은 후계자로 옆에 거느리고 있었다. 빈에서 골치 아픈 일이 벌어지는 동안 정신분석 사업—블로일러는 말할 것도 없고 모임, 대회, 정기간행물 등—은 융과 주고받는 편지에서 점점 더 많은 자리를 차지했다. 물론 사례사의 교환이나 속물들과 벌이는 전쟁에서 보내는 보고도 줄지 않았다. 이어지는 여러 대회와 다량의 정신분석 출간물을 통해 융은 1910년 새로 결성된 국제정신분석협회 회장에 선출되면서 처음 인정받았던 주도권을 공고히 다져 나갔다. 1년 뒤, 아들러가 탈퇴하고 나서 얼마 지나지 않은 1911년 9월 바이마르에서 열린 국제 정신분석가 대회에서 융의 지위는 난공불락으로 보였다. 박수로 융은 회장에, 리클린은 간사에 재선출되었다. 프로이트의 친밀한 호칭 "친구에게"는 전

1911년 9월 바이마르에서 열린 세 번째 국제 정신분석가 대회의 공식 단체 사진. 중앙에 프로이트가 서 있고, 그 왼쪽 약간 아래가 페렌치, 오른쪽으로 한 사람 건너 아래가 융이다. 앉아 있는 사람들 가운데 왼쪽에서 다섯 번째가 루 안드레아스—살로메. 이때는 이미 융과 프로이트의 관계에 불화의 조짐이 보이기 시작할 무렵이었다.

과 다름없이 융에게 자주 보내는 편지의 첫머리를 장식했다. 그러나 바이마르 대회 불과 한 달 뒤인 10월 에마 융은 남편과 남편이 존경하는 스승 사이에서 약간의 긴장을 감지했다. 그녀는 용기를 내어 프로이트에게 편지를 썼다. "교수님과 제 남편의 관계가 될 수 있고 되어야 하는 만큼은 아닌 것 같다는 생각에 괴롭습니다."[136] 프로이트는 페렌치에게 그녀의 편지에 "다정하게 또 아주 자세히" 답장을 해주었지만, 그녀가 하는 말을 이해하지는 못했다고 주장했다.[137] 이 순간만큼은 융 부인이 두 주인공들보다 더 예민하고 선견지명이 있었다. 뭔가 잘못되고 있었던 것이다.

융과 결별하다

융은 훗날 적대감을 가지고 돌아보면서, 자신과 프로이트의 결별의 뿌리가 1909년 여름 프로이트, 페렌치와 함께 미국에 갈 때 조지 워싱턴 호 선상에서 벌어진 에피소드에 있다고 생각했다. 융의 이야기에 따르면 그는 프로이트의 사생활에 관해 더 자세히 듣지 못하는 상황에서 프로이트의 꿈 하나를 최선을 다해 해석했다. 프로이트는 사생활에 관해 이야기하지 않으려 하면서 의심하는 눈으로 융을 보았고, 남에게 자신을 분석시킬 수는 없다고 말했다. 그렇게 하면 그의 권위가 위태로워진다는 것이었다. 융은 이런 거부가 자신을 지배하던 프로이트의 힘에 조종(弔鐘)이 울리는 소리로 들렸다고 회고했다. 자칭 과학적 솔직함의 사도인 프로이트가 개인적 권위를 진리 위에 놓고 있었기 때문이다.*[138]

진상이 무엇이든 융은 프로이트의 권위 밑에서 안달을 하고 있었으며, 융은 아니라고 했지만 그것을 오래 견디고 싶은 마음이 없었다. 1912년 7월이라는 늦은 시기에 프로이트는 피스터에게, 융이 "꺼림칙한 마음" 없이 자신에게 자유롭게 반대하기를 바란다고 말했다.[139] 그러나 그것이야말로 융이 하지 못하는 일이었다. 융이 프로이트에게 보낸 마지막 편지들을 지배하는 격분, 엄청난 광포는 아닌 게 아니라 아주 꺼림칙한 마음을 증언한다.

이따금씩 융은 자신이 프로이트를 떠난 것에 더 복잡한 이유들을 제시했다. 예를 들어 그가 미국에서 강연하고 1912년 말에 《정신분석 이론》이라는 제목으로 출간한 강연들을 프로이트가 진지하게 받아들이

---

* 융은 약간 다른 판본에서 프로이트와 처제 미나의 불륜을 알고 있었다고 주장하면서, 프로이트가 분명하게 말하지 않은 그 꿈이 불륜과 관계가 있다고 말했다. (문헌 해제의 2장 참조.)

려 하지 않았다는 것이다. 실제로 융은 "그 책을 쓴 대가로 나는 프로이트의 우정을 잃었다."고 회고했다. "프로이트가 그것을 받아들일 수 없었기 때문이다."[140] 그러나 나중에 융은 이런 진단을 수정하고 복잡하게 바꾸었다. 그 책은 결별의 "진짜 원인"이라기보다는 "마지막 원인"이라는 것이다. "거기에는 긴 준비 과정이 있었기 때문이다." 융은 그의 우정 전체가 어떤 의미에서는 분노에 찬 파국의 준비였다고 생각했다. "알다시피, 처음부터 나에게는 정신적 유보(reservatio mentalis)가 있었다. 나는 그의 생각 가운데 꽤 많은 것에 동의할 수 없었다."[141] 특히 리비도에 대한 프로이트의 생각이 그런 예였다. 이것은 충분히 합리적인 이야기다. 융의 편지 전체에 불길한 서브텍스트처럼 관통하여 흐르는 프로이트와의 의견 불일치 가운데 그를 가장 괴롭힌 것은, 자신이 리비도를 규정하는 데에 무능력하다고 그가 한때 완곡하게 표현했던 것과 관련이 있었다. 이것은 번역을 하면 프로이트의 리비도 정의를 받아들일 용의가 없다는 말이었다. 융은 프로이트의 용어의 의미를 넓혀, 단지 성적인 충동만이 아니라 일반적인 정신적 에너지도 끌어안으려고 꾸준히 시도했다.

그러나 프로이트는 자신의 유산을 안전하게 물려주었다는 생각에 현혹된 나머지 융의 "정신적 유보"가 끈질기게 지속되면서 넓게 퍼져 나가는 것을 빨리 인식하지 못했다. 한편 융은 자신의 진실한 감정을 심지어 자기 자신에게도 몇 년 동안 위장했다. 프로이트는 계속 "옛날의 헤라클레스와 같았다." 그는 "인간 영웅이자 더 높은 신이었다."[142] 1909년 11월 융은 클라크 대학에서 스위스로 돌아온 뒤 더 빨리 편지를 쓰지 못한 것을 뉘우치며 "아버지"에게 자신이 죄를 지었음을 유순하게 고백했다. "아버지여, 저는 죄를 지었나이다(Pater peccavi)."[143] 두 주 뒤 융은 다시 매우 아들 같은 태도로 결정적인 권위인 프로이트에게 호소했다. "교수님이 근처에 계셨으면 하고 바랄 때가 얼마나 많은지 모르겠습니다. 종종 교수님께 여쭙고 싶은 것이 몇 가지씩 생기곤 합니다."[144]

사실 융은 균열이 눈에 띄기 전에는 자신과 프로이트의 의견 불일치를 개인적 결함으로 여기곤 했다. 물론 자신의 결함으로. 프로이트의 견해에서 어떤 문제를 느끼면 그것은 "분명히" 자신이 "아직 교수님의 입장에 충분히 제 입장을 맞추지 못했기" 때문임이 틀림없었다.[145] 두 사람은 사교적인 편지를 계속 주고받았으며, 빡빡한 일정에도 틈만 나면 둘이서 함께 시간을 보냈다. 이야기를 하거나 글을 쓸 재료는 늘 많았다. 1910년 1월 2일 프로이트는 융에게 인간의 종교에 대한 요구의 근원을 "유아적 무력감"에서 찾는 생각을 하는 중이라고 말했다.[146] 이 흥분에 찬 발표는 융에 대한 프로이트의 신뢰의 표시였다. 바로 하루 전에 프로이트는 페렌치에게 새해를 맞으면서 종교의 뿌리에 대한 통찰이 떠올랐다고 털어놓았기 때문이다.[147] 한편 융은 자신이 "일부다처적 구성요소"[148]라고 부르는 것으로 인해 발생한 가정 위기에서 허우적거리고 있었는데, 프로이트에게 자신이 "성적 자유의 윤리적 문제"에 관해 곰곰이 생각해보고 있다고 솔직하게 말했다.[149]

이런 사적인 문제들 때문에 프로이트는 약간 걱정을 했다. 그런 문제들 때문에 융의 관심이 주된 사업, 즉 정신분석에서 벗어날 위험이 있었기 때문이다. 프로이트는 융에게 인내심을 가지라고 호소했다. "더 오래 버티면서 우리 대의의 돌파구를 찾아 나가야 하네."[150] 이때가 1910년 1월이었다. 다음 달에 프로이트는 페렌치에게 융의 "성애적이고 종교적인 영역"에서 "다시 폭풍이 사납게 휘몰아치고 있다"고 알렸다. 프로이트의 예민한 논평에 따르면 융의 편지는 주저하고 거리를 두는 듯한 느낌을 주었다.[151] 몇 주가 지나서야 프로이트는 융이 "개인적인 혼란"에서 빠져나오는 것을 보고 기운을 얻었으며, "곧 그와 화해를 했네. 사실 나는 화가 난 것이 아니라 그냥 걱정을 했을 뿐이거든."[152] 융은 평정을 회복했는지 아내를 분석하기 시작했다. 프로이트는 융이 이런 기법상의 규칙을 터무니없이 어겼다는 사실을 보고받았을 때에도 너그러운 태도를 보였다. 프로이트는 그 무렵 막스 그라프가 자신의 아들 '꼬마 한스'를 분석하는 것을 도운 일이 있었으며, 융이 틀림없이 비분석적인 감정들을 완전히 극복하는 것은 불가능하다는 것을 알게 될 것이라고 생각하면서도, 아내를 분석하는 일에서도 성공을 거둘 수 있다고 생각했다.

융이 과민할 때 프로이트는 달래주었다. 프로이트는 융이 뜨거운 관심을 공유하는 문제인 정신분석을 문화 연구에 응용할 가능성에 관하여 생각하면서, "신화 연구자, 언어학자, 종교사가들"이 작업을 도와주면 좋겠다는 갈망을 드러냈다. "안 그러면 우리끼리 그 일을 해야 할 걸세."[153] 약간 이상한 일이지만, 융은 프로이트의 이런 공상을 비판으로 해석했다. "저는 그 이야기를 듣고 교수님께서 제가 이 일에 적합하지 않다는 말씀을 하시는 것이라고 혼자 생각했습니다."[154] 그러나 이것은 프로이트가 생각하던 것과는 아무런 상관이 없었다. 프로이트는 이렇게 대답했다. "박사가 기분이 상했다는 말이 내 귀에는 음악으로 들리네. 박사가 이런 관심을 그렇게 진지하게 여기다니, 박사가 지원군이 되고 싶어 하다니 기쁘기 짝이 없네."[155] 이런 긴장이 생기면 프로이트는 다독거려서 풀어주려고 노력했다. "편히 쉬게." 그는 "사랑하는 아들"에게 그렇게 말하면서, 다가올 큰 승리의 전망을 보여주었다. "나는 내가 정복할 수 있는 것보다 박사가 정복할 땅을 더 많이 남겨 두겠네. 그것은 바로 정신의학계 전체와 문명 세계의 승인일세. 문명 세계는 나를 야만인으로 보는 데 익숙하거든!"[156]

융은 내내 가장 사랑받는 아들의 자세를 유지했다. 아버지를 사랑하지만 가끔 제멋대로 구는 정도였다. 1910년 초 돈이 많이 생기는 진찰을 위하여 미국에 가는 바람에 자칫 뉘른베르크 대회에 늦을 수도 있는 상황에 처하자, 파리에서 프로이트에게 아이처럼 사과하는 편지를 보냈다. "자, 제 장난 때문에 화를 내지는 말아주세요!"[157] 그는 계속해서 "자주 나를 압도하는 교수님에 대한 열등감"을 고백하기도 하고, 프로이트의 감사 편지 한 통에는 특별히 기쁜 감정을 드러내기도 했다. "사실 저는 아버지가 어떤 식으로 인정해주시든 고맙게 잘 받아들입니다."[158]

그러나 가끔 융은 반항적인 무의식을 억누를 수 없었다. 프로이트는 《토템과 터부》 작업을 하고 있었는데, 융이 이런 종류의 가설적인 선사시대에 관심이 있다는 것을 알았기 때문에 제안할 것이 없느냐고 물었다. 그러나 이 "아주 친절한 편지"에 대한 융의 반응은 방어적이었다. 그는 따뜻한 말로 감사하고 난 다음에 얼른 덧붙였다. "하지만 교수님이 이 영역, 즉 종교심리학에도 관여하시게 되니 저로서는 매우 답답합니다. 경쟁이라는 면에서 생각한다면, 교수님은 위험한 경쟁자입니다."[159] 융은 프로이트를 경쟁자로 볼 필요가 있는 것이 분명했다. 물론 그는 이번에도 자신의 결함 있는 성격을 탓했지만. 융은 정신분석을 홍보하는 일에 자부심을 느꼈으며, 이것이 "나의 개인적인 시튼 면이나 불쾌한 면"보다 훨씬 중요한 일이라고 생각했다(프로이트도 동의하기를 바랐다). 융은 불안하게 물었다. 혹시 "교수님이 저를 불신하는 것"일까요? 융은 그럴 만한 이유가 없다고 프로이트를 안심시켰다. 프로이트도 물론 융이 그 자신의 견해를 갖는 데 반대하지 않을 것이라면서. 그러나 융은 자신이 "더 잘 아는 분의 판단을 따라 제 견해를 바꾸려고 노력했다."고 주장했다. "저한테 이단의 피가 약간 흐르지 않았다면 애초에 교수님 편을 들지도 않았을 것입니다."[160] 프로이트가 아들러와 최종적으로 결별하고 나서 몇 달 뒤 융은 다시 힘주어 자신의 충성을 재확인했다. "저는 아들러를 흉내 낼 생각이 조금도 없습니다."[161]

프로이트는 이런 증후적인 부인을 그냥 넘기고 싶은 마음이 간절했지만 안심시키려는 융의 노력에 안심을 할 수가 없었다. 대신 천천히 해지기 시작하는 그들의 친밀성이라는 옷감을 매우 섬세한 방식으로 수선하려고 노력했다. 융의 가혹한 자기 진단을 받아들이지 않고, "서툰 면"과 "불쾌한 면"을 "기분"이라는 훨씬 온건한 표현으로 대체했다. 프로이트는 그들 사이의 유일한 문제는 융이 이따금 국제정신분석협회 회장으로서 의무를 태만히 하는 것뿐이라고 덧붙였다. 그는 약간 아쉬워하는 말투로 융에게 일깨웠다. "우리의 개인적 관계의 파괴할 수 없는 기초는 우리가 정신분석에 참여하고 있다는 걸세. 하지만 이런 기초 위에 뭔가 더 불안정하기는 하지만 아름다운 것, 즉 친밀한 유대를 구축하고 싶은 유혹을 느꼈네. 그런 식으로 유지하면 안 될까?"[162] 이것은 프로이트의 존재 깊은 곳에서 나오는 호소였다. 프로이트는 융이 제기하는 모든 쟁점에 꼼꼼하게 반응하면서 자신은 융의 지적 독립성 주장에 전적으로 동의한다고 선언했다. 융은 자율성 청원을 뒷받침하려고 니체의 《차라투스트라는 이렇게 말했다》의 긴 구절을 인용했다. 그 구절은 이렇게 시작한다. "늘 제자로만 남으면 그것은 스승에게 제대로 보답하는 것이 아니다. 왜 내 화환을 채 가고 싶어 하지 않는가?"[163] 프로이트는 약간 당황하여 대답했다. "제3자가 이 구절을 읽는다면 나한테 언제 박사를 지적으로 억누르려 했느냐고 물을 것 같군. 그러면 나는, 나도 모르겠다, 하고 대답할 수밖에 없겠지." 프로이트는 다시 한 번, 이번에는 약간 신랄하게 융의 근심을 덜어주려 했다. "나의 감정적인 관심은 쭉 지속될 것이니 안심하게. 편지는 자주 안 써도 좋으니, 계속 나를 친하게 여기기만 하면 되네."[164]

그러나 프로이트의 호소는 무위로 돌아갔다. 융이 보인 반응이 있다면, 그것은 그의 호소를 유혹하려는 시도로 읽은 것이었다. 1912년 5월에 융은 근친상간 터부 문제를 둘러싼 논쟁에서 프로이트와 다투게 되었다. 이 다툼 뒤에는 결코 해소된 적이 없는 성욕이라는 쟁점이 있었다. 이 편지 교환에서 프로이트는 당황한 말투였다. 그는 그들의 우정이 끝날 운명이라는 인식을 격퇴하려고 필사적으로 노력했다. 그러나 융은 상처 받은 목소리였다. 이미 친구와 결별하여 자기 쪽의 이유를 늘어놓고 있는 사람 같았다. 최종적인 결렬이 사소한 사건에서 시작된 것은 우연이 아니었다.

그 무렵 콘스탄츠 호반의 크로이츨링겐 정신병원 원장이 된 루트비히 빈스방거가 1912년 4월 악성 종양으로 수술을 받았다. "왕성하게 활동하는 젊은이들 가운데 하나"가 불합리한 죽음을 맞이할지도 모른다는 생각에 깜짝 놀란 프로이트는 환자에게 고뇌에 찬 편지를 보냈다. 그는 "몇 년 뒤에 생이 끝나더라도 불평해서는 안 될(그리고 불평하지 않기로 결심한) 노인"이라고 자신을 묘사하면서, 빈스방거의 목숨이 위험에 처했을지도 모른다는 소식에 "특히 가슴이 아팠다"고 말했다. 프로이트는 빈스방거가 사실 "나 자신의 목숨을 이어갈 사람들 가운데 하나"라고 말했다. 가끔 자식이나 지지자들이 그에게 확보해줄지도 모르는 불멸에 대한 프로이트의 은밀한 소망이 의식의 표면으로 떠오르는 때가 있었다. 그런 소망이 융과의 관계에 미묘하게 영향을 주기는 했지만, 빈스방거가 죽을지도 모른다고 생각했을 때만큼 통렬하게 표현된 적은 드물었다.* 빈스방거는 프로이트에거 그 일을 혼자만 알고 있어 달라고 요청했고, 프로이트는 서둘러 환자의 병문안을 갔다. 환자

---

* 결국 빈스방거는 1966년까지 산다.

는 상태가 좋았다.[165]

자, 퀸스나흐트에 있는 융의 집은 크로이츨링겐에서 불과 60킬로미터 정도밖에 안 떨어졌다. 그러나 프로이트는 시간에 쫓겨 융에게 들르지 않았다.[166] 융은 프로이트의 바쁜 일정은 무시하고 이 일을 불쾌하게 받아들였다. 그는 죄책감에 시달리는 동시에 프로이트를 책망하는 편지를 프로이트에게 보내, 프로이트가 자신에게 들르지 않은 것을 "크로이츨링겐 행동"이라고 부르며 이 행동은 프로이트가 자신의 독립적인 태도를 불쾌하게 여겼기 때문에 나온 것이라고 말했다.[167] 프로이트는 답장에서 빈스방거의 수술에 대한 언급 없이* 자신의 움직임을 자세하게 설명하고, 융에게 이제까지 심한 의견 차이를 이유로 자신이 융을 방문을 하지 않은 적이 없다는 사실을 지적했다. "몇 달 전만 해도 박사가 이렇게까지 해석하지는 않았을 걸세." "크로이츨링겐 행동"과 관련해 지나치게 민감한 융의 태도 때문에 프로이트는 궁금해졌다. "박사의 그 말에서 나라는 사람과 관련된 불신이 느껴지는군."[168]

프로이트의 불안은 곧 측근들에게도 전달되었다. 6월에 어니스트 존스는 빈에 있었다. 존스는 페렌치를 만난 김에 정신분석 진영 내의 분열 위험을 검토했다. 아들러의 탈퇴가 프로이트와 그의 지지자들에게 남긴 감정적 상처가 아직 치유되지 않은 상태에서, 이제 융의 문제가 떠오를 가능성이 높아 보였을 뿐 아니라 결과도 비참할 것 같았다. 이때 존스가 정신분석의 역사를 결정지은 한 가지 아이디어를 제시했다. 그

---

* 프로이트는 이 사실을 다른 사람들에게도 감추었다. 그는 아브라함에게 이렇게 말했다. "성령 강림절 주간 동안 콘스탄츠 호수에서 빈스방거의 손님으로 지냈네." (1912년 6월 3일. Karl Abraham papers, LC.) 또 여행의 진짜 목적은 이야기하지 않고 빈스방거의 집에서 주말을 보내고 왔다고만 이야기한 페렌치에게 쓴 편지도 참조. (1912년 5월 30일. Freud-Ferenczi Correspondence, Freud Collection, LC.)

는 충성파들로 구성된 긴밀하고 작은 조직이 필요하다고 생각했다. 이 비밀 "위원회"가 프로이트의 믿을 만한 근위대로서 그를 호위한다는 것이었다. 위원회의 구성원들은 소식과 생각을 서로 공유하며, 억압, 무의식, 유아 성욕 등 "정신 분석 이론의 근본 학설 가운데 어느 것에서라도 이탈하려는" 움직임에 관하여 엄격한 비밀을 유지한 상태에서 논의를 하기로 했다.[169] 페렌치는 존스의 제안을 열렬하게 환영했다. 랑크도 마찬가지였다. 한껏 고무된 존스는 그 무렵 카를스바트 온천에서 한 해의 피로를 풀고 있던 프로이트에게도 자신의 구상을 알렸다.

프로이트는 그 구상을 진지하게 받아들였다. "우리 가운데 최고이자 가장 믿을 만한 인물들로 구성된 비밀 위원회가, 내가 이 땅에 없을 때 정신분석의 발전을 관리하고 개인이나 사건과 관계없이 대의를 옹호하는 역할을 한다는 박사의 구상은 곧바로 내 상상력을 사로잡았네." 그는 존스의 제안이 아주 마음에 들었기 때문에 슬그머니 그 구상을 내놓은 사람으로 자처했다. "박사는 그런 생각을 밝힌 사람이 페렌치라고 하는데 내 생각이라고 해도 좋을 것 같네. 좋았던 시절, 그러니까 융이 그의 주위에 협회 지부의 공식 대표들로 이루어진 서클을 형성하기를 바랐던 시절에 그런 생각을 했거든. 지금은 안타깝게도 그런 조직이 융이나 선출된 대표들과는 별도로 결성되어야 한다고 말할 수밖에 없지만 말일세." 그런 위원회라면 틀림없이 "내가 살고 죽는 것을 더 편하게 해줄 거야." 프로이트는 첫 번째 요구조건이 "이런 위원회가" 그 존재에서나 활동에서나 **엄격하게 비밀을 유지하는 것**"이라고 생각했다. 위원 수도 적어야 했다. 처음 구상을 내놓은 존스, 페렌치, 랑크 등은 분명한 후보였고, 아브라함도 마찬가지였다. 작스도 그랬다. "안 지는 얼마 되지 않았지만 그에 대한 나의 신뢰는 무한하네."[170] 프로이트는 제안의 취지에 공감하여 최대한 신중하게 움직이겠다고 약속했다.

이 계획은 이 초기 정신분석가들을 괴롭히던 불안을 그대로 보여준다. 프로이트는 "어쩌면 이것이 현실의 필요에 맞도록 수정될 수도 있지만"[171] 솔직하게 "이 개념에는 소년다운, 또 어쩌면 낭만적인 요소도 있다."는 것을 인정했다.[172] 존스도 똑같이 감정이 실린 표현을 사용했다. "샤를마뉴 대제의 12용사처럼 주군의 왕국과 정책을 호위하기 위해 단합된 소규모 조직을 만들자는 구상은 나 자신의 낭만주의의 산물이었습니다."[173] 실제로 위원회는 몇 년 동안 만족스럽게 활동했다.

'크로이츨링겐 행동'에 기분이 상했다는 융의 끈질긴 주장은 1912년 여름 내내 처리되지 않고 그대로 남아 있었다. 융의 분노는 프로이트의 불안을 부채질했다. 프로이트가 7월 말 존스에게 한 말에 따르면, 융에게서 받은 편지는 "지금까지의 우정 어린 관계에 대한 공식적인 부인으로 해석할 수밖에 없네." 프로이트는 개인적인 이유가 아니라 직업적인 이유에서 그 점을 안타까워했으나, "그냥 흘러가는 대로 내버려 두고 그에게 더 영향을 주지 않기로 결심했다." 사실 "정신분석은 이제 나 혼자만의 일이 아니라, 박사나 다른 많은 사람과 관계된 일이 아니겠나."[174] 며칠 뒤 프로이트는 애처로운 목소리로 아브라함에게 장기간에 걸친 융에 대한 불신을 회고하면서 이렇게 말했다. "나는 취리히에서 벌어진 사건에 몰두하고 있네. 오랫동안 무시하고 싶었던 박사의 옛 예언이 맞아떨어지고 있네."[175] 이 몇 달간 프로이트의 모든 편지들은 그가 자신의 운동의 미래, 즉 감정적으로 말하자면 자기 자신의 미래를 지킬 방법들을 찾는 데 골몰했음을 보여준다. "앞으로는 절대 분열을 초래하는 일을 하지 않겠네. 사무적인 공동체가 말짱하게 유지될 수 있기를 바라네."[176] 프로이트는 자신이 퀸스나흐트를 방문하지 못한 것에 관한 융의 편지를 페렌치에게 보내면서 이 편지가 융이 신경증에 걸렸음을 보여주는 것일 수도 있다고 해석했다. 프로이트는 "정신분석을 섬기는 일에서 유대인과 비유대인"을 융합하려는 자신의 노력이 실패했음을 슬픈 마음으로 인정했다. "그 둘은 물과 기름처럼 따로 놀아."[177] 그는 이 문제에 몰두해 있는 것이 분명했다. 다음 달에 그는 랑크에게 "정신분석의 땅에서 유대인과 반유대주의자들의 통합"이 이루어지기를 바랐다고 말했다.[178] 그 후 이것은 심지어 역경 속에서도 늘 프로이트의 목표가 되었다.

프로이트는 자신이 이 모든 일을 받아들이는 방식에 페렌치가 만족할 것이라고 생각했다. "감정적으로는 거리를 두고 지적으로는 우월하게."[179] 그러나 사실 프로이트는 그가 보여주고 싶은 만큼 거리를 두지 못했다. 물론 그는 9월이라는 늦은 시기까지도 "융과 나 사이에 결별이라는 큰 위기는 없을 것"이라는 존스의 예측을 받아들이고 있었다. 그는 어쨌든 합리적인 태도를 보이려고 했다. "박사와 취리히 사람들이 형식적인 화해를 하고 싶다면, 내가 곤란한 상황을 만들지는 않겠네. 그것은 형식적인 일이 될 뿐이고, 나는 그에게 화가 나 있지 않으니까." 그러나 프로이트는 "그에 대한 내 이전의 감정을 되살릴 수는 없을 것"이라고 덧붙였다.[180] 어쩌면 사랑하는 로마에서 휴가를 보내고 있었기 때문에 필요 이상으로 낙관적이 되었던 것인지도 모른다.

그러나 융의 행동을 보면서 낙관주의가 들어설 근거는 차츰 사라지게 되었다. 융은 11월에 미국 강연 여행에서 돌아온 뒤에 여전히 불만을 품은 채 프로이트에게 편지를 썼다. 융은 뉴욕의 포덤 대학(프로이트는 이곳을 "예수회 수사들이 운영하는 약간 알려지지 않은 대학"[181]이라고 불렀다)과 다른 곳에서 강연을 하면서 유아 성욕, 신경증의 성적 병인, 오이디푸스 콤플렉스 등 정신분석의 수하물 대부분을 뱃전 너머로 던져버리고, 공개적으로 리비도를 재규정했다. 그는 프로이트에게 보고를 하면서 명랑한 목소리로 자신의 정신분석 이론이 이제까지 "신경증의 성욕 문제" 때문에 혐오감을 갖고 있던 많은 사람들을 끌어들였다고 말했다. 융은 자신이 보는 대로 진실을 말할 권리에 따라 행동한 것이라고 덧붙였다. 그러면서도 비록 프로이트의 '크로이츨링겐 행동'이 치유되지 않는 상처를 남겼다고 다시 주장하기는 했지만, 둘의 우호적인 개인적 관계가 지속되기를 바란다고 말했다. 결국 자신은 프로이트에게 큰 빚을 지고 있다고, 정중한 태도를 보이기 위해 잠시나마 열심히 노력을 하기도 했다. 그러나 그가 프로이트에게 원하는 것은 원한이 아니라 객관적 판단이라고 말했다. "저에게 이것은 기분의 문제가 아니라, 제가 진실이라고 생각하는 것을 지키는 문제입니다."[182]

융의 편지는 공격적인 선언문이었으며, 거의 무례하다고 할 수 있는 독립 선포였다. 그러나 편지는 불쾌한 소식이 취리히에서만 나오는 것이 아님을 프로이트에게 일깨워주기도 했다. 융은 이렇게 말했다. "슈테켈과도 어려운 일이 생겼다고 들었습니다." 융은 공격적인 말투로 슈테켈을 〈정신분석 중앙신문〉에서 해고해야 한다고 덧붙였다. 그는 "노출증은 물론이고, 고백에 대한 품위 없는 광적인 집착으로 이미 해를 줄 만큼 주었습니다."[183] 프로이트도 융에게 동의했는데, 아마 이것이 그들의 마지막 합의였을 것이다. 슈테켈은 1912년 내내 빈 정신분석협회 모임에 계속 참석했다. 그해 초 몇 달 동안은 자위에 관한 일련의 논의에 특히 열심히 참석했으며, 10월에는 〈정신분석 중앙신문〉의 편집인으로 재임명되었다.[184] 그러나 그와 타우스크 사이에 싸움이 벌어졌으며, 슈테켈의 오랜 도발 끝에 벌어진 이 사건을 보면서 프로이트의 인내는 한계를 넘고 말았다. 슈테켈은 자서전에서 프로이트와 결별한 대목을 모호하게 처리했으며 불평을 하지도 않았다. 어쩌면 융이 이간질을 했다고 추측했던 것인지도 모른다. 프로이트가 호전적인 타우스크를 총애했던 것은 분명했으며, 슈테켈은 타우스크를 적으로 생각했다.[185] 사실, 최종적인 분규는 슈테켈이 편집인으로서 〈정신분석 중앙신문〉을 관리하는 방식 때문에 촉발되었다. 프로이트도 고마운 마음으로 인정했듯이, 처음에 슈테켈은 아들러와는 완전히 다른 "뛰어난" 편집인이었다.[186] 그러나 곧 잡지를 자신의 사적인 영역으로 취급하며 타우스크의 서평이 실리는 것을 막으려 했다. 프로이트는 그런 고압적인 자세를 "허용할 수 없다"고 생각하였으며,[187] 마침내 1912년 11월에 아브라함에게 "슈테켈은 자기 길로 갈 것"이라고 말했다. 프로이트는 크게 안도했다. "그 점에 나는 매우 만족하네. 온 세상과 맞서 그를 방어하는 일 때문에 내가 얼마나 고통을 겪었는지 박사는 모를 걸세. 슈테켈은 견딜 수 없는 인간이야."[188] 프로이트가 슈테켈은 "자포자기에 빠져 수치를 모르는" 거짓말쟁이라는 생각을 굳히면서 결별은 돌이킬 수 없게 되었다. 프로이트가 존스에게 한 말에 따르면, 슈테켈은 취리히 사람들에게 "그의 정신의 자유를 질식시키려는" 시도가 있었다고 말하면서도, 그가 타우스크와 싸운 일이나 〈정신분석 중앙신문〉을 "자신의 사유지"라고 주장한 일은 언급하지 않았다.[189] 도덕적 원칙을 선언했던 프로이트는 그런 허위가 동료 관계를 더 유지할 수 없게 만든다고 보았다. 그는 슈테켈이 "보수를 받고 아들러주의를 전파하는" 전도사로 전락했다고 생각했다.[190]

그러나 슈테켈 사건도 융이 일으킨 새로운 분위기가 프로이트에게 제기한 까다로운 문제로부터 프로이트의 관심을 오랫동안 돌리지는 못했다. 융은 몇 년 동안 프로이트에게 "친애하는 친구(Lieber Freund)"였다. 그러나 11월 중순의 편지 이후 호칭이 바뀌었다. "친애하는 박사

(Lieber Herr Doktor)" 프로이트는 답장을 그렇게 시작했다. "미국으로부터 고향으로 돌아온 것을 환영하오. 이제 전에 뉘른베르크에서 그랬던 것처럼 다정하게 환영을 할 수는 없겠지요. 내가 그렇게 하는 것을 그만두도록 하는 데 박사가 성공을 했으니까. 그래도 박사의 개인적 성공에 공감하고 관심을 가지며 만족을 느끼고 있소." 그러나 프로이트는 그 성공이 정신분석의 광범한 통찰을 훼손하는 대가로 얻은 것은 아닌지 의문을 느꼈다. 그는 그들의 개인적 관계가 계속 좋게 유지되기를 바란다고 이야기하면서도 슬쩍 짜증을 섞었다. "박사가 '크로이츨링겐 행동'을 계속 이야기하는 것은 물론 모욕적일뿐더러 이해가 되지 않기도 하오. 하지만 글로 해결할 수 없는 게 있는 법이지요."[191] 프로이트의 지지자들은 융을 버릴 준비가 되었지만, 프로이트는 여전히 융과 이야기를 하고 싶어 했다. 융이 프로이트에게 '크로이츨링겐 행동'을 다시 이야기한 날인 11월 11일, 아이팅곤은 베를린에서 프로이트에게 편지를 보냈다. "정신분석학은 이제 나이가 들고 성숙해서 그런 해체와 제거 과정을 견디고 잘 회복될 수 있습니다."[192]

11월 말 두 주역은 뮌헨에서 열린 소규모 정신분석 회의를 계기로 마주앉아 빈스방거 일에 관하여 오랫동안 개인적인 이야기를 나누었다. 그 결과 융이 사과를 했고, 화해가 이루어졌다. 프로이트는 페렌치에게 보고를 했다. "결과적으로 지적인 유대와 마찬가지로 개인적 유대도 오랫동안 공고해질 걸세. 결별, 탈퇴 이야기는 없었네." 이런 낙관적인 평가는 거의 필사적인 자기 기만이었으며, 현실을 감당할 수 없는 것이었다. 실제로 프로이트 자신도 점차 신중해졌으며, 본인의 희망에도 불구하고 이런 평화로운 해결을 전적으로 믿을 수가 없었다. 그는 융을 보면 계속, "내가 취했다고 생각하지 마시오!" 하고 소리를 지르는 술주정뱅이가 떠오른다고 페렌치에게 말했다.[193]

뮌헨 재회는 프로이트가 다시 기절을 하는 바람에 꼴사나워졌다. 융이 있는 자리에서 이번이 두 번째였다. 3년 전 크레멘에서와 마찬가지로 이번에도 점심식사가 끝났을 때였다. 전과 다름없이 프로이트와 융 사이에 활기찬 토론이 있었으며, 프로이트는 이번에도 융이 한 말을 자신에 대한 죽음의 소망이 드러난 것이라고 해석했다. 토론에서 프로이트는 융과 리클린이 스위스 정기간행물에 정신분석에 관한 글을 실으면서 자신의 이름을 언급하지 않았다고 책망했다. 융은 사실 프로이트의 이름이야 잘 알려져 있지 않느냐는 식으로 자신이 한 일을 변명했다. 그러나 프로이트는 물러서지 않았다. 그 자리에 있었던 존스는 나중에 이렇게 회고했다. "프로이트가 그 일을 좀 개인적으로 받아들이는 것 같다는 생각을 했던 기억이 난다. 그때 갑자기 프로이트가 기절해서 바닥에 쓰러지는 바람에 우리는 깜짝 놀랐다. 건장한 융이 얼른 프로이트를 안고 가 라운지의 소파에 눕혔으며, 프로이트는 곧 정신을 차렸다."[194] 프로이트가 보기에 이 사건에는 온갖 종류의 감추어진 의미가 담겨 있었으며, 그는 측근들에게 보내는 편지에서 이 의미들을 분석했다. 피로, 두통 등 신체적인 원인들이 배경에 감추어져 있었다 해도, 프로이트는 자신이 기절한 주된 요인이 심리적인 갈등임을 의심하지 않았다. 약간 모호한 방식이기는 하지만, 이 발작에는 전과 다름없이 플리스도 관련되어 있었다. 프로이트는 여전히 예전 친구와의 감정적인 문제를 정리하려고 노력하고 있었다. 융이 이 깜짝 놀랄 만한 순간을 어떻게 해석했는지는 몰라도, 어쨌든 그는 프로이트와 화해한 것에 대한 분명한 안도감을 얼른 글로 남겼다. 그는 회개하고, 갈망했으며, 다시 다정한 아들이 되었다. 그는 11월 26일에 프로이트에게 이렇게 썼다. "제 실수를 용서해주시기 바랍니다. 제 실수를 변명하거나 가볍게 보려 하지 않겠습니다."[195]

그러나 이것은 가짜 회복이었다. 융은 계속 분노를 느꼈으며, 칭찬을 모욕으로 읽으려 했다. 11월 29일에 프로이트는 융에게 편지를 보내, 자신의 기절이 "정신적 혼합물이 없지 않은" 편두통이라고 진단했다. 간단히 말해 "약간의 신경증"이라는 것이었다. 그리고 같은 편지에서 융이 "모든 신비주의의 수수께끼를 푼" 것을 칭찬했다.[196] 그러나 융은 자신이 전에 쓴 편지에서 한 말을 잊은 듯 이것을 공격이라고 느꼈다. 이번에도 프로이트가 그의 작업을 과소 평가했다는 것이었다. 그는 프로이트 자신이 아직 분석되지 않은 약간의 신경증이 있다고 인정한 대목을 인용했다. 프로이트가 융의 작업을 완전히 인정하지 못하는 것은 바로 그 "약간의 신경증" 때문이라고, 융은 자신의 "스위스 신교도적인 야비함"을 과시하며 말했다. 융은 오랫동안 "아버지 콤플렉스"라는 표현을 사용해 왔고, 자신의 행동으로 그 이론을 뒷받침할 현란한 증거들을 제공했으면서도 이제 그것을 빈 식의 욕설이라며 거부했다. 그는 괴로워하며, 정신분석가들은 탄핵을 위하여 자신의 직업을 이용하는 경향이 너무 강하다고 말했다.[197]

프로이트는 마지막 남은 인내심을 발휘하여 융의 "새로운 스타일"에 이의를 제기하지 않고, 정신분석이 악용되는 광경을 보는 것은 괴로운 일이라는 데 동의하면서 "약간의 자가(自家) 처방"을 제안했다. "우리 각자 이웃의 신경증보다 자신의 신경증에 더 열심히 몰두하자."는 것이었다.[198] 융은 답장에서 목소리를 잠시 낮추어, 아들러의 새 책에 대한 가차 없는 서평을 준비하고 있다고 프로이트에게 알렸다.[199] 프로이트는 찬성했지만, 융에게 그들을 분열시킨 사항, 즉 리비도 이론에 관한 융의 "혁신"을 상기시켜주었다.[200] 이것은 융의 무의식에 큰 부담이 되었다. 12월 중순 융은 짧은 편지에서 정신분석가들의 밥벌이 재료나 다름없는 말실수를 했다. "심지어 아들러의 공범자들도 저를 그들 가운데 한 사람으로 여기고 싶어 하지 않습니다." 그러나 융은 문맥에서 요구되는 "그들(ihrigen)" 대신 "당신들(Ihrigen)"이라고 써서 무의식적으로 프로이트를 거부했다.[201] 프로이트도 몇 년 전 매우 비슷한 실수를 하여 융에 대한 무의식적 적대감을 암시한 적이 있었다.* 이제 실수 아닌 실수, 융의 진짜 감정에 대한 실마리를 포착하자 프로이트는 견딜 수 없도록 자극을 받아 한마디 하고 싶은 유혹을 물리치지 못했다. 그는 융에게 그 실수를 분노 없이 생각할 만한 "객관성"—융이 상대를 공격할 때 애용하던 단어였다.—을 발휘할 수 있겠느냐고 약간 심술궂게 물었다.[202]

융은 그럴 수 없었다. 그는 매우 허세를 부리는 말투로 프로이트가 한때 그의 "건강한 투박함"[203]이라고 불렀던 것을 마음껏 풀어놓았다.

> 몇 가지 진지한 말씀을 드려도 되겠습니까? 저도 교수님에 대한 저의 의심은 인정합니다만, 이 상황을 정직하고 절대적으로 품위 있는 방식으로 보는 경향이 있습니다. 교수님이 그것을 의심하신다면, 그것은 교수님의 문제입니다. 제자들을 마치 환자처럼 대하시는 교수님의 기법은 **큰 실수**라는 사실에 주의를 환기시켜드리고 싶습니다. 교수님은 그런 방법으로 노예 같은 아들 아니면 무례한 악당(아들러, 슈테켈을 비롯하여 지금 빈에서 뽐내고 있는 무례한 무리)을 만들어낸 것입니다. 저는 교수님의 책략을 꿰뚫어볼 만큼 객관적입니다.[204]

아버지 콤플렉스를 부인한 뒤에 그것을 다시 한 번 한껏 노출한 것이다. 융은 계속해서 증후적인 행동을 탐지하는 프로이트의 방식이 모

---

* 본서 5장 409쪽 참조.

든 사람을 아들딸 수준으로 낮추어, 모두 얼굴을 붉히며 자신의 잘못을 인정하게 하는 것이라고 말했다. "그러는 동안 교수님은 아버지로서 저 꼭대기에 앉아 계시지요." 융 자신은 그런 굴종은 못 참겠다고 선언했다.[205] 프로이트는 정신분석의 미래와 관련하여 소중하게 품었던 계획이 눈앞에서 박살나는 것을 지켜보면서도 잠깐이지만 여전히 융을 설득할 용의가 있는 것처럼 보였다. 프로이트는 답장을 쓰면서 말실수를 지적받은 것에 대한 융의 반응이 지나치다고 하면서, 제자들을 유아적 의존 상태에 둔다는 비난에 대해 자신을 방어했다. 오히려 자신은 빈에서 제자들을 분석하는 데 충분한 관심을 기울이지 않는다고 비판받고 있다는 이야기였다.[206]

융이 과잉 반응을 보인다는 프로이트의 논평에는 그것 나름의 논평이 필요하다. 1세대 정신분석가들은 서신 교환이나 대화에서 다른 인간들의 담론에는 전혀 자리를 잡지 못할 거슬리는 표현을 사용했다. 그들은 두려움 없이 서로의 꿈을 해석했다. 상대의 말이나 글 실수를 공격했다. 아는 사람, 나아가서 자기 자신의 특징을 찾아낼 때 "편집증"이나 "동성애" 같은 진단적인 용어를 자유롭게, 너무 자유롭게 사용했다. 그들 모두 자기네 서클 내에서는 외부인들의 경우라면 요령 없고, 비과학적이고, 비생산적이라고 비난할 만한 거친 분석을 했다. 이런 무책임한 표현은 아마도 정신분석적 상황의 가혹한 노동으로부터 벗어나 긴장을 푸는 데 한몫을 했을 것이다. 대부분의 시간 동안 입을 다물고 신중하게 행동해야 하는 것에 대한 일종의 시끄러운 보상인 셈이었다. 프로이트는 동료들에게 정신분석을 무기로 악용하지 말라고 진지하게 경고를 하면서도, 그 자신도 다른 사람들과 함께 이런 게임을 했다. 이렇게 모두가 이런 신랄한 양식에 매혹을 느끼고, 그 표현이 과장된 것임을 알고, 그 관행이 익숙했기 때문에, 프로이트가 말실수 해석에 대한 융의 반응이 지나치고 따라서 매우 증후적이라고 생각하는 것도 당연했다.

12월 말 프로이트는 마침내 그런 세세한 차이를 지적할 때는 지났다는 점을 인식했다. 그는 이제 고결한 정치적 수완을 보여줄 수 없었다. 그는 존스에게 매우 의미심장한 편지를 보냈다. "융은 완전히 제정신이 아닌 것 같네. 완전히 미친 것처럼 행동하고 있어. 부드러운 편지를 몇 통 보내더니 이번에는 아주 오만한 편지를 보냈네. 뮌헨 일"—11월의 "화해"를 가리킨다.—"이 그에게 아무런 흔적을 남기지 않았다는 것을 보여주는 거지." 융의 의미심장한 실수에 대한 프로이트의 반응이 "아주 작은 도발"이었는데도, 그 뒤에 "융은 제어를 못하고 자신이 전혀 신경증이 아니라고 미친 듯이 선언하고 있네." 그러면서도 프로이트는 "공식 결별"은 원치 않았다. "우리 공동의 이익"을 위해 그것은 바람직하지 않았다. 그러면서도 존스에게 "아무 소용이 없으니 화해를 위한 노력은 이제 하지 말라"고 조언했다. 존스가 융이 무엇을 비난했는지 상상할 수 있을 것이라고 프로이트는 믿었다. "내가 신경증 환자이고, 내가 아들러와 슈테켈 등을 망쳤다는 거지. 이것은 아들러의 경우와 똑같은 과정이고 동일한 반응이야." 그러나 같았지만, 같지 않기도 했다. 프로이트는 융과 관련된 이 중요한 환멸을 곰곰이 생각해보면서, 당혹스러움을 누를 수가 없어 약간 애처롭게도 복잡한 말장난으로 구별을 해보려 했다. "확실히 융은 적어도 '에글롱(Aiglon)'이기는 하지."[207] 이 별명은 프로이트 자신의 모순된 감정을 반영하는, 두 가지 반대되는 의미로 이해할 수 있다. 프랑스어 '에글롱'은 '작은 독수리'라는 뜻인데, 독일어로 '독수리'라는 뜻의 이름을 가진 아들러를 가리키는 것이었다. 그러나 레글롱(l'Aiglon)이라고 불렸던 나폴레옹의 아들 '나폴레옹 2세'가 떠오르기도 하는데, 그는 그의 아버지가 제시한 임무를 살아서 완수하지 못했다. 그와 마찬가지로 프로이트가 선택한 후계자 융도 결국 실현되지 못한 기대들을 모아놓은 창고라고 할 수 있었다. 프로이트가 "억지로라도 나에게 도움이 되는 쪽으로 이끌고"[208] 싶어 하던 융의 야망은 결국 제어할 수 없다는 것이 드러났다. 프로이트는 어니스트 존스에게 융의 편지가 수치심을 자극한다고 말했다.[209]

프로이트는 또 융에게 "아주 온화한 답장"을 썼지만 보내지는 않았다고 존스에게 말했다. 융이 "그런 온유한 반응을 겁이 난 것이라고 여겨 자만심만 더 강해질" 것 같았기 때문이다.[210] 프로이트는 여전히 요행을 바라고 있었다. 융과의 "우정에는 잉크를 소비할 가치도 없네." 그러나 프로이트는 "나 자신은 그런 벗이 필요 없지만", "가능성이 보이는 한" 협회와 정신분석 출판의 "공동의 이익"을 염두에 두어야 했다.[211] 이틀 뒤 프로이트는 실제로 부친 편지에서 아주 많은 가능성을 보여주었던 우정 밑에 굵게 두 줄을 그었다. 그는 융의 비난에 대답할 방법이 없다고 말했다. "우리 누구도 자신의 신경증을 부끄러워할 필요가 없다는 것은 우리 분석가들 사이에서는 이미 합의된 거요. 하지만 비정상적인 행동을 하면서도 자신이 정상이라고 계속 소리를 지르는 사람은 자신의 병에 대한 통찰이 부족한 것이 아닌가 하는 의심을 불러일으키게 되오. 따라서 우리의 개인적 관계를 완전히 정리하자고 제안하오." 그는 괴로움을 드러내며 덧붙였다. "나는 이것으로 아무것도 잃는 게 없소. 감정적인 면에서 보자면 나는 오랫동안 가는 실로 박사에게 묶여 있었소. 실망의 결과는 오래 남지만 전에도 이미 겪어본 것이오."[212] 프로이트는 아직도 플리스를 잊지 않고 있었다. 물론 이제 그 실은 다시 이어볼 도리가 없이 완전히 끊어졌다. 프로이트가 측근에게 보내는 사적인 편지에서 융은 이제 "터무니없이 무례하고" 자신이 "화려한 바보에다가 잔인한 사람"임을 드러낸 인물이 되어 있었다.[213] 융은 프로이트의 결정을 받아들였다. 그는 답장에서 약간 거창하게 말했다. "그 다음에는 그저 침묵할 뿐."[214]

그러나 사실은 더 할 말이 남았다. 융이 그 구렵 구체화한 견해들이 프로이트의 견해로부터 얼마나 벗어났건, 세상이 보기에 융은 여전히 프로이트 이후 프로이트 정신분석의 가장 탁월한 대변인이었다. 게다가 국제정신분석협회의 회장으로서 국제적인 운동을 이끄는 주요한 공식적 인물이었다. 따라서 프로이트가 자신의 상황이 매우 위태롭다고 본 것도 무리는 아니었다. 정신분석의 조직과 정기간행물 발행 기구를 통제하는 융과 그의 추종자들이 자신들의 권력을 내세워 창건자와 그 지지자들을 추방할 현실적 위험이 존재했기 때문이다. 프로이트만 이런 걱정을 한 것이 아니다. 1913년 3월 아브라함은 5월에 런던, 베를린, 빈, 부다페스트의 정신분석 그룹들에게 융의 사임을 요구하자는 제안서를 돌렸다. 극소수에게만 돌린 이 제안서의 서두에 "극비!"라고 적은 것도 당연한 일이었다.[215]

프로이트는 최악의 상황을 각오하고 있었다. 그는 1913년 5월에 페렌치에게 말했다. "존스가 전한 소식에 따르면 우리는 융이 사악한 짓을 할 것이라고 예상해야 한다네." 물론 그는 씁쓸하게 말을 이었다. "우리의 진리로부터 벗어난 모든 것이 그쪽에서는 공식적인 환호를 받네. 그동안 그들이 그렇게 자주 불렀던 만가(輓歌)는 모두 소용없었지만, 이번에는 정말로 우리를 매장할 가능성이 높아." 그는 대담하게 덧붙였다. 이것이 "우리의 운명을 많이 바꾸어놓겠지만, 과학의 운명은 바꾸지 못할 걸세. 우리는 진리를 소유하고 있으니까. 나는 15년 전과 마찬가지로 그 점을 확신하네."[216]

프로이트는 자연스러운 것이든 억지로 끌어낸 것이든 모든 자신감을 동원하고 있었다. 그러는 동안 융은 강연을 하고 다니면서 자신과 프로이트의 차이를 자세히 이야기했다. 1913년 7월에 존스는 아무런 이야기를 보태지 않고, "취리히의 C. G. 융 박사의 '정신분석'이라는 제목의 논문"이 런던의 정신의학회에서 낭독될 예정이라는 인쇄물만 보냈다. 존스와 프로이트는 융이 "정신분석의 최고 권위자로 꼽힌다"[217]고 소개되어 있는 것을 불길하게 느꼈을 것이다. 특히 융이 그 다음 달에 다시 런던에서 강연을 하면서 뉴욕에서 열 달 전에 처음으로 과감하게 제시했던 계획을 다시 솔직하게 이야기했기 때문이다. 정신분석을 성에 대한 배타적 강조에서 해방시킨다는 계획이었다. 이 런던 강연에서 융은 처음으로 자신의 수정된 학설을 정신분석이 아니라 "분석심리학"이라고 불렀다.

프로이트의 꿈 이론도 융이 재고해보는 대상이었다. 융은 1913년 7월에 베르크 가세 19번지로 편지를 보내, 마치 그동안 익숙한 역할을 뒤집은 것처럼, 가르치는 듯한, 거의 아버지 같은 말투로 말했다. 프로이트가 "우리의 견해"를 분명히 오해했다는 것이었다. 융은 이제 취리히 그룹의 이름으로 이야기하고 있었다. 프로이트가 오래전부터 빈 그룹을 대변했던 것과 마찬가지였다. 프로이트의 이른바 오해는 꿈 형성에서 융이 현재의 갈등에 부여하는 지위와 관련되어 있었다. 융은 프로이트에게 강의를 했다. "우리는 [프로이트의] 소망 충족 이론이 맞다는 것을 아무런 트집을 잡지 않고 인정합니다." 하지만 그들은 그 이론을 피상적이라고 여겨, 더 나아갔다는 이야기였다.[218]

프로이트에게 선심을 쓰는 체하면서 융은 짜릿한 기쁨을 맛보았을 것이다. 그는 자신의 심리학을 구축하느라 열심히 노력하고 있었다. 원형, 집단무의식, 신비한 것의 보편성, 종교적 경험에 대한 공감, 신화와 연금술에 대한 경도 등 보통 융의 분석심리학과 연결되는 것들은 모두 이 시기에 나타났다. 융은 환자들로부터 많은 것을 배웠다고 주장하는 정신과 의사이자 임상심리학자로서 프로이트의 정신분석과 뚜렷한 유사성을 보이는 심리학을 발전시킬 수밖에 없었다. 그러나 둘의 차이 또한 근본적이다. 예를 들어 프로이트가 보기에 융의 유명한 리비도 정의는 배짱이 없는 것이며, 인간이라는 동굴 안에 있는 성적 충동에 관한 불편한 진실로부터 비겁하게 물러서는 것이었다. 융의 원형 이론 또한 프로이트의 이론에서는 사실 비슷한 대응물을 찾을 수 없다. 원형(archetype)이란 인류의 자질 안에 닻을 내린 창조성의 근본 원리로서, 종교의 교의, 동화, 신화, 꿈, 미술이나 문학 작품에 구체적으로 표현된 인간의 잠재성이다. 생물학에서 그 등가물은 '행동 양식(pattern of behavior)'이다.[219]

양립 불가능한 특정한 면들은 그렇다 치고, 융과 프로이트는 과학적 기획에 대한 기본적 태도에서도 근본적으로 달랐다. 두 사람이 서로를 과학적 방법론으로부터 떠나 신비주의에 빠졌다고 격렬하게 비난한 것은 주목할 만하다. 융은 이렇게 썼다. "나는 프로이트의 심리학에 나타나는 편협성과 편견을 비판합니다. 또 '프로이트 학파'의 부자유스럽고 종파적인 불관용과 광신의 분위기를 비판합니다." 융은 프로이트가 정신과 관련된 사실들을 발견한 위대한 인물이지만, "비판적 이성과 **상식**"이라는 견고한 기반을 떠나는 경향이 너무 강하다고 생각했다.[220] 프로이트는 프로이트대로 융이 비교(秘敎)적 현상에 속기 쉬우며 동양 종교에 매혹되어 있다고 비판했다. 그는 종교적인 감정을 정신 건강에서 뗄 수 없는 요소로 옹호하는 융의 태도를 가차 없이 회의적이고 냉소적인 태도로 바라보았다. 프로이트에게 종교란 문화에 투사된 심리적 요구, 어른들에게서 살아남은 아이의 무력감으로서, 존중되기보다는 분석되어야 할 것이었다. 융과 상대적으로 좋은 관계였을 때도 프로이트는 이미 융이 "종교적-리비도적 구름" 뒤로 모습을 감춘다고 책망한 적이 있었다.[221] 프로이트는 18세기 계몽주의의 상속자로서 과학과 종교의 화해 불가능한 차이를 흐리고 그 끝없는 전쟁을 부정하는 사고 체계를 좋아하지 않았다.

내용 문제를 둘러싼 프로이트와 융의 간극은 둘의 심리적 갈등으로 더 넓어지기만 했다. 스스로 독창적인 심리학을 발전시키는 데서 깊은 만족감을 누리던 융은 나중에 프로이트와 결별한 것을 파문이나 망명으로 경험하지 않았다고 주장했다. 그에게는 해방이었다는 것이다. 융이 빈의 "아버지"와 친밀하게 지낸 짧은 기간에 보여준 가장 극적인 행동들을 설명하는 데는 프로이트적 해석이 도움을 줄 수도 있다. 즉 오이디푸스적인 아들이 투쟁 끝에 자유를 얻었으며, 그 과정에서 고통을 겪는 동시에 고통을 안겨주었다는 것이다. 융은 1909년 크리스마스에 프로이트에게 쓴 편지에서 이미 그 이야기를 다 했다. "창조자와 나란히 작업을 해야 한다는 것은 힘든 운명입니다."[222] 물론 이 세월 동안 융에게 남은 것이 개인적인 다툼과 깨진 우정만은 아니었다. 그는 자신만의 것이라고 인정받을 수 있는 심리학 학설을 만들어냈다.

융과 프로이트의 서신 교환은 횟수가 줄면서 이따금씩 업무상의 형식적인 소통이나 하는 수준이 되었다. 한편 프로이트는 이 파산으로부터 구할 수 있는 것을 최대한 구해내느라 바빴다. 과거에는, 특히 아브라함에게 한 얘기에서는 융과의 갈등을 "인종적"으로 읽도록 권유했지만, 이제는 이 갈등을 유대인과 비유대인의 싸움으로 취급하는 것에 힘껏 저항했다. 스위스의 정신의학자이자 융과 가까운 사이였던 알폰스 메더(Alphonse Maeder, 1882~1971)가 이 갈등을 그런 식으로 보려고 하자, 프로이트는 신뢰하는 페렌치에게 그것은 그의 권리라고 말했다. 하지만 절대 프로이트의 견해는 아니라는 이야기였다. "물론 아리아인의 정신과는 큰 차이가 있네." 프로이트는 페렌치가 메더에 대한 대응에서 제기할 수도 있는 주장을 그렇게 요약했다. "따라서 여기저기 세계관(Weltanschauungen)의 차이가 당연히 있을 걸세." 그러나 "별도의 아리아인 과학이나 유대인 과학이 있어서는 안 되네. 두 과학의 결과는 똑같아야 해. 다만 제시 방식은 다를 수도 있네." 사실 결과가 다르면 "뭔가 잘못이 있는 것이 틀림없다"는 이야기가 될 수밖에 없었다. 페렌치가 메더에게 "우리에게는 그들의 세계관과 종교를 방해하고 싶은 마음이 없다."고 안심시켜주는 것이 좋겠다고 프로이트는 비꼬듯이 덧붙였다. 또 융이 미국에서 "정신분석은 과학이 아니라 종교"라고 선언한 것 같다는 사실을 메더에게 말해주는 것이 좋겠다고 이야기했다. 만일 그것이 사실이라면, 그것으로 모든 분쟁이 설명될 터였기 때문이다. "하지만 유대인 정신은 아쉽게도 거기에 장단을 맞추어줄 수가 없네. 약간 조롱을 하는 것도 해될 것은 없겠지."[223] 기운 빠지는 분쟁의 와중이었지만 프로이트는 이 기회를 이용해 과학적 객관성의 추구가 요구하는 엄격한 규율에 대한 충성심을 선언했다. 과학으로서의 정신분석은 모든 종파적인 고려에서 독립되어야 하지만, 동시에 모든 "아리아인의 후원"으로부터도 독립해야 한다는 것이었다.[224]

프로이트는 지치고 비관적이었지만 융과 함께 계속 일을 하려고 노력했다. 물론 그들의 협력 관계는 매우 쌀쌀했지만. 프로이트는 환상을 거의 품지 않고 오직 최소한의 기대만 품은 채, 1913년 9월 초 뮌헨의 국제 정신분석가 대회에 참석했다. 전보다 사람들이 많이 모여 회원과 손님을 합쳐 87명이나 되었다.[225] 당파적 태도 때문에 사람들은 매우 예민했다. 그러나 참석자 다수는 지도부의 분열이 회복할 수 없는 상태라는 낌새를 채지 못했다.[226] 프로이트는 대회 진행이 "피곤하고 유익하지 않다"고 불평했다. 융은 "무뚝뚝하고 부정확한 방식으로" 회의를 주재했다. 융의 재임(再任)에 대한 투표는 불만이 널리 퍼져 부글거리고 있다는 것을 보여주었다. 참석자 22명은 항의 표시로 기권을 했고, 52명은 찬성을 했다. "우리는 서로 다시 보고 싶은 마음 없이 헤어졌다." 프로이트는 대회를 그렇게 정리했다.[227] 루 안드레아스-살로메도 그 자리에 참석했는데, 프로이트와 융을 비교하면서 융을 가혹하게 평가했다. 그녀는 일기에 이렇게 썼다.

이 두 사람을 한번 보기만 하면 둘 가운데 어느 쪽이 더 교조적이고 권력을 더 사랑하는지 드러난다. 2년 전만 해도 융에게서는 그 호탕한 웃음소리를 통해 어떤 건강한 명랑함, 풍부한 활력 같은 것이 드러났는데, 이제 그의 진지한 태도에서는 순수한 공격성, 야망, 정신적 잔인성밖에 보이지 않는다. 프로이트는 이곳에서 그 전 어느 때보다 나와 가까웠다. 그가 사랑했던 '아들', 말하자면 대의를 취리히로 옮길 만큼 사랑했던 아들 융과 결별했기 때문만이 아니라, 엄밀하게 말해 결별의 방식 때문이기도 했다. 마치 **프로이트의 편협하고 고집스러운 태도 때문에 결별이 일어난 것처럼** 비치고 있었던 것이다.

겉으로 프로이트의 태도가 결별의 원인인 것처럼 보였던 것은 융이 현실과 다르게 꾸며냈기 때문이었다.[228]

융은 현장을 빠르게 또 조용히 떠나지 않았다. 그는 10월에, 프로이트의 표현을 빌리자면 "상처 받은 순수함을 가장하며"[229] 〈정신분석학·정신병리학 연구 연보〉의 편집인 자리에서 물러났다. 그러면서 퉁명스럽게 "개인적인 이유"라고 사임 이유를 대면서 "공적 토론을 무시해버렸다."[230] 그는 프로이트에게도 똑같이 퉁명스럽게, 메더를 통해 프로이트가 자신의 "성의(bona fides)"[231]—이 말이 무슨 뜻이든—를 의심한다는 것을 알았기 때문에 그렇게 행동한 것이라고 설명했다. 그는 이것 때문에 이제 함께 일하는 것은 완전히 불가능해졌다고 말했다. 완전히 불신에 젖은 프로이트는 융이 모호한 알리바이를 대면서 사임을 하는 것이 단순한 책략이라고 생각했다. 그는 존스에게 말했다. "그가 왜 사임했는지는 아주 분명하네. 나와 블로일러가 덜어져 나가게 하여, 모두 자기가 가지려는 거야."[232] 프로이트는 재빨리 행동할 필요가 있다고 느끼고 "다급하게" 페렌치를 빈으로 불렀다.[233] 이제 "잔인하고, 불성실하고, 가끔 부정직하기도 하다"[234]고 생각하게 된 융이 혹시라도 출판사와 협상을 하여 〈정신분석학·정신병리학 연구 연보〉에 대한 통제권을 확보하려 할지도 몰랐기 때문이다. 더 나쁜 것은 융이 여전히 프로이트가 그렇게 많은 것을 투자한 조직의 회장이라는 점이었다.

프로이트는 자신의 정기간행물과 자신의 조직을 탈환하려고 씩씩하게 움직였다. 구미에 맞지 않는 일이었지만, 프로이트는 그와 그의 지지자들은 "물론 융의 만행을 절대 흉내 내지 않을 것"이라며 자신감을 드러냈다.[235] 그러나 이런 부인에도 불구하고 프로이트의 편지는 그렇게 온화하지 않았다. 또 베를린과 런던에 있는 그의 동맹자들도 이런 대립에 관하여 프로이트 못지않게 냉혹한 태도를 보였다. 어니스트 존스는 승리의 전략을 찾아내려고 격분한 상태에서 다급하게 편지를 써 보냈다. 그는 1913년 말에 아브라함에게 이렇게 말했다. "처음에는 융에게 격분했지만, 결국 융이 그저 아둔하다 싶을 정도로 어리석다는 것, 정신의학자들 용어로 표현하자면 '감정적 어리석음'을 보인다는 것을 알게 되었네."[236] 프로이트의 논쟁 스타일은 전염력이 있었던 것이 분명하다. 한동안 존스는 국제정신분석협회의 해체를 조언했다. "지금 해체하는 것이 바람직하다고 생각하는 주된 이유는 상황이 우스꽝스럽다는 것일세. 우리가 전에 함께 일했던 사람들이" 9월의 뮌헨 대회 같은

"대회에 또 참석한다면 나는 수치스러워 얼굴을 붉힐 거야. 또 취리히파가 자신들을 정신분석과 동일시하는 것을 오래 허용할수록 그들과 절연하는 것이 더 어려워져. 따라서 결별을 해야 하네."[237] 그의 친구 아브라함도 똑같이 단호했다. 그에게 프로이트파와 융파의 결합은 그동안에도 내내 "부자연스러운 결혼"이었다.[238]

프로이트는 자기편에 그런 정력적인 지지자들이 있다는 것에 만족할 뿐, 놀라지는 않았다. 그러나 그 시절에 그가 주로 의지한 것은 〈정신분석 운동의 역사〉 정리 작업이었다. 이 작업은 그의 분노를 담는 유용한 그릇이었다. 그는 이 저술을 지난 몇 년간 이 운동을 괴롭혀 온 불화를 그 나름으로 설명하는 팸플릿이라고 여겼다. 프로이트는 1913년 11월 초 페렌치에게 쓴 편지에서 이것을 쓰겠다는 의사를 슬쩍 비쳤다. 그는 "아들러와 융을 거리낌 없이 비판하는 정신분석의 역사"를 생각하고 있었다.[239] 두 달 뒤 그는 "지금 무서울 정도로 열심히 역사를 정리하고 있다."고 보고할 수 있었다.[240] "무서울 정도로 열심히"라는 말은 그의 속도와 기분을 모두 암시하는 말이다. 이 "역사"는 프로이트의 선전포고였다. 그는 무서울 정도로 열심히 그것을 쓰면서 측근에게 초고를 보냈으며, 애정을 담아 이것을 "폭탄"이라고 부르게 되었다.

프로이트는 "폭탄"이 공식적으로 터지기도 전에 취리히의 적들이 전술적 실수로 여겨지는 행동을 하는 것을 보고 흡족해했다. 그가 심술궂게 결론을 내린 바에 따르면, 그들은 자신을 도와주고 있는 셈이었다. 1914년 초봄, 융은 프로이트에게 그가 원하는 것을 주었다. 4월 20일에 국제정신분석협회 회장직을 사임한 것이다. 이틀 뒤 베를린 사람들은 베르크 가세 19번지로 기쁨에 찬 전문을 보냈다. "취리히 소식에 아브라함, 아이팅곤 진심으로 축하."[241] 프로이트가 한결 가벼운 마음으로 페렌치에게 한 말에 따르면, 융의 결정이 "일을 아주 쉽게 해주었네."[242]

7월 중순에 떨어진 "폭탄"이 나머지 일을 해주었다. 이것은 프로이트와 그 지지자들을 그들이 이제 정신분석가로 받아들이지 않는 융 같은 사람들과 깔끔하게 분리해주었다. "만세 소리가 나오는 것을 막을 수가 없군." 프로이트는 아브라함에게 의기양양하게 말했다.[243] 그의 흥분은 쉽게 가시지 않았다. 그는 일 주일도 더 지난 뒤에 이렇게 말했다. "그러니까 우리가 그들을 마침내 제거한 걸세. 잔인하고 거룩한 융과 그의 경건한 맹목적 추종자(Nachbeter)들을 말이야."[244] 아이팅곤은 출간 직전에 팸플릿을 읽어보고 익숙지 않은 웅변과 비유들이 혼합된 샐러드에 감동을 받았다. 그는 프로이트에게 "흥분해서 감탄하며" "역사"를 정독했다고 말했다. 과거에는 "우리의 가장 어둡고 비옥한 땅을 갈던 쟁기였던" 프로이트의 펜이 지금은 아주 능숙하게 휘두르는 "예리한 칼날"이 되었다. "공격은 정곡을 찌르고 있으며, 이 공격이 남긴 흉터는 이제 우리에게 속하지 않은 자들"에게서 "사라지지 않을 것입니다."[245] 이런 과장은 잘못된 것이 아니었다. 아들러가 떠나면서 빈 정신분석협회가 프로이트와 그의 일파 손으로 들어갔듯이, 융이 떠나면서 아들러의 경우보다 훨씬 의미심장하게, 국제정신분석협회는 프로이트의 사상을 토론하고 확산하는 굳건한 조직이 되었다. 융 사건이 다른 어떤 결과를 낳았든, 프로이트가 생각하는 정신분석의 진정한 의미를 공적으로 규정하는 데는 도움을 준 것이다.

돌이켜보면 프로이트와 융의 관계는 그 이전의 운명적인 우정들의 새로운 변형처럼 보인다. 프로이트 자신이 그런 독법의 실마리들을 제공했다. 이 시기 그의 편지에는 플리스를 비롯하여 다른 버려진 동맹자들의 이름이 여기저기에서 출몰한다. 융은 프로이트의 괴로운 암시에 감염된 듯 그 암시에 의미 있는 반응을 보였다. 이전 우정에서와 마찬가지로 프로이트는 빠르게, 거의 성급하다 싶을 정도로 애정을 투자하고 거의 무조건적으로 따뜻한 태도를 보여주다가, 격분 상태에서 돌이킬 수 없는 소원한 관계로 끝을 맺었다. 모든 것이 끝난 1915년 프로이트는 경멸하듯이 융을 "성스러운 개종자들" 가운데 하나로 거론했다. 그의 편지에 따르면, 프로이트는 융이 "종교적이고 윤리적인 '위기'"를 맞이하기 전까지는 그를 좋아했다. 이 위기는 "나에 대한 거짓말, 만행, 반유대주의적인 생색"은 말할 것도 없고 "더 높은 도덕성, 거듭남"을 수반했다.[246] 프로이트가 이 맹렬한 동맹 관계에서 자신에게 허용하지 않았던 유일한 감정은 무관심이었다.

이런 감정적 궤도를 보면 프로이트는 어떤 식으로든 친구를 적으로 만들 필요가 있는 사람이 아니었을까 하는 질문이 제기된다. 처음에는 브로이어*, 그 다음에는 플리스, 그 다음에는 아들러와 슈테켈, 이번에는 융, 그리고 앞으로도 또 결별이 생길 터였다. 융을 단지 또 한 명의 플리스로 보는 것도 이해할 만한 일이다. 그러나 이렇게 짝을 짓게 되면 사실 밝히는 것보다 감추는 것이 더 많아진다. 프로이트와 플리스는 거의 같은 나이였으며, 프로이트와 융 사이에는 거의 20년의 거리가 있었다. 그들이 1906년에 서신 교환을 시작했을 때 프로이트는 쉰 살이었고, 융은 서른한 살이었다. 또 프로이트는 아버지처럼 다정하게 굴

---

* 이 오랜 친구와는 완전히 소원해졌다. 1907년 11월 21일 브로이어는 오귀스트 포렐에게 이렇게 말했다. "개인적으로 나는 이제 프로이트와 완전히 헤어졌습니다." 그러면서 "당연히" 이것이 "전혀 고통 없는 과정"은 아니었다고 덧붙였다. 그는 평소처럼 너그럽게 여전히 프로이트의 작업이 "훌륭하며, 그의 개인적 진료를 바탕으로 매우 열심히 연구한 성과이며 아주 중요한 결과물"이라고 말했다. 그러나 이렇게 덧붙일 수밖에 없었다. "그의 구조 가운데 작지 않은 부분이 틀림없이 다시 무너질 것입니다." (Paul F. Cranefield, "Joseph Breuer's Evaluation of His Contribution to Psycho-Analysis", *Int. J. Psycho-Anal*, XXXIX [1958], 319-20에 전문 인용.)

면서도 플리스의 경우와는 달리 독일어에서 친근함을 나타내는 마지막 상징인 너(Du)라는 호칭을 절대 사용하지 않았다. 프로이트가 융을 정신분석 운동의 황태자 자리에 앉힌 뒤 그들의 친밀한 관계가 절정에 이르렀을 때도 그들의 편지는 계속 어느 정도의 예의를 갖추었다. 프로이트는 편지 서두에서 융을 "친애하는 친구에게"라고 불렀으며, 융은 결코 "친애하는 교수님께" 이상으로 나아가지 못했다. 프로이트가 융과의 우정에 건 것도 플리스와의 우정에 건 것만큼 많았지만, 내용은 달랐다. 프로이트의 처지가 완전히 달라져 있었기 때문이다. 플리스를 특이하고 무모한 원정에서 유일한 벗으로 끌어안았다면, 융은 아직 싸우는 중이지만 점차 지지가 늘고 있는 운동의 튼튼한 보증인으로서 끌어안았다.

더욱이 프로이트는 어떤 모호한 반복 강박에 걸린 사람이 아니었다. 1912년에 싸움 와중에 아브라함에게 "매일 관용을 조금씩 더 배우고 있다"고 말했을 때,[247] 그는 틀림없이 자신이 예전보다 더 타협적이라고 여기고 있었을 것이다. 물론 1911년의 아들러와 1912년의 융은 이런 온화한 자화상을 인정하지 않았을 것이다. 그러나 프로이트는 정신분석 운동에서 그의 지위에 절대 위협이 될 수 없는 사람들, 예를 들어 안과 의사 레오폴트 쾨니히슈타인이나 고고학자 에마누엘 뢰비 같은 사람들하고만 평생에 걸쳐 문제없는 우정을 누린 것은 아니다. 그와 가장 가까웠던 전문적인 동료들 가운데 몇 명은 일관된 "정통파"와는 거리가 멀었으며, 이따금씩 프로이트가 솔직하게 못마땅하다는 표현을 했지만, 그들 스스로 그것을 얼마든지 견딜 수 있는 채찍질이라고 느꼈다는 것이 사실에 가깝다. 그의 가장 유명한 지지자들 가운데 파울 페데른, 어니스트 존스를 비롯한 여러 사람이 중요한 기법이나 이론상의 쟁점을 두고 프로이트와 싸우기도 했지만, 그들은 그것 때문에 반역자나 배반자로 몰려 추방당하지 않았다. 스위스의 정신의학자 루트비히 빈스방거는 평생에 걸쳐 자신의 정신의학적 사고 내에서 정신분석의 자리를 놓고 씨름을 하면서 매우 독자적인 실존주의적 심리학을 이끌어냈지만, 수십 년에 걸쳐 프로이트와 매우 우호적인 관계를 유지했다. 프로이트가 전투적으로 종교를 경멸했는데도 개신교 목사 오스카어 피스터와도 좋은 관계를 유지했다.

프로이트는 자신이 친구들과 반드시 깨진다는 비난에 매우 민감했다. 실제로 활자로 그런 비난에 대응하기까지 했다. 그는 1925년에 발표한 짧은 자서전(《나의 이력서》)에서 자신과 사이가 틀어진 "융, 아들러, 슈테켈을 비롯한 소수"를 15년 동안 그와 충실하게 협력하면서 "대부분의 기간 유쾌한 우정"을 유지한 "아브라함, 아이팅곤, 페렌치, 랑크, 존스, 브릴, 작스, 피스터 목사, 판 엠던(J. E. G. van Emden), 라이크(Theodor Reik) 등"과 같은 "많은 사람"과 비교했다.*[248] 프로이트가 빈스방거에게 "독립적인 의심은 모든 사람에게 신성한 것이라고 본다."[249]고 말했을 때 그 말은 진심이었다. 비록 그가 전투의 열기 속에서 이 인간적인 격언을 가끔 잊었다 해도.

---

* J. E. G. 판 엠던은 프로이트가 1910년에 처음 만난 네덜란드 정신분석가다. 테오도어 라이크에 관해서는 《프로이트 II》 10장의 '정신분석 자격 논쟁' 참조.

6장

정신분석의 환자들

"인간은 입을 다물고 있다 해도 손가락 끝으로 수다를 편다.
모든 구멍을 통하여 비밀이 드러난다."

자신의 집에서 매주 열리는 모임은 해가 갈수록 짜증이 더 나기는 했지만 프로이트는 계속 그 모임을 공명판으로 이용했다. 유명한 사례사를 발표하기 오래전부터 프로이트는 가장 흥미로운 분석 대상자들에 관하여 지지자들에게 보고를 하곤 했다. 한 중요한 사례는 두 차례에 걸쳐 보고하기도 했다. 프로이트는 1907년 10월 30일과 일 주일 뒤인 11월 6일에 수요심리학회에서 당시 분석을 하고 있던 환자에 관해 이야기했다. "이것은 스물아홉살 난 젊은 남자(법학박사)와 관련된 강박 신경증(강박관념)의 매우 교육적인 예입니다."[1] 랑크는 프로이트가 그렇게 말했다고 간략하게 보고했다. 이것이 '쥐 인간'의 사례사가 자라 나오게 되는 맹아였다.

이듬해인 1908년 4월 프로이트는 잘츠부르크 국제 정신분석가 대회에서 같은 사례를 보고했다. 쥐 인간은 아직 치료 중이었다. 프로이트는 청중의 넋을 완전히 빼놓았다. 프로이트를 만난 지 얼마 안 된 존스는 그 일을 결코 잊지 못했다. 그가 50년 뒤에 쓴 바에 따르면, 프로이트의 발표는 "메모도 없이 이루어졌다. 8시에 시작이 되었는데, 11시가 되자 프로이트는 끝을 내겠다고 말했다. 그러나 우리는 모두 그의 매혹적인 발표에 넋이 나가 계속해 달라고 간청했고, 프로이트는 한 시간을 더 발표했다. 그렇게 시간 가는 줄 모르고 몰두한 것은 생전 처음이었다."[2]

존스는 비텔스와 함께 프로이트의 강연 스타일에 감탄했다. 특히 그의 대화하는 말투, "쉬운 표현, 복잡한 자료의 완벽한 장악, 명쾌한 선명성, 강렬한 진지성"에 감명을 받았다. 이 사례사는 존스에게나 다른 사람들에게 "지적인 동시에 예술적인 잔치였다."[3] 다행히 이 시끄러운 시기에도 프로이트는 정신분석 정치에만 관심을 쏟지는 않았다. 이 사례들을 통하여 그의 실험실을 잠깐 살펴보는 것이 가능하다. 아니, 잠깐 살펴보는 것 이상이 가능할 수도 있다.

프로이트의 실험실은 그의 소파였다. 1890년대 초 이후로 프로이트의 환자들은 그에게 많은 것을 가르쳐주었고, 그가 기법을 세련되게 다듬도록 했고, 새로운 이론으로 나아갈 수 있도록 놀랄 만한 전망을 열어주었고, 그가 소중하게 여기던 추론들을 뒷받침해주거나 고치도록 또는 심지어 버리도록 강요했다. 이것이 프로이트가 사례사를 그렇게 중요하게 여긴 한 가지 이유였다. 사례사는 그의 배움의 기록이었던 것이다. 기쁘게도 사례사는 다른 사람들에게도 똑같이 교육적이었으며, 효과적이고 우아한 설득 도구였다.* 프로이트가 쥐 인간의 사례가 매

---

* 앞서도 보았듯이(4장 356~357쪽) 어니스트 존스는 프로이트의 도라 사례사를 읽은 뒤 정신분석 진영으로 들어오게 되었다. 그는 이런 사례사에 설득을 당한 프로이트의 지지자들 가운데 가장 눈에 띄는 예일 뿐이다. 돌이켜보면 이 고전적인 임상 보고서는 임상적 작업보다는 교육적 작업으로서 더 강한 인상을 주었을 것 같다. 최근 수십 년간 과거를 돌이켜볼 수 있는 유리한 위치에 있는 데다가 세련된 진단 기법의 도움까지 받는 현대 정신분석가들은 프로이트의 사례사를 꼼꼼하게 검토한 뒤 프로이트의 가장 유명한 분석 대상자들의 증상이 보통 프로이트가 암시한 것보다 심각했다고 확신하게 되었다. 그러나 프로이트의 사례사들은 교육 도구로서, 사례사를 기록하는 방법을 잊은 것처럼 보이는 이 시대에 여전히 권위 있는 모델로 남아 있다.

우 교육적이라고 말했을 때, 그 말은 그것이 자신보다 지지자들을 위한 교육 텍스트 역할을 할 수 있다는 뜻이었다. 프로이트는 자신이 특정한 환자의 사례사를 선택하여 발표한 이유를 분명히 밝힌 적이 없다. 그러나 다 합쳐보면 이 사례사들은 신경증이라는 고통을 표현하는 울퉁불퉁한 지형의 지도를 이루며, 매우 풍부한 상상력을 동원하여 (동시에 아슬아슬하게) 모험적으로 재구성을 시도하고 있다. 프로이트는 히스테리 환자, 강박 신경증 환자, 편집증 환자, 치료 중에 딱 한 번 본 공포증에 걸린 어린 소년, 한 번도 본 적이 없는 정신병원의 정신병자들을 제시한다. 이 정교하고 내밀한 초상화 몇 점에 묘사된 인물들은 예를 들어 도라의 경우처럼 액자에서 걸어 나와, 마치 기억에 남는 소설 속의 인물과 마찬가지로 자신의 힘으로 움직이는 인물이 된 듯한 느낌을 준다. 어쨌든 프로이트의 도덕적 품성, 의사로서의 능력, 남자 여자 가릴 것 없이 인간이라는 동물을 바라보는 기본적 관점을 둘러싼 끊이지 않는 논란에서 이들은 적어도 증인 역할은 해준다

도라의 사례

세상이 도라라고 알고 있는 젊은 여자는 1898년 여름 열여섯 살의 나이에 처음 프로이트의 진료실을 찾아왔으며, 2년 뒤인 1900년 10월에 정신분석 치료를 받기 시작했다.[4] 그녀는 치료를 받기 시작한 지 11주 정도가 지나고 12월이 되자, 아직 분석 작업에 본격적으로 들어가지도 않았는데 치료를 중단했다. 그 전인 10월 중순 프로이트는 플리스에게 "새로운 환자"가 생겼다고 보고했다. 열여덟 살의 젊은 여자인데 "이용 가능한 여러 가지 열쇠들을 사용하니 부드럽게 열리고 있다."는 이야기

였다. 그러나 프로이트는 이 성적인 비유에 담긴 의미를 더 탐사하지는 않았다.[5]

도라가 떠난 뒤인 1901년 1월 프로이트는 빠른 속도로 그녀의 사례사를 작성하여, 1월 25일에는 작업을 완료했다고 기록해놓았다. 그는 자축하는 분위기에 빠져 "지금까지 내가 쓴 것 가운데 가장 미묘한 사례사"라고 말했다. 그러나 곧바로 그런 환희의 분위기를 스스로 엎어버리고, 많은 사람들이 비난할 것이라고 예상했다. 그는 이 사례 발표가 일반적인 경우보다 사람들을 불쾌하게 할 것이 틀림없다고 생각했다. 그는 자신감과 초연한 체념이 섞인 특유의 태도로 덧붙였다. "어쨌든 나는 나의 의무를 다할 뿐이고, 사실 오늘 하루만 생각하고 글을 쓰는 것도 아니니까."[6] 결국 그는 1905년에야 도라의 사례사를 발표했다. 이렇게 미루었기 때문에 약간 득을 본 면도 있었다. 도라가 1902년 4월에 그를 다시 찾아온 일을 보탤 수 있었기 때문이다. 이 방문은 그의 실패를 우아하게 만회할 기회를 주었다.

이 사례사의 잉태 기간이 이렇게 길었던 이유는 분명치 않다. 프로이트에게는 도라의 사례사를 즉시 발표해야 할 만한 이유가 있었다. 그는 이것을 "두 개의 꿈 주위에 묶이는" 하나의 큰 사례의 "단편"으로 보았기 때문에, 이 사례사는 "사실 해몽 책의 연장선상"에 있는 것이었다.[7] 《꿈의 해석》을 진료실 소파에 응용한 사례인 셈이었다. 이것은 또 도라의 성격과 그녀의 히스테리 증상들이 형성되는 데 해결되지 않은 오이디푸스 콤플렉스가 차지하는 역할을 보여주는 주목할 만한 사례이기도 했다. 프로이트는 발표 지연에 관하여 몇 가지 이유를 댔는데, 그 가운데서도 의학적으로 신중한 태도가 중요해 보이지만, 사실 그렇게 매끈해 보이지는 않는다. 친구인 오스카어 리가 이 원고를 비판한 것 때문에 프로이트가 낙담한 것은 분명하다. 또 뜨거운 우정이 식어버린 것에도 마찬가지로 낙담했다. 프로이트는 1902년 3월에 플리스에게 이렇게 말했다. "내 최근 작업을 인쇄기에서 거두어들였네. 그 직전에 내 마지막 독자인 자네를 잃었기 때문이지."[8] 그러나 이런 반응은 약간 과도해 보인다. 프로이트는 이 사례가 정신분석에 관심이 있는 모든 사람에게 가르쳐줄 것이 많다는 사실을 틀림없이 알고 있었을 것이기 때문이다. 더욱이 이 사례는 그의 임상 발표 패턴과 완벽하게 맞아떨어졌다. 도라는 히스테리 환자였는데, 이런 환자는 1890년대 중반부터, 실제로는 거의 20년 전인 브로이어의 안나 O. 때부터 프로이트의 분석적 관심의 주축이었다. 어쨌든 이 사례가 프로이트에게 어떤 독특하고, 모호하게 신비한 느낌을 준 것은 틀림없다. 그는 뒷날 이 사례를 언급하면서 일관되게 연도를 1900년에서 한 해 앞인 1899년으로 당겼다. 이것은 어떤 분석되지 않은 우려가 있었다는 증후다.[9] 그런데도 프로이트가 입을 다문 것은 이 사례에서 그가 혼란을 느꼈다는 것, 또 그가 이 원고를 책상에 그대로 놔둔 것에 어떤 내밀한 이유가 있었다는 것을 암시한다.

프로이트에게 뭔가 불편한 구석이 있었음을 보여주는 주목할 만한 증거는 그가 도라 보고서에 붙인 서문이다. 프로이트가 아무리 열띤 논쟁을 마다하지 않는 사람이라지만, 그렇다 해도 이것은 대단히 전투적이다. 프로이트는 꿈 분석의 유용성, 그리고 꿈과 신경증의 관계를 이해하지 못하고 주저하는 독자들을 가르치려고 이 사례를 제시한다고 썼다. 실제로 원래 제목인 '꿈과 히스테리'는 프로이트가 이 사례로 하고자 했던 일을 적절하게 요약하고 있다. 그러나 프로이트는 약간 상처 받은 목소리로, 《꿈의 해석》이 받아들여지는 방식을 보면서 전문가들이 자신이 말하는 진실을 수용할 준비가 되어 있지 않다는 것을 알았다고 말했다. "새로운 것은 늘 당혹과 저항에 부딪힌다."[10] 1890년대 말 그는 환자들에 관한 정보를 전혀 제공하지 않은 것 때문에 비판을 받았다고 말한 적이 있다. 그런데 이제는 너무 많이 제공한다고 비판을 받게 될 것이라고 예상했다. 그렇더라도 히스테리 환자의 사례사를 발표하는 분석가는 환자의 성생활을 깊이 파고들 수밖에 없다. 따라서 의사의 최고의 의무라고 할 수 있는 비밀 엄수는 제약 없는 열린 토론을 기반으로 하는 과학의 요구와 충돌한다. 그러나 그는 독자들이 도라의 정체를 모를 것이라고 자신했다.

이렇게 복잡하게 정황을 이야기한 뒤에도, 프로이트는 정작 하려고 나선 일을 바로 시작할 준비가 되지 않았다. 그는 빈의 "많은 의사들"이 자신이 발표하려고 하는 자료에 호색적인 관심을 보이고 있으며, "그런 사례사를 신경증의 정신병리학에 대한 기여가 아니라 그들을 즐겁게 해주기 위해 마련된 실화소설(roman à clef)"로 읽는다고 비난했다.[11] 이것은 사실이었을지도 모른다. 그러나 프로이트의 약간 불필요한 흥분은 그와 도라의 관계가 그 자신에게 스스로 생각했던 것보다 큰 혼란을 주었음을 암시한다.

당시에는 아무리 세속적인 독자라 해도 젊은 도라가 성적으로 대단히 복잡하게 뒤엉킨 삶을 살았다는 사실에 놀라는 것을 넘어 충격을 받았을지도 모른다. 아마 빈의 성적인 삶의 복잡한 안무를 스케치하면서 환멸에 사로잡힌 이야기나 희곡을 썼던 아르투어 슈니츨러만이 그런 시나리오를 상상할 수 있었을 것이다.

두 집안은 가장 빈틈없는 예의범절로 위장한 은밀하고 관능적인 방종의 발레를 추고 있었다. 그 주역은 부자에다 똑똑한 제조업자인 도라의 아버지였다. 그는 결핵과 결혼 전 감염된 매독의 영향으로 고생하고 있었다. 프로이트의 환자였던 그는 딸을 프로이트에게 데려왔다. 모든 기록으로 판단해보건대, 도라의 어머니는 어리석고 교양이 없으며,

광신적이고, 강박적으로 집안 청소에 몰두했다. 도라와 긴장된 관계를 형성하던 오빠는 집안싸움에서 어머니 편을 들었으며, 도라의 아버지는 도라가 자기편을 들어줄 것이라고 믿었다.* 이런 상황은 도라나 그녀의 가족과 매우 가깝던 K씨 가족 때문에 더 복잡해졌다. K부인은 도라의 아버지가 심하게 아플 때 간호해준 적이 있으며, 도라는 K 집안의 어린 아이들을 돌본 적이 있었다. 도라 가족의 불화에도 불구하고, 겉으로는 품위 있고 가정적인 두 부르주아 가족은 사이좋게 서로 도우며 지내는 것처럼 보였다.

그러나 결코 그렇지 않았다. 도라는 열여섯 살이 되어 매혹적이고 잘생긴 젊은 여자로 성장해 갈 때, 갑자기 그때까지 그녀의 나이 많은 친구 가운데 가장 다정했던 K씨를 증오한다고 고백했다. 그러기 4년 전부터 도라는 히스테리 증상을 보이기 시작했다. 편두통과 신경성 기침이 주요 증상이었다. 이제 도라의 히스테리도 악화되었다. 한때 매력적이고 활기찼던 도라는 여러 가지 불쾌한 증상들을 드러냈다. 기침 말고도 히스테리성 실성증(失聲症, aphonia)**이 생기고, 이따금씩 우울증이 나타났으며, 비합리적인 적대감을 드러내고, 심지어 자살을 생각하기도 했다. 도라는 자신이 왜 불행한지 이유를 제시했다. 오랫동안 좋아하고 신뢰했던 K씨가 산책 도중에 자신에게 성적으로 접근했다는 것이다. 그녀는 몹시 불쾌하여 K씨의 따귀를 때렸다. 그런 비난을 들은 K씨는 그런 사실을 부인하고 오히려 도라를 공격했다. 도라가 오직 성에만 관심을 가지며, 외설스런 문학을 읽고 흥분하곤 한다는 것이었다. 도라

---

* 프로이트는 침착하게 논평했다. "일반적인 성적 끌림이 이렇게 아버지와 딸을 한편으로, 어머니와 아들을 다른 편으로 묶은 것이다." ("Dora", GW V, 178/SE VII, 21.)
** 갑자기 목쉰 소리가 나오거나 속삭여야만 말할 수 있는 히스테리 발성 장애. 여성에게 압도적으로 많다. (편집자 주)

의 아버지는 K씨의 말을 믿고 도라의 비난을 공상이라고 일축하고 싶어 했다. 그러나 프로이트는 도라를 분석해본 뒤 그녀 아버지의 이야기에서 모순을 발견하고 판단을 유보하기로 했다. 이때가 프로이트와 도라의 정신분석 관계에서 가장 공감이 충만한 순간이었다. 그러나 이런 순간은 곧 사라지고 서로 적대하게 되었으며, 프로이트는 약간 둔감한 면도 보였다. 프로이트는 도라가 뭔가를 드러내주기를 기다리겠다고 제안했다.

결국 기다릴 만한 가치가 있었다. 알고 보니 도라의 아버지는 한 가지에 관해서만 진실을 말했다. 아내가 자신에게 성적인 만족을 주지 못한다는 점이었다. 그러나 그는 프로이트 앞에서 자신의 병을 나열하는 동안, 실제로는 K부인과 뜨거운 연애를 하여 집안에서 겪는 좌절을 보상받고 있었다. 그리고 도라가 이 관계를 알게 되었다. 주의 깊고 의심이 많은 도라는 자신이 사모하는 아버지가 그 자신의 음란한 관계 때문에 딸의 고뇌에 찬 비난을 믿지 않으려 한다고 확신했다. K부인과 계속 방해받지 않으면서 바람을 피우려고 도라를 K씨에게 팔아넘기려 한다는 것이었다. 그러나 다른 성적인 물줄기도 흐르고 있었다. 도라는 이런 부정한 관계의 진실을 꿰뚫고 있으면서도 그녀 자신이 반쯤은 공범 노릇을 하고 있었다. 프로이트는 도라가 11주 만에 분석을 끝내기 전에, K씨와 도라의 아버지, 그리고 K부인에 대한 도라의 뜨거운 감정을 발견했으며, 도라 자신도 이것을 어느 정도 인정했다. 사춘기인 도라의 불안한 정신에서는 풋사랑, 근친상간, 동성애적 욕망이 서로 우위를 차지하려고 다투고 있었던 것이다. 어쨌든 프로이트는 이런 식으로 도라를 읽었다.

프로이트가 판단하기에 K씨의 구애만으로는 결코 도라의 화려한 히스테리 증상들을 설명할 수 없었다. 그런 증상들은 도라가 아버지의 비열한 배신에 화를 내기 전부터 나타났다. 프로이트는 도라가 공개한 이전의 트라우마적 사건들도 히스테리의 원인이 될 수 없다고 생각했다. 반대로 그녀의 반응을 그 사건이 일어났을 때 히스테리가 이미 존재하고 있었다는 증거라고 보았다. K씨가 도라에게 구애를 했다고 하는, 논란의 여지가 있는 사건으로부터 무려 2년 전, 도라가 열네 살 때 K씨는 그의 사무실에서 갑자기 도라를 끌어안고 입술에 뜨겁게 입을 맞추었다. 도라는 이런 공격에 구역질이라는 반응을 보였다. 프로이트는 이런 구역질을 애정이 뒤집힌 반응이고 감각들이 전치(轉置)된 것으로 해석했다. 이 사건 전체가 프로이트에게는 완벽한 히스테리의 한 장면으로 보였다. 프로이트는 단호하게 말했다. K씨의 성적인 접근은 "분명히 열네 살짜리 순진한 소녀에게 성적 흥분"이라는 또렷한 느낌을 불러일으킬 만한 상황이었다." 이것은 한편으로는 남자의 발기한 성기가 그녀의 몸에 닿는 느낌에서 생겨난 것이기도 했다.[12] 그러나 도라는 그녀의 감각을 위 쪽으로, 즉 목구멍으로 전치했다.

그렇다고 도라가 열네 살에, 아니 열여섯 살데라도 K씨의 요구에 응해주었어야 한다고 암시한 것은 아니다. 다만 그런 만남이 어느 정도의 성적 흥분을 일으킬 수밖에 없으며, 도라의 반응이 히스테리의 한 증상인 것은 분명하다고 생각했다. 이런 독법은 정신분석 탐정이자 부르주아 도덕성의 비판자라는 프로이트의 태도에서 자연스럽게 흘러나온다. 교양 있는 사회적 표면들 밑을 파헤치는 데 열중하고, 현대의 성(性)이 특히 사회적 지위가 있는 계급들의 경우에는 무의식적 부인과 의식적인 허위가 뒤섞인, 거의 뚫고 들어갈 수 없는 장막에 가려져 있다는 명제를 굳게 믿은 프로이트는 거의 의무감에 사로잡힌 것처럼 도라가 K씨를 격렬하게 거부하는 것을 신경증적 방어로 해석했다. 프로이트는 K씨를 실제로 만나보았고 그가 사실 유쾌하고 잘생긴 남자라는 것을 확인했다. 그러나 프로이트가 도라의 감수성 안으로 진입하지 못했다는 것은 감정이입이 실패했다는 뜻이며, 이것은 이 사례 전체를 다루는 과정에서 드러난 특징이기도 하다. 그는 도라가 사춘기 소녀로서 잔인할 정도로 이기적인 어른들의 세계에서 믿을 만한 안내자를 구하고 있다는 사실, 즉 친한 친구가 열렬한 구애자로 변한 것에서 받은 충격을 이해하고, 신뢰가 그런 식으로 야비하게 짓밟힌 상황에 대한 그녀의 분노를 제대로 알아줄 사람을 찾고 있다는 사실을 인정하지 않으려 했다.[13] 이런 태도는 또 프로이트가 일반적으로 여성의 관점에서 성적인 만남을 바라보는 데 어려움을 겪었다는 점도 증명해준다. 도라는 사람들이 자신을 거짓말쟁이나 공상을 이야기하는 아이로 여기지 않고 자신의 말을 믿어주기를 간절히 바랐으며, 프로이트는 그녀의 아버지의 부인보다는 그래도 도라의 이야기를 받아들일 마음이 있었다. 그러나 그것이 프로이트가 이 사례에서 도라 쪽으로 다가갈 수 있었던 최대치였다.

도라의 드라마에서 프로이트가 공감을 하지 못하여 함축된 의미들을 탐사하지 못했던 장면은 K씨의 성적인 공격 장면만이 아니었다. 거의 원칙적인 입장에서 자신의 해석에 대한 도라의 망설임을 받아들일 생각이 없었던 프로이트는 도라의 부인이 사실은 은밀한 인정이라고 읽으려 했다. 당시 진료에서 늘 그랬던 것처럼—나중에는 많이 수정하게 되지만—그는 즉각적이고 강력한 해석을 제시했다. 도라가 아버지를 사랑한다고 주장한 것이다. 그리고 도라의 "매우 강력한 이의 제기"를 오히려 자신의 추측이 맞다는 증거로 받아들였다.

환자의 의식적 인식에 억압된 생각을 처음으로 제시한 뒤에 환자의 입에서 나오는 "아니오"는 억압과 그 결정적인 특징을 보여줄 뿐이다. 이것은 말하자면 억압의 힘을 측정하는 방법이다. 이런 "아니오"를 공정한 판단—사실 환자에게는 불가능한 것인데—의 표현으로 받아들이지 말고 그냥 무시한 채 작업을 계속한다면, 그런 경우의 "아니오"가 사실은 바라고 있던 "예"임을 뜻한다는 증거가 곧 나타날 것이다.[14]

이렇게 해서 프로이트는 감수성이 결여되어 있다는 비난을 받게 되며, 더 심각하게는 완전히 교조적인 오만을 드러냈다는 비난까지 받게 되었다. 말을 듣는 것이 직업이면서도 말을 듣는 것이 아니라 분석 대상자와 나누는 대화를 미리 결정된 패턴 속으로 집어넣고 있다는 것이다. 자신이 거의 전지(全知)적 위치에 있다는 주장이 밑에 깔려 있는 이런 태도는 비판을 불러들였다. 이것은 분석 대상자가 받아들이든 경멸하든 모든 정신분석 해석이 자동적으로 옳다는 프로이트의 확신을 암시하기 때문이다. "예"는 "예"가 되고 "아니오"도 "예"가 되는 것이다.*

프로이트의 해석은 그가 도라를 도움을 청하는 환자라기보다는 정복해야 할 도전으로 보았다는 인상을 준다. 어쨌든 그의 개입은 도움이 되었음이 증명되었다. 도라는 아버지와 K부인의 관계를 이야기할 때 그것이 연애라고 주장하면서 동시에 아버지가 성교 불능이라고 주장했

---

* 당시에 프로이트는 그런 입장이 초래하는 위험에 직접 대응하지 않았으며, 오랜 세월이 지나고 나서야 정면으로 대응을 하게 된다. 그는 1937년 거의 마지막에 쓴 한 논문에서 이름을 밝히지 않은 어떤 비판자의 말을 요약하면서 이렇게 썼다. "환자가 우리에게 동의하면 [우리는] 옳다. 우리에게 이의를 제기한다면 그것은 환자의 저항의 신호이며, 이 경우에도 우리는 옳다. 이런 식으로 우리가 분석하는 무력하고 가엾은 개인이 우리가 뒤집어씌우는 것에 대하여 어떤 태도를 취하든 우리는 언제나 옳다." 이어 프로이트는 정신분석 과정에 대한 일반적인 생각을 압축한 말로, "동전의 앞이 나오면 내가 이기고, 뒤가 나오면 네가 진다."는 속담을 영어로 인용한다. 그러나 프로이트는 실제로는 이것이 정신분석이 이루어지는 방식이라고 생각하지 않았다. 정신분석가들은 분석 대상자의 동의에 대해서도 부인의 경우와 똑같이 회의적이라는 것이다. ("Konstruktionen in der Analyse" [1937], *GW* XVI, 41-56 / *SE* XXIII, 257-69.)

다. 그러나 도라는 프로이트에게 솔직하게, 사람들이 여러 가지 방법으로 성적 만족을 얻을 수 있다는 것을 안다고 말함으로써 그 모순을 해결했다. 프로이트는 그것을 도라의 괴로운 증상—언어 장애와 따끔거리는 목—과 연결해, 도라가 구강성교를 생각하고 있는 것이 분명하다고 말했다. 정확하게 말하자면, 민감한 문제임을 고려하여 라틴어로 "입에 의한(per os) 성적 만족"이라고 표현했다. 그러자 도라는 기침을 중단하여 그 해석이 타당함을 암묵적으로 인정했다.[15]

그러나 도라가 그가 제시한 심리적 진실들을 인정했다는 거의 분노에 찬 프로이트의 주장은 그것 나름의 해석이 필요하다. 사실 1900년에 이르면 프로이트는 환자가 오랫동안 조심스럽게 햇빛이 들지 않도록 유지한 후미진 곳을 분석가가 찾아내 드러내는 반갑지 않은 일을 할 때 저항이 나타나는 것은 얼마든지 예측 가능한 일임을 알고 있었다. 물론 아직은 환자에게 압력을 가하는 것이 기법상의 실수라는 사실을 인정하지 않았을 수도 있다. 프로이트의 경우 환자들에 대한 가혹하고 압제적인 태도는 나중에 많이 줄어드는데, 여기에는 도라에게서 배운 교훈도 한몫을 했다.

프로이트가 도라에게 퍼부은 힘차고 수다스러운 해석은 오만한 느낌을 준다. 많은 것을 드러내주는 도라의 두 번의 꿈 가운데 첫 번째 꿈에서 도라의 어머니는 불타는 집에서 작은 보석 상자를 구하고 싶어 한다. 그러나 아버지는 보석 상자 대신 아이들을 구해야 한다고 고집한다. 프로이트는 도라의 이야기를 들으면서 그녀의 어머니가 그렇게 귀하게 여기는 보석 상자에 관심을 집중했다. 프로이트가 도라에게 그 상자에서 무엇이 연상되느냐고 묻자, 도라는 K씨가 자신에게 바로 그런 상자, 값비싼 상자를 준 것을 기억했다. 그러자 프로이트가 도라에게 보석 상자(Schmuckkästchen)라는 말은 여성 생식기를 가리킨다는 사실을 일깨워준다. 그러자 도라는 말한다. "**교수님**이 그렇게 말씀하실 줄 알았어요." 프로이트는 대꾸한다. "그러니까, **너**도 알고 있었다는 거로구나. 이제 꿈의 의미가 더 분명해지는군. 너는 혼잣말을 했지. '그 남자가 나를 쫓아오고 있어. 그 남자는 내 방으로 강제로 들어오려고 해. 내 '보석 상자'가 위험해. 만일 불행한 일이 생기면 그건 아빠 책임이야. 그래서 네 꿈에서 그 반대를 표현하는 상황을 간들어낸 거지. 네 아빠가 너를 위험에서 구해주는 상황 말이야. 이 꿈이라는 영역에서는 일반적으로 모든 것이 그 반대로 바뀌어. 곧 그 이유를 알게 될 거야. 확실히 비밀은 네 엄마에게 있구나. 엄마가 어떻게 해서 이 꿈에 등장했을까? 너도 알다시피 엄마는 아빠의 사랑을 두고 너와 경쟁하던 사이였잖아."

프로이트는 한 페이지나 더 이런 페이스를 유지하면서 해석을 격류처럼 쏟아놓는다. 도라의 어머니는 K부인을 나타내고 도라의 아버지는 K씨를 나타낸다. 도라는 K씨의 값비싼 선물의 대가로 그녀의 보석 상자를 건네줄 것이다. "따라서 너는 K씨에게 그의 부인은 주려고 하지 않는 선물을 줄 각오를 해야 돼. 여기에 아주 큰 힘으로 억누를 수밖에 없는 생각이 있어. 그래서 모든 요소가 반대로 바뀔 수밖에 없었던 거지. 이 꿈을 꾸기 전에도 이미 말했지만, 이 꿈은 다시 한 번 네가 K씨에 대한 사랑으로부터 너 자신을 보호하기 위해 아빠에 대한 옛 사랑을 살려내고 있다는 것을 확인해줘. 하지만 이 모든 노력이 무엇을 증명할까? 단지 네가 K씨를 두려워한다는 것만이 아니야. 너는 너 자신, K씨에게 굴복하고 싶은 유혹을 훨씬 두려워하고 있어. 이런 식으로 너는 K씨에 대한 네 사랑이 얼마나 강한지 확인하게 되는 거야."[16]

프로이트는 자신이 이렇게 쏟아내는 해석을 도라가 받아들이지 않는 것에 놀라지 않았다. "물론 도라는 나의 이런 해석을 따라오려 하지 않았다."[17] 그러나 이 해석이 제기하는 문제는 도라의 꿈에 대한 프로이트의 독법이 옳으냐 아니면 그저 독창적일 뿐이냐 하는 것이 아니다. 중요한 것은 프로이트의 고집스러운 태도, 프로이트의 해석에 대한 도라의 의심을 자신에게 불편한 진실을 편리하게 부인해버리려는 태도로만 보고 있다는 점이었다. 이것이 최종적 실패에서 프로이트가 책임져야 하는 부분이었다.

물론 인식된 것이든 인식되지 않은 것이든 실패는 이 사례의 특징이지만, 역설적으로 바로 이런 실패가 정신분석 역사에서 궁극적 의미를 지닌다. 우리가 알다시피 프로이트는 이 사례를 '꿈 분석'이 정신분석 치료에서 쓸모가 있음을 증명하고 '꿈 형성'을 지배하는 규칙들—그가 발견한 규칙들—을 확인하는 예로 여겼다. 더욱이 이 사례는 히스테리의 복잡성을 아름답게 보여주었다. 그러나 프로이트가 마침내 "도라"를 발표한 핵심적인 이유 한 가지는 그가 이 골치 아픈 환자를 계속 분석할 수 없었다는 점이다.

1900년 12월 말 프로이트는 도라의 두 번째 꿈을 분석했다. 이것도 도라가 무의식적으로 쭉 K씨를 사랑했다는 자신의 가설을 만족스럽게 확인해주었다. 그러나 다음 상담이 시작될 때 도라는 쾌활한 표정으로 이것이 마지막 상담이 될 것이라고 말했다. 프로이트는 이 예기치 않은 선언을 선선히 받아들이고, 마지막까지 계속 분석을 해보자며, 새로운 세부 사항을 드러내 그녀를 모욕한 남자에 대한 그녀의 가장 깊은 감정들을 해석해주었다. "도라는 평소와는 달리 아무런 이의를 제기하지 않고 귀를 기울였다. 감동을 받은 것 같았다. 도라는 아주 상냥하게 작별 인사를 하고 따뜻하게 새해 인사까지 했다. 그리고 다시 오지 않았다."[18]

프로이트는 도라의 행동이 그녀 자신을 해치려는 신경증적 욕망에서 생겨난 복수의 행동이라고 해석했다. 도라는 "치료를 성공적으로 끝낼 수 있다는 나의 기대가 최고조에 오른" 시점에 그를 떠났다. 프로이트는 혹시 도라가 자신에게 중요하다는 사실을 극적으로 과장했다면, 그래서 그녀가 갈망하던 애정의 대체물을 제공했다면, 그녀를 계속 치료할 수 있었을지 궁금했다. "나도 모르겠다." 그가 아는 것은 "내가 늘 어떤 역할을 하는 것을 피했고, 허세를 부리지 않는 심리학 기술로 만족했다."는 것뿐이었다.[19] 그러다가 1902년 4월 1일 도라가 다시 도움을 얻고 싶다는 이유를 내세워 프로이트를 찾아왔다. 그러나 프로이트는 그녀를 관찰한 뒤 그녀가 제시한 이유를 믿지 않게 되었다. 도라는 어느 한 기간을 제외하면 훨씬 나아졌다고 말했다. 그녀는 K씨 부부를 압박하여 자백을 받아냈다. 도라가 그들에 관하여 한 말은 사실이었다. 그러나 도라는 두 주 동안 안면 신경통으로 고생했다. 프로이트는 이 지점에서 자신이 미소를 지었다고 기록한다. 정확히 두 주 전 프로이트가 교수로 승진했다는 기사가 신문에 실렸으며, 따라서 프로이트는 그녀의 안면 통증이 K씨의 따귀를 때린 뒤의 분노를 그녀의 분석가인 프로이트에게 전이시킨 것에 대한 자기 처벌의 한 형태라고 읽을 수 있었기 때문이다. 프로이트는 도라에게 그녀가 자기에게서 그녀를 완전히 치료할 기회를 빼앗아간 것을 용서했다고 말했다. 그러나 그는 자기 자신은 완전히 용서할 수 없었던 것으로 보인다.

도라가 치료를 중단했을 때 프로이트가 느낀 당혹감은 1897년 여름 그의 신경증 유혹 이론이 유지 불가능하다는 것이 증명되었을 때 느낀 당혹감과 비슷했다. 프로이트는 과거의 그 패배를 광범한 이론적 발견의 기초로 삼았다. 이번에도 프로이트는 패배를 겪으면서, 그 원인을 탐사하여 정신분석 기법에서 커다란 도약의 발판을 마련했다. 그는 "제때에 전이를 극복하지" 못했음을 솔직하게 인정했다.[20] 사실 그는 "전이의 첫 신호들에 관심을 기울일 만큼 조심하는 것을 잊었다." 분석 대상자와 분석가 사이의 감정적 유대를 이해하려는 노력이 막 시작되던 시점에 프로이트는 도라와 작업을 했다. 프로이트는 《히스테리 연구》에서 개략적이기는 하지만 과감하게 약간의 예상을 했으며, 1890년대 말 플리스에게 쓴 편지를 보면 이 현상을 완전히 파악하지는 못했다 해도 어렴풋이 알고는 있었다는 것을 알 수 있다. 그러나 도라를 분석할 때는 그 나름의 이유 때문에 그가 이해하기 시작한 것에 바탕을 두고 작업을 하지 못했다. 이 사례는 프로이트에게 이 문제를 상당히 명료하게 드러내주었던 것으로 보인다. 그러나 그런 깨달음은 사후에 이루어졌다.

전이란 환자가 때로는 은근히 때로는 눈에 띄게, 과거나 현재에 "현실" 세계에서 사랑하거나 미워했던 사람의 특성을 분석가에게 부여하는 것이다. 이제 프로이트는 "정신분석에 가장 큰 장애가 될 운명으로 보이는" 이런 심리적 책략은 그것을 "발견하여 환자를 위해 번역해줄 수 있다면 가장 강력한 보조물"이 될 수도 있다는 점을 인식했다. 그러나 도라를 분석할 때는 이것을 발견하지 못했다. 적어도 적절한 시기에는 발견하지 못했다. 그래서 그녀는 그것을 놓친 대가가 무엇인지 고집스럽고 약간 불쾌한 방식으로 보여준 것이다. 프로이트는 도라가 자신에게 "반한" 것—이것은 도라가 다른 사람들에게 품고 있던 은밀한 감정의 대체물일 뿐이었다.—을 관찰하지 못했기 때문에, 도라가 K씨한테 하고 싶었던 복수를 그 자신에게 하는 것을 허용하고 말았다. "이렇게 해서 그녀는 치료를 하면서 기억과 환상의 핵심적인 부분을 재현하는 것이 아니라 그것을 연극하듯 실연(實演)해 보인 것이며", 이것은 불가피하게 분석 작업의 파탄을 낳고 말았다.[21]

프로이트는 이런 갑작스러운 중단이 도라에게 피해를 주었다고 생각했다. 그녀는 사실 회복되는 중이었기 때문이다. 그러나 치료 중단은 프로이트에게도 피해를 주었다. 그는 이 이야기 가운데 가장 수사적인 대목에서 이렇게 외친다. "나처럼, 자신과 싸움을 벌일 수도 있는 가장 사악한 악마들, 불완전하게 길들여진 채 인간의 가슴에 살고 있는 악마들을 깨우는 사람은 이런 싸움에서 자신도 피해를 볼 각오를 해야 한다."[22] 그러나 프로이트는 그런 상처를 느끼면서도 그것을 명확하게 규정하지는 못했다. 너무 깊숙한 곳을 찔렸기 때문이다. 프로이트는 자신에 대한 도라의 전이를 인식하지 못했다는 것은 알 수 있었다. 하지만 더 심각했던 것은 도라에 대한 자신의 전이를 인식하지 못했다는 점이었다. 그가 앞으로 역전이(countertransference)라고 부르게 되는 현상을 분석적 자기 관찰에서 놓친 것이다.

프로이트가 나중에 규정했듯이, 역전이는 "환자가 분석가의 무의식적 감정에 영향을 끼친 결과" 분석가에게 생기는 감정이다.[23] 프로이트는 자기 분석을 계속하여 자신에 대한 정밀조사가 제2의 천성처럼 되었는데도, 환자가 분석가에게 끼치는 위험한 영향은 그의 머릿속에서나 전문적인 논문에서나 결코 크게 부각된 적이 없었다.* 그러나 그는 역전이가 분석가의 호의적인 중립성을 가로막는 방심할 수 없는 장애이며, 진단하고 없애야 할 저항이라는 점을 의심하지 않았다. 마치 스스로 인정하지 않는 역사가의 편견과 비슷한 것이다. 프로이트가 1910년에 엄격하게 말한 바에 따르면, 분석가는 "자기 내부의 이런 역전이를 인정하고 극복해야 한다." 왜냐하면 "모든 정신분석가는 자신의 콤플

---

* 최근에 일부 정신분석가들은 분석 대상자들이 분석가 자신들에게 일으키는 무의식적 감정들을 이용하여 분석 대상자의 정신적 활동을 깊이 이해하는 데 도움이 되는 경우가 많다고 설득력 있게 이야기한다. 하지만 이런 입장은 프로이트에게는 공감을 얻기 힘들었을 것이다.

렉스와 내적 저항이 허용하는 데까지만 갈 수 있기 때문이다."[24] 그러나 도라와의 분석 면담에서 그의 행동이 보여주듯이, 프로이트는 유혹하려는 그녀의 시도나 짜증나는 적대감에 완벽하게 대비가 되어 있는 사람이 아니었다. 이것이 이 사례의 하나의 교훈이었다. 프로이트도 때로는 치료자로서 그의 인식을 흐릴 수 있는 감정의 공격을 받을 수 있다는 것이었다.*

그러나 '도라'는 프로이트가 아주 희미한 움직임, 아주 작은 깜빡임으로부터도 정보를 얻을 수 있는 노련한 관찰자의 주권을 선포했던 사례. 그는 여기에서 이런 유명한 말을 했다. "볼 눈이 있고 들을 귀가 있는 사람은 인간이 비밀을 지킬 수 없다는 것을 확신하게 된다. 사람은 입이 말을 하지 않으면 손가락 끝으로 수다를 떤다. 속에 있는 것은 모든 구멍을 통해 밀고 나온다."**[25] 도라는 분석가 앞의 소파에 누워, 집에서 겪은 고통을 설명하고, K 가족과 그녀 사이에 벌어졌던 뜻하지 않은 일을 이야기하고, 꿈을 이해하려 하는 동안, 작은 핸드백을 열었다 닫았다 하면서 계속 손가락을 그 안으로 밀어넣었다. 프로이트는 곧 그녀의 이런 작은 행동이 자위를 흉내 내는 것이라고 해석했다.[26] 그러나 도라에 대한 프로이트 자신의 감정적 관여는 그녀가 핸

---

* 1920년대 중반까지 정신분석 교육 기관들은 분석가 지망생들이 그때까지 그들의 훈련 과정에 반드시 들어갔던 교육적 분석을 통하여 그들의 콤플렉스와 저항을 드러내고 가능하면 극복할 것을 기대했다. 노련한 정신분석가들도 자신에게 요구되는 임상적 태도로 분석 대상자들의 말에 귀를 기울이지 못할 만한 이유가 있다고 여겨지면 동료와 상담했다. 그러나 프로이트가 '도라'를 쓸 때는 그런 치료법이 없었다.
** 프로이트 전에 활동했던 심리 소설가 로렌스 스턴은 이미 150년 전에 이와 매우 흡사한 말을 했다. "아버지는 계속해서, 눈에 띄지 않는 수많은 구멍이 있어 예리한 눈을 가진 사람은 즉시 상대의 영혼으로 들어갈 수 있다고 말했다. 아버지는 또 덧붙였다. 분별력 있는 사람은 방에 들어올 때 모자를 내려놓거나 나갈 때 모자를 집어들지 않는다. 그래도 그를 드러내는 뭔가가 흘러나온다." (*Tristram Shandy*, book VI, ch. 5.)

드백을 만지작거리는 행동보다 읽어내기가 어려웠다. 프로이트가 어니스트 존스에게 고백한 적이 있듯이, 자신의 "실제 심리 과정을 인식하는 것은 불가능하지는 않다 해도 매우 어려운 일일세."[27]

이 잘생기고 까다로운 사춘기 소녀가 그 당시에 그에게 아무리 매력적으로 보였다 해도, 프로이트가 그녀와 사랑에 빠졌다고 암시하는 것은 순진한 일일 것이다. 오히려 도라를 향한 그의 주된 감정은 부정적인 쪽이었을 것이다. 프로이트는 도라를 매혹적인 히스테리 환자로 여기고 순수하게 관심을 갖는 것 외에, 그녀에게 초조, 짜증, 그리고 마지막에는 숨김없는 실망을 드러냈다. 그는 치료하고자 하는 열망에 불타고 있었다. 이것은 프로이트가 나중에 정신분석 과정에 유해하다고 조롱하게 될 정열이었다. 그러나 도라를 만날 때 그는 그런 열망에 사로잡혀 있었다. 프로이트는 도라의 비틀린 감정 생활의 진실에 이르렀다고 강하게 확신했지만, 도라는 그 진실을 받아들이려 하지 않았다. 설득력 있는 해석이 갖는 치료의 힘을 그녀에게 입증했을 때도 마찬가지였다. 그가 해석이라는 수단으로 그녀의 신경성 기침을 쫓아내지 않았던가. 프로이트는 그녀에 관해 옳았다. 옳다는 것을 그는 알고 있었다. 따라서 그가 틀렸음을 증명하려고 그녀가 그렇게 고집스럽게 나오는 것에 큰 좌절감을 느꼈다. 도라의 사례사에서 놀라운 것은 프로이트가 그 발표를 4년이나 미루었다는 것이 아니라, 그래도 그가 그것을 발표했다는 사실이다.

꼬마 한스와 쥐 인간

도라의 사례와는 반대로 '꼬마 한스'의 사례는 프로이트에게 대단히 만족스러웠다. 두 사례사 발표의 사이 4년 동안 프로이트의 생활에는 많은 일이 일어났다. 1905년에 그는 '도라'와 더불어 성욕에 관한 획기적인 에세이와 농담에 대한 정신분석학적 연구를 발표했다. 쉰 살이 되던 1906년에는 랑크를 간사로 삼아 수요심리학회의 변화를 이끌었고, 취리히의 관심 있는 정신의학자들과 접촉하여 정신분석 운동의 기초를 넓혔고, 플리스와 공개적으로 결별했고, 신경증에 관한 첫 번째 주요 논문집을 발표했다. 1907년에는 처음으로 베르크 가세 19번지에서 아이팅곤, 융, 아브라함을 비롯해 중요한 지지자들을 맞이했다. 꼬마 한스가 그의 관심을 차지했던 1908년에는 수요일 야간 모임을 빈 정신분석협회로 재조직하고, 잘츠부르크에서 첫 국제 정신분석가 대회를 관장하고, 사랑하는 영국을 두 번째로 방문했다. 1909년에는 생애 처음이자 마지막으로 미국을 방문하여 클라크 대학에서 강연을 하고 명예 학위를 받았으며, 〈정신분석학·정신병리학 연구 연보〉를 창간하고 첫 번째로 꼬마 한스의 사례사를 창간호에 기고했다. 프로이트는 무척 만족스러웠다.

"'꼬마 한스(klein Hans)'의 중요성을 알아봐주니 기쁘군." 프로이트는 그해 6월에 어니스트 존스에게 그렇게 말했다. 그 자신도 이미 이 "다섯 살 난 소년의 공포증 분석"의 중요성을 인식했다고 말했다. "아이의 영혼에 관하여 이보다 섬세한 통찰을 얻은 적이 없네."[28] 가장 어린 "환자"에 대한 프로이트의 애정은 치료가 끝난 뒤에도 끝나지 않았다. 한스는 늘 "우리의 작은 영웅"이었다.[29] 프로이트가 이 사례사로 강조하고자 했던 기본 주제는 꼬마 한스의 "아동기 신경증"이 프로이트가 어른 신경증 환자들을 만나면서 고무되어 탐사했던 추측들을 뒷받침한다는 것이었다. 즉, 어른들에게 고통을 주는 "병원성 재료"는 "언제나 한스의 공포증에서 밝혀낼 수 있는 아주 어린 시절의 콤플렉스들까지 거슬러 올라갈 수 있다."는 것이다.[30] 앞에서 보았듯이 두 꿈의 철저한 분석이 포함된 도라의 사례는 프로이트의 《꿈의 해석》이 임상적 환경에서도 타당성이 있으며, 오이디푸스적인 감정이 히스테리 형성에서 상당한 역할을 한다는 점을 보여주었다. 꼬마 한스에 관한 보고서는 프로이트의 두 번째 핵심적인 논문 《성욕에 관한 세 편의 에세이》에서 그가 세공을 하듯이 정리해놓은 결론들을 예시하는 부록이라고 할 수 있었다. 평소와 마찬가지로 임상의 프로이트와 이론가 프로이트는 결코 서로를 덮어버리지 않았던 것이다.*

프로이트는 '도라'에서는 의도적으로 기법 이야기를 거의 하지 않으며, '꼬마 한스'에서는 그런 이야기가 더 줄어든다. 그도 그럴 만하다. 전에는 이 꼬마를 찾아가기도 하고 세 살 생일에는 선물도 주었지만, 이제는 거의 전적으로 중개자 역할을 하는 꼬마의 아버지를 통해서만 작업을 했기 때문이다. 따라서 그 성격상 이 사례의 이론적 함의가 아무리 넓다 해도, 가장 비정통적인 기법으로 다루어진 '꼬마 한스'는 모범적 사례라는 인상을 줄 수가 없었다. 이것은 특이한 사례로 남을 수밖에 없었다. 분석을 받은 다섯 살 난 소년은 몇 년 동안 프로이트의 수요일 밤 모임에 참가하기도 했던 음악학자 막스 그라프의 아들이었다. 소년의 "아름다운"[31] 어머니—이것은 프로이트의 말이다.—는 프로이트의 환자였으며, 이들 부모는 정신분석의 최초의 지지자들로 꼽힐 만한 사람들이었다. 그들은 프로이트적인 원리에 따라 가능한 한 강압 없이 아들을 키우기로 했다. 아이에게 인내심을 보이고, 아이의 말에 관

---

* 프로이트는 꼬마 한스의 자료를 이 무렵에 발표한, 이 자료와 관련이 있는 두 편의 짧은 논문에서도 이용했다. 하나는 아동의 성 이론에 관한 것이었고, 또 하나는 아동의 성교육에 관한 것이었다.

심을 기울이고, 아이의 꿈을 기록하고, 아이다운 난잡한 사랑을 재미있게 여겼다. 한스는 어머니, 가족의 친구의 딸, 남자 사촌 등 모든 사람에게 반했다. 프로이트는 감탄을 감추지 못하며 꼬마 한스가 "모든 악의 화신"으로 발달해 간다고 말했다.[32] 한스가 신경증적 증상을 보이기 시작했을 때도 그의 부모는 평소의 원칙대로 아이를 다그치지 않기로 했다.

그러나 정신분석학적인 방식으로 아들을 기르면서도, 그라프 부부는 당시에 지배적이던 회피의 문화에서 벗어나지는 못했다. 꼬마 한스가 세 살 반일 때 어머니는 아이가 생식기를 만지는 것을 보고 의사를 불러 아이의 "고추"를 잘라버리겠다고 야단을 쳤다. 또 이 무렵 한스의 여동생이 태어났을 때—"한스의 삶에서 큰 사건이었다."—부모는 한스에게 구태의연한 황새의 전설을 이야기해줄 수밖에 없었다.[33] 그러나 이 시점에서 한스는 계몽된 것으로 여겨지던 부모보다 더 합리적이었다. 한스의 성 지식, 특히 출산 과정에 대한 연구는 빠르고 인상적인 진전을 보여, 분석 과정에서 아버지에게 꼬마다운 빈틈없는 방식으로 자신이 황새 이야기를 경멸한다는 것을 보여주었다. 나중에 부모는 한스에게 부분적인 설명을 하면서 아기가 어머니 안에서 자란 다음, 어머니가 "룸프(lumf)"—한스는 똥을 그렇게 불렀다.—를 밀어내듯이 아프게 밀어내서 나온다고 이야기해주었다. 이 이야기로 꼬마의 "룸프"에 대한 관심만 커져버렸다. 그러나 꼬마 한스는 관찰, 말, 성적 관심에서 약간 조숙한 면을 보이는 것 말고는 명랑하고 귀여운 부르주아 소년으로 성장해 갔다.

그러다가 1908년 1월 불가해하고 불쾌한 일이 벌어졌다. 꼬마 한스가 말이 자기를 물 것이라는 공포에 사로잡혀 꼼짝도 못하게 된 것이다. 또 짐마차를 끄는 커다란 말이 쓰러질지도 모른다는 걱정을 하면서 그런 말을 만날 만한 곳은 피하기 시작했다. 아버지이자 영웅이자 악당이자 아들의 개인 치료사인 막스 그라프는 아들을 면담하고 꼬마 한스의 공포증의 의미를 해석하기 시작했으며, 프로이트에게 자세한 내용을 자주 보고했다. 그는 아들의 불안이 아내의 지나친 애정에서 비롯된 과도한 성적 자극 탓이라고 생각하는 경향이 있었다. 또 아이의 자위가 그런 불안의 원인이라고 의심하기도 했는데, 꼬마 한스도 비슷한 생각을 하게 되었다. 그러나 평소와 다름없이 진단을 내리기 전에 한참 뜸을 들이던 프로이트는 그 말을 선뜻 받아들이지 않았다. 프로이트는 불안에 관한 초기 이론화 작업의 결론에 따라* 어머니에 대한 한스의 "억눌린 성적 갈망"에서 문제가 생겼다고 추측했다. 한스가 어머니를 소년다운 방식으로 계속 유혹하려 했다는 것이다.[34] 한스의 성적이고 공격적인 소망들이 불안으로 바뀌었으며, 이 불안이 특정한 대상에 고착되어 그것을 두려워하거나 피하게 되었다는 것이다. 이것이 말 공포증이었다.

꼬마 한스의 증상들을 살피는 프로이트의 방식은 그의 분석 스타일을 그대로 보여주었다. 그는 아무리 터무니없고 사소해 보이더라도 정신 상태에 대한 보고를 모두 진지하게 받아들였다. "이것이 꼬마의 어리석고 불안한 생각이라고 말할지도 모르겠다. 하지만 신경증은 꿈과 마찬가지로 어리석은 이야기를 절대 하지 않는다. 그러나 우리는 이해가 안 될 때는 언제나 꾸짖는다. 그렇게 해야 자기 자신이 편해지기 때문이다."[35] 프로이트는 독자들에게 그런 식으로 눈살을 찌푸린다. 그는 이 이야기에 몇 번 등장하지 않는 기법에 관한 이야기에서 한스의 아버지가 아들을 너무 심하게 밀어붙인다고 비판했다. "그는 너무 많은

---

* 프로이트의 불안에 관한 이론은 《프로이트 II》 10장의 '랑크와 출생 트라우마' 참조.

것을 요구하며, 꼬마가 스스로 표현하게 하는 대신 자신의 가설에 따라 조사를 한다." 프로이트도 도라를 만날 때 그런 실수를 했지만, 이제 그때처럼 어리석지 않았으며, 적어도 감정적 관여는 그때처럼 강하지 않았다. 그는 막스 그라프의 방법론을 따르면 분석이 "불가해하고 불안정하게" 된다고 경고했다.[36] 프로이트가 1890년대부터 말해 왔고 또 대개 잊지 않고 실행에 옮겼지만, 정신분석은 참을성 있게 귀를 기울이는 기술이요 과학이다.

꼬마 한스의 공포증은 점점 심해졌다. 한스는 집을 떠나기 싫어했지만, 집 밖에 나섰을 때는 가끔 말을 보아야만 한다고 느낄 때가 있었다. 한스는 동물원에 가도 전에는 좋아하던 큰 동물을 피했지만, 작은 동물은 계속 좋아했다. 코끼리와 기린의 생식기가 마음에 걸리는 것이 분명했다. 생식기—자신, 아버지, 어머니, 여동생, 동물의 생식기—에 대한 한스의 몰입은 강박관념으로 발전할 위험이 있었다. 그러나 프로이트는 아들이 커다란 음경을 두려워한다는 막스 그라프의 빤한 추론을 반박할 필요를 느꼈다. 어느 날 꼬마 한스가 가장 좋아하는 주제에 관하여 이야기를 했는데, 그 결말 부분—그의 아버지가 프로이트를 위해 기록해 두었다.—이 귀중한 실마리를 제공했다. 아버지는 이렇게 말했다. "너는 말의 커다란 고추를 보고 겁을 내는 것 같은데 그건 겁낼 필요가 없어. 큰 동물은 고추가 크고, 작은 동물은 고추가 작아." 한스는 이렇게 대답했다. "모든 사람들한테 고추가 있어요. 제 고추는 제가 크면 저와 함께 자라요. 그건 몸에 붙어 있는 거니까요."[37] 프로이트에게 이것은 꼬마 한스가 자기 "고추"를 잃을까 봐 두려워하고 있다는 분명한 신호로 보였다. 이런 공포를 가리키는 전문 용어는 거세 불안(castration anxiety)이다.

이 분석 단계에서 어린 환자와 아버지는 상담을 하러 프로이트를 찾아왔다. 프로이트는 이제 자료를 처음으로 듣고 또 보게 되었으며, 이것이 꼬마 한스의 문제를 해결하는 데 큰 진전을 가져왔다. 한스를 위협하던 말은 부분적으로는 한스의 아버지를 가리켰다. 그의 크고 검은 콧수염은 말의 크고 검은 재갈과 비슷했다. 한스는 결국 어머니에 대한 압도적인 사랑과 아버지에 대한 막연한 죽음의 소망을 참지 못한다는 이유로 아버지가 자신에게 화를 낼까 봐 몹시 두려워하고 있었던 것이다. 무는 말은 성난 아버지를 대신하는 존재였다. 쓰러지는 말은 죽은 아버지였다. 따라서 꼬마 한스의 말에 대한 두려움은 교묘한 회피이자, 감히 자신이나 다른 누구에게 자유롭게 인정할 수 없는 감정들을 다루는 방식이었다.* 한스는 자신의 경쟁자라고 생각하는 아버지를 사랑하기도 했기 때문에 이런 갈등은 더욱 고통스러웠다. 어머니에게 열정적인 애정과 더불어 가학적인 소망을 품고 있었던 것과 마찬가지다. 프로이트가 보기에 꼬마 한스의 고통은 정신 생활에서 양가감정이 어디에서나 작용한다는 것을 강조해주는 자료였다. 말하자면 한스는 아버지를 때리고 때린 곳에 입을 맞추는 셈이었다. 이것은 인간의 일반적 성향을 상징했다. 양가감정은 오이디푸스적인 삼각 관계에서 예외가 아니라 규칙인 것이다.

프로이트가 이런 현실을 다섯 살 난 환자에게 친절하게 설명해준 순

---

* 미국의 정신분석가 조지프 윌리엄 슬랩(Joseph William Slap)은 한스의 말 공포증에 대하여 흥미로운 보완적(반박이 아니라) 해석을 내놓았다. 꼬마 한스는 신경증 두 달째인 1908년 2월에 편도선을 제거했으며("Little Hans", *SE* X, 29 참조), 이 시점에 공포증은 더 심해졌다. 그 직후 한스는 자신을 무는 말을 **백마**라고 분명히 밝혔다. 이것을 비롯하여 프로이트의 사례사의 관련 증거들을 토대로 슬랩은 꼬마 한스가 콧수염을 기른 아버지에 대한 두려움에다 외과 의사(마스크와 하얀 가운을 입은 의사)에 대한 두려움을 덧붙였다고 주장한다. (Joseph William Slap, "Little Hans's Tonsillectomy", *Psychoanalytic Quarterly*, XXX [1961], 259-61.)

간부터 한스의 공포는 줄어들고 불안은 사라지기 시작했다. 한스는 받아들일 수 없는 소망과 공포를 왜곡하여 증후로 표현하고 있었던 것이다. 장의 운동, 거기에서 나오는 "룸프"를 다루는 한스의 방식은 이런 방어적 왜곡의 전형적인 예였다. 한스는 호기심을 품고 그 생각을 했지만, 그것을 추측해보다가 생겨난 유쾌하고 흥미진진한 연상—아기가 "룸프" 같다.—을 무의식적인 수치로, 이어 노골적인 혐오의 표현으로 바꾸어놓았다. 마찬가지로 한스의 괴로운 불안의 원인이었던 공포증은 활발하게 움직이는 것에서, 예를 들어 한때 아이에게 큰 즐거움을 주었던 힘차게 노는 말에서 나온 것이었다. 한스의 사례는 오이디푸스적 단계에 작용하는 방어 기제의 좋은 예였다.

분석이 효과를 보고 점차 내적인 자유를 얻어 나가자, 한스는 여동생에게 죽음의 소망을 품었다는 사실을 인정할 수 있었다. 한스는 또 자신의 "룸프" 이론과 앞으로 항문으로 낳을 자식들에게 어머니인 동시에 아버지가 되겠다는 생각도 드러내고 이야기도 할 수 있었다. 한스는 자식들을 원한다고 하면서, 동시에 원치 **않는다**고 말했다. 그러나 그런 느낌이나 그런 추측을 인정한다는 것 자체가 치료를 향한 도약이었다. 실제로 치료 과정 내내 꼬마 한스는 특별한 분석적 통찰력을 보여주었다. 그는 자신의 신경증에 관한 아버지의 생각이 엉뚱한 때에 제시되거나 견딜 수 없을 정도로 강하게 제시되면 그것을 거부했으며, 생각과 행동도 똑똑하게 구별할 줄 알았다. 한스는 다섯 살이었지만, 바라는 것과 하는 것이 똑같은 것이 아님을 알았다. 따라서 자신의 가장 공격적인 소망에도 불구하고 무죄를 주장할 권리를 고집할 수 있었다. 한스가 아버지에게 여동생이 욕조 물에 떨어져 죽을지도 모른다는 생각—사실은 소망—을 이야기하자 아버지는 그 말을 이렇게 해석했다. "그렇게 되면 너는 엄마와 단둘이 있게 될 거 아니냐. 착한 아이는 그런 걸 바라지 않아!" 꼬마 한스는 당황하여 이렇게 대꾸했다. **"하지만 생각은 할 수 있잖아요."** 아버지가 "그것은 좋지 않아." 하고 반박했을 때, 한스에게는 준비된 대답이 있었다. **"생각을 하면 그건 좋아요. 그럼 교수님께 그 생각을 써 보낼 수 있잖아요."** 교수는 감탄을 금할 수가 없었다. "멋지구나, 꼬마 한스! 어른이라도 정신분석을 너보다 잘 이해할 수는 없겠다."[38] 한스의 오이디푸스적 갈등 해소도 마찬가지로 고무적이었다. 그는 아버지가 **아버지의** 어머니와 결혼했다고 상상했다. 따라서 꼬마 한스도 아버지를 살려둔 채 어머니와 결혼하여 자식을 낳을 수 있었다.

프로이트가 꼬마 한스의 심리 드라마에서 닥당을 드러낼 때 따라간 길은 십여 년 뒤 성장한 한스를 분석해 달라고 요청받았다고 가정할 경우에 따라가야 했을 길보다 훨씬 짧았고, 훨씬 덜 고통스러웠다. "어른을 정신분석학적으로 치료하는 의사는 정신의 형성물을 한 켜 한 켜 드러내는 작업을 통하여 마침내 유아의 성욕에 관한 어떤 가설들에 이르게 되며, 그 구성 요소에서 훗날의 모든 신경증적 증상의 동기가 되는 힘들을 발견할 수 있다고 믿는다."[39] 꼬마 한스의 경우에는 그렇게 깊이 파고들 필요가 없었다. 프로이트가 분명히 만족스러운 말투로 이 사례에 "전형적이고 모범적인 의미"가 있다고 주장한 것[40]은 이 사례가 어른의 분석이라면 시간을 오래 끄는 고된 노력 끝에 풀어낼 수밖에 없는 것을 아주 명쾌하게 응축하고 있었기 때문이다.

어린아이에 관한 이 비관습적인 정신분석은 오이디푸스 콤플렉스 이론을 예증했다. 우리가 알다시피 프로이트는 10여 년 전 처음 이야기한 이후로 이 개념을 상당히 복잡하게 다듬어 왔다. 꼬마 한스는 또 억압의 작용에 관해서도 많은 것을 알려주었으며, 사실 투명한 자기 보호 술책이라는 면에서 보자면 거의 교과서적 사례라고 할 수 있었다. 다섯 살 난 소년은 수치, 혐오, 얌전 빼기 등과 같은 심리적 방어벽들을 세우는 작업을 한창 진척시키고 있었지만, 아직 그 벽은 공고하지 않았다. 물론 프로이트는 가장 멋진 반(反)부르주아적 태도로, 아이의 이런 방어벽들이 특히 현대의 중간계급 문화에서 어른들이 보호하려고 둘러놓은 가파르고 단단한 요새와는 아직 거리가 멀다고 말했다. 프로이트는 이 성장하는 어린아이에게서 억압의 역사를 보면서 어린아이들과 성적인 문제를 이야기할 때는 솔직해야 한다고 상당히 강하게 말할 수 있었다. 따라서 꼬마 한스의 사례사는 정신분석학적 명제들을 잔뜩 모아놓는 것에서 끝나지 않는다. 이것은 프로이트의 사고가 진료실 바깥에 미치게 될 영향력을 암시하기도 한다. 1909년에는, 또 그 몇 년 뒤까지는 아직 아니라 해도.

프로이트는 꼬마 한스의 분석이 암시의 이득을 본 미심쩍은 결과물이 아닌 것에 만족했다. 임상적인 그림은 설득력이 있었고, 환자는 해석이 맞을 때에만 거기에 동의했다. 게다가 한스는 불안과 공포증을 정복했다. 13년 뒤인 1922년에 붙인 짧은 후기에서 프로이트는 의기양양하게 "열아홉 살의 건장한 청년"이 찾아왔다고 보고했다.[41] 성장한 꼬마 한스였다. 훗날 유명한 오페라 제작자 겸 연출자가 되는 헤르베르트 그라프(Herbert Graf)가 프로이트 앞에 서 있었다. 프로이트는 그의 비판자들의 암담한 예측이 현실이 되지 않은 것에 만족감을 느끼지 않을 수 없었다. 비판자들은 정신분석이 어린아이에게서 순수성을 앗아가고 그의 장래를 망칠 것이라고 예측했던 것이다. 프로이트는 이제 그들에게 그들이 틀렸다고 말할 수 있었다. 한스의 부모는 이혼했다가 재혼했지만 그들의 아들은 사춘기의 시련만이 아니라 이 시련에서도 특별한 피해 없이 살아남았다. 프로이트가 특히 흥미를 느꼈던 것은 한스가 자신의 사례사를 볼 때면 전혀 모르는 사람의 이야기를 읽는 것 같은 느낌이 든다고 말한 점이었다. 스케이트장에서 수치스러운 일을 겪은 뒤 아버지가 자존심을 되살려주려고 했던 말을 마르틴 프로이트가 기억하지 못하는 것이나 비슷했다.* 한스의 말을 듣고 프로이트는 가장 성공적인 분석은 분석 후에 분석 대상자가 잊어버리는 분석이라는 사실을 상기했다.

도라는 히스테리 환자였고, 꼬마 한스는 공포증 환자였고, 프로이트의 또 한 명의 대표적 환자였던 '쥐 인간'은 강박 신경증 환자였다. 따라서 쥐 인간은 프로이트가 발표한 사례사 레퍼토리에 포함시키기에 가장 적합한 인물이었다. 우리는 프로이트가 쥐 인간의 사례가 매우 교육적이라고 생각했다는 것, 그 나름의 방식으로 도라의 사례만큼 교육적이라고 생각했다는 것을 알고 있다. 사실 프로이트는 도라보다 쥐 인간을 훨씬 좋아했다. 이 유명한 환자를 비공식적으로 애정을 담아 쥐 인간(Rattenmann)[42]이라고, 또는 영어로 '쥐들의 인간(man of the rats)'[43]이라고 부른 사람은 프로이트 자신이었다. 쥐 인간의 치료는 1907년 10월 1일에 시작되어 1년이 조금 안 걸려 끝났다. 다음 세대의 분석가들이라면 신중하다기보다는 숨 가쁘다고 생각할 만한 속도였다. 하지만 프로이트는 그것으로 쥐 인간의 증상들을 완화시키는 데 충분하다고 주장했다. 그러나 그는 역사를 이길 수는 없었다. 프로이트는 1923년에 제1차 세계대전의 대학살을 돌아보며 첨가한 주석에서 우울하게 덧붙였다. "환자는 제1차 세계대전에서 다른 수많은 귀중하고 전도유망한 청년들과 함께 죽었다."[44]

이 사례는 유리한 모든 점을 갖추고 있었다. 스물아홉 살의 법률가

---

* 본서 4장 315~316쪽 참조.

에른스트 란처(Ernst Lanzer)는 처음 만났을 때부터 프로이트에게 명석하고 빈틈없다는 인상을 주었다.[45] 그는 또 주위 사람을 즐겁게 해주기도 했다. 그는 분석가에게 재미있는 이야기를 해주었고, 프로이트에게 기억을 누르는 자만심의 힘에 관한 니체의 말을 적당히 인용해주기도 했는데, 프로이트는 기쁜 마음으로 이것을 여러 번 써먹었다.* 란처의 강박 신경증 증상은 눈에 거슬리고 괴상했다. 프로이트는 이미 진료 과정에서 자기 모순과 비틀린 논리를 보이는 강박 신경증 환자들이 흥미로울 수 있다는 사실을 알았다. 합리적인 동시에 미신적인 강박 신경증은 그 기원을 감추는 동시에 드러내는 증후들을 보이며, 사람을 미치게 만드는 의심에 시달린다. 쥐 인간은 이런 증후군을 대부분의 경우보다 화려하게 보여주었다. 치료가 진행되면서 쥐 인간은 환자가 하는 말과 분석가의 해석 사이, 어른의 병과 유아적 욕구 사이, 저지된 성적 욕구와 공격적 소망 사이를 오가면서, 프로이트가 당시 이해하던 강박 신경증을 설명하는 모델이 되었다.

사실 그러한 모델이 절실히 필요한 상황이었다. 프로이트가 이 사례사의 머리말에서 밝혔듯이 강박 신경증 환자는 히스테리 환자보다 읽어내는 것이 훨씬 어려웠다. 그들이 임상적 환경에서 동원하는 저항은 놀랄 만큼 교묘한 방해물이 되었다. "강박 신경증의 언어"는 곤혹스러운 전환 증상에서는 자유로운 경우가 많지만, 말하자면 "히스테리 언어의 한 방언에 불과하기" 때문이다. 강박 신경증 환자는 가능한 한 건강을 흉내 내다가 정말 아플 때에만 정신분석가의 도움을 청하기 때문에 상황은 더욱 난해해진다. 신중해야 할 필요가 있다고 했지만, 이런 모든 요인 때문에 프로이트는 이 사례 보고를 빨리 완성할 수 없었다.

---

* 본서 3장 261쪽 참조.

그는 "통찰의 부스러기"밖에 제시할 것이 없었는데, 이것은 그가 보기에 그 자체로는 별로 만족스럽지 않은 것 같았다. "하지만 다른 연구자들의 작업이 이것과 연결될 수도 있다."[46] 프로이트가 이런 말을 한 해는 1909년이었다. 아닌 게 아니라 이제는 의지할 만하다고 여겨지는 다른 연구자들이 있었다.

프로이트가 발표한 사례사는 몇 군데 흥미로운 일탈 외에는 전체적으로 그가 매일 밤 작성한 과정 메모를 따르고 있다.[47] 첫 시간에 환자는 자신을 소개하고 증후를 나열했다. 아버지에게, 그리고 자신이 사랑하는 젊은 여자에게 뭔가 끔찍한 일이 생길지도 모른다는 공포, 사람들을 죽이고 싶은 소망 같은 범죄적 충동이나 면도날로 자신의 목을 베고 싶은 욕구 같은 자기 징벌적 충동, 무시해도 좋을 만한 빚을 갚는 것 등의 우스울 정도로 하찮은 일에 집중하는 것을 비롯한 강박적 집착 등이 그의 증후였다. 이어 환자는 스스로 자신의 성생활을 약간 자세하게 이야기했다. 프로이트가 왜 그 문제에 관해 이야기를 하느냐고 묻자 쥐 인간은 그것이 프로이트의 이론에 어울린다고 생각하기 때문이라고 대답했는데, 사실 그는 그 이론에 관해서는 아는 것이 거의 없었다. 어쨌든 그 뒤로 쥐 인간은 스스로 이야기를 풀어 나갔다.

프로이트는 처음 한 시간을 그렇게 보낸 뒤 쥐 인간에게 정신분석의 "근본 규칙"을 알려주었다. 머릿속에 떠오르는 것은 아무리 사소하고 의미가 없다 해도 모두 보고해야 한다는 것이었다. 그러자 쥐 인간은 특히 살인이나 자살 충동에 심하게 시달릴 때면 귀중한 조언을 해주는 친구 이야기를 하더니, 이어 "느닷없이"—프로이트는 그렇게 표현했다.—어린 시절의 성생활을 이야기하기 시작했다.[48] 정신분석 과정에서 초기의 모든 대화와 마찬가지로, 이런 최초의 주제 선택—그의 남자 친구에 관한 이야기와 여자에 대한 욕망에 관한 이야기—에는 분석 과정에서 점차 드러나게 되는 의미가 담겨 있다. 쥐 인간이 선택한 주제들은 둘 다 유년기와 사춘기에 일시적으로 출현한 강한 동성애적 충동과 조숙하게 발달한, 동성애보다 훨씬 강한 이성애적 정열을 가리키고 있었다.

실제로 오래지 않아 쥐 인간의 성 활동이 상당히 일찍 시작되었다는 것이 분명해졌다. 쥐 인간은 젊고 예쁜 여자 가정교사들을 기억했는데, 어린 그는 그들의 유혹적인 알몸을 훔쳐보거나 성기를 어루만졌다. 그의 누이들 또한 그에게는 강렬한 성적 관심의 대상이었다. 그가 그들을 관찰하고 함께 노는 것은 근친상간이나 다름없었다. 그러나 어린 쥐 인간은 곧 여자가 벗은 것을 보고 싶다는 절박한 소망을 비롯한 자신의 성적 호기심이, 그런 생각이 떠오르는 것을 막지 않으면 예를 들어 아버지가 죽을 것이라는 "괴상한 느낌" 때문에 훼손된다는 것을 알았다. 이런 식으로 쥐 인간은 치료의 초기 단계에 과거와 현재 사이에 다리를 놓았다. 그의 아버지는 몇 년 전에 죽었지만 아버지에 대한 공포가 어떻게 된 일인지 끈질기게 지속되고 있었기 때문이다. 쥐 인간은 프로이트에게 여섯 살 무렵에 처음 경험한 그 괴상한 느낌이 여전히 그를 매우 괴롭힌다는 것이 "내 병의 발단"이라고 말했다.[49]

그러나 프로이트의 진단은 달랐다. 환자가 예닐곱 살 때 겪은 사건들은 "그의 병의 발단일 뿐 아니라 이미 병 그 자체였다." 프로이트는 "훗날 그를 괴롭힌 병의 복잡한 구조"를 파악하려면 여섯 살짜리 소년, 그 "어린 호색가"가 이미 "모든 기본적인 요소를 고루 갖춘 완전한 강박 신경증"을 보여주고 있으며, 이것이 "그가 훗날 고생한 병의 핵인 동시에 원형"임을 인식하는 것이 필수적이라고 생각했다.[50]

풍요로운 출발이었다. 쥐 인간은 속도를 유지했다. 그는 깊은 감정을 담아 자신이 정신분석까지 오게 된 사건을 이야기했다. 군사 훈련

도중 쥐 인간은 어떤 지휘관에게서 동양에서 행해지는 아주 무시무시한 처벌 이야기를 들었다. 이 순간 쥐 인간은 갑자기 이야기를 중단하더니, 소파에서 일어나며 프로이트에게 쉬게 해 달라고 간청했다. 프로이트는 쉬게 해주는 대신 기법에 관하여 짧게 설명해주었다. 프로이트는 잔인하게 굴고자 하는 의도가 전혀 아니라면서, 그것은 자기 마음대로 해줄 수 있는 일이 아니라고 주장했다. "저항을 극복하는 것이 치료의 법칙입니다." 프로이트가 할 수 있는 일은 쥐 인간이 말이 잘 안 되는 문장으로라도 이야기를 마무리하도록 돕는 것이었다. 쥐 인간은 다시 이야기를 해 나갔다. 죄를 지은 사람을 묶어서 엎드리게 해놓고, 쥐들이 들어 있는 단지를 엉덩이에 뒤집어놓는다. 그러면 쥐들은—여기서 쥐 인간은 몹시 흥분하여 다시 일어났다.—엉덩이를 파고들어…… "항문으로 들어갔죠." 마지막 결정적인 말은 프로이트가 대신 해주었다.*[51]

프로이트는 이런 이야기를 들으면서 쥐 인간을 꼼꼼히 관찰하다가 그의 얼굴에서 "아주 이상하고 복잡한 표정"을 보았다. 그는 이것이 **"자신도 알지 못하는 쾌락 앞에서 느끼는 공포의 표정"**이라고 풀어낼 수밖에 없었다.[52] 이것은 가벼운 암시에 불과했기 때문에, 프로이트는 나중에 이용할 생각으로 챙겨 두었다. 쥐를 이용한 벌에서 느끼는 겉으로 드러나지 않는 복잡한 감정이 무엇이든, 그는 프로이트에게 자신이 사모하는 젊은 여자만이 아니라 아버지도 그 벌을 받는 모습이 눈앞에 떠오른다고 말했다. 이어 그런 끔찍한 생각들이 자신을 침범할 때면, 정교하고 강박적인 생각과 행동으로 구원을 얻으려 했다.

이런 구원을 위한 활동은 이성적 이해에 저항하면서, 프로이트에게 최상급의 임상적 수수께끼만이 아니라 미학적 수수께끼도 제공했다. 쥐

---

* 훗날의 정신분석가들이라면 이런 행동을 삼가고 쥐 인간이 버둥거리도록 놓아둔 다음, 그의 고통스러운 망설임을 해석해주었을 것이다.

인간은 주문한 안경이 들어 있는 소포 값을 치를 돈을 동료 장교에게 또는 우체국 직원에게 빌렸다는 혼란스럽고 거의 일관성이 없고, 또 사소해 보이는 이야기를 프로이트에게 들려주었다. 프로이트는 환자의 터무니없는 몰두나 이상한 생각들을 성실하게 기술하면서 독자에게 공감을 표시한다. "이 지점에서 독자가 나를 따라오지 못하더라도 놀라지 않을 것이다." 무엇보다도 쥐 인간의 생각과 제의적인 행동에서 의미를 끌어내는 데 몰두했던 프로이트조차 그 가운데 일부는 "의미가 없고 이해가 안 된다"고 생각했기 때문이다.[53] 그러나 쥐 인간은 도무지 설명이 되지 않고 우스꽝스러워 보이기만 한다 해도 어쨌든 자신의 증상들 때문에 견딜 수 없을 정도로 괴로워하고 있었다. 프로이트는 이 점을 인정했다. 그렇다 해도 가끔 이런 증상들 때문에 그는 절망에 빠졌다. 강박 신경증 증상들은 중요해 보이지 않는 것에 엄청난 에너지를 소비하고, 겉으로 보기에는 아무런 맥락이 없고 판독도 어려우며, 계속 반복된다. 따라서 비합리적으로 보일 뿐만 아니라 따분해질 수도 있다.

  정신분석가들 가운데 가장 문학적인 프로이트는 건조한 사례 보고서나 소화되지 않은 관찰 묶음을 내놓고 만족할 수 없었다. 그는 인간 드라마를 재구성하고 싶었다. 그러나 쥐 인간이 멋대로 뿌려대는 자료―이상하고, 풍부하고, 겉으로 보기에는 의미 없는 자료―는 자신이 통제할 수 없을 것 같았다. 프로이트는 사례사를 쓰면서 융에게 하소연을 했다. "나에게는 아주 힘든 일이네. 내 표현 솜씨를 거의 뛰어넘는 일이야. 우리한테 아주 가까운 사람들만 빼면 아마 아무도 읽지 못할 거야. 우리의 재현 작업은 얼마나 서툰지, 우리가 정신이라는 위대한 예술 작품을 얼마나 엉망으로 찢어놓는지!"[54] 융은 개인적으로 동의했다. 융은 페렌치에게 쓴 편지에서 쥐 인간에 대한 프로이트의 논문이 훌륭하기는 하지만, 동시에 **"이해하기가 매우 어렵다"**고 불평했다. "곧 세 번째로 읽게 될 겁니다. 내가 특별히 멍청한 건가요? 아니면 문체 때문인가요? 조심스럽지만 후자라고 생각합니다."[55] 프로이트라면 제재(題材) 탓이라고 했을 것이다.

프로이트는 당황한 상태에서 미로의 지도를 그리는 기법에 의지했다. 요컨대 쥐 인간이 내놓은 수수께끼를 이성적으로 푸는 것이 아니라, 그가 그 자신의 길을 따라가게 하고 거기에 귀를 기울이는 것이었다. 프로이트는 실제로 쥐 인간의 사례사를 정신분석 기법을 적용하고 설명하는 작은 잔칫상으로 바꾸어놓았다. 그는 계속 이야기를 끊고 잠깐씩 임상적 절차를 설명하곤 했다. 그는 환자에게 의식과 무의식의 차이를 가르치고, 의식은 일시적이고 무의식은 지속적이라고 덧붙였다. 프로이트는 진료실에 놓인 골동품들을 가리켰다. "저것들은 사실 무덤에서 꺼낸 물건들일 뿐입니다. 저 물건들은 묻혀 있을 때는 보존될 수 있었지요. 폼페이는 발굴되었기 때문에 이제 파괴되기 시작한 것입니다."[56] 해석이 그럴듯하기는 하지만 설득력이 없다고 환자가 말했다는 이야기를 한 뒤에 프로이트는 독자를 위해서 논평을 했다. "확신을 주는 것은 절대 그런 토론의 목적이 아니다. 그런 토론은 억압된 콤플렉스들을 의식으로 끌어오고, 의식적인 정신 활동의 토양 위에서 콤플렉스들을 둘러싼 갈등에 불을 붙이고, 무의식으로부터 새로운 자료가 나타나는 것을 촉진하는 것이다."[57] 프로이트는 쥐 인간에게 정신분석을 어떻게 가르쳤는지 보여주면서, 독자들에게도 같은 것을 가르치는 셈이다.

쥐 인간은 프로이트의 해석에 대한 반응으로 탐사한 아버지에 관한 "새로운 자료"를 "생각의 사슬"이라고 불렀다. 그는 그것이 해가 될 것은 없지만, 어떻게 된 일인지 그가 열두 살 때 사랑했던 어린 소녀와 관련이 있다고 주장했다. 프로이트는 쥐 인간이 하는 이야기의 전형적인 특징인 그런 막연하고 완곡한 정리에 만족하지 않았다. 프로이트는 이 생각의 사슬을 하나의 소망, 그의 아버지가 죽었으면 하는 소망으로 해석했다. 쥐 인간은 강하게 이의를 제기했다. 자신은 그런 불행을 두려워하고 있다는 것이었다! 아버지를 사랑한다는 것이었다! 프로이트는 그 말을 전혀 반박하지 않고, 대신 이 사랑에는 증오가 따라다니며, 이 강력한 두 가지 감정은 아주 어렸을 때부터 쥐 인간에게 공존하고 있었다고 주장했다.[58]

쥐 인간의 근본적인 양가감정에 대한 프로이트의 이해는 이제 트집 잡을 만한 것이 없어, 그는 환자의 강박 신경증의 수수께끼에 접근할 수 있었다. 그는 참을성 있게 가학적인 지휘관이 동양의 처벌을 묘사하여 쥐 인간의 현재의 신경증을 촉발한 사건에 다가갔다. 프로이트의 이 사례에 관한 메모는 쥐 인간이 쥐를 도박, 음경, 돈, 아이, 어머니 등 많은 것들의 상징으로 이용했음을 드러낸다.[59] 프로이트는 늘 정신이 곡예와 같이 불가능해 보이는 도약을 하여 일관성이나 합리성을 무시해버린다고 주장했다. 쥐 인간은 이런 확신을 충분히 확인해주었다. 이 사례에서 가장 부자연스러워 보이는 제의 같은 행동이나 금지는 쥐 인간의 신경증적 관념이 응축된 것으로, 미묘한 방식으로 그의 정신의 탐사되지 않은 영역들로 이어진다는 것이 드러났다. 그런 행동이나 금지는 그가 부인하는 억눌린 사디즘의 실마리였으며, 이 사디즘은 그가 잔혹한 행위에 공포를 느끼면서도 동시에 외설적 관심을 가지는 이유를 설명해주었다. 이것이 프로이트가 치료를 처음 시작할 때 쥐 인간의 얼굴에서 언뜻 보았던 묘하게 복잡한 표정의 원인이었다.

프로이트는 이런 힌트들을 탐사하다가 지휘관의 이야기가 쥐 인간에게 무엇을 의미하는지에 대한 답을 제시했다. 그 중심에는 아버지에 대한 환자의 갈등하는 감정들이 있었다. 프로이트는 쥐 인간이 아버지가 죽고 나서 몇 년이 흐른 뒤에야 성교의 쾌감을 경험했을 때 그에게 이상한 생각이 떠오른 것이 매우 의미심장하다고 생각했다. "이건 멋진 걸! 이런 것을 얻을 수 있다면 아버지를 죽일 수도 있겠어!"[60] 프로이트는 몇 년 전, 쥐 인간의 아버지가 죽은 직후, 전부터 해 오던 자위를 수치스럽게 여겨 거의 중단하게 된 것도 마찬가지로 의미심장하다고 여겼다. 그러나 거의 그만두었지 완전히 그만둔 것은 아니었다. 예를 들어 괴테의 자서전에서 감동적인 구절을 읽을 때처럼 정신이 고양되는 아름다운 순간이 오면 그 충동에 저항할 수가 없었다. 프로이트는 이 묘한 현상을 "금지, 그리고 명령에 대한 도전"의 예로 해석했다.[61]

프로이트의 분석적 구성에 자극을 받은 쥐 인간은 서너 살 무렵에 일어난, 기억에 남을 만한 강렬한 사건을 이야기했다. 그의 아버지가 자위와 관련된 어떤 성적 비행 때문에 그를 때렸으며, 그는 분통이 터져 아버지를 저주하기 시작했다. 하지만 아직 욕을 알지 못했기 때문에 "머릿속에 떠오르는 모든 이름을 갖다 대, '이 등잔, 이 수건, 이 접시!' 하고 불렀다." 깜짝 놀란 아버지는 마음이 움직여 아들이 장차 위인이 아니면 큰 범죄자가 될 것이라고 예언했고, 다시는 때리지 않았다. 이런 기억이 드러나자, 쥐 인간은 이제 아버지에 대한 사랑 뒤에는 똑같이 강렬한 증오가 숨어 있다는 것을 의심할 수 없었다. 이것이 쥐 인간의 삶을 지배했고, 그가 사랑하는 여자들과의 관계에도 반영되었던 양가감정이었다.―사실 이 괴로운 감정은 모든 강박 신경증적 사고의 특징이다. 프로이트는 말을 맺었다. 이런 갈등하는 감정들은 "서로 독립된 것이 아니라, 쌍으로 묶여 있다. 사랑하는 사람에 대한 그의 증오는 반드시 아버지에 대한 애착과 결합되어 있으며, 그 반대도 마찬가지다."[62]

프로이트는 자신의 해법을 밀고 나갔다. 쥐 인간은 아버지와 싸웠을 뿐 아니라 동일시했다. 군인 출신이었던 그의 아버지는 군대에 있을 때

일어난 일화를 이야기하는 것을 아주 좋아했다. 더욱이 그의 아버지는 "쥐", "도박하는 쥐(Spielratte)"였으며, 감당하지 못할 도박 빚을 졌다가 친구가 돈을 빌려주는 바람에 위기를 모면한 적도 있었다. 나중에 쥐 인간은 제대 후 부자가 된 아버지가 친구의 주소를 몰라 그 관대한 친구의 돈을 갚지 못했다는 것을 알게 되었다. 쥐 인간은 아버지를 매우 사랑했는데도, 아버지의 젊은 시절의 이런 작은 과오를 아주 가혹하게 비판했다. 여기에 쥐 인간의 강박 충동, 즉 다른 사람이 자기 대신 소포 비용을 내주자 아주 작은 돈이지만 반드시 갚아야 한다는 독특한 강박 충동이 생긴 또 하나의 고리, 그리고 쥐와 연결되는 또 하나의 고리가 있었다. 쥐 인간이 군사 훈련에서 쥐 처벌이라는 가학적인 이야기를 들었을 때, 그런 기억들과 더불어 유년 시절의 항문 성애의 잔재도 살아났다. 프로이트는 이렇게 적고 있다. "그는 강박적인 망상 속에서 말하자면 스스로 쥐라는 화폐를 만들어낸 것이다."[63] 쥐 처벌 이야기는 쥐 인간의 억압되어 있던 잔인한 성적 충동을 모두 끌어올렸던 것이다. 쥐 인간은 이런 일군의 해석을 흡수하고 받아들이게 되자 자신의 신경증이라는 미로의 출구에 점점 다가가게 되었다. "쥐 망상"[64]—강박적인 충동과 금지—은 사라지고, 그와 더불어 쥐 인간은 프로이트가 "고통의 학교"[65]라는 아름다운 이름으로 불렀던 곳을 졸업했다.

쥐 인간이 분석가에게 내놓은 문제들에도 불구하고, 그는 처음부터 프로이트의 사랑을 받았다. 프로이트의 12월 28일자 메모에는 환자에 대한 그의 감정을 보여주는 수수께끼 같은 일지가 적혀 있다. "굶주렸으나 먹고 기운을 차렸다(Hungerig und wird gelabt)."*[66] 프로이트는 환자를 식사에 초대했다. 이것은 정신분석가로서는 이단적인 행동이었다. 환자가 분석가의 사생활에 접근하게 하고, 비직업적인 친근한 환경에서 음식을 제공하며 환자를 돌보는 것은 프로이트가 그 무렵 발전시켜 나가면서 지지자들에게 가르치려 했던 모든 엄격한 기법상의 교훈을 다 어기는 것이었다. 그러나 프로이트는 그렇게 자신의 규칙들을 무시해도 괜찮다고 생각한 것이 분명하다. 실제로 이런 위반에도 불구하고, 프로이트의 이 이야기는 여전히 고전적인 강박 신경증 설명의 모범적인 사례로 남아 있다.** 이 사례사는 프로이트의 이론들, 특히 유년에 닿아 있는 신경증의 뿌리, 가장 화려하고 불가해한 증후들의 내적 논리, 양가감정의 잘 드러나지 않으면서도 강력한 압박 등에 관한 이론을 뒷받침하는 데 눈부신 역할을 했다. 프로이트는 실패만 발표할 만큼 피학적인 사람은 아니었던 것이다.

레오나르도 다빈치 분석

프로이트의 글 대부분은 그의 삶의 자취를 담고 있다. 중요하지만 종종 매우 우회적인 방식으로 그의 개인적 갈등이나 교수법상의 전략들과 얽혀 있는 것이다. 《꿈의 해석》은 과학에 봉사하는 방식으로 틀을 짜 분출하듯이 자기를 드러낸 것이다. 도라의 사례는 감정적 욕구

---

* *Standard Edition*의 번역은 프로이트가 작성한 일지의 간결한 특질을 전달하지 못한다. "그는 배가 고팠고 먹게 되었다"라는 산문적인 번역은 hungerig의 예스런 느낌과 gelabt의 성경적인 울림을 포착하지 못한다. (Sigmund Freud, *L'Homme aux rats. Journal d'une analyse*, Elza Ribeiro Hawelka 편 [1974], 211n의 편집자 주 참조.)

** 훗날의 비판자들은 이 사례를 재분석하여 프로이트가 쥐 인간의 어머니에게 충분히 관심을 기울이지 않았으며, 또 환자의 쥐와 관련된 화려한 강박을 고려할 때 그의 항문 성애에도 충분한 관심을 기울이지 않았다고 흠을 잡았다. 그러나 이 두 가지는 본문보다는 과정 메모에 조금 더 두드러지게 나타난다. 처음에 프로이트가 자신의 정신분석 절차를 설명하고 용어를 제시할 때, 쥐 인간은 프로이트에게 어머니의 의견을 들어봐야겠다고 말한다. (Freud, *L'Homme aux rats*, Hawelka 편, 32 / "Rat Man", *SE* X, 255 참조.)

와 직업적 의무 사이의 공적인 씨름 경기다. '꼬마 한스'와 '쥐 인간'은 단순한 임상적 문건을 넘어선다. 프로이트는 매우 전복적인 《성욕에 관한 세 편의 에세이》에서 발전시킨 이론들을 뒷받침하기 위해 이 사례들을 골랐다. 물론 이 사례가 아니라 저 사례를 발표한다는 결정이 모두 괴로운 내적 갈등에 뿌리를 두거나, 정신분석 정치의 압력에 따른 것은 아니었다. 자료 자체에 대한 매혹도 중요한 역할을 했다. 대개 프로이트의 개인적 욕구, 전략적 계산, 학문적 흥분이 겹치면서 서로를 강화했다. 그렇다고는 해도 '쥐 인간' 뒤에 발표한 슈레버(Daniel Paul Schreber)와 늑대 인간 사례사의 매끈한 표면 밑에는 분명히 그를 줄곧 따라다니던 그의 내부의 어떤 미완의 심리적 작업이 분명히 자리 잡고 있었다. 〈레오나르도 다빈치와 그의 유년의 기억(Eine Kindheitserinnerung des Leonardo da Vinci)〉도 마찬가지다.

프로이트는 아주 유쾌한 기분일 때 장난으로 페렌치에게 자신의 "저명한" 새 분석 대상자를 보고 "놀라"주기를 바란다고 말한 적은 있지만,[67] 레오나르도 다빈치에 대한 긴 논문이 사례사라고 생각한 적은 없었다. 오히려 그는 이 논문이 정신분석이라는 무기를 손에 들고 수행하고자 계획 중인, 문화적 주제들에 대한 힘찬 공략을 위한 정찰 원정이라고 생각했다. "전기의 영역도 우리 것이 되어야만 하네." 프로이트는 1909년 10월에 융에게 그렇게 말하면서, "레오나르도 다빈치의 성격의 수수께끼가 갑자기 나에게 투명해졌다."고 의기양양하게 덧붙였다. "따라서 그것이 전기에서 첫 걸음이 될 걸세."[68] 그는 '레오나르도'를 이렇게 공식적으로 정신분석적 전기의 연습으로 묘사했지만, 이 묘사로는 불충분하다는 것이 드러나게 된다.

레오나르도 다빈치의 유년의 기억에 관한 그의 에세이는 큰 논란을 불러일으키지만, 프로이트는 그 에세이를 무척 좋아했고 이런 마음은 변하지 않았다. 그가 레오나르도를 매우 좋아한다는 것도 한 가지 이유였다. 그는 "다른 사람들과 마찬가지로 나도 이 위대하고 신비한 인물의 매력에 압도되었다."고 고백했다.[69] 그는 야코프 부르크하르트의 존경 어린 평가를 인용하여, 레오나르도가 "그 윤곽을 추측만 할 수 있을 뿐이지 결코 깊이를 헤아릴 수는 없는 만능 천재"라고 말했다.[70] 우리가 알다시피 프로이트는 이탈리아를 소중하게 여겼으며, 기회가 있을 때마다 찾아갔다. 거의 매년 여름 간 셈이다. 그렇게 찾아간 데에는 많은 이유가 있었지만, 레오나르도도 한 가지 중요한 이유였다.

프로이트는 오래전부터 레오나르도에게 몰두해 있었다. 일찍이 1898년, 왼손잡이의 특징에 관한 자료를 모으던 플리스에게 "아마 가장 유명한 왼손잡이"일 "레오나르도의 연애는 알려진 것이 없다"고 말했다.[71] 경외와 신비를 불러일으키는 레오나르도라는 존재 안으로 파고드는 작업은 프로이트에게 짜릿한 기쁨을 주었다. 1910년 말 프로이트는 네덜란드 해변 휴양지에서 이탈리아로 가는 길에 잠깐 루브르에 들러 레오나르도의 〈성 안나와 성 모자〉를 다시 보았다.[72] 감히 동등하다는 생각을 하지 않고도 위대한 인물들과 대화할 수 있다는 것이 프로이트가 정신분석적 전기를 써서 얻을 수 있다고 생각한 것 가운데 하나였다.

미국에서 돌아온 지 얼마 지나지 않은 1909년 11월 프로이트는 페렌치에게 건강이 좋지 않다고 불평했다. "영 시원치가 않네." 그러나 그는 곧 덧붙였다. "내 생각은 움직이고 있을 때는 리오나르도 다빈치와 신화로 가득 차 있네."[73] 1910년 3월에는 전혀 미안해하지 않는 말투로 짧은 편지밖에 못 쓴 것을 사과하면서 말했다. "레오나르도에 관해서 쓰고 싶네."[74] 발표하고 나서 거의 10년이 지난 뒤 약간 향수에 젖어 루 안드레아스-살로메에게 한 말에 따르면 그 '레오나르도'는 "내가 쓴 것 가운데 유일하게 아름다운 것입니다."[75]

그렇다고 프로이트가 자신이 좋아한 것 때문에 어떤 위험을 무릅쓰는지 몰랐던 것은 아니다. 프로이트는 1909년 11월 페렌치에게 처음으로 저명한 새 분석 대상자를 알리면서 마음속에서 "큰 것을 생각하는 것은 아니라"고 단언했다.[76] 그는 그런 기분으로 어니스트 존스에게 이 논문을 좋지 않게 말했다. "'레오나르도'가 다음 달에 나오는데 너무 많은 것은 기대하지 말게. '동굴의 성모'의 비밀도, 모나리자 수수께끼의 해법도 안 나오네. 기대 수준을 낮추어야만 만족할 것 같아."[77] 또 독일 화가 헤르만 슈트루크(Hermann Struck, 1876~1944)에게도 레오나르도에 관한 "소책자"가 "반은 허구적인 작품(halbe Romandichtung)"이라고 주의를 주면서 이렇게 말했다. "이 패턴을 따라 우리의 다른 연구들의 확실성을 판단하지 마시기 바랍니다."[78]

반은 소설인 이 작은 책을 처음 읽은 독자들 가운데 몇 사람은 프로이트의 이런 낮은 평가를 받아들이려 하지 않았으며, 프로이트는 고마워했다. "L[레오나르도]이 동지들을 기쁘게 해주는 모양이야." 그는 1910년 6월에 명랑하게 말했다.[79] 아브라함은 프로이트가 보내준 책을 읽자마자 이렇게 썼다. "이 분석은 형식이 아주 우아하고 완벽해서 내가 아는 것 가운데는 이와 비교할 수 있는 것이 없습니다."[80] 융은 훨씬 더 서정적이었다. "레오나르도는 경이롭습니다."[81] 첫 서평자인 해블록 엘리스는 "평소와 마찬가지로 친근한" 모습을 보여주어 프로이트를 기쁘게 했다.[82] 이런 반응이 나오자 프로이트는 '레오나르도'를 내부자와 외부자를 가르는 시금석으로 이용할 수 있었다. 이 책에 "친구는 모두 기뻐하는군." 그는 1910년 여름에 아브라함에게 말했다. "따라서 낯선 자들은 모두 혐오감을 느끼기를 바라네."[83]

 '레오나르도' 분석의 말투는 단정적인 느낌이 훨씬 덜하다. 주저하며, 겸손하려고 노력한다. 맨 처음부터 책임을 부인하고 들어간다. 정신의학 연구는 위대한 것을 모욕하거나 "숭고한 것을 먼지 구덩이로 끌고 들어갈" 의도가 없다는 것이다. 그러나 "같은 시대 사람들에게 이미 이탈리아 르네상스에서 가장 위대한 인물로 존경받던" 레오나르도 다른 모든 사람들과 마찬가지로 인간이며, "아무리 위대한 사람이라 해도 정상적인 행동과 병리적 행동 양쪽을 똑같이 엄격하게 관장하는 법칙들의 지배를 받는다. 그것은 수치가 아니다."[84] 프로이트는 본문에서 일반 전기 작가들은 그들의 영웅에게 "고착되어 있기" 때문에 "우리가 멀게나마 우리 자신과 동류라고 느낄 수 있는 인간 대신 차갑고 낯선 이상적인 인물"을 제시하게 된다고 지적하면서 자신이 레오나르도의 병적학(病跡學)을 쓰는 것을 변호했다. 그러면서 프로이트는 자신의 에세이가 레오나르도의 "정신적이고 지적인 발전"의 결정 요소들을 드러내는 것만 목적으로 삼을 뿐이라고 독자들을 안심시켰다. 만일 정신분석학계의 박학한 친구들이 그가 "정신분석적 소설을 썼을 뿐"이라고 비난하면, "나도 물론 이 결과들의 확실성을 과대 평가하지 않는다고 대답할 것이다."*[85] 결국 프로이트는 레오나르도의 믿을 만한 전기적 자료가 성기고 불확실하다는 것을 인정했다. 대부분의 조각들이 사라지고 그나마 남은 것 가운데 몇 가지는 거의 판독할 수 없는 상태에서

---

* 프로이트는 오랜 세월이 흐른 뒤인 1931년에 이렇게 썼다. "나는 전에 단연 가장 위대하면서도 안타깝게 알려진 것이 너무 없는 레오나르도 다빈치에게 과감하게 접근한 적이 있습니다. 그 결과 적어도, 레오나르도의 독특한 유년의 역사를 모르면 우리가 매일 루브르 박물관에서 볼 수 있는 〈성 안나와 성 모자〉를 제대로 이해할 수 없다는 점 하나는 그럴듯하게 보여줄 수 있었던 것 같습니다." (프로이트가 막스 실러에게 쓴 편지, 1931년 3월 26일. *Briefe*, 423.)

그는 마치 놀이를 하듯 조각그림 맞추기를 시도했다.

　이것들은 프로이트가 흠잡기 좋아하는 비판자들을 막으려고 세워놓은 불투명한 스크린들이다. 그러나 훌륭한 추론들에도 불구하고 "레오나르도"가 심각하게 흠이 있는 작업이라는 것을 이런 스크린들조차 감추어주지는 못한다. 프로이트가 초상을 완성하기 위해 이용한 증거 가운데 다수는 결정적이지 못하고 오염된 것이다. 프로이트가 묘사한 레오나르도의 성격은 그럴듯한 닮은꼴일 뿐이다. 레오나르도는 작품을 완성하는 데 늘 힘들어한 화가이며, 나중에는 과학을 위해 미술을 버린다. 레오나르도는 부드러운 성격의 억압된 동성애자이며, 미술사의 큰 수수께끼인 모나리자의 미소를 세상에 남겼다. 그러나 프로이트가 그린 초상에 그럴듯한 면이 있다 해도, 그것은 그가 선택한 것과는 다른 근거에 바탕을 두고 있다.

　프로이트의 주장은 매우 직선적이다. 프로이트는 레오나르도와 그의 작품을 그의 삶의 두 순간으로부터 바라보고자 했다. 그 두 순간은 어른으로서의 경험과 유년의 기억인데, 유년의 기억은 어른으로서의 경험에서 환기된 것이다.* 프로이트가 염두에 두고 있던 중요한 경험은 모나리자의 초상을 그린 것이며, 모델이 앉아 있는 상황이 레오나르도에게서 불러낸 기억을 프로이트 자신이 드러낼 수 있는 모든 자료로부터 재구성하고 해석하려 했다. 프로이트는 운이 좋았고, 그것은 준비를 잘한 사람의 운이었다. 방대한 늪과 같은 레오나르도의 공책들 가운데서 자신이 찾던 실마리를 발견한 것이다. 캐리커처, 과학 실험, 무기와 요새 설계, 도덕과 신화에 대한 사유, 경제적인 계산 등이 뒤죽박죽으

---

* 프로이트는 이 에세이를 쓰기 얼마 전에 쓴, 상상력이 풍부한 작가와 몽상에 관한 논문에서 발전시킨 이론적인 생각 몇 가지를 계속 따라가고 있다.

로 섞여 있는 이 혼잡한 공책들에서 레오나르도는 새의 비행을 생각하다가 딱 한 번 유년 시절을 언급했다. 프로이트는 이 진귀한 발견물에서 그 가치를 모두 짜냈다. 레오나르도는 꿈 같은 묘한 만남을 회고하고 있었다. 그 대목을 프로이트는 이렇게 옮겨놓는다. "아주 어린 시절, 내가 아직 요람에 누워 있을 때 독수리 한 마리가 나에게 내려와 꼬리로 내 입을 열고, 내 입술을 여러 번 때린 기억이 마음에 떠오르는 것을 보니, 나는 처음부터 독수리에게 철저하게 몰입할 운명을 타고난 것 같다."[86] 프로이트는 이것이 진짜 회상이 아니라 훗날의 공상이라고 믿었다. 그리고 이 공상을 적절하게 살펴보면 레오나르도의 감정적이고 예술적인 진화에 접근할 수 있다는 것이다.

프로이트는 요람에 누워 있던 레오나르도를 공격한 새에 관해 박식한 지식을 드러냈다. 레오나르도도 잘 알고 있었겠지만, 고대 이집트에서 독수리는 '어머니'를 나타내는 상형문자였다. 나아가서, 이 또한 레오나르도도 알고 있었겠지만, 기독교 전설에서 독수리는 여성으로만 존재한다. 동정녀 탄생의 시적 상징인 독수리는 바람의 힘으로 잉태한다. 이제 레오나르도는 "어머니는 있지만 아버지가 없는 독수리 자식"이 되었다. 이것은 레오나르도가 사생아라는 것을 프로이트가 시적으로 표현한 것이다. 따라서 프로이트는 레오나르도가 유아기에 홀어머니의 배타적인 뜨거운 사랑을 누렸다고 추측했다. 그러한 사랑은 "그의 내적 삶에 가장 결정적인 영향을 주었을 것이 틀림없다." 이것은 레오나르도의 성격의 기초가 놓일 무렵 그에게 아버지가 없었다는 뜻이었다.

그의 독수리 환상이 가리키는 격렬한 애무는 지극히 자연스러운 것이다. 버림받은 가엾은 어머니는 어머니로서의 사랑의 애무에 자신이 과거에 누렸던 애무와 더불어 새로운 애무를 향한 갈망을 쏟아부을 수밖에 없었다. 남편이 없는 것에 대한 보상을 받아야 했을 뿐 아니라, 아이에게도 어루만져줄 아버지가 없는 것에 대한 보상을 해주어야 했기 때문이다. 그래서 그녀는 모든 만족하지 못한 어머니들이 그렇듯이 어린 아들을 남편의 자리에 놓고, 너무 이른 시기에 아들의 성애를 성숙시켜 아들의 남자다움의 일부를 빼앗아 버린 것이다.[87]

따라서 레오나르도의 어머니는 자기도 모르게 훗날 아들의 동성애 무대를 마련한 것이다.

융에게 쓴 편지에서 프로이트는 레오나르도 수수께끼의 해법을 처음 알리면서 더 자세한 이야기는 하지 않고 감질나게 덧붙였다. "최근에 한 신경증 환자에게서 닮은꼴(물론 천재성은 없지만)을 보았네."[88] 이것도 프로이트가 거의 전거가 없는 레오나르도의 어린 시절을 재구성할 수 있다고 확신했던 한 가지 이유다. 프로이트에게 독수리 환상은 임상적 연상들이 잔뜩 쌓인 것이었다. 앞서도 주목했듯이, 프로이트의 소파와 책상은 물리적으로나 감정적으로 서로 매우 가까웠다. 그는 레오나르도의 회상이 동성애자가 수동적으로 음경을 빠는 행위와 동시에 아기가 어머니의 젖가슴을 행복하게 빠는 행위를 표현했다는 점을 전혀 의심하지 않았다.

물론 어린 시절의 감정적인 얽힘과 어른이 된 시기의 정열들이 피할 수 없이 연결되어 있다는 것은 프로이트의 환자들이 여러 번 확인해준 정신분석의 익숙한 원리였다. 특히 "우리의 모든 동성애 남자들"이 거의 동일한 방식으로 이런 필연적인 고리를 보여주었다는 데 프로이트는 주목했다. 이들은 "나중에 커서는 잊어버린 아주 어린 시절에 여성, 대개는 어머니에게 강렬한 성적 애착을 느꼈다. 이것은 어머니 자신의 과도한 애정에 의해 자극되고 양육되었으며, 어린 시절 아버지가 등장하지 않는다는 점 때문에 더 강화되었다." 프로이트는 이것이 동성애 발달의 예비 단계 가운데 하나라고 묘사했다. 그 다음 단계에서 "소년은 자신을 어머니 자리에 놓아 어머니에 대한 사랑을 억누르고, 자신을 어머니와 동일시하고, 자기 자신을 모델로 삼아 자신과 닮은 모습에서 새로운 사랑의 대상을 선택한다. 그래서 그는 동성애자가 된다. 그러나 그는 사실 자기성애로 다시 미끄러져 들어간 것이다. 왜냐하면 성장하는 소년이 이제 사랑하는 소년은 사실 어린 시절의 자기 자신을 대체하고 갱신한 사람에 불과하기 때문이다. 그는 자신의 어머니가 자신을 어린 아이로서 사랑했듯이 소년들을 사랑한다." 간단히 말해서 정신분석은 "그가 **나르시시즘**(자기애)으로 가는 길에 사랑의 대상을 찾는다."고 말한다. "그리스 신화는 거울에 비친 자기 자신의 상에 가장 만족하는 청년을 나르시스라고 부르기 때문이다."[89] 이 문장은 정신분석의 역사에서 결정적인 순간을 표현한다. 프로이트가 여기에서 처음으로 나르시시즘이라는 개념을 도입했기 때문이다. 나르시시즘이란 성적 자기 사랑의 초기 단계인데, 프로이트는 이것이 유아의 원초적인 자기성애와 성장하는 아이의 '대상에 대한 사랑'(대상애) 사이의 단계에 발생한다고 보았다. 나르시시즘은 곧 그의 사고에서 중심적인 자리를 차지하게 된다.

프로이트는 레오나르도가 처음에 아버지 없이 양육된 것이 그의 성격을 형성한 것이 틀림없다고 보았다. 그러나 그의 성격 형성에는 어른 세계의 또 한 번의 강력한 간섭도 중요한 역할을 했다. 그의 아버지는 레오나르도가 태어난 직후 재혼을 했으며, 프로이트는 그가 약 3년 뒤 레오나르도를 데려와 자기 집에서 살게 했다고 추측했다. 따라서 레오나르도는 두 어머니 밑에서 큰 셈이었다. 1500년 직후 모나리자를 그리게 되었을 때 레오나르도는 그녀의 안개 낀 듯한 모호한 미소를 보자 자신을 사랑했던 두 어여쁜 젊은 여자, 함께 그의 유년을 관장했던 두 여자가 숨 막힐 듯 생생하게 떠올랐다. 경험에서 기억으로 도약하여 예술을 만들어내는 창조적 불꽃이 이 수수께끼 같고 매혹적인 모나리자의 초상에 불멸성을 부여했다. 나중에 레오나르도는 〈성 안나와 성 모자〉를 그리게 되었을 때 자신이 기억하거나 느끼는 두 어머니를 그렸다. 두 여자 모두 나이가 같으며, '라 조콘다'*의 말로 표현할 수 없는 은근한 미소를 띠고 있다.

되풀이해 말하지만, 이런 추적 작업을 했는데도 프로이트는 자신이 레오나르도 천재성의 비밀을 발견했다고 주장하고 싶은 유혹을 느끼지 않았다. 그는 레오나르도라는 인물의 핵심으로 들어갈 실마리를 잡았다고 믿었을 뿐이다. 레오나르도는 아버지, 즉 자신을 낳은 다음 버린 남자와 스스로를 동일시하여, 자신의 "자식들"을 똑같은 방법으로 대하게 된다. 그는 만드는 데는 정열적이지만 지루한 세부에는 안달을 했으며, 영감을 끝까지 쫓아가지 못했다. 그러나 아버지에 대한 반항으로 레오나르도는 과학에 이르는 길을 찾게 된다. 이렇게 해서 권위에 대한 복종을 버리고 더 큰 충성, 즉 증거에 대한 복종으로 나아간 것이다. 프로이트는 뜨겁게 지지하고 싶은 마음에 목청을 높인 듯한 목소리로 "모든 자유로운 연구의 정당성을 주장하는" 레오나르도의 "과감한 문장"을 인용한다. **"의견들이 부딪히는 와중에 권위를 휘두르려는 사람은 이성이 아니라 기억에 의존하는 것이다."**[90] 레오나르도는 성적인 정열을 독립적인 과학 연구에 대한 정열로 힘차게 승화시켰다. 프로이트가 정확히 언제, 얼마나 강렬하게 레오나르도와 자신을 동일시했는지는 불확실하지만, 비타협적 연구자에 관한 당당한 격언을 인용할 때 프로이트는 분명히 자신의 연구 대상과 하나였다.

---

* 모나리자를 가리킨다. 모나리자의 실제 모델로 추정되는 리자 게라르디니를 남편인 피렌체의 상인 프란체스코 델 조콘도의 성을 따서 '라 조콘다'라고 부른다. (역주)

레오나르도 다빈치의 〈성 안나와 성 모자〉. 프로이트7·〈레오나르도 다빈치와 그의 유년의 기억〉에서 분석한 그림 가운데 한 점이다. 원본은 루브르 박물관에 소장되어 있다.

    정신분석적 전기 실험에 대한 프로이트의 애정은 방향이 완전히 잘못된 것은 아니었다.** 동성애에 이르는 한 가지 왕도에 관한 도식적 지도—애정 많은 어머니에 대한 지나칠 정도로 길고 강렬한 오이디푸스

** 프로이트주의자가 아닌 미술사가 케네스 클라크(Kenneth Clark)는 레오나르도의 거룩한 세 사람에 "대한 프로이트의 아름답고, 또 심오해 보이는 해석"을 받아들였으며, 그도 프로이트와 마찬가지로 여자들의 얼굴에서 레오나르도의 두 어머니에 대한 "무의식적 기억"을 본다. (Kenneth Clark, *Leonardo da Vinci: An Account of His Development as an Artist* [1939; 개정판, 1958], 137.)

적 애착, 그 단계로의 퇴행, 어머니와의 동일시, 다른 사춘기 남성을 마치 자신, 즉 사랑받는 아들인 것처럼 사랑하는 것—는 지금도 여전히 흥미로우며, 타당성도 상당하다. 또 프로이트가 승화(sublimation)라고 부른 방어 전략에 관해 여기저기서 언급한 것도 여전히 시사적이다.—물론 그것만으로는 어떻게 정신이 본능적인 에너지를 예술이나 과학 같은 문화적인 작업에 동원하느냐 하는 부담스러운 문제가 해결되지 않지만. 그러나 꼼꼼히 살펴보면 프로이트 논증의 섬세하게 짜인 직물이 풀려버리기 시작한다. 레오나르도가 그림에서 어머니와 딸을 같은 나이로 제시하는 관습을 선택한 것이 그의 정신 구조를 이해하는 실마리 역할을 할 수 있을지는 모르지만, 성 안나를 젊게 묘사하는 것이 대체로 레오나르도의 독창적인 생각이라고 볼 수 있다는 프로이트의 주장은 유지될 수 없다. 또 레오나르도의 아버지가 겨우 3년 정도 세월이 지난 뒤 아들을 자기 집에 들였다는 프로이트의 추측은 반대되는 증거 때문에 근거가 흔들린다.*

이것만으로도 짜증스럽지만, 프로이트의 추론이라는 직물에서 가장 약한 실은 사실 독수리 환상이다. 프로이트는 레오나르도가 'nibbio'라고 쓴 것을 "솔개"가 아니라 "독수리"라고 잘못 옮긴 독일어판을 이용했다. 이런 실수는 1923년에 처음 지적되었는데,[91] 프로이트 생전에는 프로이트는 물론 다른 정신분석학자도 결코 인정한 적이 없는 이 실수 때문에 엄청난 함의가 담긴 '독수리-어머니'라는 구성물은 불신을 받게 되었다. 독수리는 신화에서 많은 사랑을 받은 생물이지만, 솔개는 평범

---

* 프로이트는 레오나르도의 아버지가 결혼한 바로 그해에 자신의 사생아를 자기 집에 들였다고 주장하는 프랑스의 한 연구서를 소유하고 안에 메모까지 했음에도 그냥 무시한 것 같다. 물론 프로이트가 그런 주장을 받아들이지 않기로 결정한 것일 수도 있지만, 그것을 분명히 알고는 있었다. (Jack J. Spector, *The Aesthetics of Freud: A Study in Psychoanalysis and Art* [1972], 58 참조.)

한 새에 불과하다. 그래도 자신을 공격한 새이 관한 레오나르도의 이야기가 생생하게 극화된 표현임에는 변함이 없고, 또 어쩌면 이것은 젖을 빨던 경험, 동성애적인 접촉, 또 가장 가능성이 높은 것으로 동성애적 공상을 회상하는 것인지도 모른다. 어쩌면 이 모든 것에 대한 기억이 응축된 것일 수도 있다. 그러나 프로이트가 오역에 기초하여 세운 상부 구조는 완전히 무너져버린다.

이런 잘못들이 다 합쳐져서 프로이트의 레오나르도 성격 묘사는 상당히 권위가 떨어진다. 차라리 자신이 좋아하던 그림에 관해 적당한 주장들만 하는 것이 나았을 것이다. 그런데도, 솔개를 독수리로 옮겨놓은 오역을 발견했을 가능성이 아주 높았음에도, 프로이트는 이것을 수정하지 않았다. 정신분석 이론가로서의 오랜 경력 내내 프로이트는 이보다 훨씬 중요하고 또 오랫동안 유지해 왔던 이론들도 기꺼이 수정하는 태도를 보여주었다. 그러나 "레오나르도"는 고치지 않았다.

프로이트가 이 글에 고집스럽게 의리를 지킨 데는 여러 가지 이유가 있다. 물론 레오나르도에 관한 논문이 직업적인 면에서 매혹적인 보상을 해주기도 했다. 프로이트는 융에게 "분석된" 레오나르도에 관해 이야기하면서, 거의 연상을 하듯이 말했다. "나는 점점 유아 성욕 이론을 높이 평가하는 쪽으로 흘러가네. 그런데도 나는 그 이론을 한심할 정도로 불충분하게 다루어 왔지."[92] 이것은 프로이트가 리비도라는 선동적이고 분열적인 쟁점을 두고 타협할 생각이 없다는 사실을 융에게 다시 일깨우는 것이었다. 이 전투적인 10년 동안, 공개된 적에게든 흔들리는 지지자에게든 논쟁적인 주장을 하는 것은 프로이트의 의중에서 결코 멀리 떨어져 있는 일이 아니었다.

그러나 프로이트의 마음속에는 분명하지 않아 잘 파악하기 어려운 힘들도 작동하고 있었다. 그는 빈 정신분석협회에서 레오나르도에 관한 연구를 발표한 다음 날인 1909년 12월 2일, 융에게 안도감과 자기비판이 섞인 편지를 쓰면서 자신의 강연이 마음에 들지 않았지만 이제 그 이야기를 했으니 강박관념도 자신에게 쉴 틈을 줄 것이라고 말했다.[93] "강박관념"은 강한 말이다. 그러나 프로이트는 진심으로 그 말을 했다. 그런 강박관념이 아니었다면 그는 그 정신분석적 소설을 아예 쓰지 않았을지도 모른다.

이런 강박관념을 가동시킨 은밀한 에너지는 이 시기 프로이트의 서신과 행동에 뚜렷한 흔적을 남겼다. 그 출처는 그가 영원히 끝냈다고 생각하던—그러나 잘못 생각한 것이었다.—플리스의 기억이었다. 예전에는 절친했지만 이제는 그렇지 않은 사람을 회상하면서 프로이트는 다시 한 번 자기 정서의 경제를 탐사할 수밖에 없었다. 이 때문에 그는 자기 분석 과정에서 괴로운 작업을 많이 하게 되었다.* 그는 1910년 12월 페렌치에게 알렸다. "자네가 그렇게 궁금해하던 플리스를 이제 나는 극복했네." 프로이트는 곧이어 다음과 같이 덧붙였는데, 여기에는 그의 연상이 분명하게 나타난다. "아들러는 되살아난 플리스와 약간 비슷하며, 그와 마찬가지로 편집증이 강하네. 아들러의 부록인 슈테켈은 어쨌든 이름이 빌헬름일세."[94] 프로이트의 눈에는 어디에서나 다른 사람의 모습으로 나타난 플리스가 보였다. 그는 융에게 아들러가 "나에게서 한 옥타브 낮게 플리스의 기억을 일깨운다."고 말했다. "똑같은 편집증이거든."[95] 이 편지를 쓸 때 프로이트는 이미 슈레버 사례 작업을 하고 있

---

* "프로이트는 [레오나르도에 관한 논문에서] 자기 분석으로부터 나온 것이 거의 틀림없으며, 따라서 그의 성격을 연구하는 데 매우 중요한 결론을 제시했다. 이 시기에 그가 쓴 편지들을 보면 그가 이 연구에 엄청난 강도로 몰두했다는 사실이 아주 분명하게 드러난다." (Jones II, 78.)

었는데, 이 사례는 그가 한동안 생각하던 명제의 눈부신 예가 된다. 편집증의 기본적인 동인은 위장된 동성애라는 명제다. 그는 1908년에 융에게 이미 이렇게 말했다. "내 예전 친구 플리스는 나를 좋아하는 마음, 확실히 적잖이 좋아했는데, 어쨌든 그런 마음을 처리한 뒤에 아름다운 편집증에 시달렸네." 늘 개인적인 혼란을 분석 이론으로 번역할 각오가 되어 있었던 프로이트는 플리스의 행동 덕분에 이런 통찰에 이르게 되었으며, 그의 환자 몇 사람도 이런 통찰을 풍부하게 확인해주었다고 말했다.[96]

따라서 누군가를 편집증 환자라고 부르는 것은 프로이트가 개발한 전문적 용어로 보자면 그를 동성애자, 적어도 잠재적 동성애자라고 부르는 것이다. 그리고 이것은 프로이트의 내부에서 부글거리던 무의식적인 동성애적 감정들의 잔재였다. 그가 융에게 무엇이라고 말했건, 그는 자신에 대한 플리스의 감정보다는 플리스에 대한 자신의 감정을 분석하려고 노력하고 있었다. 그것을 분석하고, 가능하다면 씻어내려는 것이었다. 프로이트는 1910년 가을 페렌치가 친밀한 관계를 심하게 요구하자 그것을 물리치면서 "플리스 사건—얼마 전까지만 해도 내가 그것을 극복하는 데 전념하는 것을 보았을 걸세.—이후 나에게서 그런 요구는 사라졌네."라고 주의를 주었다. "나는 약간의 동성애적인 부분을 끌어내 나 자신의 자아를 확대하는 데 활용했네. 편집증 환자들은 이렇게 못하지."[97] 융에게도 암시했듯이 그는 자신에게 이러한 "동성애적인 부분"이 압도적이라고 생각하지 않았다. 9월 말에 로마에서 쓴 편지에서는 페렌치에 대해 불평을 했다. "아주 귀중한 사람이지만 나에 대해서는 약간 어울리지 않게 몽상적이고 유아적이야." 또 지나치게 감탄하고, 수동적이라고 덧붙였다. "마치 여자처럼 모든 것을 자기를 위해 해주기를 바라지. 하지만 나의 동성애적 감정은 사실 그 사람을 여자로 받아들일 만큼 강하지 않네."[98] 그러면서도 그는 자기 내부에 한때 "남자를 좋아하는" 요소라고 부르던 것[99]이 있음을 인정했다.

2년 뒤에는 논란이 많던 자신의 기절하는 경향을 분석하면서 또 가차 없이 자기 진단을 했다. 우리가 알다시피 프로이트는 1912년 11월 뮌헨에서 융을 포함한 정신분석가들과 작은 사적인 모임을 가졌을 때 기절을 했다. 그러자 프로이트는 이런 일이 처음이 아니었기 때문에 설명을 찾는 일이 시급하다고 생각했다. 어니스트 존스에게 말했듯이, 그는 전에도 두 번, 즉 1906년과 1908년에 "파크 호텔의 **똑같은** 자리에서 이번만큼 강하지는 않았지만 아주 비슷한 증상을 겪었네. 그때마다 나는 자리를 떠야 했지."[100] 그랬다가 1909년 브레멘에서 미국으로 가는 배에 승선하기 직전 융이 있는 자리에서 다시 기절을 했다. 프로이트는 이런 사례들을 곰곰이 생각해보면서 페렌치에게 자신이 완전히 회복되었으며, "뮌헨에서 기절한 일을 분석적으로 아주 잘 처리했다"고 말했다. 그는 이런 발작들이 "아주 어린 나이에 경험한 죽음들의 의미를 가리키고 있다"고 생각했다. 그는 자신이 두 살도 안 되었을 때 죽은 동생을 생각하고 있었다. 프로이트는 그때 동생의 죽음에서 사악한 안도감을 느꼈다.[101]

그러나 프로이트는 바로 그 전날 어니스트 존스에게 편지를 쓰면서 더 광범한 설명을 제시했다. 그는 피로했고, 수면 부족이었고, 담배를 많이 피웠고, 융의 편지에서 드러나는 태도가 "부드러움에서 고압적인 무례함"으로 바뀌는 상황과 직면했다. 이보다 더 강력했던 것은 그가 세 번 어지러움을 느끼거나 기절했던 파크 호텔의 그 방이 그에게 지울 수 없는 연상을 일으킨다는 점이었다. "나는 플리스가 아플 때 문병을 갔다가 뮌헨을 처음 보았네. 그러다 보니 이 도시는 우리 두 사람의 관계와 강한 관련을 맺게 된 것 같아. 사태의 뿌리에는 통제되지 않는 동성애적 감정의 조각이 있는 거야."[102] 존스는 프로이트와 충분히 가깝다고 느꼈기 때문에 "뮌헨에서 교수님의 발작"에 상당한 흥미를 느꼈다고 말했다. 그는 솔직하게 말을 이어갔다. "전부터 동성애적 요소를 느꼈기 때문에 특히 그랬습니다. 역에서 작별 인사를 할 때 교수님이 융에 대한 감정을 포기하기 어려울 것이라고 말씀드린 것이 그런 의미였습니다(어쩌면 선생님 안에 있던 오래된 감정들이 융에게로 전이되었을지 모른다는 뜻이었습니다.)"[103] 프로이트는 기꺼이 존스가 정리한 내용을 받아들였다. "내가 동성애적 감정을 다른 부분으로부터 융에게 전이했다는 자네 생각은 맞네. 하지만 그것을 떼어내 자유롭게 순환시키는 데 아무런 어려움이 없다는 것을 알게 되어 기쁘군. 앞으로 이 문제에 관해 재미있게 이야기를 해볼 수 있을 걸세."[104] 프로이트가 정확하게 보았듯이 융이 일으키는 감정 가운데 일부는 "다른 부분으로부터" 빌려온 것이었다. 융은 그 전에 아들러가 그랬듯이, 되살아난 플리스였다. 이 기억의 사슬의 출발점이었던 플리스 병문안을 위한 뮌헨 방문은 거의 20년 전인 1894년의 일이라는 점에 주목할 필요가 있다. 프로이트의 플리스에 대한 감정은 그만큼 끈질겼던 것이다.

또 이 감정은 성적 감정이 흔히 그렇듯이 복합적이었다. 그 직후 빈스방거와 다시 이 사건을 검토하면서 프로이트는 "전에 융보다 앞선 사람에 대한 감정이 그랬던 것처럼, 이번에는 융에 대한 억눌린 감정이 당연히 주도적인 역할을 하고 있다."고 말했다.[105] 이런 회상들이 계속 프로이트를 괴롭혔기 때문에 이제 그가 플리스를 생각하며, 또는 훗날의 플리스의 대리자들을 생각하며 불러낼 수 있는 유일한 감정은 그가 한때 베를린의 분신에게 한껏 퍼부었던 애정의 완전한 대립물이었다. 프로이트는 아들러와 슈테켈의 행동에 대해 이전부터 느끼던 분노 때문에, 자신에 대한 죽음의 소망으로 해석되는 융의 행동 때문에, 또 자신에게서 되살아난 동생에 대한 죽음의 소망 때문에 괴로움을 느꼈다. 그러나 이 모든 감정들 뒤에는 삭막한 폐허가 우뚝 서 있었다. 그냥 못 본 체할 수도 없고 금세 없애버릴 수도 없는 이 폐허는 플리스를 좋아하는, 또 거부하는 오래전의 뜨거운 감정이었다.

으스스한 일이었다. 플리스는 아주 놀라운 대목에서 계속 프로이트의 삶에 다시 들어오고 있었던 것이다. 1911년 프로이트는 엄청나게 고통스러운 두통을 플리스에게서 배운 주기화로 설명했다. 그는 생일부터 통증이 시작된 날까지 날 수를 헤아렸다. "5월 29일(5월 6+23일)부터 심한 편두통 때문에 상태가 아주 안 좋았네."[106] 1년이 넘게 흐른 뒤 융에게 몰두해 있던 프로이트는 자기도 모르게 다시 과거의 역사에 의존했다. "방금 '돈 조반니'를 보고 나오는 길일세." 그는 페렌치에게 말했다. 2막에서 돈 조반니가 잔칫상을 벌여놓았을 때 고용된 악단이 모차르트의 〈피가로의 결혼〉에 나오는 아리아의 한 대목을 연주하자 레포렐로가 말한다. "이 음악은 아주 귀에 익은데." 프로이트는 이것이 "현재 상황에 훌륭하게 적용될 수 있다"고 생각했다. "그래, 이 음악은 나에게도 귀에 익은 것 같네. 1906년 전에 이미 다 겪은 것이지."—분노로 가득했던, 그들 우정의 마지막 몇 년 동안 플리스와 겪은 일이라는 뜻이었다.—"똑같은 이의 제기, 똑같은 예언, 나는 이제 제거되었다는 똑같은 선언."[107]

레오나르도와 슈레버에 관한 논문이 오로지 프로이트의 무의식적 감정, 특히 플리스에 대한 억눌린 감정 탓이라고 보는 것은 무리한 이야기일 것이다. 우연히 1910년경에 홍미로운 편집증 환자들이 그의 치료를 받으러 몰려왔다는 점도 그의 임상적이고 이론적인 관심의 초점을 맞추는 데 기여했다. 또 프로이트가 계속되는 자기 분석으로부터 어떤 식으로든 빌려온 것이 있다 해도 그것이 그의 발견물의 과학적 가치를 훼손하지는 않는다. 프로이트는 플리스를 극복했다고 선언하지만 사실은 극복하지 못했음을 보여주는 과정에서 자신의 무의식을 좋은 쪽으로 활용했다. 일찍이 1908년에 플리스의 편집증이라고 흡족하게 명명한 것에 관한 이야기를 하면서 "모든 것에서 뭔가를 배워야 한다."고 융에게 말했는데,[108] 이것은 진심이었다. 이 **모든 것**에는 그 자신도 포함되어 있었던 것이다.

프로이트는 1910년 초봄 '레오나르도'에 관한 교정지를 읽는 동안 새로운, 그러나 독특하다는 면에서는 뒤질 것이 없는 사례를 검토하기 시작했다. 작센의 저명한 법률가이자 주목할 만한 편집증 환자인 다니엘 파울 슈레버의 사례였다. 감정으로 보나, 시기로 보나, 다른 면으로 보나 슈레버에 관한 프로이트의 논문은 '레오나르도'의 부록이었다. 프로이트는 이 "분석 대상자들"을 직접 만난 적이 없었다. 레오나르도의 경우에는 글과 그림뿐이었다. 슈레버의 경우에는 자전적인 회상록뿐이었다. 슈레버도 레오나르도와 마찬가지로 동성애자였으니, 프로이트는 그 시절에 그가 깊이 몰두했던 주제에 계속 머물 수 있었다. 또 레오나르도와 마찬가지로 슈레버도 프로이트에게는 진정한 기쁨의 원천이었다. 프로이트는 다정하게 슈레버를 "경이롭다"고 묘사했으며, 농담으로 그가 "정신의학 교수이자 정신병원장이 되었어야 한다"고 말했다.[109]

프로이트는 편집증에 관하여 2년 이상 생각하고 있던 차에 우연히 슈레버를 발견했다. 1908년 2월 프로이트는 페렌치에게 편집증이 "만개하여" 고통 받는 여자 환자를 막 만났다고 말했다. 프로이트는 그녀가 "치료로 영향을 줄 수 있는 범위를 넘어간 것 같다"고 생각했지만, 자신이 그녀를 치료해볼 자격이 있다는 느낌을 받았다. "어쨌든 그녀에게서 배울 수 있을 테니까."*[110] 여섯 주 뒤 프로이트는 같은 환자 이야기를 하면서 참여하는 동시에 거리를 두는 그의 과학적 신조를 되풀이했다. 치료의 성공 가능성은 없지만, "마침내 모든 신경증의 이해에 도달하려면 이런 분석들이 필요하네."[111] 프로이트는 편집증이라는 자극적인 수수께끼에 몰두했다. 그는 1909년 봄에 페렌치에게 이렇게 말했다. "우리는 아직 편집증에 관해 거의 아는 게 없네. 따라서 수집하고 배워야 해."**[112] 치료보다는 학문에 열중하는 연구자라는 프로이트의 일관된 자기 평가는 이런 명령으로 설득력 있게 뒷받침되고 있는 것이다. 같은 해 가을 프로이트는 아브라함에게 자신이 "매우 빡빡한 일"을 하는 중이며, "편집증으로 조금 더 깊이 뚫고 들어갔다"고 알렸다.[113] 그 무렵 프로이트에게 슈레버 사례는 이전의 레오나르도에 대한 강박관념에 비길 만한, 또 하나의 강박관념이 되어 있었다.

슈레버는 정신병의 파괴력을 놀라울 정도로 분명하게 보여주는 환상적인 증상들을 드러냈기 때문에, 프로이트에게서 그런 강한 반응을 끌어내는 데 이상적으로 어울리는 인물이었다. 1842년 정형외과 의사이자 많은 책의 저자이며 유명한 교육 개혁가인 다니엘 고틀로프 모리츠 슈레버(Daniel Gottlob Moritz Schreber)의 아들로 태어난 슈레버는 작센 법조계에서 공무원으로 화려한 경력을 쌓았으며, 나중에 판사가 되었다. 1884년 10월에는 비스마르크적인 법과 질서를 옹호하는 보수당과 민족자유당의 공동 추천을 받은 후보로 제국의회 선거에 출마했으나, 지

---

* 1907년 4월 프로이트는 융에게 편집증에 관한 일종의 비망록(1890년대에 플리스에게 보냈던 비망록들을 떠올리게 한다)을 써 보냈다. 이 비망록에서는 편집증의 동성애적 구성 요소에 관해 길게 이야기하지 않았다. (*Freud-Jung*, 41-44 [38-40] 참조.)
** 프로이트는 1911년에 이제 신뢰하지 않게 된 슈테켈의 전공 분야인 꿈에서의 상징 형성에 관해 쓰면서 그것이 "암흑 물질"이라고 말했다. "우리는 오랫동안 관찰을 하고 수집을 해야 할 걸세." (프로이트가 페렌치에게 쓴 편지, 1911년 6월 5일. Freud-Ferenczi Correspondence, Freud Collection, LC.)

역에서 큰 인기를 얻고 있던 사회민주당 후보에게 참패했다. 그는 선거 패배 직후에 그를 심하게 괴롭힌 첫 번째 정신 장애를 다른 사람들과 마찬가지로 과로 탓으로 돌렸다. 그는 심기성 망상으로 고생하기 시작했으며, 한 정신병원에서 몇 주를 보내다가 12월에는 라이프치히 정신병원에 입원했다. 그러나 1885년 6월에는 치료가 되었다고 하여 퇴원했으며, 이듬해에는 판사로 임명되었다. 그는 능력을 확실하게 인정받은 사람이었던 듯, 작센의 최고 법원으로 올라가 그곳 재판장 가운데 한 명이 되었다. 그러나 불면증을 호소하기 시작하더니 자살을 기도했고, 11월 말에는 다시 9년 전에 환자로 있던 라이프치히 정신병원으로 돌아갔다. 1902년까지 이어지는 이 두 번째의 더 집요한 정신병을 그는 엄청난 분량의 생생하고 자세한 기록으로 남겨, 이듬해에 《한 신경증 환자의 회상록》이라는 제목으로 출간했다. 그는 그 뒤에도 다시 병이 재발하여 입원을 했고, 어두운 말년을 보냈다. 슈레버가 1911년 4월에 죽었을 때 프로이트의 슈레버 사례사는 교정지 상태였다.

프로이트는 1910년 여름에 슈레버의 경이로운 《회상록》을 이탈리아에 들고 갔다. 이것이 그가 가진 유일한 자료였다. 그는 로마에서 이 사례를 연구했으며,[114] 나중에 빈으로 돌아와 가을에도 계속 연구했다. 프로이트가 사례사를 기록할 가치가 있다고 생각한 "환자들" 가운데 아마 다니엘 파울 슈레버가 가장 화려한 증상을 자랑했을 것이다. 영웅적 수준의 편집증 환자였던 슈레버는 그의 《회상록》이 잘 보여주듯이, 자신의 상태에 대한 조리 있는 논평가인 동시에 자신의 대의에 대한 달변의 옹호자였다. 그는 입원해 있던 정신병원에서 퇴원 허가를 받기 위해 이 방대한 변명을 썼다. 정신과 의사들 가운데 블로일러와 프로이트 등 그의 최초의 독자들은 웅변적이고 상세하고 수사가 화려하고 광인 특유의 논리가 지배하는 이 자유 청원서에서 탈선한 정신을 증언해주는 금괴를 찾으려 했다. 슈레버는 그의 정신분석가에게는 한 권의 책에 불과했지만, 프로이트는 그 책을 읽는 법을 터득해야 한다고 생각했다.

프로이트가 약간 조병에 걸린 듯이 슈레버에게 몰두한 것은 그 동기가 된 어떤 감추어진 관심을 암시한다. 바로 플리스였다. 그러나 프로이트는 단지 자신의 기억에만 휘둘린 것이 아니다. 그는 일을 잘하고 있었으며 슈레버에게서 희극적인 위안을 얻기도 했다. 심지어 가까운 사람들에게 보내는 편지에 슈레버의 책에 나온 신조어들을 집어넣기도 했다. 이것들이 유명한 슈레버 언어인데, "신경 접촉", "영혼 살해", 또 "기적으로 일으켜 세운다" 등과 같이 상상력이 넘치고 환기력이 있으며 인용하기에 아주 좋은 환상적 조어들이었다. 프로이트와 편지를 주고받는 사람들은 프로이트에게서 그런 말을 들으면 똑같이 대꾸했다. 그 결과 슈레버의 어휘들이 내부자들 사이에서 일종의 은어가 되어, 마치 인정과 친밀성의 상징 같은 자리를 차지하게 되었다. 프로이트와 융과 아브라함과 페렌치는 "영혼 살해"를 비롯한 슈레버의 주옥같은 말들을 즐겁게 사용했다.

그러나 프로이트의 슈레버 작업에 불안이 끼어들지 않았던 것은 아니다. 그는 당시 아들러와 서로 상처를 주는 싸움을 하는 중이었으며, 그가 융에게 한 말에 따르면, 이 싸움이 "플리스 일의 상처를 열어 젖혔기 때문에" 큰 대가를 치러야 했다. 아들러 일만 아니었으면 "편집증 작업"—슈레버 논문을 가리킨다.—"을 하는 동안 평온했을 걸세. 이번에는 내가 얼마나 자유롭게 그것을 나 자신의 콤플렉스들(complexes)로부터 막아낼 수 있었는지 모르겠네."[115] 여기에 어떤 숨은 관련이 있다는 프로이트의 생각은 전적으로 타당한 것이었다. 물론 프로이트가 생각하던 것과 똑같은 것은 아니었지만. 프로이트는 플리스에 대한 기억이 슈레버 작업을 방해한다고 불평했지만, 그것은 동시에 이 사례에 그가 강한 집중을 보이는 이유이기도 했다. 슈레버를 연구하는 것은 곧 플리스를 기억하는 것이었지만, 플리스를 기억하는 것은 또 슈레버를 이해하는 것이기도 했다. 그 둘 다 편집증의 피해자가 아니었던가? 프로이트는 그렇게 생각했다. 이것은 물론 플리스의 정신적 이력에 대한 매우 편향적인 독법이었다. 그러나 정당하든 아니든 프로이트는 슈레버의 사례를 이용해 스스로 자신의 "콤플렉스들"이라고 부른 것(이 말을 만들어낸 융에 대한 다정한 경의의 표현이었다)을 다시 짚어보며 끝까지 파헤쳤다.

융은 나중에 프로이트가 슈레버에게 관심을 쏟도록 이끈 사람이 자신이라고 주장했지만,[116] 처음에는 그냥 프로이트의 논문이 "유쾌하고 포복절도할 것처럼 웃기며" 또 "멋지게 쓴 글"이라고 환영했다.[117] 그러나 이것은 1911년 초, 융 자신이 아직 프로이트의 충실한 아들이라고 고백하던 때의 일이다. 나중에 융은 프로이트의 슈레버 독법에 큰 불만을 느꼈다고 말하게 된다. 당연한 일이다. 프로이트의 슈레버 사례사는 정신분석 이론들, 특히 성욕에 관한 이론들을 뒷받침하며, 따라서 이전의 레오나르도 논문과 마찬가지로 서서히 떠오르는 융의 심리학 체계에 대한 암묵적 비판이 되기 때문이다. 융은 1911년 말에 프로이트에게 말했다. "교수님의 슈레버 분석에서 리비도 문제를 건드리는 그 대목"은 "저의 정신적 경로들 가운데 하나가 교수님의 경로와 만나는 지점입니다."[118] 한 달 뒤에 융은 자신의 불편을 더 솔직하게 털어놓는다. 슈레버 사례가 그의 내부에 "쩌렁쩌렁 울리는 메아리"를 만들었으며, 정신병 문제에서 프로이트의 리비도 이론의 타당성에 관한 묵은 의심들이 모두 되살아났다는 것이다.[119]

슈레버는 《회상록》에서 우주에 관한 야심만만한 이론을 제시하며, 여기에 복잡한 신학을 보태고 자신에게는 성의 변화를 요구하는 메시아적 임무를 할당했다. 하느님 자신이 그에게 이런 일을 하도록 영감을 준 것이라고 생각했다. 슈레버는 프로이트가 언급할 가치가 있다고 보았던 특별한 개방적 태도를 드러내, 자신의 망상을 부인하려 하지 않았다. 슈레버에게 자유를 회복해준 법원은 이 망상을 그냥 사무적으로 요약했다. "그는 자신이 세상을 구원하고 세상이 잃어버린 행복을 복원하는 일을 하기 위해 부르심을 받았다고 생각한다."(프로이트는 분명한 태도로 이것을 관능적인 감정과 동일시했다). "그러나 그는 우선 자신이 남자에서 여자로 바뀌고 나야 그 일을 할 수 있다고 생각했다."[120] 이런 멋진 계획에서 어떤 재미를 느낄지 모르지만, 슈레버가 겪은 심한 고통 때문에 그 재미는 반감될 수밖에 없었다. 사실 익살맞은 슈레버 언어를 교환하는 프로이트와 그의 편지 친구들에게는 약간 냉담한 구석이 있었다. 슈레버는 경악할 만한 정신적 고통을 겪었기 때문이다. 그는 자신의 건강에 대한 무시무시한 불안, 끔찍한 신체적 증상, 죽음과 고문에 대한 공황 상태에 가까운 공포에 시달렸다. 가끔 신체에 핵심적인 부분이 없는 상태에서 산다고 느끼기도 했다. 그 부분은 기적에 의해 지속적으로 복원되어야 했다. 그는 괴로운 환청에 시달렸다. 목소리들이 그를 "슈레버 **양**"이라고 부르며 놀리기도 했고, 그가 상급법원 판사라고 하면서도 "×××당하는 것을 허용한다는 것"에 공공연하게 놀라움을 표시하기도 했다.*[121] 가끔 혼수 상태에서 몇 시간을 보내기도 했다. 죽기를 바라는 경우도 많았다. 그는 하느님과 악마들이 등장하

---

* 프로이트는 "비역질"이나 뒤에 나오는 "똥" 같은 말을 그대로 놓아두지 못한 슈레버의 《회상록》의 편집자들의 "창피해하는" 태도에 고개를 설레설레 저었다. ("Schereber", *GW* VIII, 252n/*SE* XII, 20n 참조.)

는 신비한 환상을 보았다. 편집증의 고전적인 증상인 박해 망상도 그를 괴롭혔다. 다른 누구보다도 라이프치히 정신병원에서 그를 담당했던 플레히지히(Flechsig) 박사가 그를 졸졸 따라다녔다. 플레히지히는 슈레버의 "영혼 살해자"였다.[122] 그러나 사실 하느님을 포함한 모두가 그에게 맞서 공모하고 있었다. 슈레버가 구축한 하느님은 아주 독특했다. 가혹하고 매우 불완전한 인간처럼 한계가 있는 존재였다. 이 하느님은 인간들을 이해하지 못했으며, 슈레버를 바보 취급했고, 배설을 하라면서 자꾸 그에게 "왜 x을 누지 않는가?" 하고 물었다.[123]

프로이트는 《회상록》의 모든 페이지가 제공하는 멋진 해석의 기회를 놓치지 않았다. 항문이나 생식기와 관련된 슈레버의 솔직한 욕구, 많은 것을 연상시키는 조어, 투명한 여성성 등 모든 것이 슈레버의 정신 작용을 읽어내기 쉬운 실마리였다. 프로이트는 수십 년간 퇴행적인 정신병자의 얼토당토않은 생각들이 다 메시지이며, 그 나름의 왜곡된 방식으로 합리적이라고 믿어 왔다. 프로이트는 이런 신념에 따라 슈레버의 고백을 내치기보다는 번역해보기로 했다. 그는 슈레버가 만들어낸 세계 체제가 감당할 수 없는 것을 감당하려고 고안해낸 일관성 있는 변형체라고 읽었다. 슈레버가 플레히지히 박사든 하느님이든 자신의 적들에게 그렇게 유해한 힘을 부여한 것은 그들이 자신에게 매우 중요했기 때문이다. 간단히 말해서 슈레버는 그 전에 그들을 너무 사랑했기 때문에 그렇게 강렬하게 미워하게 된 것이다. 프로이트에게 편집증은 반전(reversal), 그리고 그것보다 더 빈번하게 나타나는 투사(projection)**라는 심리적 방어를 가장 생생하게 보여주는 정신병이었다. 프로이트는 슈레버의 사례사에서 이렇게 말했다. "남자의 편집증에서 갈등의 핵심은 **남자를 사랑한다**는 동성애적인 소망 환상"이다.[124] 편집증 환자들은 "나는 그를 사랑한다."는 고백을 그 반대인 "나는 그를 증오한다."로 바꾸어버린다. 이것이 반전이다. 그런 다음에 "그가 나를 박해하기 때문에 그를 증오한다."고 말한다. 이것이 투사다. 프로이트는 자신이 편집증 환자라고 생각하지 않았다. 그는 페렌치에게 말했듯이 자아를 확대하는 데 자신의 동성애적 감정들을 활용할 수 있었다. 그러나 그는 슈레버가 사랑을 증오로 바꾼 놀라운 과정이 어느 정도는 자신에게도 적용될 수 있다고 느꼈다.

하지만 슈레버 사례사와 이것과 연결된 편집증 연구는 자서전이 아니라 과학이었다. 이 시기 프로이트의 편지들이 풍부하게 증언하듯이, 프로이트는 편집증이 작용하는 방식에 대한 자신의 과감한 구축물이 제대로 된 것인지 확인하려면 편집증 환자들과의 실험 작업이 훨씬 더 많이 필요하다고 고집했다. 그러면서도 자신의 일반적 가설이 핵심적 과정을 정확하게 요약하고 있다고 자신했다.[125] 프로이트의 도식에 따르면 편집증 환자는 말 그대로 생존을 위해 세계를 재구성한다. 엄청나게 힘든 작업인 이런 재구성은 나르시시즘(자기애)으로의 퇴행을 동반한다. 나르시시즘은 아동의 성에서는 상대적으로 원초적인 단계인데, 프로이트는 몇 달 전 레오나르도 다빈치에 관한 논문에서 처음으로 이것을 제시했다. 이제 프로이트는 약간 자세하게 묘사하기 시작했다. 어린이는 성 발달에서 첫 단계인 산만한 자기성애 단계를 거쳤기 때문에 사랑의 대상을 확보하는 데 성적 충동을 집중한다. 그러나 사랑할 다른 사람을 찾기 전에 우선 자기 자신, 즉 자신의 몸을 대상으로 선택한다.

** 투사는 전혀 받아들일 수 없다고 생각하는—너무 창피하거나, 외설적이거나, 위험해서—느낌이나 소망을 다른 것에서 나온 것으로 돌려 축출해버리는 작용이다. 이런 메커니즘은 예를 들어 반유대주의자들에게서 두드러지는데, 그들은 저열하거나 더럽다고 여기는 자신의 감정을 유대인에게 전이시켜, 유대인에게서 그런 감정을 "찾아낸다." 투사는 방어 가운데 가장 원시적인 것으로 꼽으며, 신경증 환자와 정신병자들의 경우만큼 두드러지지는 않지만, 정상적인 행동에서도 쉽게 관찰된다.

프로이트는 나르시시즘이라는 이러한 중간 단계가 성인이 이성애적 사랑으로 가는 도상에서 빠질 수 없는 단계라고 보게 되었다. 또 원초적 구순기, 항문기, 남근기, 성기기 등을 주요 단계라고 주장하게 되었다. 이 발달의 길은 길고, 때로는 통과가 불가능하기도 하다. 어린 시절의 나르시시즘적인 자기 관련에서 완전히 벗어나지 못하고, 그것을 훗날의 애정 생활까지 끌고가는 사람도 많아 보인다. 그런 사람들―프로이트는 이런 사람들에게 특히 주목해야 한다고 말했다.―은 자신의 생식기를 사랑의 대상으로 삼고, 나중에는 자신과 같은 생식기를 가진 사람들을 사랑하게 될 수도 있다. 이런 나르시시즘적 고착(narcissistic fixation)―프로이트의 표현이다.―은 어른이 되어 분명한 동성애로 나아갈 수도 있고, 아니면 동성애적 경향을 승화시켜 정열적인 우정, 또는 더 큰 무대에서 인류에 대한 사랑으로 나아갈 수도 있다. 성숙으로 가는 길은 단지 길고 간혹 통과가 불가능하기만 한 것이 아니다. 뒤틀리고 가끔 제자리로 돌아올 수도 있다. 성적 발달이 동성애적 방향으로 간 사람들은 성적 흥분의 파도에 휩싸여 성적 통합의 이전 단계, 그들이 믿기에는 더 안전한 단계, 즉 나르시시즘으로 물러날 수밖에 없다고 느낄 수도 있다.

정신분석가는 그런 방어적 퇴행(defensive regression)의 가장 극적인 예를 편집증 환자에게서 본다. 그들은 온갖 종류의 이상한 환상으로 자신의 지각과 감정을 엄청나게 왜곡시켜 자신을 보호하려 한다. 슈레버도 그런 사람으로서 그는 세상의 끝이 가까웠다는 환상에 시달렸다. 프로이트는 편집증으로 고통 받는 사람들에게는 그런 무시무시한 환상이 결코 드물지 않다고 주장했다. 다른 사람들의 사랑으로부터, 또 세계 전체로부터 물러났기 때문에 "내적인 파국"을 외부로 투사하여 우주의 종말이 임박했다고 확신하게 된다. 그들의 놀라운 재구성 작업은 이 지점에서 시작된다. 세계가 파괴되었기 때문에 "편집증 환자는 그것을 다시 짓는다. 이것은 원래의 세계보다 더 멋지지는 않지만, 그래도 자신이 다시 들어가 살 수 있는 세계는 된다." 사실 "우리가 병리적 생산물, 망상적 형성물이라고 부르는 것은 실제로는 회복, 재구성을 향한 시도다."[126]

프로이트가 책 한 권을 기초로 그려놓은 편집증 진행 과정에 대한 지도는 뛰어난 걸작이다. 나중에 연구를 통해 그 강렬한 윤곽을 약간 고치기는 했지만, 그 권위는 실질적으로 지금까지 훼손되지 않았다. 프로이트는 전례 없이 명료하게 슈레버 사례에서 정신이 어떤 식으로 방어를 하고, 퇴행이 어떤 경로를 따르고, 양가감정이 어떤 대가를 요구할 수 있는지 보여주었다. 프로이트가 슈레버에게서 찾아낸 상징, 관련, 변형 가운데 일부는 그가 지적하는 순간 분명해졌다. 슈레버가 무시무시한 환상을 펼친 태양은 아버지를 상징했다. 이와 비슷하게 플레히지히 박사를, 나아가 훨씬 더 의미심장하게 하느님을, 역시 의사였던 아버지와 동일시하기도 했다. 거의 평생 비종교적이었고 엄격했던 사람의 내부에서 종교성과 호색이 흥미롭게 결합되어 있었던 셈이다. 무엇보다도 사랑이 증오로 변형되어 있었다. 프로이트의 슈레버 사례사는 그 저자만큼이나 독자에게도 지적인 즐거움을 안겨주었을 것이다.

프로이트는 어린 시절을 심리적 갈등이 만들어지는 핵심적인 무대로 확인한 뒤, 약간 내키지 않는 듯이 어린 슈레버가 성장한 환경에 관하여 알아보려 했다. 그는 추가로 얻는 정보가 진짜 효용이 있을지도 모른다는 점을 알고 있었다. 슈레버의 가족이 《회상록》을 무단 삭제했기 때문이다. 프로이트는 분명한 불만족을 드러내며 이렇게 말했다. "따라서 우리에게 익숙한 인간적 동기들로부터 그의 망상적 형성물의 핵심을 어느 정도 확실하게 끌어낼 수 있다면 나는 그것으로 만족해야만 할 것이다."[127] 프로이트는 슈레버의 집에서 멀지 않은 곳에 사는 독일인 지지자 아르놀트 슈테크만(Arnold Stegmann) 박사에게 "슈레버의 아버지에 관한 모든 개인적 자료를 찾아봐 달라"고 부탁했다. "이런 문제들에 관하여 공개적으로 얼마나 많이 이야기할 수 있는가는 그 보고에 달려 있네."[128] 그러나 프로이트가 만나보지도 못한 분석 대상자가 제공한 텍스트만을 근거로 사례사를 발표한 것을 보면, 슈테크만의 조사는 별 성과가 없었던 것 같다. 그런데도 프로이트는 편지에서 몇 가지 추측을 시도했다. 그는 마치 약을 올리듯 슈레버에게서 빌려온 언어를 이용하며 수사적으로 페렌치에게 물었다. "의사인 슈레버의 아버지가 의사로서 '기적'을 일으켰다면 어떻게 생각하겠나? 하지만 그것 외에는 가정의 압제자로서 아들에게 소리나 지르고, 우리의 편집증 환자들의 '하급 신과 마찬가지로 아들을 거의 이해하지 못했다면'?" 그러면서 프로이트는 자신의 슈레버 해석에 도움을 주는 것이라면 다 환영하겠다고 덧붙였다.[129]

빈틈없는 추측이었지만 믿을 만한 정보가 없었기 때문에 안타깝게도 프로이트는 계속 파고들지 않았다. 그는 심지어 "의사인 슈레버 아버지"가 발표한 글들을 검토해보지도 않았다. 그랬다면 당시에 인기가 있었던 그 글은 프로이트에게 많은 것을 알려주었을 것이다. 슈레버 박사가 소책자들 때문에 유명해졌다는 것을 확인하는 데는 조사도 필요 없었다. 아버지 슈레버는 "청소년의 조화로운 양육"을 옹호하고 "독일에서 치료용 체조를 만든 사람"으로 전국적인 명성을 얻고 있었다.[130] 그는 몇 년 동안 라이프치히에서 유명한 정형외과를 운영했지만, 나중에 슈레버 가르텐(Schrebergärten)이라고 알려지게 되는 사업을 적극적으로 장려한 일로 가장 많이 알려졌다. 이것은 시가 작은 구역을 할당하여 고향을 그리워하는 도시인들이 밭을 갈거나, 과실수를 몇 그루 심거나, 쉴 수 있는 녹지 공간을 조성하자는 기획이었다.

아버지 슈레버의 글에 감추어진 심리학적 보고(寶庫)에서 아들의 성격 형성을 연역해냈다면, 정신이 외부 세계로부터 선택한 자료로 정신적 재현물을 직조해내는 데 특별한 재주를 부린다는 프로이트 자신의 오랜 명제를 강력하게 뒷받침할 수 있었을 것이다. 또 아버지 슈레버의 논문들을 잘 알고 있었다면 프로이트는 그의 귀중한 편집증 환자에 대한 직선적인 분석에 약간의 뉘앙스를 보탤 수도 있었을 것이다. 그러나 어떤 이유에서인지 프로이트는 박살난 정신적 안정을 되찾으려는 슈레버의 우울한 노력에서 허락받을 수 없는 동성애적 사랑으로 아버지를 사랑하는 착한 아들의 모습을 재구성하는 데 만족했다. 사실 프로이트는 슈레버가 어느 정도 회복을 한 것이 바로 그 "아버지 콤플렉스"가 "기본적으로 긍정적인 색채"를 띠고 있었기 때문이라고 보았다.[131]

프로이트가 다니엘 고틀로프 모리츠 슈레버의 성격을 뚫고 들어가지 못하고, 그가 집안에서 압제자였을지도 모른다는 추측을 끝까지 밀고 나가지 못한 것은 충분히 이해할 수 있는 일이었다. 아버지 슈레버는 탁월한 사람으로 보였다. "그런 아버지가 아들의 애정 어린 회상 속에서 신(神)으로 변신하는 것도 어울리지 않게 보이지는 않는다."[132] 그러나 프로이트는 이 훌륭하고 존경할 만한 아버지가 아들이 겪어야 했던 매우 격렬한 고통의 일부에 다소간 간접적으로 책임이 있다는 것은 몰랐다. 아들은 《회상록》에서 그의 머리를 묶는 무시무시한 기계(Kopfzusammenschnürungsmaschine)에 관해 이야기한다. 이것은 물론 그의 망상 체계에 포함되는 한 요소였지만, 모리츠 슈레버가 아들 다니엘 파울을 포함하여 자식들의 자세를 교정하기 위해 사용하던, 머리를 곧게 펴게 하는 기계의 왜곡된 변형태이기도 했다. 슈레버의 가족 생활의 정확한 내용은 잘 알 수 없지만, 다니엘 파울 슈레버가 만들어낸 그 괴상한 기계 고문의 세계는 많은 부분 어렸을 때 그의 몸에 달아야 했던 기계들에서 가져온 것이 분명하다. 그러나 이런 것을 발견했다 해서 무엇이 달라질지는 평가하기 어렵다. 프로이트의 기본적인 진단은 여전히 논란의 여지가 없다. 그런데도 한 가지 덧붙이자면 프로이트는 슈레버가 훌륭한 아버지를 사랑했다고 생각했지만, 그 사랑 뒤에는 소리 없는 원한과 무기력한 증오의 저장소가 있었고, 이것이 슈레버의 고통과 분노의 연료가 되었던 것 같다고 말할 수 있다. 슈레버의 편집증적 구성물들은 현실적인 불만의 캐리커처였다. 프로이트는 슈레버를 매혹적인 인물로 그려놓았지만, 더 충실하게 조사를 했다면 슈레버는 훨씬 더 매혹적이 되었을 것이다.

늑대 인간의 정치

1910년 12월 슈레버에 관한 이야기를 끝냈을 무렵,[133] 프로이트는 그의 가장 유명한 환자가 되는 늑대 인간을 이미 거의 1년 동안 분석하고 있었다. 러시아의 부유하고 젊고 잘생긴 귀족 세르게이 판케예프(Sergei Pankejeff)는 몹시 애처로운 심리 상태로 프로이트 앞에 나타났다. 그는 신경증을 넘어서서 복잡하게 뒤엉킨 심각한 증상들을 드러내고 있었다.* 그는 주치의와 수행원을 데리고 호사스럽게 여행하면서 여러 사람의 치료를 받고 값비싼 전문가들과 상담을 했지만 아무런 소용이 없

---

* 다른 사례들의 경우도 마찬가지지만, 프로이트가 남긴 자료를 검토한 훗날의 분석가들은 늑대 인간이 프로이트의 진단명인 "신경증"이 암시하는 것보다 훨씬 깊은 장애에 빠져 있었다고 생각하게 되었다.

었다. 그는 열일곱 살 때 임질 감염 이후 건강이 나빠지기 시작했으며, 프로이트의 평가에 따르면 이제는 "완전히 의존적이 되어" 전혀 자신을 돌볼 수가 없었다(existenzunfähig).[134]

프로이트는 원수로 여기던 두 명의 탁월한 의사 베를린의 테오도어 치헨과 뮌헨의 에밀 크레펠린(Emil Kraepelin)이 이 흥미로운 젊은이를 포기했다는 것을 알고 마음이 움직여 이 까다로운 환자를 받아들였을 것이다. 당시 베를린의 유명한 자선 병원의 정신의학과 과장으로 있던 치헨은 몇 년 동안 약간 혼란스러워하면서도 정신분석에 호의적인 관심을 보이더니, 이제는 프로이트에 대한 가장 시끄러운 비방자로 바뀌어 있었다. 또 정신의학의 질병 분류표를 정리하여 치헨보다 훨씬 큰 명성을 얻은 크레펠린은 대체로 프로이트를 무시했으며, 그러지 않을 경우에는 프로이트가 이미 버린 개념들을 거론하며 그를 헐뜯었다. 치헨은 베를린의 병원장 자리에 앉기 전까지는 프로이트와 브로이어가 1890년대 중반에 발표한 글에 실린 정신의학적 경청 기술이나 환자의 감정의 "정화 반응"에 대해 우호적인 논평을 했다. 그러나 크레펠린은 프로이트의 개념이나 임상적인 방법에서 가치 있는 것을 하나도 발견할 수 없었다. 이 두 전문가는 프로이트가 자신의 개념 체계를 확립하고 다듬던 시절에 독일 정신의학계에서 가장 영향력 있는 대표자들로 꼽혔다. 그러나 그들은 늑대 인간을 도와주지 못했다.

프로이트는 자기라면 도와줄 수 있을지도 모른다고 생각했다. 그는 1910년 2월 페렌치에게 알렸다. "좀 쉬라는 자네의 감명 깊은 충고에 따라—오데사에서 온 새로운 환자를 맡았네. 강박적인 감정이 있는 아주 부유한 러시아 사람일세."[135] 프로이트는 이 환자를 한동안 병원에서 만나다가, 그의 스케줄에 빈자리가 나자 베르크 가세 19번지로 부르는 환자 가운데 한 사람으로 받아들였다. 늑대 인간은 이곳의 진료실에서

평온함과 치유에 도움이 될 듯한 고요함을 맛보았으며, 프로이트가 주의 깊게 공감하며 말을 들어주는 사람이라는 것을 알았다. 마침내 프로이트가 그에게 회복의 희망을 안겨준 것이다.

늑대 인간의 사례사는 슈레버와 레오나르도에 관한 논문과 같은 계열에 속한다. 이 논문들은 모두 임상적이고 이론적인 기여를 목표로 한 글들이었지만, 동시에 정신분석 문헌으로서 그 장점과 결점이 무엇이든 프로이트 자신의 대의를 위한 대리인 역할도 했다. 프로이트는 늑대 인간에 관한 그의 임상적인 이야기가 그전에 나온 것들과 마찬가지로 학파 내부의 불화보다는 특히 외부 세계와 맞서는 일에서 그를 효율적으로 도와주기를 바랐다. 그는 이 책의 첫 페이지에서 분명하게 밝혔듯이, 정신분석의 진리에 대한 융이나 아들러의 "왜곡된 재해석"과 싸우려고 이 책을 썼다.[136] 그가 1914년 가을에 이 글을 쓴 것은 우연이 아니었다. 그는 이 사례사가 그 해에 먼저 발표했던, 충성파들을 향해 외치는 구호와 같았던 〈정신분석 운동의 역사〉의 자매편이라고 생각했다.[137]

프로이트는 〈유아기 신경증의 역사에서〉라는 제목 선택에서부터 공격적인 의도를 과시했다. 융은 결국 "현실성과 억압을, 아들러는 이기주의적 동기"를 선택했다고 프로이트는 말했다. 융의 경우에는 유년의 성욕의 기억이 훗날 어린 시절을 돌아보며 투사한 환상이라고, 또 아들러의 경우에는 어린 시절의 성적인 충동은 그 본질이 성이 아니라 공격이라고 말하는 것이나 다름없었다. 그러나 프로이트는 이들이 오류라고 경멸하는 것이 "사실은 정신분석에서 새로운 것이고 바로 정신분석에 속하는 것"이라고 주장했다. 융과 아들러는 프로이트의 통찰을 버리고 나자, "불편한 정신분석의 혁명적 진전"을 쉽게 거부할 수 있었다.[138] 그래서 프로이트는 1910년 2월 '레오나르도'를 마무리하던 때에 그에게 진찰을 받으러 온 스물세 살의 러시아인이 정신병을 앓는 것이나 다름 없는 상태였는데도, 그것보다는 늑대 인간의 유년의 신경증을 부각하는 쪽을 택한 것이다.

프로이트는 늑대 인간이, 비겁한 타협에 오염되지 않은 그의 "불편한" 이론을 과시하는 데 이상적이라고 생각했다. 이 사례를 신속하게 발표하면, 융이나 아들러와 자신의 차이를 분명히 드러내는 캠페인에 이용할 수 있을 것 같았다. 그러나 일은 그의 계획대로 풀리지 않았다. 이 사례 보고서는 제1차 세계대전의 피해를 입었다. 전쟁으로 정신분석 출간물이 거의 자취를 감추게 된 것이다. 마침내 1918년에 이 논문이 나왔을 때, 임상적인 확인에 대한 요구는 이제 그렇게 절박하지 않았다. 그러나 프로이트는 늘 이 사례를 귀중하게 생각했는데, 그 이유를 아는 것은 어렵지 않다. 이 환자를 흥분시키는 심리적 혼란은 아주 많은 것을 보여줄 가능성이 있었기 때문에 프로이트는 분석이 진행 중일 때도 감질나는 단편들을 발표했고, 다른 분석가들에게도 자신이 맡은 주목할 만한 환자의 유년의 성적 경험에 빛을 던져줄 관련 자료를 제공할 것을 요구했다.

프로이트의 이전 사례사에서도 이 사례와 비슷한 면들을 찾아볼 수 있다. 늑대 인간은 도라와 마찬가지로 꿈의 형태로 자신의 신경증을 해결하는 열쇠를 제공했다. 또 꼬마 한스와 마찬가지로 유년 초기에 동물 공포증을 겪었다. 쥐 인간과 마찬가지로 한동안 강박적인 제의와 신경증적인 반복 사고에 사로잡혔다. 늑대 인간은 아동 성 이론이나 성격 구조의 발달 등 그 무렵 프로이트의 이론적 관심사에 실제로 겪은 경험이라는 권위를 부여했다. 이렇게 늑대 인간의 분석은 프로이트가 1910년에 그를 처음 만나기 전부터 해 오던 작업의 많은 부분을 정리해 주었지만, 동시에 예언적인 면도 드러냈다. 이 분석은 분석이 끝난 4년 뒤 프로이트가 하게 될 일을 가리키고 있었기 때문이다.

　분석은 매우 극적으로 시작되었다. 프로이트는 첫 번째 상담이 끝난 뒤 페렌치에게 은밀히 보고했다. 그의 새 환자는 "다음과 같은 전이들을 나에게 고백했네. 우선 유대인 사기꾼. 그는 나를 뒤에서 범하고 내 머리에 똥을 누고 싶대."[139] 분명히 유망하지만, 아마 까다로운 사례였을 것이다. 실제로 프로이트가 늑대 인간에게서 힘겹게 끌어낸 감정의 역사는 조숙한 성적 자극, 참담한 불안, 특수화된 성적 취향, 그의 유년에 그림자를 드리운 심각한 강박 신경증으로 뒤얽힌 비참한 이야기였다. 그가 겨우 세 살 때 그의 누나는 그를 성적인 놀이에 끌어들여, 그의 음경을 만지작거렸다. 누나는 그보다 두 살 위였으며, 고집 세고 관능적이고 억제가 없는 소녀였다. 그는 누나를 존경하면서 질투했다. 어린 시절의 성적 놀이에서 그는 누나를 동무보다는 경쟁자로 보면서 그녀에게 저항했고, 대신 사랑하는 보모 나냐를 유혹하려 했다. 그 방법은 자신의 몸을 드러내고 자위를 하는 것이었다. 나냐는 그의 원초적인 노출의 의미를 파악하고, 그런 짓을 하는 아이들은 그곳에 "상처"가 생긴다고 엄숙하게 경고했다. 그런 협박이 그렇듯이, 보모의 베일에 가려진 협박이 자리를 잡는 데는 시간이 걸렸다. 결국 누나와 친구가 오줌을 누는 것을 보고 나서 어떤 사람들에게는 음경이 없다는 사실을 확인한 뒤부터 그는 거세에 몰두하기 시작했다.

　공포에 질린 어린 늑대 인간은 성적 발달의 이전 단계로, 항문 사디즘과 마조히즘으로 물러났다. 그는 나비를 잔인하게 괴롭혔고, 무시무시하지만 흥미진진한, 자위에 가까운 매질 환상으로 자기 자신도 나비처럼 잔인하게 괴롭혔다. 나냐한테 거부당한 늑대 인간은 이제 진짜 나르시시즘적인 방식으로 아버지를 성적 대상으로 선택했다. 그는 아버지한테 맞는 것을 갈망했다. 그래서 발작적으로 비명을 질러 아버지가 체벌을 하도록 도발했다. 아니, 유혹했다. 그는 성격이 변했다. 소리 없는 늑대에 관한 그의 유명한 꿈—프로이트의 분석 과정에서 핵심이 된다.—은 바로 그 뒤에, 네 살 생일 직전에 꾸게 된다.

밤이었다. 그는 침대에 있었다. 침대는 현실에서와 마찬가지로 창문을 마주보고 있었다. 갑자기 창문이 열렸다. 저절로 열린 것 같았다. 겁에 질려 꿈을 꾸던 그는 커다란 호두나무 가지에 늑대 예닐곱 마리가 앉아 있는 것을 보았다. 하얀 늑대들은 여우 꼬리 같은 큰 꼬리와 긴장하여 바짝 세운 귀 때문에 늑대가 아니라 여우나 양치기 개처럼 보였다. "커다란 불안에 사로잡혀—물론 늑대들한테 잡아먹힐 것이라는 불안이었다.—나는 비명을 지르며 잠을 깼다." 잠을 깼을 때 그는 불안 상태였다고 프로이트는 기록했다.[140] 반년 후 심각한 불안 신경증이 자리를 잡으면서 동물 공포증까지 들어서게 되었다. 그는 어린아이 특유의 종교적인 수수께끼들로 제정신을 잃을 정도였으며, 강박적으로 여러 가지 제의를 거행했고, 격렬한 분노에 시달렸으며, 어린아이 특유의 성적 흥분과 씨름했는데, 여기에서는 눈에 보이지는 않지만 동성애적 욕망이 큰 역할을 했다.

유년기에 겪은 이런 트라우마적인 사건들로 인해 늑대 인간은 신경증적인 성적 행동에 빠져들게 되었다. 이런 혼란스러운 경험의 결과들 가운데 일부는 정신분석가들이 말하는 지연된 행동(delayed action)의 원칙을 따르기라도 하듯, 한참 뒤인 성년 초기에야 심각한 심리적 곤경으로 나타났다. 정신적 조직이, 말하자면 받아들일 준비가 된 뒤에야 어린 시절의 그런 사건들을 트라우마로 경험하게 된 것이다. 그 사건들은 그의 사랑의 취향을 결정해버렸다. 후배위 성교에 대한 욕구를 충족시켜줄 수 있는 엉덩이가 큰 여자들을 강박적으로 쫓아다닌다든가, 사랑의 대상을 격하시키려는 욕구에 사로잡혀 하녀나 농민만 원한다든가

'늑대 인간' 판케예프의 자화상. 1910년 2월 프로이트를 찾아온 러시아의 젊은 귀족 세르게이 판케예프의 사례사는 아동 성 이론이나 성격 구조의 발달 등 그 무렵 프로이트의 이론적 관심사에 실제 경험이라는 권위를 부여했다.

하는 것이 그런 예였다.

프로이트는 늑대 인간의 성생활의 찢어진 직물을 깁는 문제를 본격적으로 생각하기 전에, 우선 그의 누나나 보모와 관련된, 흥분과 피해를 동시에 안겨준 유년의 사건들에 관한 그의 멜로드라마적인 이야기를 연구할 필요를 느꼈다. 늑대 인간은 그 사건들이 진짜라고 주장했지만 프로이트는 당연히 의문을 품었다. 설사 그 사건들이 늑대 인간이 이야기한 그대로 일어났다 해도, 프로이트의 관점에서는 그것만으로는 늑대 인간의 심각한 유년 신경증을 설명할 수 없었다. 그런 장기간의 고통스러운 상태의 원인은 몇 년의 치료 기간 동안 계속 모호하게 남아 있었다. 그러다가 늑대 인간의 결정적인 꿈, 늑대 인간이 그런 별명을 얻게 된 꿈을 분석하면서 점차 빛이 비치기 시작했다.

이 늑대 꿈은 정신분석 문헌에서 프로이트가 약 15년 전인 1895년에 분석했던 역사적인 이르마의 주사 꿈에 다음가는 자리를 차지한다. 늑대 인간이 정확히 언제 프로이트에게 이 꿈을 이야기했는지는 불확실하다. 나중에 그는 치료를 시작할 때쯤이었다고 기억했고, 프로이트도 동의했다. 그러나 이 꿈은 몇 년에 걸쳐 되풀이하여 해석된다. 어쨌든 취미로 그림을 그렸던 늑대 인간은 그 꿈의 분석 뒤에 커다란 나무의 가지에 앉아 있는 늑대들—이 그림에는 다섯 마리밖에 없다.—의 그림을 그렸다.[141]

늑대 인간은 약 19년 전에 꾼 이 꿈과 관련하여 또렷한 기억들을 내놓지 못했다. 누나가 그에게 늑대 그림이 있는 동화책을 보여주고 그가 무서워하면 명백히 사디스트적인 즐거움을 맛보았다는 것, 아버지의 소유지가 있는 동네에 양떼가 한 무리 있었는데 대부분이 전염병 때문에 죽었다는 것, 할아버지가 꼬리가 뽑힌 늑대 이야기를 들려준 적이 있다는 것, '빨간 모자' 같은 동화를 들은 적이 있다는 것 정도였다. 이렇게 흘러나온 기억들은 프로이트가 보기에는 아버지에 대해 깊이 자리 잡은 원시적인 공포의 침전물 같았다. 이와 밀접하게 관련이 있는 거세에 대한 공포, 그리고 아버지에게서 성적 만족을 얻고 싶다는 소년의 소망 또한 이 꿈의 형성에 일조한 것 같았다. 이 소망은 그런 만족을 얻는다는 것은 곧 거세를 당해 소녀가 된다는 뜻이라는 생각 때문에 불안으로 바뀌었다. 그러나 소망과 그 결과물인 불안이 이 꿈의 전부가 아니었다. 꿈이 전달하는 사실적인 인상과 늑대들이 꼼짝도 하지 않았다는 점—늑대 인간은 이 점을 매우 중요하게 여겼다.—때문에 프로이트는 현실의 한 조각이 꿈에 나타난 내용 안에 재현되면서 왜곡되었다고 생각하게 되었다. 이런 추측은 꿈 작업은 반드시 경험 또는 욕망을 종종 그 대립물로 바꾼다는 프로이트의 규칙을 적용한 결과였다. 소리 없이 꼼짝도 하지 않는 늑대들은 어린 소년이 사실은 매우 자극적인 장면을 목격했다는 뜻임이 분명했다. 늑대 인간은 프로이트의 이런 해명에 특유의 수동적이고 냉담하면서도 지적인 방식으로 협력하여, 창문이 갑자기 열린 것은 꿈이 그에게 그가 잠을 깨서 그 장면—어떤 장면인지는 몰라도—을 보았다고 말해주는 것이라고 해석했다.

프로이트는 사례사의 이 지점에서 잠깐 진행을 멈추고 한마디 하는 것이 적절하다고 생각했다. 그는 아무리 자신을 비판하지 않는 지지자들이라 해도 불신을 억누르는 데에는 한계가 있음을 알았다. 프로이트는 충격적인 사실을 드러낼 준비를 하면서 이렇게 썼다. "이 지점에서 독자들이 나에 대한 신뢰를 버릴까 걱정이 된다."[142] 프로이트가 이제 주장하려는 바는, 꿈을 꾼 사람이, 적당하게 윤색되고 짙은 베일까지 덮인 무의식적 기억의 깊은 곳으로부터 부도가 성교를 하는 장면을 끌어올렸다는 것이었다. 프로이트의 재구성에 모호한 점은 전혀 없었다. 늑대 인간의 부모는 세 번 계속 성교를 했으며, 적어도 한 번은 보는 사람에게 부모의 생식기를 다 보여주는 자세인 후배위(a tergo)로 했다. 이것만으로도 기발한데, 프로이트는 여기에서 멈추지 않았다. 그는 늑대 인간이 한 살 반에 이 성행위를 목격했다고 믿었다.

그러나 여기서 프로이트는 신중한 태도가 약간 되살아났는지, 독자만이 아니라 자신을 위해서도 의심을 기록해 두어야 한다고 느꼈다. 그 광경을 본 목격자의 어린 나이는 크게 문제가 되지 않았다. 프로이트는 어른들이 흔히 아이들의 보는 능력, 그리고 보는 것을 이해하는 능력을 과소 평가한다고 주장했다. 프로이트가 의문을 품은 것은 그렇게 자신 있게 묘사한 성적인 장면이 실제로 일어난 것이냐 아니면 늑대 인간이 동물의 교접을 본 것에 기초하여 만들어낸 환상이냐 하는 점이었다. 프로이트는 그 답에 관심을 가지면서도, 이 질문이 "사실 별로 중요하지 않다"고 단호하게 결론을 내렸다. 사실 "부모의 성교를 보는 장면, 어린 시절에 유혹을 당하는 장면, 거세의 협박을 받는 장면은 틀림없이 유전적 속성이지만, 개인적 경험을 통하여 획득하는 것 또한 가능하다."*[143]
환상이든 현실이든 어린 정신에 끼치는 영향은 똑같기 때문이다. 프로이트는 일단 이 문제는 확정 짓지 않기로 했다.

물론 현실이냐 환상이냐 하는 문제는 프로이트에게 새롭지 않았다. 앞서 보았듯이 그는 1897년에 현실적 사건들—어린아이의 강간이나 유혹—만이 신경증을 일으킬 수 있다는 이론을 버리고, 신경증적 갈등을 만드는 데 환상이 지배적인 역할을 한다는 이론을 택했다. 이제 그는 다시 한 번 내적이고 대체로 무의식적인 정신적 과정이 결정적 영향력을 행사한다는 관점을 옹호했다. 프로이트는 꾸며낸 것이 노골적으로 드러나는 사건들에서만 트라우마가 나타난다고 주장하지 않았다. 오히려 그는 환상이, 보거나 듣거나 견딘 것들의 단편들을 직조하여 정신적 현실이라는 태피스트리를 만든다고 보았다.[144] 프로이트는 《꿈의 해석》의 결론에 다가가면서 "**정신적 현실**"은 "**물질적 현실**"과 다르지만 그에 못지않은 의미가 있다고 주장했다.[145] 이것은 프로이트가 나무에 있는 소리 없는 늑대들의 꿈을 분석하면서, 과학적 이유만큼이나 논쟁적 이유에서도 꼭 필요하다고 여긴 관점이었다. 원초적인 장면의 회상이 현실—부모나 동물을 본 것이건, 정교하게 꾸민 어린 시절의 환상이건—에 **어떤** 기초를 두고 있음에 틀림없다고 하는 주장은 융과 정면으로 충돌하는 것이었다. 요점은 어른의 신경증은 훗날 아무리 왜곡

---

* 우리는 여기서 프로이트의 가장 기이하고 또 전혀 변호할 수 없는 지적 태도 가운데 하나를 만난다.—앞으로도 또 만나게 되겠지만. 프로이트는 획득 형질(이 경우에는 어린 시절에 유혹을 당했거나 거세의 협박을 당한 "기억"이다)이 유전될 수 있다는 일종의 라마르크 학설—부분적으로 이런 이론을 신봉했던 다윈의 글에서 보게 되었을 것이다.—을 받아들였다. 당대의 생물학자들 가운데 이 명제를 믿는 사람은 거의 없었으며, 분석가들도 전혀 편하게 느끼지 않았다. 그러나 프로이트는 끝까지 이 생각을 고수했다. 본서 7장 614쪽, 《프로이트 II》 8장의 '충동, 억압, 무의식', 12장의 '금욕주의자의 죽음' 참조.

과 환상으로 위장을 한다 해도, 어린 시절에 획득한 경험에 기원을 두고 있다는 것이었다. 따라서 신경증의 뿌리는 융이 주장하는 것과는 달리 나중에 그냥 몰래 들여오는 것이 아니라 깊이 박혀 있는 것이다. 프로이트는 최대한 힘을 주어 말했다. "**유년의 영향은 한 개인이 삶의 현실적인 문제들을 극복하느냐 하지 못하느냐, 어떤 지점에서 해결하지 못하느냐를 규정하는 데 결정적으로 기여한다는 점에서 신경증 형성 최초의 상황에서부터 벌써 자신을 드러낸다.**"[146]

앞서도 보았듯이 어른 늑대 인간이 삶의 문제를 해결하는 문제에서 결정적으로 실패한 것은 계속 불행한 성적 애착을 갖는다는 데서 드러난다. 사실 프로이트가 늑대 인간을 분석하고 그의 사례를 쓰는 몇 년 동안 사랑의 이론에 관해 생각을 한 것은 우연이 아니다. 프로이트는 1910년 이후에 그 주제에 관해 몇 편의 논문을 썼지만, 그것을 묶어서 책으로 내지는 않았다.[147] "모든 것을 이미 말했다."[148] 그는 그렇게 쓴 적이 있고, 지쳐서 진이 빠진 듯한 이 항변을 다른 흥미로운 감정 문제만이 아니라 사랑에도 적용했던 것 같다. 그러나 그가 인간 정신의 경제에서 성적 에너지에 부여한 주요한 위치를 고려할 때, 이 끊임없이 논의되고 거의 규정할 수 없는 주제를 완전히 무시할 수는 없었다. 프로이트는 매년 애정 생활이 어떤 식으로든 잘못되어버린 환자들의 이야기에 귀를 기울였다. 그는 "**애정의 흐름**과 **육욕의 흐름**"이라는 "두 흐름"이 합류하는 것이 "사랑에서 완전히 정상적인 태도"라고 규정했다.[149] 사랑할 수 있는 곳에서는 욕망을 느낄 수 없고 욕망을 느낄 수 있는 곳에서는 사랑을 할 수 없는 사람들이 있다.[150] 그러나 이런 분리는 감정적 발달이 궤도를 이탈했을 때 나타나는 증상이다. 따라서 이런 괴로움을 당하는 사람들은 대부분 이런 분열을 고통스러운 짐으로 경험한다. 그러나 이런 궤도 이탈은 너무 흔한 것이다. 사랑은 그 경쟁자인 증오와 마찬가지로 아주 어린 시절에 원초적인 형태로 나타나, 성숙 과정에서 복잡한 부침을 겪어야 할 운명이기 때문이다. 오이디푸스 단계는 특히 사랑의 영역에서 실험과 교육이 이루어지는 시기다. 이번만큼은 프로이트도 그의 시대에 이 주제에 관하여 글을 쓴 점잖은 저자들과 박자를 맞추어 정열이 없는 애정을 우정, 애정이 없는 정열을 욕정이라고 간주했다. 분석의 중요한 목표 한 가지가 사랑에 관한 현실적인 교훈을 제시하여 이 두 흐름의 조화를 이루는 것이었다. 늑대 인간의 경우 그런 행복한 해결의 전망이 오랫동안 매우 멀게 느껴졌다. 그의 해소되지 않는 항문 성애, 마찬가지로 해소되지 않는 아버지에 대한 고착, 아버지의 자식을 낳고 싶다는 감추어진 소망이 그런 발달에, 또 그의 치료의 행복한 결말에 장애가 되었다.

늑대 인간의 분석은 꼬박 4년 반 동안 지속되었다. 프로이트가 매우 비정통적인 작전을 구사하기로 결정하지 않았다면 아마 더 오래 걸렸을 것이다. 그는 이 사례가 "보람 있는 난관들"로 가득하다는 점에서는 "더 바랄 나위가 없다"고 생각했다. 그러나 한동안은 난관이 보람보다 더 두드러져 보였다. "치료 초기에는 거의 아무런 변화가 없었다." 늑대 인간은 흠잡을 데 없이 예의를 갖추었지만, "복종적인 무관심"의 태도로 "난공불락의 참호 안"에 들어가 있었다. "그는 귀를 기울이고 이해했지만, 자신을 건드리는 것은 절대 허락하지 않았다." 프로이트는 큰 좌절감을 느꼈다. "그의 나무랄 데 없는 지능은 그의 행동을 관장하는 본능적인 힘들과 단절되어 있는 듯했다."[151] 늑대 인간은 아주 많은 시간이 흐르고 나서야 분석 작업에 능동적으로 참여하기 시작했다. 그러나 내적 변화의 압력을 느끼면 다시 부드럽게 사보타주 하는 방식으로 돌아갔다. 자신의 병이 너무 귀중해서 상대적으로 건강한 상태라는 불확실한 축복과 바꾸고 싶지 않은 것이 분명했다. 이런 곤경을 맞이하여 프로이트는 분석이 끝나는 날짜를 그때로부터 1년이라고 못 박아놓고, 반드시 마감을 지키기로 결심했다. 큰 모험이었다. 그러나 프로이트는 늑대 인간이 그에게 느끼는 애착이 성공을 약속할 만큼 강하다는 확신이 들기 전에는 움직이지 않기로 했다.

이 전략은 효과가 있었다. 늑대 인간은 프로이트가 "냉혹하다"는 것을 알게 되었으며, 이런 "무자비한 압박"을 받아 저항을 포기하고 "아픈 상태에 대한 고착"을 포기했다. 그 뒤로는 프로이트가 그의 억제를 제거하고 증상을 완화하는 데 필요한 모든 "자료"를 빠른 속도로 잇따라 제공했다.[152] 1914년 6월이 되자 프로이트는 그가, 또 늑대 인간은 자기 자신이 대체로 치료되었다고 여겼다. 늑대 인간은 자신이 건강해졌다고 느꼈으며, 바로 결혼을 하기로 했다.* 이것은 프로이트에게 매우 보람 있는 사례였지만, 그가 계속 큰 관심을 기울인 것은 당연히 기법의 문제였다. 즉, 늑대 인간이 분석 시간에 협력하게 하려고 고안한 "협박 수단"이었다. 프로이트는 거의 25년이 지난 뒤, 이것은 아주 정확한 순간에 이용해야만 성공을 거둘 수 있는 전술이라고 주의를 주었

---

* 훗날 벌어진 사건들 때문에 프로이트는 늑대 인간의 정신 상태에 대한 이런 명랑한 평가에 어두운 후기를 보태야 했다. 1919년, 이제 러시아 혁명을 피해 나온 망명객 신세가 되어 경제적인 도움이 필요했던(프로이트와 몇몇 친구들이 도움을 주었다) 늑대 인간은 다시 잠깐 프로이트에게서 분석을 받았다. 프로이트는 늑대 인간의 전이 가운데 일부가 정리되지 않은 것을 인식하고 나중에 그 사실을 보고했다. 1920년대 중반에 늑대 인간은 편집증이 발병하여 다시 루스 맥 브룬스윅(Ruth Mack Brunswick, 1897~1946)에게서 강도 높은 분석을 받았다. 그러나 결혼을 하고, 상당히 성숙한 체념의 자세로 가산의 손실을 받아들이고, 일자리도 얻을 만큼 심리적으로 독립적인 상태였다. 그렇다 해도 평생 고통을 받기는 했다. 그는 자신의 상당한 재능을 깨닫지 못했으며, 늘 재난을 자초한다는 느낌을 주었다. 그러나 늑대 인간은 끝까지 프로이트에게 감사하고 그를 존경했으며, 가장 유명한 치료자의 가장 유명한 환자라는 지위를 잠깐 누리기도 했다.

다. "시간 제한은 한번 정하면 늘릴 수 없으며, 만일 늘릴 경우 그때부터 모든 믿음을 잃어버리기" 때문이다. 이것은 정신분석 기법에 대한 프로이트의 가장 대담하면서 동시에 가장 문제가 많은 기여로 꼽을 만하다. 프로이트는 뒷날 이 사례를 돌아보면서 흡족했는지, 전폭적으로 동의하는 마음으로 오래된 속담을 인용하며 우렁차게 마무리를 지었다. "사자는 딱 한 번만 도약한다."[153]

정신분석의 기법

프로이트의 주요한 사례 모두가 사실상 정신분석 기법에 관한 압축 강좌라는 사실은 대체로 분명하게 드러난다. 부분적으로 남아 있는 쥐인간 사례의 과정 메모는 또 프로이트가 자신의 규칙을 얼마든지 버릴 자세가 되어 있었음을 보여준다. 프로이트가 가장 유명한 강박 신경증 환자에게 식사를 제공했다는 사실—환자는 굶주렸으나 먹고 기운을 차렸다.—은 수십 년 동안 정신분석계에서 조롱과 동시에 질투를 일으키며 논란이 되었다. 그러나 정신분석에 크게 영향을 끼친 것은 프로이트가 자신의 직업을 위하여 설정한 규칙들이었지, 자신을 위하여 그 규칙을 자유롭게 해석한 방식이 아니었다.

프로이트는 일찌감치 1895년에 《히스테리 연구》에 포함시킨 사례사들에서부터 정신과 의사의 기술을 논의하기 시작했다. 그리고 노년이 되어서도 여전히 기법에 관한 글을 썼다. 〈끝낼 수 있는 분석과 끝낼 수 없는 분석〉, 〈분석에 있어서 구성의 역할〉은 둘 다 1937년, 여든이 넘어서 쓴 논문이다. 치료 효과를 기대한다는 면에서는 보통 욕심을 내지 않았지만 야심만은 파우스트적이었던 프로이트는 완전히 만족하는 법이 없었고, 완전히 쉬는 법이 없었다. 생을 마감할 시간이 가까웠을 무렵에는 언젠가 화학 약품이 환자를 소파에 앉히고 말을 하도록 가르치는 힘든 과정을 대체하지 않을까 하는 생각도 하게 되었다. 그러나 그런 날이 오기 전에는 분석을 위한 만남이 환자를 신경증의 고통에서 벗어나게 할 수 있는 가장 믿음직한 길이라고 생각했다.

40년에 걸쳐 프로이트가 치료자들에게 권고한 사항들을 모아놓으면 그가 긴장을 풀지 않는 수동성의 계발을 계속 연구해 왔다는 것을 알 수 있다. 그는 1880년대 말에는 환자들에게 최면을 이용했다. 1890년대 초에는 환자의 이마를 문질러 이야기를 중단시킴으로써 환자가 아픈 곳을 피해 가지 않고 괴로운 문제를 고백하게 하려고 노력했다. 1893년 알프스에서 여름 휴가를 보낼 때 단 한 번의 상담으로 카타리나의 히스테리 증상을 해결해준 보고서에서는 여전히 치료의 힘에 대한 오만한 신뢰의 느낌이 묻어나며, 도라의 강제적인 허석에는 그가 곧 포기하게 되는 권위적인 스타일이 반영되어 있다. 1904년 레오폴트 뢰벤펠트(Leopold Löwenfeld)의 《마음의 강박적 표현》이 〈프로이트의 정신분석 방법〉이라는 짧은 논문을 쓸 때는 확실히 기법에 관한 그의 특징적 개념들 대부분이 자리를 잡고 있었다.

그러나 1910년에 뉘른베르크 대회에서 '미래의 정신분석 치료의 가능성'이라는 제목으로 연설을 하면서 새롭게 누그러진 분위기가 드러나는데, 이런 분위기는 영구적인 것이 된다. 프로이트는 동료 분석가들에게 그들 모두가 아직 풀지 않은 부담스러운 기법상의 난제들에 직면해 있다고 말하면서, 기법 분야의 "거의 모든 것"이 "여전히 확실한 결정을 기다리고 있으며, 많은 부분이 이제야 비로소 분명해지기 시작했다."고 주의를 주었다. 여기에는 분석가의 분석 대상자에 대한 역전이나 점차 폭이 넓어지는 정신분석 치료 레퍼토리가 분석가들에게 강요하기 시작

한 기법의 수정도 포함되어 있었다.[154]

같은 해에 프로이트는 "난폭한" 분석을 공격하는 강력하고 짧은 논문을 발표했다. 1920년대에 유행하게 된 정신분석적 어휘의 일상적 사용—사실은 오용—을 고려할 때, 〈'난폭한' 분석에 관하여〉는 선견지명이 있는 논문이었다. 프로이트는 어느 "나이 지긋한 부인"의 어색한 방문을 회고했다. "젊음을 상당히 잘 유지하고 있으며" 또 "아직 여성이 완전히 끝나지 않은 것이 분명한" 40대 말의 이혼녀였다. 그녀는 이혼 후에 불안 때문에 고생하기 시작했는데, 젊은 의사를 찾아갔다가 자신의 증상들이 "성적 결핍"에서 비롯된 것이라는 솔직한 이야기를 듣고 증상이 더 심해졌다. 젊은 의사는 그녀에게 건강을 되찾는 세 가지 방법을 제시했다. 남편에게 돌아가거나, 애인을 사귀거나, 자위를 하라는 것이었다. 이 "나이 지긋한 부인"은 이 가운데 어떤 것도 마음에 들지 않았다. 그러나 그 의사가 그런 음울한 통찰들의 발견자가 프로이트라고 하면서, 프로이트도 자신의 진단을 확인해줄 것이라고 주장했기 때문에 프로이트를 찾아왔다.[155]

프로이트는 기분이 좋거나 고맙기는커녕 화가 치밀었다. 그도 환자, 특히 신경질환으로 고생하는 환자들이 사실을 믿을 만하게 전달하지 못한다는 것은 잘 알았다. 그러나 이 마음이 괴로운 부인이 젊은 의사의 냉혹한 처방을 아무리 왜곡하고 날조했다 해도, 그 의사에게 경고를 하지 않을 수 없었다. 우선 이 아마추어 정신과 의사는 무지하여, 정신분석가들이 "성생활"이라고 할 때 단지 성교만을 말하는 것이 아니라, 의식적인 감정과 무의식적인 충동의 훨씬 넓고, 훨씬 세분화된 영역을 가리킨다는 사실을 몰랐다. 프로이트는 환자가 "현실적인 신경증", 즉 신체의 요인들에 의해 생기는 병—그녀의 경우는 성 활동의 중단—으로 고생할 수도 있으며, 그럴 경우 "신체적인 성 활동의 변화"를 권고

하는 것이 자연스러울 수도 있다고 인정했다. 그러나 젊은 의사는 그녀의 상황을 오독했을 가능성이 높았으며, 그랬다면 그의 처방은 가치가 없는 것이었다. 그러나 진단의 오류보다 기법의 오류가 더 심각했다. 설사 진단이 우연히 맞았다 해도 환자에게 잘못처럼 보이는 것을 말해주는 것으로 치료가 될 것이라고 생각한다면, 그것은 정신분석 과정을 무참하게 왜곡하는 것이다. 분석의 기법은 저항을 극복하는 데 도움을 주어야 한다. "환자가 처음 방문하여 상담을 하는 동안 의사가 짐작한 비밀을 퉁명스럽게 밝혀 환자를 놀라게 하는 것은 기법적으로 부당하다." 더욱이 이렇게 할 경우 분석가는 "환자의 강한 증오"의 대상이 되기 때문에 그런 시도는 "자멸적인 결과를 낳는다." 분석가는 그나마 환자에게 행사하던 얼마 안 되는 영향력도 다 잃고 말았음을 깨닫게 될 것이다. 간단히 말해서 분석적인 논평을 하려면 "정신분석의 규칙들"을 많이 알아야 한다. 이런 규칙들이 "의사의 요령"이라는 막연한 덕목을 대신해야 한다.[156)]

프로이트는 이런 난폭한 분석을 저지하고 자신이 임상 경험에서 배운 것을 정리하기 위해 1911년에서 1915년 사이에 기법에 관한 일련의 논문을 발표했다. 이 논문들은 온건한 말투이지만 분명히 논쟁적인 날을 드러내고 있었다. 프로이트는 1912년 아브라함에게 이렇게 썼다. "최근의 기법적인 글에 대한 자네의 동의는 내게 무척 귀중하네. 자네는 물론 나의 비판적 의도를 눈치챘겠지."[157)] 프로이트는 그로부터 몇 년 전 매우 중요한 환자들 몇 명을 분석하다가, 또는 막 분석을 끝낸 뒤에, 이 주제에 관해 글을 쓰겠다는 생각을 하기 시작했다. 평소와 마찬가지로 임상 경험과 발표한 글은 서로 자양분이 되었다. 1908년 11월 말에는 페렌치에게 이렇게 말했다. "일요일이 아니면 정신분석의 일반적 방법론에 관하여 몇 줄 쓰기도 힘들어. 지금까지 24페이지를 썼네."[158)] 진척 속도는 느렸다. 어쨌든 늘 열광적인 페렌치가 기대하는 것보다는 느렸다. 두 주 뒤에는 가까스로 열 페이지를 더 썼으며, 페렌치가 베르크 가세 19번지를 찾아오기로 한 크리스마스에는 조금 더 보여줄 수 있겠다고 생각했다.[159] 1909년 2월이 되자 프로이트는 이 프로젝트를 여름 휴가 때까지 미루어 두기로 결정했고,[160] 6월에는 존스에게 "기법에 관한 에세이는 반쯤 끝났지만, 지금은 마무리할 여유가 없다."고 말할 수밖에 없었다.[161] 그러나 분석 작업은 기법에 관한 글을 쓰는 것을 방해하기도 했지만 귀중한 자료를 제공해주기도 했다. 프로이트는 10월에 페렌치에게 말했다. "환자들은 넌더리가 나지만, 새로운 기법적 연구를 할 기회를 주네."[162]

이 연구에 대한 그의 계획은 점점 야심만만해졌다. 프로이트는 뉘른베르크 정신분석가 대회에서 연설을 하면서 "오래지 않아 '정신분석의 일반 방법론'이라는 글에서" 해석, 전이를 비롯한 임상적 상황을 "다루려고 노력할" 것이라고 발표했다.[163] 그러나 "오래지 않아"는 거의 2년으로 늘어났다. "방법론(Methodik)에 관한 책은 언제 나옵니까?" 존스는 그해가 다 가기 전에 그렇게 물었다. "친구든 적이든 많은 사람들이 그 책을 간절히 기다리고 있을 것이 틀림없습니다."[164] 그러나 그들은 참을성 있게 기다려야 했다. 1911년 12월이 되어서야 그 첫 부분인 〈정신분석에서 꿈 해석을 다루는 문제에 관하여〉가 나왔다. 대략 여섯 편에 이르는 기법에 관한 다른 논문들은 다음 몇 년 동안 띄엄띄엄 나왔다. 다른 급한 일과 정신분석 정치의 부담 때문에 프로이트는 속도를 낼 수가 없었다. 더욱이 프로이트는 이 일을 매우 진지하게 여기고 있었다. 처음부터 그랬다. 그는 논문을 겨우 20페이지 정도 썼을 때 페렌치에게 이 방법론이 "이미 분석을 하고 있는 사람들에게 매우 중요해질 것"이라고 예언했다.[165] 시간은 그가 옳다는 것을 증명했다.

마음을 편하게 해주는 합리적인 분위기의 〈치료의 시작에 관하여〉라는 논문은 이 시리즈의 대표라고 할 수 있다. 프로이트는 여기에서 엄격한 명령을 내리는 대신 유연한 제안을 하고 있다. 정신분석의 전략적 출발점을 설명하려고 이용한 체스의 개시라는 교묘한 비유는 독자들을 끌어들이려는 계산에서 나온 것이다. 사실 체스를 두는 사람은 정해진 하나의 절차에 묶여 있지 않다. 프로이트는 실제로 정신분석가에게 몇 가지 선택의 길이 열려 있는 것은 지극히 당연하다고 말했다. 개별 환자의 역사가 워낙 다양하기 때문에 교조적인 엄격한 규칙을 적용할 수가 없다는 것이다. 그러나 프로이트는 어떤 전술이 분명히 필요하다는 점에는 의문의 여지를 남기지 않았다. 분석가는 적절하게 주의를 기울여 환자를 선별해야 한다. 모든 환자가 정신분석적 상황의 엄격함을 받아들일 만큼 안정적이거나 지적이지 않기 때문이다. 환자와 분석가는 사교적 환경에서든 의학적 환경에서든 전에 만나지 않았던 사이인 것이 좋다.―틀림없이 프로이트 자신이 가장 비웃고 싶은 권고 사항 가운데 하나였을 것이다. 환자를 적절하게 선택하고 시작할 시간이 정해지면, 분석가는 처음 만나는 자리를 탐사의 기회로 이용하는 것이 좋다. 일 주일 정도는 정신분석이 실제로 그 환자를 상대로 선택할 만한 치료법인가에 대한 판단을 유보해야 한다.

이런 임시 면담은 상담과는 다르다. 사실 이런 시험적인 조사 기간에 정신분석가는 평소보다 더 과묵할 수밖에 없다. 그래야 환자를 보지 않기로 결정해도, "환자에게 치료를 시도하다 실패했다는 고통스러운 인상을 주지 않을 수 있다."[166] 그러나 탐사를 위한 실험 기간은 초기 면담에서 끝나지 않는다. 가벼운 히스테리 환자나 강박 신경증 환자라며 찾아오는 환자의 증상이 사실은 분석 치료가 잘 듣지 않는 정신병의 초기 상태를 위장하는 것일 수도 있다. 프로이트는 특히 초기 몇 주

동안 분석가가 성급하게 확실성이라는 환상에 빠지는 일을 피해야 한다고 경고했다.

이렇게 시험 기간은 분석 과정에서 빠질 수 없는 한 부분을 이룬다. 환자는 소파에 누워 있고, 분석가는 그 뒤의 보이지 않는 곳에서 열심히 귀를 기울인다. 분석가가 공책을 무릎에 올려놓거나 옆에 놓고 의자에 앉아 있는 것으로 묘사한 수많은 만화들 때문에 오해가 널리 퍼지게 되었는데, 프로이트는 이 초기의 논문들에서 이 점을 분명하게 거론했다. 프로이트는 분석가들에게 상담 중에는 메모를 하지 말라고 주의를 주었다. 그렇게 하면 주의가 산만해질 뿐이기 때문이다. 분석가들은 자신의 기억력이 필요한 것은 보존해줄 것이라고 믿어야 했다. 프로이트는 소파나 눈에 보이지 않는 위치에 있는 분석가가 최면의 유산이며, 자신이 이런 배치를 고집하는 데는 주관적인 이유가 있다는 것을 인정했다. "나는 하루에 여덟 시간 동안 (또는 그 이상) 남들이 나를 빤히 보는 것을 견딜 수 없다." 그러나 프로이트는 이런 "격식"을 권하는 덜 주관적인 근거도 제시했다. 분석가는 분석 시간에는 자신의 무의식이 전면에 나서도록 놓아두기 때문에, 환자가 자신의 얼굴 표정을 보고 그 반응에 지나치게 영향을 받는 일을 피하고 싶다는 것이었다.[167]

물론 분석 상황, 사려 깊게 조율된 박탈의 상태는 분석 대상자에게 스트레스를 준다. 그러나 이것이야말로 분석 상황의 독특한 장점이다. 프로이트는 이렇게 썼다. "많은 분석가들이 다르게 시도해본다는 것을 알고 있지만, 이렇게 일탈을 하는 것이 그냥 다르게 해보고 싶다는 열정 때문인지, 아니면 거기에서 어떤 이점을 발견했기 때문인지는 모르겠다."[168] 프로이트는 그 자신에 관해서는 의심의 여지가 없었다. 정신분석적 상황은 화자에게 퇴행을 권유하며, 일반적인 사회적 교류가 강요하는 속박으로부터 벗어날 것을 권유한다. 어떤 준비를 통해 이런 퇴행을 장려하든—소파, 분석가의 침묵과 중립적인 말투—그것은 분석 작업 자체에 도움이 될 수밖에 없다.

분석이 진행되는 첫날부터 분석가와 분석 대상자는 실용적이고 세속적인 문제들을 정리해야 한다. 우리가 알다시피, 정신분석이라는 분야는 어떤 문제에 관해서든 부끄러워하는 태도에는 질색을 한다고 소문이 나 있다. 19세기 중간계급 문화가 너무 민감해서 논의하기 힘들다고 보았던 바로 그 문제, 특히 성과 돈에는 감정적인 짐이 워낙 많이 쌓여 있어서, 점잖은 침묵, 또는 더 나쁜 것인데, 우회적인 표현으로 베일을 드리우는 태도는 정신분석적 탐구를 처음부터 강하게 저지하는 방해물이 된다. 분석가는 자신의 진료실을 찾아오는 교양 있는 남녀가 "성 문제와 마찬가지로 돈 문제에도 모순, 얌전 빼는 태도, 위선을 드러낼 것"임을 예상해야 한다. 프로이트는 돈이 주로 자기 보존과 권력에 봉사한다는 점을 인정했지만, 돈을 바라보는 태도에는 "강력한 성적 요인"도 관련되어 있다고 주장했다.[169] 따라서 솔직함이 필수적이었다. 환자는 곧바로 인정하지 않을지 모르지만, 실제 협상에서는 환자 자신의 최선의 이익과 분석가의 이익이 일치한다. 환자는 분석가의 일정한 시간을 임대하고, 자신이 그것을 이용하건 못하건 거기에 대가를 지불한다. 프로이트는 이렇게 하면 좀 욕심 많고 매우 품위 없는 의사로 보일지 모르지만, 그 외에 다른 어떤 방식도 실용적으로 보이지 않는다고 말했다. 돈을 아주 적게 받으면 분석가의 생계가 위험해질 수 있다. 이 시기에 가까운 사람들에게 보낸 프로이트의 편지들이 증언하듯이, 그는 주위 사람들이 돈을 잘 번다는 소식에 기뻐했다. 그러나 프로이트가 돈 문제에서 타협을 싫어한 것은 분석가의 부만 생각했기 때문이 아니다. 그런 타협은 환자의 저항을 키워, 환자가 분석에 참여하는 지속성과 강도를 약화시킬 수 있었다. 만일 분석 대상자가 분명한 신체적 질환으로 몸이 아플 경우에 분석가는 분석을 중단하고 그 시간을 다른 용도에 써야 하며, 환자가 회복된 뒤에 시간이 허락하는 대로 빨리 다시 받아들여야 한다.

　프로이트는 지속성과 강도를 유지하려고 대부분의 환자를 일 주일에 여섯 번 보았다. 증세가 약하거나 치료 말기에 있는 환자들은 예외적으로 사흘이면 충분하다고 보았다. 심지어 일요일에 상담을 중단하는 것도 대가를 치른다. 프로이트는 그래서 분석가들이 농담으로 "월요일 환자의 단단한 껍질" 이야기를 한다고 썼다. 더욱이 분석은 반드시 상당히 긴 기간에 걸쳐 이루어져야 한다. 분석이 몇 년 걸릴 수도 있다는 사실을 비밀로 하는 것은 분석 대상자에게 호의를 베푸는 것이 아니다. 분석 상황의 모든 문제가 그렇듯이 이 문제에 관해서도 환자에게 정직한 것이 말 그대로 단연 최선의 정책이다. "일반적으로 처음부터 환자에게 분석 치료의 어려움과 불가피한 희생을 이야기해주는 것이 더 정당할 뿐 아니라 더 적절하다. 물론 환자에게 겁을 주어 쫓아버리라는 말은 아니다. 이렇게 해놓아야 환자가 나중에 분석가의 꾐에 빠져 범위나 의미도 모르는 치료에 끌려들게 되었다고 주장할 근거가 사라지게 된다."[170] 그 대신 분석가는 분석 대상자가 언제라도 분석을 중단할 수 있게 해주어야 한다. 프로이트는 약간 서글픈 목소리로 초기의 환자들 몇 명이 실제로 그런 자유를 너무 쉽게 이용했다고 말했다. 프로이트는 도라를 잊을 수가 없었다. 사실 프로이트의 소파를 버리고 떠난 사람은 도라만이 아니었다.

　상담이 시작될 때 분석가가 환자에게 전달하는 사항들 가운데 "근본 규칙"은 진짜로 꼭 필요한 것이다. 그는 분석 대상자가 자유연상에 자신을 맡기고, 마음에 떠오르는 모든 것을 있는 그대로 말하라고 요구한다. 분석 대상자가 시간을 지키고 돈을 내는 것도 중요하다. 그러나 이런 의무를 무시한다면, 그런 태만 자체도 분석할 수 있다. 분석가들이 흔히 말하듯이, 이 또한 방앗간의 곡물인 것이다. 그러나 근본적인 규칙을 계속 못 지키면 분석을 망칠 수밖에 없다. 프로이트는 논문 〈치료의 시작에 관하여〉에서 이 규칙에 관하여 많은 말을 했다.[171] 그가 동료 분석가들을 겨냥하고 이 논문, 그리고 이와 비슷한 논문들을 쓴 것은 사실이다. 프로이트는 자신이 쓰겠다고 한 '방법론'에 관하여 페렌치에게 이렇게 말했다. "여전히 바깥에 남아 있는 사람들은 이것을 한 마디도 이해하지 못할 걸세."[172] 그러나 그는 자신이 선택한 독자들에 대해서도 약간 불안을 느꼈던 것으로 보인다. 그래서 오해가 발생하는 일은 절대 피하고 싶은 듯 무척 힘주어 말했다. 환자가 치료자와 나누는 이야기는 환자가 그때까지 했던 어떤 대화와도 비슷하지 않다. 환자는 그의 이야기에서 모든 질서, 구문, 논리, 규율, 예의, 스타일에 대한 고려를 의미가 없는 것으로, 아니 해로운 것으로 무시해버려야 한다. 환자가 가장 하고 싶지 않은 이야기가 바로 가장 다급하게 의제에 올려야 할 이야기다. 프로이트가 모든 분석 대상자들에게 내리는 가장 중요한 명령은 절대적 정직성이다. 이것은 무시하건 치명적인 결과가 나오지만, 사실 완벽하게 이행하는 것도 불가능하다.

신경증과 싸우는 전쟁에서 분석 대상자의 구기는 말이다. 분석가의 무기는 해석인데, 이것은 완전히 다른 종류의 달이다. 분석 대상자의 언어 활동이 가능한 한 억제되지 않아야 하는 반면, 분석가의 언어 활동은 반대로 사려 깊게 조제되어야 한다. 반은 전투이고 반은 동맹인 정신분석이라는 이상한 작업에서 분석 대상자는 그의 신경증이 허락하는 만큼만 협력한다. 희망 사항이기는 하지만, 분석가는 그 자신의 신경증의 방해를 받지 않는다. 어쨌든 분석가는 고도로 전문화된 전술을 구사할 필요가 있다. 그 전술 가운데 일부는 교육 분석에서 배운 것*이고, 나머지는 분석 환자들을 만난 경험에서 끌어오는 것이다. 분석 대상자의 생산물 대부분에 대해서는 자제와 침묵이 요구되며, 몇 가지에 대해서만 논평을 할 수 있다. 대부분의 기간에 환자는 분석가의 해석을 아주 인색하게 베푸는 귀중한 선물처럼 경험하게 될 것이다.

정신분석의 해석은 전복적인 독해다. 이 해석은 분석 대상자 스스로 전달하고 있다고 생각하는 표면적인 메시지에 놀랍고 또 종종 불편한 의심을 던진다. 간단히 말해서 분석가의 해석은 분석 대상자에게 자신이 진정으로 말하거나 행동하는 것으로 관심을 돌릴 것을 요구한다. 늑대 인간의 꿈에 나오는, 소리도 내지 않고 움직이지도 않는 늑대들을 정력적인 성행위의 왜곡된 재현으로 해석하는 것은, 무시무시하면서도 흥분되는 기억이 들어가 있는 퇴행의 굴에 연기를 들여보내 기억이 뛰쳐나오게 하는 것이다. 쥐 인간의 강박적인 제의가 가장 사랑하는 사람에 대한 무의식적 증오를 의미한다고 해석하는 것 또한 억압되었던 것을 빛으로 끌어내는 것이다. 분석가의 해석이 늘 이런 화려한 결과를 끌어내는 것은 아니지만, 그 목적은 늘 자기 기만을 조금이라도 깎아내는 것이다.

무엇을, 언제 해석할지 결정하는 것은 민감한 문제다. 정신분석 치료의 기본적 특징이 이 문제와 결부되어 있다. 이미 프로이트는 난폭한 분석에 화를 내면서, 그럴듯하고 성급한 해석을 통렬하게 비판한 적이 있다. 그런 해석이 아무리 정확하다 해도, 분석 자체는 때 이르게 참담한 결과를 내며 끝날 수밖에 없다는 것이다. 〈치료의 시작에 관하여〉에서

---

* 정신분석가를 지망하는 모든 사람이 그 나름의 교육 분석을 받아야 한다는 이야기는 이 논문들에는 나오지 않는다. 이 논문들의 독자인 분석가들 가운데 분석을 받아본 사람은 거의 없었을 것이다. 이런 요구는 제1차 세계대전 이후 정신분석의 오랜 발전 끝에 나온 것이다.

프로이트는 직접 동료들을 향해 말하면서, 그런 약삭빠른 분석가들에게 경멸을 퍼부었다. 그들은 환자를 돕는 것보다는 자신의 총명함을 과시하는 데 열중하는 겉치레꾼들이라는 것이었다.

> 환자의 불평이나 병에 관한 이야기에서 또렷하게 떠오르는 감추어진 소망을 탐지하는 일은 숙련된 분석가에게 그리 어렵지 않다. 그러나 정신분석의 가정에 익숙하지 않은 낯선 사람에게 안 지 얼마 되지도 않은 상태에서 그가 어머니에게 근친상간적으로 집착한다거나, 스스로 사랑한다고 여기는 아내에 대한 죽음의 소망을 품고 있다거나, 상사를 속이고자 하는 의도가 마음속에 숨어 있다는 등의 이야기를 하는 것은 얼마나 자기 만족적이고 생각 없는 행동인가! 그런 즉각적인 진단과 빠른 치료를 자랑하는 분석가들이 있다는 이야기를 들었지만, 그런 예를 따르는 일은 삼가야 한다고 말하고 싶다.[173]

신중한 정신분석가는 늘 간접적으로 치료 목적을 추구한다. 먼저 분석 대상자의 저항을 해석하고, 그 다음에 전이를 해석하는 것이다. 현실인 경우보다는 상상한 경우가 훨씬 많은 어린 시절의 범죄 고백을 끌어내는 것은 그다음 일이다.

저항에 관한 프로이트의 논의는 이 현상을 치료의 맥락 안에 정확하게 배치한다. 실제로 저항은 그 맥락에 속한 것이 분명하기 때문이다. 그는 《꿈의 해석》에서 이미 이 현상을 분명하게 규정했다. **"작업의 진전을 방해하는 것은 모두 저항이다."**[174] 이제 그는 〈전이의 역동성〉이라는 논문에서 저항의 끈질김을 강조했다. "저항은 치료의 모든 단계에 나타난다. 모든 연상, 환자의 모든 행동도 이 저항과 함께 고려해야 하는데, 이 모두가 치료를 지향하는 힘과 거기에 반대하는 힘 사이의 타협을 표현한다."[175] 프로이트와 동료 분석가들은 임상 경험을 통해 저항이 얼마나 기발하고 끈질길 수 있는지 배웠다. 이것은 가장 진지하게 분석에 몰두하는 환자에게서도 일어나는 일이었다. 실제로 정신분석 시간에는 거의 어떤 것이든 저항에 이용될 수 있는 것처럼 보인다. 환자는 꿈을 잊거나, 소파에서 입을 다물고 있거나, 치료를 정신분석 이론에 관한 지적인 토론으로 바꾸어버리거나, 핵심 정보를 감추거나, 늘 지각을 하거나, 분석가를 적으로 대한다. 이런 방어 전략들은 저항의 힘이 이용할 수 있는 가장 뻔한 장치들이다. 환자가 분석가의 소망을 짐작하고 거기에 따라주는 방식으로 저항을 위장할 수도 있다. 이른바 좋은 환자―꿈도 많이 꾸고, 망설임 없이 연상을 하고, 모든 해석이 뛰어나다고 생각하고, 절대 지각하지 않고, 신속하게 진료비를 내는 환자―는 오히려 그 의도를 해명하기 어렵기 때문에 특히 다루기가 어렵다.

치료하려는 노력에 저항하는 것은 매우 비합리적으로 보일 것이다. 고통에서 쾌락을 얻는 마조히스트들에게 저항의 용도가 무엇인지는 금방 이해할 수 있다. 그러나 증상에서 벗어나고 싶어 분석을 받으러 왔다고 여겨지는 환자들의 저항은 의미가 없어 보인다. 그들이 정신분석 치료라는 노력과 비용과 불쾌함을 자발적으로 받아들인 것은 그들의 낫고 싶은 소망이 신실하다는 것을 보여준다. 그러나 무의식은 다른 법칙, 헤아리기 힘든 나름의 법칙을 따른다. 신경증은 환자가 비록 비참한 방식이라 해도 어쨌든 억눌린 소망이나 기억을 받아들이게 해주는 타협의 상태다. 무의식을 의식으로 만든다는 것―이것이 정신분석 치료가 공언하는 목표인데―은 환자가 말끔하게 묻혀 있다고 믿는 감정이나 회상이 다시 나타나 환자를 위협하게 하는 것이다. 아무리 괴로운 것이라 해도 억눌린 자료를 기억해내면 신경증 환자의 상태가 나아질 것이라는 주장에는 합리적 확신이 담겨 있다. 또 환자의 내부에는 건강과 계약을 맺을 준비가 되어 있는 요소들이 있다. 그런 것이 없다면 어떤 분석도 가능하지 않을 것이다. 그러나 이런 요소들은 현재 상태로 그냥 머물고 싶다는 반대의 소망과 싸울 수밖에 없다. 분석가는 분석 대상자의 마음에 있는 "정상적인" 힘들을 동원하고, 또 그것과 동맹을 맺고자 한다. 분석가는 사실 믿을 만한 파트너다. 환자가 어떤 것을 폭로해도 충격을 받지 않고, 아무리 같은 것을 되풀이해도 지루해하지 않고, 어떤 나쁜 짓도 비판하지 않고 들어주는 사람이다. 그는 고해소의 사제처럼 속을 털어놓으라고 권유한다. 그러나 사제와는 달리 절대 설교를 하지 않고, 아무리 가벼운 참회도 강요하지 않는다. 분석 대상자가 확실한 전이를 이룬 뒤, 분석가와 "전적인 일치"를 이룬 뒤에만 분석가가 환자의 더 깊은 비밀을 드러낼 수 있다고 말했을 때, 프로이트는 그런 동맹을 염두에 두고 있었다.*[176)]

프로이트는 전이에 모순이 있다는 것을 놓치지 않았다. 도라의 사례를 경험하면서 프로이트는 환자가 대개 이전에 다른 사람들에게 가졌던 정열적인 애착의 조각들을 이용해 분석가에게 감정적 유대를 강요하려 하는데, 이것이 치료에서 가장 처리하기 어려운 장애인 동시에 가장 효과적인 동인이기도 하다는 사실을 이미 확인했다. 그는 기법에 관한 논문들, 특히 〈전이의 역동성〉, 그리고 더 중요한 것으로 〈전이성 사랑에 관하여〉에서 전이의 역설적 작용을 훨씬 자세하게 설명했다. 전이는 저항의 최고의 무기인 동시에 그 원수라는 것이다.
이런 대립하는 역할들은 변증법적 수수께끼가 아니다. 프로이트는

---

* 최근 들어 분석가들은 이런 일치를 "작업 동맹" 또는 "치료 동맹"이라고 부르지만, 프로이트의 기법에 관한 논문들을 다시 읽어본 뒤 프로이트가 이미 그런 것들 또한 대체로 예상하고 있었다고 결론을 내린다 해도 조상 숭배라고 말할 수는 없을 것이다.

정신분석적 상황에서 나타나는 전이를 음성적(negative) 전이, 성애적(erotic) 전이, 분별적(sensible) 전이 등 세 가지 유형으로 구별했다. 공격적이고 적대적인 감정을 정신분석가에게 쌓는 음성적 전이와 분석가를 정열적인 사랑의 대상으로 바꾸는 성애적 전이는 둘 다 저항의 수호자들이다. 그러나 다행히도 세 번째 유형, 가장 합리적이고 가장 덜 왜곡된 유형이 있는데, 이 유형은 치료자를 신경증에 대항하는 싸움에서 환자를 지원해주는 자비로운 존재로 본다. 분석 시간—프로이트는 이 시간을 "전이의 전쟁터"라고 불렀다.[177]—에 이 전이들 가운데 처음 두 전이를 의식으로 끌고 들어와 드러내고, 거기에서 배우고, 무장을 해제하기만 하면, 마지막 가장 분별력이 있는 전이는 상대적으로 장애물 역할을 거의 하지 않고, 길고 힘든 치료 과정에서 도움을 주는 쪽으로 작용할 수 있다. 그러나 분석가와 맺는 이런 합리적인 동맹은 그것이 충분히 강하고, 환자가 분석가의 해석에서 이익을 얻으려는 준비가 되어 있을 때에만 다른 두 전이를 물리칠 가능성이 있다. 프로이트는 1906년 말에 융에게 말했다. "우리의 치료는 무의식을 지배하는 리비도의 고착(전이)을 통해 이루어집니다." 이러한 전이는 "무의식을 파악하고 번역하고자 하는 충동을 제공합니다. 전이가 이루어지지 않으면 환자는 이런 수고를 하지 않거나, 우리가 발견한 번역을 제시해도 듣지 않습니다. 이것은 기본적으로 사랑을 통한 치료입니다."[178]

아주 간단하게 들리지만, 프로이트는 이 사랑이 매우 변덕스러운 조력자임을 알고 있었다. 분별적 전이는 매우 취약하다. 환자의 따뜻한 감정과 적극적 협력이 성적 갈망으로 퇴보하여, 신경증의 해소가 아니라 영속화를 돕는 일이 너무나 자주 일어난다. 터놓고 말하자면, 분석 대상자들은 분석가와 사랑에 빠지는 경향이 있으며, 이러한 정신분석적 상황 때문에 곧 외부인들의 악질적인 농담과 교활한 암시라는 부담이 생기게 되었다. 프로이트는 그런 악의에 찬 뒷공론은 거의 피할 수 없는 일이라고 보았다. 정신분석은 너무 많은 경건한 사람들을 불쾌하게 만들었기 때문에 비방을 면하고 살기를 기대할 수는 없었다. 그러나 실제로 벌어진 당혹스러운 사건들이 무척 괴로웠기 때문에 프로이트는 이 문제를 놓고 별도의 논문을 썼다. 〈전이성 사랑에 관하여〉는 기법에 관한 마지막 논문이며, 프로이트는 이것이 아브라함에게 말한 대로 "전체 시리즈 가운데 가장 낫고 가장 유용하다"고 생각했다. 따라서, 프로이트가 냉소적으로 덧붙인 바에 따르면, "이 논문이 가장 강한 반발을 불러일으킬 것을 예상하고" 있었다.[179] 그러나 프로이트가 이 논문을 쓴 주된 목적은 분석가들에게 전이의 위험을 디리 알려, 외부의 반발에 큰 충격을 받지 않게 하려는 것이었다.

전이성 사랑은 괴로운 동시에 희극적이기도 하고, 피할 수 없는 동시에 해결이 지극히 어렵기도 하다. 프로이트는 일반적인 의사와 환자의 관계일 경우 가능한 탈출로가 셋 있다고 말했다. 환자와 의사가 결혼을 할 수도 있고, 둘이 헤어질 수도 있고, 비밀리에 관계를 유지하면서 계속 의학적 치료를 할 수도 있다. 프로이트는 첫 번째 해결 방식은 드물다고 생각했다. 두 번째는 흔하지만, 정신분석가는 이것을 받아들일 수 없다. 이 환자는 다음 의사에게 가서 똑같은 행동을 되풀이할 것이기 때문이다. 세 번째는 "중간계급의 도덕성과 의사의 품위" 때문에 금지된다.[180] 분석가라면, 환자가 분석가에게 사랑을 고백하게 되는 유혹적인 자리에 놓인 것을 알게 되었을 때 분석을 해야 한다. 그는 환자에게 그녀가 자신에게 반한 것이 단지 이전의 경험, 즉 거의 언제나 유아적인 경험을 되풀이하는 것일 뿐임을 보여주어야 한다. 분석가에 대한 환자의 뜨거운 감정은 진정한 사랑이 아니라 전이와 저항의 한 형태라는 것이다.*

프로이트는 이런 미묘한 상황에서 분석가는 타협이 아무리 그럴듯해 보이고 또 인간적으로 보인다고 생각되더라도, 반드시 모든 타협에 저항해야 한다고 단호하게 말했다. 환자와 논쟁을 하는 것, 또는 환자의 욕망을 승화된 통로로 내보내려고 하는 것은 효과가 없을 것이다. 분석가의 근본적인 윤리적 입장은 직업적 의무와 똑같으며, 늘 이것이 그의 안내자가 되어야 한다. "정신분석 치료는 진실성에 근거한다." 분석가는 환자의 간청에 굴복하면서, 치료의 속도를 내기 위해 환자에 대한 영향력을 확보하려고 노력하는 것일 뿐이라고 합리화하면 안 된다. 그렇게 되면 곧 환멸을 느끼게 될 것이다. "환자는 자신의 목적을 달성하지만, 분석가는 결코 그의 목적을 달성하지 못할 것이다." 프로이트는 이런 받아들일 수 없는 방법 이야기를 하다가, 목사와 보험 외판원에 관한 재미있는 일화가 떠올랐다. 신자가 아니었던 보험 외판원은 임종 자리에 목사가 찾아온 것을 참고 견딜 수밖에 없었다. 그가 죽음을 앞두고 마침내 종교적인 믿음을 갖게 될지도 모른다는 경건하고 간절한 희망을 품고 가족이 목사를 불러들였기 때문이다. "둘의 대화가 오랫동안 이어졌기 때문에 기다리던 사람들은 희망을 품는다. 마침내 병실 문이 열린다. 외판원은 개종을 하지 않았다. 대신 목사가 보험을 들었다."[181]

분석 대상자의 사랑이 전이성 사랑일 뿐이라는 점을 인식하면 분석가는 정신을 차리고 신체적인 거리는 물론이고 감정적인 거리도 유지할 수 있을 것이다. "의사에게 이것은 귀중한 깨달음이며, 동시에 그의 내부에서 대기하고 있는 모든 역전이에 대한 유용한 경고가 된다. 의사는 환자가 자신에게 반한 것은 분석적 상황이 강요한 것이지 그의 개인적

---

* 이 논의에서 프로이트는 남성 분석가와 여성 환자라는 단순화된 모델을 이용했다. 그러나 똑같은 규칙이 남성 환자를 치료하는 여성 분석가, 또 같은 성의 환자를 치료하는 분석가에게도 적용된다. 성애적 전이의 교묘한 변화는 거의 한계를 모른다.

인 장점 때문이 아님을 인식해야 한다. 간단히 말해서 분석 외부에 있는 사람들이 흔히 하는 말을 빌리자면 그런 '정복'을 자랑할 아무런 이유가 없는 것이다." 일반적인 분석 상황의 특별한 사례에 불과한 이런 상황에 처한 분석가는 만족을 원하는 환자의 요구를 거부해야 한다. "치료는 끝까지 금욕 속에서 이루어져야 한다. 이 말은 육체적인 자기 부정만을 말하는 것이 아니다. 그렇다고 모든 욕망의 부정도 아니다. 아마 어떤 환자도 이것은 견디지 못할 것이다. 나는 요구와 갈망은 작업과 변화에 유리한 작용을 하는 힘들로 남아 있게 해야 하며, 대리물로 그것을 달래는 것을 주의해야 한다는 원칙을 말하고 싶은 것이다."[182]

이런 솔직한 처방은 현장의 정신분석가들에게 확고하고 보편적인 규칙이었다. 프로이트는 다른 많은 권고에서는 머뭇거리는 느낌을 줄지 몰라도, 금욕에 관해서는 단정적이다. 그러나 이 핵심적인 사항에서 프로이트의 생생한 비유를 사용하는 재능은 상당한 혼란을 일으켰고, 이로 인해 일어난 기법상의 논란은 결코 사그라지지 않았다. 프로이트는 분석가들에게 하나의 모델로서 외과의를 제시했다. 외과의는 "자신의 모든 감정, 심지어 인간적 동정심도 옆으로 밀어놓고, 자신의 모든 정신적 힘들에게 한 가지 목표만 제시한다. 그 목표란 가능한 한 정확하게 효과적으로 수술을 하는 것이다." 멋진 치료를 하고자 하는 치료자의 야망은 결국 그런 치료에 치명적인 장애가 된다. 환자와 가까워지고자 하는 너무나 인간적인 소망 또한 피해를 주기는 마찬가지다. 그래서 프로이트는 이해할 만하지만 비전문적인 그런 갈망을 막아줄 외과의의 "감정적 차가움"을 권하는 것이 정당하다고 생각했다. 따라서 자신의 내적인 삶이나 가족 관계의 내밀한 세부 사항을 드러내는 것은 심각한 기법상의 오류였다. "의사는 환자에게 불투명해야 하며, 마치 거울처럼 자신에게 비치는 것 외에는 아무것도 보여주지 말아야 한다."[183]

이런 차가운 이미지들은 프로이트의 주장을 재론의 여지없이 싸늘하게 제시하지만, 그의 다른 텍스트들 가운데 몇 가지, 또 그의 실제 치료는 부분적으로 그의 주장과 어긋나는 면이 있다. 우리는 그가 대가답게 자유로운 태도로, 또 순전히 인간적인 면 때문에 자신의 규칙을 비틀거나 어기는 것을 보았다. 그는 분석 대상자가 형편이 어려울 때면 상담비를 면제해주었다. 상담 시간에는 따뜻한 말을 하기도 했다. 좋아하는 환자는 친구로 삼기도 했다. 또 우리가 알다시피 깜짝 놀랄 만한 환경에서 비공식적인 분석을 하기도 했다. 저녁에 빈을 산책하면서 아이팅곤을 분석한 것은 이런 비공식적 실험 가운데 가장 놀랄 만한 예일 뿐이다.[184] 그러나 기법에 관한 논문에서 프로이트는 그런 탈선에 관해서는 조금도 내비치지 않았다.

물론 프로이트가 동료들을 위해 편찬하는 안내서에는 그런 것들이 들어설 여지가 없었다. 그는 분석에 장애가 되는 모든 것이 저항이며, 환자가 근본적인 규칙을 지키지 못하게 하는 모든 것이 장애라고 썼다. 가장 좋은 상황에서도 환자는 그들 나름의 수많은 저항을 한다. 그런 판에 분석가가 애정의 표현, 이론에 대한 합리적 토론, 분석 대상자의 자기 발전에 대한 진지한 염원으로 저항을 늘릴 필요는 없는 것이다. 환자를 사랑하거나, 안심시키거나, 휴가 계획을 이야기해주어 환자를 만족시켜주는 것은 환자가 분석을 통해 극복하려고 하는 바로 그런 생각 습관을 존속시키는 것이다. 무정하게 들릴지 모르지만, 분석가는 고통 받는 환자에 대한 동정심에 압도당해서는 안 된다. 이런 고통 자체가 치료 과정의 동인이기 때문이다.* 다독거리고 안심시키는 지름길을 택하는 것은 신경증을 계속 그 자리에 존속시킬 뿐이다. 이것은 성 세바스찬에게 고통을 덜어줄 아스피린을 주는 것과 마찬가지다. 그러나 외과의의 냉정한 작업이나 거울의 텅 빈 표면을 분석가가 하는 작업의 비유로 사용한 것은 분석가가 앞의 소파에 있는 불행한 존재와 맺는, 말은 없지만 매우 인간적인 협력 관계를 무시하는 것이다.

분석가와 분석 대상자가 프로이트가 제시한 기법상의 명령을 모두 꼼꼼하게 준수한다 해도, 분석을 통한 치료 작업은 늘 속도가 느리고 결과도 절대 확실하지 않다. 프로이트는 분석 치료에서 여러 유형의 정신 장애, 특히 정신병을 배제했다. 정신병자는 분석가에 대한 전이라는 꼭 필요한 단계를 밟을 수 없다는 이유에서였다. 그러나 분석 치료에 특히 적합한 히스테리 환자나 강박 신경증 환자조차 종종 달팽이처럼 느린 진전을 보이거나 곤혹스러운 퇴보를 겪었다. 또렷하지 않은 기억, 고집스러운 증상, 신경증적 습관들에 대한 변함없는 애착은 효과적인 해석과 치료에 도움을 주는 전이에 강한 장애가 되었다. 처리해야 할 가장 괴로운 장애는 환자가 이전의 행동을 기억하는 대신 되풀이하도록 유도하는 전이였다. 물론 프로이트는 인내심이 분석가의 가장 중요한 자질 가운데 하나임을 알았다. 임상 경험은 분석 대상자가 뭔가를 머리로 아는 것이 결코 좋지 않다는 것을 보여주었다. 그러나 꾸준하게 퇴보하고, 힘들게 얻은 통찰을 꾸준하게 잊어버리는 환자가 마침내 힘들게 얻은 지식을 흡수하고, "끝까지 파고들기" 시작하는 때가 올 수도 있다. 프로이트는 그의 논문 〈기억하고, 반복하고, 끝까지 파고들기〉에서 의사는 "기다리고, 상황이 자기 길을 따라 흘러가기를 기다리는 것 외에 달리 할 일이 없다. 이런 일은 피할 수도 없고, 또 속도를 높

---

* 프로이트는 얼마 지나자 않아 1918년 말에 부다페스트 대회에서 동료들에게 이렇게 말했다. "잔인하게 들릴지 몰라도 환자의 고통이…… 너무 일찍 끝나지 않게 해야 한다." ("Wege der psychoanalytischen Therapie" [1919], GW XII, 188 / "Lines of Advance in Psycho-Analytic Therapy", SE XVII, 163.)

이는 것이 늘 가능하지도 않기 때문이다."[185]

다시 말하지만, 분석 작업에 참여하는 두 당사자는 반드시 인내심을 길러야 한다. "이렇게 저항을 끝까지 파고드는 것은 실제로는 분석 대상자에게는 피곤한 일이 되고, 분석가에게는 인내심을 시험하는 일이 될 수 있다. 그러나 이것은 이 작업에서 환자의 변화에 가장 큰 영향을 주는 부분이다." 사실 이것은 또 암시를 통해 환자에게 영향을 주고자 하는 모든 치료와 정신분석을 구분해주는 것이다. 이 중요한 단계에 분석가가 단지 수동적인 것만은 아니다. 환자가 충분히 고분고분하다고 생각하면 어떻게 해서든 "병의 모든 증상에 새로운 전이적 의미를 부여하고, 일반적인 신경증을 '전이 신경증'*으로 대체해야" 한다. 전이 신경증은 독특한 종류의 병이며, 치료에만 존재하는 필수적인 병이다. 분석가는 "치료 작업으로" 이것을 없앨 수도 있다.[186]

그 뒤에 일종의 종결부, 종료 단계가 따르는데, 프로이트는 이 단계에 관해서는 드문드문 몇 마디만 했을 뿐이다. 그러나 그는 이 단계도 그 나름의 고통을 만들어낸다는 것을 알았다. 그는 이것을 "작별의 어려움(Abschiedsschwierigkeiten)"이라고 불렀다.[187] 분석이 잘 진행되고, 새로 얻은 지식을 끝까지 파고들고, 전이 신경증이 튼튼하게 자리를 잡으면, 드디어 바라던 끝이 올 것이다.

달래는 듯한 온화한 수사에도 불구하고 프로이트는 이 논문들을 완벽하게 확신하는 태도로, 설립자이자 노련한 실천가의 태도로 제시했

---

* **전이 신경증**(transference neurosis) (정신분석 치료 기법에서) 분석 대상자가 분석가를 부모로 취급하여 분석가 앞에서 자신의 아동기 경험을 재생하는 신경증적 행동을 보이는 것을 말한다. 이것을 통해서 현재의 현실에 비추어 억압된 갈등을 분석할 수 있게 된다. 정신분석에서 전이 신경증의 분석은 치료 전 과정을 통틀어 가장 중요한 치료적 역할을 하는 것으로 보고 있다. (편집자 주)

다. 그는 자신의 진료에서 가장 효율적이라고 여겼던 방법들을 제시하는 것일 뿐이었다. 다른 사람들은 그들 나름의 방식으로 일을 하고 싶어할 수도 있었다. 그러나 이런 정치적인 유보에도 불구하고, 프로이트는 자신의 권고 사항이 지지자들에게 당당한 권위를 가질 것이라고 예상했다. 그 권위는 그가 얻어낸 것이었다. 다른 누구도 이런 논문들을 쓸 수 없었다. 독자들은 솔직하게 감탄하고, 자유롭게 인용하고, 분명한 도움을 받았다. 1912년 아이팅곤은 〈정신분석을 하는 의사들에게 드리는 권고〉를 두고 프로이트에게 따뜻한 감사를 전하면서, 자신이 이 논문에서 "많은 것을 배울 수 있었다."고 썼다.[188] 아이팅곤 외에도 많은 사람들이 같은 생각이었다. 기법에 관한 프로이트의 일련의 논문들은 그의 직업에 없어서는 안 될 안내서 역할을 하게 되었다. 당연한 일이다. 이 논문들은 그가 쓴 어떤 글 못지않게 훌륭하기 때문이다. 그렇다고 이 논문들이 분석을 하는 방법에 관한 최종 결론이라는 말은 아니다. 사실 이 논문들은 프로이트 자신의 최종 결론도 아니다. 또 철저하고 공식적인 학술 논문도 아니다. 그러나 임상에서 면담을 하는 방법, 그 기회와 함정에 관한 그의 조언들을 함께 놓고 볼 때 그 견실한 분석적 의미는 아주 풍부하며, 또 어떤 비판이 나올지 빈틈없이 예상을 하고 있다. 그렇기 때문에 이렇게 긴 세월이 흐른 뒤에도 분석가 지망생에게는 안내서, 현장의 분석가에게는 자료 역할을 하고 있는 것이다.

이 논문들이 답을 주기는커녕 거론하지도 않는 문제 한 가지는 분석을 받는 환자들 가운데 도대체 몇 명이나 치료가 되었느냐 하는 것이다. 이 문제는 그때도, 또 그 이후로 지금까지도 논란이 많다. 그러나 프로이트가 이 논문들을 쓰던 시기에 그와 그의 가장 가까운 지지자들은 그들 자신이 정해 놓은 테두리 내에서 분석의 성공 기록이 경쟁자들의 경우보다 낫다고 생각했다. 프로이트가 이 점에 관해 어떤 의심을 품었는지는 몰라도, 이것 때문에 자신이 창조한 것이 정신 작용을 설명하는 지적인 도구라는 확신이 흔들리지는 않았다. 그런 확신은 스스로 만들어낸 것만은 아니었다. 과거와는 달리 바깥 세계에서 만족스러운 반향이 심심치 않게 울려퍼지곤 했다. 1915년에 프로이트가 기법에 관한 논문 시리즈 가운데 마지막 편을 발표했을 때, 그는 이미 플리스 시기나 수요심리학회 초기의 고립된 개척자가 아니었다. 게다가 예술과 문학, 종교와 선사 시대에 관한 그의 연구는 사례사에서 매우 설득력 있게 제출된 그의 심리학적 영장(令狀)이 어디에나 통한다는 확신을 강화해주었다.

7장

정신의 지도 그리기

"정신 생활은 대체로 지속적인 전쟁 상태다."

문화의 정신분석

이 소란스러운 시기의 프로이트의 가혹한 스케줄을 보면 그가 어떻게 사생활을 위한 시간을 낼 수 있었는지 궁금할 정도다. 그는 임상 작업, 사례사, 편집 잡무, 정신분석 정치 등 소모적인 요구가 넘치던 1905년에서 1915년 사이에도 문학, 법, 종교, 교육, 예술, 윤리, 언어, 민속, 동화, 신화, 고고학, 전쟁, 어린이의 심리 등에 관한 논문들을 발표했다. 그러면서도 매일 1시 정각에 가족이 모이는 식사 자리에 나타났으며, 매주 토요일 밤이면 타로 카드 게임을 했고, 일요일 아침이면 반드시 어머니를 찾아갔으며, 저녁이면 산책을 하고 손님들을 맞이했고, 드문 일이기는 했지만 모차르트의 오페라도 보러 갔다.

이름이 높아지면서 일반인들을 위한 연설이나 집필 청탁이 늘어났는데, 바쁜 몸이었지만 가끔은 받아들이기도 했다. 1907년에도 짧은 에세이들을 많이 썼지만, 그 가운데 '아동 성교육'에 관하여 공중위생을 전문으로 하는 정기간행물의 편집자인 'M. 퓌르스트 박사에게 보내는 공개 서한'이 눈에 띈다. 프로이트는 이 에세이에서 솔직해질 것을 요구했다. 같은 해에는 상상력이 풍부한 작가(Dichter)*의 창조적 작업에서 몽상이 차지하는 위치에 관하여 친절하게 이야기를 하기도 했다. 그는 지인이자 출판업자인 후고 헬러의 살롱에서 대체로 비전문가인 청중을 대상으로 이 연설을 했는데, 그랬기 때문에 이 연설은 어떤 문화적 산물이 만들어지는 방식에 관한 이해하기 쉬운 해설이 되었다. 이것은 또 《꿈의 해석》에 나타난 몇 가지 암시를 제외하면, 정신분석적 개념을 문화에 적용한 첫 시도이기도 했다.

이듬해에 〈작가와 몽상(Der Dichter und das Phantasieren)〉이라는 제목으로 출간된 이 강연은 가벼운 분위기에도 불구하고 정신분석적 미학에 대한 진지한 기여였다. 무의식의 작용, 소망 충족의 심리학, 유년이 그 뒤의 장기간의 삶에 끼치는 영향력 등이 그 논지에서 중심적인 자리를 차지하고 있다. 프로이트는 우선 전술적으로 소박하게 출발하여 모든 비전문가가 관심을 둘 만한 문제를 제기했다. 작가들은 재료를 어디에서 끌어오는가? 프로이트는 한 번도 만족스러운 답이 나온 적이 없다고 말했다. 설사 만족스러운 답이 나온다 해도, 그 답을 안다고 해서 비전문가가 시인이나 극작가가 될 수는 없기 때문에 수수께끼는 더 크게 느껴진다. 그러면서 프로이트는 매우 겸손한 태도로 모든 인간에게 공통적으로 나타나는 어떤 활동을 발견할 수 있다면, 작가에 관해서도 어떤 초보적인 지식을 얻을 수 있을지 모르겠다고 덧붙였다. 그는 신중하게 부정하는 말들을 거듭한 끝에, 자신의 접근 방법이 "보람 없지는 않을지도" 모르겠다는 희망을 피력했다.[1]

프로이트는 이런 변명들을 뒤로하고 나서 한 범위의 인간 경험을 다

---

* 번역이 불가능한, 편리한 독일어 Dichter는 소설가, 극작가, 시인을 모두 포함한다.

1911년 9월 14일, 자녀들이 모두 모인 프로이트의 은혼식. (왼쪽에서 오른쪽으로) 올리버, 에른스트, 안나, 프로이트와 마르타, 마틸데, 조피, 미나 베르나이스, 마르틴. 1905~1915년까지 프로이트는 정신분석 체계의 정교화와 정신분석 정치 등으로 쉴새없이 바쁘게 지냈다. 그러나 가혹한 스케줄 속에서도 그는 가족 생활과 여가 활동을 빠뜨리지 않았다.

른 범위의 경험과 연결시키는, 그 특유의 곡예에 가까운 도약을 감행한다. 유사한 점을 추적하는 일은 위험하다. 특히 감당할 수 없을 만큼 추론을 밀고 나가면 위험해진다. 그러나 타당한 유사물을 제시하면 지금까지 알려지지 않았던 관계가 드러날 수 있고, 나아가서 생각도 못했던 인과적 연관이 드러날 수도 있다. 프로이트의 도약은 후자에 속하는 것이었다. 그는 놀이를 하는 아이들은 모두 작가처럼 행동한다고 주장했다. "자기 자신을 위한 자기만의 세계를 창조하기 때문이다. 더 정확하게 말하면, 자신의 세계 속 사물들의 위치를 바꾸어 자신의 마음에 드는 새로운 질서를 만들어낸다는 것이다." 놀이를 하는 아이는 아주 진지하지만, 자신이 만드는 것이 어디까지나 만들어낸 것임을 알고 있다. "놀이의 대립물은 진지함이 아니라 현실이다."[2] 시인이나 소설가도 아주 비슷한 방식으로 작업을 한다. 그도 자신이 꾸미고 있는 공상이 어디까지나 공상임을 알지만, 그렇다고 해서 그런 공상이, 예를 들어 아이의 가상의 놀이친구보다 덜 중요해지는 것은 아니다. 아이들은 놀이가 즐겁다고 생각한다. 인간은 한때 즐겼던 쾌락을 포기하는 것을 아주 꺼리기 때문에 어른이 되어서도 대체물을 찾는다. 어른은 놀이 대신 공상을 한다. 이 두 활동은 사실 서로를 비추는 거울이나 다름없다. 둘 다 소망의 자극을 받아 이루어진다. 그러나 아이의 놀이는 어른이 되고 싶은 욕망을 표현하는 반면, 어른은 자신의 공상이 유치하다고 생각한다. 그런 의미에서 놀이와 공상은 모두 불만족의 상태를 반영한다. "행복한 사람은 절대 공상을 하지 않는다, 오직 만족하지 못하는 사람만 공상을 한다고 말할 수도 있다." 간단히 말해서 공상은 놀이에서 표현된 소망과 마찬가지로 "만족스럽지 못한 현실의 교정"이다.[3] 어른이 상상을 통해 현실을 수정하는 것은 실현되지 못한 야망이나 성욕과 관련이 있다. 그는 이런 야망이나 욕망을 감추고 산다. 품위 있는 사회에서는 이러한 소망이 사회적 담론이나 심지어 가족 간의 이야기에서도 추방당하기 때문이다.

이곳이 작가가 자신의 문화적 임무를 발견하는 지점이다. 작가는 소명에 떠밀려 몽상을 언어로 표현하며, 따라서 같은 시대 사람들이 제대로 표현하지 못하는 은밀한 공상들을 떠벌린다. 창조적 몽상가는 밤에 꿈을 꾸는 사람과 마찬가지로 성인 생활의 강력한 경험을 되살아난 먼 기억과 결합하며, 이러한 결합이 자극한 소망을 문학으로 바꾸어놓는다. 그의 시나 소설은 꿈과 마찬가지로 현재와 과거가 혼합된 창조물, 내적인 충동 못지않은 외적인 충동의 창조물이다. 프로이트도 문학 작품을 만드는 데 상상력이 차지하는 역할을 부정하지는 않았다. 그러나 기본적으로 문학 작품을 개조된 현실, 아름답게 왜곡된 현실이라고 보았다. 그는 예술가를 거의 성스러운 제작자로 찬양하는 낭만주의자가 아니었다. 작가나 화가의 작업에서 순수하게 창조적인 측면을 인정하는 데 그가 인색하다는 점은 분명하다.

따라서 문학적 창조성에 대한 프로이트의 분석은 열광적이라기보다는 냉정하다. 프로이트의 분석은 창작자와 그의 유년 사이, 또 제작자와 소비자 사이의 심리적 거래에 집중한다. 모든 소망은 그 밑바닥까지 가면 자기 본위이기 때문에, 이것을 그대로 발표하면 저마다 자기 중심적인 몽상을 하느라 바쁜 독자들의 반발을 살 가능성이 높다. 시인은 미학적 형식이라는 "사전 쾌락(fore-pleasure)", 즉 다가올 더 큰 쾌락을 약속하며 독자들이 "자책이나 수치심 없이" 자신들의 몽상을 보게 해주는 쾌락으로 독자나 청자에게 "뇌물을 준다." 프로이트는 "진정한 시학(Ars poetica)"은 바로 이런 뇌물 증여 행위로 이루어진다고 생각했다. 그의 관점에서 볼 때 "상상력으로 만든 작품의 실제 쾌락은 우리 정신의 긴장이 풀리는 것에서 나온다."[4] 프로이트의 기본적인 논지에 주석을 붙이자면, 예술가는 미늘에 아름다움이라는 미끼를 다는 것이다.

그 모든 부담, 그 모든 활동에도 불구하고 프로이트의 일상에는 늘 그랬듯이 겨울이든 여름이든 전통적인 가족 오락이 포함되어 있었다. 1909년 마르틴이 대학에 입학하여 독립을 할 때까지 프로이트는 귀중한 휴가를 부인, 처제, 모든 자녀와 함께 산에서 보냈다. 1909년에는 프로이트의 가족 생활에 또 하나의 이정표가 놓였다. 첫아이인 딸 마틸데가 자식들 가운데 처음으로 결혼을 한 것이다. 마틸데는 1887년 10월에 태어나던 순간부터 아버지에게 즐거움과 큰 기쁨을 주었지만, 동시에 불안과 걱정을 안겨주기도 했다. 1906년의 맹장 수술이 어설펐는지, 마틸데는 그 뒤로 건강이 좋지 않았다. 수술 2년 뒤에는 위험한 고

열에 시달리는 바람에 프로이트는 복막염을 의심했다.[5] 또 그 2년 뒤에는 "평소처럼 용감하게" 또 한 번의 심각한 수술을 받아야 했다.[6] 끊이지 않는 병, 약간 묵직한 몸, 창백한 안색은 마틸데의 자존감을 파괴했다. 딸은 아버지에게 자신이 매력 없는 존재일지도 모른다고 하소연했고, 프로이트는 아버지로서 다정하게 안심시켜주어야 했다. 프로이트는 1908년 3월 딸에게 이런 편지를 보냈다. "오래전부터, 네가 평소의 그 합리적인 태도로 네가 충분히 아름답지 못하여 남자들에게 매력이 없을 것이라고 생각하며 상처를 받는다고 느꼈다." 그러나 프로이트는 딸을 지켜보며 미소를 지었다고 말했다. "너는 내 눈에는 충분히 아름답다." 어쨌든 그녀는 "지금까지 오랫동안 여자의 겉모습의 아름다움보다는 인격의 힘이 결정적이었음"을 기억해야 한다는 것이었다. 프로이트는 딸에게 거울을 보라고 했다. 그러면 자기의 이목구비가 품위 없지도 않고 역겹지도 않다는 것을 알고 안심할 것이다. 더욱이—이것이 그녀를 "사랑하는 아버지"가 전하고 싶은 구식의 메시지였는데—"젊은 남자들 가운데도 합리적인 사람들은 결국 자신이 여자에게서 찾는 것이 부드러운 성정, 명랑함, 자신의 삶을 더 즐겁고 편하게 만들어주는 능력임을 알게 된다."[7] 프로이트의 이런 태도는 1908년에도 시대 착오로 보였을 가능성이 있지만, 마틸데 프로이트는 이 편지에서 힘을 얻었던 것 같다. 어쨌든 이듬해 2월, 스물한 살의 마틸데는 같은 빈 사람이며 열두 살 연상인 사업가 로베르트 홀리처(Robert Hollitscher)와 결혼했다. 당시 산도르 페렌치와 우정의 첫 단계를 만끽하던 프로이트는 그가 사위로서 더 나을 것 같다고 페렌치에게 말했지만,[8] 딸의 선택을 두고 불평을 한 적은 없었다. 프로이트는 홀리처를 곧 "로베르트"로 부르게 되었다. 사위가 프로이트의 가족 안에 확실하게 자리를 잡은 것이다.

1912년경 프로이트의 딸 조피(왼쪽)와 아내 마르타. 둘째 딸인 조피는 1913년 함부르크의 사진사 막스 할버슈타트와 결혼했다.

4년 뒤인 1913년 1월 프로이트는 둘째 딸인 조피도 여의었다. 프로이트는 조피의 약혼자인 함부르크의 사진사 막스 할버슈타트(Max Halberstadt)도 지체 없이 받아들였다. 그는 할버슈타트의 스튜디오를 찾아가보고 미래의 사위에게서 좋은 인상을 받았다. 1912년 7월 초에도 그는 여전히 예의를 갖추어 할버슈타트를 "귀하(Sehr geehrter Herr)"라고 부르면서, 조피가 4년 전 언니 마틸데와 마찬가지로 그녀 자신의 마음을 따라가서 행복하다고 약간 딱딱하게 말했다.[9] 바로 두 주 뒤에 할버슈타트는 "나의 친애하는 사위"가 되었지만, 프로이트는 여전히 거리를 둔 당신(Sie)이라는 존칭을 사용했다.[10] 그러나 자신의 가족이 늘어나는 것을 반기는 것은 분명했다. 그는 맏딸 마틸데에게 편지를 보내 그녀를 칭찬하면서 할버슈타트가 "분명히 아주 믿음직하고, 진지하고, 부드럽고, 세련되면서도 약하지 않은 인간"이며, 프로이트 집안이 두 번

7장 정신의 지도 그리기 573

째로 자식의 행복한 결혼이라는 드문 일을 맞이하게 될 것이라고 말했다.[11] 7월 27일에 할버슈타트는 "친애하는 막스"가 되었으며,[12] 마침내 두 주 뒤 프로이트는 그를 가까운 가족으로 받아들여 허물없이 너(Du)라고 부르게 되었다.[13] 그러나 얻었다는 느낌에는 잃었다는 느낌도 희미하게 섞여 있었다. 그는 9월에 로마에서 미래의 사위에게 보낸 엽서에 "완전히 고아가 된 아버지가 따뜻한 안부를 전하며"라고 서명했다.*[14]

그러나 프로이트가 가장 관심을 기울이는 것은 여전히 정신분석이었다. 이 무렵 프로이트를 알게 된 한스 작스는 그가 "하나의 전제적인 생각에 지배당하는 것"을 보았다고 말했다. 즉 프로이트는 일에 헌신하고, 그의 가족은 "최대한 열심히, 아무런 불평 없이" 뒷받침을 하는 것이었다.[15] 이 말은 약간만 과장되었을 뿐이다. 이 확장의 시기에 그의 외골수적인 성실함은 아마 어느 때보다 확고했을 것이다. 정신분석의 발견들을 진료실 바깥에 적용할 때가 다가왔기 때문이다. 프로이트는 1910년에 융에게 말했다. "정신분석의 문화적 가치에 대한 확신이 점점 강해지네. 똑똑한 친구가 거기에서 철학과 사회를 위한 합당한 결과물을 끌어내주었으면 하는 마음일세."**[16] 여전히 망설임이나 불확실한 순간이 있었지만, 그런 순간은 점점 드물어졌다. 프로이트는 같은 해에 페렌치의 화려한 새해 인사에 답을 하면서 이렇게 썼다. "내 글의 가치와

---

* 조피의 첫 아이가 태어났을 때 프로이트는 놀라서 탄성을 지르며 맞이했다. 그는 1914년 3월 11일에 페렌치에게 보낸 엽서에 이렇게 썼다. "어젯밤 3시경에 첫 손자가 태어났네! 정말 놀라워! 나이가 든 느낌이야. 성(性)의 경이를 존중하는 마음이 생기는군!" (Freud-Ferenczi Correspondence, Freud Collection, LC.)
** 프로이트는 마음이 뜨거운 나머지 "가치(Wert)"라고 쓸 자리에 "세계(Welt)"라고 썼다. 자신의 생각들이 얼마나 멀리 뻗어나갈 것이라고 생각했는지 암시하는, 작지만 의미심장한 실수다.

그것이 미래의 학문에 끼칠 영향에 관해 말하는 것은 매우 어렵네. 가끔 긍정적으로 생각하기도 하지만, 가끔은 의심을 하기도 하네." 그러면서 그 무렵 애용하게 된 구절을 덧붙였다. "선한 주님도 아마 아직 모르실 걸세."[17]

그러나 프로이트가 자신의 자기 비판 재능에 자부심을 느꼈거나, 심지어 그것을 약간 자랑했는지는 몰라도,[18] 문화를 정신분석학적으로 해석해본다는 전망 때문에 행복감에 젖은 것은 분명했다. 그는 자신이 다음에 할 일이 바로 그곳에 있다고 확신했다. 1913년이 되자 그는 그때까지 정신분석이 이미 이루어놓은, 진료실 바깥에서 이루어진 해석 작업을 요약하면서, 이후의 정복에 대한 야심찬 계획의 윤곽을 잡았다. 그는 정신분석이 종교와 도덕의 기원, 법과 철학에 빛을 던져줄 수 있다고 말했다. 이제 "문화의 역사 전체"가 정신분석 해석자를 기다리고 있었다.***[19]

정신분석을 적용한 프로이트의 논문 가운데 일부는 그가 전문가를 자처하지 않은 분야에 관한 짧고 결론도 없는 침범이었다. 그는 자신이 고고학자도 역사학자도 아니고, 언어학자도 법률가도 아님을 알고 있었다. 그러나 그가 신랄함과 만족감이 섞인 태도로 말했듯이, 인접 분야의 전문가들은 무지 때문이든 소심함 때문이든 정신분석가들이 제공하는 통찰을 이용하려 들지 않는 것처럼 보였다. 그들의 저항은 기성 정신의학계의 저항만큼이나 완강했지만, 그 덕분에 프로이트는 이런 저

*** 프로이트가 1925년에 벨기에의 사회주의자 헨드릭 드 만(Hendrik de Man)에게 한 말은 15년 동안 그의 확고한 신념이었다. "나는 늘 정신분석의 의학 외적인 적용이 의학적인 적용만큼이나 중요하다는 의견이었습니다. 사실 의학 외적인 적용이 인류의 정신적 지향에는 더 큰 영향을 줄지도 모르지요." (프로이트가 헨드릭 드 만에게 쓴 편지, 1925년 12월 13일. Archief Hendrik de Man, International Institute of Social History, Amsterdam.) 이것은 마음이 다른 데 가 있는, 양가감정을 지닌 의사의 목소리였다.

런 모색의 자유를 만끽하면서, 잠정적이고 때로는 장난기 섞인 말투를 마음껏 사용해볼 수 있었다.

프로이트는 정신분석의 문화적 의미를 끌어낼 똑똑한 친구가 자신임을 한 번도 의심한 적이 없었다. 그러나 자신을 지지하는 정신분석가들 가운데 다른 선발대[20]를 확보하게 된 것도 기쁘게 생각했다. 융은 오래전부터 마치 관능적인 욕구를 충족시키듯이 문화의 정신분석, 특히 신비주의적 측면에 관해 깊이 생각하며 즐거움을 느껴 왔다. 1910년 초봄에는 "신화적인 꿈들이 주는 거의 자기성애적 즐거움"에 탐닉하고 있다고 프로이트에게 고백했다.[21] 융은 "리비도 이론이라는 열쇠로" 신비주의의 비밀을 파헤치는 일에 깊이 몰두했기 때문에 프로이트는 그에게 "때가 되면 신경증으로 돌아오라"고 요청했다. 그는 힘주어 이렇게 덧붙였다. "우리에게는 모든 것과 모든 사람에게 맞서 먼저 우리의 지배권을 확보해야 할 모국이 있지 않은가."[22] 응용 정신분석에 대한 관심에도 불구하고 프로이트는 중요한 것을 먼저 하자고 주장했던 것이다.

그러나 기질적으로 신비주의에 대한 관심이 융보다 덜했던 카를 아브라함과 오토 랑크도 융 못지않게 흥분했다. 아브라함은 1911년에, 생전에 신비로운 농촌 풍경으로 명성이 높았던 19세기말 티롤의 요절한 화가 조반니 세간티니(Giovanni Segantini, 1858~1899)를 정신분석한 작은 논문을 발표했다. 아브라함은 이 선구적인 작업에 적잖이 자부심을 느꼈으며, 이듬해에 응용 정신분석에 다시 기여를 했다. 나중에 프로이트가 쓰는 모세와 유일신교에 관한 책의 중심부를 차지하게 되는, 이집트의 역사적인 종교개혁자 아멘호테프 4세(일명 '이크나톤')에 관한 논문이었다.* 같은 시기에 닥치는 대로 책을 읽는 남독가이자 능란한 저술가인 랑크는 오지랖 넓게도 화가의 심리, 문학에서 근친상간 모티프,

영웅의 탄생을 둘러싼 신화 등을 연구했다.

1912년에 랑크는 한스 작스와 손잡고, 발행인난에서 공언한 대로 정신분석을 문화적 분야에 적용하는 일을 전문으로 하는 정기간행물 〈이마고(Imago)〉를 창간했다. 프로이트가 존스에게 말한 바에 따르면, "의학과 전혀 관계없는 이 새로운 잡지"는 원래 〈에로스와 프시케(Eros and Psyche)〉라고 부를 예정이었다.[23] 그러나 창간자들이 최종적으로 택한 제목은 문학에 대한 찬사였다. 이 제목은 몽롱한 러브 스토리로 무의식의 힘을 찬양한 스위스 시인 카를 슈피텔러(Carl Spitteler, 1845~1924)가 그 무렵에 내놓은 소설 《이마고(Imago)》를 떠올리게 했다. 프로이트는 처음에는 "똑똑하고 정직한 두 젊은 친구"가 〈이마고〉를 편집하기는 하지만,[24] 이 잡지가 "다른 잡지들과는 달리 길을 헤쳐 나가기가 쉽지 않을 것"이라고 걱정했다.[25] 그러나 그의 걱정이 당치 않다는 것이 드러났다. 프로이트가 1912년 6월에 보고한 바에 따르면, 〈이마고〉는 "아주 잘되고 있었다." 주로 독일 출신인 정기 독자 230명은 매우 만족스러워 보였다. 다만 빈에서 관심을 보이지 않는 것이 고민이었다.[26] 편집인들은 모든 곳의 정신분석가들이 기고를 하고 싶어 안달임을 알았다. 게다가 프로이트 자신도 필자 가운데 한 명이었다. 프로이트는 "똑똑하고 정직한 두 젊은 친구"를 감독하였으며, 자신의 가장 과감한 탐험적 논문 몇 편을 보냈다.

측근들의 비임상적인 글은 돌아가면서 호의를 베풀고 서로 축하할 기회를 마련해주었다. 프로이트는 소금의 상징적 의미에 관한 존스의

---

* 늘 아브라함에게 잘 보이고 싶어 하던 플리스는 아멘호테프에 관한 그의 논문의 발췌 인쇄본을 받았을 때 이제는 "박사의 개념에 비추어 이 인물을 다시 철저하게 생각해보아야겠다."고 말했다. (플리스가 아브라함에게 보낸 엽서, 1912년 10월 12일. Karl Abraham papers, LC.)

묵직한 기고문을 환영했다. 존스는 아브라함에게 세간티니에 관한 그의 "매혹적인 연구"를 "아주 재미있게" 정독했다고 말했다.[27] 아브라함은 또 프로이트의 《토템과 터부》를 "두 번 읽었는데, 다시 읽을 때 더 흥미를 느꼈다."[28] 물론 빈 그룹이 생산해낸 화가와 시인의 병력(病歷) 중심의 전기 가운데 일부는 순진하고 무모했으며, 가끔 프로이트는 노골적으로 짜증을 내기도 했다. 그러나 훌륭하건 엉터리건 응용 정신분석은 거의 처음부터 협력적 사업이었다. 프로이트는 널리 퍼진 이 관심을 기분 좋게 받아들였으며, 누가 시키지 않았는데도 문화를 진료실의 소파에 앉혔다.

문화의 영역으로 진군하는 프로이트의 돌격대를 지배하는 원칙은 수도 많지 않고 정리하기도 쉬웠지만, 실제 적용은 어려웠다. 그 원칙이란 모든 것이 타당하고, 모든 것이 위장되어 있으며, 모든 것이 연관되어 있다는 것이다. 프로이트의 말을 빌리면 정신분석은 "개인과 사회 양쪽에 똑같은 역동적인 원천을 가정함으로써 양쪽의 심리적 성취" 사이에 긴밀한 연관을 확립한다. "정신적 메커니즘의 주요한 기능"은 "한 개인의 욕구가 그의 내부에 만들어내는 긴장을 풀어주는 것"이다. 그는 한편으로는 "외부 세계에서 만족을 얻어내는 것" 또는 "충족되지 않은 충동을 처리하는 다른 방법을 찾아내는 것"에 의해 이런 긴장을 해소하려 한다.[29] 따라서 예술이나 문학에 관한 정신분석학적 연구는 신경증 연구와 마찬가지로 충족되거나 좌절된 상태인 감추어진 소망을 찾아내는 것이다.

프로이트는 기본적으로 단순한 이런 원칙들을 손에 쥐고 광범한 영역을 망라하는 높은 수준의 문화적 산물, 특권적 지위를 누리는 그 정신의 자식들 사이를 돌아다녔다. 그러나 이 모든 탐사에서 그의 초점은 언제나 정신분석이었다. 그에게 중요한 것은 그가 예술사, 언어학

등으로부터 배울 수 있는 것보다는 그것들이 그에게서 배울 수 있는 것이었다. 청원자라기보다는 정복자로서 낯선 영역에 진입한 것이다.*
우리가 보았듯이 레오나르도에 관한 그의 논문은 전기를 실험해보는 것이었지만, 동시에 동성애와 승화의 작동 방식에 관한 정신분석학적 탐구이기도 했다. 이러한 점에서 그 논문은 문화적 분석과 관련된 그의 다른 모든 작업의 본보기였다. 그가 말한 대로 정신분석은 늘 그의 모국이었다.

프로이트는 다른 분야로의 이런 외출을 무척 즐겼다. 그러나 문화 산물에 대한 정신분석학적 몰입은 단지 여가를 즐겁게 보내고 기분을 상쾌하게 해주는 휴가 활동이 아니었다. 사례사나 이론적인 탐구에 대한 그의 태도에서 아주 분명하게 드러나는 강박이 미술이나 문학에 관한 생각에서도 드러나고 있었다. 우리가 보았듯이 그는 레오나르도의 수수께끼, 또 슈레버가 제시한 그보다 더 재미있는 수수께끼들을, 충족시켜 해소해야 할 강박관념들로 경험했다. 《리어 왕》과 미켈란젤로의 〈모세〉의 수수께끼도 전과 다름없이 다급하게 그를 몰아갔다. 프로이트는 평생 비밀을 풀어야 한다는 강한 압박을 받았다. 1909년 어니스트 존스가 햄릿의 오이디푸스 콤플렉스에 관한 논문을 보내겠다고 하자 프로이트는 큰 관심을 보였다. 존스의 논문은 햄릿이 어머니를 사랑하고 아버지를 미워하면서 생겨난 죄책감에 관한 《꿈의 해석》의 유명한 대목에 대한 긴 주석이었다. 프로이트는 그 대목을 아주 자랑스럽

---

* 프로이트는 하찮게 여기던 에밀 루트비히(Emil Ludwig)의 괴테 전기를 두고 오토 랑크에게 이렇게 썼다. "사람들이 우리의 정신분석 심리 전기들을 향해 던지는 비난은 다른 모든 비분석적 전기들과 마찬가지로 바로 이런 [전기]에 훨씬 유효하게 적용됩니다." (프로이트가 랑크에게 쓴 편지, 1921년 8월 10일. Rank Collection, Box 1b. Rare Book and Manuscript Library, Columbia University.)

게 회고했다. "나는 그 수수께끼를 푸는 방법을 찾아냈다고 생각했고, 그것을 쓰면서 햄릿과 관련된 문헌을 특별히 조사해보지는 않았지만, 우리 독일어권 저자들이 뭐라고 썼는지 그 결론들은 알고 있었고, 심지어 괴테마저도 엉뚱한 이야기를 했다는 걸 알고 있었네."[30] 프로이트는 위대한 괴테를 능가했다는 것은 만족스러운 일이며, 외국인은 그 기분이 어떤 것인지 알기 힘들 것이라고 생각했다.

프로이트의 진지하고 힘찬 연구는 간단히 말해서 전적으로 자유로운 선택의 문제는 아니었다. 1912년 6월 바라 마지않던 여름 휴가가 다가오던 시점에 그는 아브라함에게 말했다. "현재 나의 지적인 활동은 《일상생활〔의 정신병리학〕》 4판 교정에 집중되어야 마땅하네. 그런데 갑자기 《리어 왕》의 첫 장, 파리스의 심판, 《베니스의 상인》에 나오는 작은 상자 선택이 사실은 똑같은 모티프에 기초한 것이며, 내가 이제부터 그것을 추적해야만 한다는 생각이 든 걸세."[31] 그는 무조건 그것을 추적"해야만" 했다. 그가 자신이 머릿속에 떠오르는 생각들과 맺는 관계를 고통에나 어울릴 듯한 말로 묘사한 것도 놀랄 일은 아니다. 프로이트는 1911년 봄에 페렌치에게 말했다. "오늘은 비극적인 인물들의 비밀 때문에 괴롭네. 물론 이 비밀도 정신분석을 견뎌낼 수는 없겠지만."[32] 그는 이 수수께끼 같은 암시를 끝까지 쫓아가지 않았다. 따라서 그가 어떤 비극적 인물들을 염두에 두었는지는 알 수 없을 것이다. 이번만은 그 괴로움이 수수께끼를 풀기 위해 힘겨운 지적 노력을 기울이도록 강요하지 않은 것이다. 그러나 전체적으로 프로이트의 가장 강한 관심은 수상쩍게도 절박한 압력, 해소되지 않은 긴장의 형태로 나타났다. 1914년에는 페렌치에게 이렇게 말했다. "오래전부터 나를 괴롭히던 '맥베스'를 연구하기 시작했네. 하지만 아직까지 해법은 찾지 못했어."[33] 프로이트는 몸이 별로 안 좋을 때 일이 잘된다고 여러 번 말했다. 그러나 이런 필수적인 찌뿌드드한 상태가 적어도 부분적으로는, 표현을 얻고자 하는 생각들이 몸부림치고 있다는 표시라고 이야기한 적은 없다.

프로이트의 마음에 떠오르는 수수께끼는 이질적인 자극물과 같았다. 무시할 수 없고, 결국에는 진주를 만들어낼 수도 있는 조개 속의 모래알 같은 것이었다. 프로이트는 어른의 과학적 호기심은 어린 시절 성의 차이와 임신이나 출산의 수수께끼의 진상을 찾는 것이 뒤늦게 세련되게 다듬어진 것이라고 보았다. 그렇다면 프로이트 자신의 긴박한 호기심도 그런 비밀을 해명하고자 하는 유난히 강한 욕구를 반영한다. 어린 시절 프로이트는 부모의 나이 차이, 자신보다 나이가 많은 조카는 말할 것도 없고 어머니와 나이가 같은 형들의 존재를 생각하면서 곤혹스러움을 느꼈다.

프로이트가 쓴 미술에 관한 글 가운데 1914년에 발표한 미켈란젤로의 〈모세〉에 관한 논문보다 그 강박적인 특징을 뚜렷하게 드러낸 것은 없을 것이다. 프로이트는 1901년 처음으로 로마에 갔을 때 실물보다 큰 이 조각상 앞에 넋을 잃고 서 있었다. 그는 볼 때마다 이 조각상이 곤혹스러우면서도 멋지다고 생각했다. 다른 예술 작품이 그에게 그렇게 강렬한 인상을 남긴 적은 없었다.[34] 1912년어 다시 휴가를 맞아 로마로 여행을 갔을 때 프로이트는 아내 마르타에게 매일 미켈란젤로의 〈모세〉를 보러 가며, 그에 관해 "몇 마디" 하게 될 것 같다고 썼다.[35] 결국 그는 자신이 한 몇 마디가 무척 마음에 들었지만, 〈이마고〉에는 익명으로 발표했다. 당연한 일이지만 아브라함은 이 점을 의아해했다. "사람들이 사자의 발톱을 알아보지 못할 거라고 생각하세요?"[36] 그러나 프로이트는 계속 이 논문을 "사생아"라고 불렀다.[37] 1914년 3월, "모세"의 교정지가 나왔을 때도 프로이트는 여전히 "친애하는 존스"에게 "이 아이를 사람들 앞에서 인정하지 않는 것이 나을지도 모르겠다."고 말했으며,[38] 결국 이 논문의 저자는 10년 동안 익명으로 남아 있었다. 그러나 프로이트는 이 논문을 이 논문이 분석하는 모세상만큼이나 소중하게 여겼다. 프로이트가 이 논문을 쓰는 동안 어니스트 존스는 로마에 갈 계획이었다. 그러자 프로이트는 발작처럼 갈망이 일어나는 것을 느끼며 그에게 말했다. "그렇게 빨리, 그렇게 젊은 나이에 로마를 보게 되다니 정말 부럽네. 모세에게 깊이 헌신하는 내 마음을 가져가고, 편지에서 모세 이야기를 해주게."[39] 존스는 남들의 요구에 민감한 사람이었기 때문에 적절하게 대처했다. "도착한 다음 날 첫 순례 목표가 모세에게 교수님의 인사를 전하는 것이었습니다. 모세도 그 오만한 자세를 약간은 굽힌 것 같은 느낌입니다. 대단한 조각상이지요!"[40]

미켈란젤로의 이 육중한 조각상에서 가장 프로이트의 관심을 끈 대목은 바로 이것이 그렇게 그의 관심을 끈다는 사실 자체였다.[41] 그는 로마를 찾아갈 때마다 〈모세〉를 찾아가는 일에 큰 의미를 부여했다. "1913년에는 9월의 외로운 석 주 동안 매일 교회의 이 상 앞에 서서 그것을 살피고 재보고 그려보았습니다. 그러다 마침내 이해하게 된 것이 있는데, 그것은 오직 익명으로만 표현할 수 있는 것이었습니다."[42] 〈모세〉는 프로이트의 호기심을 자극하는 데 이상적이었다. 이 상은 오래전부터 찬사와 추측을 불러일으켰기 때문이다. 이 기념비적인 인물의 이마에는 하느님을 본 뒤로 그의 얼굴에 나타났다고 하는 광채를 표현하기 위한 신화적인 뿔들이 있다. 영웅적이고 실물보다 큰 존재에 몰두했던 미켈란젤로는 모세를 근육질의 위풍당당하고 정력적인 노인으로 묘사했다. 흐르는 강물 같은 턱수염은 왼손과 오른손 검지로 잡고 있다. 그는 얼굴을 찌푸린 채 앉아, 오른쪽 겨드랑이에 계명이 적힌 판을 끼고 엄한 표정으로 왼쪽을 보고 있다. 프로이트가 매혹을 느낀 문제

미켈란젤로의 〈모세〉. 로마의 '산 피에트로 인 빈콜르' 성당에 있다. 프로이트는 〈미켈란젤로의 모세상〉에서 이 조각상을 분석했다.

는 미켈란젤로가 정확히 어떤 순간을 묘사했느냐 하는 것이었다. 그는 미술사가 막스 자우어란트(Max Sauerlandt, 1880~1934)의 말을 인용하는 것으로 만족했는데, 그것은 이런 취지였다. "세상의 어떤 예술 작품도 판(Pan)*의 머리를 가진 이 모세만큼 상반되는 평가를 받은 적이 없다. 이 인물의 해석 자체가 완전한 모순을 드러낸다."[43] 모세의 긴장한

---

* 그리스 신화에 나오는 목양신(牧羊神). 허리 위쪽은 사람의 모습이고, 염소의 다리와 뿔을 가지고 있다고 한다. (역주)

7장 정신의 지도 그리기 583

다리는 시작된 행동 또는 막 마무리된 행동을 암시한다. 모세는 일어나려는 것일까 아니면 막 앉은 것일까? 프로이트는 이 수수께끼를 해결해야만 한다고 느꼈다. 미켈란젤로는 하느님을 본 입법자의 영원한 상징으로 모세를 제시한 것일까? 아니면 이 모세는 자신의 민족에 대한 분노에 사로잡혀, 당장이라도 시나이 산에서 가져온 십계명이 적힌 돌판을 깨려는 것일까?

1912년 프로이트는 〈모세〉의 작은 석고 모형을 집으로 가져오지만 아직 자신의 생각을 종이에 쓸 준비는 안 되었다. 어니스트 존스의 도움은 문제를 더 복잡하게 만들었다. 프로이트는 11월에 페렌치에게 말했다. "존스가 나에게 피렌체의 도나텔로 상(像)의 사진을 보냈는데, 이것이 내 관점을 조금 흔들어놓았네."[44] 이 사진은 미켈란젤로가 감정적인 압력보다는 미학적인 압력에 굴복하여 〈모세〉를 조각했을 가능성을 제기했다. 1912년 12월 말 프로이트는 존스에게 고맙다고 하면서, 거의 수줍은 목소리로 도움을 청했다. "혹시 뭘 좀 더 부탁해도 된다면—이런 부탁은 무분별하기 짝이 없는 거지만—사실 복제품이 필요한데—돌판의 놀라운 아래 윤곽을 그린 것이라도 좋네. 내가 보기에는 이런 모양인데." 프로이트는 아마추어의 솜씨지만 도움이 될 만한 작은 스케치로 자신의 뜻을 설명했다. 계명이 새겨진 돌판의 아래쪽 가장자리를 보여주는 스케치였다.[45] 존스는 바로 부탁을 들어주었다. 그런 세밀한 부분이 얼마나 중요한지 잘 알았기 때문이다.[46]

프로이트는 〈모세〉에 관한 논문을 생각하고 메모를 하는 동안 계속 흔들렸다. 1913년 8월에는 로마에서 페렌치에게 미켈란젤로의 논란이 많은 조각상이 담긴 엽서를 보냈다.[47] 9월에는 어니스트 존스에게 이런 편지를 보냈다. "다시 〈모세〉를 찾아왔네. 그의 자세에 대한 나의 설명이 맞다고 확인했지만, 박사가 수집해준 비교 자료 때문에 확신이 흔들렸고, 아직 정리가 안 되었네."⁴⁸⁾ 10월 초 그는 막 빈에 돌아왔지만, "여전히 로마에서 보낸 17일의 아름다움에 약간 취해 있는 상태"라고 보고했다.⁴⁹⁾ 그러나 1914년 2월이라는 늦은 시기에도 그는 아직 확신하지 못했다. "〈모세〉 문제에서 나는 다시 부정적으로 되어 가고 있네."⁵⁰⁾

예상대로 프로이트는 완전히 독자적인 해석을 개진했다. 미켈란젤로의 이 조각상을 시간을 초월한 장엄함의 기념비로 읽은 소수를 제외하면, 대부분의 미술사가들은 이것이 폭풍 전의 고요를 나타낸다고 이해해 왔다. 이스라엘 자손이 황금 송아지를 섬기자 모세가 진노하며 돌판을 부수려 한다는 것이었다. 그러나 프로이트는 모세의 오른손이나 돌판의 위치 같은 세부를 꼼꼼하게 조사한 뒤 미켈란젤로는 내부의 폭풍을 가라앉히는 모세를 보여주려 했다고 결론을 내렸다. "폭력적 행동으로 들어가는 것이 아니라 이미 종결된 움직임의 찌꺼기"라는 이야기였다. 그는 자신의 해석이 성경과 배치된다는 점을 잘 알고 있었다. 《출애굽기》는 모세가 격한 분노 때문에 실제로 돌판을 깼다고 기록하고 있다. 그러나 성경의 권위도 프로이트의 궁극적 결론을 흔들지 못했다. 그의 〈모세〉는 매우 인간적인 모세, 미켈란젤로와 마찬가지로 욱하는 성질에 휘둘리는 인간이자, 이 지고의 순간에 남자답게 자신을 제어하는 인간이다. 따라서 미켈란젤로는 "교황의 영묘를 위해 〈모세〉를 만들면서 죽은 자를 책망하기도 했지만, 기본적으로 자기 자신에 대한 훈계로 삼았다. 즉 이런 자기 비판으로 그 자신의 본성을 넘어서려 한 것이다."⁵¹⁾

이 말을 들으면 프로이트가 미켈란젤로를 읽는 것이 꼭 자기 자신을 읽는 것 같다는 느낌이 든다. 그의 삶은 자기 규율을 위한 투쟁, 사변적 충동과 분노—적에 대한 분노, 그리고 더 제어하기 힘든, 부족하거나 불충한 지지자들에 대한 분노*—를 제어하려는 투쟁으로 보이는 경우가 많다. 프로이트는 1901년에 처음 보았을 때부터 미켈란젤로의 〈모세〉에 사로잡혔지만, 1912년 융과의 관계가 나빠지기 전에는 그것을 해석해야 할 과제로 여기지 않았다. 그러다가 〈미켈란젤로의 모세상〉 초고를 쓴 것은 1913년 말, 융과 아들러에게 투척할 "폭탄"인 〈정신분석 운동의 역사〉를 쓰기 직전이었다. 프로이트는 이 논쟁적인 글에서 대의에 더 도움이 된다고 여겨 분노를 억제하게 된다.** 그러나 억제를 위해 심한 고통을 겪어냈다고 느꼈으면서도, 자신이 좋아하던 조각상에서 찾아냈던 강철 같은 냉정함을 자신도 유지할 수 있을지 전혀 확신할 수 없었다. 1912년 10월에 그는 페렌치에게 썼다. "지금 기분으로는 나 자신이 내가 해석한 미켈란젤로의 모세보다는 역사적인 모세와 더 비슷한 것 같네."52) 따라서 그의 미술사적인 탐색에서 주요한 점은 《출애굽기》가 웅변적으로 증언하고 있는 격한 기질의 충동적인 지도자가 아니라 미켈란젤로가 조각한 자제력 있는 정치가를 모방하는 작업의 중요성을 자신에게 가르치는 것이었다. 이런 전기적인 해석만이 프로이트가 미켈란젤로의 작품을 매일 찾아간 것을 설명할 수 있다. 그의 꼼꼼한 측정, 세밀한 스케치, 다양한 논문 독파 등은 기껏해야 미술의 정

---

* 나중에 보겠지만 이런 분노에는 또 무의식적인 차원도 있었다. 이것은 아말리아 프로이트가 첫 자식 프로이트에게 계속 형제자매를 낳아주는 바람에 그가 어머니의 유일한 자식이라는 특권적 지위로부터 계속 밀려난 것에 대한 실망감에 기초한 것일 가능성이 높다.

** "9월의 불행한 뮌헨 대회가 끝난 뒤인 1913~1914 겨울은 융과의 갈등이 최악으로 치닫던 시기였다. 〈미켈란젤로의 모세상〉은 프로이트가 자신의 견해와 융의 견해의 차이가 심각하다고 이야기하기 위한 긴 에세이들(〈나르시시즘〉과 〈정신분석 운동의 역사〉)과 같은 달에 썼으며, 이 시기에 그가 융의 이반에 심하게 실망한 것이 분명하다. 따라서 자신이 해야만 한다고 생각한 말을 차분하게 할 수 있을 만큼 감정을 확고하게 제어하는 데에는 내적인 노력이 필요했다. 그러므로 이 시기에—사실은 아마 그 전부터—프로이트가 모세와 자신을 동일시했으며, 미켈란젤로가 그의 엄청난 업적에서 묘사한 감정 극복을 흉내 내기 위해 노력하고 있었다는 아주 분명한 결론이 나올 수밖에 없다."(*Jones* II, 366-67.)

신분석적 해석의 주석에 불과할 수밖에 없는 결과물을 고려할 때 약간 지나친 노력이었기 때문이다. 그러나 프로이트가 단지 정치가적인 자기 규율을 찾기 위해 〈미켈란젤로의 모세상〉에 그렇게 많은 시간을 쏟아부은 것은 아니다. 일단 수수께끼에 사로잡히면 그 유혹을 도저히 거부할 수 없었던 강박에 사로잡힌 연구자 프로이트도 분명히 개입하고 있었던 것이다.

프로이트는 책이 아니라 길고 짧은 논문에서만 미학에 관한 발언을 했다. 1907년 말, 막스 그라프가 수요일 밤 모임에서 필요하다고 호소했던 "예술 창조물의 비밀을 해명하는 일"[53]에 관한 프로이트의 글은 미완으로 남아 있었다. 이것을 완성하지 못한 것은 주로 개인적 이유 때문이었다. 프로이트는 우리가 알다시피 예술가에 관해 강렬한 양가감정을 지니고 있었다. 그는 쉰 살 생일을 축하한 아르투어 슈니츨러에게 감사하는 편지에서 이렇게 말했다. "나는 깜짝 놀라 선생이 이런저런 은밀한 지식을 어디에서 얻었을까 하고 자문하곤 했습니다. 나로서는 힘겹게 연구를 해서 얻은 지식인데 말입니다."[54] 이보다 더 호의적인 발언은 없겠지만, 사실 감사 편지에서 욕을 하는 경우는 없는 법이다. 그러나 상상력이 풍부한 예술가가 언뜻 보기에는 별 노력을 기울이지도 않고 심리적 통찰에 이르는 것 때문에 프로이트는 오래전부터 속이 부글거렸다. 예술가에게는 고삐 풀린 직관적 사변의 재능이 있는데, 프로이트는 자신의 내부에서 바로 그런 재능을 반드시 통제해야만 한다고 느끼고 있었던 것이다.

오래전 마르타 베르나이스에게 구애할 때 사람을 매혹시키는 예술가의 능력에 약이 오른 일이 있었기 때문에 프로이트는 이것을 더욱더 개인적인 문제로 받아들였다. 예술과 관련을 맺고 있는 두 젊은 경쟁자에 대한 질투심에 사로잡힌 신랄하고 오만한 연인으로서 프로이트는 "예술가와 정밀한 학문적 작업에 종사하는 사람들 사이에는 일반적으로 적의가 있다."고 선언했다. 그는 노골적으로 질투심을 드러내며 시인과 화가는 "그들의 예술에 모든 여자의 마음을 쉽게 여는 마스터키를 갖고 있지만, 우리는 낯설게 설계된 자물쇠 앞에 무력하게 서서 우선 거기에 맞는 열쇠를 찾아낼 방법부터 고민한다."[55] 프로이트의 시인에 관한 논평은 가끔 예술가에 대한 과학자의 복수처럼 읽힌다. 거북이가 토끼를 헐뜯는 느낌이다. 그의 문학적 스타일이 풍부하게 보여주듯이 그에게 그 나름의 예술적 야망이 있다는 것 때문에 예술가에 대한 질투는 더 강렬해졌다.

그러나 슈니츨러에게 보낸 편지가 보여주듯이 그의 질투심에는 감탄이 스며들어 있었다. 사실 프로이트는 이따금씩 예술가를 현실 세계에서 겪는 실패의 대리 만족을 찾는 신경증 환자로 묘사하기는 했지만, 동시에 예술가에게 특별한 분석적 재능을 부여하기도 했다. 프로이트는 독일의 극작가이자 소설가 빌헬름 옌젠(Wilhelm Jensen, 1837~1911)이 1903년에 처음 발표한 범작 중편 〈그라디바〉를 분석한 뒤 작가에게 논문을 보냈다. 옌젠은 프로이트의 해석을 받아들인다고 정중하게 답하면서도, 그 이야기는 정신분석적 사고를 전혀 알지 못하는 상태에서 쓴 것이라고 분명히 밝혔다.[56] 그렇다면 옌젠은 어떻게 〈그라디바〉를 위해 만들어낸 인물들을 "정신분석"하고, 정신분석적 치료처럼 소설의 플롯을 짤 수 있었을까? 프로이트는 "우리는"—작가와 분석가는—"사용하는 방법만 다를 뿐, 아마 똑같은 자료를 이용하고, 똑같은 대상을 두고 작업을 할 것"이라고 결론을 내려 이 수수께끼를 풀었다. 분석가는 환자의 무의식을 관찰하는 반면, 작가는 자신의 무의식을 관찰하고 자신이 발견한 것을 표현이 풍부한 글로 만들어낸다는 것이다. 따라서 소설가와 시인은 아마추어 정신분석가이며, 최고의 수준에서는 어떤 전문가 못지않은 통찰력을 보여준다.[57] 프로이트의 찬사는 진심에서 나온 것이지만, 이것은 어디까지나 분석가로서 예술가를 칭찬하는 것일 뿐이었다.

　프로이트의 고급 문화에 대한 분석적 연구는 단편적이지만, 미적 경험의 주요한 세 영역, 즉 주인공들의 심리, 관객의 심리, 창조자의 심리를 건드린다. 이 영역들은 필연적으로 서로 얽히며 서로를 비춘다. 따라서 정신분석가는 《햄릿》을 해소되지 않은 오이디푸스 콤플렉스에 시달리는 주인공이 자신에 대한 분석을 권유하는 미학적 산물로 읽을 수도 있고, 햄릿의 비극에서 자신의 은밀한 역사를 인식하며 깊은 감동을 받는 많은 관객의 콤플렉스를 풀 실마리로 읽을 수도 있고,* 저자 자신의 오이디푸스적인 드라마, 그가 아직도 씨름을 하고 있는 미완의 감정적인 문제로 읽을 수도 있다.** 간단히 말해서 훗날의 많은 연구자를 매혹시키는 동시에 어리둥절하게 만들었던 허구적인 인물 햄릿에 대한 정신분석학적 연구는 그의 행동의 모호한 원천, 수백 년에 걸쳐 많은 사람들의 찬탄을 자아내는 그의 불가사의한 힘, 그를 만들어낸 사람의 통찰을 설명해줄 수도 있다. 이런 연구는 이전의 해석자들, 특히 (아이팅곤의 간결한 표현을 따르자면) "내용과 그 내용을 결정하는 힘"을 경계하던

---

* 프로이트는 플리스에게 보낸 중요한 편지에서 이렇게 말했다. "모든 청자는 한때 미발달 상태에서, 공상 속에서 그런 오이디푸스 같은 존재였네." (프로이트가 플리스에게 쓴 편지, 1897년 10월 15일. *Freud-Fliess*, 293 〔272〕.)
** 프로이트가 플리스에게 말한 바에 따르면, 프로이트는 무의식적인 오이디푸스 콤플렉스의 흔적이 "《햄릿》의 밑바닥에 있는 것은 아닌가 하는" 생각을 언뜻 했다. "나는 셰익스피어의 의식적인 의도를 이야기하는 것이 아닐세. 현실적인 사건이 이 시인을 자극하여 햄릿을 그려내게 했다고, 다시 말해서 시인의 무의식이 주인공의 므의식을 이해했다고 믿고 있네." (앞과 같은 편지에서.)

형식주의 비평가들의 경우보다 훨씬 원숙하고 훨씬 섬세한 독해를 약속했다.[58]

그러나 프로이트의 미학에 대한 비판자들은 곧바로 정신분석 비평에는 보통 그 반대의 결함이 있다고 반박했다. 내용을 중시하다 보니 장인적인 솜씨, 형식, 스타일을 무시하는 경향이 있다는 것이다. 정신분석가는 시나 소설이나 그림에서 감추어진 의미를 찾겠다고 굳게 마음을 먹다 보니, 플롯, 내레이션, 비유, 인물에는 지나친 관심을 기울이면서, 문화적 산물이 훈련을 받은 재능 있는 예술가에게서, 또 그 예술가가 따르거나 수정하거나 도전적으로 무시하는 전통에서 나온다는 사실은 간과한다. 따라서 예술이나 문학 작품의 만족스럽고 원숙한 해석은 단정한 정신분석학적 공식이 암시하는 것만큼 깔끔하지 않을 가능성이 높다. 그러나 프로이트는 자신 있게 말했다. "우리는 정신분석 덕분에 상상력이 풍부한 작가가 다루는, 끝도 없어 보이는 다양하고 많은 문제와 상황들이 사실은 소수의 원초적 모티프에서 나오는 것이라고 생각하게 됩니다. 이 모티프들은 대부분 유년의 정신 생활의 억눌린 경험 자료에서 나오는 것이지요. 따라서 상상의 산물은 그 유년의 공상을 새로 위장하고 꾸미고 승화시킨 것입니다."[59]

따라서 하나의 작품에서 창조자에 관해 손쉬운 결론을 끌어내는 것은 정신분석 비평가들에게 늘 유혹적인 일이었다. 예술이나 문학의 창조자와 관객에 대한 분석은 아주 능숙하고 섬세한 사람의 경우에도 환원주의에 빠질 위험이 있었다.* 프로이트주의자라면 설득력 있게 극화해놓은 오이디푸스적 경험을 셰익스피어가 직접 경험한 것이 틀림없다고 생각할지도 모른다. 그도 인간이 아닌가? 그도 칼에 베이면 피를 흘리지 않았겠나. 그러나 사실 극작가는 자신이 그렇게 설득력 있게 제시하는 감정을 완전히 공유할 필요가 없다. 또 감추어져 있건 드러나 있건 이런 감정들이 반드시 관객에게서 똑같은 감정을 일깨우는 것도 아니다. 정신분석가들이 잘 알듯이 카타르시스는 모방을 만들어내는 것이 아니라, 모방을 불필요하게 만든다. 폭력이 난무하는 소설을 읽거나 피비린내 나는 비극은 분노의 감정을 자극하는 것이 아니라 정화할 수도 있다. 프로이트의 글에도 그가 이런 복잡성을 얼마간 인식했다는 암시―암시 이상은 아니다.―가 있다. 그의 예술관은 매혹적인 전망을 열어주는 동시에, 그에 못지않게 매혹적인 문제들도 제기한다.

대체로 프로이트의 독자들이 불편해하는 것은 예술가에 대한 그의 양가적 태도 때문이라기보다는 예술에 대한 확신 때문이다. 아마 그의 주장 가운데 가장 논란이 많은 것은 작품의 인물들을 현실의 인간들처럼 분석할 수 있다는 점일 것이다. 대부분의 문학 연구자들은 그런 시도를 경계해 왔다. 그들은 소설이나 드라마의 인물은 진짜 정신을 가진 진짜 인간이 아니라, 그 발명자가 가짜 생명을 빌려준 살아 있는 꼭두각시라고 주장해 왔다. 햄릿은 그의 이름을 딴 희곡 이전에는 또는 희곡 외부에는 존재하지 않았다. 그가 처음으로 말을 하기 전의 정신 상태를 조사하거나, 그가 소파에 앉은 환자인 것처럼 그의 감정을 분

---

* 정신분석가이자 미술사가인 에른스트 크리스(Ernst Kris, 1900~1957)는 이런 유익한 말을 한 적이 있다. "창조적 예술가들을 임상적으로 분석해보면 예술가의 삶의 경험이 가끔은 제한적인 의미에서만 그의 비전의 원천이 된다는 생각을 하게 된다. 갈등을 상상하는 그의 힘은 그 자신이 경험한 범위를 훨씬 뛰어넘는다. 더 정확하게 말하면, 적어도 몇몇 예술가는 자신이 경험한 것을 일반화하는 특수한 재능을 지니고 있다." 예를 들어 팔스타프나 헬 왕자에게서 셰익스피어를 찾는 것은, "무익한" 일일 것이며, "또 예술가를 정신분석 대상자로 삼은 임상 경험이 암시하는 것과 반대되는 결과를 낳을 것이다. 위대한 예술가는 등장인물 여러 사람이 모두 자신과 가깝다고 느낄 것이며, 그들 가운데 다수가 자신의 일부라고 느낄 것이다. 예술가는 하나의 세계를 창조한 것이지, 몽상에 빠져든 것이 아니다." (Ernst Kris, *Psychoanalytic Explorations in Art* [1952], 288.)

석하는 것은 허구와 현실의 범주를 혼동하는 것이다. 그러나 프로이트는 전혀 굴하지 않고 옌젠의 〈그라디바〉에 관한 매혹적인 연구를 들고 이 늪을 건너겠다고 용감하게 뛰어들었다. 그가 융에게 말한 바에 따르면 그는 "화창한 며칠 동안" 이 글을 썼으며, 그 과정에서 "큰 기쁨"을 맛보았다. "사실 이것이 우리에게 새로운 것을 주지는 않지요. 하지만 우리가 가진 부를 누리게 해준다는 생각은 합니다."[60] 프로이트의 분석은 이런 종류의 문학적 정신분석이 성취할 수 있는 것이 무엇이고, 마주칠 수 있는 위험은 무엇인지 아름답게 보여준다.

〈그라디바〉의 환자이자 주인공인 노르베르트 하놀트는 미지의 것을 파헤치는 사람, 고고학자다. 프로이트가 옌젠의 이야기에 처음 끌린 것은 아마 하놀트의 직업, 그리고 그의 전문 영역인 이탈리아 때문이었을 것이다. 그러나 〈그라디바〉에는 프로이트의 흥미를 끌 만한 심리적인 암시들도 있다. 하놀트는 서늘한 북부의 기후에서 태어난 과묵하고 탈속적인 사람이었는데, 햇볕이 뜨거운 남쪽, 폼페이에 대한 사랑을 통하여 명료함과 매우 프로이트적인 치유를 경험한다. 그는 함께 자라며 애정을 느끼던 소녀인 초에 베르트강에 대한 기억을 억누르고 살아간다. 하놀트는 로마의 골동품을 구경하다가 독특한 걸음걸이의 젊고 어여쁜 여자를 묘사한 얕은 부조를 보게 된다. 그는 그것을 "걸어가는 여자"라는 뜻의 "그라디바"라고 부른다. 그는 이 부조를 석고로 떠서 "서재 벽의 소중한 장소"에 보관한다.[61] 프로이트도 나중에 "그라디바" 석고 복제품을 자신의 진료실에 두게 된다.

하놀트는 그 젊은 여자의 자태에 매혹된다. 그 자신은 아직 인식하지 못하지만, 한때 사랑했으나 자신의 직업—고립되는 동시에 고립시키는 직업이다.—에 더 열심히 몰두하려고 "잊었던" 여자를 떠올리게 되기 때문이다. 그는 악몽 속에서 폼페이가 파괴되던 날의 "그라디바"를 본

'그라디바'라고 알려진 폼페이의 부조. 프로이트는 석고로 이 부조의 본을 떠 진료실에 갖다놓았다. 원본은 바티칸 박물관에 있다.

다. 그러면서 그녀에 관한 복잡한 망상의 그물을 짜 나가게 되며, 그녀가 거의 2천 년 전 베수비오 화산 폭발로 죽은 수천 명 가운데 한 사람이 아니라 자신과 같은 시대 사람인 것처럼 그녀의 죽음을 애도한다. 프로이트는 그가 가진 옌젠의 〈그라디바〉의 여백에 이렇게 적어놓았다. 그의 "학문 전체가 [환상]에 봉사한다."[62] 하놀트는 결국 이름 붙일 수 없는 감정과 설명할 수 없는 강박관념의 영향으로 폼페이에 가게 되며, 거기에서 "그라디바"를 만나고 자신이 베수비오가 폭발하던 서기 79년의 운명적인 날에 가 있다고 공상한다. 그러나 그의 눈에 보이는 것은 사실 현실 그 자체다. 그녀는 물론 그가 젊은 시절 정열을 불태우던 대상인 것이다.

하놀트는 여자 경험이 전혀 없지만—프로이트는 여백에 그의 "성적 억압"⁶³⁾과 그가 살고 있는 "무성(無性)적 분위기"⁶⁴⁾에 관하여 논평한다.—다행히도 그의 "그라디바"는 아름다운 만큼이나 빈틈도 없다. 그의 병의 "원인"⁶⁵⁾인 초에 베르트강도 해결의 동인이 된다. 그녀는 하놀트의 망상을 있는 그대로 보고, 그의 공상과 현실을 분리하여 정신을 차리게 한다. 그녀는 석고상의 "그라디바"를 흉내 내어 그의 앞에서 걸어감으로써 그를 치료할 열쇠를 발견한다. 이 젊은 여자의 독특한 걸음걸이 덕분에 그녀에 대한 억압된 기억들이 하놀트의 의식으로 들어오는 것이다.

이것은 고고학을 통한 정신분석이었다. 프로이트가 감동하여 여백에서 "아름답다(schön)"고 탄성을 지른 〈그라디바〉의 두 대목 가운데 한 곳에서 여주인공은 프로이트가 애용하는 비유를 떠올리게 하는 지혜로운 말을 한다. 하놀트는 이상하게 생각할지 모르지만, "살기 위해서는 먼저 죽어야 한다."고 그녀는 말한다. 그런 다음에 그녀는 덧붙인다. "고고학에는 틀림없이 그게 필수적일 거예요."⁶⁶⁾ 프로이트는 이 중편에 관한 논문에서 그 비유를 한 번 더 분명하게 이야기한다. "어떤 것을 마음속에서 접근 불가능하게 만드는 동시에 보존하는 억압과 관련하여 매장보다 더 나은 유추는 사실 없을 것이다. 매장은 폼페이의 운명이었으며, 삽질을 통하여 도시는 매장되었던 곳에서 다시 나타난다."*⁶⁷⁾ 〈그라디바〉는 억압의 승리만이 아니라 억압의 해소도 보여준다. 젊은 여자가 하놀트를 치료하는 것은 다시 한 번 "사랑의 치유력"을 증명한다.⁶⁸⁾ 프로이트는 손에 연필을 들고 이 작은 책을 읽으면서 이 사랑은 그 바탕이 육욕적이라고 분명히 밝혔다. "발에 대한 성애적 관심." 프로이트는 하놀트가 초에의 신발을 볼 때 그렇게 언급했다.⁶⁹⁾ 그리고 마지막에서 두 번째 문단, 하놀트가 초에에게 앞장서서 걸어보라고 하고, 초에가 웃음을 지으며 순순히 따르는 장면 옆에 프로이트는 이렇게 적어놓았다. "에로틱! 환상의 수용. 화해."[70]

프로이트는 옌젠의 소설에 침입하는 자신의 방식 때문에 약간 망설였다. 그는 결국 실제로는 "아무도 꾼 적이 없는 꿈"을 분석하고 해석하고 있는 셈이었기 때문이다.[71] 그는 옌젠의 소설을 성실하게 읽어내려고 최선을 다했다. 그는 마치 다른 도라를 앞의 소파에 눕혀놓은 것처럼 하놀트의 세 꿈과 그 결과에 꼼꼼하게 주의를 기울였다.[72] 그는 하놀트에게 나타나는 부차적인 감정들, 예를 들어 불안,[73] 공격적인 생각,[74] 질투[75]에도 주의를 기울였다. 모호함과 이중적 의미도 관찰했다.[76] 하놀트가 점차 망상과 현실을 구분하게 되자 그 치료 과정도 공들여 추적했다.[77] 그는 신중하게 자신에게 경고를 하면서 끝을 맺었다. "그러나 여기에서 우리는 멈추어야 한다. 그러지 않으면 정말이지 하놀트, 그리고 그라디바가 작가의 창조물에 불과하다는 사실을 잊게 될지도 모른다."[78]

그러나 이런 망설임 때문에 프로이트가 멈추었던 것은 아니다. 우리가 보았듯이 그의 지지자들도 멈추지 않았다. 그 시대의 정신분석가들은 앞에 놓인 위험에 무관심했기 때문에, 문화틀 소파에 앉지 않을 이유를 알지 못했다. 그들의 작업은 신경증 환자와의 임상적 작업을 넘어서 실제로 미학자, 문학 평론가, 전시회 비평가들 사이에 어느 정도 관심을 불러일으키기도 했고, 프로이트가 침공한 거의 모든 전문 분야에서 진지한 재평가를 불러오기도 했다. 그러나 프로이트는 몽상이나 상상력이 풍부한 작가들에 관한 자신의 이야기가 "우리가 지금까지 거의

---

* 우리가 알다시피 프로이트는 일찍이 1895년 환자 엘리자베트 폰 R.에 관해 이야기하면서 자신의 치료 기법을 묻힌 도시의 발굴에 비유했다(*Studies on Hysteria*, SE II, 139). 〈그라디바〉에서 프로이트가 "아름답다"고 찬양한 또 한 대목은 그의 격렬한 반종교적 감정을 말해준다. "신앙이 [하놀트에게] 구원을 가져다준다 해도, 그는 모든 지점에서 상당한 양의 불가해함을 견디어야 할 것이다." (*Gradiva*, 140. Freud Museum, London).

건드리지 않은 영역에 침입하는 것이며, 앞으로 그 영역에 안락하게 정착을 할 수도 있다."고 여긴 반면,[79] 대부분의 전문가들은 프로이트가 너무 편하게 생각한다고 여기게 되었다.

프로이트의 비판자들이 불안해한 것도 어느 정도는 당연했다. 일부 정신분석 치료에서는 인간 가운데 가장 소중하게 여겨지는 창조적인 예술가가 속기 잘하는 세상 사람들을 자신의 교묘한 발명품으로 속이는 솜씨 좋고 표현력이 뛰어난 신경증 환자로 등장했기 때문이다. 프로이트 자신의 분석도 매우 야심만만하기는 하지만 예술가를 높이 평가하지는 않는다. 프로이트는 창조적 예술가들의 "창조성"을 반박했을 뿐 아니라, 문화적 역할에도 한계를 그었다. 사회의 비밀을 폭로한다 하지만, 그들은 없어서는 안 되는 허가받은 수다쟁이에 지나지 않으며, 대중의 마음속에 축적된 긴장을 줄여주는 일에나 적합할 뿐이다. 프로이트는 예술이나 문학의 창작은 소비와 마찬가지로 다른 인간 활동과 다를 바 없으며, 특별한 지위를 누리는 것은 아니라고 보았다. 프로이트가 보거나 읽거나 듣는 것에서 얻는 보답을 만족 가운데도 가장 저속한 만족에서 빌려온 이름, 즉 사전 쾌락이라는 이름으로 부른 것도 우연이 아니다. 그의 생각에 미적인 작업은 사랑을 나누거나 전쟁을 하는 것, 법이나 제도를 만드는 것과 마찬가지로 세계를 정복하는 방법, 또는 그 실패를 위장하는 방법이다. 차이가 있다면 소설과 그림은 능숙한 솜씨로 만들어낸, 종종 매혹적인 장식 뒤에 궁극적인 실용적 목적을 감춘다는 것이다.

그러나 프로이트는 자신이 환원주의의 덫을 피할 수 있다고 확신했다. 그는 정신분석이 창조성의 신비에 어떤 빛을 비출 수 있는 것은 아니라고 계속 힘주어 부정했다. 그는 "레오나르도"에서 "이 위인의 성취를 이해시킬" 의도는 전혀 없다고 물러섰으며, "예술적 성취의 본질은 사실 우리가 정신분석학적으로 접근할 수 없는 것임을 인정할" 준비가 되어 있다고 선언했다.*[80] "인간", 특히 "탁월한 사람들"의 "정신 생활의 법칙"을 연구하는 것은 매우 매력적인 일이지만, 그런 연구의 목표는 "시인의 천재성을 설명하는 것이 아니다.[81]" 우리는 이런 유보적인 발언을 액면 그대로 받아들일 권리가 있다. 프로이트는 교조적인 확신에서부터 완전한 불가지론에 이르기까지 자신의 발표물에 대한 태도를 솔직하고 섬세하게 조율했기 때문이다. 그러나 창조성의 경이롭고 은밀한 힘을 존중하기는 했지만, 프로이트는 동시에 예술가의 성격, 그리고 그가 독자에게 주는 영향은 말할 것도 없고, 어떤 주제를 택하거나 어떤 비유에 매달리는 이유에 대한 정신분석학적 연구 또한 강력하게 옹호할 의지가 있었다. 그러나 그에게 공감하는 독자들이 보기에도 프로이트가 이 대목에서 잊은 것은 심리학을 완전히 생략한 채 문화를 연구하는 것과 마찬가지로 문화를 심리학으로 환원하는 것 또한 한쪽으로 치우친 것으로 보일 수밖에 없다는 점이었다.

겉보기와 달리 프로이트는 예술의 평판을 완전히 깔아뭉개려고 그런 입장을 택한 것이 아니었다. 재치나 긴장으로 이루어진 것이든, 눈부신 색깔이나 설득력 있는 구성으로 이루어진 것이든, 원초적 정열을 감추는 미적 가면은 쾌락을 제공한다. 이것은 만드는 사람에게나 관객에게나 삶을 견딜 만한 것으로 만드는 데 도움을 준다. 따라서 프로이트에게 예술은 문화적 마약이다. 다만 다른 마약과는 달리 장기적인 대가를 치르지 않을 뿐이다. 정신분석적 비평가의 과제는 작품, 저자, 작품

---

* 프로이트는 1920년대 말에 많이 인용되는 다음과 같은 말을 다시 했다. "창조적인 작가의 문제 앞에서는 분석이 무기를 내려놓아야 한다." ("Dostojewski und die Vatertötung" [1928], *GW* XIV, 399 / "Dostoevsky and Parricide", *SE* XXI 177.)

의 수용 등의 가치를 판단하겠다고 나서지 않으면서, 읽고 듣고 보는 것이 실제로 미적 쾌락을 만들어내는 다양한 방식을 추적하는 것이다. 프로이트는 열매가 반드시 뿌리를 닮을 필요는 없으며, 정원에서 가장 예쁜 꽃이 악취가 나는 거름에서 자란다고 해서 아름다움을 잃는 것이 아님을 누구보다 잘 알고 있었다. 그러나 그는 직업적으로 뿌리의 연구에 헌신했다. 동시에 프로이트가 사랑과 죽음에 관한 명상으로서 《베니스의 상인》이나 《리어 왕》을 읽으려고 할 경우, 셰익스피어가 순전히 임상적인 관심사가 되는 것은 아니었다. 〈모세〉를 만든 미켈란젤로는 단순히 흥미로운 환자 이상의 존재였다. 프로이트가 괴테의 자서전 《시와 진실》의 한 대목을 정신분석했다고 해서 프로이트의 눈앞에서 괴테가 작가(Dichter)로서 위치를 잃는 것은 아니었다. 그러나 프로이트가 문학에 깊은 애정을 품고 있었다고 해도, 평생 시보다는 진실에 더 관심을 가졌다는 것은 엄연한 사실이다.

아버지 살해와 어머니 정복

프로이트가 자신의 발견을 조각과 소설과 그림에 적용한 것은 아주 대담한 일이었다. 그러나 그것은 문화의 가장 깊은 기초까지 파고들려는 시도에 비하면 아무것도 아니었다. 그는 50대 중반에 그런 시도를 감행했다. 인간이라는 동물이 질서 정연한 모든 사회에 꼭 필요한 터부들을 자신에게 명령하여 문명으로 도약한 시점을 밝히려고 한 것이었다. 프로이트는 오래전부터 논문, 서문, 동료들에게 하는 간단한 발언에서 이와 관련된 자신의 의도를 툭툭 던져 왔다. 시간이 흐르면서 그는 이 지적인 장난에 점점 더 몰두했다. 1908년 11월 중순에는 빈 정신분석협회에서 이렇게 이야기했다. "죄책감의 근원에 대한 탐구는 손쉽게 처리할 수가 없습니다. 여기에는 많은 요인들이 작용하고 있다는 사실을 부정할 수 없습니다. 확실한 것은 죄책감이 성 충동의 폐허에서 나타난다는 것입니다."[82] 다시 두 주 뒤, 영웅 탄생의 둘레에 달라붙는 신화들에 관한 오토 랑크의 논문을 논평하면서 프로이트는 허구의 진짜 주인공은 자아(ego)라고 말했다. 자아는 "첫 번째 영웅적 행위, 즉 아버지에 대한 반항을 통하여 자신이 영웅이 되었던" 때로 돌아감으로써 자신을 재발견한다.[83] 프로이트의 머릿속에서는 하나의 공통된 주제로 연결된 네 편의 에세이 《토템과 터부》의 윤곽이 그려지고 있었던 것이다.

프로이트의 편지들이 보여주듯이 이 작업은 늘 그렇듯이 피곤하고 고된 일을 요구했지만, 그는 정열적으로 그 일을 해 나갔다. 1911년 11월 중순 프로이트는 페렌치에게 이렇게 말할 수 있었다. "나는 다시 8시에서 8시까지 시간을 낼 수가 없네. 하지만 마음은 완전히 '토템'에 가 있지. 그 작업은 천천히 진행되고 있네."[84] 그는 평소와 마찬가지로 전문적인 문헌을 폭넓게 섭렵했지만, 내켜서 하는 일은 아니었다. 무엇을 보게 될지 꽤 확신하고 있었기 때문이다. 그는 페렌치에게 "토템 작업"을 하면서 "결과를 이미 알고 있기 때문에 큰 흥미 없이 두꺼운 책들을 읽고 있다."고 말했다.[85] 그는 몇 가지 중요한 사항들에서 이미 보지도 않고 도약을 해버린 상태였다. 때로는 다 해결되었다는 본능적인 만족감을 느끼기도 했다. 그는 1912년 2월 초에 다시 페렌치에게 편지를 썼다. "며칠 전에는 토템-양가감정 문제가 갑자기 들어맞았네. '딸깍' 하는 소리가 들리면서 탁 닫힌 거지. 그 뒤로 나는 '멍청하게' 지내고 있네."[86]

작업 진전 속도는 매우 극적이었다. 1912년 3월에 네 편의 에세이 가운데 첫 번째인 근친상간의 공포에 관한 사변적인 논문이 〈이마고〉에 발표되었다. 그는 어니스트 존스에게 그 논문이 "결코 유명하지 않다"*고 평가절하했다.[87] 그래도 그는 전진했다. 5월에는 두 번째 에세이를 완성하여 빈 정신분석협회에서 낭독했다.[88] 이 작업이 너무 힘들었는지, 보통 유창하던 그의 영어가 가끔 뜻대로 안 되어 필요한 만큼 정확하게 의미를 전달하는 데 애를 먹었다. 그는 1912년 한여름에 갑자기 두 언어를 섞어 가며 존스에게 편지를 썼다. "이제 학문 이야기로 가보세. Verdrängung의 진짜 역사적 출처는 4 논문 가운데 마지막 것에서 다루려고 하네. 터부는 이 가운데 두 번째 것이지. 마지막 논문은 제목이 〈Die infant. Widerkehr des Totemismus〉일세. 지금 답을 해주는 게 낫겠군. 모든 내적인 (염병할 나의 영어!)—Jede innere Verdrängungsschranke ist der historische Erfolg eines äusseren Hindernisses. Also: Verinnerlichung der Widerstände, die Geschichte der Menschheit niedergelegt in ihren heute angeborenen Verdrängungsneigungen."** 이윽고 영어가 회복되자 프로이트는 말을 이어나갔다. "나도 모권제라는 문제가 제기하는 장애와 복잡함을 알고 있네. 하지만 아직 거기에서 빠져나갈 방법을 찾지 못했네. 하지만 정리가 되기를 바라네."[89]

프로이트는 즉시 해법을 찾지는 못했다. "나는 생각의 전능함에 완전히 휘둘리고 있네." 프로이트는 12월 중순에 습관대로 강박에 사로잡

---

* "유명하다(famous)"는 말을 이런 식으로 쓰는 것은 영어와 독어의 친족 관계와 관련하여 프로이트가 이따금씩 보여주는 특징적인 실수라고 할 수 있다. 그는 분명히 famos라는 말을 염두에 두고 있었을 터인데, 이 말은 독일 구어에서는 "멋지다" 또는 "놀랍다"는 뜻이지만, "유명하다"는 뜻은 없다.

** 독일어 부분은 다음과 같이 번역된다. "'토테미즘의 유아적 복귀'…… 모든 **내적인** 억압 장벽은 **외적인** 장애의 역사적 결과다. 따라서 저항의 내재화, 오늘날 타고나는 억압 성향에는 인류의 역사가 침전되어 있다."

힌 듯 세 번째 에세이를 쓰다가 페렌치에게 그렇게 썼다.[90] 그리고 다시 두 주 뒤에 자신의 몰입 상태를 증언했다. "나는 막 전능함에 휘둘리고 있었고, 성급하기 짝이 없었네. 뭔가를 하고 싶으면 이렇게 해야지."[91] 1913년 4월이 되자 "토템 작업"을 다 끝냈다고 보고할 수 있었고,[92] 다음 달에는 전체에 대한 긍정적인 평가를 내릴 수 있었다. "지금 토템에 관해서 쓰고 있는데, 이것이 나의 가장 훌륭한 것, 최고의 것, 어쩌면 최후의 좋은 것일지도 모른다는 느낌이 드네."[93]

프로이트가 늘 그렇게 자신이 있었던 것은 아니다. 불과 일 주일 뒤에 그는 페렌치에게 이렇게 보고했다. "토템 작업은 어제 준비가 되었네." 그런데 "끔찍한 편두통(나에게는 드문 것)"이라는 대가를 치렀다.[94] 그러나 6월에는 두통과 대부분의 의심이 사라졌다.—한동안은. "토템 작업으로부터 풀려난 이후로 편하고 유쾌해졌네."[95] 그는 서문에서 겸손하게 책의 결함들을 잘 알고 있다고 고백했다. 그 가운데 일부는 그 선구적 성격 때문에 불가피했다. 또 일부는 교육받은 일반 독자에게 호소하고, "민족학자, 언어학자, 민속학자 등과 정신분석학자들을 중재하려는" 시도 때문에 불가피했다.[96]

《토템과 터부》는 독자를 찾으려는 시도보다도 그것을 지배하는 주제라는 면에서 훨씬 야심만만했다. 완전한 독창성이라는 면에서는 장-자크 루소의 추측들마저 넘어선다. 루소가 18세기 중반에 인간 사회의 기원에 관하여 했던 유명한 이야기는 명백히 가설적이었다. 루소는 인류가 문명 이전에서 문명으로 넘어오는 시점을 자신이 상상할 때 독자들에게 사실을 따지지 말아 달라고 길게 요청했다. 그러나 루소와는 달리 프로이트는 **자신의** 깜짝 놀랄 만한 추측이 오랫동안 묻혀 있던 획기적인 선사시대 사건을 분석적으로 재구성한 것이라고 받아들여주기를 독자들에게 요청했다. 그는 임상적 추론이라는 친밀하고 구체적인 것으로부터 위험할 정도로 멀리 떠나와 있었지만, 이것 때문에 속도를 늦추지는 않았다.

프로이트의 《토템과 터부》는 정신분석의 응용이지만, 동시에 정치적 문건이기도 했다. 이 책이 아직 초기 단계이던 1911년 2월, 프로이트는 융에게 생식이라는 무거운 비유를 써 가면서 이렇게 말했다. "몇 주 동안 더 큰 종합의 배아를 잉태했네. 여름에는 출산을 할 걸세."[97] 우리가 알다시피 임신 기간은 프로이트가 예상했던 것보다 훨씬 길었다. 따라서 1913년 5월에 친구들에게 책이 기본적으로 끝난 셈이라고 알렸을 때 그가 의기양양한 기분이었던 것은 충분히 이해할 만하다. 프로이트에게 선사시대, 생물학, 정신분석의 종합을 낳는 작업은 그의 "상속자"이자 경쟁자의 움직임을 예상하면서 동시에 능가하는 일이었기 때문이다. 《토템과 터부》에 담긴 논문들은 프로이트가 융과 경쟁하는 무기였던 것이다. 프로이트는 이 투쟁을 통해 오이디푸스 전쟁 가운데 종종 무시되는 측면, 즉 아들을 이기려는 아버지의 노력을 보여준다. 무엇보다도 융과 결별한 뒤에 발표한, 네 논문 가운데 가장 전투적인 마지막 논문은 프로이트에게 그렇게 잔인했고 정신분석에 그렇게 불충했던 황태자에 대한 달콤한 복수였다. 이 논문은 〈이마고〉 8월호에 실릴 예정이었으며, 프로이트가 5월에 아브라함에게 말했듯이 "아리안적이고 종교적인 모든 것을 깔끔하게 잘라내는 데 도움이 될" 터였다.[98] 프로이트는 9월에 그에게는 도시들의 여왕인 로마에서 책의 서문에 멋지게 서명을 했다.

《토템과 터부》는 프로이트가 현재 벌이는 전투가 의식적이고 무의식적인 그의 과거 역사의 반향이라는 증거를 페이지마다 남기고 있다. 문화인류학과 고고학은 그가 평생 즐겁게 몰두하던 일이었으며, 이 점은 그가 고고학에서 빌려온 많은 비유들이 증언해준다. 어른이 되어 유년의 공상을 실현한 슐리만은 프로이트가 정말로 부러워하던 소수에 속한 사람이었으며, 프로이트는 자기 자신을 정신의 슐리만으로 보았다. 산고가 끝나자 그는 산후우울증이라는 대가를 치렀다. 《꿈의 해석》을 내고 나서 겪은 고통과 크게 다르지 않았다. 자신의 주장에 대한 확신이 사라졌으며, 이것은 그 책에 감정적으로 깊이 몰입했다는 확실한 표시였다. 다행히도 오래지 않아 그의 충성스러운 지지자들의 갈채라는 보답이 찾아왔다. 프로이트가 6월 말에 쓴 바에 따르면, 페렌치와 존스의 찬사가 "내가 작업을 끝낸 뒤에 접수한 첫 기쁨의 배당금이었다."[99] "토템 작업"이 자신을 아주 즐겁게 해주었으며, 프로이트의 논리에 완전히 설득당했다고 아브라함이 이야기하자,[100] 프로이트는 즉시 답을 하며 진심으로 고마워했다. "토템 작업에 대한 자네의 판단은 나에게 특히 중요하네. 그것을 끝낸 뒤에 그 가치를 두고 한동안 의심에 시달렸거든. 하지만 페렌치, 존스, 작스, 랑크의 논평도 박사의 논평과 비슷했기 때문에 나도 점차 자신감을 회복하는 중일세." 그는 스스로 과학적인 공상이라고 인식하는 것을 발표했기 때문에, "기고, 추가, 추론"으로 그의 작업을 확인하려는 아브라함의 시도를 특히 환영했다. 그는 아브라함에게 "비열한 공격"에 대비하고 있으며, 당연히 그런 것에 당황하는 일은 없을 것이라고 말했다.[101] 그러나 이런 태도 가운데 얼마나 많은 부분이 되찾은 평정이고, 얼마나 많은 부분이 허세인지는 알 수가 없다.

《토템과 터부》의 지적인 혈통은 인상적이다. 지금 돌이켜보면 약간 퇴색했다는 느낌이 들기는 하지만, 그것은 세월이 흘렀기 때문일 뿐이며, 또한 그동안 프로이트에게 대단히 전복적인 추측을 가능하게 해주었던 동족의 학문들이 점차 정교하게 다듬어졌기 때문일 뿐이다. 프로이트의 말에 따르면 그가 연구의 첫 충동을 느낀 계기는 빌헬름 분트(Wilhelm Wundt, 1832~1920)의 "비분석적인" 민족심리학(Völkerpsychologie)과 융, 리클린 등 취리히 학파의 정신분석적인 글이었다. 그러나 프로이트는 약간 자부심을 드러내며 자신이 그 둘로부터 도움을 받기는 했지만, 동시에 의견을 달리하는 부분도 있다고 말했다.[102] 프로이트는 원시적이고 이국적인 신앙들에 관하여 많은 글을 쓴 박식한 제임스 G. 프레이저(James Frazer, 1854~1941)의 작업, 스코틀랜드의 탁월한 성경학자 W. 로버트슨 스미스(William Robertson Smith, 1846~1894)의 토템 식사에 관한 글, 위대한 에드워드 버닛 타일러(Edward Burnett Tylor, 1832~1917)의 진화인류학,* 그리고 말할 것도 없이 원시인의 사회적 조건에 관한 찰스 다윈의 생생한 추측에도 의존했다.

1920년 초에 《토템과 터부》 영어판의 서평을 쓴 최초의 영국 인류학자 R. R. 마레트(R. R. Marett, 1866~1943)는 이 책을 "그럴듯한 이야기"라고 불렀다. 프로이트는 이런 규정이 재치 있다고 여겨 그런 대로 재미있게 받아들였다. 그는 어니스트 존스에게 이렇게 말했다. "《토템과 터부》를 비평한 마레트는 정신분석이 제시하는 해결책을 거절하는 한 정신분석이 인류학의 문제들을 전과 다름없이 그대로 남겨 두었다고 말할 자격이 얼마든지 있네. 하지만 그 해결책을 받아들였다면 다르게 생각했을 걸세." 그러나 프로이트는 "그럴듯한 이야기"라는 마레트의 농

---

* 프로이트는 거의 백 년 전의 오귀스트 콩트와 아주 흡사하게 생각의 세 단계 — 애니미즘적 또는 신화적 단계, 종교적 단계, 과학적 단계 — 를 가정했다. (*Totem and Taboo*, SE XIII, 77 참조.) 이 구도는 시간상의 순서와 동시에 가치의 위계도 내포한다. 프로이트가 이 글을 쓸 무렵, 또 물론 《토템과 터부》가 나오고 나서 수십 년 동안, 문화인류학자들은 이런 구도를 거부하고 때로는 경멸하기도 했다.

실험심리학의 창시자인 빌헬름 분트(왼쪽)와, 스코틀랜드의 성서학자이자 사회인류학자인 윌리엄 로버트슨 스미스. 프로이트는 정신분석의 성과를 인류학에 적용한 《토템과 터부》를 쓰면서 분트의 '비분석적' 민족심리학과 스미스의 토템 숭배 연구에서 영향을 받았다.

담이 "사실 나쁘지 않다."고 생각했다. "이 사람은 선하네. 다만 공상이 부족할 뿐이지."[103] 《토템과 터부》를 쓴 프로이트는 공상의 부족으로 비난받을 일은 없을 터였다. 그러나 프로이트는 대담함과 신중함이 뒤섞인 태도를 보였다. 그가 1921년에 한 말에 따르면, 사실 그는 "다른 많은 사람들과 마찬가지로 선사 시대를 연구하는 사람들이 그 옛날의 어둠을 밝히는 데 이용해볼 만한 가설"을 개진했을 뿐이다. 그러면서 그는 약간 자신 있게 덧붙였다. 물론 "새로운 영역에서 일관성과 이해를 이루어내는 데 적합하다는 것이 드러난다면 이 가설에는 명예로운 일일" 터였다.[104]

프로이트가 정신분석 외부의 막강한 권위자들에게만 의지하여 주장을 펼친 것은 아니었다. 임상 경험, 자기 분석, 정신분석 이론이 없었다면 그는 결코 《토템과 터부》를 쓸 수 없었을 것이다. 여기에는 또 슈레버의 유령도 떠돌고 있었다. 이 본보기가 될 만한 편집증 환자의 사례사에서 프로이트는 인간과 신의 관계가 아버지와의 관계에서 파생된다는 것을 드러냈기 때문이다. 《토템과 터부》는 프로이트가 융에게 말한 대로 하나의 종합이었다. 이것은 인류학, 민족학, 생물학, 종교사, 그리고 정신분석에서 나온 추측들을 한데 엮었다. '미개인과 신경증 환자 정신 생활의 몇 가지 일치점'이라는 부제는 많은 것을 보여준다. 근친상간의 공포에 관한 첫 번째 가장 짧은 에세이는 멜라네시아인과 반투족으로부터 오이디푸스 단계의 소년과 프로이트 자신의 문화에서 살아가는 여자 신경증 환자까지 망라한다. 두 번째 논문은 문화인류학의 당시 이론들을 탐사하여, 터부와 양가감정을 프로이트가 환자들에게서 관찰한 강박적 명령이나 금지와 연결시킨다. 세 번째 논문은 당시 종교의 원시 형태로 널리 받아들여지던 애니미즘과 마법적 사고의 관련을 검토한 뒤, 이 둘을 생각의 전능함에 대한 아이의 소망적 믿음과 연결시킨다. 《토템과 터부》 전체에 걸쳐 그렇지만, 여기에서도 프로이트는 그가 부제에서 독자들에게 약속한 것을 넘어선다. 그의 관심은 "원시적"인 사고방식이라고 부른 것과 신경증 환자의 사고방식의 일치에 머물지 않았다. 그는 원시적인 사고방식이 심지어 "정상적" 사고까지 포함하는 모든 사고, 그리고 역사에 어떤 빛을 던져주는지 확인하려고 했다. 결국 그는 "미개인"의 사고 양식이 정신분석가가 환자에게서 인식하게 되는 것, 또 세상을 관찰할 때 모든 사람에게서 인식하게 되는 것의 윤곽을 선명하게 드러내준다고 결론을 내렸다. 즉 생각에 작용하는 소망의 압력을 드러내는데, 이것이 모든 정신 활동의 실질적인 기원이라는 이야기였다.

이 모두가 상상력을 동원한 작업이었지만, 에세이 네 편 가운데 가장 긴 마지막 에세이, 터부에서 토템으로 넘어가는 에세이에서 프로이트는 가장 독창적인 비상을 한다. 비판자들은 이것이 무모하고 치명적인 이카로스의 비상이라고 생각했지만, 프로이트에게는 아주 평범하지는 않아도 결코 겁이 나는 비상은 아니었다. 토템이란 결국 터부다. 거룩한 대상이다. 이것이 문화사가에게 중요한 것은 프로이트가 이미 첫 에세이에서 검토한 사항, 즉 근친상간에 대한 공포를 극화하기 때문이다. 토템을 숭배하는 부족에게 가장 신성한 의무는 자신의 토템 씨족의 구성원과 결혼하지 말아야 하며 실제로 그들과 모든 성적 접촉을 피해야 한다는 것이다. 프로이트는 이것이 "토테미즘과 연결된, 유명하고 신비한 족외혼(族外婚)"이라고 말했다.[105]

프로이트는 토테미즘의 기원을 설명하는 당대의 이론들을 빠른 속도로 살펴보면서 각각을 평가하고 해설하기도 한다. 그러나 찰스 다윈과 로버트슨 스미스의 추측들을 통과하며 우회한 뒤에 그의 설명은 다시 분석 소파로 돌아온다. 다윈은 선사시대 사람들이 작은 무리를 이루어 살았으며, 각각의 무리는 오만하고 성적으로 질투심이 많은 남성이 지배했을 것이라 추측했다. 로버트슨 스미스는 토템 동물을 먹는 제의적 희생이 모든 토테미즘에서 빼놓을 수 없는 요소였다는 가설을 세웠다. 프로이트는 그의 이론 작업에 전형적으로 나타나는 비교 전략을 채택하여 이런 근거 없고 매우 불안정한 추측을 아동 신경증 환자들의 동물 공포와 연결한 다음, 그때까지 눈에 안 띄게 옆쪽에 감추어놓았던 오이디푸스 콤플렉스를 무대 중앙으로 불러낸다. 이 대목에서 그는 다름 아닌 '꼬마 한스', 말을 무서워하고 아버지에게 깊은 갈등을 느끼던 똑똑하고 매혹적인 다섯 살짜리 아이를 20세기 초 빈과 인간 과거의 아주 멀고 모호한 시기 사이의 중개자로 채택했다. 프로이트는 그가 좋아하던 이 소년 외에 다른 어린 증인 둘을 추가했다. 러시아의 정신분석가 M. 불프(M. Wulff)가 연구한 개 공포증이 있는 소년과 페렌치가 알려준 사례인 '꼬마 아르파트'였다. 아르파트는 자신을 닭과 동일시하면서도 닭이 도살되는 것을 보며 즐거워했다. 이렇게 정신 장애로 고생하는 어린아이들의 행동의 도움을 받아 프로이트는 토템 동물이 아버지를 나타내는 것으로 해석했다. 이런 독법을 통해 프로이트는 마침내 "토템 시스템" 전체가 "'꼬마 한스'의 동물 공포나 '꼬마 아르파트'의 닭에 대한 도착(倒錯)과 마찬가지로 오이디푸스 콤플렉스라는 조건에서 발생할" 가능성이 아주 높다고 보게 되었다.[106]

프로이트는 희생제 식사가 매우 중요한 사회적 접합제라고 주장했다. 토템―이것을 먹는 사람들과 똑같은 물질로 이루어져 있다.―을 희생함으로써 씨족은 신에 대한 믿음과 신과의 동일성을 재확인한다는 것이다. 이것은 양가감정에 물든 집단적 행동이다. 토템 동물을 죽이는 것은 슬픔의 행사이지만, 그 뒤에 기쁨이 따르기 때문이다. 실제로 동물을 죽인 뒤에 이어지는 축제는 열광적이고 억제가 없는 농신제였는데, 독특하면서도 애도에는 필수적인 부속물이었다. 프로이트의 주장이 이 단계에 이르자 그를 막는 것은 불가능해졌다. 이제 그는 그 나름으로 역사를 재구성할 준비가 된 것이다.

프로이트는 이런 재구성이 모든 사람의 눈에 공상적으로 보일 것이 틀림없다는 점을 인정할 정도의 품위는 있는 사람이었다. 그러나 그의 생각에 이것은 완벽하게 그럴듯한 이야기였다. 무리를 지배하며 여자들을 독차지한 사납고 질투심 많은 아버지는 아들들이 자라자마자 쫓아버린다. "어느 날 쫓겨난 형제들이 함께 모여 아버지를 때려죽이고 그의 주검을 먹어 치우며, 이렇게 해서 부권적인 무리는 해체된다. 형제들은 혼자라면 불가능했을 일을 힘을 합쳐서 과감하게 해치운 것이다." 프로이트는 이 반역을 일으킨 형제들에게 압제자에 대한 우월감을 심어준 것은 새로운 무기를 다루는 능력 같은 어떤 문화적 습득이었을지도 모른다고 생각했다. 강력한 아버지가 죽은 다음에 주검을 먹어 치운 것은 당연한 일이었다고 프로이트는 생각했다. "식인 미개인들"은 원래 그런 것이니까. "형제 집단의 각 구성원에게 폭력적인 원초적 아버지는 틀림없이 부러우면서도 두려운 모델이었을 것이다. 이제 먹는다는 행동을 통해 그들은 아버지와의 동일시를 철저하게 이행했다. 형제 각각은 아버지의 힘의 한 조각을 전유했다." 일단 이런 기원을 이해하면 "어쩌면 인류 최초의 축제였을" 토템 식사는 "기억에 남을 만한 이런 범죄적 행동의 반복이자 기념"이었음이 드러난다.[107] 프로이트에 따르면 인간 역사는 그렇게 시작된 것이 틀림없었다.

프로이트는 선사시대에 자행되고 기념된 이런 범죄의 재구성에는 모호함이 내재할 수밖에 없다고 경고했다. "이런 자료에서 정확성을 추구하는 것은 터무니없는 일이고, 확실성을 요구하는 것 또한 비합리적일 것이다."[108] 그는 이런 깜짝 놀랄 기원론을 자신이 "현상의 복잡한 성질"을 간과한 증거로 받아들이지 말라고 "분명하게 강조했다." 그가 한 일은 "이미 알려져 있거나 아직 알려져 있지 않은 종교, 도덕, 사회의 원천에 요소를 하나 더 보탠" 것일 뿐이었다.[109] 그러면서도 프로이트는 이런 정신분석학적 몽상 때문에 대담해졌는지, 가장 놀랄 만한 추론으로 나아간다. 아버지를 죽인 형제 무리는 '아버지에 관한 서로 모순된 감정들의 지배를 받는데", 정신분석가들은 아이들이나 신경증 환자를 괴롭히는 "아버지 콤플렉스의 양가감정"에서 그와 똑같은 것을 보여줄 수 있다는 것이다. 형제들은 막강한 아버지를 증오하는 동시에 사랑했기 때문에 가책에 시달리는데, 이 가책은 "죄의식"으로 나타난다. 죽은 후에 아버지는 살았을 때보다 더 강해졌다. "전에는 아버지가 그 존재로 막았던 것"을 이제는 아들들이 정신분석적 상황에서 스스로 금지한다. 이런 **지연된 복종**'은 정신분석 과정에서 우리에게 익숙해진 것이다." 이제 아들들은 "아버지의 대체물, 즉 토템의 살해를 허락하지 않겠다고 선포하여" 말하자면 아버지 살해 행위를 지워버리며, "자유를 얻은 여자들을 갖지 않겠다고 하여 아버지 살해의 성과를 포기한다." 이렇게 해서 죄의식에 억눌린 아들들은 "토테미즘의 근본적인 터부"를 확립하는데, "이것은 오이디푸스 콤플렉스의 두 가지 억압된 소망과 정확히 일치할 수밖에 없다." 즉 아버지 살해와 어머니 정복이다.[110] 그들은 죄를 짓고 자신의 죄를 인정하는 과정에서 문명을 창조했다. 모든 인간 사회는 커다란 범죄 공모 위에 구축된 것이다.

이런 삭막하고 거창한 결론으로부터 프로이트는 또 한 가지 매혹적이라고 여기는 추론을 내놓는다. "형제들 무리가 최초의 아버지를 말살하는 이 사건은 인류의 역사에 지울 수 없는 흔적을 남길 수밖에 없다."[111] 프로이트는 그 흔적이 모든 문화에 스며들어 있다는 사실을 증명할 수 있다고 생각했다. 종교의 역사, 비극의 호소력, 예술의 사례들이 모두 최초의 범죄와 그 결과의 불멸성을 가리키고 있다. 그러나 프로이트는 이런 결론이 매우 논란이 많은 두 가지 개념에 의존하고 있음을 인정했다. 하나는 "마치 한 사람이 된 것처럼 정신적 과정을 경험하는 집단적 정신"의 존재다. 또 하나는 이 정신이 선사시대의 살인자 무리를 처음 짓눌렀던 죄책감을 "수천 년에 걸쳐" 후손에게 물려줄 수 있는 능력이다.[112] 간단히 말해서 인간이 생물학적 조상으로부터 양심의 짐을 물려받을 수 있다는 것이다. 이것은 원초적 살인이 역사적 사건이라는 이전의 터무니없는 주장 위에 쌓아 올린 정말 터무니없는 주장이었다. 그러나 프로이트는 자신이 걸어온 힘겨운 길을 검토하면서, 결연한 태도로 이 있을 법하지 않은 재구성에서 물러서지 않았다. 원시인은 신경증 환자와 똑같지는 않다. 신경증 환자는 생각이 곧 행동이라고 생각하지만, 원시인은 생각하기 전에 행동하기 때문이다. 《파우스트》를 인용한 프로이트의 마지막 열변은 아주 적절해서, 그가 괴테의 유명한 말로 이 텍스트를 마무리하려고 이 먼 길을 온 것이 아닌가 하는 생각이 들 정도다. "태초에 행동이 있었다."[113]

앞서 보았듯이 프로이트에게 아들들의 행위, 즉 그 "기억할 만한 범죄적 행동"은 문명의 기초를 놓는 행동이었다. 이 행위는 인간 역사의 "아주 많은 것", 즉 "사회 조직, 도덕적 구속, 종교"의 출발점에 서 있다.[114] 프로이트는 정신분석이라는 유리한 지점에서 문화사를 탐색하는 작업에 나서면서 이 모든 문화 영역에 강한 흥미를 느끼게 된 것이 틀림없다. 그 가운데서도 마지막에 거론한 종교가 가장 큰 관심을 끌었던 것 같다. 선사시대의 살인에서 종교의 기초를 드러냄으로써 프로이트는 자신의 오랜 기간에 걸친 전투적인 무신론을 그즈음 뚜렷해진 융에 대한 혐오와 결합할 수 있었다. 《토템과 터부》의 마지막 에세이에서 그가 "아리안적이고 종교적인 모든 것"에서 자유로워지기를 바랐다는 것을 떠올려볼 수도 있다. 그는 원시적 욕구, 원시적 관념, 그리고 다름 아닌 원시적 행동 속에서 종교의 뿌리를 드러내려 했던 것이다. 융은 프로이트를 비판하면서 이렇게 썼다. "가족 생활을 다룬 에른스트 바를라흐(Ernst Barlach, 1870~1938)의 비극적 소설 《죽은 날》에서 어머니-악마는 마지막에 말한다. '인간은 신이 자기 아버지임을 배우려 하지 않으니, 이것은 참으로 이상한 일이다.' 프로이트도 이것을 결코 배우려 하지 않을 것이며, 그와 관점이 같은 사람들도 모두 그것을 배우는 것을 스스로 금할 것이다."[115]

그러나 프로이트가 배운 것, 그리고 《토템과 터부》에서 가르친 것은, 비록 상당히 불경한 방식으로 정리하기는 했지만, 인간이 아버지를 신으로 **만든다**는 것이었다. 프로이트는 제임스 G. 프레이저와 로버트슨 스미스를 꽤 길게 인용한 뒤 원시적 아버지 살해 이야기로 나아가, 최초의 종교인 토테미즘이 가장 무서운 처벌을 각오하지 않으면 어길 수 없는 터부를 확립했으며, 그 후 고대의 성스러운 제의에서 희생된 동물은 원시 토템 동물과 똑같았다고 이야기했다. 그 동물은 다름 아닌 원시적인 신을 표현했다. 이 제의는 아버지를 죽이고 먹는 것을 재연하여, 위장된 형태로 그 기초를 이루는 범죄를 되새기고 기념했다. 이것은 "더할 나위 없이 진지하게, 희생 행동의 대상은 늘 똑같았다고, 현재 신으로 섬겨지는 존재와 똑같았다고, 즉 아버지였다고 고백한다."[116] 프로이트가 융에게 보낸 몇 통의 편지에서 이미 암시했듯이, 종교는 무력감에 기초를 두고 있었다. 그런데 《토템과 터부》에서는 종교가 무력감에 대한 반역적 행동에서 생겨날 수도 있다고 덧붙여서 그런 암시를 더 복잡하게 만들었다. 융은 신을 인간의 아버지로 인정하는 것은 영적 영역에 대한 공감적 이해와 재발견을 요구한다고 믿게 되었다. 프로이트는 《토템과 터부》에서 발견한 것을 추가 증거로 내세우며, 그런 요구는 과학으로부터 후퇴하는 것이고, 정신적 삶의 근본적 사실들을 부정하는 것이며, 한마디로 신비주의라고 비판했다.

《토템과 터부》에서 프로이트가 가장 강하게 주장하고 또 이 책의 중심을 이루기도 하는 피할 수 없는 인간 현실은 오이디푸스 콤플렉스다. "종교, 도덕, 사회, 예술의 기원"이 이 콤플렉스로 "수렴한다".[117] 우리가 알다시피 이것이 프로이트에게는 갑작스럽거나 새로운 발견이 아니었다. 그의 기록 가운데 오이디푸스적인 가족 드라마를 처음 암시한 것은 1897년 부모에 대한 적대적 소망과 관련하여 플리스에게 보낸 비망록 가운데 하나다. 그 후로 몇 년 동안 이 개념이 그의 생각을 점점 더 지배하게 되었는데도 직접 언급하는 일은 드물었다. 그러나 이 개념이 분석 대상자들에 관한 그의 생각에 영향을 끼치는 것은 불가피한 일이었다. 도라의 사례사에서는 간략하게 이 개념을 설명했고,[118] 꼬마 한스는 "꼬마 오이디푸스"라고 생각하기도 했다.[119] 그러나 1908년에 가서야 페렌치에게 보낸 미공개 편지에서 이 "가족 콤플렉스"가 "오이디푸스 콤플렉스"라고 밝혔다.[120] 또 1909년에 가서야 쥐 인간의 사례사에서 이것을 **"신경증의 핵을 이루는 콤플렉스"**라고 불렀다.[121] 그 뒤에 1910년에 가서야 사랑의 변화에 관한 짧은 논문 한 곳에서 이 기억할 만한 표현을 사용했다.[122] 이 무렵 프로이트는 양가감정이라는 감정적 긴장 상태에 상당한 중요성을 부여하게 되었다. 이것은 꼬마 한스가 그에게 준 교훈이기도 했다. 그는 이제 고전적인 오이디푸스 콤플렉스, 즉 어린 소년이 어머니를 사랑하고 아버지를 미워하는 상황은 사실 그렇게 순수하고 단순한 형태로 존재하는 경우는 드물다는 것을 알게 되었다. 그러나 프로이트가 보기에는 이 콤플렉스의 바로 그런 다양성이야말로 이것이 인간 경험에서 중심을 차지한다는 사실을 강조할 뿐이었다. 프로이트는 훗날 1890년대 말부터 개진해 온 주장을 이렇게 요약했다.

> 새로 태어나는 모든 인간에게는 오이디푸스 콤플렉스를 정복하는 과제가 앞에 놓여 있었다. 이것을 달성하지 못하는 사람은 누구나 신경증에 걸렸다. 정신분석 작업의 발전은 오이디푸스 콤플렉스의 의미를 더욱 선명하게 묘사해주었다. 이것을 인정하느냐 아니냐는 정신분석의 지지자와 반대자를 가르는 기준이 되었다.[123]

확실히 이 기준은 프로이트와 아들러를 갈라놓았으며, 프로이트와 융을 더욱 결정적으로 갈라놓았다.

인간이라는 동물을 연구하는 학자들이 방법론을 다듬고 가설을 수정함에 따라, 《토템과 터부》의 주장을 위태롭게 하는 결함들이 더욱 눈에 거슬리게 두드러지게 되었다. 프로이트에게 가장 무비판적인 추종자들의 눈에만 그 결함이 안 보일 뿐이었다. 문화인류학자들은 토템 부족 일부가 토템 희생제 식사 의식을 실제로 거행하기도 하지만, 대부분은 거행하지 않는다는 것을 보여주었다. 로버트슨 스미스가 토테미즘의 핵심이라고 생각했던 것이 예외가 되어버린 것이다. 또 선사시대 무리가 일부다처적이고 독점적인 남성의 지배를 받았다는, 다윈을 비롯한 다른 사람들의 추측도, 이후의 연구, 특히 프로이트가 《토템과 터부》를 쓸 때는 찾아볼 수 없었던 영장류에 관한 수준 높은 연구 앞에서 무너지고 말았다. 부권제에 대한 형제들의 치명적인 반역을 묘사한, 마음을 흔들어놓는 프로이트의 이야기도 점점 설득력을 잃게 되었다.

게다가 이 이야기는 현대 생물학이 결정적으로 폐기해버린 이론에 기초를 두고 있기 때문에 더욱더 공상적으로 보이게 되었다. 프로이트가 《토템과 터부》를 쓸 때만 해도 몇몇 책임 있는 연구자들은 여전히 후천적 특질이 세대를 거치며 유전적으로 상속된다고 믿었다. 사실 1913년경에 유전학은 여전히 유아기였기 때문에 유전의 본질에 관한 아주 다양한 추측들을 받아들일 수 있었다. 다윈 자신도 라마르크를 신랄하게 비판하기는 했지만, 후천적 특징들이 유전될 수도 있다는 가설을 세웠다는 점에서는 어느 정도 라마르크주의자였다고 할 수 있다. 따라서 비록 쪼그라들고는 있지만, 그나마 남아 있는 이 학설의 권위에 프로이트가 기댄 것도 그렇게 부당한 일은 아니었다고 말할 수도 있다. 그러나 그가 계속 이 학설을 편애했던 것은 이 학설이 정신분석의 이론적 구조를 완성하는 데 도움이 된다고 믿었기 때문이다.

그러나 얄궂게도 원초적 범죄의 역사적 현실성은 프로이트의 주장에서 결코 핵심적인 요소가 아니었다. 죄책감은 그렇게 공상적인 메커니즘이 아니라, 과학적으로 더 쉽게 받아들여질 수 있는 메커니즘으로 전해질 수 있었다. 프로이트 자신이 《토템과 터부》에서 말하듯이, 신경증 환자들은 오이디푸스적인 살해에 관한 공상을 하지만 결코 그것을 실행에 옮기지 않는다. 만일 프로이트가 진료실 소파에서 얻어낸 다른 지식을 활용하듯이 그런 임상적 통찰을 원초적 범죄 이야기에 적용할 생각이 있었다면, 그는 《토템과 터부》에 쏟아지게 될 가장 통렬한 비판을 예상하고 공격당할 소지를 없앨 수 있었을 것이다. 그의 놀라운 이야기를 사실이 아니라 오랜 세월 동안 어린아이들이 부모와 맞설 때 시달리게 되는 공상으로 제시했다면, 라마르크주의적인 명제를 버릴 수도 있었다는 것이다. 가족 경험, 내밀한 경쟁과 뒤섞인 감정들, 간단히 말해서 어디에서나 찾아볼 수 있는 오이디푸스 콤플렉스의 보편성만으로도 죄책감의 반복을 설명하면서 그것을 그의 정신 이론에 완벽하게 끼워 넣을 수 있었을 것이다.* 1890년대 말 프로이트는 현실에서 공상으로 옮겨 옴으로써 신경증의 유혹 이론이라는 터무니없는 생각에서 벗어났다. 그러나 이번에는 자신의 주장에 대해 머뭇거리고 의무감 때문에 그 주장에 반대되는 증거를 제시하기도 했지만, 결국 그 주장을 고수했다. 태초에 행동이 있었다! 죄책감이 발생하는 과정에 관한 그의 이야기는 다름 아닌 기독교의 원죄 교리와 놀랄 만큼 닮았지만, 이것도 프로이트의 공상적인 구성물의 권위를 높여주지는 못했다.[124]

이런 고집스러움은 프로이트의 과학적 이상은 말할 것도 없고, 이전의 늘 의심하던 태도와도 분명한 대조를 이룬다. 프로이트가 전문가들

---

* 정신분석학자들만 그런 대안을 제시한 것이 아니다. 미국의 인류학자 앨프리드 L. 크로버(Alfred L. Kroeber, 1876~1960)가 1939년에 《토템과 터부》를 다시 검토하면서 말했듯이 (그는 1920년에 이 책에 대한 서평을 쓴 적이 있다), "어떤 심리적 과정은 늘 작동하면서 인간의 제도 속에서 표현된다." ("Totem and Taboo in Retrospect", *American Journal of Sociology*, LV [1939], 447.)

에게 원하는 것은 보강 증거뿐이었다. 그들이 자신의 주장을 뒷받침하면 얼른 움켜잡았고, 그렇지 않을 때는 무시해버렸다. 1912년 여름에 페렌치에게 말한 바에 따르면, 그는 로버트슨 스미스의 셈족 신앙에 관한 책에서 "나의 토템 가설에 대한 최고의 확증"을 얻었다.[125] 그는 프레이저를 비롯한 다른 권위자들이 토템과 터부의 수수께끼에 대한 자신의 해법을 받아들이지 않을 것이라고 걱정했지만, 이것 때문에 그가 이미 굳게 받아들인 결론에 대한 확신이 흔들리지는 않았다―그때도 나중에도 흔들리지 않았다.*[126] 그의 고집이 이전의 의심과 똑같은 심리적 근원에서 나왔다는 데에는 의문의 여지가 없다. 처음 그 책을 읽은 사람들도 그렇게 생각했다. 존스와 페렌치는 프로이트가 《토템과 터부》를 발표한 뒤 보인 고통스러운 침묵이 흔히 눈에 띄는 단순한 저자의 불안보다 깊은 개인적 뿌리를 가지고 있을지도 모른다는 가능성을 프로이트에게 제시했다. 두 사람은 교정쇄를 읽고 이것이 위대한 책이라고 믿었다. 존스는 이렇게 쓰고 있다. "우리는 프로이트가 자신이 책에서 묘사한 경험을 상상 속에서 다 살아냈으며, 그의 들뜬 기분은 아버지를 죽이고 잡아먹은 흥분을 보여주는 것이고, 그의 의심은 그 반동일 뿐이라고 생각했다."[127] 프로이트는 측근의 이 정도 정신분석은 받아

---

* 프로이트는 거의 말년에 이르렀을 때 이렇게 말했다. "나는 지금도 이 해석을 고수하고 있다. 최근 민족학자들이 로버트슨 스미스의 가설을 만장일치로 거부하고 부분적으로 완전히 다른 이론을 제시한 뒤, 내가 최근 개정판에서 내 견해를 바꾸지 않은 것을 격렬하게 비난하는 소리를 여러 번 들어야 했다. 나도 이 이른바 발전이라는 것을 잘 알고 있다고 대답할 수밖에 없다. 그러나 나는 이런 새로운 이론이 옳다고도 로버트슨 스미스가 틀렸다고도 생각지 않는다. 반론이 곧 논파는 아니며, 새 이론이 반드시 발전은 아니다." 그는 이 점에 관한 자신의 생각의 어떤 분석되지 않은 구성 요소를 암시하는 사과로 끝을 맺는다. "무엇보다도 나는 민족학자가 아니라 정신분석학자다. 나는 민족학 문헌 가운데 나의 분석 작업에 쓸모가 있는 것을 고를 권리가 있었다." (*Der Mann Moses und die monotheistische Religion. Drei Abhandlungen* [1939], *GW* XVI, 240 / *Moses and Monotheism*, SE XXIII, 131.)

들일 용의가 있었지만, 자신의 명제를 수정할 생각은 없었다. 그는 존스에게 《꿈의 해석》에서는 아버지를 죽이고 싶은 소망을 묘사했을 뿐이지만, 《토템과 터부》에서는 진짜 아버지 살해를 묘사했다고 말했다. "결국 소망에서 행동으로 큰 도약을 한 셈이지."[128] 물론 프로이트로서는 전에 한 번도 시도해본 적이 없는 도약이었다. 그러나 원초적인 범죄를 어디에나 존재하는 너무나 인간적인 공상이라기보다는 불멸의 그림자를 드리우는 유일무이한 사건으로 제시한 덕분에 프로이트는 자신의 아버지와의 오이디푸스적 투쟁에는 계속 어느 정도 거리를 둘 수 있었다. 또 이성적 세계는 아버지 살해에 관하여 단지 공상만 한 진짜 무고한 사람들을 무죄 방면해주어야 한다고 호소할 수 있었다. 그러나 프로이트 자신이 보여준 바에 따르면 정신세계는 결코 이성적이지 않았으므로, 사실 이것은 그의 오이디푸스적인 공격성에 살해가 내포되어 있다는 사실로부터 벗어나고자 하는 약간은 애처로운 시도였던 셈이다.

오이디푸스 콤플렉스 속에서 종교의 기초를 발견하려는 프로이트의 시도의 객관적 가치가 어떠하든, 《토템과 터부》에서 프로이트의 주장을 이끌었던 충동 몇 가지는 그의 감추어진 삶에서 나왔을 가능성이 높다. 어떤 면에서 이 책은 야코프 프로이트와의 절대 끝나지 않는 씨름 대결의 한 라운드를 표현한다. 동시에 아말리아 프로이트에 관한 그의 복잡한 감정들로부터 집요하게 도피하는 과정의 한 에피소드이기도 하다. 어머니를 잡아먹는 공상과 관련된 민족학적 자료가 아버지를 잡아먹는 경우보다 많은데도 프로이트가 재구성 과정에서 어머니에 관해서는 거의 한마디도 하지 않는다는 점이 너무 눈에 띄기 때문이다. 프로이트가 《토템과 터부》의 증인으로 불러냈던 페렌치의 꼬마 아르파트는 자신의 **"절여진 어머니"**를 먹고 싶어 했다. 그 아이는 이렇게 생생하게 표현했다. "누가 우리 어머니를 단지에 넣고 절여야 해요. 그러면 절여진 어머니가 생길 것이고, 나는 어머니를 먹을 수 있을 거예요."[129] 그러나 프로이트는 이 증거를 무시하는 쪽을 택했다. 그랬는데도 《토템과 터부》는 프로이트의 작업의 다른 많은 부분과 마찬가지로, 그의 가장 내밀한 갈등과 가장 개인적인 싸움을 과학적 연구를 위한 자료로 생산적으로 번역해낸 것이었다.

나르시시즘과 리비도

프로이트는 예술, 문학, 선사시대 연구를 즐겁고 중요한 일로 여겼다. 이런 연구들은 지금까지 모든 선배들을 당황하게 만들고 좌절시킨 적대적이고 신비한 땅을 처음 묘사하는 탐험가라는 자신의 이미지를 확인하는 데 도움을 주었다. 그러나 이런 지적인 공략은 그의 핵심적인 이론 작업으로부터 일탈한 것도, 멀리 떠난 것도 아니었다. 한 가지에 관심을 쏟으면 다른 관심들로 이어졌다. 그는 사례사를 통해 문화의 문제로 들어갔다. 문학적 창조에 관해 생각하다가 오이디푸스 콤플렉스로 돌아갔다. 따라서 여러 가지 일이 그의 시간을 빼앗았지만, 프로이트는 자신의 핵심 과제라고 생각한 것을 결코 가볍게 여긴 적이 없었다. 그 과제란 정신의 지도를 다듬는 일이었다. 그는 당시에는 의식하지 못했지만, 이 지도를 수정하는 쪽으로도 머뭇머뭇 나아가고 있었다.

프로이트가 1908년에서 1914년 사이에 발표한 이론적인 논문 가운데 세 편—성격에 관한 논문, 정신의 근본 원리에 관한 논문, 나르시시즘에 관한 논문—이 특히 주목할 만하다. 이 세 편 가운데 처음 두 논문은 아주 짧고, 마지막 논문도 그리 길지 않다. 그러나 짧다고 해서 그 의미가 가볍지는 않다. 〈성격과 항문 성애〉에서 프로이트는 임상 경험을 바탕으로 삼아 성격 형성에 관한 일반적 가설 몇 가지를 제시한다. 그는 일찍이 1897년에 배설물, 돈, 강박 신경증이 어떤 식으로든 긴밀하게 연관을 맺고 있다고 생각했다.[130] 그로부터 10년 뒤에는 융에게 배설을 참는 것에서 쾌감을 느끼는 환자들은 보통 정리정돈, 인색함, 고집이라는 성격적 특질을 보여준다고 말했다. 이런 특질들은 모두 "말하자면, 항문 성애의 승화지요."[131] 프로이트는 쥐 인간에 관한 보고서에서 이런 배치에 관하여 더 진전된 이야기를 한다.[132] 이제 자신이 분석하는 꽤 많은 환자의 사례를 자료로 삼아 항문 성애가 특징인 성격에 관한 논문을 쓰면서 프로이트는 자신의 추측을 일반화하는 일에 나선다. 정신분석 이론에서 성격은 안정된 특질들의 배치로 정의된다. 그러나 이런 질서 잡힌 배치가 반드시 지속적인 평온을 의미하는 것은 아니다. 성격은 개인이 살아온 역사로 인해 묶여 있는 고착들의 덩어리로서, 종종 내적인 갈등의 해소라기보다는 그 집합으로 나타난다.* 프로이트가 특히 관심을 가졌던 것은, 그리고 3년 전 《성욕에 관한 세 편의 에세이》에서 연구를 했던 것은 이런 특질들이 그가 곧 자아(ego)라고 부르게 될 것을 만드는 데서 하는 역할이었다. 이 시기의 다른 논문들과 마찬가지로 〈성격과 항문 성애〉는 그가 오랫동안 지녔던 생각들을 정리하는 동시에 곧 수정이 이루어질 것임을 예고했다.

---

* 오토 페니헬(Otto Fenichel, 1897~1946)은 1945년에 고전적인 교과서에서 이렇게 썼다. "정신분석학적 성격론은 정신분석에서도 가장 새롭게 나타난 분야다." 정신분석이 "신경증의 증상들, 다시 말해서 자아에 이질적인 현상들과 관례적인 행동 양식인 '성격'에 들어맞지 않는 현상들의 연구"에서 시작되었기 때문이다. 정신분석은 "표면적인 정신 경험들을 살펴보고" 나서야 "갑작스럽게 분출하는 특이한 정신 상태만이 아니라, 일반적인 행동 양식, 즉 다양한 상황에서 사랑하고, 미워하고, 행동하는 일반적 방식도 무의식적인 조건에 의존하는 것으로서 발생학적으로 파악될 수 있다는 사실을 이해하기 시작했다." (Otto Fenichel, *The Psychoanalytic Theory of Neurosis* [1945], 463.)

프로이트는 〈정신 기능의 두 가지 원리에 관한 공식〉에서 일반화의 그물을 더 넓게 펼쳤다. 그는 항문 성애보다 훨씬 큰 것을 포획할 생각으로 다름 아닌 충동과 발달 경험의 관계를 거두어들이려 했다.[133] 그는 1910년 10월 26일 빈 정신분석협회에서 논문을 읽었지만 토론이 별 성과가 없었다고 생각했다. "이 사람들을 다루는 게 점점 어려워지네." 그는 다음 날 페렌치에게 털어놓았다. 얻는 것이라고는 "소심한 감탄과 멍청한 반박밖에 없어."[134] 그러나 프로이트는 낙담하지 않고 밀고 나갔다. 이번에도 그는 1890년대 중반에 암시하고 《꿈의 해석》 7장에서 발전시켰던 생각들을 다시 이야기하는 동시에 미래의 공식화 과정을 바라보고 있었다.

이 논문은 정신이 작용하는 두 가지 방식을 선명하게 구분한다. 일차적 과정, 즉 처음에 나타나는 과정은 소망의 조절이나 만족의 지연을 조금도 참지 못하는 것이 특징이다. 이 과정은 쾌락 원칙을 따른다. 성숙하면서 무르익는 이차적 과정은 인간의 사고 능력을 발전시켜, 분별력이나 유익한 지연의 동인이 된다. 이 과정은 현실 원칙을 따른다.—적어도 얼마 동안은.

모든 아이는 현실 원칙의 즉위를 "필연적인 한 걸음",[135] 즉 삶이 내딛도록 강요하는 한 걸음으로 경험할 수밖에 없다. 어린아이는 욕망의 충족이라는 환각을 보는 것으로는 진정한 만족을 얻을 수 없다는 것을 발견하는 순간, 이해의 재능, 그리고 가능한 경우에는 외부 세계를 조작하고 제어하는 재능을 계발하기 시작한다. 구체적으로 말하자면 이것은 아이가 기억하고, 주의를 기울이고, 판단하고, 계획하고, 계산하고, 생각을 행동의 실험적 형태로 취급하고, 현실을 검증하는 것을 배운다는 뜻이다. 이 이차적 과정에서는 자동적인 것은 물론이고 쉬운 것도 없다. 무분별하고 오만한 쾌락 원칙은 성장하는 어린이를 잡은 손을 쉽게 놓지 않으며, 이따금씩 놓았다가는 다시 잡기도 한다. 사실 아이는 강한 보수주의적 태도를 지니고 있기 때문에 한번 맛본 쾌락을 기억하며, 나중에 더 크고 안정적인 만족이 기대된다 해도 그것 때문에 현재의 쾌락을 내놓으려 하지는 않는다. 따라서 두 원칙은 불편하게, 또 종종 갈등을 일으키며 공존한다.

프로이트는 그런 갈등이 피할 수 없는 것이라고 묘사하지 않았으며, 사실 일시적이기는 하지만 익숙지 않은 낙관주의에 굴복했다. "현실적으로 현실 원칙이 쾌락 원칙을 대체하는 것은 쾌락 원칙의 폐기가 아니라 그 호위를 의미할 뿐이다."[136] 두 원칙의 궁극적 관계는 문제마다 달라질 수밖에 없지만, 시간이 지나면서 "외적 현실"의 "의미가 커진다."[137] 그러나 프로이트는 특히 성적 충동이 교육에 저항한다는 점을 인식했다. 이 충동은 자기성애적 활동에 의해 자신의 몸에서 충족될 수 있기 때문이다. 그리고 이 충동이 현실의 속탁을 받아들이기를 주저한다는 점이 훗날의 신경증의 비옥한 토양이 된다. 그래서 문화가 쾌락 원칙과 타협을 하면서 현실 원칙을 섬기고, **"쾌락-자아"**가 적어도 부분적으로는 **"현실-자아"**에게 굴복하게 하는 것이 긴요하다. 또 그래서 의식이 정신 기능에서 중요한 일을 하게 되는 것이다. 현실이 정신을 장악한 상태를 유지해 나가는 것이 의식이 주로 하는 일이기 때문이다. 무의식에서는, 즉 억압과 공상의 어두운 영역에서는 현실 검증이 아무런 실력을 발휘하지 못하기 때문이라고 프로이트는 독자들에게 말한다. 프로이트는 능란한 비유 솜씨를 발휘하여 그 나라에서 유효한 유일한 통화(通貨)는 **"신경증적 통화"**라고 이야기한다.[138] 따라서 휴전이 이루어지는 순간이 있다 해도 정신 생활은 대체로 지속적인 전쟁 상태라는 것이 프로이트의 판단이다.

정신 기능에 관한 논문은 개인의 정신, 그 가운데서도 주로 무의식적 영역과 의식적 영역 사이의 쉽지 않은 교섭을 다루었다. 그러나 프로이트는 은연중에 정신분석학적 사회심리학으로 나아가는 길을 닦고 있었다. 이성(理性)에 대한 파악이 아직 모호하고 지속적이지 않은 상황에서 아이가 일찌감치 현실 원칙과 만나도록 밀어붙이는 힘은 대부분 외부에서 온다. 즉, 권위적인 타자의 행동이다. 어머니의 일시적 부재, 아버지의 벌, 유모든 손위 형제든 급우든 다른 사람이 아이에게 강제하는 금지는 커다란 사회적 '금지'다. 이것은 소망을 좌절시키고, 욕구의 방향을 돌리고, 만족의 지연을 강요한다. 사실 가장 내밀한 경험인 오이디푸스 콤플렉스조차 미묘하게 사회적인 상황에서 나타나 자기 갈 길을 가게 된다.

쾌락-자아와 현실-자아에 관한 이 논문을 발표한 1911년 프로이트는 개인심리학과 사회심리학은 구분할 수 없다고 확신하고 있었다.* 그는 3년 전에 이미 비공식적 에세이 〈'문명적' 성도덕과 현대의 신경과민〉에서 똑같은 이야기를 했다. 이 에세이에서 그는 그의 시대에 만연한 신경성 질병들은 점잖은 중간계급 사회가 보통 인간의 성적 욕구에 강요하는 과도한 금욕에서 생긴다고 주장했다. 간단히 말해서 무의식이 문화를 피해갈 수 없다는 것이다. 따라서 정신 기능의 두 원칙에 관한 그의 논문은 신경과민에 관한 논문과 짝을 이루는 것으로서 은근히 새로운 출발을 암시하고 있었다.

제1차 세계대전 이전 몇 년 동안 요약을 목표로 삼으면서도 수정을 향해 다가가는 프로이트의 글의 야누스적 성격은 나르시시즘(자기애)에 관한 전복적 논문에서 가장 화려하게 나타난다. 여기서 전복적이라

---

* 프로이트는 개인심리학과 사회심리학의 관계를 나중에 《집단심리학과 자아 분석》에서 논의하게 된다. 《프로이트 II》 8장의 '이드, 자아, 초자아' 참조.

는 말은 그 자신이 오랫동안 가져 왔던 생각을 뒤집는다는 뜻이다. 프로이트는 그 특유의 스타일로 이 논문에 입문이라는 딱지를 붙였다. 이것은 거짓 겸손이 아니었다. 그는 논문을 쓰는 것이 구미에 맞지 않는 일이며, 자신의 폭발하는 생각들을 그 틀 안에 집어넣는 것에 어려움을 느낀다고 불평했다. 그러나 그것을 반대자들과 싸우는 성전(聖戰)에서 무기로 이용할 수 있을 것이라고 확신했다. '나르시시즘은 여름 동안 무르익을 것 같네." 그는 1913년 여름 휴가를 위해 빈을 떠나기 직전 페렌치에게 그렇게 말했다. 그의 생각에 이것은 "학문적으로 아들러와 관계를 청산하는 일"이었다.**[139] 로마에서 "달콤한 17일"[140]을 보내고 나서 돌아온 직후인 10월 초에는 논문이 거의 준비되었다고 보고할 수 있었다.[141] 그는 어니스트 존스에게 그와, 또 "랑크, 작스와"도 "기꺼이 그 이야기를 하고 싶다."고 말했다.[142]

그의 지지자들은 프로이트가 어떤 식으로든 설명해주기만을 간절히 고대하고 있었다. 그러나 존스의 증언에 따르면, 모든 사람들이 이 에세이를 "곤혹스럽게" 여겼다.[143] 실제로 프로이트 자신도 이 논문을 불안해했다. 평소보다 더 불안해했다. 3월 14일에는 아브라함에게 평소 애용하던 비유에 어두운 색조를 입혀 이 에세이가 "난산이었으며, 그에 따른 모든 기형을 보여준다."고 말했다. "당연히 나는 이것을 별로 좋아하지 않지만, 현재는 다른 것을 내놓을 수가 없네."[144] 프로이트는 논문을 끝내놓고도 안도감을 느끼기는커녕 두통, 장 기능 장애 등 불쾌한 신체적 증상을 겪었다.[145] 그래서 이 논문이 정말 뛰어나고 설득

** 〈나르시시즘 입문〉은 융과의 관계를 청산하는 것이기도 했다. 물론 아브라함이 초고를 읽어보고 말했듯이, 프로이트는 마음만 먹었다면 "융의 치료오- 정신분석" 사이의 차이를 훨씬 더 힘주어 강조할 수도 있었을 것이다. (아브라함이 프로이트에게 쓴 편지, 1914년 4월 2일. *Freud-Abraham*, 165〔169〕.)

력 있다는 아브라함의 말을 들었을 때 프로이트는 기뻐했다.[146] 그러나 기뻐하고 감동을 받기는 했지만, 완전히 안심을 한 것은 아니었다. "이 논문에 심각하게 부족한 데가 있다는 느낌이 아주 강하게 드네."[147] 확실히 이 몇 달 동안 프로이트는 호전적인 분위기를 드러냈다. 그는 나르시시즘에 관한 논문을 다듬던 바로 그 시기에 아들러와 융에게 감정이 폭발했다. 그러나 그것 말고도 뭔가 분명하게 잡히지 않는 것이 그의 내부에서 움직이고 있었다. 그냥 설명만 할 계획이던 심리학을 다시 생각해보는 문턱에 서 있었던 것이다.

〈나르시시즘 입문〉은 프로이트가 약 5년 전부터 가지기 시작했던 정신 발달에 관한 생각들을 더 밀고 나가는 동시에 그에 어울리게 그 생각들을 더 복잡하게 만들고 있다. 일찍이 1909년 11월에 빈 정신분석협회에서 이지도어 자드거의 논문에 논평을 하면서 프로이트는 나르시시즘, 즉 "자신(=자신의 생식기)에게 반하는 것"이 "자기성애에서 대상에 대한 사랑으로 이전하는 데 필수적인 발달 단계"라고 주장한 적이 있었다.[148] 그리고 우리가 보았다시피 레오나르도에 관한 논문에서 이 명제를 처음 공표했다. 또 슈레버의 사례사에서 다시 언급했으며, 《토템과 터부》에서도 암시적이기는 하지만 간결하게 다시 언급했다.* '나르시시즘'은 프로이트가 귀중하게 여기던 그리스 신화 중 하나에 등장하는, 자기 자신한테 반하는 바람에 죽은 아름다운 젊은이를 떠올리게 하는 매혹적인 표현이다. 그는 독일의 정신의학자 파울 네케(Paul Näcke)와 해블록 엘리스에게서 그 표현을 빌려왔고 또 그 점을 인정했다. 그러나

---

* 프로이트는 이 책에서 진화하는 성적 에너지—리비도—를 유년까지 거슬러 올라가 추적하면서, 정신분석가들은 그 최초의 단계인 자기성애를 둘로 나누게 되었다고 썼다. 처음에는 일군의 독립적이고 부분적인 성 충동이 몸에서 원시적 만족을 찾는 반면, 그 다음에는 이제 통일된 성 충동이 자기를 대상으로 삼는다는 것이다. 이 두 번째 국면이 진정한 "**나르시시즘**" 단계다. (*Totem und Tabu, GW* IX, 109 / *Totem and Taboo, SE* XIII, 89.)

그 폭발적 가능성은 1914년에 오로지 이 문제만을 다룬 논문을 쓸 때에야 눈에 들어왔다.

프로이트는 《토템과 터부》에서 나르시시즘 단계는 결코 완전하게 극복되지 않으며, 이것은 매우 일반적 현상으로 보인다고 말했다. 이제 그는 단편적인 생각들에 내포된 것들을 펼치기 시작했다. 원래 '나르시시즘'이라는 말은 도착(倒錯)에 사용되었다. 나르시시스트는 자신의 몸을 성적 대상으로 여김으로써만 성적 만족을 얻을 수 있는, 정상이 아닌 사람들이다. 그러나 프로이트는 이런 도착자들만이 성적 자기 중심성을 지니는 것은 아니라고 말한다. 사실 정신분열증 환자들[149] 또한 바깥 세계에서 리비도를 인출하지만 그것을 없애지 않고, 프로이트의 주장에 따르면, 오히려 자기에게 투자한다. 이것이 다가 아니었다. 정신분석학적 관찰자들은 신경증 환자, 어린아이, 원시 부족에게서도 나르시시즘적 특질의 많은 증거를 발견했다. 《토템과 터부》에서 이미 프로이트는 이 늘어나는 명단에 연인들도 추가했다. 그는 이 포괄적인 의미의 나르시시즘은 "도착이 아니라, 자기 보존 충동이라는 자기 중심주의의 리비도적 보완물"이라는 결론을 피할 수가 없었다.[150] 이 말은 처음에는 프로이트의 손에 의해서, 그 다음에는 훨씬 무책임하게 일반적으로 사용되면서, 의미의 범위가 급속히 확장되어 진단 용어로는 많은 손상을 입었다. 1920년대와 그 후에 '나르시시즘'이 교육받은 사람들의 담론 속으로 들어갔을 때, 이 말은 성도착이나 발달 단계를 가리키는 명칭만이 아니라 정신병의 한 증상이나 다양한 대상을 가리키는 말로 편하게 사용되었다. 실제로 어떤 사람들은 현대 문화를 비방하는 편리한 용어로, 또는 부풀려진 자존심의 느슨한 동의어로 활용하기도 했다.

그러나 이렇게 부풀려진 의미가 그 정확성을 거의 망쳐버린 뒤에도 '나르시시즘'은 몇 가지 불편한 문제를 제기했으며, 프로이트는 약간 내키지 않는 마음으로 이 문제들을 거론했다. "쓸모없는 이론적 논쟁을 위하여 관찰을 저버린다는 생각에 저항하게 된다." 그런데도 그는 "해명을 시도"할 의무감을 느낀다고 성실하게 덧붙였다.[151] 이런 시도를 통해 자아는 성애의 대상으로 타자를 선택하듯이 자기 자신을 택할 수 있고 또 택하기도 한다는 것을 인정할 수밖에 없다. 간단히 말해서 "대상-리비도"만이 아니라 "자아-리비도"도 있다는 것이다. 자아-리비도에 휘둘리는 나르시시즘 유형은 자신의 모습, 자신의 과거의 모습, 자신이 되고자 하는 모습, 자신의 일부였던 존재를 사랑한다. 그러나 이런 사람은 진기하고 보기 드문 별난 사람이 아니다. 어떤 나르시시즘은 어디에나 은밀하게 감추어져 있는 것처럼 보인다. 심지어 "감동적이고, 근본적으로 매우 아이 같은" 부모의 사랑도 "부모의 다시 태어난 나르시시즘에 불과하다."[152] 프로이트의 약간 편향적인 명단은 점점 늘어났는데, 그는 온 세상이 여자, 아이, 고양이, 범죄자, 유머 작가 등 나르시시스트들로 덮여 있는 것 같다고 심술궂게 말했다.*

프로이트가 유년 초기의 그 모든 나르시시즘적 투자가 어떻게 되는지 궁금해한 것은 당연한 일이다. 사실 아이는 아주 자연스럽게 여겨지는 자기 사랑을 잔뜩 누린 뒤라, 프로이트가 늘 주장하듯이, 투쟁 없이는 다른 만족들과 마찬가지로 이 만족도 포기할 수 없다. 이 문제 때문에 프로이트는 여러 쟁점을 파고들지만, 전쟁(제1차 세계대전)이 끝난 후에야 만족스럽게 해결을 보게 된다. 프로이트는 〈나르시시즘 입문〉에서 아이가 커 가면서 부모, 교사, "여론"의 비판에 직면하여 나르시시

---

* 프로이트도 인정했듯이 이 명단에서 가장 마음에 걸리는 항목은 "여자"다. 여자를 나르시시스트라고 묘사할 때 "내가 여자들을 비하하는 경향과는 멀리 떨어져 있음을 주장하는 것이 불필요한 일은 아닌 것으로 보인다." 그는 그런 종류의 편향을 드러낼 의도는 조금도 없다고 부인했다. ("Narzissmus", *GW* X, 156 / "Narcissism", *SE* XIV, 89.) 그러나 《프로이트 II》 10장의 '여자, 암흑의 대륙' 참조.

즘을 포기하고 그 대체물을 찾은 다음, 불완전한 자기를 대신하여 여기에 경의를 표할 수도 있다고 주장했다. 이것이 유명한 '자아 이상(ego ideal)', 즉 자신의 목소리가 되어 버린, 세상의 검열하는 목소리다. 이것은 병적인 일탈일 경우에는 감시를 당하고 있다는 망상으로 나타나지만—여기서 다시 슈레버가 등장한다.—정상적인 형태일 경우에는 우리가 양심이라고 부르는 것, 자아 이상의 보호자 역할을 하는 것의 사촌이라고 할 수 있다.

아브라함은 이 논문을 읽고 감시당한다는 망상, 양심, 자아 이상 등에 특히 감명을 받았다. 그러나 프로이트가 충동 이론을 수정한 것에 관해서는 바로 이야기를 하지 않았다.[153] 하지만 어니스트 존스는 이 논문의 그 대목을 가장 곤혹스럽게 여겼다. "대상-리비도"만이 아니라 "자아-리비도"도 있다면 정신분석가들이 지금까지 의존했던 구분은 어떻게 되는가? 여기에 어려움이 있었다. 프로이트는 인간의 충동은 자아 충동(ego drive)과 성 충동(sexual drive) 두 가지로 분명하게 구분할 수 있다는 생각을 오래전부터 비치다가, 1910년에 공개적으로 표명했다. 자아 충동은 개인의 자기 보존을 책임진다. 이것은 성애와는 아무런 관계가 없다. 성 충동은 성적 만족을 요구하며 종의 보존에 기여한다.[154] 그러나 자아도 성애적인 면과 관련을 맺는다면, 자아 충동 또한 그 성격상 성적일 수밖에 없는 것이다.

만일 이런 결론이 참이라면 정신분석 이론에 엄청난 영향을 끼칠 수밖에 없다. 이 결론은 프로이트의 이전의 공식과 분명히 모순되기 때문이다. 그 공식에 따르면 자아 충동은 성과 관련이 없었다. 결국 프로이트가 범성욕주의자이고, 어디에서나 섹스를 찾아내는 관음증 환자라는 비판자들의 말이 결국 옳은 것일까? 프로이트는 계속 격렬하게 그 점을 부인했다. 혹시 리비도가 모든 정신적 노력에 무차별적으로 스며드는 보편적인 힘이라는 융의 규정이 일리가 있는 것일까? 프로이트 자신은 혼란스러울 것이 없다고 공언했다. 그는 임상 경험의 권위에 의지하여, 그가 막 도입한 자아-리비도와 대상-리비도가 과거의 정신분석학적 구도의 "불가피한 확장"[155]이며, 별로 새로울 것도 없을뿐더러 곤혹스러운 점은 전혀 없다고 주장했다. 그러나 지지자들은 결코 그렇게 확신하지 못했다. 그들은 그 엄청난 함의를 논문의 저자보다 분명하게 보고 있었던 것이다. 어니스트 존스는 이렇게 회고한다. "그것은 정신분석이 그때까지 기반으로 삼던 본능 이론에 불쾌한 충격을 주었다."[156] 프로이트의 〈나르시시즘 입문〉은 존스와 그의 친구들을 매우 불안하게 만들었다.

이런 대립하는 평가는 하나의 학문으로서 심리학의 근본까지 뻗어나간다. 프로이트는 초기의 형태건 나중의 형태건 자신의 충동 이론에 결코 완전히 만족한 적이 없다. 〈나르시시즘 입문〉에서 프로이트는 심리학 연구자에게 믿음직하게 방향을 제시할 만한 "충동 이론(Trieblehre)의 완전한 부재"를 개탄했다.[157] 이렇게 이론적 명확성을 찾아볼 수 없는 것은 많은 부분 생물학자나 심리학자가 충동이나 본능의 본질에 관해 합의를 도출해내지 못했기 때문이다. 그들의 안내가 없기 때문에 프로이트는 이용 가능한 생물학적 정보에 비추어 심리적 현상을 관찰하면서 자신의 이론을 구축했다. 충동을 이해하려면 두 학문이 모두 필요하다. 충동은 프로이트의 말을 빌리면 신체적인 것과 정신적인 것의 경계에 자리를 잡고 있기 때문이다.* 충동은 소망으로 번역된 강렬한 욕구인 것이다.

〈나르시시즘 입문〉이 나올 무렵 프로이트는 여전히 자기 보존을 목

---

* 《프로이트 II》 8장의 '충동, 억압, 무의식' 참조.

적으로 삼은 충동과 성적 만족을 목적으로 삼은 충동이라는 분류를 대체로 받아들이고 있었다고 말했다. 우리는 1880년대 이래 그가 사랑과 굶주림이 세상을 움직인다는 실러의 구절을 인용하기를 좋아했다는 것을 알고 있다.[158] 그러나 나르시시즘을 단순히 전문화된 도착보다는 성적 자기 사랑으로 읽으면서 결과적으로 이전 구도의 단순성을 깨뜨렸다는 것을 그도 알게 되었다. 노력을 해보았지만 지난 20년 동안 그에게 도움을 주었던 두 가지 종류의 충동을 분명히 구분하는 것은 더 지속할 수가 없었다. 사실상 자기에 대한 사랑과 타자에 대한 사랑은 그 본질이 아니라 대상만 다를 뿐이기 때문이다.

1914년 봄에 이르자 충동을 재구분하고, 정신분석 이론의 또 다른 혼란스러운 부분을 조정을 할 필요가 있다는 사실이 더 피할 수 없이 분명해졌다. 그러나 예기치 않게, 불쾌할 정도로 갑작스럽게 세상이 침입해 들어오면서, 프로이트의 사고는 상상할 수 있는 가장 놀랍고 잔인한 방식으로 한동안 중단되었다. 그는 〈나르시시즘 입문〉을 1914년 3월에 완성하여 6월 말경 〈정신분석학·정신병리학 연구 연보〉에 발표했다. 그는 1년 내내 힘든 정치적 내분과 빡빡한 치료 일정에 지쳤기 때문에, 카를스바트에서 긴 휴가를 보내면서 한동안 개인적인 작업을 할 시간을 고대하고 있었다. 그러나 한 달이 안 되어 그는 생각의 흐름을 따라 전복적인 방향으로 탐사해 나갈 시간도 거의 없고, 의욕은 더 없다는 것을 깨달았다. 프로이트가 대대적인 수정을 향하여 조금씩 나아가는 동안, 서구 문명은 미쳐 가고 있었던 것이다.

문명의 자기 파괴

1914년 6월 28일, 늑대 인간은 빈에서 프로이트의 돌봄을 받으며 보낸 교육적이고 또 궁극적으로 유익했던 세월을 생각하며 프라터 공원을 오랫동안 산책했다. 그가 나중에 회고한 바에 따르면, "아주 무더운 여름날"이었다. 그는 이제 곧 분석을 끝내고, 프로이트도 좋다고 한 여자와 결혼을 할 예정이었다. 모든 것이 다 좋아보였고, 그는 희망에 부푼 마음으로 산책에서 돌아왔다. 그러나 집에 도착하자마자 하녀가 놀라운 소식이 담긴 호외를 건네주었다. 젊은 보스니아 투사들이 사라예보에서 프란츠 페르디난트(Franz Ferdinand) 대공 부부를 암살했다는 소식이었다.[159] 이 사건은 뜨거운 민족주의 시대까지 도전적으로 생존을 유지해 온 부실한 시대착오적 존재인 오스트리아-헝가리라는 다민족 제국에 대한 충격적인 논평이었다. 사라예보 사건의 영향이 금방 분명하게 나타나지는 않았다. 프로이트는 "놀라운 암살의 영향 속에서" 페렌치에게 편지를 쓰면서 상황이 예측 불가능하다고 생각했으며, 빈에서는 황실에 대한 "개인적 동정심"이 크지 않다고 말했다.[160] 바로 사흘 전 프로이트는 아브라함에게 〈정신분석 운동의 역사〉가 나왔다는 사실을 호전적으로 화려하게 알렸다. "이제 폭탄이 터졌네."[161] 그러나 사라예보 사건이 터진 뒤에는 이것이 정말이지 매우 개인적이고, 매우 하찮은 폭탄처럼 여겨졌다. 실제로 불과 여섯 주 후에 제1차 세계대전이 벌어졌다.

문화사가의 눈으로 볼 때 그 재앙의 영향은 뭔가 역설적이다. 1920년대를 그렇게 흥미진진하고 혁신적인 10년으로 만든 예술적, 문학적, 지적 운동은 대부분 1914년 훨씬 이전에 시작되었다. 기능적 건축, 추상화, 12음 음악, 실험적 소설, 그리고 정신분석이 그런 예였다. 동시에 전쟁은 세계를 영원히 파괴해버렸다. 1919년 말에 영국의 경제학자 존 메이너드 케인스(John Maynard Keynes, 1883~1946)는 이 크나큰 광기 이전의 시대를 돌아보면서 그때가 충격적인 진보의 시대였다고 묘사했다. 케인스는 유명한 글에서 이렇게 말하고 있다. 대부분의 사람들은 "안락함의 수준이 낮았지만 열심히 일하고 살았으며, 모든 면에서 이런 운명에 적당히 만족했다. 그러나 탈출은 가능했다. 평균을 넘는 능력이나 성품이 있는 사람이라면 중간계급이나 상층계급으로 진입할 수 있었으며, 그들은 낮은 비용과 최소한의 수고로도 다른 시대의 가장 큰 부자나 가장 권력이 센 군주도 넘볼 수 없는 편의, 안락, 설비를 얻을 수 있었다."[162]

주의 깊은 사회사업가나 원칙이 있는 급진주의자라면 신체적 편안함이나 사회적 이동성의 기회가 가난한 사람들에게는 다가가기 힘든 것이었다고 지적할 수도 있었을 것이다. 그러나 상당한 규모의 중간계급에게는 케인스의 말이 꽤 정확했다. "런던 거주자는 침대에서 아침 차를 홀짝이면서 전화로 온 세상의 다양한 산물을 적당하다고 생각되는 양만큼 주문할 수 있었으며, 주문한 물건이 늦지 않게 자신의 문간에 배달될 것이라고 기대해도 좋았다. 동시에 똑같은 수단으로 자신의 부를 세계 모든 곳의 천연자원이나 새로운 기업에 투자할 수 있었고, 노력이나 수고도 없이 미래의 열매와 이득을 나누어가질 수 있었다." 이 런던 사람은 원한다면 "여권이나 다른 절차 없이" 외국에서도 비슷한 즐거움을 맛볼 수 있었다. 그는 "하인을 이웃에 있는 은행 지점에 보내 귀금속을 편한 대로 가져올 수 있었으며", 그런 다음 "화폐로 이루어진 부를 몸에 지니고 종교, 언어, 관습을 모르는 외국으로 갈 수 있었고, 이런 과정에서 조금만 방해를 받아도 몹시 기분이 상하고 매우 놀랄 터였다." 케인스는 이제 향수가 담긴 이런 카탈로그를 마무리한다. 무엇보다도 "가장 중요한 점은 그가 이런 상태를 정상적이고, 확실히 보장되고, 영속적인 것으로 간주했다는 것이다. 다만 더 개선되는 방향으로는 바뀔 수 있다고 생각했다. 여기에서 벗어나는 것은 일탈이고 수치였으며 얼마든지 피할 수 있는 일이었다." 군국주의와 제국주의, 인종적이고 문화적인 경쟁을 비롯한 다른 문제들은 "일간지가 주는 즐거움에 지나지 않았으며", 그의 삶에 현실적인 영향을 주지 않았다.[163]

사라져버린 생활 방식에 대한 이 조사(弔詞)의 서정성 자체가 전쟁이 남긴 황폐함과 절망이 얼마나 컸는지 보여준다. 상대적으로 1914년 8월 이전의 세계는 공상들이 실현된 행복한 땅처럼 빛이 났다. 그때는 프로이트가 월요일에 빈에서 취리히나 베를린으로 편지를 보내면 어김없이 수요일에 답장을 받을 수 있던 때였다. 순간적인 충동으로 아무런 준비나 공식 문서 없이 프랑스나 다른 문명국을 방문하겠다고 결정할 수 있던 때였다. 오직 야만으로 들어가는 전초 기지로 여겨지던 러시아만 입국하는 관광객에게 비자를 요구했다.

1914년 8월 이전의 상대적으로 평화로웠던 반세기 동안 군국주의자들은 전쟁이 벌어지기를 기도했고, 장군들은 전쟁 계획을 짰고, 멸망의 예언자들은 전쟁을 예언했다. 그러나 그들은 목소리가 시끄럽기는 했지만 명백히 소수였다. 1908년 뛰어난 영국의 사회심리학자 그레이엄 월러스(Graham Wallas, 1858~1932)가 "세계대전의 공포"가 현실적인 위험이라고 경고했을 때,[164] 그 시대 사람들은 대부분 그의 무시무시한 공상을 믿으려 하지 않았다. 사실 적대하는 세력권들이 형성되어 영국과 프랑스가 독일, 오스트리아-헝가리, 이탈리아의 삼각 동맹과 맞선 상황은 위험한 전조였다. 군비 경쟁, 특히 영국과 독일의 치열한 해군 경쟁도 또 다른 전조였다. 독일의 빌헬름 황제가 이른바 볕이 잘 드는 곳을 탐낸 것도 사실이다. 그 말은 독일이 아프리카와 태평양에서 식민지를 놓고 다른 열강과 경쟁하고, 바다에서 영국의 전통적인 우위에 도전하겠다는 뜻이었다. 독일 황제가 그렇게 허세에 찬 연설을 하고, 게르만족과 슬라브족 사이의 죽음을 각오한 싸움에 관한 엉성한 이야기를 풀어놓는 것도 신경을 예민하게 만드는 이유였다. 그의 수사는 다윈의 가르침에 대한 기존의 통속화된 해석의 반영이었다. 그런 해석에 따르면 다윈은 민족들 또는 "인종들" 사이의 피비린내 나는 싸움이 건강에 이르는 길이며 민족 생존에 필수적인 과정이라고 추천을 한 셈이 되었다.

더욱이 1900년부터는 발칸 제국을 화약고라고 부르는 것이 일반적이었다. 백 년 동안 아프리카와 발칸의 종속국들에 대한 지배력을 서서히 잃어 온 오스만 제국의 긴 단말마를 보면서 모험적인 정치가들은 호전성을 드러내고 서둘러 군대를 파견하고 싶은 유혹을 느꼈다. 나아가서 여러 대도시에서 발간되는 싸구려 일간지들도 쇼비니즘적인 흥분의 불길에 마른 불쏘시개를 집어넣는 데 한몫을 했다. 1912년 12월 9일 발칸 제국에서 다시 한 번 소동이 벌어지자 프로이트는 피스터에게 지나가는 말로 빈에서는 모든 일이 순조롭지만, "전쟁에 대한 기대가 커 깜짝 놀랐다"고 말했다.[165] 같은 날 페렌치에게는 "전쟁 분위기가 우리 일상생활을 지배하고 있다"고 말했다.[166] 그러나 대립이 고조되고 거기에 부응하여 불안한 군비 경쟁이 벌어진다고 이야기는 했지만, 사람들은 큰 전쟁이 불가피하다고 여기지는 않았다. 실제로 제1차 세계대전은 전쟁 기간이나 그것이 치른 희생의 측면에서, 그 전쟁을 예측했던 사람들의 공포 또는 희망과 완전히 다르게 전개될 운명이었다.

순전히 자기 이해관계에 바탕을 둔 주장을 비롯하여 평화를 지지하는 설득력 있는 주장들이 오래전부터 제기되어 왔다. 세계 교역망의 확대 때문에 상인, 은행가, 산업가들에게 전쟁은 재앙에 가까운 것이었다. 예술, 문학, 철학 사상의 국경을 넘나드는 활발한 교류는 문명적인 국제적 우애를 확립했으며, 이 자체가 평화의 비공식적인 동인이었다. 국제적인 지적 운동은 정신분석만이 아니었다. 프로이트는 나중에 과거를 돌아보며 서글픈 목소리로, 사람들은 도덕성을 향한 강박이라는 "교육적 요소"가 자기 역할을 해주고 "교역과 생산으로 생겨난 훌륭한 이익 공동체가 그런 강박의 출발점이 되기를" 기대했다고 썼다.[167] 유럽이라는 협력체 안에 아직 서로 묶여 있던 열강은 국지전은 국지전으로 남겨두려고 노력했다. 그들은 국제적인 사회주의 운동이라는 약간 어울리지 않는 동맹자를 발견했다. 사회주의 운동 지도자들은 악의에 찬 전쟁광들의 음모는 세계 모든 곳의 계급 의식을 갖춘 프롤레타리아들의 파업에 의해 좌절될 것이라고 자신 있게 예측했다. 그러나 평화를 원하는 상인과 평화주의적 급진파의 소망은 애처롭게도 이루어지지 않았다. 미친 듯이 흘러가던 몇 주 동안 대부분의 사람들이 영원히 통제하고 있다고 생각하던 호전적이고, 자멸을 초래할 수밖에 없는 힘들이 풀려났다.

사라예보 사건 뒤 몇 주 동안 오스트리아의 정치가와 외교관들은 강경 노선을 택했다. 독일의 뒷받침으로 그들의 목은 더욱 뻣뻣해졌다. 만일 프로이트가 그들의 비밀 문건들을 읽을 수 있었다면, 그것이 자신의 사내다움을 과시해야 한다는 압박감을 느끼는 불안한 남자들의 발언이라고 생각했을 것이다. 그들은 고르디우스의 매듭을 난폭하게 난도질하고, 세르비아인을 완전히 없애버리자고 이야기하고 있었다. 또 지금 행동하지 않으면 아무것도 하지 못한다고 하면서, 오스트리아의 타협적인 정책을 세상은 허약함의 고백이라고 해석할지도 모른다고 두려워했다. 그들은 우유부단, 유약, 무능이라는 낙인을 피하는 것이 긴요하다고 느끼는 것이 분명했다.[168] 7월 23일 오스트리아는 최후통첩이나 다름없는 오만한 각서를 보냈다. 세르비아는 즉시 화해를 원한다는 답을 보냈지만, 오스트리아는 닷새 뒤에 전쟁을 선포했다.

　선전 포고는 오스트리아에서 엄청난 인기를 끌었다. 영국 대사는 이렇게 말했다. "이 나라는 세르비아와 전쟁을 한다는 생각에 기뻐 날뛰고 있다. 전쟁을 미루거나 막으면 크게 실망할 것이 틀림없다."[169] 마침내 힘을 보여줄 날이 왔다는 것이었다. "정말 크게 기뻐하며 시위를 벌이고 있어요." 알렉산더 프로이트는 두 주 동안 카를스바트에 머물고 있는 형 지크문트에게 빈에서 그런 편지를 보냈다. 그러나 그는 그러한 기쁨의 분위기를 약간 덜어내는 내용을 덧붙였다. "하지만 전체적으로 사람들은 낙심해 있어요. 징집되는 사람들 가운데 친구나 친지가 한 명씩은 있기 마련이니까요." 그러나 호전적인 태도는 그대로 배어 나왔다. 그는 "모든 고통에도 불구하고" 오스트리아가 행동에 나섰다는 것, 자신을 방위하기로 했다는 것에 기뻐했다. "계속 그런 식으로 당하고만 있을 수는 없는 거지요."[170] 알렉산더 프로이트가 놓치지 않고 보았듯이, 그런 입장은 당시 형의 입장이기도 했다. 프로이트는 예기치 않게 애국심이 솟아오르는 것을 느꼈다. 그는 7월 말에 아브라함에게 이렇게 말했다. "30년 만에 처음으로 나 자신이 오스트리아인이라는 느낌이 드는 것 같군. 이 가망 없어 보이는 제국에 딱 한 번만 더 기회를 주고 싶네."*[171] 그는 세르비아에 대한 오스트리아의 뻣뻣한 태도가 용기 있는 것이라고 찬양했으며, 그의 나라의 입장에 대한 독일의 지지를 환영했다.

　이 시기의 외교적 행동들이 모두 군국주의와 사내다움의 과시를 보

---

* 거의 30년 전 파리 체재 시절 프로이트는 자신을 애국자 비슷하게 내세우며, 자신과 경솔한 파리 사람들을 불공정하게 비교한 적이 있었다. 그러나 그때도 그의 국가에 대한 충성심은 명확하지 않았다. 그는 어느 프랑스 애국자에게 자신이 오스트리아인도 독일인도 아닌 유대인이라고 말했다.

여주었던 것은 결코 아니다. 영국과 프랑스는 끝까지 냉정을 유지하려 했다. 그러나 소용이 없었다. '동맹국'인 오스트리아-헝가리와 독일은 교활하고 평화적이지 않은 의도를 품고 있었다. 그들은 영국을 중립으로 유지시킬 음모를 꾸몄다. 더 불길했던 것은 일이 복잡하게 꼬이는 책임을 러시아에 떠넘기려 했다는 것이다. 그들은 러시아가 비타협적이고 충동적이라고 비난했다. 그렇더라도 큰 전란이 눈앞에 다가왔다고 믿는 사람은 극소수였으며, 프로이트는 그 소수에 끼지 않았다. 만일 그랬다면 딸 안나에게 7월 중순 영국 여행을 취소하게 했을 것이다.[172] 그리고 비슷한 시기에 빈을 떠나지도 않았을 것이고, 8월 초에 아이팅곤과 새 부인을 카를스바트로 초대하지도 않았을 것이다.[173]

앞으로 보게 되겠지만, 그의 마음은 안나와 정신분석에 가 있었지, 국제 정치에 가 있지 않았다. 페렌치의 감정 섞인 편지를 부담으로 느낀 프로이트는 잠시 서신 교환을 중단하고 일에 집중하겠으며, "일에 사고는 도움이 되지 않는다"고 솔직하게 말했다.[174] 그러나 세상은 그를 가만 내버려두지 않았다. "전쟁과 평화의 가능성에 관해 어떻게 생각하세요?" 그의 딸 마틸데가 7월 23일에 그렇게 물었다.[175] 프로이트가 엄격하게 제한된 전쟁을 예상하고—아니, 어쩌면 바라고—있었던 것은 분명하다. 그는 7월 26일에 아브라함에게 이렇게 말했다. "전쟁이 발칸 제국에 국한된다면 그렇게 나쁘지 않을 걸세." 그러면서도 러시아인이 어떻게 나올지는 모르는 일이라고 덧붙였다.[176]

프로이트의 불확실한 태도는 전반적으로 긴장된 분위기를 반영하고 있다. 7월 29일이 되어서도 그는 앞으로 두 주 후면 세상이 이 모든 흥분을 돌아보며 약간 창피해할지, 아니면 오래전부터 위협의 그림자를 드리우던 "운명의 결단"이 드디어 눈앞에 닥친 것인지 판단을 하지 못했다.[177] 아브라함은 평소와 마찬가지로 낙관적이었다. 그는 같은 날 프로이트에게 이렇게 말했다. "어떤 강대국도 큰 전쟁을 일으키지는 않을 거라고 봅니다."[178] 닷새 뒤인 8월 3일 영국의 외무장관 에드워드 그레이(Edward Grey, 1862~1933) 경은 독일에게 그들이 벨기에의 중립적 지위를 침해할 경우 생길 결과에 대해 경고했다. 어스름에 그레이는 집무실 창가에 서서 우울한 표정으로 친구와 함께 밖에 등이 켜지는 광경을 지켜보고 있었다. "유럽 전체에서 등이 꺼지고 있네." 그는 그렇게 말하고 나서 기억에 남을 만한 예언을 덧붙였다. "우리 평생에는 그 등이 다시 켜지는 것을 보지 못할 거야."[179]

빈에서는 영국이 어떻게 나올 것이냐 하는 문제에 시선이 집중되었다. 이탈리아는 중립을 선언하면서, 삼각 동맹의 의무를 지키지 못하는 것을 법적으로 정당화했다. 알렉산더 프로이트는 8월 4일 형에게 그런 행동은 예상한 바라고 말했다. 이제 "모든 것은 영국의 태도에 달려 있습니다. 그들의 결정이 여기에는 오늘밤에 알려지게 될 거예요. 낭만주의자들은 영국이 끼어들지 않을 거라고 주장하죠. 문명국 사람들은 미개인들 편을 들지 않는다는 둥 하면서 말이에요." 형과는 달리 영국을 싫어했던 알렉산더 프로이트는 적어도 이 점에 관해서는 낭만주의자가 아니었다. "영국의 불성실한 태도에 대한 나의 오랜 증오가 옳았다는 것이 증명될 것 같네요. 그들은 창피한 줄도 모르고 러시아 편을 들 겁니다."*[180] 불성실하든 아니든, 그날, 즉 8월 4일에 독일의 벨기에 침공이 확인된 뒤 영국은 전쟁에 나섰다. 유럽의 낡은 질서는 무너졌다.

---

* 두 형제는 많은 점에 관해 의견이 같았지만, 영국에 관해서는 달랐다. 우리가 알다시피 프로이트는 영국을 무척 존경했다. 그의 아들 마르틴도 마찬가지였다. 마르틴은 전쟁이 선포되고 나서 이틀 후에 아버지에게 이렇게 썼다. "영국이 우리 적들 편에 섰다는 소식은 예상했던 것이기는 하지만, 그래도 우리 감정에는 묵직한 충격을 주네요." 마르틴은 이렇게 덧붙였다. "안네를 소식은 아세요?" (마르틴 프로이트가 프로이트에게 쓴 편지, 1914년 8월 6일. Freud Museum, London.)

1914년 7월 말에 분출하여 8월 초에 퍼져 나간 전쟁은 유럽 대부분과 이웃한 나라들, 즉 오스트리아─헝가리 제국, 독일, 영국, 프랑스, 러시아, 루마니아, 불가리아, 터키를 삼켜버렸다. 나중에 이탈리아와 미국이 참전하여 연합국의 힘이 강화되었다. 전쟁이 오래갈 것이라고 생각하는 사람은 거의 없었다. 대부분의 관찰자들, 특히 동맹국 진영에 있는 사람들은 효율적인 독일군이 크리스마스 때까지는 파리에 도착할 것이라고 예측했다. 많은 대가를 치르는 긴 전쟁이 될 것이라는 알렉산더 프로이트의 음산한 예측은 드문 편에 속했다. 그는 8월 4일에 형에게 이렇게 썼다. "합리적인 사람이라면 독일 편이 결국 승리할 것임을 의심하지 않을 겁니다. 하지만 최후의 승리를 거두기까지 얼마나 오래 걸릴까요? 인명, 건강, 재산에서 얼마나 엄청난 희생을 치르게 될까요? 아무도 감히 그 질문은 하지 못하고 있어요."[181]

이런 재앙에 가까운 사건들과 관련하여 가장 놀라운 점은 실제로 일어난 일이라기보다는 그것을 받아들이는 방식이었다. 모든 성향의 유럽인들이 마치 종교적 체험을 하는 것처럼 열렬한 태도로 입을 모아 전쟁 발발을 환영했다. 귀족, 부르주아, 노동자, 농민 가릴 것 없이, 반동적 인사, 자유주의자, 급진주의자 가릴 것 없이, 코스모폴리탄, 쇼비니스트, 지방주의자 가릴 것 없이, 사나운 군인, 학문에 몰두한 학자, 상냥한 신학자 가릴 것 없이 모두 팔짱을 끼고 호전적인 즐거움을 만끽했다. 심지어 마르크스주의자들에게도 민족주의가 승리를 거둔 이데올로기였다. 그것도 히스테리의 가장 높은 꼭대기까지 올라간 민족주의였다. 일부는 전쟁이 오래된 원한을 청산할 기회라고 환영했다. 그러나 더 불길한 점은 전쟁을 통해 대부분의 사람들에게 자기네 나라는 미덕이 넘치고 적은 사악하다는 관념이 확립되었다는 것이다. 독일은 러시아인을 구제 불가능한 미개인으로, 영국인을 위선적인 상점 주인으로,

프랑스인을 저열한 관능주의자로 묘사하기를 좋아했다. 영국인과 프랑스인은 또 갑자기 독일인이 야비한 관료주의자, 비실용적인 형이상학자, 가학적인 훈족을 악취 나게 합쳐놓은 존재임을 깨달은 것처럼 행동했다. 고급문화를 향유하던 유럽 가족은 갈기갈기 찢어져, 교수들은 적국에서 받은 명예학위를 반환하고, 자신의 학문을 이용해 적국의 문화적 면모는 권력을 향한 탐욕이나 욕정을 위장하는 가면일 뿐임을 증명했다.

이것은 나중에 프로이트가 도저히 믿을 수 없을 정도라고 생각하게 된 원시적인 사고방식이었다. 웅변가들은 산문과 시로 전쟁이 영적 정화 의식이라고 찬양했다. 전쟁은 거의 사라진 고대의 영웅적 미덕을 복원하고, 문화평론가들이 오래전부터 주목하고 개탄한 퇴폐의 치료제 역할을 할 운명이었다. 모든 진영의 소설가, 역사가, 신학자, 시인, 작곡가가 전쟁으로 인한 애국의 열기에 휩싸였지만, 그래도 아마 독일과 오스트리아-헝가리에서 가장 뜨거웠을 것이다. 궤변과 신비주의를 독특하게 혼합한 인물인 독일 시인 라이너 마리아 릴케는 1914년 8월에 〈다섯 개의 노래〉로 전쟁 발발을 찬양하며, "아주 멀리 가버렸던 놀라운 전쟁의 신"이 다시 나타나는 모습을 보여주었다. "마침내 신이다. 우리가 이제는 평화의 신을 붙들지 못하는 일이 많기 때문에, 전투의 신이 갑자기 우리를 붙들고 횃불을 던진다."[182] 다작의 유미주의자인 빈의 후고 폰 호프만슈탈(Hugo von Hofmannsthal, 1874~1929)은 오스트리아의 대의의 공식 선전자로 나서서 열심히 뛰어다니면서 자신의 군사적 용맹을 자랑했다. 또는 남들이 그 대신 자랑하게 했다.[183] 심지어 훗날에는 요란한 평화주의자가 되는 슈테판 츠바이크도 전쟁 초기에는 군사적 야망을 품었고, 평화주의로 선회하기 전까지 호프만슈탈만큼이나 활발하게 오스트리아의 선전 기관을 위해 봉사했다. 토마스 만(Thomas

Mann, 1875~1955)은 1914년 11월에 이렇게 소리쳤다. "전쟁! 우리가 느낀 것은 정화, 해방이며, 엄청난 희망이었다." 전쟁은 안도감으로 "시인의 마음을 불타오르게 했다. 지겹던, 지겹기 짝이 없던 평화로운 세계가 붕괴했는데, 예술가가, 예술가 속의 군인이 어찌 신을 찬양하지 않을 수 있겠는가!"*184)

그들의 신랄한 비판자 카를 크라우스가 흡족해하며 지적했듯이, 이런 광적이며 거의 제정신이 아닌 참전 호소를 했던 작가들 자신은 전선 복무를 피하려고 애를 써서 성공하곤 했다. 그러나 그들은 이런 모순에 괴로워하지도, 또 물론 그것 때문에 입을 다물지도 않았다. 그들의 외침은 그들과 그들의 아방가르드 선배들이 따분하고 안전하고 낡은 부르주아 문화를 비난하며 수십 년간 느껴온 분노의 절정에서 터져 나온 것이었다. 이 외침은 비이성과 정화와 죽음에 대한 장난스럽고, 세련되고, 무책임한 매혹을 요약하고 있었다. 1914년 여름에는 이런 종류의 이야기가 전쟁 정신병이라는 전염병이 되어 모든 사람을 휩쓸었다. 이것은 분별력 있고 교육도 받았다고 하는 사람들이 집단적 퇴행에 얼마나 취약한지 보여주는 분명한 사례였다.

독일과 오스트리아의 낙관주의자들은 열광을 했든 안 했든 처음에

---

* 이렇게 편하고 자기 도취적인 애국주의에 자신의 인간성을 팔아넘기지 않으려던 아르투어 슈니츨러 같은 영웅적인 소수에게서조차 흥분의 분위기가 조금은 느껴진다. 프리츠 비텔스는 아주 드문 일, 즉 오스트리아가 러시아에 승리를 거둔 일이 생긴 뒤에 아르투어 슈니츨러를 만났을 때 가장 신랄한 이 작가마저 감동을 받고 기뻐하는 것에 깜짝 놀랐다고 회고했다. "그는 나에게 이렇게 말했다. '당신도 내가 오스트리아의 거의 모든 것을 얼마나 싫어하는지 잘 알 겁니다. 하지만 러시아의 침공 위험이 사라졌다는 말을 들었을 때 나는 우리 땅에 무릎을 꿇고 입을 맞추고 싶은 기분이었습니다.'" (Wittels, "Wrestling with the Man", 5.) 이것은 쇼비니즘적인 흥분이 아니라, 프로이트를 포함한 거의 모든 오스트리아인이 공유한 반러시아적 적의였다.

는 전황 보고에 큰 위로를 받았다. 8월 말쯤 아브라함은 프로이트에게 "놀라운 소식"을 알렸다. "독일군이 파리에서 100킬로미터도 안 떨어져 있습니다. 벨기에는 끝났습니다. 영국도 대륙에서는 마찬가지입니다."[185] 두 주 뒤에 아브라함이 보고한 바에 따르면, 베를린의 "우리는 프로이센 동부에서 러시아가 완전히 패했다는 데 크게 안도했습니다. 이제 며칠만 있으면 마른(Marne) 전투에서 좋은 소식이 올 거라고 기대하고 있습니다." 그곳에서 이기면 "프랑스는 기본적으로 끝난 것입니다."[186] 9월 중순 아이팅곤은 프로이트에게 솔직히 말해 "속도가 좀 늦추어진 것 같기는 하지만, 서부와 동부 전선에서 비할 데 없이 화려한 출발이 이루어졌다."고 탄성을 질렀다.[187]

전선으로부터 기분 좋은, 심지어 의기양양하게 만드는 전황 소식이 쏟아져 들어오자 프로이트 또한 지지자들과 마찬가지로 당파적인 태도로 한동안 그것을 맹목적으로 믿어버렸다. 그러나 릴케나 만과는 달리 비합리적이고 거의 종교적인 환희에 완전히 굴복한 적은 없었다. 그는 9월에 첫 손자 에른스트(Ernst)를 보려고 딸 조피 할버슈타트를 찾아갔다가, 자신의 반응이 다시 복잡해졌음을 알게 되었다. 그는 아브라함에게 이렇게 말했다. "함부르크에 처음 온 게 아니지만, 외국 도시에 온 듯한 느낌이 안 드는 것은 이번이 처음이네." 그는 "'우리의' 전쟁 공채의 성공에 관해 말하고, 수백만이 참여하는 '우리의' 전투 승리 가능성에 관해 토론"한다고 고백했다.[188] 그러면서도 이 기묘한 따옴표에 그 자신도 놀랐다.

프로이트는 함부르크 여행을 준비하면서 "파리 승리 소식"이 전해질 때 자신이 독일에 있을지 궁금해했다.[189] 그러나 그는 워낙 회의적인 사람이라 전쟁이 시작되던 그 시점부터 분석적 태도를 완전히 버리지는 않았다. 7월 말에는 이렇게 썼다. "모든 사람에게서 진짜 증후적인 행동을 관찰할 수 있네."[190] 게다가 평생에 걸친 영국에 대한 애착이 걸림돌이 되어 목청껏 쇼비니즘을 외쳐낼 수가 없었다. 그는 8월 2일에 아브라함에게 "만일 영국이 반대편에 있다는 것을 몰랐다면 온 마음으로" 전쟁을 지지했을 것이라고 썼다.[191] 아브라함도 이런 배치를 어색하게 여겼다. 무엇보다도 반대편에 그들의 좋은 친구이자 없어서는 안 될 동맹자 어니스트 존스가 있었기 때문이다. 그는 프로이트에게 물었다. "그가 우리 '적'이라는 게 교수님한테도 이상하지요?"[192] 프로이트도 몹시 이상하다고 느꼈다. 그는 10월에 존스에게 말했다. "자네를 적으로 보지 않기로 전체적으로 결정이 났네!"[193] 그는 자기 말을 지켜, 스위스, 스웨덴, 네덜란드 같은 중립국을 통하여 적이 아닌 적 존스와 서신 교환을 했다.[194] 다만 영어가 아닌 독일어로 바꾸어 썼다.

프로이트의 애국심이 곧 식기 시작한 중요한 이유는 전쟁을 처음부터 심각하게 느꼈기 때문임이 틀림없다. 전쟁이 끝나기 전에 그의 아들 셋이 모두 전투에 참가했으며, 둘은 여러 번 전투를 경험했다. 더욱이 전쟁 발발로 그의 진료는 거의 망가져버렸다. 잠재적인 환자들은 군대에 징집되거나 신경증보다 전쟁을 더 중요하게 생각했다. 그는 8월 14일에 벌써 이런 이야기를 했다. "힘든 시기야. 당분간 우리의 수입은 하락할 걸세."[195] 1915년 봄에 프로이트는 전쟁 때문에 이미 40,000크로넨 이상 손해를 보았다고 평가했다.[196] 사실 전쟁은 정신분석의 생존에 큰 위험이 되었다. 첫 번째 전사자는 1914년 9월에 드레스덴에서 열 계획이던 정신분석가 대회였다. 그 뒤에는 프로이트의 지지자들이 하나 둘 징집을 당했다. 그들 대부분은 의사였기 때문에 전쟁의 몰록*에게는 아주

---

* 아이를 제물로 받는 셈족의 신. (역주)

맛있는 먹이였다. 아이팅곤은 일찌감치 징집을 당했다. 아브라함은 베를린 근처의 의무대로 파견되었다. 페렌치는 헝가리 경기병대로 파견되어 시골로 가게 되었는데, 일이 힘들다기보다는 지루했다. 그는 군복을 입은 다른 분석가들에 비해 혼자 있는 시간을 많이 낼 수 있었다. 프로이트는 1915년에 페렌치에게 이렇게 썼다. "지금은 박사가 우리와 함께 일하고 있는 유일한 사람일세. 다른 사람들은 모두 군대에서 마비되어 있다네."**[197]

프로이트를 지지하던 의사들이 징집되어 하게 된 일은 위험하다기보다는 부담스러웠다. 그래도 프로이트가 그들에게 쏟아내는 생각들에 반응할 짬은 낼 수 있었다. 물론 분석 진료는 방해를 받았다. 전처럼 효율적으로 글을 쓰거나 편집을 해 나갈 수도 없었다. 프로이트는 정신분석의 미래를 무척 걱정하고 있었기 때문에 근시인 한스 작스가 징집을 면제받았다는 소식을 기쁜 마음으로 사람들에게 알렸다.[198] 한편 그의 믿을 만한 비서 오토 랑크는 군대에 가지 않으려고 용감하게 노력하고 있었다. 프로이트는 페렌치에게 그가 "조국에 맞서 사자처럼 자신을 방어하고 있다."고 말했다.[199] 정신분석의 요구는 전선에 있는 아들들이 보내는 소식과 마찬가지로 프로이트의 애국심의 한계를 시험하고 있었다.

그 전에는 몰라도, 랑크가 마침내 군대의 저인망에 걸린 1915년에는 실제로 한계에 이르렀다. 오스트리아 군대는 이탈리아라는 새로운 적을 맞이하여 사용 불가능한 자원까지 사용하고 있었다. 랑크는 크

** 페렌치는 1916년 초부터는 전보다 마비가 더 풀렸다. 부다페스트로 전근을 가 야전병원의 시간제 정신과 의사로 일을 하게 되면서 정신분석 활동도 약간이나마 계속할 수 있었던 것이다. (Michael Balint, "Einleitung des Herausgeben," in Sándor Ferenczi, *Schriften zur Psychoanalyse*, 2 vols. [1970], I, xiii.)

1917년 헝가리 경기병대에 소속되어 있던 산도르 페렌치와 함께한 프로이트. 제1차 세계대전으로 유럽이 전쟁에 휩쓸리면서 페렌치를 비롯해 프로이트의 지지자들 중 상당수가 징집되었다. 전쟁이 정신분석의 생존을 위협하고 있었다.

라코프에서 신문 편집자로 2년 동안 비참하게 복무해야 했다. 랑크는 "〈크라카우어 차이퉁(Krakauer Zeitung)〉의 편집자 자리에 죄수처럼 꼼짝 못하고 앉아 있는데, 상태가 몹시 안 좋네." 프로이트는 1917년 말에 아브라함에게 그렇게 보고했다.[200] 프로이트는 랑크에게 이런 지루한 일을 맡긴 것은 범죄적인 낭비나 다름없다고 보았다.

당연한 일이지만, 정신분석 정기간행물에 쓸 시간은 없고, 돈은 더 없었다. 〈정신분석학·정신병리학 연구 연보〉는 발행을 중단했다. 그러나 〈이마고〉와 〈국제정신분석저널〉(1913년에 창간되었다)은 규모를 많이 줄여 계속 발행했다. 몇 년간 수요일 밤이면 빠짐없이 모였던 빈 정신분석협회도 이제 두 주에 한 번만 열렸다. 1916년 초부터는 석 주에 한 번, 심지어 그보다 더 드물게 모이기도 했다. 프로이트와 그의 지지자들이 그들 학문의 생명의 피로 여겼던 국제 정신분석가 대회를 열 기회는 물론 없었다. 전쟁 첫 해에 어니스트 존스에게 보낸 음울한 크리스마스 편지에서 프로이트는 어두운 대차대조표를 그려 보였으며, 그보다 더 어두운 예측을 했다. "나는 착각하지 않네. 우리 학문의 봄날은 갑자기 끝이 났고, 우리는 나쁜 시기를 향해 나아가고 있네. 우리가 할 수 있는 일이라고는 화로 몇 개에 깜부기불이라도 남기는 걸세. 우호적인 바람이 불어 불이 다시 활활 타오를 때까지 말일세. 융과 아들러가 떠나고 운동에 남았던 것은 이제 나라들의 싸움 속에서 사라져버렸네." 국제적인 다른 모든 것과 마찬가지로 정신분석협회도 이제 살아남을 수 없을 것 같았으며, 정신분석 정기간행물들은 빈사 상태에 처했다. "기르고, 지켜보고 싶던 모든 것을 이제는 제멋대로 자라도록 내버려둘 수밖에 없네." 그는 "자네가 그렇게 감동적으로 애착을 보이고 있는 대의"가 장기적으로는 성공을 거둘 것이라고 확신했다. 그러나 눈앞의 미래는 어둡고 절망적이었다. "가라앉는 배를 떠나는 쥐가 눈에 띤다고 해서 그 쥐를 탓할 생각은 없네."²⁰¹⁾ 3주 뒤 프로이트는 이 모든 상황을 간결하게 요약했다. "과학은 잠들었네."²⁰²⁾

이 모든 것이 괴로운 일이었지만, 훨씬 중요한 것은 프로이트의 자식들 또한 전쟁에서 벗어나지 못했다는 점이었다. 7월 중순에 영국에 갔던 막내딸 안나는 전쟁 발발로 그곳에서 발이 묶였다.²⁰³⁾ 그러나 존스가 열심히 도와준 덕분에, 지브롤터와 제노바 등을 거치는 등 먼 길을 돌아 8월 말에 간신히 집에 돌아올 수 있었다. 프로이트는 10월에 존스에게 뜨거운 감사를 전했다. "물질적으로나 정신적으로나 우리를 궁핍하게 만드는 비참한 시기인지라, 자네가 기민하게 편의를 봐 가며 내 어린 딸을 나에게 돌려보내준 것에, 그리고 그 바탕에 깔린 우정에 미처 감사를 하지 못했네."²⁰⁴⁾ 프로이트는 크게 안도했다.

딸이 위험에 처할 가능성이 마음에서 지워지자—사실 아주 심각한 가능성은 아니었다.—프로이트는 세 아들 걱정을 해야 했다. 세 명 모두 징집될 연령대에 속했으며, 그들 자신도 입대를 간절히 바라고 있었다. 오스트리아에 대한 감정을 새로 발견하여 흥분한 초기에도 프로이트는 오스트리아-헝가리 군대의 요구보다는 아들을 보호하는 문제를 더 중시했다. "내 세 아들은 다행히도 영향을 받지 않네." 그는 1914년 7월 말에 아브라함에게 그렇게 털어놓았다. 오스트리아 당국은 아들 둘에게는 부적격 판정을 내리고, 셋째 아들에게는 면제 판정을 내렸다.²⁰⁵⁾ 이틀 뒤 아이팅곤에게 쓴 편지에서도 거의 똑같은 말로 똑같은 좋은 소식을 전하며, 그의 아들들이 "다행스럽고 과분하게도" 안전하다고 말했다.*²⁰⁶⁾ 그러나 장남 마르틴은 8월 초에 자원입대했다. 그는

---

* 1912년 말 전쟁 소문으로 시끄러웠을 때 프로이트는 이미 "세 아들이 동시에 전선에 나가는 일이 생길 수도 있다."고 걱정했다. (프로이트가 페렌치에게 쓴 편지, 1912년 12월 9일. Freud-Ferenczi Correspondence, Freud Collection, LC.)

아버지에게 이렇게 편지를 썼다. "다른 사람들은 모두 행군해 나아가고 있는데 저만 뒤에 남아 있으면 견딜 수 없을 것 같아요." 또 동부 전선에서 근무하는 것은 "러시아에 대한 제 혐오를 솔직하게 표현할 수 있는 가장 좋은 기회 같아요." 이렇게 하면 그는 군인으로서 차르 제국이 유대인에게 요구하는 특별 허가 없이도 러시아 국경을 넘을 수 있었다.[207] 마르틴은 다음 날 아버지한테 말했다. "그런데 저는 군인이 된 이후로 흥미진진한 등산을 고대하듯이 첫 군사 작전을 고대해 왔어요."[208] 마르틴의 소원은 이루어졌다. 그는 평화 시에 근무했던 포병대에 무난히 들어가, 곧 동부와 남부 전선에서 전투에 참여했다.

프로이트의 둘째 아들 올리버는 1916년까지 병역 부적격 판정을 받았지만, 그 뒤에는 군대를 위한 다양한 공학 프로젝트에서 자기 역할을 했다. 두 형제보다는 위험에 덜 노출된 상태였다. 막내 에른스트는 10월에 자원입대하여(그의 전우들은 전투에 참여하기에는 좀 늦은 시기라고 생각했다), 이탈리아 전선에서 복무했다. 프로이트의 사위, 즉 조피의 남편 막스 할버슈타트는 프랑스에서 전투에 참여했으며, 1916년에 부상을 입고 의병제대했다. 이들의 훈장과 진급을 보면, 이들의 용기와 활기는 빈말이 아니었던 것 같다.** 프로이트가 할 수 있는 일은 아들들에게 돈과 음식 보따리를 보내주고,[209] 무사하기를 비는 것뿐이었다. 그는 1915년 초에도 아이팅곤에게 이렇게 쓸 수 있었다. "우리 분위기는 독일처럼 찬란하게 빛나지는 않네. 우리에게는 미래가 예측 불가능한 것으로 보이지만, 독일의 힘과 자신감의 영향을 받고 있지."[210] 그러나 프로이트가 아들, 사위, 조카의 안전을 걱정하게 되면서, 그의 관심에서 승리의 전망은 분명히 주변으로 밀려났다. 가족 구성원들의 군사적인 모

** 사실 프로이트 가족은 대부분의 경우보다 운이 좋았다. 전사자는 프로이트의 여동생 로자의 외아들 헤르만 그라프(Hermann Graf)뿐이었다.

험에 관한 언급은 그의 편지를 채우는 사무적인 일들과 대비되어 감동적인 부정(父情)을 보여주었다. 프로이트는 동료들, 심지어 어니스트 존스에게까지 편지마다 거의 반드시 그의 가족 내의 군인들이 어떻게 지내는지 이야기했다. 이 군인들은 휴가를 나올 때면 군복을 입고 말끔하게 단장한 모습으로 미소를 지으며 가족 사진을 찍었다.

불안과 유보적인 태도에도 불구하고 프로이트는 계속 동맹국의 대의를 자신의 대의로 받아들였으며, 연합국이 결국 승리를 거둘 것이라는 존스의 흔들림 없는 자신감에 짜증을 냈다. 프로이트는 1914년 11월에 아브라함에게 불평을 했다. "그 사람은 진짜 잉글랜드 사람처럼 전쟁 이야기를 하더군. 초노급 전함 몇 대를 더 가라앉히든가 영국 상륙작전에 몇 번 성공을 하든가 해야지, 안 그러면 그 사람들은 눈을 뜨지 못할 거야." 프로이트는 영국인들이 "믿을 수 없는 오만"에 사로잡혀 있다고 생각했다.[211] 프로이트는 존스에게 신문이 동맹국에 관해서 하는 이야기를 믿지 말라고 주의를 주었다. "현재 거짓말이 횡행한다는 걸 잊지 말게. 우리는 제약을 받지도 않고, 전염병에 시달리지도 않고, 사기가 좋아." 그러면서도 지금이 "비참한 시대"임을 인정했다.[212]

11월 말이 되자 프로이트는 이제 편향적인 아마추어 전략가 같은 이야기는 그만두었다. 그는 루 안드레아스-살로메에게 절제된 절망감을 그 나름으로 절절하게 토로했다. "나도 인류가 이 전쟁을 극복할 것이라는 점은 의심하지 않지만, 이제 나와 이 시대 사람들은 명랑한 세상을 다시 보지 못할 것임을 분명히 알고 있습니다. 너무 혐오스럽군요." 프로이트가 가장 슬퍼한 것은 사람들이 정신분석에서 예측했을 법한 대로 행동하고 있다는 점이었다. 프로이트는 그래서 자신이 그녀의 낙관적 태도를 공유할 수 없다고 말했다. 그는 인류는 "기질적으로 이 문화에 맞지 않는다."고 믿게 되었다. "우리는 무대를 떠나야 합니다. 위대한 미지의 존재, 그인지 그것인지 몰라도, 어쨌든 그 존재가 언젠가 다른 종족을 가지고 이런 문화적 실험을 되풀이하겠지요."[213] 그의 수사가 지나친 감은 있지만, 어쨌든 그의 낙담, 그리고 독일-오스트리아의 대의를 향한 그의 평범한 충성심에 대한 증증하는 우려를 담고 있음은 분명하다.

또 그 대의가 무엇이든, 그 장점과는 별도로 그 대의에 별 미래가 없는 것이 아닌가 하는 의문을 품는 데도 그리 오랜 시간이 걸리지 않았다. 오스트리아 군대가 러시아와 잘 싸우지 못하는 것 때문에 프로이트는 잠시 생각을 해보게 되었다. 전투가 시작되고 나서 불과 한 달이 지난 1914년 9월 초 프로이트는 아브라함에게 말했다. "상황이 괜찮아 보이지만, 사실 결정적인 것은 없네. 우리는" 압도적인 승리들을 거두어 "전쟁이 빨리 정리될 것이라는 희망은 버렸네. 끈기가 주요한 덕목이 될 것 같아."[214] 곧 아브라함조차 신중한 태도를 보이기 시작했다. 그는 10월 말에 프로이트에게 이렇게 말했다. "전선에서는 힘든 시기인 것 같습니다. 그러나 전체적으로는 여전히 자신감이 충만한 상태입니다."[215] 이것은 전에는 프로이트의 "친애하는 구제 불능의 낙관주의자"[216]에게서는 찾아볼 수 없던 분위기였다. 11월에 아브라함은 베를린의 분위기는 "현재 긍정적이고 기대감에 차 있다"고 보고했다.[217] 이 무렵 프로이트는 이미 긍정적이지도 기대감을 품고 있지도 않았다. "끝이 보이지 않네." 그는 1915년 1월 초에 아이팅곤에게 그렇게 말했다.[218] 조금 뒤에는 이렇게 우울하게 말했다. "줄곧 지금이 극지방의 기나긴 밤이라고 생각하고 있네. 해가 다시 뜰 때까지 기다릴 수밖에."[219]

그의 비유는 평범하지만 적절하기 짝이 없다. 전쟁은 질질 끌고 있었다. 어니스트 존스가 선의에서 연합군의 승리를 되풀이하여 예측했지만, 프로이트는 그것을 믿지 않고 미지근한 애국심에 매달려 있었다. 1915년 1월에는 존스의 새해 인사에 감사하면서 다시 이전의 경고를 되풀이했다. "자네마저 우리를 두고 퍼지는 그 모든 거짓말을 믿는다면 나는 섭섭할 걸세. 우리는 자신감을 갖고 잘 버티고 있네."[220] 프로이트는 간혹 독일의 전승 소식을 기념함으로써 그들의 무용(武勇)에 대한 믿음의 닳아버린 배터리를 다시 충전하곤 했다. 1915년 2월에는 여전히 동맹국의 승리에 기대를 품으며 잠시 "낙관주의"에 젖어들었다.[221] 석 달 뒤에는 중립국 이탈리아가 연합국으로 붙을 가능성 때문에 희망이 약해졌지만, 아브라함에게 말한 대로, "위대한 동맹국에 대한 우리의 존경은 나날이 커지고 있네!"[222] 7월에는 "일을 잘할 수 있게 된 것"조차 "우리의 아름다운 승리들"[223] 덕분이라고 말했다.

그러나 모든 전선에서 광범한 군사 작전이 펼쳐지고 있었지만, 1915년 여름에도 전쟁은 오래전부터 빠져든 교착 상태에서 헤어 나오지 못한 채 치열한 소모전을 벌이고 있었다. 지휘관들이 무익하면서도 희생만 큰 공격을 명령했기 때문에 사상자가 많이 나왔다. "5월에는 평화가 올 것이라는 소문이 가라앉지 않네." 프로이트는 1915년 4월 초에 페렌치에게 말했다. "깊은 욕구에서 나온 것이 분명하지만, 내가 보기에는 터무니없는 것 같네."[224] 이제 그의 습성이나 다름없는 비관주의를 더 부인할 수 없게 되었다. 그는 7월에는 페렌치에게 이렇게 썼다. "이 전쟁이 1년 더 지속되면, 그럴 가능성이 높지만, 전쟁이 시작될 때 있었던 사람들이 아무도 남지 않게 될 걸세."[225] 사실 전쟁은 그로부터 3년 이상 계속되었고, 유럽은 절대 그 피해를 완전히 복구할 수 없었다.

프로이트처럼 꿈을 많이 꾸는 사람에게는 마르틴과 올리버와 에른스트에게 밤을 침범당하는 것이 아마 불가피했을 것이다. 1915년 7월

8~9일 밤에 그는 스스로 "예지몽"이라고 부른 꿈을 꾸었으며, 꿈에 나타난 내용은 "아주 분명했다. 그것은 나의 아들들, 그 가운데도 첫 번째로 마르틴의 죽음"이었다.*226) 며칠 뒤 프로이트는 그가 이 꿈을 꾼 바로 그날 마르틴이 실제로 러시아 전선에서 부상을 당했다는 것을 알았다. 그러나 운 좋게도 팔에 가벼운 부상만 입었을 뿐이다. 이 때문에 그는 가끔 그랬듯이, 신비한 사건들에 관한 이야기가 정말로 연구할 가치가 없는지 의문을 품게 되었다. 프로이트는 확신을 표명한 적은 없지만, 몇 년 전부터 겉으로 드러내지 않고 그런 현상에 조금씩 관심을 둬 왔다. 그가 잘 알고 있듯이, 사실 인간 정신이란 그런 엉뚱하고 예기치 못한 장난을 칠 능력이 있으니까! 그러나 몇 달이 지나고 전쟁이 계속되면서 프로이트는 정신의 이상한 면보다는 인간이 어디까지 침몰할 수 있는가 하는 문제를 더 많이 생각하게 되었다. 전쟁은 혐오스러운 증후적 행동들의 집합이자, 끔찍한 집단 정신병으로 보였다. 루 부인에게 말했듯이 너무 혐오스러웠다.

그래서 1915년 프로이트는 자기 자신을 비롯하여 유럽의 다른 합리적인 사람들을 대변하여, 전쟁이 일으킨 환멸과 죽음에 대한 현대인의 태도를 주제로 한 쌍의 논문을 발표했다. 이것은 자기 자신을 파괴하는 문명을 위한 만가였다.227) 우리는 다양한 경제와 문화 수준에 놓인 나라들이 존재하는 한 전쟁은 불가피할지도 모른다는 가정을 해 왔다고 그는 말한다. "그러나 우리는 감히 다른 것을 희망했으며, 세계 전체의 이익을 도모하는 데 몰두하는, 세계를 지배하는 위대한 백인종 나라들"의 지도자들이 "다른 방식으로 이해 관계의 대립"을 해결할 수 있기를 희망했다. 예레미야는 오래전 전쟁이 인간의 운명이라고 선언했다.

---

* 이 중요한 꿈의 다른 부분에 관해서는 본서 4장 318쪽 참조.

"우리는 그 말을 믿고 싶지 않았다. 하지만 만의 하나 전쟁이 닥친다고 했을 때 우리가 상상했던 전쟁은 어떤 것이었을까?" 우리가 상상했던 전쟁은 영웅적인 행위로, 민간인은 끼지 않게 해주는 "기사도적인 싸움"이었다. 이것은 예리한 통찰이었다. 큰 전쟁의 정화하는 힘을 고대하던 사람들 대부분은 오래전에 벌어졌던 위생적이고 낭만화된 전투를 떠올렸다. 그러나 현실에서 벌어진 전쟁은 그 전의 어느 전쟁보다 많은 피를 흘리고, "거의 상상도 못하던 현상", 즉 적에 대한 증오와 경멸을 쏟아내는 갈등으로 타락했다.[228] 어지간해서는 놀라지 않는 사람인 프로이트도 전쟁에 나선 인간 본성이 보여준 무시무시한 광경에는 놀라고 말았다.

프로이트의 전쟁과 죽음에 관한 논문은 그가 이 비참한 사건들에 체념했음을 보여준다. 그는 첫 번째 논문을 매우 암담하게 시작하며, 그 자신을 포함하여 그 시대의 수많은 사람들을 괴롭히는 불안과 불확실성의 느낌을 묘사한다. 그의 스케치는 부분적으로는 자화상이기도 하다. "우리는 이 전쟁의 소용돌이에 휘말려, 편향적인 정보를 얻고, 이미 벌어졌거나 벌어지기 시작한 큰 변화에 거리를 두지 못하고, 현재 만들어지고 있는 미래를 눈치채지 못한 채, 우리를 침범하는 인상들의 의미와 우리가 내리는 판단의 가치에 혼란을 느끼기 시작한다." 지금은 정말로 끔찍한 시대다. "전에는 어떤 사건도 인류의 귀중한 공동 소유를 이렇게 많이 부순 적이 없고, 가장 명석한 지성 가운데 이렇게 많은 수를 혼란에 빠뜨린 적이 없고, 가장 고귀한 것을 이렇게 철저하게 타락시킨 적이 없다." 프로이트는 무자비하게 계속 나아간다. "과학은 냉정한 공평성을 잃어버렸다." 그는 "격분한 과학의 하인들"이 과학에서 무기를 빌리는 것을 보고 슬펐다. "인류학자들은 적이 열등하고 타락했다고 선언할 필요를 느낀다. 정신의학자들은 적에게서 정신적 또는 영적인 병을 진단할 필요를 느낀다." 이런 상황에서는 전쟁에 직접 말려들지 않은 사람, "거대한 전쟁 기계의 작은 입자가 되지 않은" 사람도 당황하는 동시에 일을 제대로 할 수 없을 것이 틀림없다. 예측 가능한 결과는 실망, 환멸이다.[229]

프로이트는 정신분석이 큰 맥락 속에서 이런 느낌들을 제시하면, 그런 느낌들이 완화될 수 있을지도 모른다고 판단했다. 이런 느낌들은 인간 본성에 대한 어떤 관점에 기초하고 있는데, 이 관점은 사실 현실의 검증을 감당할 수 없다. 자연 그대로의 원시적인 인간 충동은 그 자체로는 좋지도 나쁘지도 않으며, 표현될 곳을 찾으려 하지만 사회적 통제와 내적인 억제에 가로막힌다. 이 과정은 보편적이다. 그러나 충동을 길들이는 현대 문명의 압력은 지나치며, 인간 행동에 대한 기대도 마찬가지다. 전쟁 덕분에 사람들은 적어도 인간이 원래부터 선하다는 착각에서는 벗어나게 되었다. 사실 사람들은 "우리가 걱정하는 것만큼 낮게 침몰한 것이 아니다. 애초에 인간이 우리가 전에 생각하던 것만큼 높이 올라간 적이 없기 때문이다."[230]

프로이트의 논문은 위로를 하려는 시도이며, 이것은 정신분석이 위로라는 상품을 거래할 수 있으며 또는 거래해야 한다는 생각을 거부하던 극기주의자로서는 이례적인 노력이다. 그는 《문명 속의 불만》에서 엄숙하게 말한다. "나는 동료 인간들 앞에 예언자로 나설 용기가 없다. 그리고 내가 그들에게 어떤 위안도 주지 못한다는 비난 앞에 순순히 고개를 숙인다. 그들이 요구하는 것은 근본적으로 그런 위안이기 때문이다, 이 점에서는 가장 급진적인 혁명가도 가장 순응적인 경건한 신자들과 크게 다르지 않다."[231] 그러나 이것은 1930년의 이야기다. 1915년에는 그 자신도 약간의 위로가 필요했을 것이다. 인간 삶의 경제를 위해서는 고난을 겪어야 할 생물학적이고 심리학적인 필요가 있을지도 모른다는 것을 알았지만, 프로이트는 아직 "전쟁의 수단과 목적을 비난하고, 모든 전쟁의 중단을 갈망할" 수 있었다.[232] 만일 전쟁이 그런 희망을 파괴했고, 그런 갈망이 착각임을 보여주었다면, 정신분석적 현실주의는 우울과 절망을 최대한 피하면서 전쟁 시기에 살아남도록 독자들을 도와줄 수 있을지도 모른다고 생각했다.

프로이트의 죽음에 관한 논문 또한 그 주제가 음침해 보이기는 하지만, 논문은 정신분석이 현대 정신을 이해하는 데 기여한 바를 언급하고, 정신분석이 인간 본성의 핵심적 진실에 가까이 간 또 하나의 증거로 전쟁의 재앙을 들고 있다. 프로이트의 주장에 따르면 현대인은 자신의 죽음이라는 현실을 부정하며, 다른 사람들의 죽음이 자신에게 끼치는 영향을 완화하기 위하여 상상이 만들어낸 장치들에 의존한다. 그래서 현대인은 소설이나 연극을 아주 좋아한다. 주인공의 죽음과 동일시하면서도 주인공과는 달리 살아남을 수 있기 때문이다. "허구의 영역에서 우리는 우리에게 필요한 여러 개의 삶을 발견한다."[233]

원시인 또한 자신의 필멸성을 비현실적이고 상상할 수 없는 일이라고 생각했지만, 한 가지 점에서는 억압되고 문명화된 현대인보다 감추어진 심리적 현실에 더 가까이 가 있다. 적의 죽음을 노골적으로 기뻐한다는 점이었다. "살인하지 말라"는 명령이 행동의 근본 법칙이 될 수 있었던 것은 문명화된 사회의 양심이 등장하면서부터다. 그러나 현대인은 원시인과 마찬가지로 밑바닥에서, 그리고 무의식에서는 살인자보다 나을 것이 전혀 없다. 현대인은 부인하지만, 예의와 친절 뒤에는 공격성이 감추어져 있다. 그렇지만 공격성이 단순히 불리한 것만은 아니다. 많이 인용되는 글에서 프로이트가 말했듯이, 반동 형성(reaction formation)이라는 방어 전략에 의해 대립물로 전환된 원시적 공격성은 문명에 보탬이 될 수 있다. "아이처럼 강한 이기주의자는 가장 도움이 되는 시민,

자기 희생을 가장 잘하는 사람이 될 수 있다. 가장 열렬하게 동정심을 발휘하는 사람들(Mitleidsschwärmer), 인류의 친구들, 동물의 보호자들은 어린 사디스트와 동물 학대자에서 진화했다."[234]

프로이트에 따르면, 제1차 세계대전이 한 일은 문명화된 회피를 있는 그대로 드러내, 이런 구미에 맞지 않는 진실을 눈앞에 드러냈다는 것이다. 전쟁은 "우리에게서 나중에 문화적으로 부과된 것을 벗겨냈으며, 우리 안의 원시인을 드러냈다." 이런 드러냄에도 그 나름의 쓸모가 있을 수 있다. 이것은 인간이 전보다 진실하게 자신을 보게 해주며, 해로운 것으로 드러난 착각을 버리는 데 도움을 준다. "우리는 '평화를 지키고 싶으면 무장해서 전쟁에 대비하라.(Si vis pacem, para bellum)는 옛 속담을 기억한다. 이 속담을 이렇게 바꾸어보는 것도 시의적절할 것이다. 인생을 견디고 싶으면 죽음에 대비하라.(Si vis vitam, para mortem)"[235] 몇 년 후 프로이트가 이런 처방을 자신에게 시험할 때가 찾아온다.

| 약어 설명 |

다음은 본문 각주와 미주에 등장하는 주요 참고문헌들의 약어 설명이다.

Briefe : Sigmund Freud, *Briefe 1873-1939*, Ernst and Lucie Freud 엮음(1960; 증보 2판, 1968). 영어판, *Letters of Sigmund Freud, 1873-1939*, Tania and James Stern 옮김(1961; 2판, 1975).

Freud-Abraham : Sigmund Freud, Karl Abraham, *Briefe 1907-1926*, Hilda Abraham and Ernst L. Freud 엮음(1965). 영어판, *A Psycho-Analytic Dialogue: The Letters of Sigmund Freud and Karl Abraham, 1907-1926*, Bernard Marsh and Hilda Abraham 옮김(1965).

Freud-Fliess : Sigmund Freud, *Briefe an Wilhelm Fliess 1887-1904*, Michael Schröter와 Gerhard Fichtner의 도움을 받아 Jeffrey Moussaieff Masson이 엮음(1986). 영어판, *The Complete Letters of Sigmund Freud to Wilhelm Fliess, 1887-1904*, Jeffrey Moussaieff Masson 엮고 옮김(1985).

Freud-Jung : Sigmund Freud, C. G. Jung, *Briefwechsel*, William McGuire and Wolfgang Sauerländer 엮음(1974; 수정 3쇄, 1979). 영어판, *The Freud/Jung Letters: The Correspondence between Sigmund Freud and C. G. Jung*, William McGuire 엮음, Ralph Manheim(프로이트의 편지)과 R. F. C. Hull(융의 편지) 옮김(1974).

Freud-Pfister : Sigmund Freud, Oskar Pfister, *Briefe 1909-1939*, Ernst L. Freud and Heinrich Meng 엮음(1963). 영어판, *Psychoanalysis and Faith: The Letters of Sigmund Freud and Oskar Pfister*, Eric Mosbacher 옮김(1963).

Freud-Salomé : Sigmund Freud, Lou Andreas-Salomé, *Briefwechsel*, Ernst Pfeiffer 엮음(1966). 영어판, Sigmund Freud, Lou Andreas-Salomé, *Letters*, Elaine and William Robson-Scott 옮김(1972).

Freud-Zweig : Sigmund Freud, Arnold Zweig, *Briefwechsel*, Ernst L. Freud

엮음(1968; 보급판, 1984). 영어판, *The Letters of Sigmund Freud and Arnold Zweig*, Elaine and William Robson-Scott 옮김(1970).

GW : Sigmund Freud, Gesammelte Werke, Chronologisch Geordnet, Marie Bonaparte의 협력을 얻어 Anna Freud, Edward Bibring, Willi Hoffer, Ernst Kris, and Otto Isakower 엮음, 18 vols.(1940-1968).

Int. J. Psycho-Anal. : *International Journal of Psycho-Analysis.*

Int. Rev. Psycho-Anal. : *International Review of Psycho-Analysis.*

J. Amer. Psychoanal. Assn. : *Journal of the American Psychoanalytic Association.*

Jones I, II, III : Ernest Jones, *The Life and Work of Sigmund Freud*. Vol. I, *The Formative Years and the Great Discoveries, 1856-1900*(1953); vol. II, *Years of Maturity, 1901-1919*(1955); vol. III, *The Last Phase, 1919-1939*(1957).

LC: Library of Congress.

Protokolle : *Protokolle der Wiener Psychoanalytischen Vereinigung*, Hermann Nunberg and Ernst Federn 엮음, 4 vols. (1976-1981). 영어판, *Minutes of the Vienna Psychoanalytic Society*, M. Nunberg 옮김, 4 vols. (1962-1975).

SE : *Standard Edition of the Complete Psychological Works of Sigmund Freud*, Anna Freud의 협력과 Alix Strachey and Alan Tyson의 도움을 받아 James Strachey가 총 편집을 맡고 번역했음, 24 vols.(1953-1974).

Y-MA : Yale University Library, Manuscripts and Archives.

| 주석 |

들어가는 글

1) 프로이트가 마르타 베르나이스에게 쓴 편지, 1885년 4월 28일, *Briefe*, 144-45.
2) "Eine Kindheitserinnerung des Leonardo da Vinci"(1910), *GW* VIII, 202/"Leonardo da Vinci and a Memory of His Childhood", *SE* XI, 130.
3) 프로이트가 아르놀트 츠바이크에게 쓴 편지, 1936년 5월 31일, 1936. *Briefe*, 445.
4) *Traumdeutung*(1900), *GW* II-III, 126/The *Interpretation of Dreams*, *SE* IV, 121.
5) 프로이트가 플리스에게 쓴 편지, 1900년 2월 1일. *Freud-Fliess*, 437(398).
6) "The Pope's Secrets", the Tony and Susan Alamo Christian Foundation(Alma, Arizona)의 회장이자 목사인 토니 앨러모(Tony Alamo)가 배포, 날짜 불명.
7) "Zur Geschichte der psychoanalytischen Bewegung"(1914), *GW* X, 60/"On the History of the Psycho-Analytic Movement", *SE* XIV, 21. 19세기 독일 극작가 크리스티안 프리드리히 헤벨(Christian Friedrich Hebbel)의 말을 인용한 것이다.
8) 프로이트가 슈테판 츠바이크에게 쓴 편지, 1925년 4월 14일. Sigmund Freud Copyrights, Wivenhoe의 허락을 받아 인용.
9) 프로이트가 페렌치에게 쓴 편지, 1910년 1월 10일. Freud-Ferenczi Correspondence, Freud Collection, LC.
10) 프로이트가 아인슈타인에게 쓴 편지, 1932년 12월 8일. Freud Collection, B3, LC.
11) "Eine Kindheitserinnerung aus *Dichtung und Wahrheit*"(1917) *GW* XII, 17/"A Childhood Recollection from *Dichtung und Wahrheit*" *SE* XVII 148.
12) "Bruchstück einer Hysterie-Analyse"(1905), GW V, 240/"Fragment of an Analysis of a Case of Hysteria", *SE* VII, 77-78.
13) 프로이트가 에드워드 베르나이스(Edward Bernays)에게 쓴 편지 1929년 8월 10일. *Briefe*, 408.

1장 앎의 의지

1) "Der Wahn und die Träume in W. Jensens *Gradiva*"(1907), *GW* VII, 31/ "Delusions and Dreams in Jensen's *Gradiva*," *SE* IX, 7.
2) 프로이트가 L. Darmstaeder에게 쓴 편지, 1910년 7월 3일. Freud Collection, B3, LC.
3) *The Interpretation of Dreams*(3판 [개정] 영어판, 1932), *SE* IV, xxxii.
4) 그녀의 이름은 거의 언제나 'Amalie'로 나오는데, 아마 사람들이 그녀를 그렇게 불렀기 때문인 것 같다. 그러나 그녀가 남편과 함께 묻힌 빈 공동묘지의 묘비에는 'Amalia'라고 새겨져 있다. (Ernst Freud, Lucie Freud, Ilse Grubrich-Simitis 편, *Sigmund Freud. His Life in Pictures and Words*

[1976; Christine Trollope 역, 1978] 또 그녀의 처녀 때 이름은 보통 'Nathanson'이라고 쓰고 결혼 증명서에도 그렇게 나오지만, 그녀는 'Nathansohn'이 정확한 철자라고 주장하곤 했다. 프라이베르크에 살던 체코인은 그곳을 프리보르라고 불렀는데, 이제 그곳은 체코슬로바키아의 도시이므로 프리보르가 공식 명칭이라고 할 수 있다.(프로이트가 에밀 플루스에게 쓴 편지, 1872년 9월 28일 참조. "Selbstdarstellung", *Schriften zur Geschichte der Psychoanalyse*, Ilse Grubrich-Simitis 편[1971; 수정판, 1973], 110.)

5) 프로이트가 질버슈타인에게 쓴 편지, 1872년 6월 11일 참조. Freud Collection, D2, LC. 또 안나 프로이트가 어니스트 존스에게 쓴 편지, 1954년 1월 18일 참조. Jones papers, Archives of the British Psycho-Analytical Society, London.

6) 논란이 많은 프로이트의 유년 시절 연구에서는 그의 생일도 연구자들의 추측에 기초한 정밀 조사의 대상이 되었다. 지역 공무원의 알아보기 힘든 글씨 때문에 오해를 한 몇몇 사람은 더 이른 3월 6일이 생일이라고 주장했다. 만일 그렇다면 흥미 있는 일이 벌어진다. 야코프 프로이트는 아말리아 나탄존과 1855년 6월 29일에 결혼했기 때문이다. 그러나 문서 증거들과 더불어 프로이트 집안의 가족 성경은 야코프 프로이트와 그의 신부가 예의범절을 지켰을 가능성이 높다는 것을 보여준다. 프로이트의 생일은 기존의 전기에 나오는 5월 6일이 맞기 때문이다.

7) "Selbstdarstellung"(1925), *GW* XIV, 34/ "An Autobiographical Study", *SE* XX, 7-8.

8) 마리 보나파르트가 프로이트의 전기를 위해 제공한, "프로이트가 1928년 4월에 준" 메모(프랑스어)에서. Jones papers, Archives of the British Psycho-Analytical Society, London.

9) 프로이트가 빌헬름 플리스에게 쓴 편지, 1897년 10월 3일. *Freud-Fliess*, 289(268).

10) *Die Traumdeutung*(1900), GW II-III, 427-28 / *The Interpretation of Dreams*, SE V, 424-25.

11) *The Psychopathology of Everyday Life*(1901), *SE* VI, 51-52n(1924년 주석).

12) "Selbstdarstellung", *GW* XIV, 34 / "Autobiographical Study", *SE* XX, 7.

13) 프로이트가 J. 드보시스(예루살렘 거주)에게 쓴 편지, 1930년 12월 15일. 타자로 친 사본, Freud Museum, London.

14) 같은 곳.

15) *Selbstdarstellung*, 40 / "Autobiographical Study", *SE* XX, 8(1935년 프로이트가 모세에게 특별히 사로잡혀 있던 때에 덧붙인 문장).

16) 프로이트가 플리스에게 쓴 편지, 1897년 10월 15일. *Freud-Fliess*, 291(271).

17) 프로이트가 플리스에게 쓴 편지, 1897년 10월 4일. 같은 책, 290(269).

18) 같은 책, 292(271-72).

19) John E. Gedo, "Freud's Self-Analysis and His Scientific Ideas", in *Freud: The Fusion of Science and Humanism: The Intellectual History of Psychoanalysis*, John E. Gedo and George H. Pollock 편(1976), 301 참조.

20) Josef Sajner의 선구적인 작업들 참조. "Sigmund Freuds Beziehungen zu seinem Geburtsort Freiberg(Příbor) und zu Mähren", *Clio Medica*, III(1968), 167-80과 "Drei dokumentarische Beiträge zur Sigmund-Freud-Biographik aus Böhmen und Mähren", *Jahrbuch der Psychoanalyse*, XIII(1981), 143-52.

21) "Über Deckerinnerungen"(1899) *GW* 1, 542 / "Screen Memories", SE III, 312.

22) "R. was my uncle", in *Interpretation of Dreams*, SE IV, 138-45 참조.

23) Marianne Krüll, *Freud and His Father*(1979; Arnold J. Pomerans 역, 1986), 164-66 참조.

24) "Über Deckerinnerungen", *GW* I 542-43 / "Screen Memories", *SE* III, 312-13.

25) 프로이트가 프리보르 시장에게 쓴 편지, 1931년 10월 25일, 타자로 친 사본, Freud Collection, B3, LC / "Letter to the Burgomaster of Příbor", SE XXI, 259.
26) 프로이트가 막스 아이팅곤에게 쓴 편지, 1938년 6월 6일. *Briefe*, 462.
27) 프로이트가 플루스에게 쓴 편지, 1872년 9월 18일. *Selbstdarstellung*, 109.
28) 프로이트가 마르타 베르나이스에게 쓴 편지, 1886년 3월 10일. *Briefe*, 219.
29) 프로이트가 플리스에게 쓴 편지, 1900년 3월 11일. *Freud-Fliess*, 442(403).
30) "On the History of the Psychoanalytic Movement"(1914). SE XIV, 39 참조.
31) Martin Freud, *Sigmund Freud: Man and Father*(1958), 10.
32) 프로이트가 플리스에게 쓴 편지, 1897년 10월 3일. *Freud-Fliess*, 288-89(268).
33) 안나 프로이트가 어니스트 존스에게 쓴 편지, 1951년 5월 29일. Jones papers, Archives of the British Psycho-Analytical Society, London.
34) *Traumdeutung*, GW II-III, 202-3 / *Interpretation of Dreams*, SE IV, 197.
35) 같은 책, 202 / 196.
36) *Interpretation of Dreams*, SE V, 424 참조.
37) 이 성경은 런던의 프로이트 박물관에 전시되어 있다. 이 헌사에 관해서는 에른스트 프로이트(Ernst Freud) 등이 엮었다. *Sigmund Freud: His Life in Pictures and Words*, 134 참조.
38) *Traumdeutung*, GW II-III, 198 / *Interpretation of Dreams*, SE IV, 192.
39) 같은 책, 198-99 / 192-93.
40) Krüll, *Freud and His Father*, 147-51 참조.
41) 안나 프로이트 베르나이스, "My Brother, Sigmund Freud", *American Mercury*, LI(1940) 336. 안나 베르나이스의 회고록은 오류가 많기 때문에 이용할 때 조심해야 한다.
42) 이 구절에 관해서는 무엇보다도 Robert A. Kann, *A History of the Habsburg Empire, 1526-1918*(1974; 수정판, 1977), 243-366 여러 곳 참조.
43) Ilsa Barea, *Vienna*(1966), 244-45.
44) 빈을 방문한 슈바벤의 시인이자 엔지니어인 막스 아이트(Max Eyth)가 그의 부모에게 쓴 편지, 1873년 6월 7일, Bernhard Zeller 편., *Jugend in Wien: Literatur um 1900*(1974), 30.
45) Wolfdieter Bihl, "Die Juden", in *Die Habsburger Monarchie, 1848-1918*, Adam Wandruszka and Peter Urbanitsch 편, vol. III, *Die Völker des Reiches*(1980), part 2, 890-96 참조.
46) *Traumdeutung*, GW II-III, 199 / *Interpretation of Dreams*, SE IV, 193.
47) 프로이트가 마르타 베르나이스에게 쓴 편지, 1885년 6월 2일. Sigmund Freud Copyrights, Wivenhoe의 허락을 받고 인용.
48) 카를 뤼거의 이런 복잡한 면에 관해서는 무엇보다도 John W. Boyer, "Karl Lueger and the Viennese Jews", *Leo Baeck Yearbook*, XXVI(1981), 125-41; and John W. Boyer, *Political Radicalism in Late Imperial Vienna: Origins of the Christian Social Movement, 1848-1897*(1981) 참조.
49) 프로이트가 아르놀트 츠바이크에게 쓴 편지, 1930년 11월 26일. *Freud-Zweig*, 33(21).
50) Zeller 편, *Jugend in Wien*, 69에 인용.
51) Dennis B. Klein, *Jewish Origins of the Psychoanalytic Movement*(1981), 4.
52) Joseph Samuel Bloch, *Der nationale Zwist und die Juden in Österreich*(1886), 25-26 참조. 또 18-21도 참조.
53) Marsha L. Rosenblit, *The Jews of Vienna, 1867-1914: Assimilation and Identity*(1983), 13-45

여러 곳.
54) 프로이트가 플루스에게 쓴 편지, 1872년 9월 18일, *Selbstdarstellung*, 107-8.
55) Klein, *Jewish Origins*, 48 참조.
56) 이 숫자는 빈에 합법적으로 거주하던 유대인만 포함하므로, 실제 수는 더 많았을 것이 틀림없다.(See Rosenblit, *Jews of Vienna*, 17.)
57) 부르크하르트가 프리드리히 폰 프렌(Friedrich von Preen)에게 쓴 편지, 1872년 10월 3일. *Briefe*, Max Burckhardt 편, 10 vols.(1949-86), V, 175.
58) 부르크하르트가 요한 야코프 외리-부르크하르트(Johann Jacob Oeri-Burckhardt)에게 쓴 편지, 1884년 8월 14일. 같은 책, VIII, 228.
59) *Traumdeutung*, GW II-III, 202 / *Interpretation of Dreams*, SE IV, 196.
60) Arthur Schnitzler, *Jugend in Wien*(1968), 78-81.
61) Barea, *Vienna*, 305.
62) "Selbstdarstellung", GW XIV, 34 / "Autobiographical Study", SE XX, 8.
63) 프로이트가 질버슈타인에게 쓴 편지, 1872년 6월 11일. Freud Collection, D2, LC.
64) 프로이트가 질버슈타인에게 쓴 편지, 1872년 9월 4일. 같은 책.
65) 같은 곳.
66) 이 날짜 계산에 관해서는 프라이베르크를 방문하기 전에 프로이트가 질버슈타인에게 1872년 3월 25일에 쓴 편지 참조. 거기에서 그는 기젤라 플루스를 'Ichth'라고 부르며, 그녀의 오빠 에밀은 'Ichthyosaurus'라고 부른다(Freud Collection, D2, LC). 나중에 사용된 예로는 프로이트가 플루스에게 쓴 편지, 1872년 9월 18일과 28일(*Selbstdarstellung*, 109, i 10.) 그 전의 편지에서 프로이트는 'Ich.'라는 약칭을 사용한다. 사실 질버슈타인에게 보내는 이전의 편지들이 보여주듯이 이 암호명은 한동안 둘에게 익숙한 것이었다.
67) "Über Deckerinnerungen", GW I, 543 / "Screen Memories", SE III, 313.
68) 프로이트가 질버슈타인에게 쓴 편지, 1872년 9월 4일. Freud Collection, D2, LC.
69) 같은 곳. 또 Ronald W. Clark, *Freud: The Man and the Cause*(1980), 25.
70) *Traumdeutung*, GW II-III, 221-22 / *Interpretation of Dreams*, SE IV, 216.
71) "Selbstdarstellung", GW XIV, 34 / "Autobiographical Study", SE XX, 8.
72) 그의 자서전과 더불어 지인인 프리드리히 에크슈타인에게 이 경험이 "지적 발전"에서 "결정적인 분기점"이었다고 이야기한 대목 참조(Friedrich Eckstein, "*Alte unnennbare Tage!*" *Erinnerungen aus siebzig Lehr- und Wanderjahren* [1936], 21.)
73) 괴테를 연구하는 학자들은 현재 이 글이 사실은 괴테의 지인인 스위스 작가 크리스토프 토블레(Christoph Toble)가 쓴 것이라고 입을 모은다. Andreas Speiser의 편집자 주, *Johann Wolfgang Goethe, Gedenkausgabe der Werke, Briefe und Gespräche*, Ernst Beutler 편, 24 vols.(1949), XVI, 978.
74) 프로이트가 플루스에게 쓴 편지, 1873년 3월 17일. *Selbstdarstellung*, 114.
75) 프로이트가 플루스에게 쓴 편지, 1873년 5월 1일. 같은 책, 116.
76) 프로이트가 질버슈타인에게 쓴 편지, 1873년 8월 2일. Freud Collection, D2, LC.
77) Fritz Wittels, *Sigmund Freud: His Personality, His Teaching, and His School*(1924; Eden and Cedar Paul 역, 1924), 19. 프로이트는 "은폐 기억(screen memory)"—*Deckerinnerung*—이라는 용어를 1899년의 논문 "Über Deckerinnerungen"에서 사용했다.
78) "Selbstdarstellung", GW XIV, 34 / "Autobiographical Study", SE XX, 8.

79) 프로이트가 마르타 베르나이스에게 쓴 편지, 1886년 2월 2일. *Briefe*, 208-9.
80) *Jones* I, 29.
81) 프로이트가 마리 보나파르트에게 쓴 편지, 1938년 11월 12일. *Briefe*, 471.
82) 프로이트가 질버슈타인에게 쓴 편지, 1875년 3월 7일. Freud Collection, D2, LC.
83) "Selbstdarstellung", *GW* XIV, 34 / "Autobiographical Study", *SE* XX, 8.
84) 프로이트가 플루스에게 쓴 편지, 1872년 9월 28일. *Selbstdarstellung*, 111.
85) 프로이트가 질버슈타인에게 쓴 편지, 1872년 8월 17일. Freud Collection, D2, LC.
86) 프로이트가 플루스에게 쓴 편지, 1873년 6월 16일. *Selbstdarstellung*, 120-21.
87) 프로이트가 질버슈타인에게 쓴 편지, 1875년 9월 9일. Freud Collection, D2, LC.
88) 프로이트가 마르타 베르나이스에게 쓴 편지, 1883년 8월 28일. *Briefe*, 54.
89) *The Question of Lay Analysis: Conversations with an Impartial Person*(1926)의 "Postscript"(1927), *SE* XX, 253 참조.
90) "Selbstdarstellung"의 "Nachschrift"(1935) *GW* XVI, 32 / "Autobiographical Study"의 "Postscript" *SE* XX, 72.
91) "Selbstdarstellung", *GW* XIV, 34-35 / "Autobiographical Study", *SE* XX, 9.
92) 프로이트가 질버슈타인에게 쓴 편지, 1875년 3월 27일. Freud Collection, D2, LC.
93) 프로이트가 마르타 베르나이스에게 쓴 편지, 1883년 12월 16일. *Briefe*, 84-85.
94) Martin Freud, *Freud*, 70-71.
95) 프로이트가 질버슈타인에게 쓴 편지, 1873년 7월 11일. Freud Collection, D2, LC.
96) 프로이트가 질버슈타인에게 쓴 편지, 1873년 8월 6일. 같은 책.
97) 프로이트가 질버슈타인에게 쓴 편지, 1875년 3월 7일. 같은 책.
98) Ludwig Feuerbach, *Das Wesen des Christenthums*(1843) 2판의 "Vorwort", iii.(1854년 *The Essence of Christianity*라는 제목으로 처음 출판된 조지 엘리엇의 유명한 번역판에는 생략되어 있다.)
99) 같은 책, 408.
100) 같은 책, ix-xii.
101) 포이어바흐(Ludwig Feuerbach)가 크리스티안 카프(Christian Kapp)에게 쓴 편지, 1840년 11월. Marx W. Wartofsky, *Feuerbach*(1977), 202에 인용.
102) Feuerbach, *Das Wesen des Christenthums*, x.
103) 프로이트가 질버슈타인에게 쓴 편지, 1875년 3월 7일. Freud Collection, D2, LC.
104) 프로이트가 질버슈타인에게 쓴 편지, 1875년 3월 13-15일. 같은 책.
105) 프로이트가 질버슈타인에게 쓴 편지, 1874년 11월 8일. 같은 책.
106) Henry Hun, *A Guide to American Medical Students in Europe*(1883). Sherwin B. Nuland, *The Masterful Spirit-Theodor Billroth*, The Classics of Surgery Library(1984), 9에 인용.
107) "Selbstdarstellung", *GW* XIV, 35 / "Autobiographical Study", *SE* XX, 9.
108) 프로이트가 질버슈타인에게 쓴 편지, 1873년 8월 6일. Freud Collection, D2, LC.
109) 프로이트가 질버슈타인에게 쓴 편지, 1875년 9월 9일. 같은 책.
110) 프로이트가 마르타 베르나이스에게 쓴 편지, 1882년 8월 16일. *Jones* I, 178-79.
111) 프로이트가 질버슈타인에게 쓴 편지, 1875년 9월 9일. Freud Collection, D2, LC.
112) *Jones* I, 37-38 참조.
113) "Beobachtungen über Gestaltung und feineren Bau der als Hoden beschriebenen

Lappenorgane des Aals"(1877), in Siegfried Bernfeld, "Freud's Scientific Beginnings", *American Imago*, VI(1949), 165.
114) 프로이트가 질버슈타인에게 쓴 편지, 1876년 4월 5일. Freud Collection, D2, LC.
115) 프로이트가 질버슈타인에게 쓴 편지, 날짜 불명[1876년 4월?], 같은 책.
116) "Selbstdarstellung", 41 / "Autobiographical Study", *SE* XX, 9–10.
117) "Nachwort" to *Die Frage der Laienanalyse, GW* XIV, 290/ "Postscript" to *The Question of Lay Analysis, SE* XX, 253.
118) *Traumdeutung, GW* II–III, 424–25 / *Interpretation of Dreams, SE* V, 421–22.
119) Bernfeld, "Freud's Scientific Beginnings", 169–74.
120) Emil Du Bois-Reymond, "Über die Grenzen des Naturerkennens"(1872) in *Reden von Emil Du Bois-Reymond*, Estelle Du Bois-Reymond 편, 2 vols.(1885; 증보 2판, 1912), I, 461.
121) 프로이트가 질버슈타인에게 쓴 편지, 1875년 1월 24일. Freud Collection, D2, LC.
122) 프로이트가 플리스에게 쓴 편지에 붙인 에른스트 크리스(Ernst Kris)의 머리말, "Einleitung zur Erstausgabe"(1950) in *Freud-Fliess*, 526 참조.
123) "Über eine Weltanschauung"(1932년 집필), in *Neue Folge der Vorlesungen zur Einführung in die Psychoanalyse*(1933) *GW* XV, 197 / "The Question of a Weltanschauung", in *New Introductory Lectures on Psycho-Analysis, SE* XXII, 181.
124) *Zur Psychopathologie des Alltagsleben*(1901), *GW* IV, 164 / *The Psychopathology of Everyday Life, SE* VI, 148.
125) 프로이트가 빌헬름 크뇌프마허(Wilhelm Knoepfmacher)에게 쓴 편지, 1878년 8월 6일. 타자로 친 사본, Freud Collection, B3, LC.
126) *Jones* I, 50.
127) "Qualifications Eingabe"(1886), Freud Museum, London.
128) "Autobiographical Study", *SE* XX, 10 참조.
129) 이 점에 관해서는 *Jones* I, 60–61(프로이트가 마르타 베르나이스에게 보낸 1884년 9월 9일자 미공개 편지를 인용하고 있다) 참조.
130) 같은 책, 99.
131) 프로이트가 플리스에게 쓴 편지, 1896년 3월 7일. *Freud-Fliess*, 187(177).
132) 존 스튜어트 밀은 1851년 7월 *Westminster Review*에 처음 발표된 "The Enfranchisement of Women"을 그 해에 결혼한 해리엇 테일러(Harriet Taylor)와 함께 쓴 공동 작품이라고 말했다. 나는 이것이 주로 해리엇 테일러가 쓴 것이라는 앨리스 S. 로시(Alice S. Rossi)의 판단을 받아들인다. Rossi's edition of John Stuart Mill and Harriet Taylor Mill, *Essays on Sex Equality*(1970), 41–42 참조.
133) 프로이트가 마르타 베르나이스에게 쓴 편지, 1883년 11월 15일. *Briefe*, 81–82.
134) 프로이트가 마르타 베르나이스에게 쓴 편지, 1884년 1월 22일. Sigmund Freud Copyrights, Wivenhoe의 허락을 받아 인용.
135) 프로이트가 마르타 베르나이스에게 쓴 편지, 1885년 12월 5일. Sigmund Freud Copyrights, Wivenhoe의 허락을 받아 인용.
136) 예를 들어 마르타 베르나이스가 프로이트에게 쓴 편지, 1885–1886년 12월 31일~1월 1일. Sigmund Freud Copyrights, Wivenhoe의 허락을 받아 인용.
137) 마르타 베르나이스가 프로이트에게 쓴 편지, 1885년 6월 4일. Sigmund Freud Copyrights,

Wivenhoe의 허락을 받아 인용.
138) 프로이트가 마르타 베르나이스에게 쓴 편지, 1884년 1월 22일. Sigmund Freud Copyrights, Wivenhoe의 허락을 받아 인용.
139) "Über einige neurotische Mechanismen bei Eifersucht, Paranoia und Homosexualität"(1922), *GW* XIII, 195 / "Some Neurotic Mechanisms in Jealousy Paranoia and Homosexuality", *SE* XVIII, 223-24.
140) 프로이트가 마르타 베르나이스에게 쓴 편지, 1882년 6월 19일. *Briefe*, 20.
141) 프로이트가 마르타 베르나이스에게 쓴 편지, 1883년 8월 22일. 같은 책, 50.
142) 프로이트가 마르타 베르나이스에게 쓴 편지, 1882년 8월 18일. 같은 책, 37.
143) *Jones* I, 63 참조.
144) *Traumdeutung*, *GW* II-III, 488 / *Interpretation of Dreams*, *SE* V, 484.
145) 프로이트가 마르타 베르나이스에게 쓴 편지, 1882년 10월 5일. *Briefe*, 41.
146) 프로이트가 마르타 베르나이스에게 쓴 편지, 1886년 2월 2일. 같은 책, 208.
147) *Traumdeutung*, GW II-III, 439 / *Interpretation of Dreams*, *SE* V, 437.
148) *Interpretation of Dreams*, *SE* V, 437과 "Autobiographical Study", *SE* XX, 10 참조.
149) 프로이트가 마르타 베르나이스에게 쓴 편지, 1883년 8월 29일. *Briefe*, 58.
150) 프로이트가 마르타 베르나이스에게 쓴 편지, 1885년 5월 12일. 같은 책, 148.
151) "Selbstdarstellung", *GW* XIV, 38-39 / "Autobiographical Study", *SE* XX, 14-15.
152) 프로이트가 마르타 베르나이스에게 쓴 편지, 1884년 4월 21일. *Briefe*, 114.
153) "Selbstdarstellung", *GW* XIV, 38 / "Autobiographical Study", *SE* XX, 14. Meller 교수라는 사람에게 쓴 편지, 1934년 11월 8일. Freud Museum, London. 또 *Jones* I, 79 참조.
154) "Selbstdarstellung", *GW* XIV, 38-39 / "Autobiographical Study", *SE* XX, 15.
155) 프로이트가 Meller 교수에게 쓴 편지, 1934년 11월 8일. Freud Museum, London.
156) "Selbstdarstellung", *GW* XIV, 38-39 / "Autobiographical Study", *SE* XX, 15.
157) 프로이트가 마르타 베르나이스에게 쓴 편지, 1885년 6월 2일. Sigmund Freud Copyrights, Wivenhoe의 허락을 받아 인용.
158) 마르타 베르나이스가 프로이트에게 쓴 편지, 1885년 6월 4일. Sigmund Freud Copyrights, Wivenhoe의 허락을 받아 인용.
159) 프로이트가 마르타 베르나이스에게 쓴 편지, 1885년 1월 7일. *Briefe*, 138.
160) 프로이트가 마르타 베르나이스에게 쓴 편지, 1885년 1월 7일. 같은 책, 137.
161) 프로이트가 소유한 비텔스의 *Sigmund Freud*, p. 19 참조. Freud Museum, London.
162) 프로이트가 마르타 베르나이스에게 쓴 편지, 1883년 8월 22일, 23일, 9월 8일. *Briefe*, 50, 52, 62.
163) 프로이트가 플리스에게 쓴 편지, 1900년 2월 1일. *Freud-Fliess*, 438(398).
164) 수요심리학회에서 프로이트가 한 말, 1908년 4월 1일, *Protokolle*, I, 338.
165) 프로이트가 마르타 베르나이스에게 쓴 편지, 1884년 2월 12일. Sigmund Freud Copyrights, Wivenhoe의 허락을 받아 인용.
166) 두 가지 예로 "Screen Memories", *SE* III, 316과 "The Psycho-Analytic View of Psychogenic Disturbance of Vision"(1910), *SE* XI, 214-15 참조.
167) "Selbstdarstellung", *GW* XIV, 36 / "Autobiographical Study", *SE* XX, 11.
168) 프로이트가 마르타 베르나이스에게 쓴 편지, 1885년 6월 3일. Sigmund Freud Copyrights, Wivenhoe의 허락을 받아 인용.

169) 플라이슐-마르호프가 프로이트에게 쓴 편지, 날짜 불명. [안나 프로이트는 이 편지가 1885년 6월에 쓴 것이라고 말하는데 그 말은 옳다.] Freud Collection, LC, uncatalogued.
170) 프로이트가 마르타 베르나이스에게 쓴 편지, 1885년 10월 19일. *Briefe*, 176-78.
171) 프로이트가 마르타 베르나이스에게 쓴 편지, 1885년 10월 19일. 같은 책, 176. 또 프로이트가 마르타 베르나이스에게 쓴 편지, 1885년 11월 8일. 같은 책, 182-85도 참조.
172) 프로이트가 마르타 베르나이스에게 쓴 편지, 1885년 10월 19일. 같은 책, 176.
173) 프로이트가 미나 베르나이스에게 쓴 편지, 1885년 10월 18일. Sigmund Freud Copyrights, Wivenhoe의 허락을 받아 인용.
174) 같은 곳. Sigmund Freud Copyrights, Wivenhoe의 허락을 받아 인용.
175) 프로이트가 마르타 베르나이스에게 쓴 편지, 1885년 11월 24-26일. Sigmund Freud Copyrights, Wivenhoe의 허락을 받아 인용.
176) 프로이트가 마르타 베르나이스에게 쓴 편지, 1884년 1월 22일. Sigmund Freud Copyrights, Wivenhoe의 허락을 받아 인용.
177) 프로이트가 마르타 베르나이스에게 쓴 편지, 1885년 12월 5일. Sigmund Freud Copyrights, Wivenhoe의 허락을 받아 인용.
178) 프로이트가 마르타 베르나이스에게 쓴 편지, 1885년 11월 24일. *Briefe*, 189.
179) "Charcot"(1893), *GW* I, 28-29 / "Charcot", *SE* III, 17-18.
180) 같은 책, 23 / 13 참조.
181) "Selbstdarstellung", *GW* XIV, 36-37 / "Autobiographical Study", *SE* XX, 12.
182) Pierre Janet, *L'État mental des hystériques*(1892; 2판, 1911), 132-35.
183) "Selbstdarstellung", *GW* XIV, 52 / "Autobiographical Study", *SE* XX, 27.
184) 프로이트가 마르타 베르나이스에게 쓴 편지, 1885년 12월 5일. Sigmund Freud Copyrights, Wivenhoe의 허락을 받아 인용.
185) 프로이트가 마르타 베르나이스에게 쓴 편지, 1886년 2월 2-3일. *Briefe*, 209-10.
186) "Charcot", *GW* I, 23-24 / "Charcot", *SE* III, 12-13.
187) J. M. Charcot and Gilles de la Tourette, "Hypnotism in the Hysterical", in *A Dictionary of Psychological Medicine*, D. Hack Tuke 엮음, 2 vols.(1892), I, 606.
188) "Vorrede des Uebersetzers", in Hippolyte Bernheim, *Die Suggestion und ihre Heilwirkung*(1888), iii-iv / "Preface to the Translation of Bernheim's Suggestion", *SE* I, 75-76.
189) "Bericht über meine mit Universitäts-Jubiläums-Reisestipendium unternommene Studienreise nach Paris und Berlin"(1886년에 쓰고 1960년에 처음 발표), *Selbstdarstellung*, 130, 134 / "Report on my Studies in Paris and Berlin", *SE* I, 5-6, 10.
190) 날짜 불명의 명함에 적혀 있음. Freud Collection, B3, LC.
191) "Kleine Chronik", date line 1886년 4월 24일, in *Neue Freie Presse*, 1886년 4월 25일. Clipping in Freud Museum, London.
192) 프로이트가 마르타 베르나이스에게 쓴 편지, 1886년 5월 13일. *Briefe*, 225.
193) "Autobiographical Study", *SE* XX, 15 참조.
194) Clark, *Freud*, 89에 인용.
195) 프로이트가 장모 베르나이스 부인과 처제 미나에게 쓴 편지, 1887년 10월 16일. *Briefe*, 231.
196) 프로이트가 베르나이스 부인과 미나에게 쓴 편지, 1887년 10월 21일. 같은 책, 232.
197) 프로이트가 베르나이스 부인과 미나에게 쓴 편지, 1887년 10월 16일. 같은 책, 231.

2장 무의식의 탐사

1) *Traumdeutung*, GW II-III, 487 / *Interpretation of Dreams*, SE V, 483.
2) 프로이트가 플리스에게 보낸 편지, 1887년 11월 24일, *Freud-Fliess*, 3(15).
3) 프로이트가 플리스에게 보낸 편지, 1894년 5월 21일, 같은 책, 66(73).
4) 프로이트가 플리스에게 보낸 편지, 1893년 9월 29일, 같은 책, 49(56).
5) 아브라함이 프로이트에게 보낸 편지, 1911년 2월 26일, *Freud-Abraham*, 106-7(102).
6) 프로이트가 플리스에게 보낸 편지, 1894년 5월 21일, *Freud-Fliess*, 67(74).
7) 프로이트가 플리스에게 보낸 편지, 1896년 6월 30일, 같은 책, 203(193).
8) 프로이트가 플리스에게 보낸 편지, 1894년 7월 14일, 같은 책, 81(87).
9) Havelock Ellis, *Studies in the Psychology of Sex*, 2 vols.(1900년판), II, 83.
10) 프로이트가 카를 융에게 보낸 편지, 1909년 4월 6일. *Freud-Jung*, 242(219).
11) *Psychopathology of Everyday Life*, SE VI, 260 and 260n 참조.
12) 프로이트가 융에게 보낸 편지, 1909년 4월 16일. *Freud-Jung*, 243(220).
13) 프로이트가 플리스에게 보낸 편지, 1894년 4월 19일, *Freud-Fliess*, 63(68).
14) 프로이트가 플리스에게 보낸 편지, 1893년 8월 20일, 같은 책, 47(54).
15) Peter Gay, "Six Names in Search of an Interpretation: A Contribution to the Debate over Sigmund Freud's Jewishness", *Hebrew Union College Annual*, LIII(1982), 295-307.
16) Martin Freud, *Freud*, 32-34, 38, 44-45 참조.
17) 헬렌 슈어(Hellen Schur) 인터뷰, 1986년 6월 3일.
18) 마르타 프로이트가 Elsa Reiss에게 보낸 편지, 1947년 3월 8일 Freud Collection, B1, LC.
19) 프로이트가 플리스에게 보낸 편지, 1893년 7월 10일과 1894년 8월 29일, *Freud-Fliess*, 43, 90(50, 95).
20) 프로이트가 마르타 베르나이스에게 보낸 편지, 1882년 8월 2일, *Jones* I, 102.
21) 프로이트가 플리스에게 보낸 편지, 1896년 2월 13일, *Freud-Fliess*, 180(172).
22) 마르타 프로이트가 루트비히 빈스방거에게 보낸 편지, 1939년 11월 7일. Sigmund Freud Copyrights, Wivenhoe의 허락을 받아 인용.
23) 마르타 프로이트가 파울 페데른에게 보낸 편지, 날짜 미상. [1939년 11월 초?]. Sigmund Freud Copyrights, Wivenhoe의 허락을 받아 인용.
24) René Laforgue, "Personal Memories of Freud"(1956), in *Freud As We Knew Him*, Hendrik M. Ruitenbeek 편 (1973), 342.
25) 프로이트가 플리스에게 보낸 편지, 1895년 12월 3일, *Freud-Fliess*, 159(153).
26) 프로이트가 플리스에게 보낸 편지, 1895년 12월 8일, 같은 책, 160(154).
27) 프로이트가 플리스에게 보낸 편지, 1888년 8월 29일, 같은 책, 9(23).
28) 프로이트가 플리스에게 보낸 편지, 1890년 7월 21일과 1890년 8월 11일, 같은 책, 12, 14(26, 27).
29) 프로이트가 플리스에게 보낸 편지, 1893년 8월 20일, 같은 책, 46(53).
30) 프로이트가 플리스에게 보낸 편지, 1892년 6월 28일, 같은 책, 17, 23(31, 35) 참조.
31) "Selbstdarstellung", *GW* XIV, 41 / "Autobiographical Study", *SE* XX, 18.
32) *Zur Auffassung der Aphasien. Eine kritische Studie*(1891) 18, 106, 107.
33) "A Case of Successful Treatment by Hypnotism"(1892-93), *SE* I, 117-28.
34) "Selbstdarstellung", *GW* XIV, 39 / "Autobiographical Study", *SE* XX, 16.

35) 같은 책, 40 / 16.
36) 프로이트가 플리스에게 보낸 Draft B, 1893년 2월 8일에 보낸 편지에 동봉, *Freud-Fliess*, 27-32(39-43).
37) 같은 책, 32(44).
38) "Selbstdarstellung", *GW* XIV, 47 / "Autobiographical Study", *SE* XX, 22.
39) 프로이트가 마르타 베르나이스에게 보낸 편지, 1883년 7월 13일("2시"). *Briefe*, 47-48.
40) *Jones* I, 226 참조.
41) 프로이트가 마르타 베르나이스에게 보낸 편지, 1883년 7월 13일. *Briefe*, 48.
42) "Selbstdarstellung", *GW* XIV, 44 / "Autobiographical Study", *SE* XX, 19-20.
43) 브로이어가 오귀스트 포렐에게 보낸 편지, 1907년 11월 21일. 이 편지의 전문은 Paul F. Cranefield, "Josef Breuer's Evaluation of His Contribution to Psycho-Analysis", *Int. J. Psycho-Anal.*, XXXIX(1958), 320.
44) "Selbstdarstellung", *GW* XIV, 44 / "Autobiographical Study", *SE* XX, 20.
45) Josef Breuer, "Krankengeschichte Bertha Pappenheim"(1882). 이것은 브로이어가 파펜하임을 "치료"한 뒤에 보낸 스위스 크로이츨링겐의 요양소 책임자인 로베르트 빈스방거에게 준 보고서다. Albrecht Hirschmüller, *Physiologie und Psychoanalyse im Leben und Werk Josef Breuers*, supplement 4 to *Jahrbuch der Psychoanalyse*, X(1978) 348-62에 수록. 인용문은 348에서.
46) Breuer, "Krankengeschichte Bertha Pappenheim", in Hirschmüller, *Physiologie und Psychoanalyse in Breuer*, 349.
47) "Selbstdarstellung", *GW* XIV, 47 / "Autobiographical Study", *SE* XX, 22.
48) 안나 O.는 그런 표현을 영어로 했다. Breuer in Breuer and Freud, *Studien über Hysterie*(1895; 2판, 무개정판, 1909), 23 / *Studies on Hysteria*, *SE* II, 30.(*Standard Edition*의 편집자들은 브로이어의 글을 포함한 책 전체를 번역한 반면, 프로이트의 독일어판 *Gesammelte Werke*의 편집자들은 브로이어가 쓴 장들을 생략했다. 따라서 필자는 원래의 독일어 책을 인용하면서, 독자들에게는 영어 텍스트를 위해 *Standard Edition*의 해당 페이지를 언급하겠다.)
49) 같은 책, 27, 32 / 35, 40-41.
50) "Bertha Pappenheim über ihre Krankheit"(1882년 9월). Hirschmüller, *Physiologie und Psychoanalyse in Breuer*, 369-70에 인용. 인용문은 370에서.
51) Breuer and Freud, *Studien über Hysterie*, 32 / *Studies on Hysteria*, *SE* II, 41.
52) 브로이어가 포렐에게 보낸 편지, 1907년 11월 21일. Cranefield, "Breuer's Evaluation", 320에 인용.
53) 프로이트가 슈테판 츠바이크에게 보낸 편지, 1932년 6월 2일. *Briefe*, 427-28. 프로이트는 자신이 "재구성"이라고 부른 이것에 자신이 있었다고 말했다. 브로이어의 막내딸이 프로이트의 이야기를 보고 아버지에게 물었더니, 아버지가 맞다고 확인을 해주었기 때문이라는 것이다. 그러나 여기에는 뭔가 어긋나는 것이 있다. 프로이트는 방금 말한 딸이 "그 치료가 끝난 직후에 태어났으며, 이것 또한 깊은 맥락에서 볼 때 의미가 없다고는 할 수 없다!"(*Briefe*, 428)고 생각했다. 어니스트 존스는 프로이트의 전기에서 이 이야기를 자세히 설명한다. 남편이 이 젊고 매력적인 환자에게 관심을 두는 것을 브로이어 부인이 심하게 질투한 나머지 브로이어는 두려움에 사로잡혀 치료를 끝냈으며, 아내를 데리고 이탈리아로 제2의 밀월 여행을 떠났고 여기에서 막내딸을 갖게 되었다는 것이다(*Jones* I, 224-26). 프로이트도 그것과 비슷하게 믿었던 것 같다. 그러나 엘렌베르거(Henri F. Ellenberger)와 히르슈뮐러(Albrecht Hirschmüller)의 학문적 연구는 브로이어의 자식들의 출생 시기가 이런 설명과 맞지 않는다는 것을 보여주었다. 도라 브로이어(Dora Breuer)는 아버지가 안나 O.의 치료를 끝

내기 석 달 전인 1882년 3월 11일에 태어났으며, 브로이어는 그해 여름을 이탈리아가 아니라 오스트리아의 유명한 휴양 도시 그문덴에서 보냈다.(See Henri Ellenberger, "The Story of 'Anna O.': A Critical Review with New Data", *Journal of the History of the Behavioral Sciences*, VIII (1972), 267-79, 또 Hirschmüller, *Physiologie und Psychoanalyse in Breuer*, 47-48.)

54) Hirschmüller, *Physiologie und Psychoanalyse in Breuer*, 256에 인용.
55) 프로이트가 미나 베르나이스에게 보낸 편지, 1891년 7월 13일. *Briefe*, 239.
56) 프로이트가 플리스에게 보낸 편지, 1892년 12월 18일, *Freud-Fliess*, 24(36).
57) 프로이트가 플리스에게 보낸 편지, 1893년 9월 29일, 같은 책, 49(56).
58) 프로이트가 플리스에게 보낸 편지, 1894년 6월 22일, 같은 책, 80(86).
59) 프로이트가 플리스에게 보낸 편지, 1896년 4월 16일과 6월 4일, 같은 책, 191, 202(181, 191).
60) 프로이트가 플리스에게 보낸 편지, 1898년 1월 22일, 같은 책, 322(296).
61) Breuer and Freud, *Studien über Hysterie*, 221 / *Studies on Hysteria*, SE II, 250-51.
62) George H. Pollock, "Josef Breuer", in *Freud, Fusion of Science and Humanism*, Gedo and Pollock 편, 133-63, 특히 141-44 참조.
63) 프로이트가 플리스에게 보낸 편지, 1895년 11월 8일, *Freud-Fliess*, 154-55(151). 히르슈밀러는 프로이트보다 신중한 브로이어가 "그것을 다 믿지는 않네." 하고 말한 것이 틀림없다고 추측한다.(*Physiologie und Psychoanalyse in Breuer*, 234.)
64) 프로이트가 플리스에게 보낸 편지, 1900년 5월 16일, *Freud-Fliess*, 453-454(414).
65) 프로이트가 플리스에게 보낸 편지, 1901년 8월 7일, 같은 책, 491(447).
66) 브로이어가 포렐에게 보낸 편지, 1907년 11월 21일. Cranefield, "Breuer's Evaluation", 319-20에 인용.
67) 프로이트가 소유한 Wittels, *Sigmund Freud*, p. 33 참조. Freud Museum, London.
68) 프로이트가 플리스에게 보낸 편지, 1897년 2월 8일, *Freud-Fliess*, 243(229).
69) 프로이트가 플리스에게 보낸 편지, 1890년 8월 1일, 같은 책, 12(27).
70) 프로이트가 플리스에게 보낸 편지, 1892년 7월 12일, 같은 책, 18(32).
71) Peter J. Swales, "Freud, His Teacher, and the Birth of Psychoanalysis", in *Freud, Appraisals and Reappraisals: Contributions to Freud Studies*, Paul E. Stepansky 편, I(1986), 3-82.
72) *Studien über Hysterie*, GW I, 162n / *Studies on Hysteria*, SE II, 105n(1924년에 추가된 주석).
73) 같은 책, 116 / 63.
74) 원래의 독일어 편지 전문은 Ola Andersson, "A Supplement to Freud's Case History of 'Frau Emmy v. N.' in Studies on Hysteria 1895", *Scandinavian Psychoanalytic Review*, II(1979), 5-15에 인용되어 있다.
75) *Studien über Hysterie*, GW I, 86 / *Studies on Hysteria*, SE II, 7.
76) 같은 책, 198 / 137.
77) 같은 책, 201 / 139.
78) 같은 책, 212, 224, 226 / 148, 158, 160.
79) "Memorandum for the Sigmund Freud Archives", 서명은 없지만 일로나 바이스의 세 딸 가운데 막내가 쓴 것이라는 설명이 붙어 있다. 1953년 1월 11일. Freud Museum, London.
80) *Studien über Hysterie*, GW I, 168 / *Studies on Hysteria*, SE II, 111.
81) 예를 들어 "Analysis of a Phobia in a Five-Year-Old Boy" ("Little Hans")(1909), *SE* X, 23; and "Recommendations to Physicians Practising Psycho-Analysis"(1912), *SE* XII, 111.
82) 프로이트가 플리스에게 보낸 편지, 1893년 8월 20일, *Freud-Fliess*, 48(54).

83) *Studien über Hysterie*, GW I, 193 / *Studies on Hysteria*, SE II, 133.
84) 같은 책, 195n / 134n.
85) 프로이트가 플리스에게 보낸 편지, 1895년 5월 25일, *Freud-Fliess*, 130(129).
86) 프로이트가 플리스에게 보낸 편지, 1895년 10월 16일, 같은 책, 149(145).
87) 프로이트가 플리스에게 보낸 편지, 1896년 5월 17일, 같은 책, 196(187).
88) 프로이트가 플리스에게 보낸 편지, 1894년 5월 21일, 같은 책, 66(73).
89) 프로이트가 플리스에게 보낸 편지, 1896년 11월 22일, 같은 책, 215(204).
90) 프로이트가 플리스에게 보낸 편지, 1895년 8월 16일, 같은 책, 139(136).
91) 프로이트가 플리스에게 보낸 편지, 1898년 2월 23일, 같은 책, 328(300).
92) 프로이트가 플리스에게 보낸 편지, 1896년 8월 12일, 같은 책, 207(196).
93) 프로이트가 플리스에게 보낸 편지, 1897년 5월 16일, 같은 책, 259(244).
94) 프로이트가 플리스에게 보낸 편지, 1897년 4월 12일, 같은 책, 250(236).
95) 프로이트가 플리스에게 보낸 편지, 1899년 3월 27일, 같은 책, 382(349).
96) 프로이트가 플리스에게 보낸 편지, 1895년 12월 8일, 같은 책, 160-61(154-55).
97) 프로이트가 미나 베르나이스에게 보낸 편지, 1884년 8월 28일. Sigmund Freud Copyrights, Wivenhoe의 허락을 받아 인용.
98) 프로이트가 미나 베르나이스에게 보낸 편지, 1884년 10월 12일. Sigmund Freud Copyrights, Wivenhoe의 허락을 받아 인용.
99) 헬렌 슈어 인터뷰, 1986년 6월 3일. Ernst Freud 등 편, *Sigmund Freud: His Life in Pictures and Words*, 99, 151, 193의 사진들. 또 해당되는 대목에 인용된 편지들 참조.
100) 프로이트가 플리스에게 보낸 편지, 1894년 5월 21일, *Freud-Fliess*, 66(73).
101) 프로이트가 플리스에게 보낸 편지, 1896년 2월 6일, 같은 책, 179(170).
102) Adolf von Strümpell, "Studien über Hysterie." *Deutsche Zeitschrift für Nervenheilkunde*, VIII(1896), 159-61.
103) 프로이트가 미나 베르나이스에게 보낸 편지, 1893년 4월 17일 참조. *Freud-Fliess*, 34n에 인용.
104) 프로이트가 플리스에게 보낸 편지, 1893년 11월 27일, 같은 책, 54(61).
105) 프로이트가 플리스에게 보낸 편지, 1895년 10월 8일, 같은 책, 146(141).
106) 프로이트가 플리스에게 보낸 편지, 1895년 10월 15일, 같은 책, 147(144).
107) 프로이트가 플리스에게 보낸 편지, 1895년 10월 20일, 같은 책, 149(146).
108) 프로이트가 플리스에게 보낸 편지, 1895년 10월 31일, 같은 책, 151-52(148).
109) 프로이트가 플리스에게 보낸 편지, 1895년 11월 8일, 같은 책, 153-54(150).
110) 같은 책, 155-57(142-44) 참조.
111) 프로이트가 플리스에게 보낸 편지, 1895년 5월 25일, 같은 책, 130(129).
112) 프로이트가 플리스에게 보낸 편지, 1895년 4월 27일, 같은 책, 129(127).
113) 프로이트가 플리스에게 보낸 편지, 1895년 5월 25일, 같은 책, 130-31(129).
114) 프로이트가 플리스에게 보낸 편지, 1895년 11월 29일, 같은 책, 158(152).
115) 정신분석에 관한 글의 영어 편집자들은 이 기획이 "겉으로 보기에는 신경학적 문건"이지만, 사실 "그 안에 이후 프로이트 심리학 이론의 많은 부분의 핵심이 담겨 있다"고 올바르게 결론을 내렸다. 실제로 "이 **기획**, 즉 그 눈에 보이지 않는 유령은 프로이트의 이론적인 글들 전체를 마지막까지 따라다닌다."("Editor's Introduction" to "Project for a Scientific Psychology", *SE* I, 290.)
116) "Entwurf einer Psychologie"(1895), in *Aus den Anfängen der Psychoanalyse. Briefe an*

Wilhelm Fliess, Abhandlungen und Notizen aus den Jahren, 1887-1902, Ernst Kris, Marie Bonaparte, and Anna Freud 편(1950), 379 / "Project for a Scientific Psychology", *SE* 1, 295.
117) 프로이트가 플리스에게 보낸 편지, 1895년 10월 20일, *Freud-Fliess*, 150(146).
118) *Abriss der Psychoanalyse*(1940) *GW* XVII, 80 / *Outline of Psychoanalysis*, *SE* XXIII, 158.
119) 같은 책, 108 / 182.
120) Robert C. Solomon, "Freud's Neurological Theory of Mind", in *Freud: A Collection of Critical Essays*, Richard Wollheim 편(1974), 25-52를 보라.
121) *Jenseits des Lustprinzips*(1920), *GW* XIII, 32 / *Beyond the Pleasure Principle*, *SE* XVIII, 31.
122) "Entwurf", in, *Anfängen*, Kris 등 편, 380 / "Project", *SE* I, 296.
123) 같은 책, 381 / 297.
124) *Traumdeutung*, *GW* II-III, 111n / *Interpretation of Dreams*, *SE* IV, 106n.(주석은 1914년에 추가했다).
125) 같은 책, 126 / 120-21.
126) 프로이트가 플리스에게 보낸 편지, 1895년 7월 24일, *Freud-Fliess*, 137(134). 이 문단과 다음 몇 문단에 나오는 핵심 정보는 Max Schur, "Some Additional 'Day Residues' of 'The Specimen Dream of Psychoanalysis'" in *Psychoanalysis—a General Psychology: Essays in Honor of Heinz Hartmann*, Rudolph M. Loewenstein, Lottie M. Newman, Max Schur, and Albert J. Solnit 편(1966), 45-85를 보라. 슈어의 논의는 Didier Anzieu, *Freud's Self-Analysis*(1975; Peter Graham 역, 1986), 131-56과 여러 곳, 또 Jeffrey Moussaieff Masson, *The Assault on Truth: Freud's Suppression of the Seduction Theory*(1984), 205로 보완할 필요가 있다.
127) 프로이트가 플리스에게 보낸 편지, 1895년 8월 6일, *Freud-Fliess*, 137(134).
128) 프로이트가 플리스에게 보낸 편지, 1900년 6월 12일, 같은 책, 458(417).
129) *Traumdeutung*, *GW* II-III, 111-12 / *Interpretation of Dreams*, *SE* IV, 107.
130) 같은 책, 123 / 118.
131) 같은 책, 125 / 120.
132) 같은 책, 298-99 / 292-93.
133) 프로이트가 플리스에게 보낸 편지, 1895년 3월 8일, *Freud-Fliess*, 116-17(116-17).
134) 같은 책, 117-18(117-18).
135) 프로이트가 플리스에게 보낸 편지, 1895년 4월 11일, 같은 책, 125(123-24) 참조.
136) 프로이트가 플리스에게 보낸 편지, 1895년 4월 20일, 같은 책, 127(125).
137) 프로이트가 플리스에게 보낸 편지, 1895년 4월 26일, 같은 책, 128(127).
138) 프로이트가 플리스에게 보낸 편지, 1896년 4월 16일, 같은 책, 191(181).
139) 프로이트가 플리스에게 보낸 편지, 1896년 4월 28일, 같은 책, 193(183).
140) 프로이트가 플리스에게 보낸 편지, 1896년 6월 4일, 같은 책, 202(192).
141) 같은 곳.
142) *Traumdeutung*, *GW* II-III, 122 / *Interpretation of Dreams*, *SE* IV, 117.
143) 프로이트가 플리스에게 보낸 편지, 1899년 1월 3일, *Freud-Fliess*, 371(339).
144) 프로이트가 플리스에게 보낸 편지, 1900년 5월 7일, 같은 책, 452(412).
145) 프로이트가 플리스에게 보낸 편지, 1901년 8월 7일, 같은 책, 452(447).
146) 프로이트가 플리스에게 보낸 편지, 1896년 4월 2일, 같은 책, 190(180).
147) 프로이트가 플리스에게 보낸 편지, 1896년 5월 4일, 같은 책, 195(185).

148) 프로이트가 플리스에게 보낸 편지, 1895년 11월 8일, 같은 책, 154(150).
149) 프로이트가 플리스에게 보낸 편지, 1896년 7월 15일, 같은 책, 205(195).
150) 프로이트가 플리스에게 보낸 편지, 1896년 6월 30일, 같은 책, 203-4(193).
151) 프로이트가 플리스에게 보낸 편지, 1896년 7월 15일, 같은 책, 205-6(194-95).
152) 프로이트가 플리스에게 보낸 편지, 1896년 10월 26일, 같은 책, 212(201).
153) 프로이트가 플리스에게 보낸 편지, 1896년 11월 2일, 같은 책, 212-13(202).
154) "Brief an Romain Rolland(Eine Erinnerungsstörung auf der Akropolis)"(1936), *GW* XVI, 250-57 /"A Disturbance of Memory on the Acropolis", *SE* XXII, 239-48.
155) *Traumdeutung*, *GW* II-III, x / *Interpretation of Dreams*, *SE* IV, xxvi.
156) George F. Mahl, "Father-Son Themes in Freud's Self-Analysis", in *Father and Child: Developmental and Clinical Perspectives*, Stanley H. Cath, Alan R. Gurwitt, and John Munder Ross 편(1982), 33-64. 또 Mahl, "Freud, *Father, and Mother*: Quantitative aspects", *Psychoanalytic Psychology*, II(1985), 99-113.
157) *Studien über Hysterie*, *GW* I, 227 / *Studies on Hysteria*, *SE* II, 160.
158) 이 말은 플리스가 편지에서 한 말을 프로이트가 인용한 것이다.(프로이트가 플리스에게 보낸 편지, 1901년 8월 7일. *Freud-Fliess*, 492 [447].)
159) "Zur Geschichte der psychoanalytischen Bewegung"(1914), *GW* X, 52 / "On the History of the Psycho-Analytic Movement", *SE* XIV, 14-15.
160) 프로이트가 플리스에게 보낸 편지, 1893년 2월 8일. *Freud-Fliess*, 27(39).
161) 프로이트가 플리스에게 보낸 편지, 1895년 10월 15일, 같은 책, 147(144).
162) "Weitere Bemerkungen über die Abwehr-Neuropsychosen(1896), *GW* I, 380/ "Further Remarks on the Neuro-Psychoses of Defence", *SE* III, 163.
163) 같은 책, 382 / 164.
164) "The Aetiology of Hysteria"(1896) *SE* III, 189-221 여러 곳.
165) 프로이트가 플리스에게 보낸 편지, 1896년 4월 26일. *Freud-Fliess*, 193(184).
166) 프로이트가 플리스에게 보낸 편지, 1896년 5월 4일, 같은 책, 195(185). 프로이트는 1914년에 과거를 돌이켜보면서 자신을 둘러싸고 형성되었던 "공허"에 관해 이야기했다.("Geschichte der psychoanalytischen Bewegung", *GW* X, 59 / "History of the Psycho-Analytic Movement", *SE* XIV, 21.)
167) 프로이트가 플리스에게 보낸 편지, 1897년 5월 31일. *Freud-Fliess*, 266(249).
168) 프로이트가 플리스에게 보낸 편지, 1897년 9월 21일, 같은 책, 283, 284(264).
169) 프로이트가 플리스에게 보낸 편지, 1897년 12월 12일, 같은 책, 312(286).
170) 프로이트가 플리스에게 보낸 편지, 1897년 12월 22일, 같은 책, 314(288) 참조.
171) 그의 공식 부인에 관해서는 *Three Essays on the Theory of Sexuality*(1905) *SE* VII, 190-91과 190-91n과 "My Views on the Part Played by Sexuality in the Aetiology of the Neuroses"(1906), 같은 책, 274 참조.
172) *Studien über Hysterie*, *GW* I, 385n / *Studies on Hysteria*, *SE* II, 111, 168n(주석은 1924년에 추가).
173) 프로이트가 플리스에게 보낸 편지, 1897년 9월 21일. *Freud-Fliess*, 285(265-66).
174) "Geschichte der psychoanalytischen Bewegung", *GW* X, 55 / "History of the Psycho-Analytic Movement", *SE* XIV, 17.

175) 프로이트가 플리스에게 보낸 편지, 1897년 10월 15일. *Freud-Fliess*, 293(272).
176) *Jones* I, 319.
177) 프로이트가 플리스에게 보낸 편지, 1897년 11월 14일. *Freud-Fliess*, 305, 301(281, 279).
178) *Psychopathologie des Alltaglebens*, GW IV, 5 / *Psychopathology of Everyday Life*, SE VI, 1.
179) 같은 책, 58 / 49.
180) 같은 책, 153 / 138.
181) "Geschichte der psychoanalytischen Bewegung", GW X, 58-59 / "History of the Psycho-Analytic Movement", SE XIV, 20.
182) 프로이트가 플리스에게 보낸 편지, 1897년 7월 7일. *Freud-Fliess*, 273(255).
183) *Traumdeutung*, GW II-III, 455-58 / *Interpretation of Dreams*, SE V, 452-55.
184) 프로이트가 플리스에게 보낸 편지, 1897년 5월 16일. *Freud-Fliess*, 258(243).
185) 프로이트가 플리스에게 보낸 편지, 1897년 6월 18일, 같은 책, 270(252-53).
186) 프로이트가 플리스에게 보낸 편지, 1897년 6월 22일, 같은 책, 272(254).
187) 프로이트가 플리스에게 보낸 편지, 1897년 7월 7일, 같은 책, 272(255).
188) 프로이트가 플리스에게 보낸 편지, 1897년 8월 14일, 같은 책, 281(261).
189) 프로이트가 플리스에게 보낸 편지, 1897년 10월 3일, 같은 책, 288(268).
190) 프로이트가 플리스에게 보낸 편지, 1897년 10월 27일, 같은 책, 295(274).
191) 프로이트가 플리스에게 보낸 편지, 1897년 10월 3일, 같은 책, 289(269).
192) 프로이트가 플리스에게 보낸 편지, 1897년 10월 15일, 같은 책, 293(272).
193) 프로이트가 플리스에게 보낸 편지, 1896년 4월 16일, 같은 책, 192(181).
194) 프로이트가 플리스에게 보낸 편지, 1899년 1월 16일, 같은 책, 372(340).
195) 프로이트가 플리스에게 보낸 편지, 1899년 7월 8일, 같은 책, 394(359).
196) 프로이트가 플리스에게 보낸 편지, 1899년 6월 27일, 같은 책, 391(357).
197) 프로이트가 플리스에게 보낸 편지, 1898년 12월 5일, 같은 책, 368(335).
198) 프로이트가 플리스에게 보낸 편지, 1898년 5월 1일, 같은 책, 341(312).
199) 같은 책, 342(313).
200) 프로이트가 플리스에게 보낸 편지, 1899년 6월 27일, 같은 책, 391(357).
201) 프로이트가 플리스에게 보낸 편지, 1898년 5월 1일, 같은 책, 341(312).
202) 프로이트가 플리스에게 보낸 편지, 1898년 5월 18일, 같은 책, 342(313).
203) 프로이트가 플리스에게 보낸 편지, 1899년 7월 17일, 같은 책, 396(361) 참조.
204) 프로이트가 플리스에게 보낸 편지, 1898년 6월 9일, 같은 책, 344-45(315).
205) 프로이트가 플리스에게 보낸 편지, 1898년 6월 20일, 같은 책, 346(317) 참조.
206) 프로이트가 플리스에게 보낸 편지, [1898년] 6월 30일, 같은 책, 351(321).
207) 프로이트가 플리스에게 보낸 편지, 1901년 8월 7일, 같은 책, 491-92(447). 마리 보나파르트가 1937년에 프로이트에게 이 편지를 보여주자 그는 이 편지가 "매우 중요하다"고 말했다.(같은 책, 490n [448n].)

3장 정신분석의 탄생

1) "Heredity and the Aetiology of the Neuroses"(1896), SE III, 151과 "Further Remarks on the Neuro-Psychoses of Defence"(1896) 같은 책, 162 참조.

2) *Traumdeutung*, GW II-III, 613 / *Interpretation of Dreams*, SE V, 608.
3) 같은 책, ix / xxv.
4) 프로이트가 플리스에게 쓴 편지, 1898년 2월 9일. *Freud-Fliess*, 325(298).
5) 프로이트가 플리스에게 쓴 편지, 1898년 2월 23일. 같은 책, 327(300).
6) 프로이트가 플리스에게 쓴 편지, 1898년 5월 1일. 같은 책, 341(312).
7) 프로이트가 플리스에게 쓴 편지, 1899년 9월 6일. 같은 책, 405(369).
8) 프로이트가 플리스에게 쓴 편지, 1899년 9월 11일. 같은 책, 407(371).
9) 프로이트가 플리스에게 쓴 편지, 1899년 9월 21일. 같은 책, 410(373-74).
10) 프로이트가 Werner Achelis에게 쓴 편지, 1927년 1월 30일. *Briefe*, 389-90. 같은 편지에서 프로이트는 자신이 이 표제를 베르길리우스에게서 직접 가져온 것이 아니라 독일의 사회주의자 페르디난트 라살(Ferdinand Lassalle)의 책에서 가져왔음을 밝히고 있다.
11) 프로이트가 플리스에게 쓴 편지, 1899년 9월 6일. *Freud-Fliess*, 405(369).
12) 프로이트가 플리스에게 쓴 편지, 1899년 8월 6일. 같은 책, 400(365).
13) *Traumdeutung*, GW II-III, vii / *Interpretation of Dreams*, SE IV, xxiii.
14) 같은 책, 1 / 1.
15) 프로이트가 플리스에게 쓴 편지, 1898년 2월 9일. *Freud-Fliess*, 325(299).
16) 프로이트가 플리스에게 쓴 편지, 1898년 12월 5일. 같은 책, 368(335).
17) 프로이트가 플리스에게 쓴 편지, 1899년 8월 6일. 같은 책, 400(365).
18) *Traumdeutung*, GW II-III, 100 / *Interpretation of Dreams*, SE IV, 96.
19) 같은 책, 104, 126 / 99, 121.
20) 프로이트는 1895년 3월 4일에 이 점을 플리스에게 알렸다. *Freud-Fliess*, 114-15 (114).
21) *Interpretation of Dreams*, SE IV, 125 참조.
22) *Traumdeutung*, GW II-III, 141 / *Interpretation of Dreams*, SE IV, 135-36.
23) 같은 책, 132, 135 / 127, 130.
24) 같은 책, 149 / 143-44.
25) 같은 책, 163 / 157.
26) 같은 책, 166 / 160.
27) 같은 책, 169, 189 / 163, 182.
28) 같은 책, 193-94 / 186-87.
29) 같은 책, 170 / 165.
30) 같은 책, 175-82, 287-90 / 169-76, 281-84 참조.
31) 같은 책, 197 / 191.
32) 같은 책, 214-24 / 208-18.
33) 같은 책, 221-22 / 216.
34) "Über infantile Sexualtheorien"(1908), *GW* VII, 176 / "On the Sexual Theories of Children", *SE* IX, 214.
35) *Traumdeutung*, GW II-III, 267 / *Interpretation of Dreams*, SE IV, 260.
36) 같은 책, 283-84 / 277-78.
37) 같은 책, 344 / 339.
38) *Traumdeutung*, GW II-III, 365 / *Interpretation of Dreams*, SE V, 359-60(1909년에 추가된 문장).

39) 프로이트가 피스터에게 쓴 편지, 1910년 11월 6일. Sigmund Freud Copyrights, Wivenhoe의 허가에 의함.
40) *Traumdeutung*, GW II-III, 284, 304-8 / *Interpretation of Dreams*, SE IV, 279, 298-302.
41) *Traumdeutung*, GW II-III, 424-25 / *Interpretation of Dreams*, SE V, 421-22.
42) 같은 책, 425-26, 484-85, 489 / 423-24, 480-81, 485.
43) 프로이트가 플리스에게 쓴 편지, 1897년 6월 22일. *Freud-Fliess*, 271(254).
44) *Interpretation of Dreams*, SE IV, xxiii 참조.
45) 프로이트가 플리스에게 쓴 편지, 1895년 5월 25일. *Freud-Fliess*, 130(129).
46) 프로이트가 플리스에게 쓴 편지, 1896년 4월 2일. 같은 책, 190(180).
47) 프로이트가 플리스에게 쓴 편지, 1896년 1월 1일. 같은 책, 165(159).
48) "Eine Kindheitserinnerung des Leonardo da Vinci"(1910), GW VIII, 210 / "Leonardo da Vinci and a Memory of His Childhood", SE XI, 137.
49) *Das Ich und das Es(1923)*, GW XIII, 280n / *The Ego and the Id*, SE XIX, 50n.
50) Richard von Krafft-Ebing, *Nervosität und Neurasthenische Zustände*(1895), 4, 16, 9, 17.
51) 같은 책, 37, 51, 53.
52) 같은 책, 124-60 참조.
53) 같은 책, 188-210 참조.
54) Erna Lesky, *The Vienna Medical School of the 19th Century*(1965; L. Williams and I. S. Levij 역, 1976), 345.
55) Laurence Sterne, *Tristram Shandy*(1760-67), book III, ch. 4.
56) William Hammond, John P. Gray, *The Dependence of Insanity on Physical Disease*(1871)의 서평 in *Journal of Psychological Medicine*, V(1876), 576. Bonnie Ellen Blustein, "'A Hollow Square of Psychological Science': American Neurologists and Psychiatrists in Conflict", in *Madhouses, Mad-Doctors, and Madmen: The Social History of Psychiatry in the Victorian Era*, Andrew Scull 편(1981), 241에 인용.
57) Henry Maudsley, *Responsibility in Mental Disease*(2판, 1874), 154. Michael J. Clark, "The Rejection of Psychological Approaches to Mental Disorder in Late Nineteenth-Century British Psychiatry", 같은 책, 271에 인용.
58) Jean Étienne Esquirol, *Des Maladies mentales considérées sous les rapports médical, hygiénique et médico-légal*, 3 vols.(1838), I, 5(나중에 더 큰 논문에 합쳐진 1816년 논문에서).
59) Karin Obholzer, *The Wolf-Man Sixty Years Later: Conversations with Freud's Controversial Patient*(1980; Michael Shaw 역, 1982), 30.
60) "Selbstdarstellung", GW XIV, 50 / "Autobiographical Study", SE XX, 25.
61) 프로이트가 플리스에게 쓴 편지, 1898년 9월 22일. *Freud-Fliess*, 357(326).
62) Esquirol, *Des maladies mentales*, I, 24.
63) *Three Essays on the Theory of Sexuality*, SE VII, 173 참조.
64) Martin Freud, *Freud*, 67.
65) 아브라함이 프로이트에게 쓴 편지, 1908년 1월 8일. *Freud-Abraham*, 32(18).
66) 프로이트가 아브라함에게 쓴 편지, 1908년 1월 9일. 같은 책, 34(20).
67) 융이 프로이트에게 쓴 편지, 1911년 2월 14일. *Freud-Jung*, 433(392).
68) 프로이트가 융에게 쓴 편지, 1911년 2월 17일. 같은 책, 435-36(394-95).

69) *Freud-Fliess*의 편집자 주석, 355 참조.
70) 프로이트가 플리스에게 쓴 편지, 1898년 8월 26일. 같은 책, 354-55(324).
71) 프로이트가 플리스에게 쓴 편지, 1898년 9월 22일. 같은 책, 357-58(326-27).
72) "The Psychical Mechanism of Forgetfulness"(1898), *SE* III, 289-97.
73) 프로이트가 플리스에게 쓴 편지, 1899년 8월 27일. *Freud-Fliess*, 404(368).
74) 프로이트가 플리스에게 쓴 편지, 1900년 9월 24일. 같은 책, 467(425) 참조.
75) *Psychopathology of Everyday Life*, *SE* VI, 242-43 참조.
76) 프로이트가 플리스에게 쓴 편지, 1901년 5월 8일. *Freud-Fliess*, 485(441) 참조.
77) 프로이트가 플리스에게 쓴 편지, 1901년 8월 7일. 같은 책, 492(447).
78) *Psychopathology of Everyday Life*, *SE* VI, 143-44 참조. 플리스의 이름의 약칭은 가장 초기 판본(1901 and 1904)에만 나타난다. 그의 이름을 언급한 것은 플리스에게 충격 비슷한 것으로 다가갔을 것이 틀림없다.
79) 같은 책, 59 참조. R. Meringer, "Wie man sich versprechen kann", *Neue Freie Presse*, 1900년 8월 23일에 인용한 것이다.
80) "Editor's Introduction" to *Psychopathology of Everyday Life*, *SE* VI, ix-x 참조.
81) Henry James, "The Aspern Papers"(1888), in *Tales of Henry James*, Christof Wegelin 편(1984), 185.
82) "Selbstdarstellung", *GW* XIV, 56 / "Autobiographical Study", *SE* XX, 31.
83) 같은 책, 55 / 30.
84) "Bemerkungen über einen Fall von Zwangsneurose"(1909), *GW* VII, 407 / "Notes upon a Case of Obsessional Neurosis", *SE* X, 184. 인용은 Nietzsche, *Beyond Good and Evil*, iv, 68에서.
85) Carlyle, *Sartor Resartus*, book II, ch. 2.
86) Jerome Hamilton Buckley, *The Turning Key: Autobiography and the Subjective Impulse since 1800*(1984), 4에 인용.
87) Kraus, "Die demolierte Literatur"의 초고는 Zeller 편, *Jugend in Wien*, 265-66에 실렸다.
88) Amos Elon, *Herzl*(1975), 109에 인용.
89) 프로이트가 슈니츨러에게 쓴 편지, 1906년 5월 8일. *Briefe*, 266-67.
90) *Traumdeutung*, *GW* II-III, 559, 566 / *Interpretation of Dreams*, *SE* V, 533, 561.
91) 같은 책, 583, 625 / 577, 620.
92) 프로이트가 Darmstaeder에게 쓴 편지, 1910년 7월 3일. Freud Collection, B3, LC.
93) 프로이트가 플리스에게 쓴 편지, 1897년 12월 3일. *Freud-Fliess*, 309(284-85) 참조.
94) 프로이트가 플리스에게 쓴 편지, 1899년 2월 6일. 같은 책, 376(344) 참조.
95) 프로이트가 플리스에게 쓴 편지, 1899년 8월 27일. 같은 책, 404(368).
96) 프로이트가 플리스에게 쓴 편지, 1898년 10월 23일. 같은 책, 363(332) 참조.
97) 프로이트가 플리스에게 쓴 편지, 1897년 12월 3일. 같은 책, 309(285).
98) *Traumdeutung*, *GW* II-III, 202 / *Interpretation of Dreams*, *SE* IV, 196-97.
99) 같은 책, 403n / 398n.
100) 프로이트가 플리스에게 쓴 편지, 1899년 10월 4일. *Freud-Fliess*, 414(376, 377).
101) 프로이트가 플리스에게 쓴 편지, 1899년 10월 27일. 같은 책, 417-18(380).
102) 프로이트가 플리스에게 쓴 편지, 1899년 12월 21일. 같은 책, 430(392). 편집자 주, 같은 책, 430(392)도 참조.

103) 같은 책, 430, 431(392).
104) 프로이트가 플리스에게 쓴 편지, 1900년 1월 8일. 같은 책, 433(394).
105) 프로이트가 플리스에게 쓴 편지, 1900년 2월 1일. 같은 책, 437(398).
106) 프로이트가 플리스에게 쓴 편지, 1900년 3월 11일. 같은 책, 441, 443(402-3, 404).
107) 프로이트가 플리스에게 쓴 편지, 1900년 5월 7일. 같은 책, 452(412).
108) 프로이트가 플리스에게 쓴 편지, 1900년 3월 11일. 같은 책, 442(404) 참조.
109) 프로이트가 플리스에게 쓴 편지, 1900년 3월 23일. 같은 책, 444(405).
110) 프로이트가 플리스에게 쓴 편지, 1900년 5월 7일. 같은 책, 452-53(412).
111) 프로이트가 [마르가레테, 릴리, 마르타 게르트루트 프로이트]에게 보낸 엽서, 1900년 5월 20일. Freud Collection, B2, LC.
112) 프로이트가 [마르가레테, 릴리, 마르타 게르트루트 프로이트]에게 보낸 엽서, 1901년 5월 8일, 같은 책.
113) 프로이트가 플리스에게 쓴 편지, 1900년 3월 23일. *Freud-Fliess*, 444(405).
114) 프로이트가 플리스에게 쓴 편지, 1900년 3월 11일. 같은 책, 442(403).
115) 프로이트가 플리스에게 쓴 편지, 1901년 9월 19일. 같은 책, 493(449).
116) 프로이트가 마르타 프로이트에게 보낸 엽서, 1901년 9월 3일. Freud Museum, London.
117) 프로이트가 마르타 프로이트에게 보낸 엽서, 1901년 9월 5일. 같은 곳.
118) 프로이트가 마르타 프로이트에게 보낸 엽서, 1901년 9월 6일. 같은 곳.
119) 프로이트가 미나 베르나이스에게 보낸 엽서, 1902년 8월 27일. 같은 곳 참조.
120) 어니스트 존스가 로마의 프로이트에게 쓴 편지, [1912년] 12월 5일, Freud를 인용하고 있다. Sigmund Freud Copyrights, Wivenhoe의 허가에 의함.
121) 프로이트가 마틸데 프로이트에게 쓴 편지, 1907년 9월 17일. Freud Collection, B1, LC.
122) 프로이트가 플리스에게 쓴 편지, 1900년 5월 7일. *Freud-Fliess*, 452(412). 프로이트는 "찬란한 고립(splendid isolation)"이라는 표현을 영어로 여러 번 사용했다.
123) *Traumdeutung*, GW II-III, 142 / *Interpretation of Dreams*, SE IV, 137.
124) 프로이트가 엘리제 곰페르츠에게 쓴 편지, 1901년 11월 25일. *Briefe*, 256.
125) K. R. Eissler, *Sigmund Freud und die Wiener Universität. Über die Pseudo-Wissenschaftlichkeit der jüngsten Wiener Freud-Biographik*(1966), 170.
126) 필리프 프로이트가 마리 프로이트에게 쓴 편지, 1902년 3월 12일. Freud Collection, B1, LC.
127) 프로이트가 플리스에게 쓴 편지, 1902년 3월 11일. *Freud-Fliess*, 501-2(455-56).
128) 같은 책, 502-3(456-57).
129) Eissler, *Sigmund Freud und die Wiener Universität*, 181-85.
130) 프로이트가 플리스에게 쓴 편지, 1897년 2월 8일. *Freud-Fliess*, 244(229)에 인용.
131) Eissler, *Sigmund Freud und die Wiener Universität*, 135에 인용.
132) 프로이트가 엘리제 곰페르츠에게 쓴 편지, 1901년 11월 25일. *Briefe*, 256.
133) 프로이트가 플리스에게 쓴 편지, 1902년 3월 11일. *Freud-Fliess*, 501(456).
134) 프로이트가 브나이 브리트 회원들에게 쓴 편지(1926년 5월 6일). *Briefe*, 381. Hugo Knoepfmacher, "Sigmund Freud and the B'nai B'rith", 연도 미상의 원고, Freud Collection, B27, LC도 참조.
135) "Selbstdarstellung", GW XIV, 74 / "Autobiographical Study", SE XX, 48.
136) 프로이트가 플리스에게 쓴 편지, 1899년 10월 11일. *Freud-Fliess*, 416(379).

137) 프로이트가 플리스에게 쓴 편지, 1900년 1월 26일. 같은 책, 436(397).
138) 프로이트가 플리스에게 쓴 편지, 1900년 2월 1일. 같은 책, 437(398).
139) 프로이트가 플리스에게 쓴 편지, 1900년 11월 25일. 같은 책, 471(429).
140) 프로이트가 퍼트넘에게 쓴 편지, 1915년 7월 8일. *James Jackson Putnam and Psychoanalysis: Letters between Putnam and Sigmund Freud, Ernest Jones, William James, Sándor Ferenczi, and Morton Prince, 1877-1917*, Nathan G. Hale, Jr 편.(1971), 376.
141) 문화정치협회가 주관한 설문에 대한 프로이트의 응답은 John W. Boyer, "Freud, Marriage, and Late Viennese Liberalism: A Commentary from 1905", *Journal of Modern History*, L(1978), 72-102에 최초로 수록되었다. 인용된 부분은 100에서.
142) 그 전거는 Peter Gay, *The Bourgeois Experience: Victoria to Freud*, vol. 1, *Education of the Senses*(1984)와 vol. II, *The Tender Passion*(1986) 참조.
143) *Drei Abhandlungen zur Sexualtheorie*(1905), *GW* V, 33n; 74n / *Three Essays on the Theory of Sexuality*, *SE* VII, 135n도 참조; 174n도 참조.
144) Adolf Patze, *Ueber Bordelle und die Sittenverderbniss unserer Zeit*(1845), 48n. Peter Gay, *Freud for Historians*(1985), 58 참조.
145) Henry Maudsley, *The Physiology and Pathology of Mind*(1867), 284. Stephen Kern, "Freud and the Discovery of Child Sexuality", *History of Childhood Quarterly: The Journal of Psychohistory*, I(1973년 여름) 117-41 참조.
146) *Traumdeutung*, *GW* II-III, 136 / *Interpretation of Dreams*, *SE* IV, 130.
147) *Three Essays*, *SE* VII, 130 참조.
148) 프로이트가 아브라함에게 쓴 편지, 1908년 11월 12일. *Freud-Abraham*, 67(57-58).
149) *Drei Abhandlungen*, *GW* V, 59-60 / *Three Essays*, *SE* VII, 161.
150) 같은 책, 71, 63 / 171, 163.
151) 같은 책, 67-69 / 167-69.
152) 같은 책, 73 / 173.
153) 같은 책, 88, 91 / 187, 191.
154) 같은 책, 32 / 134.

4장 투사와 정신분석가

1) *Jones* II, 13-14.
2) 플리스가 프로이트에게 쓴 편지, 1904년 7월 20일. *Freud-Fliess*, 508(463).
3) 프로이트가 플리스에게 쓴 편지, 1904년 7월 23일. 같은 책, 508(464).
4) 플리스가 프로이트에게 쓴 편지, 1904년 7월 26일. 같은 책, 510-11(465-66) 참조.
5) 프로이트가 플리스에게 쓴 편지, 1904년 7월 27일. 같은 책, 512-15(466-68) 참조.
6) 프로이트가 크라우스에게 쓴 편지, 1906년 1월 12일. *Briefe*, 265-66.
7) 아브라함이 아이팅곤에게 쓴 편지, 1908년 1월 1일. Hilda Abraham, *Karl Abraham. Sein Leben für die Psychoanalyse*(1974; Hans-Horst Henschen이 독일어로 번역, 1976). 73에 편지 전문이 인용되어 있다.
8) 프로이트가 산도르 페렌치에게 쓴 편지, 1910년 1월 10일. Freud-Ferenczi Correspondence, Freud Collection, LC.

9) Max Graf, "Reminiscences of Professor Sigmund Freud", Psychoanalytic Quarterly, XI(1942), 467.
10) Joan Riviere, "An Intimate Impression", *The Lancet*(1939년 9월 30일). *Freud As We Knew Him*, Ruitenbeek 편, 129에 재수록.
11) Wittels, *Sigmund Freud*, 129.
12) 프로이트가 피스터에게 쓴 편지, 1910년 3월 6일. *Freud-Pfister*, 32(35).
13) Ernst Waldinger, "My Uncle Sigmund Freud", *Books Abroad*, XV(Winter 1941), 7.
14) 프로이트가 매일 하는 일을 가장 잘 보여주는 것으로는 안나 프로이트가 존스에게 쓴 편지, 1954년 1월 31일. Jones papers, Archives of the British Psycho-Analytical Society, London 참조.
15) 프로이트가 플리스에게 쓴 편지, 1900년 3월 11일. *Freud-Fliess*, 443(404).
16) 프로이트가 아브라함에게 쓴 편지, 1914년 4월 24일. Karl Abraham papers, LC.
17) *Jones* II, 379-402 참조; Martin Freud, *Freud*, 여기저기; "A Disturbance of Memory on the Acropolis: An Open Letter to Romain Rolland on the Occasion of his Seventieth Birthday" (1936), *SE* XXII, 239-48.
18) 정신분석학자(동시에 프로이트에게 분석을 받기도 했던) 루트비히 예켈스(Ludwig Jekels)의 날짜 미상의 회고록 참조. 이것은 지크프리트 베른펠트가 프로이트 전기를 쓰려고 하면서(결국 쓰지 못했다) 물어본 질문에 대한 답변이었던 것이 분명하다. Siegfried Bernfeld papers, container 17, LC.
19) 아브라함이 아이팅곤에게 쓴 편지, 1908년 1월 1일. Hilda Abraham, *Abraham*, 72에 인용.
20) "Selbstdarstellung", *GW* XIV, 78 / "Autobiographical Study", *SE* XX, 52.
21) Martin Freud, *Freud*, 9, 27.
22) 안나 프로이트가 존스에게 쓴 편지, 1954년 6월 16일. Jones papers, Archives of the British Psycho-Analytical Society, London.
23) *Jones* II, 415-16 참조.
24) Wittels, *Sigmund Freud*, 129-30.
25) 프로이트가 릴리 프로이트 마를레에게 쓴 편지, 1911년 3월 14일. Freud Collection, B2, LC.
26) Bruno Goetz, "Erinnerungen an Sigmund Freud", *Neue Schweizer Rundschau*, XX(May 1952), 3-11.
27) Martin Freud, *Freud*, 32.
28) 마르타 프로이트가 Elsa Reiss에게 쓴 편지, 1950년 1월 17일. Freud Collection, B1, LC.
29) Martin Freud, *Freud*, 40-43.
30) Richard Dyck, "Mein Onkel Sigmund", interview with Harry Freud in *Aufbau*(New York), 1956년 5월 11일, 3-4.
31) 프로이트가 존스에게 보내는 편지, 1929년 1월 1일. *Briefe*, 402.
32) *Jones* II, 387.
33) 프로이트가 융에게 쓴 편지, 1910년 6월 9일. *Freud-Jung*, 361(327).
34) 프로이트가 플리스에게 쓴 편지, 1896년 12월 17일. *Freud-Fliess*, 229(217).
35) 프로이트가 플리스에게 쓴 편지, 1897년 5월 31일. 같은 책, 266(249).
36) 프로이트가 플리스에게 쓴 편지, 1900년 3월 11일. 같은 책, 443(404).
37) 타자로 친 사본, Freud Museum, London. 자필 원본은 (아직) 발견되지 않았다. 프로이트의 꿈 이야기와 그 분석은 다섯 페이지를 차지한다. 그 제목은 "7월 8/9일, 목〔요일〕, 금〔요일〕의 꿈, 잠을 깨자마자"이다. 프로이트는 당시 군대에 가 있던 아들 마르틴의 죽음에 관한 예언적인 (그러

나 다행히도 빗나간) 꿈에 관한 부분을 1915년 7월 10일에 페렌치에게 보냈다.(Freud-Ferenczi Correspondence, Freud Collection, LC.) 이 편지는 약간 수수께끼 같은 이 비망록의 신빙성을 강력하게 뒷받침한다.
38) 프로이트가 퍼트넘에게 쓴 편지, 1915년 7월 8일. *James Jackson Putnam: Letters*, 376.
39) 프로이트가 수요심리학회에서 한 말, 1907년 10월 16일과 1908년 2월 12일. *Protokolle*, I, 202, 293.
40) Janet Malcolm, *In the Freud Archives*(1984), 24.
41) 에마 융은 프로이트에게 보낸 [1911년] 11월 6일자 편지에서 프로이트 자신이 그런 취지의 말을 했다고 언급하고 있다. *Freud/Jung*, 504(456).
42) "Die 'kulturelle' Sexualmoral und die Moderne Nervosität"(1908), *GW* VII, 156 / "'Civilized' Sexual Morality and Modern Nervous Illness", *SE* IX, 193.
43) 프로이트가 융에게 쓴 편지, 1907년 9월 19일. *Freud-Jung*, 98(89).
44) *Der Witz und seine Beziehung zum Unbewussten*(1905), *GW* VI, 120 / *Jokes and Their Relation to the Unconscious*, *SE* VIII, 109.
45) 프로이트가 아브라함에게 쓴 편지, 1913년 7월 31일. *Freud-Abraham*, 144(145).
46) 프로이트가 아브라함에게 쓴 편지, 1922년 12월 26일. 같은 책, 309(332). "매우 현대적인"이라는 말은 아브라함이 사용한 것으로, 그의 초상화를 그린 화가가 그 무렵 채택했던 미학적 방향의 특징을 가리키는 말이다.(아브라함이 프로이트에게 쓴 편지, 1925년 1월 7일. 같은 책, 310[333].)
47) 프로이트가 피스터에게 쓴 편지, 1920년 6월 21일. *Freud-Pfister*, 80(77).
48) 안나 프로이트가 존스에게 쓴 편지 가운데 존스의 프로이트 전기 3권에 대해 타자로 작성한 날짜 미상의 논평 참조. Jones papers, Archives of the British Psycho-Analytical Society, London.
49) "Contribution to a Questionnaire on Reading"(1907), *SE* IX, 245-47 참조.
50) "Der Moses des Michelangelo"(1914), *GW* X, 172 / "The Moses of Michelangelo", *SE* XIII, 211. 프로이트는 이 논문을 〈이마고(*Imago*)〉에 익명으로 발표했으며, 10년 뒤에야 자신이 썼다고 인정했다.
51) 프로이트가 존스에게 쓴 편지, 1914년 2월 8일. 영어로 썼음. Freud Collection, D2, LC.
52) *Traumdeutung*, *GW* II-III, 214 / *Interpretation of Dreams*, *SE* IV, 208.
53) 안나 프로이트가 존스에게 쓴 편지, 1951년 5월 29일. Jones papers, Archives of the British Psycho-Analytical Society, London.
54) 안나 프로이트가 존스에게 쓴 편지, 1956년 1월 23일. 같은 곳.
55) 안나 프로이트가 존스에게 쓴 편지, 1951년 5월 29일과 31일; 마리 보나파르트가 존스에게 쓴 편지 (프로이트의 장녀 마틸데가 한 말을 전달한 것), 1951년 11월 8일 참조. 모두 같은 곳.
56) Mina Curtiss, *Bizet and His World*(1958), 426-30 참조.
57) 피가로 인용은 *Iterpretation of Dreams*, *SE* IV, 208; 사라스트로를 언급한 곳은 프로이트가 페렌치에게 쓴 편지, 1909년 8월 9일(Freud-Ferenczi Correspondence, Freud Collection, LC); 레포렐로를 언급한 곳은 프로이트가 플리스에게 쓴 편지, 1897년 5월 25일(*Freud-Fliess*, 261 [245]) 참조.
58) Martin Freud, *Freud*, 33. 또 프로이트가 플리스에게 쓴 편지, 1899년 10월 27일. *Freud-Fliess*, 418(381)도 참조.
59) 프로이트가 Victor Richard Rubens에게 쓴 편지(1929년 2월 12일). 흡연에 관한 설문에 응답한 것이다(Arents Collection, No. 3270, New York Public Library). 이 편지의 독일어 전문은 Max Schur, *Freud, Living and Dying*(1972), 535에 실려 있지만, 빌헬름 플리스에게 쓴 편지라고 잘못

기록되어 있다.
60) Martin Freud, *Freud*, 110.
61) Dyck, "Mein Onkel Sigmund", interview with Harry Freud, *Aufbau*, 1956년 5월 11일, 4.
62) 프로이트가 플리스에게 쓴 편지, 1897년 12월 22일. *Freud-Fliess*, 312-13(287).
63) 프로이트가 플리스에게 쓴 편지, 1899년 1월 30일. 같은 책, 374(342).
64) Schur, *Freud, Living and Dying*, 247.
65) Hanns Sachs, *Freud: Master and Friend*(1945), 49.
66) "My Recollections of Sigmund Freud", in *The Wolf-Man by the Wolf-Man*, Muriel Gardiner 편(1971), 139.
67) 프로이트가 슈테판 츠바이크에게 쓴 편지, 1931년 2월 7일. *Briefe*, 420-21.
68) "My Recollections", in *The Wolf-Man*, Gardiner 편, 139.
69) 프로이트가 플리스에게 쓴 편지, 1896년 12월 6일. *Freud-Fliess*, 226(214).
70) 프로이트가 플리스에게 쓴 편지, 1899년 8월 6일. 같은 책, 402(366).
71) 프로이트가 페렌치에게 쓴 편지, 1922년 3월 30일. Freud-Ferenczi Correspondence, Freud Collection, LC.
72) 프로이트가 플리스에게 쓴 편지, 1899년 5월 28일. *Freud-Fliess*, 387(353).
73) "Zur Ätiologie der Hysterie"(1896), *GW* I, 427 / "The Aetiology of Hysteria", *SE* III, 192.
74) 프로이트가 플리스에게 쓴 편지, 1899년 12월 21일. *Freud-Fliess*, 430(391-92).
75) "Bruchstück einer Hysterie-Analyse" ("Dora")(1905), *GW* V, 169-70 / "Fragment of an Analysis of a Case of Hysteria" ("Dora"), *SE* VII, 12.
76) *Civilization and Its Discontents*(1930), *SE* XXI, 69-70 참조.
77) *The Autobiography of Wilhelm Stekel: The Life Story of a Pioneer Psychoanalyst*, Emil A. Gutheil 편(1950), 116 참조.
78) "Geschichte der psychoanalytischen Bewegung", *GW* X, 63 / "History of the Psycho-Analytic Movement", *SE* XIV, 25.
79) *Autobiography of Wilhelm Stekel*, 106.
80) "History of the Psycho-Analytic Movement", *SE* XIV, 25.
81) *Jones* II, 7 참조.
82) *Autobiography of Wilhelm Stekel*, 116. 루돌프 라이틀러의 심술궂은 발언 몇 가지를 보려면 *Protokolle*, I, 7-76, 105-6, 149, 167 참조.
83) Graf, "Reminiscences", 470-71.
84) 1907년 10월 9일. *Protokolle*, I, 194 참조.
85) 1908년 1월 15일. 같은 책, 264-68.
86) 이 책은 C. R. Payne이 영어로 번역하여 이런 제목을 붙였으며, 어니스트 존스의 감사하는 머리말을 붙여 1921년에 출간되었다. 독일어판 제목은 *Freud's Neurosenlehre*(1911)이다.
87) 랑크의 책 *The Incest Motif in Literature and Legend*는 1912년에야 출간되었다.
88) 1908년 2월 5일. *Protokolle*, I, 284-85.
89) 1907년 12월 4일. 같은 책, 239-43.
90) 1908년 2월 5일. 같은 책, 284.
91) 프로이트가 랑크에게 쓴 편지, 1907년 9월 22일. 타자로 친 사본, Freud Collection, B4, LC.
92) 아브라함이 아이팅곤에게 쓴 편지, 1908년 1월 1일. Hilda Abraham, *Abraham*, 73에 인용되어 있다.

93) Ernest Jones, *Free Associations: Memories of a Psycho-Analyst*(1959) 169-70.
94) Ludwig Binswanger, *Erinnerungen an Sigmund Freud*(1956), 13.
95) 프로이트가 아브라함에게 쓴 편지, 1911년 3월 14일. Karl Abraham papers, LC.
96) 아이팅곤이 프로이트에게 쓴 편지, 1906년 12월 6일. Sigmund Freud Copyrights, Wivenhoe의 허락을 받고 인용.
97) 프로이트가 아이팅곤에게 쓴 편지, 1906년 12월 10일. Sigmund Freud Copyrights, Wivenhoe의 허락을 받고 인용.
98) 프로이트는 이 반향이 큰 Menschenfischer라는 표현을 사용하면서, 물론 예수가 제자들을 그렇게 만들어주겠다고 한 말을 떠올렸다(마태복음 4:19). 이 말은 1910년 3월 3일에 쓴 편지에 나오는데, 나중에 정신분석가가 된 영국인 의사 존 릭먼(John Rickman)에게 보낸 것으로 보인다. 타자로 친 사본, Freud Collection, B4, LC.
99) *Jones* II, 32.
100) 아이팅곤은 베를린으로 옮겨가기 반년 전에 이미 자신이 프로이트의 "제자"라고 말했다. (아이팅곤이 프로이트에게 쓴 편지, 1909년 2월 5일. Sigmund Freud Copyrights, Wivenhoe의 허락을 받고 인용.)
101) 아이팅곤이 프로이트에게 쓴 편지, 1912년 2월 9일, 5월 5일, 6월 10일 참조. Sigmund Freud Copyrights, Wivenhoe의 허락을 받고 인용.
102) 프로이트가 아이팅곤에게 쓴 편지, 1910년 2월 17일. Sigmund Freud Copyrights, Wivenhoe의 허락을 받고 인용.
103) 아이팅곤이 프로이트에게 쓴 편지, 1910년 2월 10일 참조. Sigmund Freud Copyrights, Wivenhoe의 허락을 받고 인용.
104) 프로이트가 아이팅곤에게 쓴 편지, 1914년 7월 10일. Sigmund Freud Copyrights, Wivenhoe의 허락을 받고 인용.
105) Hilda Abraham, *Abraham*, 41 참조.
106) *Jones* II, 159.
107) 프로이트가 아브라함에게 쓴 편지, 1908년 4월 19일. Karl Abraham papers, LC.
108) 존스가 아브라함에게 쓴 편지, 1911년 6월 18일. 같은 곳.
109) 프로이트가 아브라함에게 쓴 편지, 1909년 7월 11일. 같은 곳.
110) 프로이트가 아브라함에게 쓴 편지, 1908년 4월 19일. 같은 곳 참조.
111) 프로이트가 아브라함에게 쓴 편지, 1908년 5월 29일.
112) 안드레아스-살로메가 아브라함에게 쓴 편지, 1914년 11월 6일. 같은 곳.
113) G. 스탠리 홀이 아브라함에게 쓴 편지, 1914년 1월 2일. 같은 곳.
114) 아브라함이 프로이트에게 쓴 편지, 1911년 2월 26일. 같은 곳.
115) 아브라함이 프로이트에게 쓴 편지, 1911년 3월 9일. 같은 곳.
116) 같은 곳.
117) 아브라함이 프로이트에게 쓴 편지, 1912년 7월 24일. 같은 곳.
118) 아브라함이 프로이트에게 쓴 편지, 1912년 4월 28일. 같은 곳.
119) 아브라함이 프로이트에게 쓴 편지, 1911년 12월 25일. 같은 곳.
120) 아브라함이 프로이트에게 쓴 편지, 1912년 5월 28일. 같은 곳.
121) Hilda Abraham, *Abraham*, 39 참조.
122) 프로이트가 아브라함에게 쓴 편지, 1911년 2월 13일. Karl Abraham papers, LC. (*Freud-Abraham*,

105 [100-101]. 여기에는 편지의 일부분만 나와 있으며, "사악하다"는 말을 비롯하여 플리스 부인에 대한 경고는 생략되어 있다.)
123) 아브라함이 프로이트에게 쓴 편지, 1911년 2월 17일. Karl Abraham papers, LC.
124) 아브라함이 프로이트에게 쓴 편지, 1911년 2월 26일. *Freud-Abraham*, 106-7(102) 참조.
125) 예를 들어 아브라함이 프로이트에게 쓴 편지, 1911년 4월 9일. 이 편지에서 아브라함은 플리스가 환자 한 명을 자신에게 보낸 이야기를 하지만, 플리스 부인에 관해서는 아무 이야기도 하지 않는다. Karl Abraham papers, LC.
126) 플리스가 아브라함에게 쓴 편지, 1917년 9월 26일. 같은 곳.
127) Jones, *Free Associations*, 159-60.
128) 1908년 5월 13일, 존스는 프로이트에게 빈에서 "친절하게 환대해준" 것에 감사했다. Sigmund Freud Copyrights, Wivenhoe의 허락을 받고 인용.
129) 존스가 프로이트에게 쓴 편지, 1913년 11월 3일. Sigmund Freud Copyrights, Wivenhoe의 허락을 받고 인용. 그러나 이들 모두가 프로이트파였던 것은 아니다. 몇 명은 융을 더 좋아했다.
130) 존스가 프로이트에게 쓴 편지, 1910년 6월 19일. Sigmund Freud Copyrights, Wivenhoe의 허락을 받고 인용.
131) 프로이트가 존스에게 쓴 편지, 1912년 4월 28일. Freud Collection, D2, LC.
132) 존스가 프로이트에게 쓴 편지, [1908년] 11월 8일. Sigmund Freud Copyrights, Wivenhoe의 허락을 받고 인용. 또 프로이트가 존스에게 쓴 편지, 1908년 11월 20일. Freud Collection, D2, LC 참조.
133) 융이 프로이트에게 쓴 편지, 1908년 7월 12일. *Freud-Jung*, 81-82(164).
134) 프로이트가 융에게 쓴 편지, 1908년 7월 18일. 같은 책, 183(155).
135) 존스가 프로이트에게 쓴 편지, 1909년 12월 18일. Sigmund Freud Copyrights, Wivenhoe의 허락을 받고 인용.
136) 프로이트가 존스에게 쓴 편지, 1910년 4월 15일. Freud Collection, D2, LC.
137) 프로이트가 존스에게 쓴 편지, 1912년 2월 24일. 영어로 씀. 같은 곳.
138) 존스가 프로이트에게 쓴 편지, [1913년] 6월 3일, 25일, 7월 8일. Sigmund Freud Copyrights, Wivenhoe의 허락을 받고 인용.
139) 프로이트가 존스에게 쓴 편지, 1909년 2월 22일. 영어로 씀. Freud Collection, D2, LC.
140) 프로이트가 존스에게 쓴 편지, 1909년 6월 1일. 영어로 씀. 같은 곳.
141) 프로이트가 존스에게 쓴 편지, 1910년 3월 10일. 영어로 씀. 같은 곳.
142) 프로이트가 존스에게 쓴 편지, 1914년 1월 16일. 영어로 씀. 같은 곳.
143) 프로이트가 존스에게 쓴 편지, 1914년 2월 8일. 영어로 씀. 같은 곳. "Cet. censeo"는 물론 존스도 알고 있었겠지만, 카르타고를 무찔러야 한다고 주장하는 카토의 유명한 연설의 서두다. Ceterum censeo Cartaginem esse delendam(내 의견을 말하자면 카르타고를 반드시 무찔러야 한다).
144) 프로이트가 존스에게 쓴 편지, 1914년 2월 21일. 영어로 씀. 같은 곳.
145) 프로이트가 존스에게 쓴 편지, 1929년 1월 1일. *Briefe*, 402.
146) *Jones* II, 157.
147) Lou Andreas-Salomé, *In der Schule bei Freud. Tagebuch eines Jahres, 1912/1913*, Ernst Pfeiffer 편(1958), 193.
148) Michael Balint, "Einleitung des Herausgebers", in Sándor Ferenczi, *Schriften zur Psychoanalyse*, Balint 편, 2 vols.(1970), I, xi.
149) 프로이트가 페렌치에게 쓴 편지, 1908년 1월 30일. Freud-Ferenczi Correspondence, Freud

Collection, LC 참조. *Jones* II, 34-35도 참조.
150) 존스가 프로이트에게 쓴 편지, [1913년] 7월 8일. Sigmund Freud Copyrights, Wivenhoe의 허락을 받고 인용.
151) 프로이트가 페렌치에게 쓴 편지, 1908년 2월 11일. Freud-Ferenczi Correspondence, Freud Collection, LC.
152) 프로이트가 페렌치에게 쓴 편지, 1908년 8월 4일. 같은 곳.
153) 예를 들어 프로이트가 페렌치에게 쓴 편지, 1909년 10월 6일. Freud-Ferenczi Correspondence, Freud Collection, LC 참조. 프로이트는 1년 뒤인 1910년 여름에 아브라함을 "친애하는 친구"라고 불렀다. 1910년 8월 22일자 편지. *Freud-Abraham*, 97(91) 참조.
154) 프로이트가 페렌치에게 쓴 편지, 1908년 10월 27일. Freud-Ferenczi Correspondence, Freud Collection, LC.
155) 프로이트가 페렌치에게 쓴 편지, 1910년 10월 2일. 같은 곳.
156) 프로이트가 페렌치에게 쓴 편지, 1911년 11월 17일. 같은 곳.
157) 프로이트가 페렌치에게 쓴 편지, 1911년 11월 30일. 같은 곳.
158) 프로이트가 페렌치에게 쓴 편지, 1911년 12월 5일. 같은 곳.
159) 프로이트가 존스에게 쓴 편지, 1920년 8월 2일. 영어로 씀. Freud Collection, D2, LC. 프로이센적인 면을 가리키는 "Prussianity"는 프로이트가 존스에게 보내는 편지에 흩어져 있는 영어 조어 가운데 하나다.
160) 프로이트가 [릭먼?]에게 쓴 편지, 1910년 3월 3일. Freud Collection, B4, LC.
161) Oskar Pfister, "Oskar Pfister", in *Die Pädagogik der Gegenwart in Selbstdarstellungen*, Erich Hahn 편, 2 vols.(1926-27), II, 168-70.
162) 세월이 흐른 뒤 피스터는 프로이트에게 "1912년에 의학을 공부하지 말라고 조언해준 것"에 감사했다. (피스터가 프로이트에게 쓴 편지, 1927년 6월 14일. Sigmund Freud Copyrights, Wivenhoe의 허락을 받고 인용.)
163) Willi Hoffer, obituary of Pfister, *Int. J. Psycho-Anal.*, XXXIX(1958), 616. 또 Peter Gay, *A Godless Jew: Freud, Atheism, and the Making of Psychoanalysis*(1987), 74도 참조.
164) 프로이트가 융에게 쓴 편지, 1909년 1월 17일. *Freud-Jung*, 217(195-96).
165) 프로이트가 페렌치에게 쓴 편지, 1909년 4월 26일. Freud-Ferenczi Correspondence, Freud Collection, LC.
166) Anna Freud, prefatory remark, 1962년. *Freud-Pfister*, 10(11).
167) Hoffer, 피스터의 사망 기사, *Int. J. Psycho-Anal.*, XXXIX(1958), 616.
168) 피스터가 프로이트에게 쓴 편지, 1926년 11월 25일. Sigmund Freud Copyrights, Wivenhoe의 허락을 받고 인용.
169) 피스터가 프로이트에게 쓴 편지, 1923년 12월 30일. *Freud-Pfister*, 94-95(90-91).
170) 피스터가 프로이트에게 쓴 편지, 1918년 10월 29일. 같은 책, 64(63).
171) 프로이트가 피스터에게 쓴 편지, 1922년 10월 16일. Sigmund Freud Copyrights, Wivenhoe의 허락을 받고 인용.
172) "Lou Andreas-Salomé"(1937), *GW* XVI, 270 / "Lou Andreas-Salomé", *SE* XXIII, 297.
173) 아브라함이 프로이트에게 쓴 편지, 1912년 4월 28일. *Freud-Abraham*, 118(115).
174) 프로이트가 페렌치에게 쓴 편지, 1912년 10월 2일. Freud-Ferenczi Correspondence, Freud Collection, LC.

175) 프로이트가 페렌치에게 쓴 편지, 1912년 10월 31일. 같은 책.
176) 프로이트가 페렌치에게 쓴 편지, 1913년 3월 20일. 같은 책.
177) 1912년 10월 30일. *Protokolle*, IV, 104.
178) 1912년 10월 23일. 같은 책, 103.
179) 예를 들어, 1912년 11월 27일. 같은 책, 120 참조. 1913년 1월 15일은 예외인데, 여기에는 "루 부인"이라고 기록되어 있다. 같은 책, 138.
180) 프로이트가 안드레아스–살로메에게 쓴 편지, 1912년 11월 10일. *Freud-Salomé*, 12(11).
181) "Autobiographical Study", *SE* XX, 48 참조.
182) *Jones* II, 122, 115, 111.
183) 융이 프로이트에게 쓴 편지, 1907년 9월 4일. *Freud-Jung*, 92–93(84).
184) 융이 프로이트에게 쓴 편지, 1907년 9월 11일. 같은 책, 93–94(84–85).
185) 아브라함이 프로이트에게 쓴 편지, 1908년 11월 10일. *Freud-Abraham*, 65(55–56).
186) 프로이트가 아브라함에게 쓴 편지, 1908년 12월 14일. Karl Abraham papers, LC.
187) 프로이트가 아브라함에게 쓴 편지, 1909년 3월 9일. 같은 곳.
188) *Three Essays*, *SE* VII, 174n, 180n 참조.
189) 프로이트가 아브라함에게 쓴 편지, 1909년 5월 23일. Karl Abraham papers, LC.
190) 프로이트가 페렌치에게 쓴 편지, 1909년 4월 26일. Freud-Ferenczi Correspondence, Freud Collection, LC.
191) See Wilhelm Weygandt, review of *Interpretation of Dreams in Centralblatt für Nervenheilkunde und Psychiatrie*, XXIV(1901), 548–49.
192) *Jones* II, 109 참조.
193) 존스가 프로이트에게 쓴 편지, 1910년 4월 20일. Sigmund Freud Copyrights, Wivenhoe의 허락을 받고 인용.
194) 존스가 프로이트에게 쓴 편지, 1910년 1월 2일. Sigmund Freud Copyrights, Wivenhoe의 허락을 받고 인용.
195) Boris Sidis, "Fundamental States in Psychoneuroses", *Journal of Abnormal Psychology*, V(1911년 2–3월), 322–23. Nathan G. Hale, Jr., *Freud and the Americans: The Beginnings of Psychoanalysis in the United States, 1876~1917*(1971), 297게 인용.
196) Boris Sidis, *Symptomatology, Psychogenesis and Diagnosis of Psychopathic Diseases*(1914), vi–vii. 같은 책, 300에 인용.
197) "Attacks Dr. Freud's Theory / Clash in Academy of Medicine When Vienna Physician Was Honored" *New York Times*, 1912년 4월 5일, 8.
198) 프로이트가 존스에게 쓴 편지, 1912년 4월 28일. 영어로 씀. Freud Collection, D2, LC.
199) "Dreams of the Insane Help Greatly in Their Cure", *New York Times*, 1913년 3월 2일 일요일, 10.

5장 정신분석 정치학

1) Jones, *Free Associations*, 165.
2) William McGuire, Introduction to *Freud-Jung*, xv.
3) Carl G. Jung, *Über die Psychoologie der Dementia Praecox. Ein Versuch*(1907),

Introduction(1906년 7월), iii-iv.
4) 같은 책, iv. 또 같은 책, 38, 50n, 62도 참조.
5) "Psychoanalysis and Association Experiments"(1906), R. F. C. Hull과 Leopold Stein이 Diana Riviere와 협력하여 번역, in Carl G. Jung, *The Psychoanalytic Years*, William McGuire 편(1974), 3-32.
6) Jones, *Free Associations*, 165.
7) 프로이트가 융에게 쓴 편지, 1906년 4월 11일. *Freud-Jung*, 3(3).
8) 융이 프로이트에게 쓴 편지, 1906년 10월 5일. 같은 책, 5(5).
9) 프로이트가 융에게 쓴 편지, 1906년 10월 7일. 같은 책, 5-6(5-6).
10) 융이 프로이트에게 쓴 편지, 1906년 11월 26일. 같은 책, 10(10).
11) 융이 프로이트에게 쓴 편지, 1906년 12월 4일. 같은 책, 11(11).
12) 프로이트가 융에게 쓴 편지, 1906년 12월 6일. 같은 책, 12-13(12-13).
13) 프로이트가 융에게 쓴 편지, 1906년 12월 30일. 같은 책, 16-17(16-17) 참조.
14) 프로이트가 융에게 쓴 편지, 1907년 1월 1일. 같은 책, 18(17).
15) 프로이트가 페렌치에게 쓴 편지에서 융에 대해 훌륭하다(prächtig)는 표현이 적어도 세 번 사용된 것을 보려면, 1909년 1월 18일, 1909년 5월 17일, 1910년 12월 29일자 편지 참조. Freud-Ferenczi Correspondence, Freud Collection, LC.
16) 프로이트가 페렌치에게 쓴 편지, 1910년 12월 29일, 같은 곳.
17) 프로이트가 융에게 쓴 편지, 1908년 8월 13일. *Freud-Jung*, 186(168).
18) 융이 프로이트에게 쓴 편지, 1908년 2월 20일. 같은 책, 135(122).
19) Martin Freud, *Freud*, 108-9.
20) Carl G. Jung, *Memories, Dreams, Reflections*(1962; Richard and Clara Winston 역, 1962), 146-47 참조.
21) Martin Freud, *Freud*, 109.
22) Binswanger, *Erinnerungen*, 11.
23) 융이 프로이트에게 쓴 편지, 1907년 3월 31일 *Freud-Jung*, 26(25).
24) 프로이트가 융에게 쓴 편지, 1907년 4월 7일. 같은 책, 29(27).
25) 이 에피소드를 기록한 빈스방거는 융의 꿈 내용은 상기하지 않고 프로이트의 해석만 상기했다.(Binswanger, *Erinnerungen*, 10 참조.)
26) 융이 프로이트에게 쓴 편지, 1907년 5월 24일 *Freud-Jung*, 54(49).
27) 프로이트가 융에게 쓴 편지, 1907년 4월 21일. 같은 책, 44(40).
28) 융이 프로이트에게 쓴 편지, 1907년 6월 4일. 같은 책, 62(56).
29) 프로이트가 융에게 쓴 편지, 1907년 7월 10일. 같은 책, 83(75).
30) 프로이트가 융에게 쓴 편지, 1907년 8월 18일. 같은 책, 85(77).
31) 프로이트가 융에게 쓴 편지, 1907년 8월 27일. 같은 책, 88(79).
32) 융이 페렌치에게 쓴 편지, 1909년 1월 6일. Carl G. Jung, *Briefe*, Aniela Jaffé와 Gerhard Adler 공동 편집, 3 vols.(1946-55; 3판, 1981), I, 26.
33) 융이 프로이트에게 쓴 편지, 1907년 10월 28일 *Freud-Jung*, 105(95).
34) 프로이트가 융에게 쓴 편지, 1907년 11월 15일. 같은 책, 108(98).
35) 프로이트가 아브라함에게 쓴 편지, 1908년 5월 3일. *Freud-Abraham*, 47(34).
36) 프로이트가 사비나 슈필라인에게 쓴 편지, 1913년 8월 28일. 타자로 친 사본. Sigmund Freud

Copyrights, Wivenhoe의 허락을 받고 인용.
37) 프로이트가 아브라함에게 쓴 편지, 1908년 7월 23일. *Freud-Abraham*, 57(46).
38) 프로이트가 아브라함에게 쓴 편지, 1908년 10월 11일. 같은 책, 64(54).
39) 프로이트가 아브라함에게 쓴 편지, 1908년 12월 26일. 같은 책 73(64).
40) 프로이트가 아브라함에게 쓴 편지, 1908년 7월 20일. Karl Abraham papers, LC.
41) 프로이트가 아브라함에게 쓴 편지, 1908년 7월 23일. *Freud-Abraham*, 57(46).
42) 프로이트가 아브라함에게 쓴 편지, 1908년 7월 20일. 같은 책, 57(46).
43) 프로이트가 페렌치에게 쓴 편지, 1913년 6월 8일. Freud-Ferenczi Correspondence, LC.
44) 융이 프로이트에게 쓴 편지, 1907년 1월 8일 *Freud-Jung*, 21(20).
45) 융이 프로이트에게 쓴 편지, 1909년 3월 11일. 같은 책, 234(211–12).
46) "Selbstdarstellung", *GW* XIV, 78 / "Autobiographical Study", *SE* XX, 51.
47) Thorndike가 James Cattell에게 쓴 편지, 1904년 7월 6일. Dorothy Ross, *G. Stanley Hall: The Psychologist as Prophet*(1972), 385에 인용.
48) 홀이 "Siegmund" 프로이트에게 쓴 편지, 1908년 12월 15일. 같은 책, 386에 인용.
49) William A. Koelsch, "*Incredible Day Dream": Freud and Jung at Clark*, The Fifth Paul S. Clarkson Lecture(1984), (페이지 없음), 참조.
50) "Geschichte der psychoanalytischen Bewegung", *GW* X, 44, 70 / "History of the Psychoanalytic Movement", *SE* XIV, 7, 30–31.
51) "Selbstdarstellung", *GW* XIV, 78 / "Autobiographical Study", *SE* XX, 52.
52) 프로이트가 페렌치에게 쓴 편지, 1909년 1월 10일. Freud-Ferenczi Correspondence, Freud Collection, LC.
53) 프로이트가 페렌치에게 쓴 편지, 1909년 1월 17일. 같은 책.
54) 프로이트가 페렌치에게 쓴 편지, 1909년 2월 2일. 같은 책.
55) 프로이트가 페렌치에게 쓴 편지, 1909년 2월 28일. 같은 책.
56) 페렌치가 프로이트에게 쓴 편지, 1909년 1월 11일. 같은 책 참조.
57) 페렌치가 프로이트에게 쓴 편지, 1909년 3월 2일. 같은 책.
58) 프로이트가 페렌치에게 쓴 편지, 1909년 3월 9일. 같은 책.
59) 프로이트가 아브라함에게 쓴 편지, 1909년 3월 9일. Karl Abraham papers, LC.
60) 프로이트가 페렌치에게 쓴 편지, 1909년 4월 25일. Freud-Ferenczi Correspondence, Freud Collection, LC.
61) 프로이트가 페렌치에게 쓴 편지, 1909년 7월 25일. 같은 책.
62) 프로이트가 융에게 쓴 편지, 1909년 6월 18일 *Freud-Jung*, 258(234).
63) 프로이트가 페렌치에게 쓴 편지, 1909년 7월 25일. Freud-Ferenczi Correspondence, Freud Collection, LC.
64) 프로이트가 융에게 쓴 편지, 1909년 7월 7일 *Freud-Jung*, 264(240) 참조.
65) *Jones* II, 55 참조.
66) 브릴이 Smith Ely Jelliffe에게 쓴 편지, 1940년 12월 4일. Hale, *Freud and the Americans*, 390에 인용.
67) 같은 책, 391.
68) Jones, *Free Associations*, 230–31.
69) *Jones* II, 55–56에 인용.

70) 얼음을 넣은 물에 관해서는 안나 프로이트가 어니스트 존스에게 쓴 편지, 1954년 3월 10일. Jones papers, Archives of the British Psycho-Analytical Society, London 참조.
71) 프로이트가 퍼스터에게 쓴 편지, 1910년 3월 17일. Sigmund Freud Copyrights, Wivenhoe의 허락을 받고 인용.
72) 존스가 프로이트에게 쓴 편지, 1910년 2월 12일. Sigmund Freud Copyrights, Wivenhoe의 허락을 받고 인용.
73) 프로이트가 존스에게 쓴 편지, 1910년 1월 27일. Freud Collection, D2, LC. 또 *Jones* II, 59-60도 참조.
74) *Jones* II, 59.
75) Koelsch, *Incredible Day Dream*, (페이지 없음).
76) Hale, Freud and the Americans, 3-23.
77) "Selbstdarstellung", *GW* XIV, 78 / "Autobiographical Study", *SE* XX, 52.
78) *Jones* II, 57.
79) 제임스가 Mary W. Calkins에게 쓴 편지, 1909년 9월 19일. Ralph Barton Perry, *The Thought and Character of William James*, 2 vols.(1936), II, 123에 인용.
80) 제임스가 플루르누아에게 쓴 편지, 1909년 9월 28일. *The Letters of William James*, Henry James 편, 2 vols.(1920), II, 327-28.
81) 융이 Virginia Payne에게 쓴 편지, 1949년 7월 23일. Jung, *Briefe*, II, 159 참조.
82) 융이 프로이트에게 쓴 편지, 1909년 10월 14일 *Freud-Jung*, 275(250) 참조. 또 융이 Virginia Payne에게 쓴 편지, 1949년 7월 23일. Jung, *Briefe*, II, 158도 참조.
83) 프로이트가 마틸데 홀리처에게 쓴 편지, 1909년 9월 23일. Freud Collection, B1, LC.
84) 융이 프로이트에게 쓴 편지, 1909년 10월 14일 *Freud-Jung*, 275(250) 참조.
85) 프로이트가 융에게 쓴 편지, 1909년 11월 11일. 같은 책, 286(260). 프로이트는 여백에 이 실수를 언급했지만, 중요하게 여기지는 않았다.
86) 프로이트가 페렌치에게 쓴 편지, 1911년 4월 6일. Freud-Ferenczi Correspondence, Freud Collection, LC.
87) Jones, *Free Associations*, 219.
88) 같은 책, 219-20 참조.
89) 프로이트가 존스에게 쓴 편지, 1908년 11월 20일. 영어로 씀. Freud Collection, D2, LC. 이 편지는 *Jones* II, 62에 전문이 인용되어 있지만 날짜가 1909년으로 잘못 적혀 있다.
90) 프로이트가 오토 랑크에게 쓴 편지, 1912년 9월 13일. Rank Collection, Box 1b. Rare Book and Manuscript Library, Columbia University.
91) "Geschichte der psychoanalytischen Bewegung", *GW* X, 58 / "History of the Psychoanalytic Movement", *SE* XIV, 19.
92) 프로이트가 존스에게 쓴 편지, 1912년 11월 15일. Freud Collection, D2, LC 참조.
93) 프로이트가 페렌치에게 쓴 편지, 1911년 4월 10일. Freud-Ferenczi Correspondence, Freud Collection, LC.
94) 프로이트가 페렌치에게 쓴 편지, 1912년 10월 17일. 같은 곳.
95) 프로이트가 존스에게 쓴 편지, 1914년 2월 21일. 영어로 씀. Freud Collection, D2, LC.
96) 1911년 4월 26일. *Protokolle*, III, 223-26 참조.
97) 프로이트가 페렌치에게 쓴 편지, 1910년 2월 13일. Freud-Ferenczi Correspondence, Freud

Collection, LC.
98) 프로이트가 페렌치에게 쓴 편지, 1910년 4월 12일. 같은 곳.
99) 블로일러가 프로이트에게 쓴 편지, 1911년 12월 4일. Freud Colecction, D2, LC.
100) 프로이트가 페렌치에게 쓴 편지, 1911년 11월 30일. Freud-Ferenczi Correspondence, Freud Collection, LC.
101) Jones, *Free Associations*, 169.
102) 1906년 11월 7일. *Protokolle*, I, 36-46.
103) 1907년 11월 27일. 같은 책, 237.
104) 1907년 12월 8일. 같은 책, 257.
105) 프로이트가 아브라함에게 쓴 편지, 1913년 1월 1일. Karl Abraham papers, LC.
106) 프로이트가 페렌치에게 쓴 편지, 1910년 4월 3일. Freud-Ferenczi Correspondence, Freud Collection, LC.
107) 프로이트가 존스에게 쓴 편지, 1910년 4월 15일. 영어로 씀. Freud Collection, D2, LC.
108) 프로이트가 페렌치에게 쓴 편지, 1910년 4월 3일. Freud-Ferenczi Correspondence, Freud Collection, LC.
109) Wittels, *Freud*, 140. 프로이트가 눈물을 흘렸다는, 이보다 더 멜로드라마 같은, 하지만 신빙성은 떨어지는 이야기를 보려면 *Autobiography of Wilhelm Stekel*, 128-29 참조.
110) "Geschichte der psychoanalytischen Bewegung", *GW* X, 84-86 / "History of the Psychoanalytic Movement", *SE* XIV, 42-44.
111) 1910년 4월 6일. *Protokolle*, II, 427.
112) 같은 책, 425.
113) 프로이트가 페렌치에게 쓴 편지, 1910년 4월 12일. Freud-Ferenczi Correspondence, Freud Collection, LC.
114) 1910년 4월 6일. *Protokolle*, II, 422-30 참조.
115) "History of the Psychoanalytic Movement", *SE* XIV, 50.
116) 프로이트가 페렌치에게 쓴 편지, 1910년 4월 3일. Freud-Ferenczi Correspondence, Freud Collection, LC.
117) Carl Furtmüller, "Alfred Adler: A Biographical Essay", in A.fred Adler, *Superiority and Social Interest: A Collection of Later Writings*, Heinz L. and Rowena R. Ansbacher 편(1964; 3판, 1979), 345-48 참조. 푸르트뮐러가 아들러를 열렬히 지지했기 때문에 특히 참고할 것이 많다.
118) 프로이트가 융에게 쓴 편지, 1909년 6월 18일 *Freud-Jung*, 259-60(235).
119) 프로이트가 피스터에게 쓴 편지, 1911년 2월 26일, *Freud-Pfister*, 47(48).
120) 프로이트가 융에게 쓴 편지, 1910년 12월 3일 *Freud-Jung*, 415(376).
121) 프로이트가 페렌치에게 쓴 편지, 1910년 11월 23일. Freud-Ferenczi Correspondence, Freud Collection, LC.
122) 1911년 1월 4일과 2월 1일. *Protokolle*, III, 103-11, 139-49.
123) 1911년 2월 1일. *Protokolle*, III, 143-47.
124) 같은 책, 147-48 참조.
125) 1911년 2월 22일, 같은 책, 168-69.
126) 프로이트가 페렌치에게 쓴 편지, 1911년 3월 12일. Freud-Ferenczi Correspondence, Freud Collection, LC.

127) 프로이트가 존스에게 쓴 편지, 1911년 8월 9일. 영어로 씀. Freud Collection, D2, LC.
128) 프로이트가 융에게 쓴 편지, 1911년 6월 15일과 7월 13일, *Freud-Jung*, 473, 479(428, 434) 참조.
129) 아들러가 존스에게 쓴 편지, 1911년 7월 7일. Jones papers, Archives of the British Psycho-Analytical Society, London.
130) 아들러가 존스에게 쓴 편지, 1911년 7월 10일, 같은 책. 아들러는 여기서 자신이 정신분석에 충성한 기간을 과장하고 있다. 그가 말한 기간이 맞다면 그는 1896년부터 프로이트 학파에 들어간 셈이다.
131) 아들러가 존스에게 쓴 편지, 1911년 9월 7일. 같은 곳.
132) 프로이트가 페렌치에게 쓴 편지, 1911년 10월 5일. Freud-Ferenczi Correspondence, Freud Collection, LC.
133) 프로이트가 융에게 쓴 편지, 1911년 10월 12일, *Freud-Jung*, 493(447).
134) Phyllis Bottome, *Alfred Adler: Apostle of Freedom*(1939; 3판, 1957), 76-77. Bottome은 아들러의 공식 전기 작가이고, 이 사건이 아들러의 명예를 높이는 것은 아니기 때문에, 이 이야기는 진짜인 것처럼 보인다. 그렇다 해도 프로이트가 아들러에게 남아 달라고 호소했을 가능성은 높아 보이지 않는다.
135) 프로이트가 융에게 쓴 편지, 1911년 6월 5일. *Freud-Jung*, 472(428).
136) 에마 융이 프로이트에게 쓴 편지, 1911년 10월 30일. 같은 책, 499(452).
137) 프로이트가 페렌치에게 쓴 편지, 1911년 11월 5일. Freud-Ferenczi Correspondence, Freud Collection, LC.
138) 융이 프로이트에게 쓴 편지, 1912년 12월 3일. *Freud-Jung*, 583-84, 584n(526, 526n) 참조. 또 Jung, *Memories, Dreams, Reflections*, 158도 참조.
139) 프로이트가 피스터에게 쓴 편지, 1912년 7월 4일. *Freud-Pfister*, 57(56-57).
140) "The Houston Films"(1957), an interview in *C. G. Jung Speaking: Interviews and Encounters*, William McGuire and R. F. C. Hull 편(1977), 339.
141) "The 'Face to Face' Interview with John Freeman", on the BBC, 1959, in 같은 책, 433.
142) 융이 프로이트에게 쓴 편지, 1909년 12월 14일. *Freud-Jung*, 303(275).
143) 융이 프로이트에게 쓴 편지, 1909년 11월 15일. 같은 책, 289(262).
144) 융이 프로이트에게 쓴 편지, 1909년 11월 30일/12월 2일. 같은 책, 297(270).
145) 융이 프로이트에게 쓴 편지, 1909년 12월 25일/31일. 같은 책, 308(280).
146) 프로이트가 융에게 쓴 편지, 1910년 1월 2일. 같은 책, 312(283-84).
147) 프로이트가 페렌치에게 쓴 편지, 1910년 1월 1일. Freud-Ferenczi Correspondence, Freud Collection, LC 참조.
148) 융이 프로이트에게 쓴 편지, 1909년 3월 7일. *Freud-Jung*, 229(207).
149) 융이 프로이트에게 쓴 편지, 1910년 2월 11일. 같은 책, 324(294).
150) 프로이트가 융에게 쓴 편지, 1910년 1월 13일. 같은 책, 316(287).
151) 프로이트가 페렌치에게 쓴 편지, 1910년 2월 13일. Freud-Ferenczi Correspondence, Freud Collection, LC 참조.
152) 프로이트가 페렌치에게 쓴 편지, 1910년 3월 3일. 같은 책.
153) 프로이트가 융에게 쓴 편지, 1909년 12월 19일. *Freud-Jung*, 304(276).
154) 융이 프로이트에게 쓴 편지, 1909년 12월 25일. 같은 책, 307(279).
155) 프로이트가 융에게 쓴 편지, 1910년 1월 2일. 같은 책, 311(282).
156) 프로이트가 융에게 쓴 편지, 1910년 3월 6일. 같은 책, 331(300).

157) 융이 프로이트에게 쓴 편지, 1910년 3월 9일. 같은 책, 333(302).
158) 융이 프로이트에게 쓴 편지, 1911년 7월 26일과 8월 29일. 같은 책, 482, 484(437, 438).
159) 융이 프로이트에게 쓴 편지, 1911년 11월 14일. 같은 책, 509(460).
160) 융이 프로이트에게 쓴 편지, 1912년 3월 3일. 같은 책, 544(491).
161) 융이 프로이트에게 쓴 편지, 1912년 3월 10일. 같은 책, 546(493).
162) 프로이트가 융에게 쓴 편지, 1912년 3월 5일. 같은 책. 546(493).
163) 융이 프로이트에게 쓴 편지, 1912년 3월 3일. 같은 책, 544(491). 이 구절은 *Also Sprach Zarathustra*, part I, section 3에 나오는 것이다.
164) 프로이트가 융에게 쓴 편지, 1912년 3월 5일. *Freud-Jung*, 545(492).
165) 프로이트가 빈스방거에게 쓴 편지, 1912년 4월 14일. 타자로 친 사본. Freud Collection, D1, LC.
166) 1912년 6월 3일, 프로이트는 아브라함에게 보내는 편지에서 융을 찾아갈 만한 시간이 없었다고 말했다. "취리히에 갈 시간은 없었다네(Nach Zürich gings nicht mehr.)"(Karl Abraham papers, LC.)
167) 융이 프로이트에게 쓴 편지, 1912년 6월 8일. *Freud-Jung*, 564(509). 융은 "크로이츨링겐 행동"이라는 표현을 1912년 7월 18일 프로이트에게 쓴 편지에서 처음 사용했다. 같은 책, 566(511).
168) 프로이트가 융에게 쓴 편지, 1912년 6월 13일. 같은 책. 565-66(510-11).
169) *Jones* II, 152.
170) 프로이트가 존스에게 쓴 편지, 1912년 8월 1일. 영어로 씀. Freud Collection, D2, LC.
171) 같은 곳.
172) 프로이트가 존스에게 쓴 편지, 1912년 8월 10일. 영어로 씀. 같은 책.
173) 존스가 프로이트에게 쓴 편지, 1912년 8월 7일. Sigmund Freud Copyrights, Wivenhoe의 허락을 받고 인용.
174) 프로이트가 존스에게 쓴 편지, 1912년 7월 22일. 영어로 씀. Freud Collection, D2, LC.
175) 프로이트가 아브라함에게 쓴 편지, 1912년 7월 29일. Karl Abraham papers, LC.
176) 같은 곳.
177) 프로이트가 페렌치에게 쓴 편지, 1912년 7월 28일. Freud-Ferenczi Correspondence, Freud Collection, LC 참조.
178) 프로이트가 랑크에게 쓴 편지, 1912년 8월 18일. Rank Collection, Box 1b. Rare Book and Manuscript Library, Columbia University.
179) 프로이트가 페렌치에게 쓴 편지, 1912년 7월 28일. Freud-Ferenczi Correspondence, Freud Collection, LC 참조.
180) 프로이트가 존스에게 쓴 편지, 1912년 9월 22일. 영어로 씀. Freud Collection, D2, LC.
181) 프로이트가 페렌치에게 쓴 편지, 1912년 6월 23일. Freud-Ferenczi Correspondence, Freud Collection, LC 참조.
182) 융이 프로이트에게 쓴 편지, 1912년 11월 11일. *Freud-Jung*, 571-72(515-16).
183) 같은 책, 573(516-7).
184) 1912년 10월 9일. *Protokolle*, IV, 99.
185) *Autobiography of Wilhelm Stekel*, 141-43 참조.
186) 프로이트가 존스에게 쓴 편지, 1911년 8월 9일. 영어로 씀. Freud Collection, D2, LC.
187) 프로이트가 아브라함에게 쓴 편지, 1912년 11월 3일. *Freud-Abraham*, 127(125).
188) 같은 곳. 또 1912년 11월 6일. *Protokolle*, IV, 108-9n도 참조.

189) 프로이트가 존스에게 쓴 편지, 1912년 11월 15일. 영어로 씀. Freud Collection, D2, LC.
190) 프로이트가 아브라함에게 쓴 편지, 1913년 1월 1일. Karl Abraham papers, LC.
191) 프로이트가 융에게 쓴 편지, 1912년 11월 14일. *Freud-Jung*, 573(517).
192) 아이팅곤이 프로이트에게 쓴 편지, 1912년 11월 11일. Sigmund Freud Copyrights, Wivenhoe의 허락을 받고 인용.
193) 프로이트가 페렌치에게 쓴 편지, 1912년 11월 26일. Freud-Ferenczi Correspondence, Freud Collection, LC 참조.
194) *Jones* I, 317.
195) 융이 프로이트에게 쓴 편지, 1912년 11월 26일. *Freud-Jung*, 579(522).
196) 프로이트가 융에게 쓴 편지, 1912년 11월 29일. 같은 책. 581-82(524).
197) 융이 프로이트에게 쓴 편지, 1912년 12월 3일. 같은 책, 583-84(525-26).
198) 프로이트가 융에게 쓴 편지, 1912년 (12월) 5일. 같은 책. 587(529).
199) 융이 프로이트에게 쓴 편지, 1912년 12월 7일. 같은 책, 589-91(531-32) 참조.
200) 프로이트가 융에게 쓴 편지, 1912년 12월 9일. 같은 책. 592(532-33).
201) 융이 프로이트에게 쓴 편지, 날짜 불명(1912년 12월 11일에서 12월 14일 사이에 썼음). 같은 책, 592(533).
202) 프로이트가 융에게 쓴 편지, 1912년 12월 16일. 같은 책. 593(534).
203) 프로이트와 존스의 대화.(*Jones* II, 86.)
204) 융이 프로이트에게 쓴 편지, 1912년 12월 18일. *Freud-Jung*, 594(534-35). 융은 "책략"이라고 말할 때 프랑스어 truc을 사용했다.
205) 같은 책, 594(535).
206) 프로이트가 융에게 쓴 편지, 1912년 12월 22일. 같은 책, 596(537) 참조.
207) 프로이트가 존스에게 쓴 편지, 1912년 12월 26일. 영어로 씀. Freud Collection, D2, LC.
208) 프로이트가 페렌치에게 쓴 편지, 1912년 1월 23일. Freud-Ferenczi Correspondence, Freud Collection, LC.
209) 프로이트가 존스에게 쓴 편지, 1912년 12월 26일. Freud Collection, D2, LC 참조.
210) 같은 곳.
211) 프로이트가 존스에게 쓴 편지, 1913년 1월 1일. 영어로 씀. 같은 책.
212) 프로이트가 융에게 쓴 편지, 1913년 1월 3일. *Freud-Jung*, 598-99(538-39).
213) 프로이트가 페렌치에게 쓴 편지, 1912년 12월 23일. Freud-Ferenczi Correspondence, Freud Collection, LC.
214) 융이 프로이트에게 쓴 편지(타자로 치고 서명한 엽서), 1913년 1월 6일. *Freud-Jung*, 600(540).
215) 타자로 친 제안서, Karl Abraham papers, LC. 날짜는 불명이지만 존스가 3월 13일에 자세한 답장을 썼으므로(같은 곳), 1913년 3월 10일이나 11일에 보낸 것이 틀림없다.
216) 프로이트가 페렌치에게 쓴 편지, 1913년 5월 8일. Freud-Ferenczi Correspondence, Freud Collection, LC.
217) 1913년 7월 4일 우송. Freud-Jones Correspondence, Freud Collection, D2, LC.
218) 융이 프로이트에게 쓴 편지, 1913년 7월 29일. *Freud-Jung*, 609-10(548).
219) 융이 앙리 플루르누아(Henri Flournoy)에게 쓴 편지, 1949년 3월 29일 참조. 여기에서 "행동 양식(pattern of behaviour)"은 영어로 적혀 있다. Jung, *Briefe*, II, 151.
220) 융이 J. H. van der Hoop에게 쓴 편지, 1946년 1월 14일, 같은 책, 9.

221) 프로이트가 융에게 쓴 편지, 1912년 2월 18일. *Freud-Jung*, 577(485).
222) 융이 프로이트에게 쓴 편지, 1909년 12월 25일. 같은 책, 307 (279).
223) 프로이트가 페렌치에게 보내는 편지, 1913년 6월 8일. Freud-Ferenczi Correspondence, Freud Collection, LC.
224) 프로이트가 페렌치에게 보내는 편지, 1913년 5월 4일. 같은 책.
225) *Jones* II, 102 참조.
226) Jones, *Free Associations*, 224 참조.
227) "Geschichte der psychoanalytischen Bewegung", *GW* X, 88 / "History of the Psychoanalytic Movement", *SE* XIV, 45.
228) Andreas-Salomé, *In der Schule bei Freud*, 190-91.
229) 프로이트가 아브라함에게 쓴 편지, 1913년 11월 2일. *Freud-Abraham*, 150(152).
230) 융이 〈정신분석학·정신병리학 연구 연보〉에서 한 말. *Freud-Jung*, 612에 재수록.
231) 융이 프로이트에게 쓴 편지, 1913년 10월 27일. 같은 책, 612(550).
232) 프로이트가 존스에게 쓴 편지, 1913년 11월 13일. 영어로 씀. Freud Collection, D2, LC.
233) 프로이트가 페렌치에게 보내는 편지, 1913년 10월 30일. Freud-Ferenczi Correspondence, Freud Collection, LC.
234) 프로이트가 존스에게 쓴 편지, 1914년 1월 8일. 영어로 씀. Freud Collection, D2, LC.
235) 프로이트가 아브라함에게 쓴 편지, 1914년 5월 17일. Karl Abraham papers, LC.
236) 존스가 아브라함에게 쓴 편지, 1913년 12월 29일. 같은 곳.
237) 존스가 아브라함에게 쓴 편지, 1914년 1월 14일. 같은 곳.
238) 아브라함이 존스에게 쓴 편지, 1914년 1월 11일. Jones papers, Archives of the British Psycho-Analytical Society, London.
239) 프로이트가 페렌치에게 쓴 편지, 1913년 11월 9일. Freud-Ferenczi Correspondence, Freud Collection, LC.
240) 프로이트가 페렌치에게 쓴 편지, 1914년 1월 12일. 같은 책.
241) 아브라함과 아이팅곤이 프로이트에게 쓴 편지(전보), 1914년 4월 22일. Karl Abraham papers, LC.
242) 프로이트가 페렌치에게 쓴 편지, 1914년 4월 24일. Freud-Ferenczi Correspondence, Freud Collection, LC.
243) 프로이트가 아브라함에게 쓴 편지, 1914년 7월 18일. *Freud-Abraham*, 178(184).
244) 프로이트가 아브라함에게 쓴 편지, 1914년 7월 26일. 같은 책, 180(186).
245) 아이팅곤이 프로이트에게 쓴 편지, 1914년 7월 6일. Sigmund Freud Copyrights, Wivenhoe의 허락을 받고 인용.
246) 프로이트가 퍼트넘에게 쓴 편지, 1915년 7월 8일. *James Jackson Putnam: Letters*, 376.
247) 프로이트가 아브라함에게 쓴 편지, 1912년 6월 4일. Karl Abraham papers, LC.
248) "Selbstdarstellung", *GW* XIV, 80 / "Autobiographical Study", *SE* XX, 53.
249) 프로이트가 빈스방거에게 쓴 편지, 1909년 12월 31일. Binswanger, *Erinnerungen*, 32에 인용.

6장 정신분석의 환자들

1) 1907년 11월 6일. *Protokolle*, I, 213. 또 1907년 10월 30일 과 11월 6일. 같은 책, 212-23도 참조.
2) Jones, *Free Associations*, 166.

3) 같은 곳.
4) 그녀의 본명은 이다 바우어(Ida Bauer)이며, 그녀의 오빠 오토(Otto)는 나중에 오스트리아의 주요한 사회주의 정치가가 된다.
5) 프로이트가 플리스에게 쓴 편지, 1900년 10월 14일. *Freud-Fliess*, 469(427).
6) 프로이트가 플리스에게 쓴 편지, 1901년 1월 25일. 같은 책, 476(433).
7) 같은 곳.
8) 프로이트가 플리스에게 쓴 편지, 1902년 3월 11일. 같은 책, 501(456).
9) "Editor's Note", *SE* VII, 5 참조.
10) "Bruchstück einer Hysterie-Analyse" ("Dora")(1905), *GW* V, 164 / "Fragment of an Analysis of a Case of Hysteria" ("Dora"), *SE* VII, 11.
11) 같은 책, 165-66 / 9.
12) 같은 책, 186 / 28.
13) "도라는 프로이트가 보기에 괜찮은 사람이었던 K씨와 사랑에 빠진 것이 틀림없었다. 그렇다고 해서, 건강하고 젊은 소녀라면 그런 상황에서 K씨의 접근이 '요령 없는 것도 아니고 불쾌한 것도 아니라고' 생각했을 것이라는 프로이트의 주장에 이의 없이 따를 사람이 오늘날 몇 명이나 될지 궁금하다."(Erik H. Erikson, "Psychological Reality and Historical Actuality" [1962], in *Insight and Responsibility: Lectures on the Ethical Implications of Psychoanalytic Insight* [1964], 169.)
14) "Dora", *GW* V, 219 / *SE* VII, 58-59.
15) 같은 책, 207 / 47-48.
16) 같은 책, 231-32 / 69-70.
17) 같은 책, 232 / 70.
18) 같은 책, 272-73 / 108-9.
19) 같은 책, 272 / 109.
20) 같은 책, 282 / 118.
21) 같은 책, 281, 282-83 / 117, 119.
22) 같은 책, 272 / 109.
23) "Die zukünftigen Chancen der psychoanalytischen Therapie"(1910), *GW* VIII, 108 / "The Future Prospects of Psychoanalytic Therapy", *SE* XI, 114.
24) 같은 책, 108 / 144-45.
25) "Dora", *GW* V, 240 / *SE* VII, 77-78.
26) 같은 책, 239-40 / 77 참조.
27) 프로이트가 존스에게 쓴 편지, 1912년 9월 22일. 영어로 썼음. Freud Collection, D2, LC.
28) 프로이트가 존스에게 쓴 편지, 1909년 6월 1일. 영어로 썼음. 같은 책.
29) 프로이트가 존스에게 쓴 편지, 1910년 4월 15일. 영어로 썼음. 같은 책.
30) "Analyse der Phobie eines fünfjährigen Knaben" ("Der kleine Hans")(1909), *GW* VII, 377 / "Analysis of a Phobia in a Five-Year-Old Boy" ("Little Hans"), *SE* X, 147.
31) 같은 책, 372 / 141.
32) 같은 책, 252 / 15.
33) 같은 책, 245, 247 / 7-8, 10.
34) 같은 책, 260-61 / 25.
35) 같은 책, 263 / 27.

36) 같은 책, 299 / 64.
37) 같은 책, 269 / 34.
38) 같은 책, 307, 307n / 72, 72n.
39) 같은 책, 243-44 / 6.
40) 같은 책, 377 / 147.
41) "Nachschrift zur Analyse des Kleinen Hans"(1922), *GW* XIII, 431 / "Postscript", *SE* X, 148.
42) 프로이트가 융에게 쓴 편지, 1909년 7월 7일. *Freud-Jung*, 263(239).
43) 프로이트가 존스에게 쓴 편지, (1909년) 6월 1일. 영어로 씀. Freud Collection, D2, LC.
44) "Bemerkungen über einen Fall von Zwangsneurose" ("Rattenmann")(1909), *GW* VII, 463n / "Notes upon a Case of Obsessional Neurosis" ("Rat Man"), *SE* X, 249n(1923년에 추가한 주석).
45) "Rat Man" *SE* X, 158 참조. 쥐 인간의 정확한 이름은 Patrck J. Mahony, *Freud and the Rat Man*(1986)에서 처음 공개되었다.
46) "Rattenmann", *GW* VII, 382-83 / "Rat Man", *SE* X, 156-57.
47) 현존하는 메모는 사례의 첫 석 달 반 정도의 분량밖에 남아 있지 않다. 현재 전하는 메모는 1907년 10월 1일에 시작하여 1908년 1월 20일에 끝난다. 아마 프로이트가 메모 작성을 중단한 것이 아니라, 나머지 메모가 분실되었을 가능성이 높다.
48) 같은 책, 386 / 160.
49) 같은 책, 384-87 / 158-62.
50) 같은 책, 388 / 162.
51) 같은 책, 391-92 / 166.
52) 같은 책, 392 / 167.
53) 같은 책, 394, 397 / 169, 173.
54) 프로이트가 융에게 쓴 편지, 1909년 6월 30일. *Freud-Jung*, 253(238).
55) 융이 페렌치에게 쓴 편지, 1909년 12월 25일. Jung, *Briefe*, I, 33.
56) "Rattenmann", *GW* VII, 400 / "Rat Man", *SE* X, 176.
57) 같은 책, 404-5n / 181n.
58) 같은 책, 400-401 / 178-79.
59) 과정 메모 참조. Elza Ribeiro Hawelka: Sigmund Freud, *L'Homme aux rats. Journal d'une analyse*(1974), 230-34에 전문이 충실하게 옮겨져 있다.
60) "Rattenmann", *GW* VII, 423 / "Rat Man", *SE* X, 201.
61) 같은 책, 426 / 204.
62) 같은 책, 426-27, 454 / 205, 238.
63) 같은 책, 433 / 213.
64) 같은 책, 438 / 220.
65) 같은 책, 429 / 209.
66) Freud, *L'Homme aux rats*, Hawelka 편, 210 / "Rat Man", *SE* X, 303.
67) 프로이트가 페렌치에게 쓴 편지, 1909년 11월 10일. Freud-Ferenczi Correspondence, Freud Collection, LC.
68) 프로이트가 융에게 쓴 편지, 1909년 10월 17일. *Freud-Jung*, 280(255).
69) "Eine Kindheitserinnerung des Leonardo da Vinci"(1910), *GW* VIII, 207 / "Leonardo da Vinci and a Memory of His Childhood", *SE* XI, 134.

70) 같은 책, 128, 128n / 63, 63n.
71) 프로이트가 플리스에게 쓴 편지, 1898년 10월 9일. *Freud-Fliess*, 362(331).
72) 프로이트가 아브라함에게 쓴 편지, 1910년 8월 30일. *Freud-Abraham*, 98(92).
73) 프로이트가 페렌치에게 쓴 편지, 1909년 11월 21일. Freud-Ferenczi Correspondence, Freud Collection, LC.
74) 프로이트가 페렌치에게 쓴 편지, 1910년 3월 17일. 같은 책.
75) 프로이트가 안드레아스-살로메에게 쓴 편지, 1919년 2월 9일. *Freud-Salomé* 100(90).
76) 프로이트가 페렌치에게 쓴 편지, 1909년 11월 10일. Freud-Ferenczi Correspondence, Freud Collection, LC.
77) 프로이트가 존스에게 쓴 편지, 1910년 4월 15일. 영어로 씀. Freud Collection, D2, LC.
78) 프로이트가 헤르만 슈트루크에게 쓴 편지, 1914년 11월 7일. *Briefe*, 317-18.
79) 프로이트가 페렌치에게 쓴 편지, 1910년 6월 7일. Freud-Ferenczi Correspondence, Freud Collection, LC.
80) 아브라함이 프로이트에게 쓴 편지, 1910년 6월 6일. *Freud-Abraham* 96(90).
81) 융이 프로이트에게 쓴 편지, 1910년 6월 17일. *Freud-Jung*, 364(329).
82) 프로이트가 아브라함에게 쓴 편지, 1910년 7월 3일. *Freud-Abraham*, 97(91).
83) 같은 곳.
84) "Leonardo", *GW* VIII, 128 / *SE* XI, 63.
85) 같은 책, 202, 203, 207 / 130, 131, 134.
86) 같은 책, 150 / 82.
87) 같은 책, 158-60, 186-87 / 90-92, 116-17.
88) 프로이트가 융에게 쓴 편지, 1909년 10월 17일. *Freud-Jung*, 281(255).
89) "Leonardo", *GW* VIII, 170 / *SE* XI, 100.
90) 같은 책, 194 / 122.
91) Eric Maclagan, "Leonardo in the Consulting Room", *Burlington Magazine*, XLII(1923), 54-57.
92) 프로이트가 융에게 쓴 편지, 1909년 11월 21일. *Freud-Jung*, 292-93(266).
93) 프로이트가 융에게 쓴 편지, 1909년 12월 2일. 같은 책. 298(271).
94) 프로이트가 페렌치에게 쓴 편지, 1910년 12월 16일. Freud-Ferenczi Correspondence, Freud Collection, LC.
95) 프로이트가 융에게 쓴 편지, 1910년 12월 3일. *Freud-Jung*, 415(376).
96) 프로이트가 융에게 쓴 편지, 1908년 2월 17일. 같은 책, 134(121).
97) 프로이트가 페렌치에게 쓴 편지, 1910년 10월 6일. Freud-Ferenczi Correspondence, Freud Collection, LC.
98) 프로이트가 융에게 쓴 편지, 1910년 9월 24일. *Freud-Jung*, 390(353).
99) 프로이트가 플리스에게 쓴 편지, 1901년 8월 7일. *Freud-Fliess*, 492(447).
100) 프로이트가 존스에게 쓴 편지, 1912년 12월 8일. 영어로 씀. Freud Collection, D2, LC.
101) 프로이트가 페렌치에게 쓴 편지, 1912년 12월 9일. Freud-Ferenczi Correspondence, Freud Collection, LC.
102) 프로이트가 존스에게 쓴 편지, 1912년 12월 8일. 영어로 씀. Freud Collection, D2, LC.
103) 존스가 프로이트에게 쓴 편지, 1912년 12월 23일. Sigmund Freud Copyrights, Wivenhoe의 허락을 받고 인용.

104) 프로이트가 존스에게 쓴 편지, 1912년 12월 26일. 영어로 씀. Freud Collection, D2, LC.
105) 프로이트가 빈스방거에게 쓴 편지, 1913년 1월 1일. Binswanger, *Erinnerungen*, 64.
106) 프로이트가 페렌치에게 쓴 편지, 1911년 6월 1일. Freud-Ferenczi Correspondence, Freud Collection, LC.
107) 프로이트가 페렌치에게 쓴 편지, 1912년 12월 31일. 같은 곳.
108) 프로이트가 융에게 쓴 편지, 1908년 2월 17일. *Freud-Jung*, 134(121).
109) 프로이트가 융에게 쓴 편지, 1910년 4월 22일. 같은 책, 343(311).
110) 프로이트가 페렌치에게 쓴 편지, 1908년 2월 11일. Freud-Ferenczi Correspondence, Freud Collection, LC.
111) 프로이트가 페렌치에게 쓴 편지, 1908년 3월 25일. 같은 곳.
112) 프로이트가 페렌치에게 쓴 편지, 1909년 5월 2일. 같은 곳.
113) 프로이트가 아브라함에게 쓴 편지, 1910년 10월 24일. *Freud-Abraham*, 101(95). 프로이트는 정중하게 자신이 "자네가 가고 있는 길"을 향해 움직이고 있다고 덧붙였다. 이것은 아브라함의 논문 "Psychosexual Differences between Hysteria and Dementia Praecox"("Die psychosexuellen Differenzen der Hysterie und der Dementia praecox", *Centralblatt für Nervenheilkunde und Psychiatrie*, New Series, XIX (1908), 521-33)을 염두에 둔 것이다.
114) 프로이트가 융에게 쓴 편지, 1910년 9월 24일. *Freud-Jung*, 390(353) 참조.
115) 프로이트가 융에게 쓴 편지, 1910년 12월 22일. 같은 책, 422-23(382).
116) *Symbols of Transformation*의 융의 주석 참조(1952). *Freud-Jung*, 339n(307n)에 인용.
117) 융이 프로이트에게 쓴 편지, 1911년 3월 19일. 같은 책, 449(407).
118) 융이 프로이트에게 쓴 편지, 1911년 11월 14일. 같은 책, 509(461).
119) 융이 프로이트에게 쓴 편지, 1911년 12월 11일. 같은 책, 521(471).
120) "Psychoanalytische Bemerkungen über einen autobiographisch beschriebenen Fall von Paranoia(Dementia Paranoides)" ("Schreber")(1911), *GW* VIII, 248 / "Psychoanalytic Notes on an Autobiographical Account of a Case of Paranoia(Dementia Paranoides)" ("Schreber"), *SE* XII, 16.
121) 같은 책, 252 / 20 참조.
122) 같은 책, 245 / 14 참조.
123) 같은 책, 259 / 25-26 참조.
124) 같은 책, 299 / 62.
125) 같은 책, 299-300 / 63 참조.
126) 같은 책, 308 / 71.
127) 같은 책, 272 / 37.
128) 프로이트가 페렌치에게 쓴 편지, 1910년 10월 6일. Freud-Ferenczi Correspondence, Freud Collection, LC.
129) 같은 곳.
130) "Schreber", *GW* VIII, 286-87 / *SE* XII, 51.
131) 같은 책, 315 / 78.
132) 같은 책, 287 / 51.
133) 프로이트가 아브라함에게 쓴 편지, 1910년 12월 18일. *Freud-Abraham*, 102(97) 참조.
134) "Aus der Geschichte einer infantilen Neurose" ("Wolfsmann")(1918), *GW* XII, 29 / "From the

History of an Infantile Neurosis" ["Wolf Man"], SE XVII, 7.
135) 프로이트가 페렌치에게 쓴 편지, 1910년 2월 8일. Freud-Ferenczi Correspondence, Freud Collection, LC.
136) "Wolfsmann", GW XII, 29n / "Wolf Man", SE XVII, 7n. Standard Edition의 편집자들 말에 따르면 Umdeutungen을 "왜곡된 재해석(twisted reinterpretations)"으로 번역한 것은 프로이트 자신의 제안이었다.
137) 프로이트는 1914~1915 겨울에 사례사를 쓴다는 이야기를 했지만, 실제로 완성한 것은 1914년 가을이었던 것으로 보인다.
138) 같은 책, 82 / 53.
139) 프로이트가 페렌치에게 쓴 편지, 1910년 2월 13일. 같은 책. 이 구절은 Jones II, 274에는 약간 부드럽게 변형되어 있으며, Jeffrey Moussaieff Masson이 Karin Obholzer, Gespräche mit dem Wolfsmann. Eine Psychoanalyse und die Folgen(1980)에 대해 쓴 서평(in Int. Rev. Psycho-Anal., IX(1982), 117)에 인용되어 있다.
140) "Wolfsmann", GW XII, 54 / "Wolf Man", SE XVII, 29 참조.
141) 그림에 관해서는 같은 책 55 / 30 참조.
142) 같은 책, 63 / 36.
143) 같은 책 131 / 97.
144) 같은 책, 84 /55.
145) Traumdeutung, GW II-III, 625 / Interpretation of Dreams, SE V, 620.
146) "Wolfsmann", GW XII, 83 / "Wolf Man", SE XVII, 54.
147) 이 논문들 가운데 첫 번째인 "A Special Type of Choice of Object Made by Men"은 1910년에 나왔다. 두 번째인 "On the Universal Tendency to Debasement in the Sphere of Love"는 1912년에, 세 번째인 "The Taboo of Virginity"는 늑대 인간의 분석이 끝나긴 했지만 발표는 하기 전인 1917년에 강연에서 낭독했다.
148) "Angst und Triebleben", in Neue Folge der Vorlesungen zur Einfürung in die Psychoanalyse(1933), GW XV, 115 / "Anxiety and Instinctual Life", in New Introductory Lectures on Psycho-Analysis, SE XXII, 107.
149) "Über die allgemeinste Erniedrigung des Liebeslebens"(1912), GW VIII, 79 / "On the Universal Tendency to Debasement in the Sphere of Love", SE XI, 180.
150) 같은 책, 82 / 183 참조.
151) "Wolfsmann", GW XII, 32-33 / "Wolf Man", SE XVII, 10-11.
152) 같은 책, 33-34 / 11.
153) "Die endliche und die unendliche Analyse"(1937), GW XVI, 62 / "Analysis Terminable and Interminable", SE XXIII, 218-19.
154) "Die zukünftigen Chancen", GW VIII, 107-8 / "Future Prospects", SE XI, 144-45.
155) "Über 'wilde' Psychoanalyse"(1910), GW VII, 118 / "'Wild' Psychoanalysis", SE XI, 221.
156) 같은 책, 122, 124 / 224, 226.
157) 프로이트가 아브라함에게 쓴 편지, 1912년 6월 14일. Karl Abraham papers, LC.
158) 프로이트가 페렌치에게 쓴 편지, 1908년 11월 26일. Freud-Ferenczi Correspondence, Freud Collection, LC.
159) 프로이트가 페렌치에게 쓴 편지, 1908년 12월 11일. 같은 곳 참조.

160) 프로이트가 페렌치에게 쓴 편지, 1909년 2월 2일. 같은 곳 참조.
161) 프로이트가 존스에게 쓴 편지, 1909년 6월 1일. 영어로 씀. Freud Collection, D2, LC.
162) 프로이트가 페렌치에게 쓴 편지, 1909년 10월 22일. Freud-Ferenczi Correspondence, Freud Collection, LC.
163) "Die zukünftigen Chancen", *GW* VIII, 105 / "Future Prospects", *SE* XI, 142.
164) 존스가 프로이트에게 쓴 편지, 1910년 11월 6일. Sigmund Freud Copyrights, Wivenhoe의 허락을 받고 인용.
165) 프로이트가 페렌치에게 쓴 편지, 1908년 11월 26일. Freud-Ferenczi Correspondence, Freud Collection, LC.
166) "Zur Einleitung der Behandlung"(1913), *GW* VIII, 455 / "On Beginning the Treatment", *SE* XII, 124.
167) 같은 책, 467 / 133-34.
168) 같은 책, 467 / 134.
169) 같은 책, 464 / 131.
170) 같은 책, 460, 462 / 127, 129.
171) 프로이트는 "On Beginning the Treatment", *SE* XII, 134-35, 135-36n과 "Recommendations to Physicians Practising Psycho-Analysis", 같은 책, 112, 115에서 근본적인 규칙을 논의했다.
172) 프로이트가 페렌치에게 쓴 편지, 1908년 11월 26일. Freud-Ferenczi Correspondence, Freud Collection, LC.
173) "Zur Einleitung der Behandlung" *GW* VIII, 474 / "On Beginning the Treatment", *SE* XII, 140.
174) *Traumdeutung*, *GW* II-III, 521 / *Interpretation of Dreams*, *SE* V, 517.
175) "Zur Dynamik der Übertragung(1912), *GW* VIII, 368-69 / "The Dynamics of Transference", *SE* XII, 103.
176) "Zur Einleitung der Behandlung", *GW* VIII, 473 / "On Beginning the Treatment", *SE* XII, 139.
177) 프로이트가 아이팅곤에게 쓴 편지, 1912년 2월 13일. Sigmund Freud Copyrights, Wivenhoe의 허락을 받고 인용.
178) 프로이트가 융에게 쓴 편지, 1906년 12월 6일. *Freud-Jung*, 13(12-13).
179) 프로이트가 아브라함에게 쓴 편지, 1915년 3월 4일. *Freud-Abraham*, 204(213).
180) "Bemerkungen über die Übertragungsliebe"(1915), *GW* X, 307 / "Observations on Transference-Love", *SE* XII, 160.
181) 같은 책, 312, 314 / 164, 165.
182) 같은 책, 308, 313 / 160-61, 165.
183) "Ratschläge für den Arzt bei der psychoanalytischen Behandlung"(1912), *GW* VIII, 380-81, 384 / "Recommendations to Physicians Practising Psycho-Analysis", *SE* XII, 155, 118.
184) 프로이트의 아이팅곤 분석에 관해서는 프로이트가 페렌치에게 쓴 편지, 1909년 10월 22일. Freud-Ferenczi Correspondence, Freud Collection, LC.
185) "Erinnern, Wiederholen und Durcharbeiten"(1914), *GW* X, 136 / "Remembering, Repeating and Working-Through", *SE* XII, 155.
186) 같은 책, 136, 134-35 / 155-56, 154.
187) 프로이트가 아이팅곤에게 쓴 편지, 1912년 6월 23일. Sigmund Freud Copyrights, Wivenhoe의 허락을 받고 인용.

188) 아이팅곤이 프로이트에게 쓴 편지, 1912년 6월 18일. Sigmund Freud Copyrights, Wivenhoe의 허락을 받고 인용.

7장 정신의 지도 그리기

1) "Der Dichter und das Phantasieren"(1908), *GW* VII, 213, 222 / "Creative Writers and Day-Dreaming", *SE* IX, 143, 152.
2) 같은 책, 214 / 143-44.
3) 같은 책, 216 / 146.
4) 같은 책, 223 / 153.
5) 프로이트가 아브라함에게 쓴 편지, 1908년 1월 19일. Karl Abraham papers, LC.
6) 프로이트가 피스터에게 쓴 편지, 1910년 3월 17일. Sigmund Freud Copyrights, Wivenhoe의 허락을 받고 인용.
7) 프로이트가 마틸데 프로이트에게 쓴 편지, 1908년 3월 26일, *Briefe*, 286-88.
8) 프로이트가 페렌치에게 쓴 편지, 1909년 2월 7일. Freud-Ferenczi Correspondence, Freud Collection, LC. 또 *Jones* II, 55도 참조.
9) 프로이트가 할버슈타트에게 쓴 편지, 1912년 7월 7일. Freud Collection, B1, LC.
10) 프로이트가 할버슈타트에게 쓴 편지, 1912년 7월 24일. 같은 곳.
11) 프로이트가 마틸데 홀리처에게 쓴 편지, 1912년 7월 24일. 같은 곳.
12) 프로이트가 할버슈타트에게 쓴 편지, 1912년 7월 27일. 같은 곳.
13) 프로이트가 할버슈타트에게 쓴 편지, 1912년 8월 12일. 같은 곳.
14) 프로이트가 할버슈타트에게 보낸 엽서, 1912년 9월 17일. 같은 곳.
15) Sachs, *Freud: Master and Friend*, 68-69, 71.
16) 프로이트가 융에게 쓴 편지, 1910년 7월 5일. *Freud-Jung*, 375(340).
17) 프로이트가 페렌치에게 쓴 편지, 1910년 1월 10일. Freud-Ferenczi Correspondence, Freud Collection, LC.
18) 프로이트가 페렌치에게 쓴 편지, 1910년 10월 17일. 같은 곳 참조.
19) "Das Interesse an der Psychoanalyse"(1913), *GW* VIII, 414-15 / "The Claims of Psycho-Analysis to Scientific Interest", *SE* XIII, 185-86.
20) 프로이트가 융에게 쓴 편지, 1909년 10월 17일. *Freud-Jung*, 280(255).
21) 융이 프로이트에게 쓴 편지, 1910년 4월 17일. 같은 책, 340-41(308).
22) 이 논의에 관해 페렌치에게 쓴 편지, 1910년 12월 29일. Freud-Ferenczi Correspondence, Freud Collection, LC 참조.
23) 프로이트가 존스에게 쓴 편지, 1910년 3월 10일. 영어로 썼음. Freud Collection, D2, LC.
24) 프로이트가 존스에게 쓴 편지, 1912년 2월 24일. 영어로 썼음. 같은 책.
25) 프로이트가 존스에게 쓴 편지, 1912년 4월 28일. 영어로 썼음. 같은 책.
26) 프로이트가 아브라함에게 쓴 편지, 1912년 6월 14일. Karl Abraham papers, LC.
27) 존스가 아브라함에게 쓴 편지, 1911년 6월 18일. 같은 책.
28) 아브라함이 프로이트에게 쓴 편지, 1913년 6월 29일. Freud-Abraham, 141(141).
29) "Das Interesse an der Psychoanalyse", *GW* VIII, 415 / "The Claims of Psycho-Analysis to Scientific Interest", *SE* XIII, 185-86.

30) 프로이트가 존스에게 쓴 편지, 1909년 6월 1일. 영어로 썼음. Freud Collection, D2, LC.
31) 프로이트가 아브라함에게 쓴 편지, 1912년 6월 14일. Karl Abraham papers, LC. 프로이트는 실제로 1913년에 이 세 주제를 엮어 〈이마고〉에 "The Theme of the Three Casket"이라는 논문을 발표했다.
32) 프로이트가 페렌치에게 쓴 편지, 1911년 5월 21일. Freud-Ferenczi Correspondence, Freud Collection, LC.
33) 프로이트가 페렌치에게 쓴 편지, 1914년 7월 17일. 같은 곳.
34) "The Moses of Michelangelo"(1914), *SE* XIII, 213 참조.
35) 프로이트가 마르타 프로이트에게 쓴 편지, 1912년 9월 25일. *Briefe*, 308.
36) 아브라함이 프로이트에게 쓴 편지, 1914년 4월 2일. Karl Abraham papers, LC.
37) 프로이트가 에도아르도 바이스에게 쓴 편지, 1933년 4월 12일. *Sigmund Freud-Edoardo Weiss. Briefe zur psychoanalytischen Praxis. Mit den Erinnerungen eines Pioniers der Psychoanalyse*, introduction by Martin Grotjahn(1973), 84
38) 프로이트가 존스에게 쓴 편지, 1914년 3월 19일. 영어로 썼음. Freud Collection, D2, LC.
39) 프로이트가 존스에게 쓴 편지, 1912년 11월 15일. 영어로 썼음. 같은 책.
40) 존스가 프로이트에게 쓴 편지, [1912년] 12월 5일. Sigmund Freud Copyrights, Wivenhoe의 허락을 받고 인용.
41) *Jones* II, 364 참조.
42) 프로이트가 바이스에게 쓴 편지, 1933년 4월 12일. *Freud-Weiss Briefe*, 84.
43) "Der Moses des Michelangelo"(1914), *GW* X, 175/"The Moses of Michelangelo", *SE* XIII, 213.
44) 프로이트가 페렌치에게 쓴 편지, 1912년 11월 3일. Freud-Ferenczi Correspondence, Freud Collection, LC.
45) 프로이트가 존스에게 쓴 편지, 1912년 12월 26일. 영어로 썼음. Freud Collection, D2, LC. 이 편지에서 프로이트는 "indiscreet"으로 써야 할 곳을 "indiscrete"으로, "tablets"로 써야 할 곳을 "tables"로 잘못 썼다. 프로이트의 다른 영어 편지와 마찬가지로 이런 오류를 수정하지 않았다(우리말 번역에서는 고쳐놓았다: 옮긴이).
46) *Jones* II, 365 참조.
47) 프로이트가 페렌치에게 쓴 편지, 1913년 8월 13일. Freud-Ferenczi Correspondence, Freud Collection, LC 참조.
48) 프로이트가 존스에게 쓴 편지, 1913년 9월 21일. 영어로 썼음. Freud Collection, D2, LC.
49) 프로이트가 페렌치에게 쓴 편지, 1913년 10월 [1일?]. Freud-Ferenczi Correspondence, Freud Collection, LC 참조.
50) 프로이트가 존스에게 쓴 편지, 1914년 2월 8일. 영어로 썼음. Freud Collection, D2, LC.
51) "Moses", *GW* X, 194, 199 / *SE* XIII, 229, 234.
52) 프로이트가 페렌치에게 쓴 편지, 1912년 10월 17일. Freud-Ferenczi Correspondence, Freud Collection, LC 참조. 이 편지를 *Jones* II, 367에 인용한 존스는 날짜를 1912년 10월 10일로 잘못 기록했다.
53) 1907년 12월 11일. *Protokolle*, I, 249.
54) 프로이트가 슈니츨러에게 쓴 편지, 1906년 5월 8일. *Briefe*, 266-67.
55) *Jones* I, 111에 인용. 이 구절은 Spector, *The Aesthetics of Freud*, 33에 나온다.
56) 프로이트가 융에게 쓴 편지, 1907년 5월 26일. *Freud-Jung*, 57(52) 참조. 옌젠이 프로이트에게 쓴

편지는 *Psychoanalytische Bewegung*, I(1929), 207-11 참조.
57) "Der Wahn und die Träume in W. Jensens *Gradiva*"(1907), *GW* VII, 120-21 /"Delusions and Dreams in Jensen's *Gradiva*", *SE* IX, 92.
58) 아이팅곤이 프로이트에게 쓴 편지, 1909년 12월 23일. Sigmund Freud Copyrights, Wivenhoe의 허락을 받고 인용. 프로이트도 이 말을 받아들였을 것이다.
59) 프로이트가 슈테판 츠바이크에게 쓴 편지, 1926년 9월 4일. Sigmund Freud Copyrights, Wivenhoe의 허락을 받고 인용.
60) 프로이트가 융에게 쓴 편지, 1907년 5월 26일. *Freud-Jung*, 57(51).
61) "Gradiva", *GW* VII, 35/*SE* IX, 10. 이 책에서 "Gradiva"는 옌젠의 소설에 대한 프로이트의 논문을 가리키고, Gradiva는 여백에 메모가 적힌, 프로이트가 소유했던 책(Freud Museum, London에 보관)을 가리킨다.
62) *Gradiva*, p. 7의 여백. Freud Museum, London.
63) 같은 책, p. 22의 여백.
64) 같은 책, p. 26의 여백.
65) 프로이트는 같은 책, p. 7의 여백에 "원인 Zoë"라고 적어놓았으며, 나중에 연상들과 연결지어 pp. 135, 136, 142의 여백에 다시 적고 있다.
66) 같은 책, 141.
67) "Gradiva", *GW* VII, 65 / *SE* IX, 40.
68) 같은 책, 47 / 22.
69) *Gradiva* p. 88의 여백. Freud Museum, London.
70) 같은 책, p. 151의 여백.
71) "Gradiva", *GW* VII, 31 / *SE* IX, 7.
72) *Gradiva*, pp. 11-12, 31, 76, 92, 96-97 참조. Freud Museum, London.
73) 같은 책, p. 13의 여백.
74) 같은 책, p. 94의 여백.
75) 같은 책, pp. 108, 112 참조.
76) 특히 같은 책, pp. 58, 84의 여백 참조.
77) 같은 책, 여기저기, 그 가운데도 pp. 124, 139의 여백.
78) "Gradiva", *GW* VII, 122 / *SE* IX, 93.
79) 이런 평가에 관해서는 프로이트가 융에게 쓴 편지, 1907년 12월 8일. *Freud-Jung*, 114(103) 참조.
80) "Leonardo", *GW* VIII, 202, 209/*SE* XI, 130, 136.
81) Marie Bonaparte, *Edgar Poe, étude psychanalytique*(1933)의 독일어판 *Edgar Poe, eine psychoanalytische Studie*의 서문.
82) 1908년 11월 11일. *Protokolle*, II, 46.
83) 1908년 11월 25일, 같은 책, 64.
84) 프로이트가 페렌치에게 쓴 편지, 1911년 11월 13일. Freud-Ferenczi Correspondence, Freud Collection, LC.
85) 프로이트가 페렌치에게 쓴 편지, 1911년 11월 30일. 같은 책.
86) 프로이트가 페렌치에게 쓴 편지, 1912년 2월 1일. 같은 책.
87) 프로이트가 존스에게 쓴 편지, 1912년 2월 24일. 영어로 씀. Freud Collection, D2, LC.
88) 1912년 5월 15일. *Protokolle* IV, 95 참조.

89) 프로이트가 존스에게 쓴 편지, 1912년 8월 1일. 영어로 씀. Freud Collection, D2, LC.
90) 프로이트가 페렌치에게 쓴 편지, 1912년 12월 16일. Freud-Ferenczi Correspondence, Freud Collection, LC.
91) 프로이트가 페렌치에게 쓴 편지, 1912년 12월 31일. 같은 책.
92) 프로이트가 페렌치에게 쓴 편지, 1913년 4월 10일. 같은 책.
93) 프로이트가 페렌치에게 쓴 편지, 1913년 5월 4일. 같은 책.
94) 프로이트가 페렌치에게 쓴 편지, 1913년 5월 13일. 같은 책.
95) 프로이트가 페렌치에게 쓴 편지, 1913년 6월 8일. 같은 책.
96) "Vorwort" to *Totem und Tabu*(1913), *GW* IX, 3 / "Preface" to *Totem and Taboo*, *SE* XIII, xiii.
97) 프로이트가 융에게 쓴 편지, 1911년 2월 12일. *Freud-Jung*, 432(391).
98) 프로이트가 아브라함에게 쓴 편지, 1913년 5월 13일. *Freud-Abraham*, 139(139).
99) 프로이트가 페렌치에게 쓴 편지, 1913년 6월 26일. Freud-Ferenczi Correspondence, Freud Collection, LC.
100) 아브라함이 프로이트에게 쓴 편지, 1913년 6월 29일. *Freud-Abraham*, 141(141).
101) 프로이트가 아브라함에게 쓴 편지, 1913년 7월 1일. 같은 책, 142(142).
102) "Vorwort" to *Totem und Tabu*, *GW* IX, 3 / "Preface" to *Totem and Taboo*, *SE* XIII, xiii.
103) 프로이트가 존스에게 쓴 편지, 1920년 3월 8일. 영어로 씀. Freud Collection, D2, LC.
104) *Massenpsychologie und Ich-Analyse*(1921), *GW* XIII, 136 / *Group Psychology and the Analysis of the Ego*, *SE* XVIII, 122.
105) *Totem und Tabu*, *GW* IX, 129 / *Totem and Taboo*, *SE* XIII, 105.
106) 같은 책, 160 / 132.
107) 같은 책, 171-73 / 141-42.
108) 같은 책, 172n / 142-43n.
109) 같은 책, 189n / 157n.
110) 같은 책, 173 / 143.
111) 같은 책, 186 / 155.
112) 같은 책, 189 / 157-58.
113) 같은 책, 194 / 161.
114) 같은 책, 172 / 142.
115) Carl G. Jung, "Freud and Jung—Contrasts"(1931), in *Modern Man in Search of a Soul*, W. S. Dell과 Cary F. Baynes 역(1933), 140.
116) *Totem und Tabu*, *GW* IX, 182 / *Totem and Taboo*, *SE* XIII, 151.
117) 같은 책, 188/156.
118) "Dora", *SE* VII, 56 참조.
119) "Der kleine Hans", *GW* VII, 332 / "Little Hans", *SE* X, 97.
120) 프로이트가 페렌치에게 쓴 편지, 1908년 6월 28일. Freud-Ferenczi Correspondence, Freud Collection, LC.
121) "Rattenmann", *GW* VII, 428n / "Rat Man", *SE* X, 208n.
122) "A Special Type of Choice of Object Made by Men"(1910) *SE* XI, 171 참조.
123) *Drei Abhandlungen*, *GW* V, 127n / *Three Essays*, *SE* VII, 226n(주석은 1920년에 추가).
124) 어니스트 존스가 그 점을 처음 지적했으며, 그 뒤에도 많은 사람들이 지적했다.(*Jones* III, 311.)

125) 프로이트가 페렌치에게 쓴 편지, 1912년 8월 8일. Freud-Ferenczi Correspondence, Freud Collection, LC.
126) 프로이트가 존스에게 쓴 편지, 1912년 4월 28일. Freud Collection, D2, LC.
127) *Jones* II, 354.
128) 같은 책에 인용.
129) Ferenczi, "Ein kleiner Hahnemann"(1913), in *Schriften zur Psychoanalyse*, Balint 편, I, 169. 또 Derek Freeman, "Totem and Taboo: A Reappraisal", in *Man and His Culture: Psychoanalytic Anthropology after "Totem and Taboo"*, Warner Muensterberger 편, (1970), 61.
130) 프로이트가 플리스에게 쓴 편지, 1897년 12월 22일. *Freud-Fliess*, 312-14(287-88).
131) 프로이트가 융에게 쓴 편지, 1906년 10월 27일. *Freud-Jung*, 8-9(8-9).
132) "Character and Anal Erotism"의 편집자 주석, *SE* IX, 168 참조.
133) 이 어획의 비유는 프로이트에게서 빌려온 것이다. 프로이트는 바트 가슈타인 여름 휴양지에서 몇 가지 중요한 생각들을 놓고 작업을 하다가 오토 랑크에게 말했다. "그런데 내가 휴가 동안 뭔가 특별한 것을 이룰 것이라고는 생각하지 말게. 어부가 그물을 던지면 때로는 통통한 잉어를 잡기도 하지만, 희고 작은 물고기 몇 마리밖에 못 잡는 경우가 더 많아."(프로이트가 랑크에게 쓴 편지, 1922년 7월 8일. Rank Collection, Box 1b. Rare Book and Manuscript Library, Columbia University.)
134) 프로이트가 페렌치에게 쓴 편지, 1910년 10월 27일. Freud-Ferenczi Correspondence, 프로이트 Collection, LC. 또 1910년 10월 26일. *Protokolle* III, 33-40도 참조.
135) "Formulierungen über die zwei Prinzipien des psychischen Geschehens"(1911), *GW* VIII, 232 / "Formulations on the Two Principles of Mental Functioning", *SE* XII, 219.
136) 같은 책, 235-36 / 223.
137) 같은 책, 232 / 220.
138) 같은 책, 237-38 / 224-25.
139) 프로이트가 페렌치에게 쓴 편지, 1913년 6월 17일. Freud-Ferenczi Correspondence, Freud Collection, LC.
140) 프로이트가 존스에게 쓴 편지, 1913년 10월 1일. 영어로 씀. Freud Collection, D2, LC.
141) 프로이트가 페렌치에게 쓴 편지, 1913년 10월 [1일?]. Freud-Ferenczi Correspondence, Freud Collection, LC.
142) 프로이트가 존스에게 쓴 편지, 1913년 10월 1일. 영어로 씀. Freud Collection, D2, LC.
143) *Jones* II, 302.
144) 프로이트가 아브라함에게 쓴 편지, 1914년 3월 16일. *Freud-Abraham*, 163(167).
145) 프로이트가 아브라함에게 쓴 편지, 1914년 3월 25일. 같은 책, 164(168).
146) 아브라함이 프로이트에게 쓴 편지, 1914년 4월 2일. 같은 책, 165(169).
147) 프로이트가 아브라함에게 쓴 편지, 1914년 4월 6일. 같은 책, 166(170-71).
148) 1909년 11월 10일. *Protokolle*, II, 282.
149) 프로이트에게는 정신분열증 환자(schizophrenics)를 부르는 그 나름의 명칭이 있었다. 그는 페렌치에게 이렇게 말했다. "나는 '파라프레니아 환자(paraphrenics)'라는 말을 계속 쓸 생각입니다."(프로이트가 페렌치에게 쓴 편지, 1915년 7월 31일. Freud-Ferenczi, Correspondence, Freud Collection, LC.) 그러나 결국 문헌에서는 블로일러의 조어가 프로이트의 조어에 승리를 거두었다.

150) "Zur Einführung des Narzissmus",(1914), *GW* X, 138-39/"On Narcissism: An Introduction", *SE* XIV, 73-74.
151) 같은 책, 142 / 77.
152) 같은 책, 156-58 / 90-91.
153) 아브라함이 프로이트에게 쓴 편지, 1914년 4월 2일. *Freud-Abraham*, 165(169) 참조.
154) 이런 간결한 진술에 관해서는 "The Psycho-Analytic View Of Psychogenic Disturbance of Vision"(1910), *SE* XI, 211-18 참조.
155) "Narzissmus", *GW* X, 143 / "Narcissism", *SE* XIV, 77.
156) *Jones* II, 303.
157) "Narzissmus", *GW* X, 143 / "Narcissism", *SE* XIV, 78. 이론화를 끝낸 1932년에 가서도 그는 빈정거리는 동시에 참을성을 드러내며, 충동이 "말하자면, 우리의 신화"라고 이야기했다. 충동은 "신화적인 존재로, 규정할 수 없다는 점에서 숭고하다."("Angst und Triebleben", in *Neue Folge der Vorlesungen*, *GW* XV, 101 / "Anxiety and Instinctual Life", in *New Introductory Lectures*, *SE* XXII, 95.)
158) 내가 찾은 최초의 예는 1884년 2월 12일에 마르타 베르나이스에게 쓴 미공개 편지(본서 1장 111~112쪽에 인용)다.
159) "Memoirs of the Wolf-Man", in *The Wolf-Man*, Gardiner 편, 90.
160) 프로이트가 페렌치에게 쓴 편지, 1914년 6월 28일. Freud-Ferenczi Correspondence, Freud Collection, LC.
161) 프로이트가 아브라함에게 쓴 편지, 1914년 6월 25일. *Freud-Abraham*, 175(181).
162) John Maynard Keynes, *The Economic Consequences of the Peace*(1920), 11.
163) 같은 책, 11-12.
164) Graham Wallas, *Human Nature in Politics*(1908), 285.
165) 프로이트가 피스터에게 쓴 편지, 1912년 12월 9일, *Freud-Pfister*, 59(58).
166) 프로이트가 페렌치에게 쓴 편지, 1912년 12월 9일. Freud-Ferenczi Correspondence, Freud Collection, LC.
167) "Zeitgemässes über Krieg und Tod"(1915), GW X, 340 / "Thoughts for the Times on War and Death", SE XIV, 288.
168) 그런 다양한 고백에 관해서는 Fritz Fischer, *Griff nach der Weltmacht. Die Kriegszielpolitik des kaiserlichen Deutschland 1914/1918*(1961; 3판, 1964), 여기저기, 특히 60-79 참조.
169) Oron J. Hale, *The Great Illusion, 1900-1914*(1971), 300에 인용.
170) 알렉산더 프로이트가 프로이트에게 쓴 편지, 1914년 7월 29일. Freud Museum, London.
171) 프로이트가 아브라함에게 쓴 편지, 1914년 7월 26일. *Freud-Abraham*, 180(186).
172) *Jone* II, 169.
173) 프로이트가 아이팅곤에게 쓴 편지, 1914년 7월 10일 참조. Sigmund Freud Copyrights, Wivenhoe의 허락을 받고 인용.
174) 프로이트가 페렌치에게 쓴 편지, 1914년 7월 22일. Freud-Ferenczi Correspondence, Freud Collection, LC.
175) 마틸데 홀리처가 프로이트에게 쓴 엽서, 1914년 7월 23일. Freud Museum, London.
176) 프로이트가 아브라함에게 쓴 편지, 1914년 7월 26일. *Freud-Abraham*, 180(186).
177) 프로이트가 아브라함에게 쓴 편지, 1914년 7월 29일. 같은 책, 181(186).

178) 아브라함이 프로이트에게 쓴 편지, 1914년 7월 29일. 같은 책, 182(188).
179) Viscount Grey of Fallodon, *Twenty-Five Years, 1892-1916*, 2 vols.(1925), II, 20.
180) 알렉산더 프로이트가 프로이트에게 쓴 편지, 1914년 8월 4일. Freud Museum, London.
181) 같은 곳.
182) Rainer Maria Rilke, "Fünf Gesänge: August 1914" in *Werke in drei Bänden*, Ruth Sieber-Rilke 와 Ernst Zinn 편(1966), II, 86-87.
183) Edward Timms, *Karl Kraus, Apocalyptic Satirist: Culture and Catastrophe in Habsburg Vienna*(1986), 289-95.
184) Thomas Mann, "Gedanken im Krieg", *Neue Rundschau*, XXV(1914년 11월), 1475.
185) 아브라함이 프로이트에게 쓴 편지, 1914년 8월 29일. *Freud-Abraham*, 187(194).
186) 아브라함이 프로이트에게 쓴 편지, 1914년 9월 13일. 같은 책, 189(196).
187) 아이팅곤이 프로이트에게 쓴 편지, 1914년 9월 11일. Sigmund Freud Copyrights, Wivenhoe의 허락을 받고 인용.
188) 프로이트가 아브라함에게 쓴 편지, 1914년 9월 22일. *Freud-Abraham*, 190(197).
189) 프로이트가 아이팅곤에게 보낸 엽서, 1914년 9월 15일. Sigmund Freud Copyrights, Wivenhoe의 허락을 받고 인용.
190) 프로이트가 아브라함에게 쓴 편지, 1914년 7월 26일. Freud-Abraham, 180(186).
191) 프로이트가 아브라함에게 쓴 편지, 1914년 8월 2일. 같은 책, 184(190).
192) 아브라함이 프로이트에게 쓴 편지, 1914년 8월 29일. 같은 책, 188(194).
193) 프로이트가 존스에게 쓴 편지, 1914년 10월 22일. 존스가 필사. Freud Collection, D2, LC.
194) *Jones* II, 170.
195) 프로이트가 페렌치에게 보낸 엽서, 1914년 8월 14일. Freud-Ferenczi Correspondence, Freud Collection, LC.
196) 프로이트가 페렌치에게 쓴 편지, 1915년 4월 8일. 같은 책 참조.
197) 프로이트가 페렌치에게 쓴 편지, 1915년 7월 31일. 같은 책.
198) 프로이트가 아브라함에게 쓴 편지, 1914년 12월 11일. *Freud-Abraham*, 197(205).
199) 프로이트가 페렌치에게 쓴 편지, 1914년 12월 2일. Freud-Ferenczi Correspondence, Freud Collection, LC. 또 *Jones* II, 176도 참조.
200) 프로이트가 아브라함에게 쓴 편지, 1917년 12월 26일. *Freud-Abraham*, 252(267).
201) 프로이트가 존스에게 쓴 편지, 1914년 12월 25일. 존스가 필사. Freud Collection, D2, LC. 또 *Jones* II, 179도 참조.
202) 프로이트가 [존스 또는 퍼트넘에게] 쓴 편지, 1915년 1월 17일. Freud-Jones Correspondence에 있는 필사본. Freud Collection, D2, LC.
203) 프로이트가 1914년 7월 17일에 페렌치에게 쓴 편지와 1914년 8월 14일에 쓴 엽서 Freud-Ferenczi Correspondence, Freud Collection, LC 참조. 또 프로이트가 아이팅곤에게 1914년 8월 28일에 쓴 엽서도 참조. Sigmund Freud Copyrights, Wivenhoe의 허락을 받고 인용.
204) 프로이트가 존스에게 쓴 편지, 1914년 10월 22일. 존스 아닌 사람이 필사. Freud Collection, D2, LC.
205) 프로이트가 아브라함에게 쓴 편지, 1914년 7월 27일. Karl Abraham papers, LC.
206) 프로이트가 아이팅곤에게 쓴 편지, 1914년 7월 29일. Sigmund Freud Copyrights, Wivenhoe의 허락을 받고 인용.

207) 마르틴 프로이트가 프로이트에게 쓴 편지, 1914년 8월 17일. Freud Museum, London.
208) 마르틴 프로이트가 프로이트에게 쓴 편지, 1914년 8월 18일. Freud Museum, London.
209) 예를 들어 마르틴 프로이트가 프로이트에게 쓴 엽서(1914년 9월 13일과 10월 2일), 에른스트 프로이트가 프로이트에게 쓴 편지(1914년 11월 20일과 12월 6일, [1915년] 3월 19일)에 담긴 감사 인사 참조. 모두 Freud Museum, London에 소장.
210) 프로이트가 아이팅곤에게 쓴 편지, 1915년 1월 17일. Sigmund Freud Copyrights, Wivenhoe의 허락을 받고 인용.
211) 프로이트가 아브라함에게 쓴 편지, 1914년 11월 25일. Karl Abraham papers, LC.
212) 프로이트가 존스에게 쓴 편지, 1914년 10월 22일. 존스 아닌 다른 사람이 필사. Freud Collection, D2, LC.
213) 프로이트가 안드레아스-살로메에게 쓴 편지, 1914년 11월 25일. *Freud-Salomé*, 22-23(21).
214) 프로이트가 아브라함에게 쓴 편지, 1914년 9월 3일. *Freud-Abraham*, 188(195).
215) 아브라함이 프로이트에게 쓴 편지, 1914년 10월 28일. 같은 책, 193(200).
216) 프로이트는 종종 아브라함을 이런 식으로 부르곤 했다. 한 예로, 프로이트가 아브라함에게 1923년 10월 19일에 쓴 편지. 같은 책, 318(342).
217) 아브라함이 프로이트에게 쓴 편지, 1914년 11월 19일. 같은 책, 194(202).
218) 프로이트가 아이팅곤에게 보낸 엽서, 1915년 1월 3일. Sigmund Freud Copyrights, Wivenhoe의 허락을 받고 인용.
219) 프로이트가 아브라함에게 쓴 편지, 1915년 1월 25일. *Freud-Abraham*, 201(209).
220) 프로이트가 [존스 또는 퍼트넘에게] 쓴 편지, 1915년 1월 17일. Freud-Jones Correspondence에 있는 필사본. Freud Collection, D2, LC.
221) 프로이트가 아브라함에게 쓴 편지, 1915년 2월 18일. *Freud-Abraham*, 203(212).
222) 프로이트가 아브라함에게 쓴 편지, 1915년 5월 4일. 같은 책, 212(221).
223) 프로이트가 아브라함에게 쓴 편지, 1915년 7월 3일. 같은 책, 215(225).
224) 프로이트가 페렌치에게 쓴 편지, 1915년 4월 8일. Freud-Ferenczi Correspondence, Freud Collection, LC
225) 프로이트가 페렌치에게 쓴 편지, 1915년 7월 10일. 같은 책.
226) 같은 곳. 또 memorandum, "Traum vom 8./9. Juli Dr. [Donnerstag] Fr. [Freitag] 3/4 2 [1:45 A.M.] beim Erwachen." 타자로 친 사본, Freud Museum, London도 참조.
227) 논문은 "Thoughts for the Times on War and Death"라는 제목으로 〈이마고〉에 실렸다.
228) "Zeitgemässes über Krieg und Tod", GW X, 324-29 / "Thoughts for the Times on War and Death", SE XIV, 275-79.
229) 같은 책, 324-25 / 275.
230) 같은 책, 336 / 285.
231) *Das Unbehagen in der Kultur*(1930), GW XIV, 506 / *Civilization and Its Discontents*, SE XXI, 145.
232) "Zeitgemässes über Krieg und Tod", GW X, 325 / "Thoughts for the Times on War and Death", SE XIV, 276.
233) 같은 책, 344 / 291.
234) 같은 책, 333 / 282.
235) 같은 책, 354-55 / 299-300.

| 찾아보기 |

| 인명 |

ㄱ·ㄴ·ㄷ

곰페르츠, 엘리제 276
곰페르츠, 테오도어 93, 276, 325
괴츠, 브루노 313
괴테, 요한 볼프강 폰 23, 69, 110, 211, 214, 220, 221, 259, 261, 272, 324, 499, 579, 580, 598, 611
그라프, 막스 306, 339, 340, 341, 345, 346, 434, 483~486, 587
그라프, 헤르만 647
그라프, 헤르베르트 490
그레이, 에드워드 637
기번, 에드워드 271
네케, 파울 624
노트나겔, 헤르만 79~81, 102, 104, 105, 112, 125, 190, 274, 276, 278
뉴턴, 아이작 23, 175, 176, 311
니체, 프리드리히 110, 111, 259, 261, 262, 328, 371, 436, 492
다비트, 야코프 율리우스 269
다빈치, 레오나르도 5, 16, 37, 281, 326, 501~503, 505, 511, 526
다윈, 찰스 7, 8, 23, 30, 32, 68, 73, 78 82, 90, 91, 224, 540, 604, 607
다 폰테, 로렌초 231
데커르, 에두아르트 다우베스 325
뒤-부아 레몽, 에밀 88, 89, 249, 250
드 만, 헨드릭 575

드보시스, J. 54
디드로, 드니 326

ㄹ

라블레, 프랑수아 110
라살, 페르디난트 237
라이크, 테오도어 462
라이틀러, 루돌프 338, 347, 415
라포르그, 르네 140
란처, 에른스트 492
랑크, 오토 340~343, 346, 366, 372, 439, 441, 463, 482, 576, 577, 579, 599, 603, 623, 643, 645
로빈슨, W. A. 249
로즌, 폴 9
뢰벤펠트, 레오폴트 545
뢰비, 에마누엘 333, 461
루소, 장-자크 208, 261, 601
뤼거, 카를 56, 58, 279
리, 오스카어 181, 466
리비에르, 조앤 306
리에보, 앙브루아즈 오귀스트 121
리클린, 프란츠 418, 429, 445, 604
리히텐베르크, 게오르크 크리스토프 110, 259
리히트하임, 안나 183, 187
릴케, 라이너 마리아 371, 639, 641

ㅁ

마레트, R. R. 604
마를레, 릴리 프로이트 312
마리 보나파르트 공주 16, 170, 209, 217
마이네르트, 테오도어 102, 104, 105, 125, 126, 283
마이어, 콘라트 페르디난트 187, 325, 344, 376
만, 토마스 639
말러, 구스타프 63
매콜리 경 325, 326
맬컴, 재닛 319
메더, 알폰스 454~456
메레시코프스키, 드미트리 325, 326
메첸틴, 카를 268
모리, 알프레드 223, 230
모즐리, 헨리 248, 288
모차르트, 볼프강 아마데우스 221, 231, 327, 328, 518, 567
몰, 알베르트 376
몰리에르 110, 115
몸젠, 테오도어 272
몽테뉴, 미셸 에켐 드 261
뫼비우스, 파울 율리우스 291
미켈란젤로, 부오나로티 266, 272, 326, 579, 581~587, 598
밀, 존 스튜어트 92, 97, 141, 276

ㅂ

바그너, 리하르트 328
바그너-야우레크, 율리우스 폰 278
바레아, 일자 52
바를라흐, 에른스트 611
바서만, 야코프 63
바이간트, 빌헬름 377
바이닝거, 오토 301~304
바이런, 조지 고든 262
바이스, 에도아르도 347
발다이어, H. W. G. 92
발딩거, 에른스트 307
발린트, 미하엘 363
발자크, 오노레 드 51
베르나이스, 미나 9, 21, 107, 115, 126, 153, 169, 170, 188, 282, 308, 391, 431, 569
베르넴, 이폴리트 121, 122, 141, 156
베버, 막스 309
벨, 샌퍼드 404
보들레르, 샤를 324
보마르셰, 피에르 231
보티첼리, 산드로 255
볼테르 326
볼트라피오, 조반니 안토니오 255
부르크하르트, 야코프 62, 503
부슈, 빌헬름 324, 409
분트, 빌헬름 604, 605
불릿, 윌리엄 9
불프, M. 607
브라운, 하인리히 68
브람스, 요하네스 80, 328
브렌타노, 프란츠 78, 79, 82, 93
브로이어, 마틸데 85, 127
브로이어, 요제프 85, 94, 125, 129, 131, 135, 141, 143~155, 157, 158, 181, 182, 197, 217, 225, 226, 245, 281, 283, 285, 383, 398, 403, 406, 460, 467, 532
브로흐, 헤르만 59
브루예, 앙드레 123, 124
브룬, 루돌프 84, 190
브룬스윅, 루스 맥 543
브뤼케, 에른스트 79, 81, 84~94, 101, 102, 112~114, 123, 136, 209, 239, 250, 283
브륄, 카를 베른하르트 69, 70
브릴, A. A. 3~6, 402, 403, 405, 462
블로일러, 오이겐 348, 382~386, 413, 414, 423, 429, 457, 521
블로흐, 요제프 자무엘 57, 58
블로흐, 이반 287
비스마르크, 오토 328
비에르, 포울 571
비제, 조르주 528
비텔스, 프리츠 70, 76, 109, 155, 306, 307, 312, 337, 342, 344, 346, 411, 412, 419, 464, 640

찾아보기 709

빈스방거, 로베르트 149
빈스방거, 루트비히 346, 347, 390, 391, 420, 437, 438, 444, 462
빌로트, 테오도어 80
빙켈만, 요한 요아힘 334

ㅅ

사이디스, 보리스 377, 378
샤르코, 장 마르탱 112, 116~125, 136, 145, 156, 197, 198, 283, 285, 338, 383
성 아우구스티누스 208, 261
세간티니, 조반니 576, 578
세르반테스, 미겔 데 65, 110
세이어스, 도로시 325
셰르너, 카를 알베르트 223, 224
셰익스피어, 윌리엄 110, 188, 221, 324, 589~591, 598
소포클레스 221, 300
손다이크, 에드워드 L. 398
쇼펜하우어, 아르투어 259, 296
슈니츨러, 아르투어 54, 63, 64, 263, 264, 279, 324, 468, 587, 588, 640
슈레버, 다니엘 고틀로프 모리츠 520, 530
슈레버, 다니엘 파울 519, 521, 530, 531
슈어, 막스 137, 331, 362
슈테켈, 빌헬름 235, 337~339, 344~346, 362, 409~411, 414, 417, 420, 421, 425, 426, 428, 442, 443, 447, 449, 460, 462, 514, 517, 520
슈테크만, 아르놀트 529
슈트륌펠, 아돌프 폰 171
슈퍼텔러, 카를 577
슐리만, 하인리히 335, 336, 603
스미스, W. 로버트슨 604, 605, 607, 612, 614, 616
스보보다, 헤르만 302, 304
스타, 모지스 앨런 378
스탕달 262
스턴, 로렌스 247, 480
스트린드베리, 요한 아우구스트 324
슬랩, 조지프 윌리엄 487
시뇨렐리, 루카 255

시르스키, 시몬 드 83
실더, 파울 207
실러, 프리드리히 47, 110, 111, 165, 259, 505, 629
실레, 에곤 322

ㅇ

아들러, 알프레트 338, 342, 346, 372, 373, 409, 413~418, 420~429, 435, 436, 438, 443, 446, 447, 449, 458~461, 514, 516, 517, 522, 533, 534, 586, 613, 623, 624
아멘호테프 4세 576, 577
아브라함, 카를 132, 253, 290, 292, 304, 306, 308, 310, 311, 321, 322, 345~347, 350~356, 359, 366, 369, 373, 375, 376, 392~396, 400, 413, 417, 427, 438~440, 443, 451, 454, 457~459, 461, 462, 482, 504, 520, 522, 547, 559, 576~578, 580, 581, 602, 603, 623, 624, 627, 630, 635, 636, 641~643, 645, 646, 648~650
아브라함, 헤트비히 352
아샤펜부르크, 구스타프 374, 375
아이팅곤, 막스 310, 311, 345~350, 366, 444, 458, 459, 462, 562, 565, 589, 636, 641, 643, 646, 647, 649
아인슈타인, 알베르트 20
안드레아스, 프리드리히 카를 371
안드레아스-살로메, 루 320, 352, 363, 367, 371, 372, 414, 430, 456, 504, 648
알렉산드로스 대왕 39, 48
알트, 콘라트 375
에머슨, 랠프 월도 262
에스키롤, 장 에티엔 204, 248, 250
에크슈타인, 에마 183~187, 189
엑스너, 지크문트 폰 276
엘리스, 해블록 134, 286~288, 504, 624
엠던, J. E. G. 판 462
옌젠, 빌헬름 588, 592, 593, 595
옐리네크, 아돌프 57, 58
오를리크, 에밀 276, 277
오펜하임, 헤르만 375, 376
요제프, 프란츠 52, 59, 275

우르반트시치, 루돌프 폰 341
윌슨, 우드로 9
율리우스부르거, 오토 351
융, 에마 430, 319
융, 카를 구스타프 170, 253, 254, 289, 317, 319, 320, 346, 348, 350, 356, 359, 363, 366, 368, 374, 375, 381~398, 401, 405, 407~409, 413, 418~420, 423, 428~462, 482, 496, 502, 504, 508, 513~520, 522, 523, 533, 534, 540, 541, 558, 574, 576, 586, 592, 602, 604, 606, 611~613, 619, 623, 624, 628, 645
입센, 헨리크 75

ㅈ·ㅊ

자네, 피에르 42, 118, 383
자드거, 이지도어 342, 344, 345, 624
자우어란트, 막스 583
작스, 한스 332, 346, 347, 366, 439, 462, 574, 577, 603, 623, 643
잭슨, 훌링스 141
제임스, 윌리엄 262, 406, 407
제임스, 헨리 259
존스, 어니스트 71, 92, 96, 170, 206~209, 283, 300, 310, 311, 316, 340, 346~348, 350~352, 355~362, 364, 366, 371, 373, 377, 379, 385, 401, 402, 404~406, 410, 411, 413, 414, 418, 426, 427, 438~441, 443, 445, 449~452, 457, 461~464, 481, 482, 504, 516, 517, 581, 582, 584, 600, 603, 604, 616, 623, 627, 628, 642, 645, 646, 648~650
졸라, 에밀 325
질버슈타인, 에두아르트 65, 67, 70, 72, 73, 76, 77, 79, 81~83, 89
차이코프스키 328
츠바이크, 슈테판 18, 138, 151, 333, 639
츠바이크, 아르놀트 16
츠바이크, 프리데리케 138
치헨, 테오도어 375, 376, 532

ㅋ·ㅌ

카토 361
카프카, 프란츠 23
카하네, 막스 338
칼라일, 토머스 262
케인스, 존 메이너드 631
켈러, 고트프리트 325
코코슈카, 오스카어 322
콜러, 카를 106~108
콜리지, 새뮤얼 테일러 259
콩트, 오귀스트 88, 604
쾨니히슈타인 레오폴트 106, 232, 308, 461
쿠빈, 알프레트 262
크라우스, 카를 63, 262, 304, 411, 412, 640
크라프트-에빙, 리하르트 폰 200, 205, 245~247, 251, 274, 276, 278, 282, 286, 287
크로바크, 루돌프 198, 285
크롬웰, 올리버 137
크리스, 에른스트 591
크리스티, 애거사 325
클라우스, 카를 79, 82~84
클라크, 케네스 511
클림트, 구스타프 322
키플링, 러디어드 325
타우스크, 빅토어 346, 347, 366, 372, 442, 443
타일러, 에드워드 버닛 604
트로터, 윌프레드 356
트웨인, 마크 325

ㅍ

파네트, 요제프 239
파체, 아돌프 288
판케예프, 세르게이 531, 537
퍼트넘, 제임스 잭슨 285, 318, 377, 407, 408
페니헬, 오토 619
페니히, A. R. 304
페데른, 파울 342, 344, 346, 347, 428, 461
페렌치, 산도르 20, 207, 309, 327, 335, 346, 347, 361~366, 369, 373, 377, 388, 393, 395, 396,

399~401, 403, 405, 408, 412~414, 418, 419, 421, 424, 425, 430, 431, 433, 438~441, 444, 454, 455, 457, 458, 462, 496, 502~504, 514~516, 518~520, 522, 526, 529, 532, 535, 547, 548, 572, 574, 580, 584, 586, 599, 601, 603, 607, 613, 616, 617, 620, 630, 633, 636, 643, 644, 646, 650
페르디난트, 프란츠 630
페르슈텔, 마리 276, 277
페히너, 테오도어 111
포렐, 오귀스트 383, 397, 460
포스터, E. M. 334
포이어바흐, 루트비히 77, 78
폴라크, 발렌틴 64
푸르트뮐러, 카를 346, 428
프랑스, 아나톨 325, 326
프레이저, 제임스 G. 604, 611, 616
프로이트, 마르타 베르나이스 41, 58, 93~101, 105~108, 110, 113~116, 126, 151, 169, 587
프로이트, 마르틴 40, 43, 76, 123, 137, 166, 167, 213, 215, 253, 310, 314~316, 330, 369, 390, 391, 491, 569, 571, 637, 646, 647, 650, 651
프로이트, 마틸데 127, 165, 166, 183, 201, 214, 215, 253, 273, 315, 408, 569, 571~573, 636
프로이트, 아돌피네 74
프로이트, 아말리아 나탄존 32~35, 37, 38, 44, 45, 74, 586, 617
프로이트, 안나 34, 36, 38, 39, 50, 51, 74, 100
프로이트, 알렉산더 39, 48, 51, 74, 237, 271, 272, 309, 635, 637, 638
프로이트, 야코프 32, 33, 35~39, 43, 46~48, 50, 67, 86, 191, 203, 617
프로이트, 에른스트 86, 213, 215, 315, 569, 647, 650
프로이트, 에마누엘 33, 74
프로이트, 올리버 76, 166, 213, 215, 370, 569, 647, 650
프로이트, 요제프 39
프로이트, 욘 34, 45, 429
프로이트, 파울리네 39, 74
프로이트, 필리프 33, 34, 36, 37, 275
프로이트, 해리 316, 330

플라이슐-마르호프, 에른스트 폰 85, 106, 108, 109, 112, 239, 283
플레히지히 525, 528
플루르누아, 테오도르 407
플루스, 기젤라 66, 67, 93
플루스, 에밀 41, 60, 69, 72
플리스, 빌헬름 17, 22, 25, 43, 90, 110, 127, 129~136, 138, 140~143, 154~156, 163, 165~168, 170~174, 179~190, 192, 194, 196, 198~203, 205, 206, 208~216, 218~220, 222, 233, 239~242, 250, 255~257, 266~268, 270, 275~277, 280, 282~284, 288, 301~305, 311, 317, 319, 330, 331, 334~336, 338, 354, 355, 365, 388, 390, 393, 396, 423, 445, 450, 459~461, 465, 467, 482, 503, 514~520, 522, 523, 566, 577, 589, 612
플리스, 이다 215
피스터, 오스카어 236, 307, 322, 367~371, 373, 423, 431, 462, 633

ㅎ

하머슐라크, 자무엘 65, 66, 183
하이네, 하인리히 221, 232, 324
한니발 47, 48, 63, 266, 267, 280, 281
할버슈타트, 막스 573, 574, 647
할버슈타트, 조피 프로이트 136, 165, 213, 215, 253, 569, 573, 574, 641, 647
해먼드, 윌리엄 248
헉슬리, 줄리언 82
헌, 헨리 80
헤일, 네이션 G. 402
헬러, 후고 325, 341, 568
헬름홀츠, 헤르만 89, 90, 249, 250
호라티우스 320
호프만슈탈, 후고 폰 639
홀, G. 스탠리 352, 397~400, 403, 405
홀리처, 로베르트 572
화이트, 윌리엄 앨런슨 249
히르슈펠트, 마그누스 287, 351
히치만, 에두아르트 342, 343, 347, 420, 424, 428
힐데브란트, F. W. 223

| 용어, 논문, 저서 |

1차 과정 174, 265
2차 가공 235
2차 과정 265
〈M. 퓌르스트 박사에게 보내는 공개 서한〉 567

ㄱ

가족 로맨스 38, 212
강박관념 463, 486, 514, 520, 579, 593
강박 신경증 172, 199, 241, 252, 374, 463, 465492, 494, 496, 498, 499, 501, 535, 544, 549, 563, 619
강박 충동 251, 500
개인심리학 622
거세 불안 486
〈검은 금요일〉 55
게토 50
결정론 105, 244, 245, 254, 258
경험심리학 78
경험주의 82
경험주의자 79
계몽주의 77, 88, 243, 325, 327, 454
《고백록》(루소) 261
공격성 617, 654
공포증 170, 266, 465, 482~488, 490, 491, 534, 536, 607
과대망상 207, 231, 253
과학적 심리학 92, 105, 172, 174~176
관음증 45, 352, 627
교육 분석 352, 361, 366, 554
구순기 527
〈국가〉 269
〈국제정신분석저널〉 370, 645
국제정신분석협회 413, 418, 420, 429, 436, 451, 457~459
그라디바(부조) 333, 592~594
〈그라디바〉(빌헬름 옌젠) 588, 592, 593, 594
근친상간 197, 260, 343, 437, 470, 494, 555, 576, 599, 606, 607

기관 열등성 415, 416
《기독교의 본질》(포이어바흐) 78
《기억, 꿈, 사상》(융) 381
〈기억하고, 반복하고, 끝까지 파고들기〉 563
'꼬마 한스' 341, 434, 481~491, 502, 534, 607, 608, 613
《꿈과 실생활에서 꿈의 활용》(힐데브란트) 223
꿈 내용 235
꿈 분석(꿈 해석) 181, 223, 235, 236, 238, 404, 467, 476
꿈 사고 226, 230, 234~236
꿈 상징 337
꿈 소망 227
《꿈에 관하여》 235, 283
꿈 요소 238
《꿈의 삶》(갈베르트 셰르너) 223
《꿈의 해석》(해몽 책) 29, 30, 31, 39, 48, 55, 67, 87, 109, 129, 134, 135, 177, 180, 193, 206, 214, 218~241, 244, 252, 253, 254, 256, 261, 263, 265, 266, 267, 268, 269, 271, 281, 282, 283, 284, 288, 289, 290, 299, 327, 337, 338, 363, 377, 384, 488, 501, 540, 555, 568, 579
꿈 작업 234~238, 538
꿈 형성 452, 476
〈끝낼 수 있는 분석과 끝낼 수 없는 분석〉 544

ㄴ·ㄷ

나르시시즘(자기애) 20, 509, 526, 527, 535, 618, 622~626, 629
〈나르시시즘 입문〉 623, 624, 626, 628, 629
나르시시즘적 고착 527
〈나의 이력서〉 35, 71, 462
〈'난폭한' 분석에 관하여〉 546
남근기 527
남성적 저항 424
노출증 290
'논 빅시트' 꿈 87 239

농담 132, 177, 235, 241, 283, 295, 364, 482
《농담과 무의식의 관계》299
뇌성마비 116, 190
뉴런 92, 175~177
〈뉴욕타임스〉378, 379
'늑대 인간' 248, 332, 334, 335, 502, 531~543, 554, 630
〈다섯 개의 노래〉(릴케) 639
단어 연상 363, 385, 407
대상-리비도 626~628
'도라' 24, 283, 299, 336, 356, 384, 464~483, 486, 491, 501, 534, 545, 552, 557, 595, 613
《도적 떼》(실러) 47
〈돈 조반니〉(모차르트) 328, 329
《돈키호테》(세르반테스) 110
동물학(자) 72, 91
동성애 22, 189, 288, 290, 295, 351, 364, 375, 393, 448, 470, 494, 508, 509, 511, 513, 515~517, 520, 525~527, 530, 536, 579
동일시 47, 63, 281, 388, 458, 499, 509, 510, 512, 524, 528, 586, 609, 654

ㄹ·ㅁ

라마르크주의 614, 615
런던 정신분석협회 358
〈레오나르도 다빈치와 그의 유년의 기억〉511
《레오나르도 다빈치의 로맨스》(메레시코프스키) 326
'로잘리아 H.' 204
'루시 R.' 162, 163
《루카의 목욕》(하이네) 232
리비도 43, 253, 254, 285, 286, 288, 290, 295, 296, 320, 353, 393, 423, 432, 441, 446, 453, 513, 523, 558, 576, 618, 624~628
《리어 왕》(셰익스피어) 579, 580, 598
마법적 사고 606
〈마술피리〉(모차르트) 328, 329, 400
《마음의 강박적 표현》(뢰벤펠트) 545
〈마이스터징거〉(바그너) 328, 329
마조히즘 290, 395, 535

말실수 212, 235, 258, 446, 448
망각 23, 43, 160, 255, 257, 288, 293
모권제 600
모더니즘 324
모르핀 106~108, 182, 361
〈모세〉(미켈란젤로) 266, 272, 326, 579, 581~586, 598
무신론 78, 407, 611
《문명 속의 불만》336, 653
〈'문명적' 성도덕과 현대의 신경과민〉622
문화인류학 602, 606
〈미국 심리학 저널〉404
《미국 의대생들을 위한 유럽 안내》(헨리 헌) 80
미국 정신분석협회 357
〈미켈란젤로의 모세상〉583, 586
민족심리학 604, 605
민족주의 52, 630, 638
민족학 606, 616, 617
《민중의 적》(헨릭 입센) 75

ㅂ

박해 망상 525
반동 형성 654
반복 사고 534
반유대주의 22, 35, 42, 48, 53~57, 62~64, 76, 77, 80, 218, 267, 278, 279, 326, 395, 460
반전(심리적 방어 기제) 525, 526
발달심리학 292
방어 174, 177, 179, 218, 471, 488, 512, 525, 526, 556, 654
〈방어 신경 정신병〉199
방어적 퇴행 527
〈방황하는 네덜란드인〉(바그너) 328
《베니스의 상인》(셰익스피어) 580, 598
베를린 정신분석협회 351
부권제 614
부르주아 17, 20, 42, 57, 97, 101, 136, 138, 197, 204, 232, 252, 285, 295, 307, 308, 314, 316, 322, 323, 371, 469, 471, 484, 490, 638, 640
부르주아 내각 53, 55

부르크휠츨리 정신병원 348, 350, 356, 363, 382, 383, 392, 394, 403
부분 충동 292
부인(否認) 185, 436, 447, 472
분별적 전이 558
분석심리학 452
〈분석에 있어서 구성의 역할〉 544
불가지론 175, 597
불안 신경증 164, 170, 319, 536
브나이 브리트 281
빈 대학 32, 40, 69, 75, 79, 104, 343
〈빈 신문〉 277
〈빈 외국신문〉 269
빈 정신분석협회 338, 353, 345, 372, 411, 414, 418, 421, 426~428, 442, 459, 482, 514, 598, 600, 620, 624, 645
빈 정신의학 및 신경학회 279
〈빈 주간 의학 잡지〉 124

ㅅ

사도마조히즘 341
사디즘 290, 416, 426, 498, 535
사전 쾌락 294, 295, 571, 596
《사춘기》(스탠리 홀) 398
사회심리학 622
살페트리에르 병원 116, 117, 123, 383
〈샤르코 박사의 임상 강의〉 123, 124
생기론 88
생리학 89, 112, 246, 247, 249, 425
《생리학 강의》(브뤼케) 89
〈생명의 경로 : 정밀 생물학의 기초〉(플리스) 303
생물학 91, 133, 174, 175, 177, 245, 301, 317, 415, 416, 423, 425, 453, 602, 606, 610, 614, 653
생식기(성기) 133, 198, 199, 229, 285, 292, 294, 295, 471, 474, 484, 486, 494, 525, 527, 539, 624
성감대 133, 292~294
〈성격과 항문 성애〉 618, 619
《성과 기질》(오토 바이닝거) 301, 303
성과학(자) 286~288, 351, 376
성교 143, 164, 199, 292, 317~319, 337, 473, 474, 499, 536, 539, 546
성기기 527
성도착 203, 286, 288, 290, 291, 295, 362, 625
성생활 143, 285, 288, 289, 291, 293~295, 317, 318, 468, 493, 537, 546
《성 심리 연구》(해블록 엘리스) 134
〈성 안나와 성 모자〉(레오나르도 다빈치) 503, 505, 510, 511
성애 143, 287, 453
성애적 전이 558, 560
성욕 197, 201, 252, 317, 398, 404, 405, 413, 425, 437, 482, 523, 570
《성욕에 관한 세 편의 에세이》(성 책) 218, 251, 285, 287, 289, 290, 292, 294, 296, 299, 303, 309, 374, 404, 483, 502, 619
성욕 이론 218
성적 주기성 134
성적 쾌락 160, 199, 291
《성적 정신병질》(크라프트-에빙) 286
성 정신병리학 200
《성 중간 단계 연보》 287
성(적) 충동 111, 260, 286, 288, 292~296, 320, 356, 378, 453, 500, 526, 599, 621, 624, 627
성행위 201, 292, 539, 554
소망 충족 225, 226, 228, 452, 568
《소아 뇌성마비》 190
소아성애 290
쇼비니즘 633, 640, 642
승화 320, 336, 510, 512, 527, 560, 579, 590, 619
〈시대〉 269
《시와 진실》(괴테) 598
'식물학 논문에 관한 꿈' 230, 232, 237
《신경계의 질병에 관한 강의》(샤르코) 121
신경과민 245, 246, 252, 622
〈신경과민과 신경쇠약〉(크라프트-에빙) 245
신경병리학 122, 246
신경쇠약 117, 142, 143, 163, 197~199, 204, 246, 251
신경증 20, 22, 23, 45, 117, 121, 123, 132, 143, 150, 153, 154, 157, 160, 163, 172, 190, 194, 196, 198, 199, 201~204, 207, 209, 210, 233~235, 241,

242, 247, 250, 257, 260, 279, 282, 286, 290, 291, 306, 312, 318~320, 346, 354, 375, 385, 386, 412, 415, 416, 425, 440~442, 446, 449, 450, 465, 467, 468, 471, 476, 477, 482, 484, 485, 487, 488, 489, 498, 501, 508, 520, 526, 531, 534, 537, 540, 541, 545, 546, 553, 556, 558, 562~564, 578, 588, 595, 596, 606, 609, 610, 613, 615, 619, 621, 625, 642
〈신경증의 핵심 문제인 남성적 저항〉 424
신경학 129, 141, 175, 190, 249, 255
신경학자들을 위한 심리학 173, 177, 250
신비주의 88, 135, 215, 395, 446, 453, 576, 612, 639
〈신자유신문〉 57, 58, 124, 258
신학 77, 78, 88, 89, 246, 339, 368, 370, 382, 524
실어증 116, 141, 142, 159, 275
〈실어증이라는 개념에 관하여 : 비판적 연구〉 142, 159
실언 106, 177
실증주의 88, 89, 90
심신증 341
심층심리학 23, 357

ㅇ

아동(기) 신경증 482, 607
아동심리학 397, 407
《아동의 성생활》(알베르트 몰) 376
아방가르드 324, 328, 640
아버지 살해 610, 612, 617
아버지 인물들 85
아버지 콤플렉스 360, 446, 447, 530, 609
《아이네이스》(베르길리우스) 220
《악령》(도스토예프스키) 349
'안나 O.' 144~151, 153~155, 467
《암시와 그것을 응용한 치료에 관하여》(베르넴) 121
압축 209, 235~238
애니미즘 604, 606
애도 99, 192, 195, 321, 593, 608
애착 142, 189, 294, 376, 499, 508, 512, 541, 543, 557, 563

양가감정 20, 383, 487, 498, 499, 501, 528, 599, 606, 608, 609, 613
억압 20, 35, 95, 102, 174, 212, 218, 228, 255, 259, 260, 261, 312, 424, 439, 472, 473, 489, 490, 497, 500, 506, 533, 554, 564, 594, 600, 610, 621, 654
'에미 폰 N.' 157, 158
《애스펀의 편지》(헨리 제임스) 259
'엘리자베트 폰 R.' 159~162, 194, 595
역전이 479, 545, 560
연금술 452
열등감 76, 283, 416, 435
《열린 곳으로 가는 길》(슈니츨러) 279
《예술가》(랑크) 342
오스트리아-헝가리 제국 53, 55, 58, 274, 285, 402, 630, 632, 636, 638, 639, 646
오이디푸스 전투 192, 193,
오이디푸스 콤플렉스 194, 205, 218, 233, 234, 286, 289, 364, 425, 441, 466, 489, 579, 589, 607, 608, 610, 612, 613, 615, 617, 618, 622
오이디푸스적 애착 294, 376
《오이디푸스 왕》(소포클레스) 212, 300
왜곡 67, 87, 105, 164, 182, 205, 207, 226, 227, 240, 488, 525, 527, 530, 538, 540, 554, 570
〈우스터 텔리그램〉 405
우울증 138, 165, 171, 251, 424, 469, 603
〈유아기 신경증의 역사에서〉 533
원죄 615
원형(archetype) 453
(비밀) 위원회 439, 440
유대교 22, 35, 90, 96, 301, 350, 392
유물론 89, 249, 250
유아(의) 성욕 132, 199, 288, 290, 404, 425, 439, 441
유아 성욕 이론 513
유전 143, 150, 157, 197, 245, 246, 251, 252, 415, 416, 539, 540, 614
유전학 614
유혹 이론 22, 196, 197, 200~205, 211, 286, 374, 477, 615
은폐 기억 70, 71
음경 198, 229, 287, 293, 486, 498, 508, 535

음성적 전이 558
응용 정신분석 358, 404, 576, 578
'이르마의 주사 꿈'(이르마 꿈) 17, 109, 177, 179~187, 223, 225, 232, 237, 253, 254, 537
〈이마고〉 577, 581, 602, 645
《이마고》(카를 슈피텔러) 577
이상화 16, 136, 153, 180, 188, 203, 283, 291, 365, 388
《인간의 유래》(다윈) 32
인류학 78, 604~606
인류학자 326, 604, 615
《일상생활의 정신병리학》 48, 207, 241, 256, 257, 258, 283, 285, 401, 580

ㅈ

〈자기 고찰〉 262
자기 관찰 207, 479
자기 분석 35, 37, 43, 87, 135, 155, 192, 193, 205~209, 211, 212, 214, 255, 271, 282~284, 345, 479, 514, 518, 605
자기 비판 267, 327, 361, 419, 514, 575, 585
자기 처벌 477
자기 통제 419
자기성애 293, 509, 526, 576, 621, 624
자아 이상 627
자아 충동 111, 627
자아-리비도 626~628
〈자연〉(괴테) 69, 70, 71
자웅동체 83, 287, 290, 424
자위 143, 213, 229, 246, 292, 293, 341, 442, 480, 499, 535, 546
자유연상 159, 163, 209, 225, 230, 258, 385, 552
자유주의 50, 52, 53, 55~59, 64, 80, 218, 232, 237, 314, 368
자폐 383
〈작가와 몽상〉 568
《잠과 꿈》(알프레드 모리) 223
잠복 기억 257
잠재적 꿈 사고 226, 230, 234, 236
저항 155, 156, 160, 161, 197, 210, 211, 227, 234, 237, 260, 285, 404, 473, 474, 479, 480, 492, 495, 543, 547, 551, 555~559, 562, 564, 600, 621
전의식 260, 284
전이 86, 118, 136, 208, 393, 477~479, 517, 526, 535, 543, 543, 555, 557~559, 563, 564, 624
전이 신경증 564
전이성 사랑 559, 460
〈전이성 사랑에 관하여〉 557, 559
〈전이의 역동성〉 555, 557
전치 183, 213, 235, 237, 238, 471
전환 히스테리(히스테리성 전환) 150
《젊은 베르테르의 슬픔》(괴테) 262
《정글북》(키플링) 325
〈정신 기능의 두 가지 원리에 관한 공식〉 620
정신병 242 249~252, 383, 520, 525, 534, 549, 563, 625
정신병리학 173, 255, 256, 383, 468
정신분석가 대회 356, 371, 418, 431, 455, 463, 482, 548, 642
정신분석 사업 429
〈정신분석에서 꿈 해석을 다루는 문제에 관하여〉 548
〈정신분석을 하는 의사들에게 드리는 권고〉 565
정신분석 운동 299, 350, 355, 370, 412, 418, 461, 482
〈정신분석 운동의 역사〉 411, 427, 458, 533, 586, 630
〈정신분석학·정신병리학 연구 연보〉 413, 456, 457, 482, 629, 645
정신분석 정치 300, 353, 396, 417, 422, 464, 502, 548, 567, 569
〈정신분석 중앙신문〉 421, 426, 442, 443
《정신분석학 개요》 175
정신분열증 383, 384, 398, 625
정신 착란 251
조발성 치매 384, 387
〈조발성 치매의 심리학〉(융) 384
종교사 606
종교심리학 218, 368, 435
《종교적 경험의 다양성》(윌리엄 제임스) 407
《종의 기원》(찰스 다윈) 7, 30

죄의식(죄책감) 192, 207, 212, 579, 599, 609, 610, 614, 615
《죽은 날》(에른스트 바를라흐) 611
중간계급 51, 53, 94, 138, 285, 314, 321, 490, 551, 559, 622, 631
중독 21, 98, 106, 107, 213, 308, 330, 331, 334, 336, 353, 361
중층 결정 197, 236, 279
'쥐 인간' 261, 357, 463, 464, 491~502, 534, 544, 554, 613, 619
《진단학적 연상 연구》 381
진화 91, 92
진화인류학 604
질외사정 143, 319
〈짐플리치시무스〉 219
집단무의식 452
《집단심리학과 자아 분석》 622

ㅊ·ㅋ

《차라투스트라는 이렇게 말했다》(니체) 436
'체칠리에 M.' 156
최면 105, 118, 121, 122, 141, 142, 146, 148, 156~160, 163, 171, 196, 217, 545, 550
최종 쾌락 294
《출애굽기》 585
충동 이론 627, 628
〈치료의 시작에 관하여〉 549, 553, 554
〈칠성장어의 척수 신경절과 척수〉 91
《카라마조프의 형제들》(도스토예프스키) 349
〈카르멘〉(비제) 328, 329
카타르시스 148, 153, 158, 217, 225, 591
〈코카에 관하여〉 106
코카인 21, 105~109, 119, 125
쾌락 원칙 265, 327, 620, 621, 218, 227, 231, 234, 252
쾌락-자아 621, 622
〈크라카우어 차이퉁〉 645
'크로이츨링겐 행동' 438, 440, 442, 444
클라크 대학 352, 360, 397, 398, 400, 404~408, 432, 482

ㅌ·ㅍ

터부 437, 598, 600, 606, 607, 610, 612, 616
토테미즘 600, 607, 610, 612, 614
토템 599, 601, 603, 605~608, 610, 612, 614, 616
토템 식사 604, 609
《토템과 터부》 234, 435, 578, 599, 601~607, 611, 612, 614~618, 624, 625
퇴행 208, 291, 512, 525, 526, 528, 550, 554
투사 20, 525~527
'툰 백작 꿈' 68, 231, 232
트라우마(정신적 외상) 24, 60, 150, 157, 158, 161, 194, 197, 199, 200, 225, 246, 384, 415, 416, 417, 471, 536, 540
《특수 병리학과 치료》(노트나겔) 190
《파우스트》(괴테) 211, 610
페티시즘 290, 295
편집증 165, 252, 426, 427, 448, 465, 514, 515, 518, 519~523, 525~531, 543, 606
《프로이트의 신경증 이론》(히치만) 342
〈프로이트의 정신분석 방법〉 545
《프로테스탄트 윤리와 자본주의 정신》(베버) 309
〈피가로의 결혼〉(모차르트) 231, 327, 328, 329, 518

ㅎ

《한 신경증 환자의 회상록》(슈레버) 521, 524, 525, 528, 530
《한여름 밤의 꿈》(셰익스피어) 154
합스부르크 52, 54, 55, 60
항문 사디즘 535
항문 성애 500, 501, 542, 619, 620
항문기 416, 527
항상성 원리 176
해부학 79, 112, 123, 125, 249
《햄릿》(셰익스피어) 212, 589
현실 원칙 327, 620~622
현실-자아 621, 622
현실주의 20, 280, 654
형이상학 82, 88, 368

형제 간 경쟁 20, 233, 282, 293, 394
〈횃불〉 263, 412
회피 20, 187, 484, 487, 655
희생제 608, 614
히스테리 105, 118, 121~123, 125, 145~147, 150, 151, 153, 154, 156~160, 162~164, 170~172, 182~186, 196, 197, 199, 200, 202, 203, 211, 220, 241, 250, 252, 277, 279, 283, 291, 319, 335, 348, 354, 384, 392, 398, 406, 408, 465~471, 476, 481, 483, 491, 492, 545, 549, 563
《히스테리 연구》 143, 144, 150, 154, 156, 164, 165, 170, 198, 245, 478, 544

정영목

서울대학교 영문학과와 동대학원을 졸업했다. 현재 전문번역가로 활동하고 있으며, 이화여대 통번역대학원 번역학과 교수로 일하고 있다. 역서로는 《축의 시대》《지젝이 만난 레닌》《그레이트 게임》《칭기스칸, 잠든 유럽을 깨우다》《마르크스 평전》《호치민 평전》《융》《신의 가면 3 : 서양 신화》《신의 가면 4 : 창작 신화》《나는 왜 너를 사랑하는가》《불안》《행복의 건축》《극단의 형벌》《권력의 법칙》《로드》《죽음의 중지》《눈먼 자들의 도시》《눈뜬 자들의 도시》《책도둑》 등이 있다.

프로이트 I

2011년 12월 10일 초판 1쇄 발행
2025년 5월 2일 초판 7쇄 발행

- 지은이 ──── 피터 게이
- 옮긴이 ──── 정영목
- 펴낸이 ──── 한예원
- 편집 ──── 이승희, 양경아
- 조판 ──── 성인기획
- 펴낸곳 **교양인**
  우 04015 서울 마포구 망원로6길 57 3층
  전화 : 02)2266-2776 팩스 : 02)2266-2771
  e-mail : gyoyangin@naver.com

ⓒ 교양인, 2011
ISBN 978-89-91799-65-3 93180
ISBN 978-89-91799-64-6 (세트)

* 잘못 만들어진 책은 바꾸어드립니다.
* 값은 뒤표지에 있습니다.